KB068957

수정 3판 머리말

5년 만에 수정판을 내면서 새 내용을 넣으려고 애쓰기보다는 기존의 내용을 생생하고 풍부하게 전달하는 데 초점을 두었다. 타 분야들을 위한 기초로 성격 공부가 필요할 때조차도 자기 및 가까운 사람들의 성격 이해에 응용할 수 있는 가능성이 우선이라고 생각했다. 내용과 문장의 군더더기를 꽤 없앴는데도 본문 내용이 30여 쪽이 늘어났다. 그냥 비대해졌기보다는 탄탄한 몸매가 되어 있어서 독자들에게 글이 더 재미있고 쉽게 읽힐 수 있기를 바란다.

1부 두 장은 별로 건드리지 않고, 다만 '변량분석 패러다임'에 부족했던 부분을 고쳐 썼다. 2부(정신역동 접근)에 개정·보충한 부분이 제일 많다. 3장에 '정신분석의 탄생'에 대한 글상자를 새로 넣고 자아방어기제를 보충하였다. 4장에서는 Jung 유형론을 확충하였다. 5장 Murray의 성격학 이론체계에는 너무 개념들이 많아서 산만한 인상을 주어왔는데, 이번에 이해를 돕기 위한 사례를 보충해보았다. 6장에서는 욕구/동기 연구와 애착이론 제시를 보충하였다. 3부 (인본주의-현상학)는 상대적으로 그리 달라지지 않았다. 2011년 하권 전면개정판에서처럼 '차례'에 표와 그림 차례도 따로 넣었다.

지난 몇 번 편집 작업을 맡아주신 박영사 마찬옥 선생님이 편집위원으로서 개정판 작업도 책임져주셨다. 성실한 작업에 감사드린다.

2013년 12월, 춘천

홍 숙 기

수정 2판 머리말

　5년 만에 수정판을 수정하여 내놓는다. 이번에도 '전면 개정'으로 가지 못해 많이 부끄럽다. 일차문헌을 이것저것 읽고 정리해놓았지만 판을 다시 짤 시간도 기운도 주어지지 않았다. 참고한 새 문헌은 열 권이 안 되고, 오·탈자 고치고 문장 다듬는 수준을 많이 넘어서지 못했다.

　완전히 다시 고쳐 쓴 내용은 3장에 들어간 Erikson 이론이 유일하다. 주 독자층인 대학생들에게 정체확립과 친밀 과제가 절박한 인생과제들이라 두 단계에 대해 좀더 자세히 이야기했다. 사는 일이 '산 넘어 산'임을 안다면 한국병이라 할 수 있는 조급증을, 좋은 대학, 좋은 직장만 들어가면 탄탄대로라고 착각하는 근시안을 극복하는 데 도움이 될까 하여 이어지는 인생단계들도 이야기를 보충하였다. 나 자신 중·노년의 과제와 위기의 준엄·아득함을 경험하고, 각 단계의 졸업장이라고 할 수 있을 '덕성'들을 따기가 참으로 만만치 않음에, 손에 쥐었다고 믿었던 열매가 감쪽같이 없어져버렸음에 좌절한다. 그래도 죽을 때까지 '과제'와 목표가 있다는 것이 얼마나 다행스럽고 감사한 일인가. 이렇게 첫 단계의 열매인 '희망'을 되새기며 삶에 대한 넓은 조망, 긴 호흡을 젊은 독자들도 가졌으면 하였다.

　개론서의 성격상 Erikson 이론도, 다른 이론들도 극히 개략적으로만 제시하였다. 생생한 입체감을 살리려면 군더더기 없이 정확한 서술, 적절한 예시들이 중요하다. 내용수정이나 보충에 상대적으로 더 신경쓴 곳들은 다음과 같다. 우선 Jung(4장)과 Murray(5장)는 상당히 복잡하고 추상적으로 들리기 쉬워서 피와 살 냄새라도 전달하기 위해 보충을 하였다. 애착(6장)은 계속 연구가 활발하게 진행되고 있는 주제이다. 약간만 더 보충하였다. Rogers의 사람중심 이론 (7장)에서 '자아'와 '자기' 개념 구분을 분명히 하고 중요한 개념들에 대해 적용을 돕기 위한 예시들을 보충하였다. 책의 마지막에 자기보고 자료해석의 문제점들을 —논쟁의 여지를 남기면서— 좀더 분명히 조명하였다.

　책이 좀더 잘 읽히고 여기저기 생생해졌다고 생각하지만, 절대적으로 보면 아직도 많이 미흡하다. 위안이라면, 그 동안 성격전공자들이 많이 늘어 좋은

수정3판

성격심리 (상)

홍 숙 기 저

박영사

저서·역서들이 많이 나와 있어서 독자들이 이 책의 편향과 빈약함을 스스로 보충하실 수 있다는 사실이다. 수정 작업을 맡아 주신 마찬옥 편집부장님께 감사드린다.

사람 공부는 쉽지 않다. 어쩌면 어렵기 때문에 더 재미가 있다. 어느 재미 있는 드라마가 우리 자신과 주변 사람들의 '리얼 라이프 스토리'만큼 극적이겠는가만, 재미있는 걸로 끝나지 않으니 문제이다. 자기 자신에 대해, 가까운 사람들에 대해 계속 모르는 채 살고 싶은 진실들과 마주치는 것이 기쁜 일만은 아니다. 그러나 평균 기대수명이 어언 팔십을 넘고 있는데, 길 잃은 사람으로 나 자신을 모르는 채 긴 인생을 살 수는 없다. 결국 진리가 우리를 자유롭게 한다. 건투를 빈다.

2008년 12월

춘천에서 홍 숙 기

수정판 머리말

2000년 여름에 이 책을 내고, 약속한 하권을 올 여름에 내놓았다. 상권을 두 번째 찍을 때는 대여섯 군데 치명적 오류만 고쳤고, 마침 세 번째 찍는다 하여 수정판을 내놓는다. 내용을 개정·보완하면 더 좋았겠지만, 밀린 일이 꽤 있는지라 몇 년 뒤에야 가능할 것 같다. 책을 교재로 두 학기 성격이론 강의를 하면서 잘못된 표현들을 고치고 이해가 잘 안 되는 부분들을 다듬어 보았는데, 수정판은 그 수준에 그치게 되었다. 성원해 주신 독자들께 감사드리는 의미에서 더 미루지 말고 책을 조금이라도 읽기 쉽고 재미있게 고쳐 내놓고 싶었다.

내용은 크게 달라지지 않았다. 심리학의 관행을 따라 표들에서 안의 줄들을 뺐기 때문에 인상이 좀 달라지긴 했을 것이다. 1장에서 책 전체의 내용을 소개할 때 하권에서 다루어질 접근들의 하나로 소개한 '성향론적 접근'은 여름에 나온 하권에서 쓴 대로 '성향-생물학 접근'으로 고쳤다. 전체에 걸쳐서 표현을 다듬고 고쳤지만, 3, 4, 8장에 좀 많이 고친 데가 있다.

3장에서 남근기 부분을 조금 고쳐 썼고, 자아방어기제에 (대학생들이 많이 쓰는) 이지화(intellectualization)를 넣고, 방어기제 하나하나를 제목으로 하는 대신 '방어의 유형들'이라는 제목 아래에 집어넣었다. '신경증과 증상형성' 뒷부분도 좀 고쳐 썼다. 4장에서는 '개인심리학적 심리치료'에서 독자들의 자기치유를 격려한다는 의미로 내용을 보충하였다. Jung의 유형론도 조금 보충하였다. 끝으로, 8장에서 흐름체험 연구의 논의 마지막 부분을 좀더 긍정적으로 고쳤다.

상권 머리말 끝에 "1년 내로 하권을 내고, 상·하권의 내용을 다듬어서 합본을 낸다"는 계획을 써놓았는데, 두 계획에 다 차질이 생겼다. 우선 하권이 나오는 데 3년이 걸렸을 뿐 아니라 예상보다 두꺼워져서 합본할 경우 900페이지짜리 책이 된다. 독자들의 의견을 더 들어보아야 하겠지만, 합본 계획은 일단 접었다. 들고 다니기 무겁다는 이유도 있지만, 상·하권 독자층이 다를 수 있겠다는 생각이 들기 때문이다.

성격 까다로운 저자 요구에 참을성을 잃지 않으시는 김희경 씨께 다시 감사드린다. 자기를 알아 가는 것은 정말 많은 책과 현장실습이 필요한 평생의 과제임을 거듭거듭 깨달으며 이 책으로 독자들이 그 공부에 재미를 붙이시기를 바란다.

이천삼년 십이월
춘천에서 홍 숙 기

머 리 말

3년의 진통 끝에 이제야 아이가 태어나게 되었다(튼튼하고 잘생긴 아이라면 좋겠는데). 사실 진통은 3년여였지만 '가족계획'은 최소한 10년 전부터 했다. 독자들이 지루해 하실지 모르겠지만 아이가 태어난 사연을 좀 말씀드리고 싶다.

저자는 E. S. Phares가 1984년에 낸 *Introduction to Personality* 초판을

번역하여 1986년에 「성격심리학」이라는 제목으로 박영사에서 출판하였다. 다음 해에 오자만 좀 고쳐서 다시 냈을 뿐 지금까지 내용은 손대지 못하였는데, 성격전공자가 많지 않은 탓으로 한 번 나온 교과서는 좀처럼 라이벌을 만나지 못했다. 1980년대와 1990년대에 성격심리학 이론과 연구 양면에서 그렇게 많은 일이 일어났는데, 그 책은 여전히 독자들이 찾는 책으로 남아 있어서 저자의 '학자적 양심'에 세월이 갈수록 점점 커지는 가시로 박혀 있(었)다.

　　Phares는 1991년에 3판을, 1997년에 (공저로) 4판을 냈지만, 그의 책이 마음에 들지 않은 저자는 번역할 다른 책을 찾아보았다. 정해 놓은 책들의 새 판이 나올 때마다 뒤통수를 맞고 무력감에 빠지다가("번역을 끝내면 또 개정판이 나올텐데") 드디어 3년 전 무렵에는 양심의 가책을 견디지 못할 정도가 되어 "Ready Go!"를 결심하였다. 좋은 책의 최신판을 번역하느냐 직접 쓰느냐를 놓고 고민하다가 후자로 마음을 정했다. 번역도 창조라고 하지만 저술에 비할 수는 없다. 창조의 괴로움과 기쁨을 저울의 양편 접시에 올려놓으니까 마구 흔들리다가 결국 '기쁨'쪽으로 조금 기울었다. '한국형 성격심리학'을 써보리라!

　　십여 년을 강의해 온 재료인데도 책으로 쓰려니 몹시 힘이 들고 시간이 걸렸다. 강의를 안 하는 연구년에 1부 두 장(章)을 완성하는 데 서너 달을 보내고 나니 강의를 하면서 전체 십 몇 장을 쓰려면 3년은 더 걸리겠다 싶었다. 저술을 포기하고 번역으로 갈까 하다가 타협안을 생각해 냈다. 두 번에 나누어 상·하 두 권으로 내고 이번에는 상권만 완성하자는 것이었다. "천릿길도 한걸음부터"라지만 일단 오백 리를 목표로 잡은 것이다. 그렇게 해서, 원래의 포부와 계획으로는 책 전체가 올 봄에 나왔어야 하지만, 책의 절반이 여름에 나오게 되었다.

　　상권의 내용은 저자가 강원대학교에서 '성격이론' 시간에 다루는 부분이다. 다른 대학들에서는 심리학과 교과과정에 성격심리학 한 과목이 들어가 있지만, 우리 학교에는 '성격이론'과 '성격심리학' 두 과목이 들어가 있다. 역서 「성격심리학」을 주 교재로 쓰면서 나는 '이론' 시간에는 정신역동 이론들과 인본주의-현상학 이론들을, '심리학' 시간에는 성향(트레이트) 이론들과 행동주의, 사회학습이론들, 그리고 그 책의 3부("성격과정들")에 나오는 지능, 스트레스, 공격 등의 주제들에 대한 경험적 연구를 다룬다. '이론'에서는 임상적 전통 이론들을, '심리학'

에서는 학문적 심리학에서 나온 연구들을 주로 다루는 것이다. 이렇게 나누어도 두 강의 모두 진도를 만족스럽게 나가려면 언제나 마음이 급했다.

구성과 내용에서 Pervin(1996)의 「성격의 과학」, Pervin과 John(1997)의 「성격. 이론과 연구」(7판), 그리고 Liebert와 Liebert(1998)의 「성격 책략과 쟁점들」세 책을 많이 참고하였지만, '내 식'을 많이 '관철'시켰다. 우선 이런 저런 이론들을 백화점식으로 소개하는 일을 피하고, 정신역동적 접근에서는 Freud, Adler, Jung에, 인본주의-현상학에서는 Maslow와 Rogers에 집중하였다. 다른 이론들(예컨대, 정신역동 접근에서 Horney 등 신프로이트 학파, Mahler 등의 대상관계이론, 인본주의-현상학에서 통상 같이 소개하는 실존주의적 이론들)은 내가 잘 모르기도 하고, 많은 학자의 이름, 이론의 제목과 몇 개의 개념들을 보고 지나가는 것이 성격 이해에 무슨 큰 도움이 될까 하는 생각도 늘 가지고 있기 때문이다. 반면 (다른 책들에서는 잠깐 언급하고 지나가는) H. A. Murray의 이론과 연구는 한 장(5장)을 온전히 할애하여 다루었다. 학문적 심리학의 방법론을 가지고 정신역동적 가정과 개념들을 검증하려고 한 그의 노력과 성과가 그 자체로도 현재까지 성격심리학의 모범이 되고, 이론 제시(3, 4장)에서 경험적 연구(6장)로 넘어가는 다리가 되어 준다고 믿기 때문이다.

이 책의 특징은 크게 두 가지라고 할 수 있다. 우선 비교적 소수의 이론들을 (자신의 성격, 가까운 사람들의 성격 이해에) 적용 가능성을 염두에 두고 자세히 소개하였다. 이해와 적용을 돕기 위해 연구 및 임상 사례, 우리나라 작가들의 자전적 기록과 작품 등을 실은 글상자를 많이 삽입하였다. 책의 내용을 '단지 이론', '단지 공부'가 아니라 '내' 삶과 성격의 이야기로 받아들여야 읽기에도 재미있을뿐더러 성격 이해에 실질적 도움이 되리라고 생각하였기 때문이다. 다른 책들과 구별되는 이 책의 둘째 특징은 경험적 연구방법과 내용을 비교적 자세히 소개하였다는 것이다. 여기서도 가짓수보다는 이해와 적용, 그리고 (심리학 선공자에에) 연구 설계와 수행을 돕는 데 초점을 두었다. 경험직 연구에 대한 이해를 돕기 위해서 2장에서 성격 연구의 방법들을 연구 예를 들어 구체적으로 기술하였고, 특히 일반 독자에게 낯선 실험법은 실제 연구 사례를 집어넣어 용어들과 논리에 친숙해지도록 하였다. Pervin(1996)의 책에서 가져온 '연구자조명 글상자'들은 유명 연구자들이 어떻게 특정한 주제나 방법을 선택하게 되었으며 앞으로의 계획은 무엇인지를 서술한 글(자전적 기록)들로서, 심리학 연구에 대한 두려움(또는 거리감)을 덜어 줄 수 있을 것이다.

이 책은 모두 여덟 개 장으로 이루어져 있다. 1부에서는 성격 연구의 이론적 접근(1장)과 경험적 접근(2장)을 소개하였다. 1장에서 이론적 접근의 다섯 가지 방향(정신역동, 인본주의-형상학, 성향론, 행동주의-학습, 인지-정보처리)을 언급하였는데, 이 상권에서는 앞의 두 접근만 다룬 셈이다. 2부에서는 Freud의 정신분석 이론(3장), Freud에 대한 도전과 이탈로서 Adler의 개인심리학과 Jung의 분석심리학(4장), 과학적 방법론을 강조한 Murray의 성격학(5장)을 다루고, 6장에서 정신역동적 성격 측정평가(투사법)와 정신역동적 이론의 기본 가정들에 대한 경험적 연구들을 소개하였다. 3부에서는 7장에 Maslow와 Rogers의 이론을, 8장에 그들의 가정과 개념들에 대한 경험적 연구들을 소개하였다.

후속타로 하권을 얼른 써야 한다는 부담이 크지만 일단 오백 리(사실은 사백 리쯤)는 왔다는 뿌듯함을 느낀다. 책을 쓰면서 물론 힘이 들었고 능력 부족에 좌절을 많이 했지만 행복하기도 하였다. 1년 내로 하권을 내고, 상·하권의 내용을 다듬어서 합본을 낸다는 것이 지금 저자의 계획이다. 이 책의 표지 그림과 디자인은 춘천에서 활동하는 화가인 친구 김아영 선생이 맡아 주었고 박영사 김희경 씨가 원고를 꼼꼼하게 교정, 편집해 주셨다. 두 분께 깊은 감사의 마음을 전한다. 사랑하는 내 학생들에게 이 책이 (평생의 과제인) 사람 공부에 도움을 주기를 바란다.

이천년 유월

춘천에서 홍 숙 기

성격심리(상)

차　례

표 차례

그림 차례

글상자 차례

제**1**부

서   론

이 책에 나오는 이론과 연구들을 독자들이 잘 이해하고 평가할 수 있도록 개념적·방법론적 배경을 제공하기 위하여 1장에서는 우선 성격 개념, 성격 분야를 소개한 후 이론들의 효용과 구성, 내용과 쟁점들을 정리한다. 이어 2부부터 나올 다섯 가지 이론 방향 ─정신역동, 인본주의-현상학, 성향-생물학, 행동주의-학습, 인지-정보처리─ 을 제시하고 과학적 성격심리학에서는 이론의 주장들이 경험적 연구를 통해 검증되어야 함을 강조한다.

경험적 연구를 한다는 것은 사색이나 논쟁이 아니라 체계적 행동관찰, 자료 수집에 의하여 사실들을 확인한다는 것이다. 2장에서는 성격에 대해 자료를 수집하는 사례연구, 상관연구, 실험연구 세 접근을 소개한다. 이들은 모두 장단점이 있기 때문에 가장 이상적인 연구책략은 하나의 현상 또는 주제를 다양한 방법들을 사용해 연구하는 것이다.

제 1 장

성격의 연구: 이론적 접근

우리 모두는 나름의 성격이론을 가지고 있는 성격심리학자라 할 수 있다. 주위에서 일어나는 일을, 특히 가깝거나 중요한 사람들의 행동을 예측하지 못한 다면 살아 나가기 힘들 것이다. 따라서 우리는 세상에 대한, 특히 사람에 대한 이론을 만들며 경험을 통해 이론을 고치고 다듬어 간다. 이를테면 경험은 우리 에게 말과 행동이 다른 사람을 경계하라고 가르쳐준다. 순수하고 양심적, 지성 적이라고 믿었던 친구가 하찮은 이익이 걸려 있는 일에서 야비하고 이기적으로 행동하는 모습을 볼 때, 우리는 말만 믿지 말고 오랜 시간을 두고 행동을 관찰 해보아야 함을 깨닫는다. 나아가 '거짓'이나 '위선'의 징표들에 예민해진다.

좋은 성격이론은 행동을 예측하고 이해하는 데 도움을 준다. "그 애는 내 가 누구보다 잘 알아"라고 장담할 때 우리는 그 친구가 이런저런 상황들에서 어떻게 생각하고 반응할지를 예언하는 것이다. 나아가 그 친구가 왜 그런 사람 이 되었는지를 설명도 한다. 우리는 이를테면 "무서운 아버지와 불쌍한 어머 니"에게서 자라난 장남이 어떤 사람이 되는지를 안다고 믿는다. 우리의 믿음 (예언, 설명, 이론, 가설 등)은 맞을 수도, 틀릴 수도 있다. 경험과 관찰을 통해 자 신의 예언이나 설명이 틀렸다는 것을 알게 되면, 우리는 이론이 틀렸거나 불충 분한가를 생각해보고 수정 또는 보충을 한다. [물론 '자료'에 문제가 있었을 수도 있다. 본인의 진술('자기보고')이 자료였다면, 그 말을 얼마만큼 믿을 수 있을까? 행동을 직접 관찰했다면 그것의 상황맥락을 고려했나?

우리가 일상생활에서 하는 이런 관찰, 추리, 설명, 이론검증 등은 성격심리학자들이 하는 일과 근본적으로 다름이 없다. 일반인이나 전문 학자들이나 모두 인간 삶에 대한 이론적 설명들을 하고 행동을 예측하는 법칙들을 개발한다. 차이가 있다면, 과학자들은 이론을 말과 글로 발표하고, 용어들을 더 분명히 정의하고, 예측들이 맞는지를 평가하기 위해 체계적 연구를 수행한다는 것이다. 이 장에서는 이론이란 무엇이며 완전한 성격이론은 어떤 내용을 포괄해야 하는지, 이론들의 가치를 어떤 기준들로 평가하는지에 관해 공부하기로 한다.

왜 성격을 공부하는가?

성격교과서를 사 읽거나 성격 강의를 신청하는 사람들은 사람에 대해, 자기 자신에 대해 알고 싶은 게 많은 사람들일 것이다. 사람을 모르고 자기를 모르면 우리는 사회적 동물로서 일상생활을 잘해 나갈 수가 없다. 사회생활 경험이 쌓일수록 우리가 모르는 것, 알고 싶은 것은 많아진다. 사람들은 어떤 식으로 그리고 왜 그렇게 다른가? 한 부모에게서 태어나 자란 형제들이 —서로 닮기도 했지만— 왜 그렇게 하는 짓이 다른가? 남자와 여자는 생각하고 행동하는 방식이 어떻게 그리고 왜 다른가? '졸부'들의 공통점은 어디서 나오는 것인가?

이런 의문들은 한가할 때 샘솟는 단순한 호기심이 아니라 나날의 생활에서 답해야 하는 물음들이다. 우리에게 중요한 사람일수록 그의 행동에서 질서 —일정한 패턴— 를 인지하고 행동을 예측할 수 있어야 적절하게 반응·대처할 수 있다. 가장 가깝고 중요한 사람은 우리 자신이므로 무엇보다 우리는 자신이 어떤 사람인지, 왜 이런 사람이 되었는지를 알고 싶다. 어쩌다가 엉뚱한 행동을 저질러버리고는 "내가 미쳤었나?" 하고 당황해본 경험은 누구에게나 있을 것이다. 자신의 행동을 예측하지 못하거나 설명·이해하지 못한다고 느끼면 우리는 몹시 불안해진다.

개인 성격에 대한 이러한 호기심은 시대적 현상일 수도 있다. 미국 심리학자 Sampson(1989)은 우리가 오늘날 사용하는 성격 개념이 근대에 들어와서야 나타났다고 본다. 근대 이전에는 계급(예, 양반-상인), 성별, 역할(예, 부모-자식) 등이 정체를 규정해주었고, 그런 역할들을 떠난 삶은 생각할 수 없었다. 근대화와 더불어 집단의 구속력이 약해지면서 사람들은 점차 "나는 진정 누구인가?" "저 사람(가족, 친구 등)은 진정 어떤 사람인가?" 하는 물음을 던지기 시작했다. 위에서 자신에게 중요한 사람들의 행동을 예측하는 것이 성격에 관심 갖는, 성격이론을 발전시키는 이유라고 했거니와, 사회적 역할에 의해 자신이나 중요한 타인들의 행동이 충분히 예측·이해·설명된다면 구태여 개개인의 '성격'을 물을 필요가 없는 것이다.

성격 개념을 근대화와 연결짓는다면, 서구에서는 200년가량 되었다는 이 개념의 역사는 우리나라에서는―19세기 말 20세기 초에 외세 침략으로 근대화가 시작되었다고 한다면― 100년 남짓밖에 되지 않았다고 할 수 있다. 나아가, 우리 사회가 아직도 집단주의(collectivism)에 물들어 있다면(조긍호, 1999, 이 책 8장 참조) 성별, 각종 '연'(혈연, 지연, 학연)이 '행동의 예측과 설명'에 아직도 중요하고 그 대신 개인 성격에 대한 관심은 개인주의가 발달한 서구보다 적을 것이다. 근래에 우리 사회에서도 성격에 대한 관심이 커졌다. 20세기 초 미국에서 산업화, 도시화, 이민, 대중교육과 더불어 급속한 사회변화를 겪으면서 '인간성 상실'을 두려워하며 나타났다는 '성격의 문화'(Culture of Personality) (Barenbaum & Winter, 2008)가 우리나라에도 상륙한 것인지 모르겠다. 상담, '힐링' 등이 유행하는가 하면 대중을 위한 성격 책들(주로 번역서)이 쏟아져 나오고 있다.

성격의 과학적 연구를 소개하려고 하는 이 책에서는 우리 자신과 타인들을 이해하는 과학적 접근에 포함된 여러 가지 문제들을 다루게 된다. 과학적 접근이 성격에 대한 모든 물음에 만족스러운 답을 주지는 못하지만 많은 물음들에 흥미로운 답들을 제시해준다. 무엇보다 사람에 대해 생각하고 탐구하는 방법을 가르쳐준다. 1부에서는 과학적 접근의 양면인 이론(1장)과 경험적 연구(2장)의 특성을 공부하게 된다. 과학적 이론에 대해 생각해보기 전에 우선 성격 분야와 성격 정의에 대해 알아보기로 하자.

성격 분야　심리학은 인간의 행동을 과학적으로 연구하는 학문 분야 —좁게는 사회과학 분야— 이다. 과학적 연구대상으로서 '행동'은 객관적으로 관찰·측정할 수 있는 행동을 의미하지만, 밖에서 관찰할 수 있는 행동(예, 말하기, 사람 때리기 등)만 포괄하는 것은 아니다. 본인만이 느끼거나 알 수 있지만 남들에게 전달 —'보고' 또는 '자기보고'(self-report)라 한다— 할 수 있는 내용도, 객관적 측정(뇌파, 혈압 등 주로 생리적 측정)이 가능한 체험들(생각, 감정 등)도 '행동'이다. 연구자의 입장에서 보면 후자 행동은 간접 관찰하는 항목들이 된다.

어떤 맥락에서 어떤 행동을 주제로 삼느냐 하는 것은 심리학 내에서도 전문 분야에 따라 다르다. 대인관계, 태도변화, 사회적 힘들의 영향 등은 *사회심리학*의 영역이고, *발달심리학*은 사람이 태어나 성장해서 어른이 되고 늙어가면서 성숙과 사회적 영향력들이 어떻게 상호작용하는가를 탐구한다. '일탈'행동, 즉 사회의 규범들에서 벗어난, 특히 본인이나 타인들의 생활과 적응에 피해를 주는 행동은 *이상심리학*의 관심사이다. *실험심리학*은 감각, 지각, 학습, 정서 같은 부분기능들을 연구하며 *인지심리학*은 사람들이 생각하고 정보처리하는 방식을 탐구한다. *성격심리학*은 여러 심리학 분야들이 교차하는 지점에 있다고 할 수 있다.

학문적 심리학 안에서, 즉 대학의 심리학과에서 성격심리학이 생겨난 해는 미국에서 Allport(1937), Stagner(1937), Murray(1938)가 책을 낸 1930년대로 잡는다. 학생들은 심리학개론 시간에 심리학이 독일 라이프찌히 대학에 심리학 실험실이 차려진 1879년에 출범한 젊은 학문이라고 배웠을 것이다. 지각, 감각 등을 실험 연구하는 '과학'으로 출발한 심리학에 성격이라는 연구주제가 발을 붙이기까지 60년 세월이 걸린 것이다. 심리학은 곧 인간 성격의 연구라고 믿는 사람들은 이 사실에 놀랄지 모른다. 행동주의 시대에 심리학은 이미 미국심리학이 되었고, 성격이라는 주제에 대한 관심과 연구는 그 전에도 활발했지만('성격의 문화', Barenbaum & Winter, 2008 참조) 심리학(과)에 성격분야 확립이 그만큼 늦어진 것이다.

심리학은 독립된 학문으로 출발할 당시에 자연과학, 특히 실험물리학을 이상으로 삼았다. 과학적 방법, 특히 실험연구에 큰 가치를 부여하였으므로 객관적으로 관찰·측정할 수 없는 행동은 연구주제가 될 수 없었다. 1920, 30년대의 급진적 행동주의는 영향력을 잃은 지 오래이지만, 과학으로서 심리학은 여전히 '방법론적 행동주의'를 신봉한다. 즉, 객관적으로 관찰·측정되는 행동만이 연구대상이 되는 것이다. 사회학, 정신의학에서도 성격 주제를 많이 연구했지만, 심리학은 '과학적 방법론'을 주장하면서 성격을 심리학의 영토로 점유하였다. 인접학문들이 집중하는 사례연구보다는 1차 대전에 이미 개발된 심리검사들의 집단 실시와 '통계처리'가 심리학적 성격연구의 주된 방법이었다(위의 글). 독자들은 2장에서 객관적 관찰, 과학적 연구의 길이 단 하나가 아니라는 것을 배우게 될 것이다.

성격 개념　　성격의 정의는 50가지가 넘지만, 여기서는 성격의 '본질'을 규정하려고 하기보다는 성격심리학자의 연구주제와 방법을 규정하는 *작업 정의*(working definition)를 두 가지 소개하기로 한다.

우선 Pervin과 John(1997, p. 4)은 성격을 "감정, 사고, 행동의 일관된 패턴들을 설명해주는 그 사람의 특징들"이라고 정의내린다. Liebert와 Liebert(1998, pp. 5-6)의 정의는 다음과 같다.

성격은 한 특정한 개인의 (신체적, 심리적) 특징들의 독특하고 역동적인 조직으로서, 이 특징들은 사회적 및 물리적 환경에 대한 행동과 반응들에 영향을 미친다. 이 특징들 중에서 어떤 것들은 그 특정인에게 전적으로 독특하고(기억, 습관, 버릇 등) 어떤 것들은 소수 또는 다수 또는 모든 타인들과 공유된다.

위의 정의들에서 "그 사람의 특징들," "독특"(unique)이라는 말은 *개성*과 개인차를 말하고, "감정, 사고, 행동," "신체적·심리적 특징들," "사회적 및 물리적 환경에 대한 행동과 반응들"은 어느 특정한 부분기능들이 아닌 *전인*의 기능에 초점이 있음을 나타낸다. 감정, 사고, 행동 또는 신체적·심리적 특징들은 "일관된 패턴"을 보이며 "조직"되어 있다. 즉, 부분기능들이 서로 상관없이 동떨어져 존재하는 것이 아니라 하나의 기능체계로 조직되어 있고, 이 "조직(화)"(organization)은 "독특하고 역동적"이다. "역동적"(dynamic)이란 고정되어 있지 않고 변하고 움직인다는 뜻이다. 개성, 즉 독특함은 부분 특징들에서보다는 그것들의 패턴이나 조직(화)에서 더 분명히 나타난다.

　　Liebert와 Liebert는 성격심리학자들이 개인차와 개성뿐만 아니라 *집단차이* (외향적인 사람들의 특성, 남녀 차이, 동서양의 차이 등)도 연구하고 *인간 본성*이라 할 수 있는 보편적 특징들에도 관심 둘 수 있음을 지적한다. 그렇다 해도 성격 개념의 고유영역 또는 초점은 **개인차**라고 할 수 있다. 같은 상황에서 여러 사람이 서로 다르게 행동한다든지, 사람마다 전형적으로 처하는 상황이 다를 때 (예컨대, 어떤 사람은 번번이 사기를 당하는가 하면, 어떤 사람은 한 번도 그런 일을 안 당한다) 우리는 '개인차'를 보는 것이다. 이 차이가 계속 나타나면(일관성 또는 안정성) 우리는 '성격'을 말하기 시작한다.

성격의 이론들

　　심리학의 한 분야로서 성격심리학은 주제 영역의 과학적 연구를 추구하며, 따라서 성격의 이론들도 구조와 내용 양면에서 일반인들의 사적, 비공식적, 내현적 이론들과 구별되는 논리와 체계, 넓이와 깊이를 갖추어야 한다. 우선 과학적 이론으로서 인정받으려면 어떤 기본요건들이 필요한지부터 알아보자.

이론의 구성과 효용

　　과학의 궁극적 목표는 *이론*이다. 과학적 이론이란 하나의 설명이지만, 모든 설명이 과학적 이론인 것은 아니다. 한 사람에게서 감정, 사고, 행동의 일관된 패턴들을 관찰하고 어떤 성격특징들을 추리할 때 우리는 이미 (과학적이지는 않다 해도) 이론 또는 가설을 내놓는 것이다. 일반적으로, 성격이론들은 상황·환경의 특징들이 아니라 그 사람 자신의 변하지 않는 특징들을 가지고 감정, 사고, 환경의 일관된 패턴들을 설명하려고 한다. 인간은 복잡한 존재이므로 성격이론은 그 수가 엄청나게 많다. 내용과 형식의 차이에도 불구하고 이 이론들이 학문공동체에서 인정받으려면 몇 가지 공통조건을 충족시켜야 한다.

이론의 구성　　과학적 이론은 이론적 구성개념과 관계명제라는 두 가지 요소로 구성된다. **구성개념**(construct)은 이론이라는 집을 짓는 벽돌이라고 할 수 있다. 우리가 일상생활에서도 많이 쓰는 개념들인 원자, 에너지, 유전, 자연도태 등은 모두 이론적 구성개념이다. 성격심리학에서는 불안, 자아, 내·외향성 등이 대중에게 친숙한 구성개념이다. 물론 '성격' 자체도 구성개념이다. 이론적 구성개념들은 관찰결과들을 기술·설명하기 위해 지어낸 개념들이며, 그런 의미에서 이들을 '가설적 구성개념'이라고도 부른다. 그들은 보거나 만질 수 없는 추상적 개념들이지만, 관찰결과들의 의미 깊은 관계들을 하나로 묶어 주기 때문에 경제적이고 유용하다.

성격에서 구성개념들은 주로 행동의 개인차 관찰에서 시작한다. 병원에서 주사 맞는 사람들의 반응을 관찰할 기회가 있었는데, 주사 바늘이 들어가는 순간에 어떤 사람들은 고개를 돌려버리는가 하면 어떤 사람은 주사 바늘에서 눈을 떼지 않고 지켜보았다. 이 흥미 있는 차이가 다른 유사한 상황들(공포 또는 스트레스 상황)에서도 되풀이된다는 것을 알게 되면, (눈에 보이는) 행동 개인차로부터 (눈에 보이지 않는) 성격 차이를 추리할 수 있게 된다. 결국 나오는 구성개념은 '용기'일 수도 있고, 공포와 스트레스에 대한 '직면 대 회피 대처'일 수도 있다.

일단 구체적 관찰사실 —공식적 연구에서는 '자료'— 로부터 '추상'하게 되면, 그 개념은 서로 관계가 없어 보이던 다양한 행동들에서 의미 깊은 관계와 일관성을 보게 해준다. 의사소통에도 도움이 된다. 주사 맞을 때 반응 등 구체적 관찰들을 나열하지 않고 '용기 있는' 사람과 '심약한' 사람, 또는 스트레스에 '직면'하는 사람과 '회피'하는 사람에 대해 이야기할 수 있기 때문이다. '외향성'의 예를 들자. 어떤 대학생이 학교에서 여러 개의 동아리에 가입하고, 이런 저런 모임에 빠지지 않을 뿐 아니라 스스로 그런 모임을 주선하고, 휴일에 집에서 혼자 책을 보느니 이 친구 저 친구에게 전화하여 만난다. 그가 '외향적'이라고 말해 버리면 이 다양한 항목들이 서로 연결되어 이해가 잘 되고 입 아프게 이야기를 늘어놓을 필요가 없이 남에게 의사전달이 된다.

벽돌만 늘어놓는다고 집이 지어지지는 않는다. 훌륭한 설계도면을 가지고 그것에 충실하게 벽돌을 차근차근 잘 쌓아야 튼튼한 집이 된다. **관계명제**란 구성개념들 사이의 관계를 서술해주는 진술들—'법칙'(laws)이라고도 한다— 이다. 이를테면 외향성은 불안, 자아 등과 어떤 관계가 있을까. 외향성이 높은 사람은 내향적인 사람보다 불안을 덜 체험하고 자아상이 더 긍정적이라고 진술한다면, 바로 구성개념들 간의 관계를 명제(가설, 예언 등)로 제시하는 것이다. 좋은 이론은 자료에 의해 확인할 수 있는, 즉 경험적으로 검증할 수 있는 예언들을 생산해내는 이론이다. 경험적 검증이 가능하려면 구성개념들이 분명하게 정의되어 있어야 하고 관계명제들도 분명히 진술되어야 한다. 이를테면, '외향성'의 경우 어떤 행동들이 그 안에 들어가는지 분명하게 정의되어 있어야 하고, 관계명제들(가설이나 예언)도 어떤 식으로 검증해야 할지 이론이 분명하게 명시해주어야 한다. 따라서 좋은 이론은 많은 연구를 자극한다.

이론의 효용   구성개념과 관계명제들의 효용은 곧 이론의 효용이다. 이론들은 우리가 관찰하는 다양한 것들에 질서와 조직을 부여해준다. 앞에서 이미 언급했듯이, *조직(화)*이란 부분들이 서로 관계없이 따로 놀지 않고 서로 연결되어 하나의 기능체계를 구성한다는 것을 말한다. 이를테면, 적절한 정신병 이론은 정신분열증을 비롯한 여러 정신병적 장애의 기이한 증상들을 설명해주고 나아가 정신병에 걸리는 사람들의 연령별·성별·지역별(도시-농촌 등) 분포도, 그런 이들이 다양한 약물에 나타내는 반응들, 가족과의 과거 현재의 관계들도 설명해준다.

좋은 이론은 우리가 이미 관찰했거나 알고 있는 사실들을 의미 있는 틀 안에서 이해할 수 있게 해줄 뿐만 아니라, 어떤 현상은 무시해도 좋고 어떤 현상들은 중요한지를 선택할 수 있게 해준다. 마치 좋은 지도와도 같이 좋은 이론은 어디로 가면 무엇을 찾을 수 있을지 하는 탐색과 연구의 방향을 제시해준다. 물론 많은 것을 보고 찾을 수 있게 해주는 포괄적인 이론이 제한된 현상들만 다루는 이론보다 더 유용할 것이다. 이론을 집(건축물)과 지도에 비유한다면 좋은 이론은 튼튼하고도 쓸모 있고 아름다운 크고 넓은 집, 정확하고 자세한

광역 지도이다. 우리는 비좁은 집이나 작은 충격에도 금이 가고 무너지는 부실한 집을 물론 원하지 않지만, 이왕이면 쓸모 있고 아름다운 집을 원한다. '튼튼함'은 '쓸모'와 '아름다움'보다는 더 객관적인 기준에 따라 평가할 수 있는바, 과학적 이론의 튼튼함은 무엇보다 경험적 연구에 의해 확인된다.

성격이론의 내용

우리는 앞에서 성격심리학이 대학 심리학과에서 '간판'을 내건 해가 1930년대 말이라고 배웠다. 그러나 2부에서 성격이론을 배울 때 제일 먼저 나오는 Freud의 정신분석 이론은 그보다 3, 40년 전에 이미 발표되어 활발하게 논의되기 시작하였다. 성격*이론*이 당연히 성격*심리학*의 일부라면, 어째서 '이론'보다 '심리학'이 이렇게 늦게 나왔을까? '이론'과 '학'('과학적 연구')이 이렇게 따로따로인 것은 성격분야의 독특한 특성의 하나이다. 그 사정부터 밝혀보기로 하자.

성격이론의 기원과 특성   앞에서 말한 것처럼 심리학은 *실험*심리학으로 출발하였지만, 성격이론들의 '출신'은 *실험실*이 아니라 *임상적 실제*였다. 실험심리학자들이 신경전달 속도를 연구하고 있을 때 성격이론가는 아동기 외상(큰 상처나 충격)이 성인 적응에서 하는 역할을 탐구하고 있었나. 심리학이 정상 성인의 의식을 탐구하고 있을 때 Freud는 신경증 환자들의 무의식을 파 들어가고 있었다. 자연과학을 이상으로 한 학문적 심리학과는 대조적으로 기원부터가 실제 응용과 연결되어 있었으므로, 성격이론은 심리학의 발달에서 이단자의 역할을 한 일이 많았다. Hall 등(1985, p. 12)은 이렇게 쓴 바 있다.

> 성격이론가들은 흔히 반역자로서, 승인되는 이론과 규준적 문제들에, 기성의 연구 방법 및 기법들에 반기를 들었다. 전에 학문적 심리학의 주류 밖에 있었기 때문에, 성격이론은 학문적 심리학자들이 널리 수용한 가정들을 더 쉽게 의문에 붙이거나 거부할 수 있었다. 그러나 이 자유에는 종종 규율 결핍, 전통적 과학자들의 조직화된 진술들에 대한 관심 결핍이 따라왔다.

치료자에게 오는, 그가 이해하고 치료해야 하는 대상은 어떤 '문제'나 '행동'이 아니라 '사람' 전체이다. 치료자는 그 사람 전체를 이해해야 그의 문제나 행동을 이해할 수 있다. 따라서 임상적 전통의 성격이론가들에게는 전통적으로 *동기과정* —어떤 문제나 행동이 *왜* 나타나며 없어지지 않는가— 이 중요했고, 또 *전인*(全人, whole person)을, "자연서식처에서 기능하는 전인"(the entire functioning person in natural habitat)을 이해하는 것이 중요했다. 이런 경향은 최근까지도 동기에 별 관심이 없었고 또 지각, 학습, 기억 등 부분 기능에 집중하는 학문적 실험심리학의 경향과 뚜렷한 대조를 이룬다.

대학에서 시작한 '성격심리학'은 학문적 심리학, 순수(응용이 아닌) 분야로서, 과학적 연구를 중시한다. 또 대학에서 공부하고 가르치는 심리학자들이 내놓은 이론들은 임상 전통에서 나온 이론들보다 "체계적이고 조직화된 진술들"에 관심이 더 많다. 자유롭고 반역적인 대신 과학적 규율이 부족하다는 지적은 제도권 심리학에서 성격심리학이 확립되기 전에 나온 임상 전통의 이론들(이 책의 2부)에 해당된다. 호기심을 자극하고 의심과 생각을 자극·격려함으로써 이 이론들은 매우 많은 연구를 이끌어냈다.

성격이론의 내용　　성격심리학에서 우리는 개인들을 연구하며, 그들이 어떤 사람들인지, 어떻게 해서 그렇게 되었는지, 왜 그런 식으로 행동하는지를 알고 싶다. 글상자 1-1에 한 작가가 삼인칭으로 자기 성격을 기술·설명한 내용을 소개하였다. 이 특정 사례를 가지고 성격이론의 내용측면들을 고찰해보자.

'어떤 사람인가' 하는 것은 그 사람의 특징들이 무엇이며 그 특징들이 서로 어떻게 관계 맺고 있는가 하는 물음이다. 김영현은 자신이 단순 소박하고 밝고 낙천적인가 하면 공격적, 냉소적이기도 한데, 밝고 낙천적인 면이 '바탕', '본성'이라고 한다. 그 자신만의 독특한 특성들이 있는가 하면, 군사독재를 체험한 사람들과 공유하는 특성들이 있고, 인간 존재에서 비롯되는 특성들도 있다. '어떻게'란 어떤 요인들이 그의 성격을 결정했는가, 이를테면 유전과 환경 요인들이 어떤 식으로 같이 작용하여 이런 결과를 만들어냈는가 하는 물음이 된다. 김영현은 아버지, 어머니, 형제들의 성격을 기술하면서 유전과 (가정)환경 모두 자신의 성격에 영향을 미쳤음을 인정하고, 청년기부터는 군사독재 문화가 자기

글 상 자 1-1

그의 성격

다음은 작가 김영현(1955-)이 '새장 속의 새'라는 제목으로 쓴 삼인칭 자전소설에서 발췌한 내용이다(최윤 등, 1996, pp. 79-99).

어쨌든 시골 한의사인 데다 한학자이자, 약간은 허풍기 있는 이야기꾼이었던 아버지를 포함한 이런 가족들 속에서 성장한 그였고 보면 그가 단순소박하며, 양명하고, 밝고, 낙천적이며, 조금은 경박스럽기도 하지만 아름다운 품성을 지니고 있다는 점은 믿어 의심할 필요가 없을 것이다.

그런데 그에게는 그와 정반대의, 말하자면 음습하고 섬세하며 복잡한 모습이 언뜻언뜻 숨은 그림처럼 나타나는 경우도 없지가 않다. 그럴 때는 무척 날카롭고 짜증스러우며 공격적이고, 다변적이며, 냉소적이기까지 해진다.

그러나 그로 말하자면 그런 병적이고 비뚤어진 심성은 그의 본성이 아닌 것만은 분명하다. 왜냐하면 위에서도 말한 바와 같이 그는 무척 단순하고 낙천적인 환경 속에서 자기 또한 그렇게 자라왔기 때문이다. 아마 이러한 부정적 측면은 그가 세상을 살아가는 동안 지워지지 않는 때처럼 묻어서 문신처럼 안으로 깊이 배어든 것이 틀림없을 것이다. 왜냐하면 어린시절과 비교해보면 지금 그에게는 그런 어두운 측면이 더 강해졌고, 불행하게 앞으로 더 강해질지 모른다는 그런 예감이 들기 때문이다. 그에게 그런 우울한 자기초상을 그리도록 해준 것이 무어냐고 묻는다면, …지난 시절 오랫동안 우리 모두를 지배해왔던 군사독재일지 모른다고 할 것이다.

그럼에도 불구하고 그의 음습하고 복잡한 측면의 심성 형성이 모두 당국과 역사의 잘못만은 아니라는 점도 어느 정도 인정하지 않을 수가 없다. 그것은 어느 정도 그의 모계 그러니까 어머니 쪽의 성격과도 무관하지 않을 것이다.

그러나 보다 더 본질적이고 존재론적으로 그의 우울한 측면을 형성해준 그림자가 있다면 그것은 성과 죽음에 대한 인식일 것이다. 하나는 그에게 끊임없는 욕망과 죄의식을 낳게 해주었고, 다른 하나는 생에 대한 불가사의와 두려움을 갖게 해주었다.

> 그럼에도 불구하고 그가 마음의 짐을 다 벗어버리고 원래의 성격, 즉 양명하고 밝은 여름날의 햇살과 같은 바탕을 다 회복하지 못한 이유는 무엇일까. 그것은 위의 존재론적 문제에 비하면 뜻밖에도 아주 간단하다. 그것은 그가 그럼에도 불구하고 생의 목적이나 의미에 대하여 이렇다 할 특별한 무엇을 가지고 있지 않다는 것이다.

뿐 아니라 그 세대 사람들의 성격에 큰 영향을 미쳤다고 설명한다.

'왜'는 동기의 측면이다. 영수가 돈을 벌려고 그렇게 애쓰는 이유는 무엇인가? 순이가 학교에서 일등을 한다면, 부모를 기쁘게 하기 위해서인가, 그냥 공부가 (운동보다) 재미있어서인가, 아니면 다른 애들에게 지기 싫어서인가? 철이는 만성적으로 우울한데, 무엇 때문인가? 이론의 도움을 받으면 우리는 이 성격특징이 어떻게 해서 생겨났는지, 왜 특정한 여건들에서 우울해지는지, 우울할 때 왜 어떤 특정한 방식으로 행동하는지를 이해할 수 있다. 이를테면, 두 사람이 다 우울한데 왜 한 사람은 밖에 나가 미친 듯 쇼핑을 하고 다른 사람은 며칠이고 집에 처박히는가? 김영현은 자신의 우울함이 "오랜 군사독재의 한 증후군이자 후유증"이리라 추측한다. 또, 한때 목숨을 바쳐서라도 사랑한 대상—역사, 민중— 이 있었으나 이제는 삶의 뚜렷한 목적이나 목표가 없어졌다고 말한다. 임상적 전통의 이론들에서는 정신병리나 치료도 중요한 내용을 이룬다. 김영현은 자신이 편집증 증세가 약간 있기는 하지만 괴팍하다거나 광적이지는 않고, "기(氣)가 머리끝까지 뻗댈 때"는 말이 많아지기도 하고 남들에게 모욕을 주기도 하지만 심각하지는 않다고 본다.

좀더 체계적으로 보자면, 완전한 성격이론이 포괄해야 하는 영역들은 다음 다섯 가지라고 할 수 있다.

- 구 조 성격의 기본 단위들(예, 반응, 습관, 특성, 유형)
- 과 정 성격의 역학과 동기(예, 긴장감소, 성숙과 자기실현)
- 성장과 발달 개인차와 개성의 발달(예, 유전과 환경의 영향력, 환경 요인들로서 문화, 사회계층, 가족)
- 정신병리(이상행동) 성격 기능장애의 본질과 원인들

• 변화(치료)　병적인 행동들을 변화시키는 방법

물론 완전한 이론은 없으며, 한두 영역에 집중하는 대신 다른 영역들은 소홀히 다루는 경우가 많다. 완전할수록 좋지만, 집의 쓸모에 비유하자면 집이 크고 방이 많다고 꼭 쓸모 있는 집은 아니다. 사용자의 생활양식에 따라서 어느 방(거실 또는 침실, 애들 방)이 특히 중요할 수 있다. 포괄적이라는 의미에서 완전하다는 것이 꼭 이론들의 영향력과 비례하지도 않는다.

성격이론의 주요 쟁점들[1]

성격이론들이 구조, 과정, 발달, 병리, 변화를 어떻게 제시하느냐 하는 다양성은 다음 몇 가지 쟁점들에 대한 이론가의 태도와 연관이 된다.

인 간 관　성격이론들에는 인간은 근본적으로 어떤 존재이냐 하는 철학이 밑에 깔려 있다. 인간은 합리적인가 비합리적인가? 즉, 판단하고 선택하고 결정내리는가, 아니면 자신도 모르는 힘들에 의해 움직여지는가? 또는 인간은 외부의 자극들에 자동적으로 반응하는 기계인가, 아니면 정보를 처리하는 정교한 컴퓨터인가? 아니면 의미를 찾는 실존적 존재인가?

한 이론 밑에 깔린 인간관은 그 이론가의 개인적 생활경험들과 더불어 그가 활동한 시대의 사상적·문화적 전통을 반영한다. 즉, 과학적 증거와 사실들에 토대를 둘 때도 개인적·문화적 요인들의 영향 때문에 이론가들이 어떤 사실들은 더 강조하고 어떤 사실들은 무시하게 되는 선택적 경향이 생기는 것이다. 예컨대, 컴퓨터의 급속한 발전은 인간이 컴퓨터처럼 '정보처리'를 하는 존재라는 인간관을 가져왔다('인지혁명').

내적 원인인가 외적 원인인가?　인간의 행동과 성격은 (심리적, 생물학적) 내면 과정들에 의해 결정되는가 아니면 외부 사건들에 의해 결정되는가?

---

1) 이 절과 다음 절의 내용은 Pervin과 John(1997)의 1장을 많이 참고하였다.

모든 성격이론이 내면의 요인들과 환경의 조건·사건들이 모두 중요하다는 것을 인정하지만, 어느 쪽을 더 중시하느냐 하는 데는 차이가 있다. Freud와 Skinner가 양쪽의 극단을 대표한다. Freud는 우리가 자신이 모르는 내면의 힘들에 지배된다고 보고, Skinner는 환경조건들이 사람의 행동을 결정한다고 본다. '생물학의 세기'에 성격심리학에서도 생물학적 성향과 과정들을 강조하는 분야들(진화심리학과 행동유전학)이 인기를 끌고 있다.

전통적으로 성격심리학자들은 추동, 성격특성 등 내부 요인들을 강조해왔다. 1968년에 사회학습 이론가 W. Mischel이 이런 경향을 비판하면서 안정된 내적 구조들이 아니라 외적 환경조건들이 사람의 행동을 결정한다는 주장을 펼쳤다. 이어 불붙은 *개인-상황 논쟁*(person-situation controversy)은 70년대 말에 가서는 두 요인이 다 중요하며 서로 상호작용한다는 쪽으로 결론이 지어졌다. 진화심리학과 행동유전학이 행동의 생물학적 결정요인들의 중요성을 강조하면서 개인 속의 무엇이 상황 안의 무엇과 어떻게 상호작용하는가에 관한 논쟁이 매우 치열하게 전개되고 있다.

시간적 연속성　　떡잎을 보면 어떤 나무가 될지를 아는가, 아니면 사람은 크면서 몇 번 탈바꿈을 하기 때문에 어릴 때와 컸을 때는 연속성이 없는가? 이 편을 주장하는 이론들과 저 편을 주장하는 이론들이 통상 구분되지만, 성격 안정성의 쟁점은 이렇게 단순화하기 힘든 복잡한 문제이다.

우선 성격 측면에 따라 안정성이 다를 수 있다. 어떤 특징들은 연속성이 더 클 수 있고, 주변적 성격특징들은 중심적 특징들('바탕', '본성')보다 더 쉽게 변할 수 있다. 나아가, 안정성을 어떻게 정의하느냐 하는 자체가 쟁점이 되기도 한다. 똑같은 방식으로 행동해야 일관성과 안정성이 있는 것인가, 아니면 행동이 달라져도 똑같은 성격패턴이 드러나면 되는 것인가. 예컨대, 어릴 때 사납고 폭력적이었던 사람이 어른이 되어서도 여전히 공격적이지만, 이제는 공격성을 예전과는 매우 다른 방식들로 표출할 수 있다. 이 경우 공격성에 연속성이 있다고 할 것인가 없다고 할 것인가?

행동의 통일성과 자기 개념　　성격의 정의들에서 언급되었듯이, 인간의 행동에는 '패턴', '그 사람의 특징'이 있다. 즉, 인간의 생각, 감정, 행동은 서로 상관없는 반응들이 아니라 조직, 질서, 통일성을 나타내는 것이다. 무엇이 행동에 통일성을 부여하는가 하는 물음에 대한 답으로 많이 등장하는 구성개념이 *자기*(自己, '나', self)이다. 많은 성격이론들에서 이 개념이 중요한 역할을 하지만, 이를 완전히 무시하는 이론들도 있다.

전통적으로, 자기 개념이 강조된 데는 세 가지 이유가 있다. 첫째, '나'를 스스로 인식한다는 것이 주관적 체험의 중요한 측면을 나타낸다("나는 행복하다," "나는 못났다"). 둘째, '나'를 어떻게 보고 느끼느냐 하는 것이 많은 상황에서 우리의 행동에 영향을 미친다. 셋째, 위에 말한 것처럼 인간 성격의 조직, 통합된 측면들을 표현하는 데 자기 개념이 사용된다. 이것을 쓰지 않는 학자는 인간 기능의 통합적 측면을 나타내기 위한 개념을 만들어내야 하는 부담을 진다. 반면, 이 개념에 의지하는 학자는 自己를 어떤 이상한 내적 존재("내 속의 나")로 모호하게 정의한 채 내버려두지 않고 체계적 연구가 가능하도록 정의해야 한다. 즉, 성격의 통합성을 어떻게 설명할 것이며 이 점에서 자기 개념을 어떻게 쓰는가 하는 쟁점은 성격심리학자에게 중요한 문제로 남는다.

무의식의 개념　　　우리는 내면의 정신생활과 행동의 원인들을 어느 만큼 의식하며 사는가? 약물의 효과, 명상 기법 등의 연구결과들을 접하면서 대부분의 심리학자들은 인간에게 여러 가지 의식 상태가 존재한다는 사실을 인정한다. 우리가 자신의 행동에 영향 미치는 요인들을 언제나 주목하거나 의식하지는 못한다는 사실을 인정하는 것이다. 그러나 Freud의 무의식 개념은 너무 지나치며 경험적 연구가 불가능하다고 거부하는 학자들이 많다.

이 쟁점은 성격이론에 관해서뿐만 아니라 성격측정에 관해서도 중요하다. 사람들이 자기 자신에 대해 하는 이야기('자기보고')를 어느 정도 믿을 수 있는가? 자신의 내면생활에 대해 알지 못하는 부분들이 있을까? 자기개념을 가지고 말하자면, 우리는 자신에 대해 느끼는 감정들을 모두 의식하는가, 아니면 의식하지 못하는 부분들이 있는가? 예컨대, 남들이 모두 '공주병'이라고 하는 여자가 자신은 '나는 공주님'이라고 스스로 믿는다는 것을 알지 못한다. 자기의 특히 중요한 측면을 의식하지 못한다면, 자기개념을 어떻게 측정해야 하는가?

인지, 감정, 외적 행동의 관계   우리의 생각, 감정, 외적 행동은 어느 정도 서로 관계되어 있는가? 어느 하나가 다른 하나의 원인이 되나? 즉, 감정이 행동을 변화시키는가, 아니면 생각이 감정을 변화시키는가?

성격은 인지(생각), 감정, 외적 행동을 포함하지만, 모든 심리학자가 이들이 모두 연구할 가치가 있다고 여기는 것은 아니다. 급진적 행동주의는 밖에서 관찰할 수 있는 외적 행동만 강조하고 생각과 감정 같은 내적·주관적 과정들은 무시하였다. 1960년대에 심리학에서 인지혁명이 시작되자 인지적 이론들이 휩쓸면서 감정은 한동안 무시되었다. 최근에는 감정에 대한 관심이 커지고 있다. 세 기능영역 중 어느 것에 비중을 두느냐에서도 차이가 있지만 성격심리학자들은 생각, 감정, 행동 간의 인과관계에 대해서도 견해 차이를 보인다. 이를테면, 감정이 생각과 행동을 결정하는가 아니면 생각이 감정과 행동을 결정하는가?

과거, 현재, 미래의 영향력   우리는 어느 만큼 '과거의 노예'인가? 미래를 어떻게 보느냐 하는 목표와 계획이 중요한가? 물론 행동은 현재에 작용하는 요인들의 영향만 받으며, 이런 의미에서 행동의 이해에는 현재만이 중요하다. 그러나 현재는 멀거나 가까운 *과거*의 경험들에도, 가깝거나 먼 *미래*에 대한 생각들에도 영향받을 수 있다.

현재의 행동을 결정하는 데 과거가 중요한가 미래가 중요한가 하는 쟁점에서 정신분석 이론은 어릴 때 경험이 성격을 결정한다는 극단적 입장(결정론)을 취한다. 반대편의 극단에는 미래에 대한 계획을 강조하는 목적론적·인지적 이론이 있다. 그러나 중요한 것은 과거가 중요하다, 미래에 대한 예상들이 중요하다 하는 자체가 아니라, 과거 경험과 미래 예상들의 역할을 어떻게 개념화하며 그들의 영향을 현재 발생하는 일에 어떻게 연결시키느냐 하는 것이다.

이론들의 평가

지금까지 이 절에서 다룬 내용과 주요 쟁점들 양면에서 독자 자신이 가진 성격이론을 한번 서술해보라. 성격의 구조, 과정, 발달, 병리, 변화라는 주제 영역들을 어느 정도 골고루 그리고 상세히 다루고 있는가? 어떤 인간관이 밑에 깔려있는가? 내면의 과정들을 중시하는가, 환경과 상황을 중시하는가? 사람의 성격이 어릴 때 정해져서 더 이상 변하지 않는다고 믿는가, 아니면 커가면서 얼마든지 변한다고 믿는가? 행동의 통일성을 어떻게 설명하는가? 무의식이 중요한가? 생각과 감정 중 어느 요인이 더 결정적인가? '과거'는 우리의 현재를 어느 정도 지배하는가?

　　이런 물음들에 답하려고 진지하게 노력해본 독자들은 대부분 자신들의 '이론'이 명료하지 않다는 데 놀랄 것이다. 각 쟁점에 대하여 생각과 견해가 분명히 있는데 말과 글로 잘 표현되지 않는 것이다. 일상적·사적 성격이론과 과학적 이론의 가장 큰 차이가 바로 전자는 비공식적, 내현적인 데 비해 후자는 공식적, 명시적이라는 것이다. 과학적 이론들은 구성개념과 관계명제들을 분명히 밝히고 이론적 진술과 주장들을 공식적으로 발표하기 때문에, 논리적 모순이 있거나 중요한 물음들을 빼놓고 안 다루면 학문공동체에서 날카롭게 비판을 받으며 —더욱 나쁜 것은— 무시당한다. 학문공동체는 이론적 비판만 할 뿐 아니라 경험적 연구를 통하여 이론의 진술들의 적합성을 검증한다.

　　객관적 평가 기준들　　　앞에서 우리는 이론이 기존의 정보를 조직화해주고 새로운 사실들을 예측, 탐색하게 해준다고 언급한 바 있다. 이런 기능을 효과적으로 수행하는 이론이 훌륭한 이론이라 할 수 있다. 성격이론의 가치를 평가하는 기준들로서 포괄성, 절약(단순성), 연구 관련성 세 가지가 흔히 논의된다. 앞의 둘은 이론의 조직화 기능에, 세 번째는 이끌어주는 기능에 관계된다.

- **포괄성**　　좋은 이론은 다양한 자료를 포괄하고 설명해준다는 점에서 포괄적이다. 그러한 이론은 앞에서 논의한 주제영역들(구조, 과정 등)을 모두 포함한다. 설명할 수 있는 현상들의 수량만 중요한 것은 아니다. 그 현상들이 인간 성격 이해에 중요한가 하는 점도 질문해야 한다. '중요성'은 물론 주관적 판단이다. 감정세계가 중요하다고 생각하는 사람에게는 행동주의 이론이 충분히 포괄적이지 않을 것이다.
- **절 약**　　좋은 이론은 다양한 현상들을 더 적은 수의 구성개념 및 관계

명제들을 가지고 내적으로 일관성 있게 설명할 수 있다. 중요한 행동측면마다 다른 개념을 쓰거나 서로 모순되는 진술들을 하는 이론은 좋지 않은 이론이다.

- 연구 관련성   이론은 참이거나 거짓이지도 않고, 옳거나 그른 것도 아니다. 다만 행동을 예측·설명하는 데 쓸모가 있거나 없다. 좋은 이론은 *유용한* 이론이며, 이는 '용도'에 따라 어느 이론이 좋은 이론인가가 정해진다는 뜻이 된다. 성격심리학에서 이론의 본질적 용도는 감정·사고·행동 패턴의 예측과 설명이며, 한 이론이 이를 얼마나 잘 해내느냐 하는 것은 '연구'(research)를 통해서 판명난다. 그러려면 우선 연구가 가능해야 한다. 더 구체적으로는 그 이론에서 경험적으로, 즉 관찰을 통해 검증할 수 있는 가설들을 이끌어낼 수 있어야 한다. 좋은 이론은 경험적 연구를 통해 맞는지 틀리는지 확인될 수 있는 내용을 담고 있다.

주관적 평가 기준들   이제 독자들은 과학적 이론은 어떤 구성을 하고 있으며, 완전한 성격이론은 어떤 내용들을 담아야 하는지를 알게 되었다. 좋은 이론은 포괄적이고도 단순하며 연구를 자극하는 이론이라는 것도 배웠다. 과학적 이론, 완전한 성격이론, 좋은 이론은 어떤 특성들을 갖추어야 하는지를 배웠으므로 독자들은 2부부터 나올 이론들을 비판적으로 받아들일 수 있는 준비가 되었다.

독자 마음에 드는 이론이 꼭 과학적이며 완전하고 좋은 이론은 아닐지 모른다. 아마도 주요 쟁점들에 대한 독자 자신의 견해 때문에 어떤 이론은 좋고 나쁘고를 떠나서 시시하게 느껴지고 어떤 이론에는 아주 매력을 느끼게 될 것이다. 앞에서도 언급했듯이, 좋은 집·이론은 튼튼하며 쓸모 있고 아름답다. 어떤 구조가 쓸모 있고 아름다우냐 하는 판단에는 개인 취향이 작용할 수밖에 없다. 어떤 사람들은 체격(뚱뚱하고 마름, 근육질 등)과 기질의 관계에 대한 이론에 아주 흥미를 느끼겠지만, 어떤 사람들은 어릴 때 부모와의 관계의 정서적인 특질, 무의식 충동들의 복잡한 역학 등으로 성격과 기질을 설명하는 이론에 매혹당할 것이다. 또 다른 사람은 그렇게 먼 과거나 심층을 따져 봤자 무슨 소용이냐고 머리를 흔들면서 현재의 생각과 미래의 계획, 목표를 강조하는 이론을 좋아할 것이다.

　이제 독자들은 왜 그렇게 성격이론이 많고 다양한지를 이해할 수 있을 것이다. 탐구대상으로서 인간이 매우 복잡한 동물인데다, '진리탐구'를 한다는 학자 ―심리학자, 과학자, 교수 등― 들도 모두 사적·비공식적 내현적 성격이론을 가진 복잡하고 독특한 인간으로서 연구에 임하기 때문이다. 과학적 이론과 연구도 일반인의 (내현적) 이론과 (비공식적) 연구와 마찬가지로 그 학자의 성별, 과거와 현재의 생활경험, 사회계층 등의 영향을 받는다. [이론가들 대다수는 중산층 서구 백인 남자이며, 과거나 현재 생활환경이 주로 대학이다.] 이데올로기(좌·우, 즉 진보-보수)도 심리학과 사회과학의 이론과 연구에 영향을 미친다(글상자 1-2를 보라). 이런 규칙성들을 인지하고 나면 독자들은 앞으로 배울 성격이론들에서 이론을 내놓은 사람들의 보수 또는 진보 성향을 볼 수 있을 것이다.

글 상 자 1-2

진보-보수 이념과 심리학·사회과학 이론

　소위 좌·우, 진보-보수 이념은 정치·사회에 대한 견해에만 영향을 미치는 것이 아니라 사회과학자들이 어떤 이론을 내놓거나 좋아하는지, 어떤 연구 주제를 선택하며 결과를 어떤 식으로 해석하는지 하는 등에도 영향을 미친다. 보수냐 진보냐에 따라 인간 본성의 모습에 대한 견해, 이상적 인간상과 사회상이 표 1-1에 보는 것처럼 다르기 때문이다. 인간 성격과 생활(조건)을 비판할 때에도 이념에 따라 제시하는 해결책이 다르다. 진보주의자는 급진적 변화를, 보수주의자는 과거의 역사적 구조로 돌아갈 것을 좋아한다. 심리학에서 진보 성향의 학자들은 성격과 운명이 유전자와 능력들에 의해서가 아니라 환경과 사회구조에 의해 결정된다고 본다. 반면 보수주의자들은 사회현실과 인간성의 자연과학적 견해에서 출발하여 '자연'을 인간사회 모델로 보며 '자연'은 필요하고 존중되어야 한다고 생각한다. 따라서 사회를 고쳐나간다는 '사회공학'에 반대할 수밖에 없다.

[표 1-1] 심리학·사회과학에서 진보-보수 이념의 핵심요소들
(Beit-Hallahmi, 1995, pp. 47-48)

진보주의	보수주의
1. 선천적 인간 본성이란 없으며, 성격은 사회 환경들을 반영한다.	1. 선천적 인간 본성이 존재한다.
2. 사람들 간의 선천적 차이들, 특히 사회지위의 차이를 가져오는 종류의 선천적 차이들은 없다.	2. 선천적 소질의 차이들이 지위의 차이들을 가져온다.
3. 사람들은 합리적이다.	3. 사람들은 때로 비합리적이므로 자신에게 해로운 방식들로 행동한다.
4. 이상을 볼 때, 인간은 완성될 수 있으며 진보는 제한이 없다. 지위의 차이들은 기회 평등이 없애줄 것이다.	4. 사회 진보는 착각일 것이다.
5. 진보를 보장하기 위해 기존의 사회제도들을 바꾸거나 없애야 한다.	5. 사회공학은 역사적 집단·개인 정체들에 해를 입힌다.

성격에 대한 다섯 가지 이론적 접근방향: 개관

지금까지 발표된 성격이론들은 50개가 넘지만 성격개론서에서 이들은 통상 몇 개의 무리로 분류하여 제시된다. Pervin과 John(1997)은 정신역동, 현상학, 특질, 학습, 인지, 사회인지, 인지-정보처리의 7가지 범주로 나누어 이론과 연구들을 제시하였다. Liebert와 Liebert(1998)는 이론들을 정신분석, 성향, 환경론, 표상의 네 책략으로 분류하였다. 이론이 아니라 연구주제 중심으로 저술한 Pervin(1996)은 연구에 대한 접근법에 따라 임상, 상관, 실험적 전통의 이론들을 구별하였다. 이 책에서는 정신역동, 인본주의-현상학, 성향론, 행동주의-학습, 인지-정보처리의 다섯 가지 접근방향으로 범주화하여 성격이론들과 연구들을 제시하기로 한다.

이론적 접근들의 개관

　다섯 가지 접근방향은 시기적으로 겹치는 부분이 많지만, 앞에서 뒤로 갈수록 대체로 더 최근에 나온 것이다. 중심적인 연구 방법들로 보면 앞의 두 접근은 *임상적* 연구 전통을, 성향론은 *상관*연구 전통을 따르며, 뒤의 두 접근방향에서는 *실험*연구가 주된 방법이다. 즉, 앞에서 뒤로 갈수록 '임상적 전통'이 '학문적(실험적) 전통'으로 바뀌는 것이다. 이를 다른 말로 하면, 뒤로 갈수록 의사들이 아니라 대학 심리학과에서 정규 교육을 받은 심리학자(주로 교수)들이 성격심리학을 장악하게 되었다는 뜻이 된다. 한 방향에 들어가는 이론들은 성격에 접근하는 기본적 가정이 비슷하며 초점 맞추는 행동측면들도 대체로 비슷하다. 그러나 다섯 가지 방향이 서로 깨끗하게 구별되는 것은 아니고 서로 겹치고 공유하는 요소들이 적지 않다.

　정신역동 접근　　정신역동(psychodynamics)이란 마음(psyche)이 고정되어 있기(static)보다는 움직임(dynamic)을 뜻한다. 일반 대중에게 가장 잘 알려져 있을 성격이론인 Freud의 정신분석 이론이 대표적이다. 이 접근에 기본이 되는 가정은 우리 자신도 모르는 힘들이 우리를 움직인다는 것이다. 이 힘들이 무엇이냐 하는 점에서는 이론마다 차이가 있지만, 정신역동적 이론들은 그러한 무의식적 '추동'(drive)에 초점을 맞춘다.

　인본주의-현상학 접근　　현상학적 이론들의 기본 가정은 자기 자신, 타인, 세상을 어떻게 지각하고 해석하느냐에 따라 우리의 생각, 감정, 행동이 달라진다는 것이다. 그런 점에서 이들을 '인지적' 이론들이라고 부른다. 인본주의적 이론들은 성장, 성숙, 자기실현을 강조한다. 인본주의를 현상학에 붙여서 제시하는 이유는 현상학적 접근을 대표하는 C. R. Rogers의 이론이 인본주의적 색채가 강하기 때문이기도 하고, 현상학과 인본주의 모두 그 당시(1940, 50년대)에 성격심리학 분야를 지배하던 정신분석과 행동주의를 반대한다는 공통점이 있기 때문이다.

성향-생물학 접근   성향 이론들의 기본 가정은 성격이 일군의 안정된 특성들(특질)로 구성되며, 개인들은 각 특질을 얼마나 많이 가지느냐에 따라 다르다는 것이다. 최근에는 생물학적 관점이 들어와서 유전과 환경이 성격의 개인차 발달에 기여하는 정도에 대한 행동유전학적 연구가 활발하게 이루어지고 있다. 인간 —구체적으로 여자와 남자— 의 본성적 특질들의 진화사를 추적하는 진화심리학도 큰 주목을 받고 있다.

행동주의-학습 접근   행동주의적 이론들은 성격이 외적, 객관적 환경 조건들에 의해 형성된다고 가정한다. 행동주의는 그 급진적 형태에서는 "감정, 사고, 행동의 일관된 패턴들을 설명해주는 그 사람의 특징들"에 관심이 없다. '성격'이라는 구성개념의, 나아가 모든 구성개념의 필요성을 부인하고 오직 밖에서 관찰할 수 있는 반응이나 행동들, 그들이 '학습'된 환경 및 상황 조건들에만 관심을 두기 때문이다.

인지-정보처리 접근   이 범주에 속하는 이론들은 현상학적 이론들처럼 개인들이 자기 자신, 타인들, 세상을 지각·해석하는 방식에 성격이 반영된다고 가정한다. '현상학'과 '인지-정보처리'의 범주를 나눈 근거는 일차적으로 시대적인 것이다. 전자의 이론들은 50년대에 영향력을 펼친 데 비해, 후자의 이론들은 70년대부터 세력을 가지기 시작하였으며 이론적 개념화에서 '인지혁명'의 결과를 반영한다. 인지혁명의 계기는 물론 컴퓨터의 발전이었다. 현상학적 이론들이 상담-임상에 종사하는 학자들에서 나온 데 비해, 인지-정보처리 이론들은 학습 내지 행동주의 접근에서 주로 실험 연구를 하던 학자들에 의해 발표되고 있다.

성격의 과학: 이론과 경험적 연구

이 책에서는 다섯 가지 접근 방향으로 나누어 크고 작은 이론 20여 가지와 많은 관련 연구들을 소개하게 될 것이다. 이론의 숫자가 너무 많으니 어느 이론을 따라가야 할지 모를 것이라는 걱정이 생기는가?

이론의 다양성　성격이론의 숫자가 50개도 넘는 이유는 일단 탐구대상으로서 인간이 그만큼 복잡하기 때문이다. 학자들도 생활경험, 이데올로기 등에 따라 인간관이 다르고, 행동의 내·외적 원인, 시간적 연속성 등에 대한 견해가 다르다. 앞으로 가서 글상자 1-1을 다시 읽어보면 '그런데', '그러나', '그럼에도 불구하고' 등의 표현이 매우 많음이 눈에 띌 것이다. 김영현은 자기 성격에는 겉보기에 모순되는 행동특성들이 보이지만 거기에는 내·외적 원인이 모두 있으며 또 각각의 특성은 유전, 환경(가정환경부터 군사독재까지) 등 여러 요인에 의해 결정되었다고 믿는다. 그는 자기가 세월이 가면서 변하기도 했지만, 변하지 않은 '본성'도 있다고 본다.

이 하나의 성격을 놓고도, 그것의 구조, 과정, 성장과 발달, 정신병리, 변화 등을 설명할 때 어떤 방향에서 접근하느냐에 따라, 연구자의 인간관에 따라, 어떤 측면들은 강조되지만 어떤 측면들은 별로 중요치 않다고 여겨질 것이다. 이를 다른 말로 하면, 여러 다양한 방향에서 접근해 갈수록 그만큼 많은 측면들이 조명을 받는다는 것이 된다. 내적 원인을 주로 강조하는 이론을 공부하다가 외적 원인을 강조하는 이론을 공부하고, 합리성을 보다가 비합리성을 보게 된다고 생각해보라.

독자들에게 조언하자면, 선입관—과 자신의 내현적 성격이론—을 접어두고 각각의 이론을 열린 마음으로 받아들이라는 것이다. 비판은 나중에 해도 늦지 않다. 한동안이라도 그 이론의 신봉자가 되어 그 안경을 쓰고 자기 자신과 타인들의 성격과 행동을 서술, 이해, 설명하려고 노력해보라. 그렇게 푹 빠져보면 그 이론을 더 잘 이해할 수 있을뿐더러—다음 이론으로 넘어가 이제는 그 안경을 쓰고 세상을 볼 때—그 이론의 한계를 더 분명하게 인식, 비판할 수 있다. 그러면 성격 공부, 사람 공부가 재미있고 충실해진다.

이러한 긍정적 태도에 상반되는 부정적 태도는—그 극단적 형태에서—이론이 그렇게 많고 저마다 자기가 옳다고 싸워대니 어느 편을 따르겠느냐, 이론이 무슨 소용 있느냐 하는 체념이다. 더 적극적으로 이론을 부정하면, 선입관 없이 '있는 그대로' 사람을 보는 태도를 옹호하게 된다. 그러나 선입관(해석학에서는 '선이해'라 한다) 없는 이해, '무이론'(no theory)이란 없다. 이론이 없다는 것은 곧 주관적인 내현적 이론의 지배를 받는다는 것이다. 일상생활에서든 학문의 세계에서든 자신과 남들의 행동을 예측하고 설명할 때 우리는 이론의 도움을 받는다. 이때 좋은 이론은 우리가 관찰하는 단편들을 의미 있는 전체들로 조직해주며, 중요한 것과 무시해도 좋은 세부를 구별하게 해준다.

경험적 연구　　앞에서 여러 번 지적한 것처럼, 사적·비공식적인 성격 이론보다 공식적·과학적 이론이 우월하다면, 후자에서는 구성개념과 관계명제들, 즉 이론적 진술들이 말과 글로 발표되기 때문이다. 이론이 숨어 있지('내현적') 않고 나와 있으면('외현적', '명시적') 모순이나 오류들이 자신이나 남에게 훨씬 잘 보인다. 예컨대, 우리는 비슷한 사람끼리 어울리는 것을 보고 "유유상종"설을 내놓고 그것이 들어맞는 사례들을 몇 가지 늘어놓는다. 반대되는 사람들이 서로 좋아하는 것을 보고는 "극과 극은 통한다"는 설을 내놓고 또한 입증자료를 끌어온다. 이론이 명시되어 있으면 이런 모순들이 눈에 보이게 되어, 가령 언제는 '유유상종'이고 언제는 '극과 극'인지를 밝힐 수 있다.

　그러나 과학적 이론이 갖는 결정적 우월성은 이론적 진술들이 체계적 경험적 연구를 통하여 검증된다는 사실에 있다. 일상생활에서도 경험에 터하여 이론적 설명들을 평가하고 예측들을 검증하지만 자료 수집과 결과 해석을 객관적, 체계적으로 하는 일은 드물다. 예를 들어 '유유상종'설을 검증할 때 그것에 들어맞는 사례들만 '자료'로 제시하며 그렇지 않은 사례들은 고려하지 않는다. 또 '유유'(유사함)와 '상종'(친함)을 어떻게 정의하는지도 명시하지 않는다. 과학적 연구에서 중요한 것은 관찰, 자료수집 절차를 남이 반복할 수 있어야 한다는 것이다. 과학자들은 경험적 연구를 통하여 이론들을 확장·수정하며 어느 이론이 더 적절한지를 평가한다. 물론 이것이 가능하려면 이론들이 '연구 관련성'이 있어야 한다. 경험적 연구를 통해 검증하기 힘든, 즉 연구 관련성이 적은 이론은 '비과학적'이라고 평가된다.

　이 책의 2부부터 독자들은 많은 흥미 있는 성격이론들과 더불어 관련된 다양한 경험적 연구들을 보게 될 것이다. 성격심리학자들이 연구에서 사용하는 자료와 방법들은 매우 다양하다. 다음 장에서 이 방법들을 공부하게 될 것이다.

▌요 약▌

01 우리 모두는 인간 행동을 예측·설명하기 위해 노력하는 성격심리학자들이다. 일상생활에서 쓰는 숨은 사적·비공식적 이론을 **내현적 성격이론**이라 부른다. **과학적 이론**은 공식적·명시적이다.

02 성격심리학은 행동, 감정, 사고의 **개인차**와 **전인**(全人)에 관심을 둔다는 점에서 여러 심리학 분야들이 교차하는 지점에 있다고 할 수 있다.

03 이론들은 우리가 관찰하는 수많은 단편들에 질서와 조직을 부여해주며 '중요한' 사실들에 주의를 기울일 수 있게 해준다. 따라서 좋은 이론은 이해와 의사소통을 돕고 호기심과 연구를 자극한다.

04 성격*심리학*은 1930년대 말에야 (학문적) 심리학 내에서 독립분야로 생겨난 데 비해, 성격 분야에서 논의되는 *이론*들은 그 역사가 그보다 3, 40년 전으로 거슬러 올라간다. 성격이론들은 그 기원이 (학문적 심리학의 중심인 실험실이 아니라) 임상 전통에 있기 때문에, 동기를 강조하고 "자연 서식처에서 기능하는 전인"의 이해를 강조하게 되었다. 완전한 성격이론이 포괄해야 하는 내용 주제들은 성격의 구조(기본단위), 과정(동기), 발달, 병리(기능장애), 변화(치료) 등이다.

05 성격이론들의 내용은 몇 가지 주요 쟁점들에 대한 이론가들의 특징적 견해들과 관련이 크다. 인간은 어떤 존재인가, 내면 과정과 환경 조건 중 어느 요인이 더 중요한가, 사람의 성격이 시간이 지나면서 변하는가, 개인 행동의 통일성을 어떻게 설명하는가, 무의식이 얼마나 중요한가, 인지·감정·행동의 관계를 어떻게 보는가, 과거 경험의 영향력이 얼마나 큰가 하는 등이 성격이론들의 주요 쟁점들이다.

06 이론은 참이거나 거짓, 옳거나 그른 것이 아니라 유용하거나 유용하지 않다. 유용한 이론, 즉 좋은 이론은 넓은 범위의 중요한 현상들을(**포괄성**) 상대적으로 적은 수의 구성개념들을 가지고 내적으로 일관성 있게 설명해주며(**절약**), 경험적 연구를 자극한다(**연구 관련성**).

07 이 책에서는 심리역동, 현상학-인본주의, 성향-생물학, 행동주의-학습, 인지-정보처리의 다섯 가지 접근방향으로 범주화하여 성격이론들과 연구들을 제시하게 된다.

08 성격이론들의 수가 많고 또 서로 상반되는 주장들을 늘어놓는다고 해서 이론 자체를 포기하려고 들면, 행동의 예측과 설명에서 그리고 경험적 연구에서 숨은('내현적') 주관적 성격이론의 지배를 받는 결과가 된다. 과학적 이론들은 명시적이기 때문에 논리적 모순을 피할 수 있고, 경험적 연구를 통해 검증·확인·수정되고 다른 이론들과 비교·평가될 수 있다.

제 2 장

성격의 연구: 경험적 접근

앞 장에서 우리 모두 일상생활에서 나름의 이론을 가지고 인간의 행동을 관찰, 예측, 설명하는 성격심리학자라는 사실을 알게 되었다. 아울러 공식적 과학적 심리학은 체계적 경험적 연구를 통해 이론적 예측과 설명들을 검증한다는 점에서 사적, 비공식적인 일상적 성격심리학과 다르다는 사실도 깨달았다. 이론은 어떤 문제들이 연구할 가치가 있는지를 알려주며, 연구는 이론이 얼마나 적절한지, 어떻게 확장 또는 세련될 수 있을지를 말해준다. 연구 없는 이론이란 주관적인 견해에 지나지 않으며, 이론 없이 연구만 뇌풀이한다는 것은 의미 없는 사실 수집일 뿐이다.

경험적으로 연구한다는 것은 사색이나 논쟁이 아니라 *체계적 행동관찰*에 의하여 사실들을 확인한다는 것을 의미한다. 미리 정한(시간, 장소, 조건 등) 방식들로 행동을 관찰, 측정, 또는 기록하는 것이다. '행동'은 직접 관찰할 수도 있고 간접적으로, 즉 행위자 자신의 관찰('내성')과 보고에 의지하여 관찰할 수도 있다. 바로 아래에서 예시되듯이, '외적 행동'(예: TV시청, 폭력행위)도 행위자의 자기보고에 의지해 측정하는 일이 많다.

연구(research)란 행동을 체계적으로 관찰하여 자료를 수집하는 행위이지만, 연구의 실제는 물론 훨씬 복잡하다. 어떤 행동을 관찰할 것인지 하는 '변인'들(바로 아래에서 설명된다)은 많은 경우 이론에서 나온다. 관찰하는 방법, 자료의 종류, 자료의 처리와 통계적 검증법 등은 매우 많고 다양한데, 이들은 모두 '연구방법론'의 주제에 포괄되는 문제들이다. 마지막으로 연구보고서 또는 논문을 쓰는 단계가 있다. 보고서나 논문으로 —학회에서 구두로, 학회지에, 학위논문으로— 발표하지 않으면 그 사람은 연구를 한 것이 아니다.

연구방법론이 딱딱하고 재미없다는 학생이 많지만, 알고 싶은 (연구)문제의 답을 찾기 위해 절차를 밟아 가는 일은 의외로 흥미진진하다. 이 장에서는 독자들이 2부부터 소개되는 경험적 연구들을 쉽게 이해할 수 있도록 아주 기본적인 연구방법론을 소개한다. 관심 있는 독자는 방법론 전문도서를 참고하기 바란다. 성격이 독자적 심리학 분야로 인정된 것은 1930년대에 들어와서였지만, 경험적 성격연구는 그 이전부터 수행되었고 연구의 방법들도 과학으로서 심리학이 출범한 19세기 말로 거슬러 올라간다. 이 장에서는 성격연구에 대한 경험적 접근을 사례연구, 상관연구, 실험연구로 나누어 서술한다. 세 연구접근은 모두 행동을 체계적으로 관찰하는 방법들로서, *어떤* 행동들을 관찰하느냐, *직접* 관찰이냐 *간접* 관찰이냐, 어떤 상황이나 *세팅* 속에서 관찰하느냐 하는 등에서 다를 뿐이다.

세 가지 연구접근: 개관

사례연구에서는 한 개인의 행동을 상세하게 서술하며, 상담 및 치료장면에서 많이 행해졌기 때문에 이를 *임상적 연구*라고도 부른다. **상관연구**에서는 한 집단의 사람들을 같은 조건 아래서 관찰하여 여러 변인들 간의 관계를 확인한다. '변인'이란 양적, 질적으로 다양한 값을 가지는 개인 또는 환경의 특성을 말한다. 나이, 성별, 사회경제적 지위 등은 사회과학적 조사연구들에 많이 등장하는 (인구통계학적) 변인들이며, 심리학에서는 이 밖에 부모의 양육방식(민주적, 권위적 등), 심리적 특성들(지능, 불안 등), 행동들(흡연, 공격 등)이 변인으로 많이 등장한다. 상관연구에서는 변인들을 *측정*만 하는 데 비해, **실험연구**에서는 변인들을 *조작*한다. 즉, 실험자는 조건들을 체계적으로 변화시키고 행동들을 관찰한다.

　　각 연구접근의 특징, 장단점 등을 자세히 서술하기 전에, 하나의 연구물음을 예로 들어 세 연구법을 비교해보자.

예시적 연구주제: TV폭력과 공격행동

　　텔레비전에서 폭력을 많이 보는 아이들은 실제로도 공격적 행동을 하게 되나? 이 물음은 폭력시청이라는 변인과 공격행동이라는 변인의 관계에 관심을 둔다. 똑같은 물음을 어떻게 다양하게 접근하여 연구할 수 있을까.[1)]

　　사례연구　　　우리는 신문 방송에서 십대 아동 또는 청소년이 TV에서 본 범죄를 모방했다는 보도를 심심치 않게 접한다. 10세 소년이 이웃 할머니에게 아무런 원한도 없으면서 그가 본 범죄드라마에서 나온 대로 칼로 찌르고 돈을 빼앗아 달아났다는 식이다. 이러한 사례는 TV폭력이 공격행동을 고무할 수 있다는 가능성을 제기한다. 이 소년을 면접·관찰하여 연구한다면 그의 행동 배경이 분명히 드러날 수 있다.

　　하나 또는 소수의 사례에서 출발하여 변인들 간의 관계에 대해 결론을 내리는 데는 언제나 문제가 따른다. 이 소년의 경우 아버지가 일찍 돌아가시고, 초등학교 입학 전부터 어머니가 식당에서 매일 밤늦게까지 일하는 동안 내내 혼자 시간을 보내야 했다면, 꼭 TV에서 폭력을 많이 보아서가 아니라 다른 이유로 공격적이 되었을 수 있는 것이다. 또, 학교에서는 남의 눈에 안 띄는 조용하고 얌전한 아이가 왜 옆집 할머니를 공격했을까?

　　유사한 사례들의 많은 숫자를 체계적으로 연구한다면 TV폭력과 공격행동 간의 관계가 단지 소수의 사례에 한정되어 나타나는 것이 아니라는 확신이 들 수 있다. 또, 변인들의 관계가 얼마나 강한지를 알고 싶다면 훨씬 더 많은 사례들에 대한 수량적 자료가 필요하다. 상관연구가 이런 요구들을 충족시킬 수 있다.

---

1) 이 예는 Liebert와 Liebert(1998)의 책 2장의 예를 변형한 것이다.

상관연구   대도시와 중소 도시들에 거주하는 1,000명의 중·고등학생들을 대상으로 한편에는 "빼놓지 않고 보는" TV프로를 세 개씩 적게 하고, 다른 한편에는 자신들이 해본 '반사회적 행동'들(예, 친구에게 주먹질)을 체크하게 한다 하자(0="한 번도 없다," 1="한 번," 2="두 번 이상"). "TV 전문가" 세 명이 앞서서 언급된 각 프로의 폭력성을 점수 매겨서(0-3), 각 학생에게 "폭력시청" 점수(0-9)를 준다.

이제 1,000명의 학생들에게 모두 두 개씩의 점수를 주었다. 하나는 *TV폭력* 점수이고, 다른 하나는 *반사회적 행동* 점수이다. 이 두 세트의 점수를 가지고 *상관*을 계산하면 두 변인간의 관계 방향과 강도가 하나의 숫자로 표현된다. TV에서 폭력을 많이 볼수록 반사회적 행동을 많이 하는가 아니면 적게 하는가 하는 '방향'은 + 또는 −의 부호로 표현되고, 한 변인을 알면 다른 변인을 얼마나 자신 있게 예언할 수 있는가 하는 '강도'는 숫자(0-1)의 크기를 가지고 추리한다.

연구결과(상관계수가 +0.52) 폭력을 많이 볼수록 반사회적 행동을 많이 한다는 결론이 나왔기 때문에 시민단체에서 방송사들에게 폭력장면 방영을 자제해달라고 요구한다 하자. 방송사 관계자는 TV에 나온 폭력 *때문에* 공격행동이 나온다는 증거는 없다고 반박할 수 있다. 연구결과는 두 변인 사이에 *관계*가 있다는 것을 보여줄 뿐이며, 청소년들이 TV시청 때문에 비행을 하는 것이 아니라 비행을 많이 할수록 폭력프로를 좋아할 수도 있다는 것이다. 원인-결과에 대해 좀더 자신 있는 주장을 하려면 실험연구를 해야 한다.

실험연구   실험을 하려면 '피험자'가 있어야 한다. [상관연구에서도 ―'응답자'라는 말도 쓰지만― 피험자라는 말을 쓴다.] 피험자는 실험을 '당하는' 사람이라는 의미를 띠기 때문에 미국 연구논문들에서는 이 말 대신에 '참여자'라는 말이 점점 더 많이 사용되고 있다. 이 책에서는 우리 학계의 관행을 따라 피험자라는 단어를 쓰기로 한다.

변인 측정은 있는 그대로를 알아보는 것이지만, *조작*은 변인의 상태들을 연구자가 만들어낸다는 것이다. 불안을 예로 들면, 상관연구에서는 불안에서의 개인차를 측정하지만, 실험연구에서는 높거나 낮은 불안을 만들어낸다. '폭력시청'도 상관연구에서는 개인차를 측정했지만, 실험연구에서는 폭력시청을 많이 또는 적게 하도록 실험자가 만들어야 한다.

우리의 피험자는 6-8세의 남녀 아동 30명씩이다. 이들은 서너 명씩 실험실에 와서 비디오를 보는데, 60명 중 절반은 추적, 주먹싸움, 총칼이 나오는 폭력물을, 나머지 절반은 똑같은 시간 분량의 (비폭력적인) 스포츠 경기들을 본다. 비디오를 보여주고 나서 각 피험자를 다른 방으로 데리고 간다. 그 방에는 구두상자 만한 상자가 있고 그 윗면에는 파란 스위치와 빨간 스위치가 달려 있다. 파란 스위치에는 '도움'이라는 말이, 빨간 스위치에는 '아픔'이라는 말이 써 있고, 두 스위치의 중간에 작은 흰색 전구가 달려 있다. 실험자는 이 상자 앞에 피험자를 앉히고 다음과 같은 내용의 절차 설명을 한다.

이 상자는 옆방에 있는 게임기와 전선으로 연결되어 있다. 옆방에서는 다른 아이가 곧 게임을 시작할 것이다. 게임은 핸들 돌리기인데, 시작하면 이 상자의 흰색 전구에 불이 켜진다. 그때 네가 파란 스위치('도움')를 누르면 게임기의 핸들이 쉽게 돌아가고, 빨간 스위치('아픔')를 누르면 핸들이 뜨거워져서 그 애가 손을 덴다. 스위치를 오래 누를수록 도움이나 아픔이 커진다. 흰색 전구에 불이 켜질 때마다 너는 두 스위치 중 하나를 눌러야 한다.

설명을 마치고 실험자는 방을 나간다. 불은 모두 20회 켜진다. [사실 옆방에는 아무도 없고, 피험자의 반응은 아무에게 아무 영향도 미치지 않는다.]

피험자가 '아픔' 스위치를 누르는 시간이 공격의 측정치가 된다. 실험자는 이 시간이 폭력물을 본 피험자들에게서 훨씬 길었음을 발견한다. 두 피험자 집단간의 유일한 차이는 어떤 내용의 비디오를 보았느냐 하는 것이므로, 실험자는 폭력시청이 다른 아이들을 공격하려는 태세를 높이는 원인이 된다고 결론내린다. [이 결론에 이의가 있는 독자들은 뒤에 실험법에 대해 자세히 이야기할 때까지 기다려주기 바란다.]

연구자료

위에서 우리는 기본적으로 똑같은 연구물음에 다양한 방법들로 접근한 예를 보았다. 그러나 연구접근만 다양한 것이 아니라 사용된 자료도 다양하였다. 어떤 TV프로를 좋아하느냐고 질문지로 묻는가 하면, 이상한 상자를 만들어 스위치 누르는 시간을 측정하기도 하였다. 연구란 변인들 간의 관계를 알아보기 위하여 행동을 체계적으로 관찰하여 '자료수집'을 하는 것이다. 성격심리학자가 연구에 쓰는 자료는 매우 다양하다. 앞 장에서 우리는 심리학자들이 말하는 '행동'은 밖에서 관찰되는 행동뿐 아니라 자기보고되는 행동도, 그리고 생리적 상태들도 포괄한다고 말하였다. 이런 다양한 행동들을 관찰하는 방법들은 다양할 수밖에 없다.

L, O, T, S 자료　　Block(1993)은 성격연구에서 쓰는 자료를 다음 네 범주로 나누었다. **L자료**(Life-record data)는 생활기록이나 생활사 자료로서, 학교 생활기록부, 병원 진료기록 등이 예가 된다. **O자료**(Observer ratings, 관찰자 평정)는 부모, 교사, 배우자, 친구 등이 한 평정을 말한다. 우리의 예에서는 교사나 급우들이 평정한 공격성을 피험자의 공격점수로 쓸 수 있었을 것이다.

T자료(Objective tests, 객관적 검사)는 실험절차나 표준화된 검사상황들에서 나오며, 수행(performance) 자료라고도 부른다. 우리는 위에서 '아픔' 스위치를 누르는 시간으로 공격행동 또는 수행을 측정한 예를 보았다. '수행'에는 심장박동, 혈압 등 생리적 반응들도 포함된다. 임상장면에서 많이 사용되는 투사법도 수행자료이다. 성격연구에서 가장 많이 사용되는 자료는 피험자가 자신의 행동, 감정, 사고에 대해 스스로 보고하는 **S자료**(Self-report data, 자기보고 자료)이다. 많은 피험자들에게 (주로 대학의 교양강의실에서) 질문지를 실시할 수 있고 쉽게 채점할 수 있다는 강력한 장점이 있기 때문이다.

한 연구에서 한 변인을 측정하기 위해 한 가지 자료만 쓰라는 법은 없다. 우리의 상관연구 예에서 공격행동의 자기보고와 더불어 담임교사가 평정한 공격성을 쓸 수 있고, 실험연구 예에서 '아픔' 스위치 누르는 시간을 재면서 혈압이나 심장박동도 측정할 수 있었을 것이다. 다른 예로 성적 흥분을 측정할 때 얼마나 흥분했느냐고 질문하기도 하지만(S자료) 음경의 발기 정도를 측정하기도 한다(T자료). 또, 경영자들에게 리더십 관련 특성들을 스스로 평가하게 하면서(S자료), 같은 평가를 부하 및 동료직원들이 하기도 한다(O자료).

이렇게 하나의 변인을 다양한 방법으로 측정할 때 그 자료들은 불일치하는 일이 많다. 폭력행위를 많이 한다고 보고하는 피험자가 교사에게는 얌전한 학생으로 평가되거나, 성적으로 전혀 흥분이 안 된다고 말하는데 음경은 상당한 정도로 발기하는 것이다. 비슷한 맥락에서, 폭력시청의 양이 자기보고 공격성과는 상관이 높지만, 교사가 평정한 공격성과는 상관이 없을 수 있다. 같은 변인을 측정한 결과의 이러한 불일치는 여러 가지를 의미할 수 있다.

폭력이나 성 흥분같이 예민한 변인들에 관한 자기보고에서 피험자가 거짓말을 할 가능성이 높다면 자기보고보다는 타인평정이나 행동관찰 자료를 더 믿어야 할 것이다. 그러나, 익명성과 비밀을 보장하여 피험자들이 속일 가능성을 최소화해도 불일치가 없어지지 않을 수 있다. 이때 우리는 서로 다른 자료들이 변인의 서로 다른 측면들을 집어낸다고 추측하고, 경우에 따라 두 측정치의 차이 —예컨대, 스스로 인정하는 성적 흥분과 음경 발기 정도에서 나타난 흥분의 차이, 자기보고 리더십과 타인평정 리더십의 차이— 를 흥미 있는 추가 변인(예컨대, 성에 대한 죄책감, 자기도취 등)으로 사용한다.

위에서 우리는 자료를 *믿을 수 있는가* 하는 문제를 언급했다. 자료, 즉 행동관찰 결과를 믿을 수 없다면 과학적 연구는 불가능하다. 어떤 변인의 측정치로서 특정한 자료를 어느 정도 믿느냐 하는 것은 신뢰도, 타당도의 문제이다.

신 뢰 도   한 연구자가 보고한 관찰들을 다른 연구자들이 반복, 재생할 수 있을 때 그 자료가 신뢰도가 있다고 한다. 앞에서 행동의 체계적 관찰이란 미리 정해진 방식들로 행동을 관찰하는 것이라고 말했거니와, 이상적으로 말해서 누구나 그 정해진 방식들로 관찰하면 같은 결과에 도달해야 한다. 이는 자연과학에서도 마찬가지이다. 어느 과학자가 에이즈(후천성 면역결핍증) 치료제를 발견 또는 발명했다고 발표해도, 다른 과학자들이 그 물질을 가지고 똑같은 치료효과를 관찰하지 못하면 그 결과는 학문공동체에서 신뢰를 받지 못한다.

관찰의 신뢰도를 떨어뜨리는 요인들은 피험자 편에도, 연구자 편에도 있다. 관찰되는 행동이 분위기나 기분 등 일시적 요인들의 영향을 받는다면 시간이나 상황에 따라 결과가 달라질 것이다. 위의 예에서 쉬는 시간에 교실에서 단체로 질문지를 실시했기 때문에 학생들이 장난으로 응답했다면 그 자료는 믿을 수가 없게 된다. 연구자 요인도 신뢰도에 작용한다. 사례연구에서 한 연구자에게는 거짓말만 하는 소년이 다른 연구자에게는 진실을 말할 수 있으며, 위의 실험에서 실험자가 대학실험실에 처음 와봐서 얼어 있는 아이들에게 무뚝뚝하게 절차 설명을 해준다면, 그가 얻는 결과는 믿을 수가 없다. 아이들이 낯선 환경에 어느 정도 익숙해진 다음에 실험에 임하게 한다면 전혀 다른 행동을 보일지 모르기 때문이다.

신뢰도를 논의하면 독자들은 "미리 정해진 방식들"이라는 말의 무게를 느낄 것이다. 위의 실험에서 실험자는 피험자들에게 어떤 비디오를 보여줄지 미리 정했고, 어떤 행동을 공격행동의 측정치로 삼을지도 미리 정했다. 물론 실험 절차도 세부까지 미리 정하여 누구에게나 똑같이 설명해주었다. 이렇게 모든 절차를 *표준화*하면 결과의 신뢰도를 상당히 높일 수 있다. 그러나 자료를 정말 '믿을 수 있으'려면 반복 재생 가능성 이상이 필요하다.

타 당 도   타당도란 우리가 관찰·측정하는 행동이 어느 만큼이나 우리가 관심 가진 *바로 그* 변인을 반영하는가 하는 문제이다. 위의 상관연구에서 우리는 폭력시청량과 공격행동을 측정하였다. 피험자들이 세 개씩 적어낸 "빼놓지 않고 보는" 프로에 대해 '전문가'들이 매긴 폭력성 점수를 합산하여 산출한 폭력시청량 점수는 타당도에 별 문제가 없어 보인다('안면타당도'). 즉, 이 점수는 폭력시청이라는 바로 그 변인을 상당히 잘 반영하는 것 같다. '공격'같이 중요한 이론적 구성개념을 타당하게 측정하기 —'구성타당도'라 한다— 는 훨씬 더 어렵다. '반사회적 행동'을 몇 가지 늘어놓고 얼마나 자주 해보았는지를 체크하게 하여 산출한 점수가 '공격행동'을 얼마나 충실히 반영할까?

만약에 "주먹 휘두르기"와 같이 신체적·물리적 폭력만을 질문에 포함시켰다면, 물리적 폭력이 공격행동의 전부가 아니라고 반박할 수 있다. 집단 따돌림에서 보듯이 아예 무시해 버리고 쳐다보지도, 말도 걸지 않는 것이 얼마나 큰 폭력인가. 공격행동의 측정치로서 이 점수의 타당도는 다른 식으로 손상될 수도 있다. 남학생들이 '터프가이'임을 내세우기 위하여 대다수의 '반사회적 행동'을 "두 번 이상" 해보았다고 대답한다면, 또는 누가 어떻게 대답했는지를 담임교사가 알게 될까봐 계속 "한 번도 없다"고 대답한다면, 이 반응들을 가지고 계산한 점수는 남(친구 또는 선생님)에게 잘 보이고 싶어하는 경향을 반영할지언정 공격행동을 반영하지는 않을 것이다.

실험연구에서도 관찰 또는 측정의 타당도는 심각한 문제를 제기하는데, 이 문제는 뒤에 실험연구를 다룰 때 논의하기로 한다. 이 자리에서는 신뢰도와 타당도가 모든 연구자들이 추구하되 완전히 도달할 수는 없는 목표라는 사실만 상기시켜 두고자 한다. 즉 관찰자료를 어느 정도 믿을 수 있는가, 자료가 연구자가 의도한 변인을 얼마나 충실히 반영하는가 하는 물음에 "100%"라고 자신 있게 대답할 수 있는 연구 또는 연구자는 없다. 변인이 넓고 복잡할수록 일은 더 어려워진다. 예컨대 '지능', '성격'을 어떻게 신뢰롭고 타당하게 측정할 것인가. 지능 또는 성격의 다양한 측면 중 *일부*만 측정하는 검사를 타당한 '지능검사', '성격검사'라고 할 수는 없다. 이를테면 '지능검사'라면서 실제로는 공부 잘 하는 능력만 측정한다면 '학업 적성검사'라는 이름이 더 맞고 실제로 전자보다 후자의 제목이 점점 더 많이 쓰인다.

독자들은 이제 성격심리학자들이 직면한 과제가 매우 어렵고 복잡하다는 것을 알아차렸을 것이다. 이론들은 그렇게 많으며, 연구가 중요하지만 연구방법들도, 자료도 다양하고, 자료의 신뢰도와 타당도를 보장하기 위해 세심한 주의를 기울여야 한다. 인간은 복잡한 동물이며 성격연구도 복잡한 일이라는 것을 상기한다면, 인간 행동과 성격에 대한 모든 의문들에 과학적 연구가 확실한 답을 주지는 못한다는 것을 받아들일 수 있게 된다. 이제 세 가지 경험적 접근의 특징과 장단점을 차례로 살펴보기로 하자.

사례연구

성격이 "감정, 사고, 행동의 일관된 패턴들을 설명해주는 그 사람의 특징들"이라면 성격을 연구하는 가장 좋은 또는 자연스러운 방법은 '그 사람'을 집중적으로 관찰하는 것이다. 그의 감정, 사고, 행동을 직접 또는 간접 관찰하고, 일관된 패턴들을, 그 패턴들 뒤에 있는 특징들을 찾아내는 가장 자연스러운 상황은 그가 자진해서 연구자를 —한두 번이 아니라 여러 번— 찾아올 때이기 때문에, 상담 또는 치료 장면은 사례연구를 하는 가장 이상적인 곳이 된다. 이 연구를 '임상적 연구'라고 부르는 이유가 여기에 있다. 1장에서 우리는 성격이론들의 기원이 임상적 전통에 있다는 것을 배웠다. 특히 정신역동적 이론들과 인본주의-현상학 이론들에는 사례연구 자료가 기초가 되었다.

임상 장면에서 사례연구의 목적은 내담자의 진단 또는 이해이지만, 대학에서는 사례연구를 (드물게) 해도 주로 연구가 목적이다. 피험자들을 만나 삶의 이야기를 듣는 사례연구법을 **생활사**(life history) 또는 **이야기**(narrative) 접근이라고 부르기도 한다. 자료는 주로 피험자들이 이야기하는 과거 사건들이 된다. 생활사 자료는 객관성과 정확성에 문제가 있을 수 있으나, 사람들이 자기 삶을 어떻게 지각하며, 어떤 사건들을 회상하고 의미를 부여하며, 이야기를 어떻게 풀어가는가 하는 등은 자기 자신과 세상을 어떻게 보는가를 드러내줄 수 있다. 1장의 글상자 1-1에서 우리는 한 작가의 생활사 이야기를 읽은 바 있다.

생활사 또는 이야기 접근을 따르면서 어느 한 개인의 성격이나 삶에 초점을 맞추기보다는 일반적인 주제에 관심이 있을 때는 *중다 사례연구*를 한다. 중다 사례연구란 공동의 문제 상황에 처한 사람들을 "하나씩 그리고 같이"(singly and together) 연구하는 방법이다(Rosenwald, 1988). 예컨대, 중년남자의 위기(Ochberg, 1988)와 가정주부로 지내다가 직업을 갖게 된 여성들의 상황(Wiersma, 1988)을 연구하기 위하여 비슷한 연령층 또는 처지의 남녀를 여러 명 만나 삶의 이야기를 듣는 것이다. [모두 *Journal of Personality*의 1988년도 특별호

'심리전기와 삶의 이야기'(Psychobiography and life narratives)에 실린 논문들이다(홍숙기, 1991 참고).]

가설검증 연구와 탐색연구

지금까지 우리는 모든 경험적 연구는 가설검증 연구인 것처럼 이야기해왔다. 가설은 보통 "…하면 …할 것이다"(If … , then …)의 형태를 취한다. 앞의 연구 예에서 **가설**은 "TV에서 폭력을 많이 보는 청소년들은 반사회적 행동을 많이 할 것이다" 또는 "폭력물을 본 집단은 비폭력적 스포츠 경기들을 본 집단보다 공격행동을 많이 할 것이다"였다. **가설검증 연구**에서 우리는 변인과 변인(TV폭력시청과 공격행동)의 관계에 대한 예측 또는 예언을 하고, 즉 '가설'을 설정하고, "미리 정한 방식들로 행동을 관찰, 측정, 기록"하여 그 가설이 맞는가를 알아본다. 그 가설을 어떤 공식적 이론에서 끌어냈다면, 그것의 지지로 이론의 적절성이 강화되고, 지지가 안 되면 이론의 적절성에 의문을 품게 된다.

대학에서 나오는 대부분의 연구논문(학위논문 포함)은 가설검증 연구들이다. 또 앞 장의 끝에서 언급한 것처럼 행동관찰, 설명을 할 때 우리는 언제나(내현적이든, 명시적이든) 이론적 예상 또는 가설을 가지고 있다. 그러나 특정한 변인들이나 가설이 없이, 즉 무엇을 관찰할지를 좁게 정해 놓지 않고 현상을 탐구해보는 연구도 있다. 예컨대 학교에서는 눈에도 안 띄는 조용한 10세 소년이 아무 원한도 관계도 없는 할머니를 칼로 찌르고 돈 몇 푼을 빼앗아 달아났다는 보도에 충격을 받고 "왜 그랬을까?" "도대체 그런 일은 왜 일어나나?"를 연구해보고 싶을 수 있다. 또는 강간범죄의 가해자나 피해자들의 감정, 사고, 행동을 알아보고 싶을 수도 있다. 이런 '탐색'은 흔히 수량적(quantitative)이기보다는 질적(qualitative), 기술적(descriptive)이다.

탐색적 연구를 할 때 이런 저런 가설들이 없는 것은 아니지만, 어떤 특정한 가설(들)을 검증하는 것이 연구 목적은 아니다. 가령 강간범들이 어릴 때 남다른 가정환경에서 자랐을 것이고 스스로 성추행을 당했을지 모른다고 예상하고 그런 쪽으로 탐색을 해볼 수는 있지만, "…하면 …할 것이다"라는 한두 개의 가설로 관심과 주의를 한정하고 자료를 수집하는 것은 아니다. 물론 '엽기적' 현상 또는 사례들에 대해서만 탐색연구를 하는 것은 아니다. 한 평범한 소년을 하루 종일 쫓아다니면서 행동을 낱낱이 기록하기도 하고, 한 마을 전체에서 주민들의 삶을 여러 장소(가게, 길거리, 술집 등)에서 기록한 연구도 있다.

    탐색연구는 좁은 의미의 경험적 연구에서 검증할 수 있는 흥미 있는 가설들을 많이 산출한다. 공식적 이론들 자체가 학자들의 열린 '탐구 정신'에서 출발한 경우가 많다. 사과나무에서 사과가 떨어지는 것을 보고 '만유인력'의 원리(중력의 법칙)를 발견했다는 이야기가 있지 않은가. 학문이 발전하려면, 인간 행동과 성격을 더 잘 이해하려면, 순수한 호기심에서 출발하는 탐색연구가 많아져야 한다. 성격에서 탐색연구는 흔히 사례연구의 형태를 취한다.

사례연구의 평가

    임상적 전통의 성격이론들에서 사례연구는 매우 생산성 높은 자료가 되어주었다. 1장의 글상자 1-1에서 우리는 한 작가의 (자전적) 사례연구를 읽은 바 있다. 사례연구가 아니라면 복잡 다양한 감정, 사고, 행동의 일관된 패턴, 동기, 성장 발달 과정 등에 대해 감(感)조차 잡을 수가 없을 것이다. 상관연구와 실험에서는 *변인*들을 미리 정해 놓고 그것들만 관찰·측정하는 데 비해, 사례연구에서는 *사람*을 정해 놓고 관찰하며 그의 이야기를 듣는다. 따라서 사례연구는 전체로서의 개인('전인')을 연구하고 매우 다양한 현상들을 탐구하는 기회를 제공한다. 사례연구의 장단점은 '탐색'에 적합하고 '가설검증'에 부적합하다는 말로 압축할 수 있다.

    사례연구에서 나온 풍요한 관찰자료는 체계적·경험적 연구를 위한 많은 가설들을 제공해줄 수 있다. TV에서 본 범죄를 저지른 소년의 사례가 보도될 때 TV폭력과 공격 간에 관계가 있는가를 체계적 연구를 통해 확인하는 예를 앞에서 보았다. 그러나 그 소년의 삶에는 TV와 범죄만 있는 것이 아니다. 그를 만나 이야기해보면 태어나 자라난 가정환경, 학교생활, 친구관계에 대해서도 알게 될 것이다. 자주 꾸는 악몽, 미래계획도 이야기될지 모른다. 여러 가지 심리검사를 실시할 수도 있다. 이렇게 풍부한 자료를 토대로 연구자는 관심사에 따라 가정환경과 공격성, 어릴 때 경험과 청소년기 친구관계에 대해서도 보다 체계적인 자료 수집을 해볼 수 있다.

어떤 현상들은 사례연구만 가능하다. 자연 또는 인공재해, 범죄의 피해 같은 외상적 경험들의 단기·장기적 영향을 알고 싶다거나, '다중인격'(예, 지킬 박사와 하이드 씨)에 관심이 있다고 하자. 이런 현상들은 드물게 발생하며 또 연구 대상과 신뢰관계가 형성되어야 하기 때문에, 의미 깊은 자료를 얻으려면 사례연구밖에는 할 수가 없다. 사례를 꼭 직접 만나 관찰하거나 검사, 면접을 할 필요는 없다. *심리역사*(psychohistory)연구를 할 때는 작품, 편지와 일기, 주변 사람들이 남긴 기록 등이 자료로 사용된다. 가령 Winter(2005)는 재임기간 중 연설문, 기자회견 답변들을 내용분석하여 케네디와 클린턴 같은 미국 대통령들의 사례연구를 하였다.

경험적 연구를 가설검증 연구와 동일시할수록 이런 탐색적 특성은 '단점'으로 부각된다. 가장 심각한 것은 자료의 *신뢰도* 문제이다. 한 연구자가 관찰한 것들을 다른 연구자들이 반복하여 관찰할 수 없기 때문이다. 앞의 소년의 사례를 두 연구자가 서로 독립적으로 연구했다고 가정해보자. 나중에 두 편의 보고서가 내놓는 자료가 너무 달라서 동일한 사례를 만났다는 것을 믿기 힘들 수 있다. 두 사람이 면접과 관찰에서 서로 다른 것들을 탐색했고, 소년도 둘 중 한 사람에게는 내밀한 이야기를 했지만 다른 사람에게는 표면적, 상투적인 이야기만 했을 수 있기 때문이다.

풍부한 자료도 단점이 될 수 있다. 원인과 결과에 대한 확실한 결론을 내리기 힘들기 때문이다. 위의 소년의 사례에서, 폭력시청이 공격행동의 원인이 되었을까, 아니면 학교에서 당한 따돌림 또는 친구와의 갈등이 더 결정적이었을까, 아니면 밤늦게 지쳐서 돌아오는 어머니의 짜증과 무관심이, 아니면 단순하게 가난이 모든 불행의 근본일까. 한 사례에서 변인들의 관계성—이 경우 폭력의 시청과 공격행동—을 확인한다 해도, 그것을 일반화할 수 있는가 하는 문제가 있다. 변인들의 관계성이 이 특수한 한 사례에서만 아니라 일반적으로 나타난다고 가정하기가 힘든 것이다. 사례연구를 가지고 가설들을 검증하려는 연구들—정신분석학에 많다— 이 비판받는 이유가 여기에 있다.

사례연구는 한 개인 또는 소수의 개인들을 많은 시간과 노력을 들여서 집중적으로 탐색하면서도 결과적으로 연구의 '과학성'을 인정받지 못하기 때문에 성격심리학에서 실제로 매우 드물게 수행된다. Endler와 Speer(1998)가 1993–95년에 주요 학술지에 출판된 1,035편의 성격 논문을 조사했을 때 사례연구는 단 두 편이었다. 체계적 가설검증 연구만 과학적 연구로 인정하는, 그리고 하나의 연구에 그렇게 많은 시간과 정력을 집중하지 못하게 하는 학문적 풍토에서 탐색적 사례연구를 한다는 것은 실제로 모험이다. 그러나, 앞에서도 언급했듯이, 불확실성을 탐구하려는 모험심과 호기심이 없으면 훌륭한 이론도, 학문 발전도 없다.

상관연구

사례연구 접근에서는 관찰을 강조하는 데 비해, 상관연구 접근에서는 측정을 강조한다. 전자에서는 한 명 또는 소수의 개인들을 집중연구하고, 후자에서는 다수 피험자들에게서 자료를 얻어서 성격기능의 몇 개 요소들 —'변인'들— 간의 관계를 연구한다. 성격연구의 가장 전형적인 형태는 자기보고 질문지를 사용한 상관연구이다(Endler & Speer, 1998 참고). 상관연구에서 변인들 간의 관계를 어떻게 추리하는지를 알아보자.

관계의 추리

앞 절에서 우리는 상관연구에서는 변인들 상의 개인차를 측정하여 변인들의 관계를 하나의 숫자로 나타낸다는 것을 보았다. 이 관계를 언제나 *상관계수*로 표현하는 것은 아니다. *차이*도 관계를 시사해준다. 성별과 나이에 따라 공격성이 어떻게 달라지는가를 알아본다 하자. 남녀 간에, 또는 6세, 8세, 10세 집단 간에 공격점수 평균차이가 있다면 성별 또는 나이라는 변인이 공격성이라는 변인과 관계가 있는 것이다. 상관연구의 본질은 변인들을 조작하지 않고 측정한다는 것이며, 상관계수를 계산할 때도 있고 집단 간의 평균점수 차이를 보고할 때도 있다. 그러나 상관계수가 변인들 간의 관계를 표현하는 가장 전형적인 통계치임은 분명하다.

상관계수   가장 흔히 보는 상관계수의 공식 명칭은 '피어슨 적률 상관계수'('r')이지만, 자료의 특성에 따라 다른 종류의 상관계수들을 계산하기도 한다. 앞 절의 연구 예에서 우리는 폭력시청량과 공격행동 점수 사이에 r = +.52의 상관계수를 얻었다. 적률 상관계수는 요인분석, 중다회귀, 통로분석 등 고급 통계분석 기법들의 기초가 된다.

상관계수의 부호는 관계의 *방향*을 표현해준다. '+'의 부호는 정적(positive) 관계를 나타낸다. 우리의 예에서 TV폭력 점수가 높을수록 공격점수도 높다. 만일 한 점수가 높을수록 다른 점수가 낮다면, 두 변인의 관계는 부적(negative)인 것이다('−'의 상관계수). 상관계수의 크기는 관계의 *강도*를 말해준다. '0'은 관계가 없음을, '1'은 완전한 관계를 나타낸다. 우리가 얻은 값이 0에 가까웠다면, 폭력시청과 반사회적 행동빈도가 '상관이 없는' 것이다. 즉, 전자의 점수를 안다고 해서 후자의 점수를 아는 데 도움이 안 된다. 반대로 만일 상관계수의 크기가 1에 가깝다면, 폭력시청 점수를 알면 공격점수를 정확하게 예언할 수 있다.

그림 2−1에서 두 변인의 상관관계가 약해짐에 따라 점수들이 점점 흩어지는 모습을 볼 수 있다. [이러한 그림을 '산포도'(scatter diagrams)라 부른다.] 상관관계가 0이 되면 한 변인 상의 점수를 아는 것이 다른 변인 상의 점수를 아는 데 아무 도움이 안 된다. 두 변인이 '아무 상관이 없는' 것이다. 0.52는 중간 내지 강한 상관관계를 나타내준다. 즉, TV폭력을 얼마나 많이 시청하느냐를 알면 공격행동의 빈도를 어느 정도 정확하게 예언할 수 있기는 하지만, 폭력시청 외에 다른 요인들도 공격행동 빈도의 개인차와 상관이 있다.

그러면 어느 정도의 크기를 가지고 관계가 있다 없다, 또는 강하다 약하다고 결론 내리는가? 만약 얻어진 값이 .10이었다면 관계가 없거나 매우 약하다고 말하겠지만, 그 값이 .20 또는 .30이었다면 어떨까? 상관계수의 크기를 가

[그림 2-1] 두 변인의 다양한 관계 강도를 보여주는 산포도

A. 완전한 정적 관계(r = +1.00)

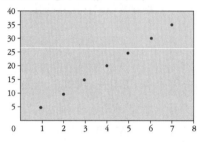

B. 완전한 부적 관계(r = −1.00)

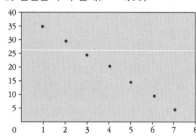

C. 높은 정적 관계(r = +0.91)

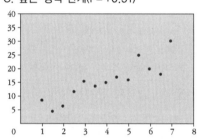

D. 높은 부적 관계(r = −0.91)

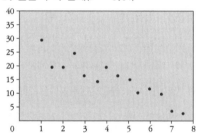

E. 중간 정도의 정적 관계(r = +0.67)

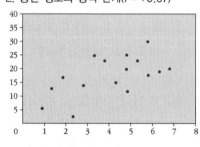

F. 중간 정도의 부적 관계(r = −0.67)

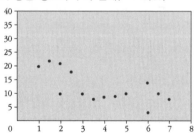

G. 관계없음(r = 0.00)

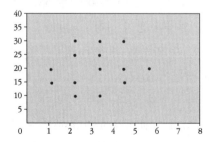

지고 관계의 강도를 말로 표현하는 데 일정한 규칙이 있는 것은 아니지만, '관계가 있다'고 말하려면 자료에서 얻어진 상관계수나 평균차이가 일단 *통계적으로 유의미*(statistically significant)해야 한다. 통계적 유의도는 표본의 크기와 밀접한 관계가 있어서 1,000명의 자료에서는 상관계수가 .10에 못 미쳐도 또 평균차이가 아주 작아도 통계적 유의도에 도달한다.

경험적 연구나 조사에서 나온 평균차이, 상관계수 등이 '통계적으로 유의미하다'는 말은 자주 접하는 말이다. 이 표현의 의미를 제대로 이해하려면 전집과 표본의 관계를 알아야 한다.

표본과 전집　　경험적 연구란 변인들 간의 관계를 알아보는 것이고, 두 변인 간에 어떤 관계가 있는가를 질문할 때 우리는 전집(모집단이라고도 한다)에서의 관계성에 관심이 있다. 이 측면을 생각하면 경험적 연구란 *표본에서 관찰한 결과를 전집으로 일반화*하는 것이다. **전집**이란 변인들 간의 법칙성이 적용되는 가상적 집단을 말한다. 소위 여론조사를 할 때는 전집의 범위가 예컨대 "2013년 9월 현재 대한민국에 거주하는 20세 이상 남녀"로 분명하게 한정이 된다. 그러나, 변인들의 관계를 연구하는 학술적 연구들에서는 전집의 범위가 한정되지 않는다. 앞 절에서 연구 예를 들 때 "아동들에서"라는 한정만 달았을 뿐, 시대도 지역도 언급하지 않았다. 우리는 *보편적*으로, 즉 시대, 지역, 사회계층, 성별 등을 막론하고 두 변인 사이에 관계가 있는가를 질문한 것이다. 성격이론에서 인간의 성격구조, 과정, 발달 등을 서술할 때에도 우리는 보편성을 전제한다.

실제의 연구는 '보편'이라는 진공 속에서 이루어지지 않고, 한 특정 연구자에 의해 특정한 시간과 장소에서 한 특정한 집단을 대상으로 수행된다. 예컨대, 대한민국의 한 대학교에서 한 대학원생이 2000년 10월에 그 지역의 두 개 중학교에서 학생 1,000명에게 질문지를 실시하거나, 한 개 초등학교에서 1, 2학년 아동 60명을 불러다 실험을 하는 것이다. 이 1,000명 또는 60명이 그의 **표본**이다. 통계적 용어로는 (전집 또는 모집단에서) 표본을 뽑는다, 표집한다고 표현한다. 보통 응답자 또는 피험자 표집만 이야기하지만 사실 연구자는 시간도 장소도 표집한다. 가능한 연구 시간 및 장소의 무한한 '경우의 수' 중에서 어느 특정 시점(2000년 10월)과 특정 공간(대한민국 춘천시 모 대학교 심리학과 실험실)을 선택한다고 볼 수 있는 것이다.

연구자는 표본에서 자료를 수집하여 처리해서 어떤 수량적 결과를 얻는다. 예컨대 .52의 상관계수를 얻거나, 폭력물시청 집단과 스포츠시청 집단의 평균 차이(25.6초 대 15.2초)를 관찰한다. [표본자료에서 상관계수나 평균 따위를 계산하는 절차를 '기술통계'(descriptive statistics)라 한다.] 연구보고서에서 이 대학원생은 "2000년 10월 ○○시의 ○○학교"라는 시간, 장소 등을 언급하지 않은 채 두 변인의 관계에 대해 일반적 결론을 내린다. 한 특정한 표본에서 관찰한 결과를 시대, 장소, 집단을 초월하여 *전집*이라는 불특정 다수로 일반화하는 것이다. 이는 논리적으로 정당화하기 힘드는 엄청난 비약 추리이다. 심리학에서는 통계적 검증 —'추리통계'(inferential statistics)의 영역에 속한다— 을 통하여 이를 한다.

통계적 유의도 한 표본에서 관찰한 결과를 토대로 *만일 전집 전체를 관찰했더라면* 얻었을 결과를 추리 또는 추론할 수 있으려면, 결과의 신뢰도를 가정할 수 있어야 한다. 즉, 그 결과가 그 표본에서만 우연히 관찰된 것이 아니라, 같은 전집에서 다른 표본들을 뽑아 관찰했더라도 비슷한 결과가 나왔을 것이라고 가정하는 것이다. 통계적 유의도란 바로 *표본의 결과가 우연에 의해 나왔을* 확률을 계산한 값이다. 이런 확률을 계산하는 절차를 '추리통계'라 한다.

심리학에서 정한 관행은 이 확률이 100번에 5번 미만($p < .05$라고 쓴다)이라면 그것이 통계적으로 유의미하다고 보자는 것이다. 이 확률값의 의미는 "이 상관계수가 또는 평균차이가 이 표본에서만 우연히 나왔을 수 있지만, 그 확률은 .05 미만이다"라는 것이다. 결과가 우연에 의해 나왔을 확률이 그만큼 작으므로, (그 표본이 뽑혀 나온) 전집에 법칙성 —연구가설에서 예상한 변인들의 관계— 이 존재하기 때문에 나왔을 가능성이 크다고 추정·추리하는 것이다. [이 *p 값*이 작을수록 결과가 더 유의미하다고 말한다.]

심리학 연구에서 사용되는 통계적 검증기법들은 자료의 특성에 따라 매우 다양하다. 이 책은 방법론이나 통계책이 아니므로 여기서는 다음 사항만 언급해 두고자 한다. 통계적 검증 결과를 토대로 하는 추리(표본→전집)가 타당하려면 자료의 특성(특히, 분포의 모양)에 대해 몇 가지 중요한 조건들을 가정할 수 있어야 한다. 만약 그 조건들이 충족되지 않는다면 그 통계적 검증의 결과는 믿을 수 없는 것이 된다. [평균이나 상관계수 같은 기술통계에서도 요구되는 조건들이 있다.] 유감스럽게도, 사용된 특정한 통계적 검증기법이 요구하는 조건들이 무엇이며 자료가 그것들을 충족시키는지를 고려하지 않고 통계적 유의도 결과를 보고하는 연구논문들이 많다.

상관관계의 해석

앞 절에서 이미 지적한 것처럼 상관연구 결과를 토대로 원인-결과 추리를 할 때는 매우 조심해야 한다. TV폭력과 공격행동이 *관계*가 있다고 해서 TV에서 폭력을 많이 보기 *때문에* 공격적이 된다고 추리할 수는 없다. 평소에 공격적이기 때문에 폭력을 많이 볼 수도 있다. "수면장애가 우울증을 가져온다" 할 때, 우울증 때문에 수면장애가 생길 수도 있다. 인과의 방향을 알 수 없음을 넘어서서 일이 더 복잡할 수도 있다. '반사회적 행동'을 많이 하기 때문에 친구들이 기피하고, 상대해주는 사람이 없으므로 TV를 많이 보는데다 특히 폭력물을 즐겨 보고, TV에서 본 것을 학교에서 해보고, 그러니 친구들이 더 기피한다면, 이 돌고 도는 익순환 속에서 무엇이 원인이고 무엇이 결과인가?

매개변인   상관연구 결과를 가지고 인과추리를 좀더 자신 있게 할 수 있는 경우도 있다. 예컨대, 남자가 여자보다 더 공격적이라면, 공격적이기 때문에 남자가 되었을 리는 없으므로 일단 성별을 원인의 지위에 놓을 수 있다. 또 원인이 결과 뒤에 올 수는 없으므로, 종단연구(동일 피험자들에게서 시간 간격을 두고 여러 차례 자료를 수집하는 연구)에서 앞의 변인(예컨대, 어릴 때 병치레)이 뒤의 변인(10년 뒤의 성격특성들)의 원인이라고 추리할 수 있다. 그러나 이런 경우들에도 측정하지 않은 변인(들)이 중간에 다리를 놓았을 가능성을 배제할 수 없다.

위에서 폭력시청과 공격행동 사이에 '친구들 간의 인기'라는 변인이 매개했을 가능성을 언급했거니와, 성별과 공격성 사이의 관계도 그러한 매개변인 때문에 관찰된 것일 수 있다. 남녀가 생물학적으로 다르다고, 예컨대 남성 호르몬이 공격성을 높인다고 한다면 성별이 공격성 차이의 원인이 되겠으나, 남녀가 성장 과정에서 학습경험(사회화)이 다르고 이 차이 때문에 공격성에서도 차이가 나타날 수 있는 것이다. 만일 후자가 맞다면, 생물학적 성별이 아니라 사회화 경험이 공격성 차이의 원인이다. 성별과 무관하게 여자처럼 사회화된다면 공격적이 되지 않을 것이다. 종단연구에서도 (측정하지 않은) 매개변인들이 결정적 역할을 할 수 있다.

제3 변인　　매개변인보다 더 골치 아픈 것이 소위 '제3 변인 문제'이다. (측정된) 두 변인 사이의 상관이 (측정되지 않은) 제3의 변인 때문에 나타나는 것이다. 미인들의 결혼생활이 미인이 아닌 여자들의 결혼생활보다 더 행복하다 하자. 즉, 부인들의 미모(의 객관적 평가)와 결혼생활 만족도(의 주관적 평가) 사이에 정적 상관이 있는 것이다. 왜 그럴까? 아름다우면 행복한가(미모 → 행복)? 행복하면 예뻐지나(행복 → 미모)? 아니면, 미인은 남편의 사랑을 받기 때문에 행복해지나(미모 → 사랑 → 행복)? 즉, *사랑*이 결정적 원인이고(매개변인), 못생겼어도 사랑만 받으면 행복해지나? 다 그럴싸하게 들리는 설명들이다.

'제3 변인'이 결정적 역할을 했을 가능성도 배제할 수 없다. 돈이 중요하지 않을까? 돈 많은 남자는 미인과 결혼하고(재벌 아들과 미녀 탤런트!) (돈 → 미인 아내), 돈이 많으면 결혼생활도 행복하다면(돈 → 행복), 미모와 행복은 둘 다 *돈*의 결과이기 때문에 상관을 나타내는 것이다. [이 추리가 맞다면, 미인이 사랑 때문에 돈 없는 남자와 결혼한다면 행복하지 않을 것이다!] 즉, 미모와 행복은 서로 관계가 없는데 돈이라는 제3 변인 때문에 관계가 있는 것처럼 보이는 것이다. 이러한 관계를 *가짜*(spurious) 관계라 부른다.

물론 사려 깊은 연구자는 이런 잠재적인 매개변인, 제3 변인들의 작용을 나중에 추측만 하기보다는 미리 연구에서 측정한다. 친구들 사이의 인기도를 측정하거나 남녀 피험자들의 어릴 때 사회화 경험을 조사하거나 가정의 경제수준을 알아보는 것이다. 또 상관관계를 아는 것으로 충분한 문제상황들도 있다. 고등학교 내신성적, 입학 수능시험 성적과 대학에 들어온 후의 성적을 생각해 보자. 대학들은 물론 입학 후 공부를 잘 할 학생들을 뽑고 싶으며, 입학 후 학점을 잘 예언해주는 점수들을 선발 기준으로 쓰려고 한다. 수능보다 내신 성적이 학점과 더 상관이 높다면 내신을 더 많이 반영하면 된다. 내신, 수능, 학점에 영향을 미치는 제3 변인이 있을 수 있지만, 여기서 인과관계는 중요치 않다. 응용 분야에서는 이런 경우가 많다.

　독자들이 잊지 말아야 할 것은 상관연구 결과를 토대로 인과추리를 할 때는 매우 신중해야 한다는 것이다. *상관관계는 인과관계가 아니다.*

상관연구의 평가

　사례연구와 비교할 때 상관연구의 막강한 장점은 *경제성*이다. 일단 매우 많은 자료를 단기간에 얻을 수 있다. 우리의 예에서, 질문지를 만들어 1,000명의 자료를 단 하루에도 수집할 수 있고 컴퓨터로 손쉽게 자료처리가 된다. 변인들 간의 관계도 하나의 숫자로 요약 표현된다. 많은 자료를 쉽게 얻을 수 있는 이유는 대부분의 경우 *자기보고 질문지*를 사용하기 때문이다. 피험자들은 보통 주어진 물음들에만 답하되, 각 물음에 대해 주어진 선택지들 중 하나를 택한다. 이를테면, 주어진 '반사회적 행동' 예들에 대해서만 "한 번도 없다," "한 번," "두 번 이상"의 세 선택지 중의 하나로 응답한다. 이런 방식은 경제성의 측면에서는 장점이지만, 정보의 정확성, 타당도, 깊이 등을 생각하면 단점일 수 있다.

　예컨대, 두 번도 세 번도 백 번도 모두 "두 번 이상"이다. 문항에 제시된 것들 외에 다른 반사회적 행동을 저지른 일이 있어도, 실제로는 어떤 행동도 한 적이 없지만 마음속에서는 매일 몇 번씩 저질러도, 보고할 길이 없다. 재미로 하는지 아니면 그 뒤에 양심의 가책에 시달리는지도 알 길이 없다. 또 어떤 이유에서건 —앞 절에서 예를 든 것처럼— 피험자들이 솔직하지 않을 때는 자료의 타당도를 의심해야 하지만, 질문지 응답결과만을 가지고는 누가 거짓말을 했거나 불성실했는지 판단할 길이 없다.

　실험법과 비교한 상관연구의 장단점은 실험법에 대해 공부를 하고 나면 분명해질 것이다. 그러나 앞 절에서 본 실험연구 예만 가지고도 상관연구의 장단점을 몇 가지 알 수 있다. 실험의 상황은 매우 인위적이었다. 변인을 *조작*하기 때문이었다. 즉, 실제로 현실에서 TV폭력을 얼마나 많이 보는가를 알아본 것이 아니라, 피험자를 임의로 두 집단으로 갈라 실험실에서 비디오를 보여주었다. 실험자가 편집 제작한 폭력 비디오에는 사랑도 의리도 스토리도 없이 폭력 장면만 연달아 나왔다. 공격행동도 일상생활에서 얼마나 많이 하는가를 알아보기보다는 실험실에서 상황을 만들어 놓고 측정하였다.

실험연구에 비해 상관연구는 현실 관련성이 크기 때문에 연구에서 관찰한 결과를 일반 현실로 일반화하기가 더 쉽다. 또 실험연구에 비해 더 많은 변인에 대해 자료를 얻을 수 있다. 세 개 이상의 변인을 가지고 실험하는 일이 드문 데 비해, 수십 개 변인을 측정하는 상관연구는 흔하다. 우리의 예에서, 연구자가 가정환경과 학교생활, 친구관계, 피험자의 성격 등이 공격행동과 관련이 있을 것이라고 예상한다면 TV시청 행동뿐만 아니라 그런 변인들에 대해서도 질문을 집어넣으면 된다.

'더 많은 변인'은 한 연구에 들어가는 변인들의 수만 뜻하지 않는다. TV시청은 실험실에서 조작할 수가 있지만 가정환경과 학교생활, 성격 등은 있는 그대로를 측정하는 수밖에 없다. 실험적으로 조작할 수 없는 의미 깊은 변인들을 연구할 수 있을 뿐 아니라 상관연구는 변인의 더 넓은 범위를 포괄할 수 있다. TV중독증이라 할 정도로 TV에 붙어살고 하루에도 몇 편씩 폭력 비디오를 보는 사람의 '폭력시청량'은 실험실에서는 조작할 수 없다. 윤리적 이유 때문에도 (더구나 아동을) 실험실에 집어넣고 몇 시간씩 폭력 비디오를 보게 할 수 없다. 그러나 현실에서 이런 TV중독증 환자들을 찾아내 연구할 수는 있다.

실험에 비해 상관연구의 결정적 약점으로 지적되는 사항은 위에서 논의한, 인과추리를 할 수 없다는 것이다. 바로 인과추리가 가능하다는 사실 때문에 실험연구는 심리학에서 가장 선호되는 연구법이 되었다. 이 사정은 성격심리학에서도 다르지 않았으나 80년대부터는 실험의 비중이 점점 적어지고 있다. 성격 연구방법으로서 실험법의 많은 문제점이 제기되었기 때문이다. 실험연구의 특성과 장단점을 알아보자.

실험연구

일반인들은 심리학자가 실험을 한다는 말을 들으면 놀란다. 실험이라 하면 자연과학자가 흰 가운을 입고 실험실에서 화학약품, 정밀기계 등을 가지고 조작, 관찰, 측정을 하는 장면을 연상하기 때문이다. 이 책에서는 성격에 대한 실험 결과들이 많이 서술될 것이고, 따라서 독자들은—심리학개론이나 방법론을 이미 배우지 않았다면— 일상에서는 쓰지 않는 몇 가지 낯선 개념에 친숙해져야 한다. 용어들에 익숙해지면 실험의 논리는 이해하기 어렵지 않다.

실험연구의 본질은 **독립변인**을 조작하고 **종속변인**을 측정하여 전자가 후자에 영향을 미치는가 하는 인과추리를 한다는 것이다. 앞 절의 실험 예에서 독립변인은 'TV폭력시청'이었고 종속변인은 '공격행동'이었다. 독립변인이 하나이고 그 수준이 두 개라는 점에서 그것은 가장 단순한 실험이었다. 독립변인은 피험자들의 한 집단('실험집단')에게는 폭력물을, 다른 집단('통제집단')에게는 비폭력적 스포츠 경기들을 보여주는 것으로 조작되었다. 독립변인의 수준은 두 개를 넘을 수도 있다. 예컨대 피험자를 세 집단으로 나누어 폭력물을 10분, 20분, 또는 60분씩 보여주고 공격행동을 관찰할 수도 있다. 그럴 때는 '통제집단'이 없이 세 개의 실험집단이 존재한다.

상관연구에서는 TV폭력 때문에 공격행동을 많이 한다는 주장을 하지 못하는데, 실험연구에서는 그러한 인과추리가 가능한 근거가 무엇인가? 그 답은 **독립변인 조작**과 **실험통제**에 있다. 변인을 조작한다는 것은 위에서 본 것처럼 그 변인의 최소한 두 가지 수준에 해당하는 상태를 만들어낸다는 것이다. 그에 관련된 문제들부터 생각해보자.

조작과 측정의 타당도

앞에서 우리는 상관연구가 피험자들의 자기보고에 주로 의지하기 때문에 측정의 타당도가 문제될 수 있으며, 우리의 예에서 TV폭력시청보다는 공격행동의 측정을 타당하게 하기가 더 어려움을 보았다. 실험연구에는 변인 측정의 타당도에 더하여 변인 조작의 타당도 문제가 있다.

독립변인 조작의 타당도　　실험실에서 비디오로 폭력물 또는 비폭력적 스포츠 경기를 보여준 것으로 폭력시청 변인을 조작한 절차는 —'안면타당도'가 있으므로— 문제가 별로 없다고 할 수 있다. 그러나 만일 공포를 조작한다고 해보자. 어떻게 높거나 낮은 공포 상태를 만들어낼 것인가. 많이 쓰는 절차 중의 하나는 피험자에게 몇 분 뒤에 전기충격을 주겠다고 말하되, 그 충격이 고통스럽고 위험할 수 있다고(높은 공포 조건) 또는 간지러운 정도이며 위험하지 않다고(낮은 공포 조건) 말해주는 것이다. 상당수 피험자들은 실험자의 의도대로 반응할 것이다. 그러나 전기충격이라는 말에 '전기고문'이 생각나는 피험자들은 위험하지 않다는 말을 들어도 매우 무서워하고, "설마 대학 실험실에서 전기고문을 하랴"고 믿는 태평한 피험자들은 위험하다는 말을 듣고도 아무런 공포도 느끼지 않을 수 있다. [대부분의 경우에 전기충격은 실제로 주지 않고 대기 시간(이라고 믿으면서)에 종속변인 측정을 한다.]

　　공포를 만들어내려고 전기충격을 위협 또는 예고했는데 피험자들이 실제로 공포를 느끼지 않았다면, 그 독립변인 조작은 *타당*하지 않다. 만들어낸 상태가 공포가 아닌 다른 어떤 것일 수 있기 때문이다. 따라서 실험자는 자신이 만들어내고자 한 *바로 그* 상태(공포)를 만들어냈는지, 독립변인의 수준들(높고 낮은 공포) 사이에 충분한 차이가 있었는지를 확인해야 한다. 이를 **조작 체크**(manipulation check)라 한다.

종속변인 측정의 타당도　　독립변인의 타당한 조작도 중요하지만, 종속변인의 측정도 타당해야 한다. 우리의 예에서 '아픔' 스위치를 누르는 행동이 '공격행동'을 의미하나? 공격은 공포처럼 심리학의 중요한 구성개념이며, 조작이나 측정을 할 때 구성타당도를 입증해야 한다. 공격의 개념적 정의에서 중요한 것은 상대방에게 피해나 상처를 주려는 *의도*이다. 우리의 예에서, 피험자들은 옆방에서 다른 아이가 실제로 게임을 한다고 믿으며 그 스위치를 누르면 정말 그 아이에게 아픔이나 피해를 주는 것이라고 믿을까? 만일 그렇지 않다면, '아픔' 스위치 누르는 시간은 공격행동의 측정치로서 타당하지 않다(즉 구성타당도가 부족하다).

실제 연구에서는 조작과 측정의 구성타당도에 대해 막연한 추측만 하기보다는 경험적 관찰자료를 가지고 확인해보아야 한다. 이 확인절차는 **디브리핑**(debriefing, 실험이 끝난 후에 하므로 '사후면접'이라고 번역하기도 한다)의 중요한 부분이다. 디브리핑은 말로도 하고 문항을 만들어 질문지에 응답하게 하기도 한다. 우리의 실험 예에서처럼 피험자를 속였다면, 실험의 목적상 그럴 수밖에 없었던 이유를 설명하고 양해를 구하는 것도 디브리핑에서 해야 한다.

실험통제

경험적 연구란 체계적 행동 관찰이라 할 때, 세 접근 중 실험연구는 가장 체계적이고 통제된 관찰이다. 사례연구에는 거의 연구자의 통제가 없고, 상관연구는 정해진 질문들을 제시하고 응답 가능성도 제한하므로 통제가 어느 정도 있다. 실험에서는 지금 본 것처럼 변인 조작을 통해 조건을 만들어 놓은 가운데 행동 가능성도 극히 제약해 놓고 관찰을 한다. 실험이란 처음부터 끝까지 통제이다. 실험통제의 본질은 *독립변인을 제외하고는 다른 변인들이 종속변인에 영향 미치지 않도록* 하는 것이다. 그래야 내적으로 타당한 실험이 되기 때문이다.

내적 타당도   독립변인과 종속변인의 인과관계 —"…이면 …이다"(우리의 예에서 "폭력을 시청하면 공격행동이 증가한다")— 를 확립하려면, 피험자 집단들이 독립변인의 특정한 수준(폭력 또는 비폭력)을 제외하고는 다른 어느 면에서도 다르지 말아야 한다. '다르지 않음'을 보장하는 통제의 첫 단계는 **무선 할당**이다. 즉, 피험자들이 어느 집단에 들어가느냐 또는 어느 조건에 할당되느냐 하는 것이 그들의 개인적 특성이나 선호가 아니라 순전히 *무선적*(random)으로, 즉 *우연*에 의해 결정되어야 한다. 물론 각 집단에 서로 다른 피험자들이 들어

가지만, 무선할당이 이루어지면 그 집단들은 *체계적*으로 다르지 않다. 조건 또는 집단 할당에 개인 특성이나 선호가 작용할 때 체계적 차이가 생긴다.

우리의 예에서 만일 약하고 순하게 생긴 아이들은 통제집단에, 씩씩한 아이들은 실험집단에 할당한다면, 또는 무엇을 볼지를 아이들이 스스로 선택한다면, 두 집단은 체계적으로 달라진다. 그럴 경우 공격행동(종속변인)에서 집단 차이를 발견한다 해도, 그들이 폭력 또는 비폭력(독립변인)을 보았기 때문이 아니라 *원래* 다르기(예, 순한 아이들과 씩씩한 아이들의, 또는 폭력을 좋아하는 아이들과 싫어하는 아이들의 차이) 때문일 가능성이 크다. 약하든 씩씩하든 폭력을 좋아하든 싫어하든 두 집단에 들어갈 확률이 반반씩이고, 실제로 어느 집단에 들어가느냐, 즉 어느 비디오를 보느냐가 우연에 의해 결정되면, 두 집단은 체계적으로 다른 것이 아니라 무선적으로만 다르다.

실험통제의 다음 단계는 피험자들을 할당된 독립변인 수준에 따른 차이 말고는 *다른 모든 면에서 똑같이* 취급하는 것이다. 우리의 예에서, 어떤 내용의 비디오를 시청하느냐 하는 항목을 빼고는 두 집단의 피험자들이 똑같은 실험자에 의해 똑같은 실험실에서 똑같은 절차 설명을 듣고 모두 똑같이 20회에 걸쳐 ('도움' 또는 '아픔') 스위치 누르기를 해야 한다. 즉, 절차를 표준화해야 하는 것이다. 여기서도 치명적인 것은 체계적 차이이다. 만일 실험자 두 명이 동원되었는데 한 명이 통제집단 전체의 실시를 맡고 다른 한 명이 실험집단을 맡는다면, 이는 체계적 차이이다. 한 명은 무뚝뚝하고 다른 한 명은 상냥하다면 바로 그 차이 때문에 —폭력 또는 비폭력을 보았기 때문이 아니라— 피험자 집단들의 공격행동이 차이를 보일 수 있는 것이다.

완벽하게 통제된 실험에서 종속변인 상의 차이를 관찰했을 때 우리는 비로소 그것이 독립변인 수준의 차이 때문이라고 인과추리를 할 수 있다. 무선할당과 절차표준화가 성공해야 독립변인 말고는 종속변인에 영향을 미친 변인들이 없었다고 확신할 수 있기 때문이다. 이때 우리는 실험이 **내적으로 타당**하다고 말한다. 물론 '완벽한 실험통제'는 현실에서는 거의 불가능한 이상(理想)이고, 따라서 내적 타당도는 정도의 문제이다.

실험의 사회심리학　　실험법이 심리학의 주 연구법이 된 것은 변인들

간의 인과관계를 추리할 수 있게 해주기 때문이다. 따라서 내적 타당도는 실험의 생명이고 실험자는 엄격한 실험통제를 하려고 최선을 다한다. 그러나 심리학 실험은 실험자와 피험자의 인간 대 인간의 만남을 포함하는 사회적 상황이다. 이 상황에서 양편의 기대와 상황 판단이 각자의 그리고 상대방의 행동에 영향을 미친다. 이러한 요인들은 지각, 기억 등에 대한 실험보다는 성격, 사회 같은 '부드러운'(soft) 분야의 실험들에서 결과에 더 큰 영향을 미친다.

우선 피험자는 실험실에 올 때 심리학자에게 연구 또는 실험 '당한다'는 것에 대해 호기심이나 불안이 있다. 실험자에게 '잘'(정상으로, 똑똑한 사람으로) 보이고 싶으므로 자신이 어떤 식으로 행동하기를 실험자가 바라는지를 알아내려고 한다. 이러한 기대와 요구가 피험자의 행동에 영향을 미치는 것을 실험의 **요구특성**(demand characteristics)이 작용한다고 한다. 실험자는 실험자대로 자신의 가설이 지지되기를 간절히 바라기 때문에 자신도 모르게 말, 표정, 행동 등으로 피험자에게 그런 기대를 전달할 수 있다. 이를 **실험자 기대효과**라 한다.

우리의 예에서 실험상황을 그려보자. 초등학교 1, 2학년 학생('피험자') 하나가 또는 두세 명이 낯선 방('실험실')에 와서 앉아 있는데 어떤 대학생('실험자')이 들어와 폭력이 난무하는 비디오를 보여준다. 그런 다음 다른 방에 데리고 가서 이상한 상자에 붙어 있는 빨갛고 파란 스위치를 보여주며 옆방에서 어떤 아이가 게임을 할 거라는 등 이상한 얘기를 한다. 아무리 어린아이라 해도 실험자가 바라는 것이 무엇인가, 어떻게 행동해야 내가 이상한 아이로 안 보이겠는가를 생각해볼 것이다. 폭력물을 본 아이들이 스포츠 경기를 본 아이들보다 '아픔' 스위치를 누른 시간이 더 길었다 해도, 그것이 실험자의 의도를 (나름대로) 읽고 반응한 결과일 수 있다. 그렇다면 독립변인과 종속변인의 인과관계에 대한 추리는 잘못된 것이고, 실험의 내적 타당도가 위협받는 것이다.

절차와 상황의 표준화로 요구특성과 실험자 효과를 상당히 줄일 수 있지만, 성격 및 사회심리학 실험들의 이런 취약점들을 독자들은 실험을 설계·실시하거나 실험보고서를 읽을 때 염두에 둘 필요가 있다.

외적 타당도　　흔히 실험이라 하면 실험실을 연상하지만, 실험의 본질을 규정하는 것은 장소가 아니라 적어도 하나의 변인이 조작된다는 사실이다.

실험은 바깥에서도 할 수 있지만 —현장실험(field experiment)— 엄밀한 실험통제가 가능한 실험실에서 주로 이루어진다. 현장에서는 피험자들의 무선 할당도, 정밀한 독립변인 조작도, 절차의 표준화도 힘들며, 따라서 내적 타당도를 보장하기 힘들기 때문이다.

우리의 예에서 본 것처럼 실험실 실험이 만들어내는 상황은 인위적이며 현실상황과 차이가 크다. 낮에 실험실에 와서 혼자 또는 두세 명의 낯선 아이들과 같이 TV를 보는 것은 저녁때 집에 앉아서 TV를 보는 상황과 다르다. 마찬가지로, 보이지 않는 옆방 아이에게 스위치를 눌러 아픔을 주는 공격은 학교나 길에서 다른 아이를 때리거나 욕하는 공격과 다르다. 실험통제를 완벽하게 할수록 상황은 인위적이 될 가능성이 크고 실험 상황에서 관찰한 변인들 간의 인과관계를 바깥 현실로 *일반화*하는 일이 어려워진다. 실험결과의 일반화 가능성을 실험의 **외적 타당도**라 하며, 내적 타당도를 보장하기 위하여 실험통제를 엄격하게 할수록 보통 외적 타당도는 떨어진다.

내적으로 타당하다는 의미에서 성공한 실험이라 해도 한 인위적 상황('표본')에만 적용되는 독립–종속변인 관계는 학문적으로 의미가 없다. 연구에서 우리는 변인들의 보편적 법칙성을 확인하고자 하며, 따라서 실험의 일반화 가능성, 즉 외적 타당도는 선택 사항이 아니라 필수 사항이다. 실험자가 직면하는 딜레마는 내적 타당도를 높이면 외적 타당도가 떨어진다는 것이다. 이는 실험실 실험과 현장 실험을 대비할 때 분명해진다. 전자는 내적 타당도가 높은 대신 외적 타당도가 낮으며, 후자는 내적 타당도가 위협받는 대신 외적 타당도는 더 잘 보장한다.

이 딜레마를 빠져나가는 길은 의외로 간단하다. 실험실 실험, 현장 실험을 둘 다 하면 된다. 같은 변인들의 관계를 실험실에서도, 현장에서도 연구했는데 같은 결과를 얻는다면 결과의 내·외적 타당도 둘 다에 대한 확신이 커진다. 실험실 실험도 여러 다른 연구자들이 —미국에서, 한국에서— 다양한 표본들을 써서 *반복*(replicate)하면 결과의 보편성이 점점 확실해진다. 즉, 외적 타당도는 하나의 연구에서 해결되는 과제가 아니라 여러 반복연구들을 통하여 점차 강화되는 것이다. 근래의 추세를 보면, 하나의 실험 또는 연구만 보고하는 논문들이 드물고 한 논문에서 여러 실험결과들을 보고한다(실험 1, 실험 2 등). 한 연구자가 한 주제에 대해 반복연구를 수행한 결과를 한 논문에서 보고하는 것이다.

요인설계와 변량분석

　가장 단순한 실험에는 독립변인이 하나이며 그 수준이 두 개이지만, 학술지에 실리는 실험들은 대부분 독립변인이 두 개 이상이다. 그런 실험을 **요인설계**(factorial design)라 부른다. 독립변인이 두 개이고, 첫째 변인의 수준은 둘, 둘째 변인의 수준은 셋일 경우 "2×3 (요인)설계"라고 쓴다(통상 "2 곱하기 3"이 아니라 "two by three"라고 읽는다). 성격심리학에서는 요인설계에서 하나의 독립변인만 실험적으로 조작되는 일이 흔하다.

　우리의 예에서, 연구자가 '폭력시청'('상황변인')뿐 아니라 피험자의 불안 수준('피험자변인')도 공격행동에 영향을 미친다고 생각한다 하자. 폭력을 많이 시청한다고 누구나 공격적이 되는 것은 아니며 성격 변인이, 특히 불안 수준이 중요한 역할을 한다고 추리하는 것이다. 불안 수준을 조작할 수도 있지만, 연구자는 불안 척도를 실시해서 불안이 높거나 중간이거나 낮은 피험자들을 선발한다. 제 2 독립변인인 불안의 수준이 셋이므로 이제 실험은 2×3설계가 되고 모두 여섯 개의 피험자 집단—칸(cell)이라고 부른다— 이 나온다(그림 2-2 참조).

　실험 결과 연구자는 일단 6개 집단 각각의 공격행동 점수 평균을 얻는다. 6개의 개별집단 평균 외에 모두 5개의 합계평균들이 나온다. 맨 오른쪽에 폭력과 비폭력시청의 합계평균들이 있고 맨 아랫줄에 낮은, 중간, 높은 불안의 합계평균들이 있다. [각 칸에 들어간 피험자 수가 같을 때에만 합계평균이 그림 2-2에서처럼 칸 평균의 평균이 된다.] 마지막으로 피험자 전체의 평균이 있다(그림에서 20). 이러한 자료에서는 통상 **변량분석**(analysis of variance, **ANOVA**)이라는 통계적 검증기법을 써서 평균차이들의 통계적 유의도를 계산한다. 이 실험자료를 변량분석하면 두 개의 변인 각각에 대해 그리고 둘의 상호작용에 대해 F 값들이 나온다.

주효과와 상호작용 효과   그림 2-2에 이 실험의 세 가지 가상적 결과를 표와 그림으로 제시하였다. 폭력, 비폭력시청 집단간에, 그리고 불안의 세 수준간에 공격행동 평균점수의 차이가 있는가 하는 것이 독립변인들의 **주효과**(main effect)들이다. 6개의 개별집단(칸, cell) 평균이 전체 평균인 20점과 크게 다르지 않다면(가령 18-22) 폭력시청도, 불안 수준도 공격행동에 영향을 미치지 않은 것이다. 즉, 주효과가 나타나지 않은 것이다. 세 가지 가상적 결과들을 차례로 살펴보자.

[그림 2-2] TV폭력시청과 불안 수준에 따른 공격행동 점수 평균(세 가지 가상적 결과)

(a) TV시청과 불안의 주효과

	낮음	중간	높음	합계
폭 력	38	25	12	25
비폭력	22	15	8	15
합 계	30	20	10	20

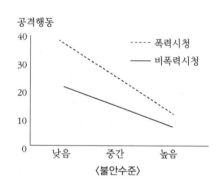

(b) TV시청의 주효과만 있음

	낮음	중간	높음	합계
폭 력	26	28	21	25
비폭력	14	16	15	15
합 계	20	22	18	20

(c) 주효과는 없이 상호작용효과만 있음

	낮음	중간	높음	합계
폭 력	28	24	11	21
비폭력	16	16	25	19
합 계	22	20	18	20

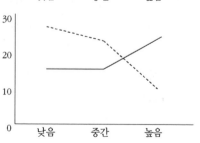

우선 (a)에서는 폭력을 시청한 집단들이 비폭력 집단들보다 더 많은 공격행동을 했으며(평균 25 대 15), 불안이 높을수록 공격행동을 적게 했다(평균 30, 20, 10). 변량분석 결과 두 개의 주효과가 모두 통계적으로 유의미하다. 반면 (b)의 결과는 불안수준에 따른 공격행동 차이는 미미한 반면(평균 20, 22, 18), 폭력과 비폭력의 차이는 여전히 큼(평균 25, 15)을 보여준다. 불안의 주효과는 없이 폭력시청의 주효과만 유의미하다.[2]

요인설계가 흥미 있는 것은 변인들의 **상호작용 효과**(interaction effect)를 볼 수 있기 때문이다. 상호작용만 유의미한 (c)의 결과를 보자. 폭력, 비폭력의 시청도(평균 21, 19), 불안 수준도(평균 22, 20, 18) 공격행동에 별 차이를 가져오지 않는다. 두 독립변인 모두 주효과를 보이지 않는 것이다. 그러나 6개의 개별집단 평균들을 들여다보면 흥미 있는 양상이 나타난다. 불안이 낮거나 중간인 집단들은 폭력을 시청했을 때 공격행동이 더 많은 데 비하여(평균 28, 24와 16, 16), 불안이 높은 피험자들에서는 반대로 폭력시청 뒤에는 공격행동이 적고 비폭력시청 뒤에는 공격성이 커졌다(평균 11, 25).

세 가지 가상적 결과의 그림들을 비교하면, (b)에서는 두 개의 선이 대체로 평행선을 그리는 데 비해 (c)에서는 두 개의 선이 교차함을 볼 수 있다. (a)의 결과는 좌표 표면에서는 교차가 없지만, 두 선을 오른쪽으로 연장해보면 교차가 된다. 그러나 그 각도는 (c)에서보다 작다. 상호작용 효과가 있을 때는 각 집단(칸) 평균을 그림으로 그렸을 때 교차가 일어나며, 상호작용이 클수록 교차의 각도가 크다.

상호작용 효과의 해석　'상호작용'이라는 말을 이런 의미로 쓰는 것이 친숙하지 않을 독자들을 위하여 다른 예를 들어보자. 많은 이들이 특히 오후 늦게 커피를 마시면 밤에 잠이 안 와서 고생한다. 커피의 *주효과*라 할 수 있다. 그런데 젊을 때는 커피의 수면방해 효과를 모르다가 40대가 되면서 그것을 경험하는 사람들이 많다면, 그 경우 나이와 커피가 변량분석적 의미에서 *상호작용*을 하는 것이다. [40대 이후에는 대부분 수면이 줄어든다면 이는 나이의 *주효과*이다.]

---

2) 같은 평균차이(들)에서 F값이 클 수도 작을 수도 있는데, 집단(칸)내 변량이 클수록 상대적으로 F값이 작아진다.

물론 더 복잡한 상호작용도 생각할 수 있다. 나이뿐만 아니라 기질 요인도 작용하여, '예민'한 사람은 이미 20대에 커피의 수면방해 효과를 경험하지만 '둔'한 사람은 50대가 되어서도 그런 효과를 모른다면 세 요인 —나이, 기질, 커피— 이 상호작용을 하는 것이다. 이 예에서 볼 수 있듯이, '상호작용'에서 오해를 불러 일으키는 것은 '상호'라는 말이다. 실은 변인들이 서로(상호) 작용, 반작용하는 것이 아니라 *같이*(joint) —종속변인에— 작용한다.

요인설계 실험에서 주효과만 있을 때는 각 변인의 수준에 따른 차이들을 따로따로 서술할 수 있지만, 상호작용 효과가 있을 때는 두 변인의 수준을 함께 언급해야 적절한 결과 서술이 된다. *주효과*만 유의미할 때는 폭력시청이 공격성을 높인다, 또는 불안이 높은 사람은 공격적이지 않다는 등을 이야기할 수 있다. *상호작용* 효과가 유의미할 때는 불안이 높은 사람이 폭력을 많이 보면 공격행동이 줄어든다는 식으로 결론을 내려야 한다. 불안과 폭력시청이 —공격행동에— *같이* 작용하기 때문이다. 물론 주효과가 있으면서 상호작용 효과도 있을 수 있다. (a)의 결과를 보면, 두 독립변인의 주효과가 있지만, 점선과 실선이 평행이 아닌 모습이 상호작용 효과를 암시한다. 폭력과 비폭력시청의 차이가 불안의 수준이 높아짐에 따라 줄어드는 경향이 있어서 불안 수준이 높을 때는 폭력을 시청해도 공격행동이 별로 없다.

만일 남녀가 공격성도, TV폭력에 대한 반응도 다를 것이라고 예상된다면 연구는 성별 변인이 들어가서 $2 \times 3 \times 2$설계가 되고, 모두 12개의 칸, 즉 피험자 집단이 생긴다. 결과도 훨씬 복잡해져서 세 개의 주효과, 세 개의 일차 상호작용(두 개 변인씩의 조합), 하나의 이차 상호작용(세 변인 모두의)을 해석해야 한다. 그런 실험은 이 책에서 거의 보고되지 않으므로 독자들이 겁낼 필요는 없다. 독립변인이 두 개인 경우에서 주효과, 상호작용 효과만 이해하면 요인설계 실험을 이해하는 데 어려움이 없을 것이다.

변량분석 패러다임　　변량분석은 요인설계 자료의 통계적 검증기법에 지나지 않는 것이 아니라, (비유적 의미에서) 패러다임이라는 말을 붙일 수 있을 정도로 심리학 연구자의 사고를 지배한다. 관심가진 행동주제는 *종속변인*으로서 측정되며, 그것을 —더 정확하게 말해 그 변인 상의 *변량*을— 설명하는 *독립*

*변인*들이 설정된다. 가령 위의 연구에서 수면시간의 변량(5-10 시간에 이르는 개인차)은 나이와 기질과 커피가 설명해준다. 이 변량분석(즉 변량을 가르는) 사고 틀에서 독립·종속 변인들은 서로 독특한 관계를 맺고 있다. ['변량'이라는 말이 낯선 독자들은 그 말을 '개인차'로 이해하면 된다. 종속변인, 즉 공격행동에서 사람마다 차이가 있기 때문에 점수에 변량이 생기고, 그 차이가 클수록 변량도 큰 것이다.]

우선 종속변인이 독립변인에 영향을 미치지 않는다. 문자 그대로 '독립'과 '종속'의 관계인 것이다. 우리의 예에서, 폭력시청이나 불안 수준이 공격행동에 영향을 미치는가 하는 방향에만 초점이 있고, 그 반대의 방향, 즉 공격행동이 폭력시청이나 불안 수준에 영향을 미치는 것은 전혀 고려되지 않는다. 현실에서는 공격성 높은 사람들이 TV에서 폭력물을 많이 보고 성향적으로 불안이 낮을 가능성이 있다. 둘째로, 독립변인들은 *서로 독립적*이다. 우리의 예에서 불안이 낮으냐 중간이냐 높으냐 하는 것이 폭력 또는 비폭력시청과 아무런 상관이 없다. 불안이 높고 낮음에 따라 폭력 또는 비폭력프로를 더 좋아한다는 가능성이 전혀 고려되지 않는 것이다.

가장 중요한 것은 셋째 특성이다. 독립변인들의 영향은 전문 용어로 말하면 *선형적*(linear), *가산적*(additive)이다. 종속변인에서 관찰되는 변량(말하자면 개인차 총량)을 1로 잡을 때, 독립변인들의 주효과와 상호작용 효과가 그중의 일부를 설명하고(예컨대, 각 독립변인이 .11과 .13, 그리고 상호작용이 .09) 나머지는 오차(.67) 엉억에 들어간다.[3] 이 효과들은 벽돌을 쌓듯이 더해진다. 폭력시청의 효과에 불안 변인의 효과가 단순히 더해지기보다 가령 곱해질 수도 있겠지만, 변량분석 패러다임은 이러한 대안들을 모두 배제한다.

이 변량분석 패러다임이 심리학 연구자의 사고를 지배한다는 예를 들기 위해 지능이 유전과 환경 중 어느 편에 의해 결정되느냐 하는 흔히 제기되는 물음을 생각해보자.

---

3) 세 통계적 효과와 오차를 합하면(.11 + .13 + .09 + .67=) 1.00이 됨을 주목하라. 오차의 비중이 이렇게 큰 것은 실제에서 흔한 일이다. 연구자가 설정한 독립변인들로 설명되는 부분보다는 알지 못하는 변인들이 만들어낸 개인차 부분이 더 큰 것이다. 통상 보고되는 변량분석 결과에서는 위에 언급한 비율들이 보고되지 않고, 주효과와 상호작용 효과에 해당하는 F값들의 유의미 수준(*p값*)만 보고된다.

변량분석 패러다임의 예: 지능의 유전론과 환경론　　지능에는 큰 개인
차, 즉 변량이 있다. 이 개인차는 유전에서 오는 것일까 환경에서 오는 것일까?
이 물음은 4부에서 나올 *행동유전학*의 중심 주제의 하나이다. 유전과 환경의
영향은 각 요인이 지능의 변량을 설명해주는 비율로 수량화된다. 그때 유전과
환경은 서로 영향을 미치지 않으며, 유전과 환경의 효과가 선형적으로 합해진
다고 가정된다. [이 특수한 문제에서 이 두 비율은 합해서 1.00이 된다고 가정된다.
즉, 상호작용 효과도 오차도 배제되는 것이다.] 이러한 변량분석적 사고방식은 심리
학 연구자들의 머리 속에 깊이 박혀 있다.

　　지능이 환경에 영향 미칠 가능성, 유전과 환경이 서로 독립적이 아닐 가능
성은 없을까? 같은 부모라도 책을 좋아하는 아이에게는 책을 사주지만, 운동만
좋아하는 아이에게는—책에 눈도 안 주므로— 어느 덧 책 사주기를 포기하게
된다. 아이의 성향과 행동이 그가 자라나는(부모가 제공하는) 환경에 영향을 미
치는 것이며, 이는 종속변인(행동)이 독립변인(환경)에 영향을 미치는 예가 된
다. 또 정상적인 가정들에서 부모는 자녀에게 유전인자만을 주는 것이 아니라
환경도 제공한다. 지적으로 뛰어난(머리 좋은) 부모가 제공하는 환경이 그렇지
않은(머리 나쁜) 부모가 제공하는 환경과 다르다면, 유전과 환경이, 즉 두 독립
변인이 서로 독립적이지 않은 것이다. 마지막으로 유전과 환경의 효과가 단순
하게, 즉 '선형적'으로 합해진다는 것을 누가 보장하는가? 곱해지는 일은 생각해
볼 수 없겠는가? 변량분석적 사고틀은 이러한 의문 제기들을 허용하지 않는다.

　　보지 않으면 당연히 보이지 않는다. 학생이 공부 잘하는지만 보려고 하면
그가 운동을 잘하는지, 착한지, 못됐는지는 보이지 않는다. 보이지 않는다고 해
서 존재가 없는 것은 아니다. 실험은 체계적이고 통제된 관찰법으로서, 보려고
하는 것만 특정한 방식으로 본다. 요인설계, 즉 변량분석 패러다임에서는 폭력
시청과 불안 수준(둘 다 독립변인)이 서로 영향을 미치는지, 공격행동(종속변인)
이 폭력시청과 불안 수준에 영향을 미치는지를 알아볼 길이 없다. 독립변인들
의 효과가 단순히 더해지는 관계가 아닐 가능성은 전혀 고려되지 않는다. 이러
한 것들을 알아보려면 적절한 설계를 해서 따로 연구를 수행해야 하지만, 변량
분석 패러다임이 심리학 연구자의 사고를 너무 지배하고 있기 때문에 '다른 길'
을 찾으려는 노력은 별로 보이지 않는다.

실험연구의 평가

실험법은 세 연구접근 중 가장 체계적이고 통제된 관찰방법이라는 점에서 가장 '과학적'인 접근이며, 따라서 '과학'을 추구하는 심리학의 주 연구법이 되었다. 그러나 독자들은 이제 '완벽한 실험'이 도달할 수 없는 이상이라는 것을 깨달았을 것이다. 통제·관찰하는 과정에서 여러 가지 문제들이 발생하기 때문이다. 그렇다고 실망할 필요는 없다. 과학에는 언제나 불확실성이 존재하며, 단 하나의 연구가 결정적으로 어둠을 밝혀주는 일은 드물다. 연구가 누적되면서 진리가 점차 분명하게 드러난다. 학문체계, 이론체계를 건물에 비유한다면 각각의 연구는 그 건축에 벽돌 하나씩을 기여하는 작업인 것이다.

실험연구의 장점은 변인들을 정밀하게 조작하고 객관적 자료를 수집하기 때문에 변인들의 인과관계를 알아볼 수 있다는 것이다. 소수의 변인들만 연구하므로 변인들의 관계를 파악하기가 쉽다. 사례연구가 하나 또는 소수 *개인*들의 집중적 연구라면, 실험연구는 소수 *변인*들의 집중적 연구라고 할 수 있다. 사례연구에서 결과의 일반화가 문제된다면, 실험연구에도 같은 문제가 있다. 바로 *외적 타당도*의 문제이다. 실험상황이 인위적이기 때문에 변인들의 법칙성을 바깥 현실로 일반화하기가 쉽지 않은 것이다.

성격심리학에서 중요한 물음은 실험법이 *성격연구에 적합한가* 하는 것이다. 아마도 가장 본질적인 실험법 비판은, 사람이 아니라 변인들만 연구하면 "성격연구에 사람이 어디 있는가?"(Carlson, 1971, 1984) 하는 것이다. 실험실 실험이 지배하면 "인위적 상황에서 성격 단편들의 실험연구"(Carlson, 1971, p. 208)에 집중하므로 성격 구조, 오랜 시간에 걸친 성격 발달, 상황과 복잡하게 상호작용하는 성격특징들은 연구될 수 없다는 것이다. 변인들의 관계를 연구의 중심에 둔다 해도, 성격심리학자가 관심 가지는 변인들이 모두 실험실에서 조작 또는 측정되지 않을뿐더러, 가능하다고 해서 다 실행할 수 있는 것도 아니다. 윤리적·실제적 제약 때문에 실험실에서 TV중독증을 만들어낼 수도 없고, 사람을 때리게 할 수도 없으며 정신을 잃을 정도의 공포를 만들어낼 수도 없다.

실험연구는 성격심리학에서 점점 비중이 작아지고 있다. 1968년 당시 성격 논문들의 78%가 실험연구였던 반면(Carlson, 1971), Endler와 Speer(1998)가 조사한 바에 따르면, 1993-95년에 주요 학술지에 발표된 성격 논문들의 23% 만이 실험연구였다(나머지는 거의 모두 상관연구). 왜 실험법의 인기가 떨어진 것일까? 위에 논의한 방법론적 고려사항과 비판들이 물론 어느 정도 역할을 했겠지만, 연구경험이 누적되고 학문이 발전하면서 실험법의 근본적인 한계가 분명해졌을 수도 있다.

이미 여러 번 말한 것처럼, 실험법의 결정적 장점은 독립-종속 변인의 인과관계를 확립한다는 가능성이다. 그러나, 앞에서 변량분석을 설명할 때 언급했듯이(p. 61 각주 3 참조), 통계적으로 유의미한 결과들에서도 독립변인(들)이 설명하는 종속변인 변량의 비율은 미미한 경우가 대부분이다. 우리는 "상관관계는 인과관계가 아니"므로, 예컨대 폭력시청량과 공격행동이 상관된다는 결과를 가지고 TV폭력 추방을 요구할 수는 없다고 말한 바 있다. 실험을 통해 인과관계를 확인한다면 확실성이 더 커지는 것은 사실이지만, 폭력시청은 공격행동에 영향을 미치는 다른 많은 변인들 중의 하나일 뿐이다. 요인설계 실험에서 상호작용 효과가 관찰된다면, 특별한 경우들에서만(예컨대 불안한 사람들에게서만) 폭력시청이 공격행동에 영향을 미치는 것이므로 그 효과가 제한되는 것이다.

성격 및 사회적 행동은 복잡한 것이다. 대학생 독자들은 자신의 학과 선택에 작용한 요인들을 한 번 되새겨 보라. 수능성적과 내신등급, 어릴 때부터의 희망과 꿈, 고등학교 때 좋아한 과목, 어떤 책이나 신문기사, 교사나 부모나 친구의 설득 등 다양한 요인들이 떠오를 것이고, 자신이 모르는 요인들(오차!)의 영향도 부정할 수 없을 것이다. 때에 따라 어느 한 요인의 영향을 강조할 수는 있겠지만, 그렇다고 다른 요인들의 영향이 없어지는 것은 아니다.

성격심리학은 아직도 젊은 분야로서 지난 2, 30년 동안 큰 발전과 성숙을 하였고 그 과정에서 연구주제들이 처음의 생각보다 훨씬 복잡하다는 것을 깨닫게 되었다. 위에 서술한 지능의 유전-환경 논쟁에서 보았듯이, 초창기에는 유전과 환경이 지능의 개인차에 기여하는 비율만 알아내면 될 것 같던 문제가 실은 훨씬 더 복잡하다는 것이 점점 더 분명해지고 있다. 단순 명백한 '인과관계의 확립'에 대한 확신이 깨지면서 실험법의 '결정적 장점'도 그 빛이 퇴색한 것이다.

실험법의 비중이 낮아짐과 동시에 상관연구의 비중은 높아졌다. 상관연구의 인기가 올라간 이유는 상관계수 자료를 가지고 얻어낼 수 있는 것들이 더 많아졌기 때문이다. 변인들의 복잡한 관계를 파악하고 심지어 인과관계를 추리할 수 있는 통계적 기법들(통로분석, 공변량 구조분석 등)이 개발되어, 많은 자료를 비교적 손쉽게 수집할 수 있다는 '경제성'에 '효율성'이 보태진 것이다. [변인들이 많으므로 결과가 풍부하고 논문에 표와 그림도 여러 개가 들어간다.] 독자들은 좋은 실험, 완벽한 실험통제를 하기가 얼마나 힘드는 일인가를 알게 되었을 것이다. 상관연구와 비교할 때 실험법은 비용(노력, 시간 등)에 비해 효과는 빈약한 연구법이다. 학문공동체에서 인정(학위취득, 채용, 승진 등)받으려면 많은 편수의 논문이 필요하고 따라서 "적은 비용으로 많은 효과"를 거두는 연구법이 많이 사용될 수밖에 없다.

실험연구의 사례

지금까지 논의한 세 가지 연구접근 중에서 일반 독자들에게 가장 낯선 것은 실험법일 것이다. 독립변인 조작과 종속변인 측정, 실험통제 등은 모두 일상생활에서는 쓰지 않는 '외국어'들이다. 심리학 전공자들은 이런 개념들을 거의 일상어처럼 친숙하게 사용하시만, 통계석 섬증방법들이 자꾸 발달하고 프로그램 패키지들의 덕분으로 그것들을 누구나 쓸 수 있게 되면서, 연구의 기본 —변인들의 조작과 측정, 실험 통제 등— 보다는 자료의 통계처리에 심혈을 기울이는 경향이 점점 강해지고 있다. 그러나 연구가 엉터리라서 자료 자체가 의미 없고 믿을 수 없다면 어떤 세련된 통계처리도 그 연구를 '건질' 수 없다. 일반 독자들이 실험의 논리에 친숙해질 수 있도록, 심리학 전공자들이 자료의 의미충만성의 중요성을 깨달을 수 있도록, 실험법의 논의를 마치면서 잘 설계·실시된 실험 하나를 살펴보기로 한다.

연구문제와 가설   *Journal of Personality and Social Psychology*(JPSP)에 발표한 논문에서 Baumeister, Bratslavsky, Muraven 및 Tice(1998)는 네 개

의 실험을 통해 "자아고갈: 능동적 자기는 제한된 자원인가?"(Ego Depletion: Is the Active Self a Limited Resource?)라는 중요한 심리학적 문제를 탐구하였다. 연구의 핵심 가정은 의지 행사, 자기통제 등 自己의 '집행기능'(executive function)이 에너지 또는 힘이 드는 일이며, 이 에너지 자원은 제한되어 있기 때문에 쉽게 '고갈'된다는 것이다. *자아고갈*은 "앞에 의지 행사를 했기 때문에 自己가 의지행위(환경을 통제하고, 자기를 통제하고, 선택을 하고, 행위를 시작하는 등)를 하려는 역량이나 태세가 일시적으로 감소되는 것"(p. 1253)이라고 정의된다.

네 실험 모두 기본 설계는 같다. 피험자들은 하나의 과제에서 자기통제 또는 선택 행위를 하고, 그것과 관계없는 제2의 힘든 과제에서 될수록 오래 버텨야 한다. 첫째 과제에서 자기통제는 **독립**변인이고 둘째 과제의 자기통제는 **종속**변인이 되는 셈이다. 여기서는 네 개 실험 중 실험 1을 소개하기로 한다. 실험 1의 목적은 자기통제 —자기조절(self-regulation)이라고 한다— 에 대한 세 개의 *경쟁적 가설*을 비교 검증하는 것이었다. 흥미 있게도 이 세 가설 또는 모델은 첫 번 자기통제 노력 뒤에 두 번째 자기통제 성과에 대해 서로 상반되는 예언들을 한다.

우선, 자기통제를 *기술*(skill)이라 본다면(모델 1), 기술이란 오랜 기간에 걸쳐 익히는 것이므로 시행이 반복되어도 (작은 점진적 학습효과를 제외한다면) 대략 변함이 없어야 한다. 반면, 자기조절이 본질적으로 *지식구조*(knowledge structure)로서 자신의 반응이나 상태들을 변경시키는 방법에 대한 정보를 사용하는 *도식*(schema)이라면(모델 2), 첫번째 자기조절 행위가 그 도식을 '점화'(prime)하여 두 번째 자기통제가 쉬워져야 한다. [독자들은 심리학 문헌에서 —이 책에서도— '점화'라는 말을 자주 볼 것이다. 점화란 어떤 개념 도식이 상황 맥락에 의해 자극 또는 활성화되어 다른 생각이나 행동을 준비시킴을 말한다.] Baumeister 등은 자기조절을 *에너지*와 같다고 보며(모델 3), 자기조절 행위가 에너지를 소비·소모하기 때문에 이후의 자기통제를 손상시킨다고 예언한다.

세 모델은 한 번 자기통제를 한 후에 두 번째에는 자기통제를 얼마나 잘 할지에 대해 서로 다른 예언을 한다. 연구자들의 가정(모델 3)이 옳다면, 첫 번 자기통제 노력(독립변인) 때문에 두 번째 자기통제의 성과(종속변인)가 감소해야 한다. 즉 '자아고갈'이 나타나야 하는 것이다. 실험 1에서 연구자들이 사용한 일차 자기통제는 고전적이라 할 수 있는 **충동통제**였다. 구체적으로, 그들은 배고픈 사람들로 하여금 달콤한 초콜릿 과자를 눈앞에 놓고 무(radish)만 먹게 하였다. 무가 맛있을 수도 있지만 초콜릿을 앞에 놓고 무만 먹으려면 초콜릿을 먹고 싶은 충동을 억제해야 한다.

방 법   피험자들은 67명의 심리학개론 남녀 수강생이었다. 그들은 '맛 지각'(taste perception) 연구라는 제목으로 피험자를 모집하는 공고에 응하였고, 실험참여의 대가로 해당 과목의 점수를 추가 받았다. [미국에서 나오는 심리학 실험의 대다수는 바로 이런 조건의 피험자들에서 나오며, 우리나라도 사정이 다르지 않다.] 각 피험자와 시간 약속을 정할 때 실험자는 실험 전에 한 끼를 거르고 최소한 3시간은 아무것도 먹지 말고 오라고 요청하였다.

피험자가 오기 전에 실험실에서는 작은 오븐에 초코칩 쿠키를 구워 맛있는 냄새가 진동하였다. 피험자가 앉는 탁자에는 두 개의 그릇이 놓여 있는데, 하나에는 초코 쿠키와 초코 사탕이, 다른 하나에는 래디시(우리나라 무와 맛이 비슷하지만 한입에 들어갈 만큼 작고 동그랗다)가 담겨 있다. 피험자가 앉으면 실험자는 실험절차를 설명해준다.

연구자가 '맛 지각 실험'이라고 속인 이유는, 피험자가 실험의 진정한 의도를 알아 버리면 실험의 목적을 이룰 수가 없기 때문이다. 많은 성격 및 사회심리학 실험에서 실험자는 '*커버스토리*'를 만들어 피험자에게 실험의 본래 복적을 숨긴다. [속임에 대한 해명은 실험이 끝난 후 *사후면접*(디브리핑)에서 한다.] 실험자는 초콜릿과 래디시가 대부분의 사람들이 잘 알며 서로 매우 뚜렷하게 구분되는 음식이기 때문에 맛 지각 연구에 선택되었다고 설명해준다. 이어 다음 날 맛 감각기억을 측정할 것이므로 24시간 동안 초콜릿이나 래디시를 먹지 말라고 부탁한다.

피험자들은 세 조건 또는 집단의 하나에 할당되었다. [추측컨대 무선 할당이었겠지만 그 절차는 논문에 나와 있지 않다.] 조건에 따라 그들은 실험자가 나가 있는 동안 최소한 두세 개의 래디시(*래디시 조건*), 또는 최소한 두세 개의 쿠키나 한 움큼의 캔디를 먹어야 했다(*초콜릿 조건*). 통제(*음식 없음*) 조건의 피험자들은 먹는 절차가 없이 둘째 파트(문제해결 과제)에만 참여하였다. 실험자는 방을 나가서 일방경(실험실 쪽은 거울이지만, 다른 쪽에서는 이 실험실 안이 들여다보이는 유리)을 통해 피험자를 관찰하면서 먹는 양을 기록하고 피험자가 할당된 것만 먹는지를 확인하였다.

5분 뒤 실험자는 다시 피험자에게 건너가서 두 개의 질문지를 실시하였다. 하나는 *기분*을 알아보는 질문지였고, 다른 하나는 *다이어트*에 관련된 것이었다. 이어 실험자는 음식의 감각기억이 없어지려면 최소한 15분이 걸리니까 기다리는 동안 대학생들의 문제해결 능력이 고등학생들의 능력과 다른지를 알아보는 연구의 예비자료 수집을 도와달라고 요청하였다. [이 역시 커버스토리이다.] 문제해결 과제는 먹기와 무관한 것처럼 제시되었으나 사실 종속변인 측정을 하기 위한 것이었다.

과제는 기하학적 도형을 연필을 한 번도 종이에서 떼지 않으면서 따라 그리는 것이었다. 도형이 그려진 종이가 여러 장이라서 피험자는 몇 번이고 시도할 수 있었다. 연습도형을 가지고 해보게 한 뒤에 실험자는 두 개의 도형을 주면서 얼마든지 오래 또 여러 번 해도 되며, 시간이나 시도의 수가 *아니라* 따라 그리기를 완성하느냐 못하느냐로 문제해결 능력을 평가하게 된다고 말해주었다. 완성 전에 중단하고 싶으면 탁자 위의 벨을 눌러 달라고 하였다. 피험자는 모르지만 이 도형들은 연필을 떼지 않고 완전히 따라 그릴 수가 없는 해결 불가능한 과제(퍼즐)였다.

실험자는 방을 나가 피험자가 포기하기(벨을 울리기)까지 걸린 시간을 측정하였다. 30분의 제한 시간이 지나도 계속하는 피험자(모두 네 명)는 중단시켰다. 나머지 피험자는 벨을 울리면 실험자가 건너가 *조작 체크* 질문지를 실시하였다. 질문지 응답이 끝나면 실험자는 사후면접을 해주고 감사하다고 말하고 피험자를 보냈다— 논문에는 이렇게만 써 있지만 사후면접의 내용은 짐작할 수 있다. 실험자는 피험자가 실험의 진정한 의도(자기통제 연구)를 추측했는지를 묻고, 실험의 진정한 목적을 설명해주고, 실험의 목적상 속일 수밖에 없었음을 해명했을 것이다. 또 실험이 전부 끝날 때까지 실험실에서 경험한 일을 밖에 나가 이야기하지 않도록 당부했을 것이다. 실험결과에 대해 강의시간에 이야기해주겠다고 약속하기도 한다— 물론 그 약속은 지켜야 한다.

결 과   종속변인 측정치는 피험자들이 해결 불가능한 과제에 매달린

시간이었다. 이 결과를 보기 전에 우리는 독립변인 조작이 성공적이었는지를 알아야 한다. 피험자들은 실험자의 지시를 따랐나? 특히 래디시 조건의 피험자들이 정말 초콜릿(쿠키와 사탕)을 먹지 않았나? 초콜릿을 눈앞에 두고 먹지 않는 것이 정말 힘든 자기통제를 요구했나? 이 물음들은 일방경을 통한 관찰과 조작 체크 질문지 결과 등을 통해 모두 긍정되었다. 이를테면, 래디시 조건의 피험자들은 초콜릿 접시를 먹고 싶은 눈으로 바라보기도 하고 심지어 쿠키를 코에 대고 냄새를 맡기까지 했지만, 실제로 입에 넣은 사람은 없었다.

먹기 과제의 어려움에 대한 (조작체크)질문지 결과를 보면, 초콜릿 집단보다 래디시 집단의 피험자들이 할당된 음식을 먹도록 힘들여 자신을 강요했다고 응답했다. 사후면접에서도 래디시 집단의 많은 피험자들은 실험자가 묻기도 전에 초콜릿을 먹고 싶어 혼났다고 이야기하였다. 래디시 조건의 피험자들이 초콜릿 조건의 피험자들보다 정말 더 많이 자기통제를 한 것으로 보이므로, 독립변인 조작은 성공적이었다고 할 수 있다. 따라서 세 집단이 종속변인에서 차이를 보인다면, 그 차이는 독립변인, 즉 먹기 자기통제의 차이 때문이라고 추리할 수 있다.

실험의 결과가 표 2-1에 나와 있다. 래디시 조건의 피험자들은 버틴 시간이 제일 짧았을 뿐 아니라(8.35분) 시도한 횟수도 제일 적었다(19.40). 초콜릿 조건과 통제 조건의 평균들은 별 차이가 없었다. 이 결과를 토대로 우리는 (초콜릿을 먹고 싶은) 유혹에 저항하느라고 자기통제를 해야 했기 때문에 두 번째 과제에서 자기통제를 잘 못했다고 결론 내릴 수 있다. 그러나, 연구자들이 조작한 독립변인 말고 다른 변인(들)이 종속변인의 차이를 가져왔을 가능성도 있다.

이를테면, 초콜릿을 눈앞에 두고 맛없는 무를 먹느라고 기분이 나빠져서 두 번째 과제에서 쉽게 포기했을 수도 있다. 즉, 연구자들이 조작한 것이 자기

[표 2-1] 해결 불가능한 과제에서 버티기(Baumeister 등, 1998, p. 1225의 표 1)

조 건	시간(분)	시도횟수
래디시	8.35	19.40
초콜릿	18.9	34.29
음식 없음 통제	20.86	32.81

주: 표준편차들은 위에서 아래로 시간에 대해 4.67, 6.86, 7.30이었고, 시도횟수에 대해 8.12, 20.16, 13.38이었다.

통제가 아니라 (동시에) 기분이었을 수 있는 것이다. 또, 대학생들은 몸매에 관심이 많으므로, 초콜릿 안 먹기(래디시 조건)가 아니라 초콜릿 먹기(초콜릿 조건)가 자기통제('참아야 하느니라')를 의미했을 수도 있다. '방법'에서 먹기 과제가 끝난 후 기분 질문지와 다이어트 질문지가 실시된 목적은 바로 이 두 *대안적 설명*(alternative explanation)을 검증하는 것이었다. 두 질문지의 결과를 보면, 래디시 조건의 피험자들은 초콜릿 조건의 피험자들보다 기분이 더 나쁘지도 않았고, 다이어트중이냐 아니냐에 따라 문제해결 시간이나 시도횟수에 아무런 차이가 없었다.

논 의　　실험의 결과들은 자아고갈 가설을 지지해준다. 단지 5분 동안 (초콜릿 먹고 싶은) 유혹에 저항한 것이 힘든 과제를 붙들고 노력하는 시간을 약 절반으로 줄였다는 것을 볼 때 자아의 집행 기능의 자원은 상당히 제한된 것으로 보인다. 첫번째 과제에서 힘든 자기통제를 함으로써 그것과 무관한 두 번째 과제에서 통제력이 손상된 것을 볼 때, 이 자원은 자기조절의 여러 형태들에 공통된 것으로 보인다.

다 좋다. 재미있고 훌륭한 실험이다. 그런데 초콜릿 먹고 싶은 유혹을 이긴 것을 가지고 '충동통제', '자기통제'를 논의하는 것은 비약 또는 과잉 일반화 아닌가? 이렇게 비판하는 독자가 있을지 모른다. 실제로, '자기통제', '자기조절'은 큰 개념이며 매우 다양한 형태들을 포괄한다. 충동통제뿐 아니라 사고와 감정의 억제도, 결정 내리고 선택하고 책임지기 같은 의지 행위들도 자기통제이다. 충동통제에 국한한다 해도 초콜릿 먹고 싶은 (시시한) 충동을 통제하게 한 실험의 결과를 가지고 성과 공격 같은 심리학적으로 훨씬 중요한 충동들의 통제에 대해 무슨 말을 할 수 있다는 말인가?

연구자들은 이어지는 세 개 실험에서 독립변인 조작 또는 종속변인 측정 방식들을 달리하여 위 결론의 보편성을 확인하였다. 이를테면, 실험 2에서는 태도(등록금 인상 반대)와 상반되는 행동(인상을 찬성하는 스피치)을 하도록 선택의 여지를 주거나 또는 안 주면서 요청함으로써 첫 번 자기통제를 조작하였고, 실험 3에서는 해결 불가능한 퍼즐 대신 해결 가능한 퍼즐을 두 번째 과제로 사용하였다. 어떤 경우에나 자아고갈의 보편적 패턴이 나왔다. 한 과제에서 의지

(意志) 행위를 하면 다른 영역에서의 자기통제력이 손상되는 것이다. 연구자들이 지적하는 것처럼, 개별적 결과들보다 네 연구에 걸친 일치가 더 설득력 있는 증거임은 물론이다.

초콜릿과 래디시를 써서 '맛 지각' 실험 장면을 꾸미고, '유혹'을 증가시켜 자기통제를 힘들게 만들기 위해 오븐을 갖다 놓고 쿠키를 실험실에서 굽고, 커버스토리를 꾸미고, 기분과 다이어트 질문지를 집어넣는 등등의 절차는 어느 날 튀어나온(하늘에서 떨어진) '아이디어'가 아니라 분명히 무수한 예비실험과 실패 경험과 토론을 거치면서 점진적으로 완성되었을 것이다. [물론 이런 시행착오 과정은 논문에 암시조차 되어 있지 않다.] 또, 실험을 완벽하게 설계·실시하는 것도 힘든데, 연구문제와 가설을 설정하고 결과를 해석·논의하는 일에도 엄청나게 많은 시간과 노력이 들어간다. 네 개의 실험을 통해 결과의 보편성을 확인하려는 노력을 포함하여 그렇게 공을 들이고도, 일반화의 문제, 이론적 의미 충만성의 문제는 여전히 남는다.

실험뿐 아니라 모든 연구가 그렇듯이, 이론적으로 중요한 공헌을 하는 훌륭한 연구를 완성시키려면 엄청난 노력과 시간을 투자해야 하고, 그렇기 때문에 훌륭한 연구는 비교적 드물게 마주친다. 독자들은 이 책에서 그러한 보물을 여러 개 보게 될 것이다.

세 가지 연구접근: 결론

세 가지 연구접근들을 하나씩 살펴보면서 우리는 각 접근법으로 특히 잘 연구되는 주제들과 잘 연구되지 않는 주제들이 있다는 것을 알았다. 세 접근법들의 장단점을 요약해보고, 과학적·경험적 연구에 대한 잠정적 결론을 내려보자.

방법 다양성

　지금까지 언급한 각 접근의 잠재적 장단점을 표 2-2에 정리하였다. '잠재적'이란 말은 지적된 사항들이 꼭 실제적 장점이나 단점으로 나타날 필요는 없다는 것을 뜻한다. 어떤 방법을 쓰든 사려 깊게 설계·수행된 연구는 단점을 상당히 극복하고 장점을 더욱 살릴 수 있으며, 반대로 졸렬한 연구들에서는 사용된 접근법의 장점은 사라지고 단점은 더욱 두드러진다. 즉, 어떤 연구접근이 우월하고 어떤 접근은 열등하다는 말은 할 수 없다. 훌륭한 연구와 졸렬한 연구, 흥미 있는 연구와 시시한 연구가 있을 뿐이다.

　연구접근들의 장단점들은 서로 보완하는 관계에 있다. 예컨대 사례연구의 단점들은 상관 및 실험연구의 장점들로, 실험연구의 단점들은 사례 및 상관연구의 장점들로 상당히 보완이 된다. 그렇다면 가장 좋은 연구책략은 동일한 주제 또는 현상을 다양한 방법들로 접근하는 것이다. 우리는 이 장 전체에 걸쳐 'TV폭력과 공격행동'에 대한 사례연구, 상관연구, 실험연구 접근을 예시하고

[표 2-2]　세 연구접근의 잠재적 장단점들(Pervin & John, 1997, p. 57)

잠재적 장점	잠재적 단점
사례연구	
1. 실험실의 인위성을 회피 2. 사람-환경 관계들의 복합성 연구 3. 개인들을 심층적으로 연구	1. 비체계적 관찰 2. 주관적 자료 해석 3. 변인들 간의 얽힌 관계
실험실 연구와 실험연구	
1. 변인들을 조작 2. 자료를 객관적으로 기록 3. 인과관계 확인	1. 실험실에서 연구될 수 없는 현상들을 배제 2. 인위적 장면들을 창조하여 결과의 보편성을 제한 3. 요구특징과 실험자 기대 효과
질문지와 상관연구	
1. 연구되는 변인들의 넓은 범위 2. 많은 변인들 간의 관계 연구	1. 인과관계가 아니라 상호관계 2. 자기보고 질문지들의 신뢰도와 타당도 문제들

서로 비교해보았다. 세 연구결과 모두가 폭력시청과 공격행동의 밀접한 관련을 보여준다면 어느 한 연구결과에만 의지하여 결론 내릴 때보다 두 변인의 관계에 대한 우리의 확신도 그만큼 커진다.

대부분의 경우 성격심리학자들은 세 연구접근 중 어느 하나만을 주로 사용한다. 성격이론들도 각각 선호하는 연구법이 있으며, 따라서 각 이론의 장단점은 그 이론이 선호하는 연구접근의 장단점과 '상관'이 크다. 그 이유는 성격이론마다 초점을 두는 인간행동 영역이 다르기 때문이다. 예컨대, 무의식 과정들을 상관 또는 실험연구로 접근하기는 어렵다(6장에서 보듯이 불가능하진 않다). 그러나 방법 다양성 책략이 어느 한 사람에 의해 실행될 필요는 없다. 한 주제를 여러 학자가 각자 좋아하는 연구법으로 접근하면 결과적으로 방법다양성이 실현되는 것이다. 예컨대, 독자들은 2부에서 무의식 과정들에 대한 실험연구들을 보게 될 것이다.

이 책의 2부부터는 성격이론들을 제시하면서 관련 주제들에 대한 다양한 경험적 연구들을 소개하게 된다. 독자들은 이제 각 연구법의 특성과 (잠재적) 장단점들을 잘 알고 있으므로 연구 하나하나를 비판적으로 수용할 수 있을 것이다. 동시에 벽돌 하나하나는 시시해보여도 쌓기에 따라 튼튼하고 아름다운 집이 될 수 있다는 사실도 잊지 않을 것이다.

과학적 연구의 불확실성

앞에서 우리는 연구란 변인과 변인의 관계를 알아보는 것이라고 말하고 폭력시청과 공격행동의 관계에 대한 다양한 연구접근 예를 들었다. 상관연구와 실험연구는 두 변인의 관계를 추리하게 해주고, 두 접근에서 수행된 연구들이 —부정적 결과를 얻은 연구들도 상당수 있지만— 아동들의 폭력시청이 공격행동을 증가시킨다는 쪽으로 수렴된다. 그렇다고 해도 두 변인의 관계는 어디까지나 **확률적 관계**이다. 우리는 이미 '통계적 유의도'에 대해 배울 때 추리통계가 확률개념에 토대를 두고 있음을 보았다. 분명하고 확실하면 더 좋겠지만 과학적 연구의 결론이란 유감스럽게도 불확실하고 모호하다. 이러한 불확실성은 심리학같이 (과학의 규칙을 잘 모르는) 일반인들이 많은 기대를 하는 학문에서는 많은 실망과 부작용을 가져온다.

사람들은 일반적으로 심리학에 대하여 호기심도 기대도 많고, 훌륭한 심리학자라면 자신들의 문제에 답이나 해결을 내주리라고 기대한다. 성격심리학을 수강하는 학생들은 수동적·내성적 성격을 적극적 성격으로 고치고 싶다고, 인간관계를 잘 하는 법을 배우고 싶다고 말하며, 부모들은 왜 아이가 공부를 안 하거나 속을 썩이며 어떻게 하면 공부를 잘 하거나 말을 잘 들을지 물어본다. 나아가 신문·방송 기자들은 우등생이었던 고3 여학생이 왜 유서도 안 남기고 아파트 옥상에서 뛰어내렸는지, 요즘 청소년들이 왜 그 모양인지 등을 물어온다. 이러한 문제들은 심리학적 이론이나 연구결과로부터 개별사례로 '특수화'(particularize, '일반화'의 반대)하는 문제이며, '훌륭한 심리학자'일수록 이런 문제들에 확실한 답을 하지 못한다.

한편 책방에 나가 보면 체중감량, 금연부터 출세와 성공, 친구 만들기, 행복한 가정 등등을 약속하는 책들이 엄청나게 많다. 소위 자조(自助, self-help) 문헌들이다. 제목들을 보면 세상 모든 문제에는 이미 답이 다 나와 있는 듯한데, 그 저자들은 대부분의 경우 전문 심리학자들이 아니다. 심리학자들은 "복잡한 문제이고 연구 자료가 충분치 않아서 뭐라고 확실하게 할 말이 없다"고 하는 이런 문제들에 대해 이 '자조' 저자들은 시키는 대로만 하면 성공한다고 약속한다. 비만과 살 빼기만 하더라도 심리학적 연구가 많이 이루어졌지만, 결론은 "비만은 단순한 증후군이 아니며, 단일 원인에 의한 것도 아니며, 따라서 단일 치료법을 가지고 있는 것도 아니기 때문에, '마법탄'을 발견할 가능성은 결코 없다"(J. Rodin의 말을 Stanovich, 1994, p. 251에서 재인용)는 것이다.

과학적 연구의 결과는 언제나 확률적 추리이다. 과학에서는 '움직일 수 없는 진리'란 없다. 많은 연구자료가 쌓인 후에야 결론이 나오지만, 궁극적으로 밝혀진 행동 원리들도 거의 언제나 확률적 관계들이다. TV폭력과 공격성에 대해 많은 나라에서 다양한 연구법(상관연구, 실험실 실험, 현장실험, 종단연구 등)을 사용하여 엄청난 양의 연구가 이루어진 결과, 폭력시청이 아동들의 공격행동을 증가시킨다는 결론이 내려졌다. 그 효과가 아주 크지는 않아도 존재하는 것은 확실하나, 역시 확률로만 이야기할 수 있다. 미국같이 심리학이 발전하고 또

폭력이 큰 사회문제인 나라에서 방송사들이 폭력물을 꿋꿋하게 내보내고 있는 것은 '확실한 증거'가 없다는 사실 때문이다. [물론 근본적으로 '대중'이 원하기 때문이다. 대중은 왜 '섹스와 폭력'을 보고 싶어할까?]

독자들은 이 책에서 많은 성격이론과 많은 경험적 연구들을 만나게 될 것이다. 이론적 주장들은 일단 경험적 자료에 의해 뒷받침되기까지는 어디까지나 가정이나 가설의 성격을 가진다. 이제 연구방법론을 배웠으므로, 절차까지 자세히 소개되는 연구들의 경우에 그 절차가 연구자들이 내린 결론을 정당화할 만큼 충분히 객관적, 체계적인가를 생각해보아야 한다. 그러나 훌륭한 연구라 해도 그 결과나 결론은 언제나 확률적 추리라는 것을 잊지 말아야 한다. 독자들이 가진 '문제'들에 대한 확실하고 시원한 답이나 해결은 끝까지 나오지 않을지 모른다. 대신 독자들은 여러 가지 '가능한' 답이나 해결들에 부딪칠 것이다. 학문을 한다는 것은 불확실성과 더불어 사는 것이다. '확실한 진리'를 제공하는 사람은 과학자이기보다 우리에게 무엇을 팔아먹으려는 장사꾼이기 쉽다. 과학의 진보란 불확실성이 조금씩 줄어드는 답답한 과정이다.

▌요 약▐

01 경험적 연구란 사색이나 논쟁이 아니라 체계적 행동관찰에 의해 사실들을 확인한다는 것을 의미한다. 성격연구에서는 이를 위해 사례연구, 상관연구, 실험연구의 세 가지 접근이 사용된다.

02 성격연구에서 사용되는 자료는 생활기록(L자료), 관찰자 평정(O자료), 객관적 검사 또는 수행(T자료), 자기보고(S자료)의 네 종류이다. 한 연구자가 보고한 관찰들을 다른 연구자들이 반복·재생할 수 있을 때 그 관찰자료는 **신뢰도**가 있다. **타당도**란 우리가 관찰하는 행동이 우리가 관심가진 변인을 반영하는 정도를 말한다.

03 **사례연구**는 하나 또는 소수의 개인들에 대해 많은 자료를 얻는 방법이며 *임상적 연구*라고도 한다. 출판되는 대부분의 연구논문들이 **가설검증** 연구라 해도, 특정한 변인이나 가설들이 없는 **탐색연구**는 많은 흥미 있는 가설들을 산출해준다. 사례연구는 가설검증보다 탐색의 목적에 더 적합하다.

04 사례연구에서는 자료의 신뢰도가 문제되기 쉽다. 풍부한 자료가 변인들 간의 관계 파악을 어렵게 하며, 변인들의 관계성을 확인한다 해도 하나 또는 소수의 사례로부터 전체로 일반화하는 데는 문제가 있다.

05 **상관연구**에서는 다수의 변인들에 대해 다수의 피험자들을 측정하며 변인들의 관계는 통상 상관계수로 표현된다.

06 연구를 할 때 우리는 **표본**에서 관찰한 결과를 **전집**으로 일반화하며, 통계적 검증을 통해 표본의 결과(상관계수, 평균차이 등)가 우연에 의해 나왔을 확률(**통계적 유의도**)을 계산한다.

07 상관관계는 인과관계가 아니다. 특히 복잡한 것은 '제3 변인 문제'로서, 측정된 두 변인이 (측정되지 않은) 다른 변인(들)의 결과들이기 때문에 상관이 있는 것처럼 보이는 경우이다.

08 상관연구의 장점은 많은 자료를 단기간에 얻을 수 있고 변인들의 관계도 하나의 숫자로 간결하게 표현할 수 있는 경제성이다. 그러나, 대부분의 상관연구가 행동의 직접 관찰이 아니라 피험자들의 자기보고에 의지하며 피험자들은 정해진 물음들에 대해 정해진 선택지 중에서 하나를 고르는 식으로만 응답하기 때문에, 정보의 정확성과 깊이가 부족할 수 있다.

09 **실험**은 독립변인을 조작하고 종속변인을 측정하여 독립-종속 변인의 인과관계를 추리하는 연구법이다. 독립변인을 제외한 다른 변인들이 종속변인에 영향 미치지 않도록 조처하는 일을 **실험통제**라 한다. 통제의 첫 단계는 무선 할당이다.

10 실험자는 피험자 집단들을 할당된 독립변인 수준에 따른 차이 말고는 다른 모든 면에서 똑같이 취급해야 하며, 이를 위해 모든 절차를 표준화한다. 통제가 완벽하여 독립변인 말고는 종속변인에 영향 미친 변인들이 없다고 확신할 수 있을 때, 그 실험은 **내적으로 타당**하다.

11 심리학 실험은, 특히 성격 실험은 실험자와 피험자의 인간 대 인간의 만남을 포함하기 때문에, 양편의 기대와 상황판단이 각자의 그리고 상대방의 행동에 영향을 미친다. 피험자가 감지한 실험자의 기대나 요구가 피험자의 행동에 영향을 미칠 때 실험의 **요구특성**들이 작용했다고 하고, 실험자가 전달한 단서들이 피험자 행동에 영향 미치는 것을 **실험자 기대 효과**라고 한다. 요구특성과 실험자 기대 효과는 실험의 내적 타당도를 위협한다.

12 실험통제를 완벽하게 할수록 실험의 내적 타당도는 보장되지만 **외적 타당도**는 떨어진다. 상황이 인위적이 되어 실험에서 발견한 독립-종속 변인 관계를 외부 현실로 *일반화*하기 어렵게 되는 것이다.

13 학술지에 보고되는 실험들은 대부분이 독립변인이 두 개 이상인 **요인설계**들이다. 요인설계 실험자료는 통상 변량분석에 의해 통계적으로 검증되어 독립변인 각각의 *주효과*와 독립변인들의 *상호작용 효과*를 보여준다.

14 실험법은 세 연구접근 중 가장 체계적이고 통제된 관찰방법으로서, 변인들을 정밀하게 조작하고 객관적으로 측정하기 때문에 변인들의 인과관계를 확립할 수 있다. 그러나 실험법이 사람('전인')이 아니라 변인들을 연구하는 "인위적 상황에서의 성격 단편들의 실험연구"에 집중하면 성격의 구조와 발달 등은 연구할 수 없다는 비판이 나온다. 성격심리학에서 실험연구는 점점 비중이 작아지고 대신 상관연구의 비중은 커지고 있다.

15 세 가지 연구접근의 장단점은 서로 보완하는 관계에 있어서 한 접근의 단점을 다른 접근들의 단점들이 보완해준다. 따라서 가장 이상적인 연구책략은 **방법 다양성**이다.

제 **2** 부
정신역동 접근

2부에서는 정신역동 이론과 연구들을 소개한다. 무의식의 세계를 탐구하기 때문에 정신역동 이론들을 심층심리학이라 부르기도 한다. 먼저 3장에서 Sigmund Freud의 정신분석 이론을 소개한다. 그는 성과 공격 추동, 어린 시절 경험, 개인과 사회의 갈등을 중요시하였다. 그의 추종자였다가 그의 추동 이론, 결정론 등을 거부한 많은 학자들 중에서 Alfred Adler의 개인심리학과 Carl Jung의 분석심리학을 4장에서 소개한다. Adler는 열등감과 그 보상의 작용을 서술하였고, Jung은 집단적 무의식과 원형들을 '발견'하였다.

'임상적 전통' 성격이론들의 전형이 되는 정신역동 이론들은 학문적 심리학의 주류에 받아들여지지 못했다. 그러나 이미 1930년대에 Henry Murray는 정신역동 개념과 가정들을 학문적 심리학의 과학적 방법론을 가지고 '성격탐색'을 하였다. 5장에서 그의 방법론과 성격학 이론체계를 제시한다. 마지막으로 6장에서는 정신역동 이론들에 대한 경험적 연구들을 소개한다.

제 3 장

Freud의 정신분석학

'정신역동'(psychodynamics)이라는 말에서 '역동'(力動, '역학'이라고도 한다)
은 말 그대로 힘과 움직임을 뜻한다. 정신역동 이론들에서 인간의 생각, 감정,
행동은 여러 '힘'—동기, 충동, 욕구 등— 들이 작용한 결과이다. 이 장에서는
정신역동 이론의 '원조'인 Sigmund Freud(1856-1939)의 정신분석 이론을 소개
한다.

'정신분석'이라는 말은 세 가지 의미를 포함한다. 그것은 우선 심리학적
연구방법, 즉 꿈, 행동, 농담과 유머 같은 심리적 과정들을 *연구*하는 절차이며,
또한 *심리치료*의 한 형태 또는 방법이기도 하다. 마지막으로 정신분석은 하나
의 *이론체계*, 연구와 심리치료의 결과들을 체계화한 Freud의 심리학 및 정신
병리 이론들을 말하기도 한다. 여기서는 그의 성격이론에 초점을 맞추게 된다.
Freud의 '자료'가 된 것은 환자들과 만난 후에 기록한 분석사례, 자기분석, 일
상생활에서 관찰한 현상들, 속담과 유머, 신화, 민담, 노래 등의 내용, (고전 및
통속) 문학, 그리고 민족지(ethnographic) 재료였다.

정신분석 이론은 발표된 당시부터 현재에 이르기까지 많은 논쟁을 일으켜
왔고, 정신의학이나 심리학에서만 아니라 다양한 인문·사회과학 분야들에서
큰 영향력을 행사해왔다. Freud 이론이 서구 지성계에 준 충격은 코페르니쿠
스의 지동설과 다윈의 진화론에 견줄 만하였다. 인간이 사는 지구가 우주의 중

심이 아니라 태양을 중심으로 도는 위성에 지나지 않고 '만물의 영장'이 하등 동물로부터 진화했다더니, 이제 인간이 자기 자신의 마음·정신의 주인이 아니라, 자신이 의식하지도 못하는 비합리적 힘들에 가장 고상한 정신기능까지 지배당하는 존재라는 것 아닌가.

정신분석 이론은 어느 성격이론보다도 복잡하고 포괄적이며 Freud 자신이 이론을 계속 수정·발전시켜 나갔다. 따라서 그의 인간관, 사회관, 과학관을 드러내주는 이론의 본질적 특성을 분명히 알고 공부하면 도움이 될 것이다.

이론의 특성

'정신역동'이라는 용어가 말해주듯이, 인간의 마음은 (자신이 대부분 의식하지 못하는) 여러 힘들이 작용하는 **에너지 체계**이다. 이 체계에서 모든 행동의 목표는 에너지의 방출, 긴장감소라고 할 수 있다. 사회는 개인의 에너지가 방출되는 채널과 방식에 제약을 가하며, 그 결과 개인과 사회의, 그리고 개인 내의 갈등이 불가피해진다. 따라서 개인들의 성격과 행동 밑에 깔린 원인들을 찾기가 매우 힘들지만, Freud는 자연세계뿐 아니라 인간의 정신생활에도 우연은 없다고 믿은 철두철미한 자연과학자였다.

Freud는 어떻게 해서 역학 이론, 즉 에너지 모형으로 인간 행동과 성격을 설명하게 되었는가? 그의 생애, 그가 살았던 시대의 사회적, 학문적, 문화적 분위기 등을 살펴보면 그것이 더 잘 이해될 것이다.

Freud의 생애와 학문

Freud는 1856년 오스트리아에서 태어났다. 그는 어머니의 첫아들로 태어났지만, 어머니보다 20살이 더 많은 아버지는 그 전 두 번의 결혼에서 이미 장성한 아들이 둘 있었다. 어머니는 모두 6명의 자녀를 더 낳았다. 그의 가족은 그가 어릴 때 빈(비엔나)으로 이사하였다. 그는 김나지움(대학 갈 사람들이 다니는 인문계 중고등학교 과정)에서 늘 일등만 하였고 고전적이고 아름다운 문장력으로 선생님들 눈에 띄었다.

1873년 빈에서 의대에 들어갔을 때 유태인이기 때문에 차별을 당한 그는 후에 이렇게 썼다. "대학에서 이 첫인상이 후에 가져온 중요한 결과 중의 하나는 내가 반대편에 서는, 똘똘 뭉친 다수에게 추방당하는 운명과 그렇게 일찍 친숙해졌다는 것이다. 판단의 독립성이 그렇게 준비되었다"(Pongratz, 1983, p. 6). 의대생 시절(1873-81)에 그는 저명한 생리학자 에른스트 브뤼케의 생리학 실험실에서 일했다. Freud가 평생 존경한 브뤼케는 인간을 물리학적 에너지 보존법칙에 지배되는 역학적 생리체계로 보았다. 이러한 견해는 Freud가 심리기능을 역학적으로 보게 된 기초가 되었다.

Freud는 1885년 2월에 대학정교수 자격과정(Habilitation)을 마친 후 신경병리학 강사가 되고, 그해 가을 브뤼케의 추천으로 6개월간 장학금을 받고 프랑스 정신의학자 쟝 샤르코(1825-93)가 있는 파리 살페트리에 정신병원에 갔다. 샤르코는 최면을 써서 신경증—주로 히스테리, 주로 여자— 환자들을 치료하는 성공을 거둔 사람이었다. 최면 효과에 만족하지는 않았으나, 샤르코와의 만남은 Freud가 정신병리에 관심을 쏟는 결정적 계기가 되었다. 1886년 파리에서 빈으로 돌아와 정신과 개업을 한 후 결혼했고 딸, 아들을 세 명씩 두었다. 후에 정신분석학자로서 그의 대를 이은 자녀는 막내딸 Anna였다.

'정신분석'이라는 이름은 1896년에 나왔다. 글상자 3-1에 정신분석 이론의 탄생 역사를 소개하였다. 이론은 빈의 의사 J. Breuer와의 공동연구로 출발하였다. 그는 파리에 가기 전에 1882년 Breuer의 사례—유명한 Anna O.— 이야기를 들은 바 있었다. Breuer는 최면기법을 사용하여 히스테리 증상들의 원인이 된 (환자는

Sigmund Freud

글 상 자 3-1

정신분석의 탄생

걸인, 성매매여성, 광인 등을 수용하는 거대한 살페트리에 정신병원에서 샤르코는 생생한 시범을 통하여 히스테리에 대한 연구결과를 설명하였다. 그는 무대 위에서 히스테리 환자들(주로 젊은 여성)의 발작을 관객들에게 보여주고, 최면암시에 의해 마비와 수축을 없애거나 만들어냈다(Freud, 1925/97). 관찰과 기술, 분류를 강조하고 환자의 내면생활에는 관심이 없었던 샤르코와 달리 피에르 자네와 Freud 같은 학자들은 환자들의 이야기를 듣고 히스테리의 원인을 찾아내려 하였다. 그들이 찾아낸 원인은 '심리적 외상'이었다. Freud는 Breuer와의 공동 작업에서 이 결론에 도달하였다.

Breuer는 이미 1880년부터 약 3년에 걸쳐 젊은 히스테리 환자 안나(Anna) O.를 최면암시에 의해 치료한 바 있다. 안나는 매우 총명하고 정열적이고 고집 센 사람이었으나 단조로운 생활 속에서 스스로 '개인극장'이라 부른 백일몽에 자주 빠졌다(Freud, 1895/1997). 사랑하는 아버지가 병에 걸리고 어머니와 같이 아버지 간호를 맡던 안나에게 이 백일몽은 기이한 언어장애, 시력장애, 마비 등의 다양한 증상들로 옮겨갔다. 최면을 건 후 증상의 배경에 관한 이야기를 듣는 방법을 Breuer는 '감정정화 방법'(카타르시스)이라 불렀고, 안나는 '말하기 치료'(talking cure) 또는 '굴뚝청소'(chimney-sweeping)라 불렀다 한다. 증상들의 배경에는 병든 아버지를 간호할 때 겪은 체험들이 있었다(Freud, 1925/97).

Freud는 스스로 히스테리 환자들에게 최면법을 사용하였고, 1895년 Breuer와 같이 '히스테리 연구'를 출판했다(1895/1997). 최면은 감정정화에 큰 도움이 되었지만, 환자들이 모두 최면이 걸리지는 않았고, 원한 만큼 깊은 최면도 드물었으며, 치료효과가 지속적이지 않은 경우가 많았다. 특히 관계가 나빠지면 갑자기 긍정적 결과가 사라졌다. 최면기술을 연마해야 하겠다는 생각도 했었지만, Freud는 결국 그 방법을 포기하기에 이르렀다. 최면에서 깨어나면 최면상태에서 있었던 일을 기억하지 못하는데, 알고 있는(본인은 의식 못하지만) 것을 최면 없이 이야기하도록 이끄는 방법을 택한 것이다. 심리적 외상과 관계있는 것을 기억하지 못하게 막는 그 무엇이 있다는(저항) 생각은 결국 무의식과 억압 이론을 가져왔고, 이제 치료의 목적은 잘못된 길에 들어선 감정흥분의 정화가 아니라 억압된 것을 찾아내는 일이 되었다. 정신분석이 탄생한 것이다. 신경증 증상이란 억압된 충동이 표현과 대리충족의 길을 찾는 타협의 결과라 생각되었다.

Breuer의 생리적 이론('최면성 히스테리')에 맞서 Freud는 역동적 이론('방어적 신경증')을 선호하게 되었고, 나아가 그냥 감정 흥분이 아니라 성 흥분이 배후에 있다는 생각을 하게 되었다. 즉, 중요한 것은 성욕의 억압이었다. 유아기로 거슬러 올라가 '성경험'('유아성욕')을 탐색하면서 그는 대다수 환자들이 유아기에 성인에게서 '성적 유혹'[1])을 당했다는 이야기를 들었다. 여성의 경우 유혹자는 언제나 아버지였다. Freud는 신경증을 불러오는 심리적 외상을 발견했다고 믿었지만, 얼마 지나지 않아 유혹론을 포기한다("나의 연구 전체에 곧 치명적인 결과를 가져올 수도 있었던 오류," 1925/97, p. 44). 아버지나 그 형제, 오빠 등과의 관계가 몇 년씩 지속된 사례들도 없지 않았지만, Freud는 이러한 유혹들이 실제로 일어났기보다 환자들이 지어낸 이야기라고 믿게 되었고, 현실경험보다 무의식적 소망과 공상을 중시하게 된다.

아버지의 '유혹'이 실은 딸의 상상이었다는 결론은 외디푸스 콤플렉스의 발견으로 이어졌다. 후기에 이르기까지 이 콤플렉스는 신경증의 원인이라 할 정도로 중요한 이론적 지위를 유지한다. (파리 빈곤층뿐 아니라) 빈의 부르주아층에서도 아동학대가 많이 일어난다는 암시로 원로와 동료들에게 고립당했던 Freud가 이 압력에 굴복한 것 같다(Herman, 1981/2010, 1997/2007 참고). 근친 성폭력은 예나 지금이나 동서양에서 여전히 많이 저질러지고 있다(Herman, 1981/2010; 한국성폭력상담소 부설 열림터, 2007).

---

1) '유혹'은 통상 동등하거나 약자의 지위에서 한다. 다섯 살짜리 딸이 엄마 옷을 걸치고 엄마 구두를 신고 아빠를 '유혹'할 수 있을지 모르지만, 아빠는 어린 딸을 '유혹'하기보다는 협박, 강제, 회유한다. 마찬가지로 '근친상간'이라는 말도 적절치 않다. 성인 남성과 어린 딸이 '서로' 뭘 한다는 말인가. '근친강간', '근친 성학대', '친족 성폭력'이라는 말이 맞다. Freud가 이 맥락에서 '유혹'이라는 말을 썼다는 자체가 그가 성별의 벽을 넘지 못했음을 말해준다.

기억하지 못하는) **심리적 외상**에 접근하였다. 환자의 머리에 손을 얹어 누르고 기억들의 회상을 요구하는 집중기법을 시도하기도 하였다. 이 시기에 Freud는 **정화**(카타르시스— 문제들에 관해 이야기함으로써 감정을 해방시킴) 기법을 배웠다. 환자가 히스테리 원인이 되는 사건을 완전하게 기억해내면서 가능한 한 상세히 진술하고 감정들을 말로 표현하게 되면 증상이 없어졌는데, 그 기억들은 20여 년이 지나도 놀랄 만큼 생생하고 완전하게 그리고 강한 감정을 그대로 유지한 채 남아있었다. 따라서 치료는 억제된 감정이 **빠져나가도록** 하는 작업이었다 ("말하기 치료" 또는 "굴뚝청소").

   억압 이론이 나오면서 치료의 목적도 감정정화가 아니라 억압된 것 찾아 내기가 되었다. 자기분석을 시작하고 1896년에 환자들에게 자유연상법을 쓰기 시작하면서 정신분석이 태어났다(윤순임, 1995). 이제 그는 최면, 정화 같은 일 회적 작업으로는 신경증이 치료되지 않는다는 것을 확신하였다. 환자가 하는 이야기로부터 무의식 내용의 조각들을 맞추어 나가는 **자유연상**이 정신분석 치 료의 기본규칙이 되었다. 부친 사망 다음해인 1897년에 Freud는 자기분석을 시작했다. 주기적 우울증에 시달리던 그는 결국 무의식에서 답을 찾았다: "나 의 회복은 무의식에서의 작업을 통해서만 올 수 있다; 의식적 노력만으로는 안 된다." 남은 일생 동안 그는 자기분석을 계속하여 매일 밤 잠들기 전 반 시간 을 그 작업에 바쳤다.

   1900년에 출판된 '꿈의 해석'[2])에서 Freud는 자신의 이론을 내놓기 시작했 다. 처음 8년 동안 책이 600부밖에 팔리지 않았는데도 추종자들이 생겨났고, 1902년에 생긴 정신분석 모임에 많은 이들이 참여했다. 1901년 '일상생활의 정 신병리'가, 1905년 '성 이론에 대한 세 논문'이 출판되었다. 전자의 책이 호의 적으로 받아들여진 데 비해, 후자의 책에서 유아 성욕과 도착 및 신경증에 대 한 그것의 관계를 주장한 것으로 인해 그는 곤경에 처하게 되었다. 그의 견해 를 용인하는 의료기관들은 배척되었다. 초기의 추종자 Ernest Jones —후에 Freud의 전기를 썼다— 는 환자의 성생활을 물어본다는 이유로 신경의학과에 서 사표를 내도록 강요받았다.

---

 2) '세기의 책'이라고 하는 '꿈의 해석'은 사실 1899년 11월에 나왔지만, Freud는 극적 연출감 각이 있었던지 20세기가 시작하는 1900년을 더 인상깊은 출간연도로 선택하였다고 한다.

1909년 Freud는 '미국의 Wundt'라고 하는 심리학자 스탠리 홀의 초청으로 미국 매사추세츠의 클라크 대학에서 1주일 동안 강의를 하였다. [당시까지도 '왕세자'였던 Jung도 동반하였다.3)] 이 시기에 그는 발달 이론과 유아 공상들의 이론, 정신기능 원칙들의 이론, 정신분석 과정에 관한 견해들을 발전시키고 있었다. 이제 그는 환자들이 줄을 설 만큼 충분한 명성과 승인을 얻었지만, 저축한 재산을 1차대전에서 모두 잃는가 하면, 1920년에는 딸 하나가 26세로 죽었다. 전쟁에 나가 있는 두 아들의 목숨에 대한 걱정도 컸을 것이다. 이 와중에서 그는 1920년(64세)에 삶 충동(에로스)에 반대되는 파괴욕인 죽음 충동의 이론을 내놓았다. 전쟁이 그의 사고에 영향을 미친 것처럼, 1930년대 反유태인 감정의 고조도 그의 비관론이 깊어지게 만들었다. 1932년에 나치는 베를린에서 그의 책들을 불태웠다. 그의 집에는 유태인 사는 집이라는 표시가 그려졌다. 학술 모임들은 해산되고, 유태인이 아닌 정신분석학자들도 망명을 떠났다.

Freud는 박해를 견디다 못해 1938년 82세 나이에 가족과 함께 런던으로 망명하였다. 런던에서 큰 환영을 받았으나 다음해 1939년 9월 23일(2차대전이 터진 3주 뒤) 세상을 떠났다. 죽기 직전까지도 그는 매일 분석을 하고 계속 저술하였다. 그의 삶에서 마지막 20년은 놀라운 용기와 생산성의 시기였다. 과거에는 대중과 의사 동료들의 공격에도 불구하고 연구를 계속하는 것이 큰 용기를 요구했었다. 이 후기에는 많은 추종자들의 상실과 나치의 탄압에도 불구하고 계속하는 것이 큰 용기를 뜻했다. 말년에 Freud는 암 때문에 33회나 턱 수술을 받는 등 극심한 신체적 고통에도 불구하고 일을 계속하였다. 우리가 현재 Freud 이론의 주 요소들로 인정하는 것은 대부분 이 최후의 20년 동안에 발전되었다.

Freud는 거의 죽을 때까지 분석을 하면서도 매우 많은 저술을 하였다. 뛰어난 문장력과 독자를 사로잡는 문학적 재능 때문에 그는 1930년에 문학상인 괴테상을 받기도 하였다. 우리 대부분은 번역을 통해 그의 글을 접하는데, Freud의 글은 번역이 어렵다는 문제를 안고 있어서 이해에 어려움을 주고 있다(글상자 3-2).

---

3) '신세계' 방문은 유럽에서 천대받는다고 느낀 Freud에게 자신감을 더해주었고, 이후 정신 분석은 미국에서 영향력을 잃지 않았다(Freud, 1925/97). 1924년 Freud가 '타임'지 표지에 나올 정도였다. 그러나 '본토'에서는 1911년과 1913년에 Adler와 Jung이 진영에서 이탈하였다.

글 상 자 3-2

Freud 글의 번역 문제

정신분석가인 윤순임(1995)은 정신분석학이 안고 있는 문제 중 하나는 Freud 글이 번역하기 어렵다는 것이라고 지적한다. 독일어 텍스트가 영어로 번역되는 과정에서 낯익은 일상어가 낯설고 유식한 라틴어로 둔갑하여 용어와 내용이 추상화·비인격화되고 현학적·기계적이 되었다는 것이다. 서구 학자들 —특히 Freud를 처음 영역한 사람들은 의사들이었다 한다— 이 학술 용어는 라틴어 어원이라야 한다고 생각한 것처럼, 우리도 학술 용어가 한자어라야 된다고 생각하는 경향이 있다(그래서 '마음'이 아니라 '정신' 또는 '심리'여야 하고, '즐거움'이 아니라 '쾌락'인 것이다). 정신분석만 그러한 것은 아니지만 우리말 용어들은 일본식 한자어가 많고, 따라서 Freud의 글을 우리 자신의 이야기가 아니라 어렵고 추상적인 '학문'으로만 받아들이게 된다. 몇 가지 기본용어들에서 이 문제를 생각해보자.

정신(Psyche, Seele) '정신분석'은 "Psyche"와 "Analyse"(analysis)의 복합어이다. 그리스 신화에서 "Psyche"(프시케)는 복합적이고 깊은 '마음'을 가리키는 은유로 이해되며, 이 단어를 선택함으로써 Freud는 그의 진정한 관심이 인간의 깊은 내면세계의 본질에 있다는 것을 시사한다. 이에 상응하는 독일어 "Seele"(영혼 또는 마음)와 그 형용사형 "seelisch"는 Freud가 그의 저술 전체에서 가장 많이 쓰는 말이라고 한다. 그러나 이것이 영어로는 "mind"로 번역되어 마치 독일어의 "Geist"(정신)를 뜻하는 것처럼 보이게 되었고, 우리말에서도 '심리분석'이어야 할 것이 '정신분석'이 되었다.

추동(Trieb) 추동(推動)은 사람이나 동물을 어떤 곳으로 (내)몰다, 어떤 상태로 또는 어떤 행위를 하도록 몰아간다는 뜻의 동사 "treiben"의 명사어로서 욕구, 충동을 뜻한다. 식물의 싹도 (안에서 솟아 나오므로) "Trieb"라 한다. 영어번역에서 이 말은 라틴어인 "instinct"가 되었다. '본능'은 고정된 '생득적 행동쉐마'이지만, '추동'은 "에너지와 운동적 특성을 가진 유기체의 역동적 과정"(윤순임, 1995, p.15)을 의미한다. Freud는 '본능' 개념을 동물에게만 적용하였다고 한다. 동물의 본능은 개인차가 적고 목표 달성에도 비교적 장애가 적지만, '추동'은 장애가 많고 갈등과 결핍, 무의식적 방어와 보상이 따라온다. 보다 최근에는 "instinct"보다 "drive"가 쓰이는데, 더 적합한 용어라 하겠다.

원초아(Es), 자아(Ich), 초자아(Über-Ich)   독일어에서 앞의 둘은 각각 삼인칭 대명사('그것')와 일인칭 대명사('나')이며, Über-Ich는 '나'의 '위'에 있다는 뜻으로 Freud가 만들어낸 말이다. 이 말들도 영어 번역에서 라틴어인 id, ego, superego가 되고, 우리말로는 원초아, 자아, 초자아라는 유식하고 근엄한 단어들이 되었다.

에너지 체계와 역학

정신분석 이론에서 인간은 한정된 양의 에너지를 가진 닫힌 체계이기 때문에, 밖에서 에너지가 추가될 수도 없거니와 기존의 에너지가 없어지지도 않는다. 물리학에서 배운 '열량 보존 법칙'을 생각하면 이해가 될 것이다. 다만 정신분석에서 말하는 에너지는 물리적 '열'이 아니라 심리적 에너지로서, 이것은 추동(일상어인 '충동'과 섞어 쓰기로 한다)들에서 나온다.

추동과 긴장감소   욕구들은 추동에서 나온다. Freud가 말하는 추동이란 신체적이면서도 심리적인 경계선적 개념이다. 몸에서, 예컨대 호르몬이나 특정한 신체영역들(나중에 나올 '성감대')에서 나오는 추동들이 감정(불안, 증오 등)이나 생각(예, 무서운 아버지)으로 경험되는 것이다. 추동은 표현과 긴장감소를 추구하는 흥분상태로서 불쾌한 긴장으로 체험되며 긴장감소를 통한 에너지 방출을 요구한다. 그렇게 보면 모든 행동의 목표는 **긴장감소**, 즉 **즐거움**(pleasure, 독일어로 Lust; 널리 사용되는 역어 '쾌락'은 부도덕한, 질탕한 즐거움이라는 의미를 띠므로 적절치 않다)이다. 배고플 때 밥을 먹으면, 흥분했을 때 성욕을 '해소'하면 기분이 좋고, 화날 때 공격을 하면 '분이 풀린'다.

긴장의 증가는 안 좋고(Unlust) 감소는 좋다(Lust)고 느껴진다. 욕구충족 또는 긴장감소라는 목표에 직접 도달하지 못하면 추동은 우회해서라도 목표를 이루려고 한다. 그에는 여러 가지 길이 있다. 우선 충족시키는 방식이나 대상이 바뀔 수 있다. 충족 *방식*이 바뀌면 능동성이 수동성으로, 예컨대 괴롭히려는 (가학)충동이 수동적으로 당하려는 (피학)충동으로, 또는 훔쳐보려는 욕망이 내보이려는 노출충동으로 바뀐다. *대상*이 달라져도 비슷한 결과가 나온다. 타인을 해치거나 괴롭히고 싶은데 자신을 괴롭히고, 남의 성기를 훔쳐보고 싶은데 안 되니까 자기 성기를 내보이고 싶은 것이다. 욕구충족 목표가 차단된 추동들이 가는 나머지 두 가지의 길은 **억압**과 **승화**이다. 이 두 과정은 뒤에 '자아방어'에서 자세히 논의될 것이다.

에너지의 양이 제한되어 있기 때문에 어느 한 대상이나 활동에 에너지가 많이 투여될수록 다른 데 갈 에너지는 적어진다. 한 젊은이가 언제나 애인 생각을 하고 있다면 다른 것들(예컨대, 성격심리학 리포트)을 하기가 힘들 것이다. 좋아하는 마음을 표현한다면 그 에너지가 방출되는 것이지만—그때 그는 행복감을 느낀다—그것을 못하면 내면에 긴장이 쌓이게 된다. 이 긴장은 불쾌함이나 고통으로 체험되고, 이 상태가 지속되면 물이 가득찬 물탱크의 수압이 높아지듯 마음속 긴장이나 압력이 더 커진다. 결국 가장 약한 데서 벽이나 파이프가 터지듯 에너지 체계 자체가 부분적 또는 전체적 붕괴를 맞는다('뚜껑이 열린다', '돌아버린다').

갈 등　추동들이 직접 긴장감소로 가지 못하고 우회하여 욕구충족을 시도하는 것은 일차적으로 개인과 사회의 갈등 때문이다. 특히 성과 공격의 추동은 사회의 규범과 목표들에 일치하도록 대상이나 방식을 바꾸어야 한다. 대부분의 문명사회들이 유독 이 두 종류 추동의 직접적인 또는 완전한 표현을 허용하지 않기 때문이다. (공식적 규범상) 결혼한 부부 사이의 성관계만 합법적이며, 가정과 학교에서 폭력을 쓰면 어떤 형태로든 징계가 따른다. Freud는 학문과 예술이, 사실상 문화 전체가 성과 공격 에너지가 '승화'된 결과라 보았다. 개인과 사회의 갈등은 문화 발전을 가져오는 긍정적 측면이 있지만, 개인들은 이에 대해 고통과 불행, 나아가 신경증이라는 값을 치른다.

개인의 인생에서 '사회'는 처음에 그리고 아동기 내내 주로 부모에 의해 대리·대표된다. 생물학적 충동들의 직접적 표현과 완전한 충족을 요구하는 '동물'을 사회에서 길들이는 것이 사실상 '교육', '사회화'이다. 아이는 먹여주고 보살펴주면서 안전과 편안을 보장해주는 부모(대부분의 경우 엄마)를 사랑하지만, 부모는 아이의 욕구표현과 충족을 좌절(금지, 처벌 등)시키기도 한다. 그에 대한 자연스러운 반응인 분노를 아이가 표현하면 더 큰 징계가 따라온다. 최악의 경우 부모는 아이를 버릴 수 있다. 여기서 정신역학적 갈등이 나온다. 같은 대상에게 동시에 사랑과 미움을 느끼며, 사랑은 표현해도 좋지만 미움은 억눌러야 한다. 우리는 평생 이런 갈등 속에 산다. 우리는 사랑하면서 동시에 경멸·증오하고, 간절하게 원하면서 동시에 피하고 도망치고 싶다. '내 마음 나도 모르는' 것이다. 갈등들이 의식되지 않아도, 억압되는 추동들이 없어지지는 않고 위에서 서술한 것처럼 충족 방식이나 대상이 바뀌어 표출된다.

　뒤에서 보게 되듯이 내적 갈등은 원초아, 자아, 초자아라는 우리 마음속 세 세력 간의 갈등으로 표현되기도 한다. 현실의 제약과 요구들 앞에서, 그리고 서로 모순되는 여러 욕구들 사이에서 우리는 갈등을 견디고 **타협**을 하는 수밖에 없다. 사회의 제약들을 따라가면서 '위험한' 충동들을 간접적·부분적으로 표현하거나 대리 충족시키며(이 타협의 결과가 '증상'이다), 어떤 욕구들을 충족시킬 때 다른 욕구는 억누르는 것이다. 이 억제의 결과 우리는 그 '다른' 욕구를 의식조차 못하면서도 불행해진다. Freud는 비관론자였다. 인간은 순간적으로는 행복할 수 있을지언정 완전하게 또 지속적으로 행복할 수는 없다고 믿었기 때문이다.

결 정 론

　Freud에 따르면 모든 행동은 그 사람 안의 어떤 힘에 의해 결정된다. 모든 생각·감정·행동에는 원인이 있으며 우연이란 없다. 아무리 하찮은 행동이라 해도 밑에 깔린 심리적 요인들은 복잡할 수가 있으며 그 사람 자신은 그것들을 전혀 의식하지 못할 수 있다. 말이 헛나오고 약속을 잊어버리고 물건을 놓고 다니거나 잃어버리는 등은 일상생활에서 '그냥' 일어나는 일들이므로 별 의미를 부여하거나 찾아낼 가치가 없다고 여겨진다. [그러나 친한 친구나 애인과의 약속을 잊어버린 사람이 '어쩌다가', '바빠서'라고 변명하지만, 상대방은 그 사건에 큰 의미를 부여하고 상처받는 일이 일상생활에서 종종 벌어진다.] Freud는 자기 자신이나 주위사람들에게서 관찰한 이런 실언, 실수, 사고들('일상생활의 정신병리')의 원인과 의미를 찾으려고 끈질기게 노력하였다. 하찮은 실책이나 우발적 사고들에도 복잡한 심층적 원인이 있다면, 우리의 성격특성, 태도, 습관, 직업선택, 친구나 배우자 선택, 몸과 마음에 나타나는 이런저런 증상들이 '그냥'(팔자, 유전 등) 나오는 결과가 아니라는 것은 말할 것도 없다. 우리는 이 장에서 Freud가 이런 것들의 원인을 어떻게, 어디까지 추적해 들어갔는지를 보게 될 것이다.

Freud의 결정론적 사고의 또 다른 측면은 인간의 성격이 어린 시절 —태어난 후 약 6년— 의 경험들에 의해 결정되어 더 이상 본질적으로 변하지 않는다는 것이다. 인생의 이 시기는 부모와 가정의 영향력이 막강한 때이다. 흥미 있게도 이 시기의 사건과 경험들은 대부분의 성인들에게 극히 단편적으로만 기억에 남아 있다. 나의 성격과 내 삶의 길 —직업, 결혼, 정신질환 등— 이 내가 기억도 못하는 어린 시절에 이미 정해졌다면 나의 자유의지가 작용할 여지는 없다는 것이다. 이 역시 비관론을 밑에 깔고 있는 주장이다.

결론적으로, 정신분석적 인간관에 따르면 인간은 다른 동물들처럼 충동들에 의해 움직여지며 즐거움을 추구한다. 인간은 에너지 체계로 작용하며, 우리가 모르는 에너지와 힘들이 우리의 생각·감정·행동, 성격과 삶을 결정한다. 이 힘들이, 특히 성과 공격충동이 의식에서 추방되는 이유는 그것들의 표현이 가정과 사회에서 제지받기 때문이다. 앞 장에서 TV폭력과 공격행동의 관계를 논의했지만, 정신분석적 관점에서 흥미로운 질문은 왜 폭력물이 대중에게 그토록 어필하느냐 하는 것이다(Westen, Gabbard, & Ortigo, 2008, p. 86). 어린 소년들까지도 쉽게 중독되는 포르노는 또 어떤가? 검열기관들이 TV프로와 영화, 게임들에서 주목하는 내용이 성과 공격(폭력) 범주에 들어가지 않는가.

성격의 구조

서구 계몽주의는 신의 섭리가 아니라 (계몽된) 주체들의 의식적 사고와 행위가 세계를 지탱한다고 부르짖으면서 과학의 발달을 가져왔다. Freud는 이

'계몽'에 두 번째 의미를 보탰다. 바로 인간의 동물성에 대한 깨달음이다. 인간은 이성적 존재이면서 동시에 갈망하고 결핍에 시달리는 존재라는 것이다. 더욱이 Freud는 정신현상 자체는 의식되지 않으며 우리가 의식하는 감정·사고·욕망은 전체의 극히 작은 일부에 지나지 않고, 성 충동이 정신병리를 일으킬 뿐 아니라 인간 정신이 이룩한 문학·예술·종교 등 최고의 창조들에도 공헌한다는 주장까지 하였다. 정신분석 이론이 나치 독일에게 박해를 받은 것은 일차적으로 '퇴폐적' 인간상을 제시했기 때문이었다. [나치 독일은 많은 표현주의 예술가들도 '퇴폐'로 몰아 작품을 불태우고 창작 활동을 금지하였다.]

정신분석 이론은 억압된 것, 무의식과 (성·공격)추동의 발견에서 시작하여 저항·억압하는 구조들의 발견으로 이어졌다.

무의식과 추동

인간은 자신이 신에 가까운 '만물의 영장'이라고 믿고 싶으며 '동물의 왕국' 식구이고 싶지 않다. 의식세계가 빙산의 일각이며―물속에 숨어 있어 안 보이는 세계가 훨씬 크다― 도덕관념, 종교 같은 '고차원적' 삶에도 성적 욕구와 갈등이 큰 영향을 미친다는 주장은 오늘날에도 적을 만들기 쉬운 주장이다. 우리 집이 어떻게 생겼느냐고 묻는 사람에게 십의 구조를 이야기해주었는데 그가 "그게 전부냐?" "네가 모르는 방들, 또 지하실이나 이층이 있는 것이 아니냐?"고 반문한다 하자. 아마도 "내가 사는 집을 내가 모른다는 말이냐?" 하며 벌컥 화를 낼 것이다. 무의식이 존재하기 때문에 "내 집(마음)을 내가 모르"는 것이다.

무의식의 본질　　Freud는 처음에 인간의 마음속에는 의식, 전의식, 무의식의 세 층이 있다는 지형(topographic) 모델을 내놓았다. **의식**은 우리가 어느 주어진 순간에 의식하는 현상들을 말하고, **전의식**은 우리가 주의를 기울여 잘 생각하면 알게 되는 현상들을 말한다. **무의식**은 우리가 우리 속에 존재하는지 전혀 알지 못하는 세계로서 우리의 행동과 성격에 지대한 영향을 미친다. 이 모델은 '꿈의 해석'에서 처음 완전한 형태로 제시되었다. 그는 우리가 기억

하는 꿈(manifest dream)을 그 밑에 깔린 무의식적 의미 내지 소망(latent dream)
과 구별하였다.

무의식에는 불가능한 것이 없다. 논리도 없고 시간과 공간도 무시한다. 무
의식 작용이 가장 분명한 것은 *꿈*이다. 꿈속에서는 서로 다른 시기의 인물과
사건들이 공존하고, 큰 것들이 작아지고 작은 것들이 커지며 서로 다른 장소들
이 합해진다. 현실에서는 인사도 안 하고 지내는 사람과 꿈속에서는 얘기를 하
는데 그가 어느 순간 아버지가 되고, 돌아가신 아버지가 같이 학교에 가고, 내
가 다닌 초등학교 교문으로 들어가니 중학교 때의 교실이 나오고, 나는 어느새
초등학교 신입생이 되어 있어도 하나도 이상하지가 않다. 또 꿈은 *상징*들의 세
계로서, 많은 생각들이 한 단어에 농축되고, 어느 대상의 한 부분이 많은 것들
을 대표한다. 상징화 과정을 통해 남자 성기가 뱀이나 코로 표상되며, 여자가
교회나 배로, 지배하는 어머니가 문어로 나타날 수 있다[글상자 3-3을 보라].

왜 우리 안에는 우리가 있는지조차 알지 못하는 감정, 생각, 동기들이 이
렇게 많이 들어있는가? 이들은 만약 의식된다면 위험하거나 괴롭기 때문에 의
식에서 추방된 것이다. 즉, *동기화된 무의식*(motivated unconscious)인 것인데,
'동기'는 물론 '사회'(를 대신하는 부모)로부터 나온다. 부모는 아이의 욕구를 충
족시켜주기도 하지만 어떤 욕구들은 표현부터 막는다. 아주 어린아이도 배고픔
은 표현해도 되지만 (예컨대 엄마나 동생에 대한) 미움을 적나라하게 표현하면 안
된다는 것을 안다. 부모의 사랑과 보호를 포기할 수 없기 때문에 부모가 싫어
하거나 징벌하는 생각 감정 욕구들은 점차 의식에서 밀려나게 되는 것이다. 이
러한 과정을 **억압**이라고 부른다.

억압된 욕망·감정들이 영원히 사라지는 것은 아니다. 사라지기는커녕 그
들은 계속해서 우리의 행동에 영향을 미치며, 우리는 자신의 행동을 그럴싸하
게 설명하지만 사실 무지하다. 무의식 내용은 말실수, 착각, '정신 나간' 행동
등에서 표현된다. 즉, '속마음'이 불시에 튀어나와 우리 스스로나 남들에게 당
혹스러운 방식들로 우리의 일상을 휘젓는 것이다. 무의식은 그냥 의식되지 않
을 뿐 아니라 나름의 소원충동들, 나름의 표현방식, 독특한 심리기제들을 가진
특별한 마음 영역이다(Freud, 1916/2000). 정신분석이란 바로 그러한 무의식적
영향을 탐색하는 방법이다.

글 상 자 3-3

꿈— 무의식으로 가는 왕도

우리는 매일 밤 꿈을 꾸지만 거의 대부분을 잊어버리고, 기억나는 단편들에도 거의 의미를 부여하지 않는다. 그러나 Freud에게 꿈은 무의식을 인식하기 위한 '왕도'(王道)였다. 잠잘 때는 의식과 자아의 활동이 아주 약해지기 때문에 무의식의 내용들이 표현될 수 있는 것이다.

꿈은 왜 꾸는 것일까? Freud에 의하면, 꿈은 두 가지 과제를 수행한다. 하나는 소망충족(wish fulfillment)이고 다른 하나는 잠을 지키는 기능이다. 좌절되었거나 억압된 소망들을 꿈에서 충족시키고, 또한 꿈 덕분에 깨어나지 않고 계속 잔다는 것이다. 소망·충동이 꿈 생산 에너지를 조달한다면, 꿈의 '원료'는 잠잘 때의 자극들(방의 온도, 소음 등), 전날 또는 최근의 경험들, 아주 어릴 때의 사건들, 신체적 과정들이다. 자명종 소리는 꿈에서 아침 예배를 알리는 교회 종소리이기도 하고, 부엌에서 그릇 깨지는 소리이기도 하다(일어날 필요가 없다). 남들 앞에서 옷을 벗었거나 속옷 바람이라 당황하는 꿈, 가까운 사람이 죽는 꿈, 시험 보는 꿈은 거의 누구나 꾸는 흔한 내용들이다. 나체 꿈에서는 노출하고 싶은 소망이, 죽음의 꿈에서는 부모나 형제가 죽었으면 하는 소망이 표현되고, 시험 꿈은 자기비판("잘 못했어!")이나 위안("이제 다 끝났어")을 표현한다고 할 수 있으나, 해몽책에 나오는 것처럼 꿈을 기계적으로 해석하는 것은 정확하지 않을 때가 많다.

우리가 꾸는 대부분의 꿈들은 '꿈 작업'(dream work, Traumarbeit)의 결과이다. 잠잘 때에도 자아가 아주 활동을 멈추지는 않고 원초아 요구들의 표현과 충족을 '검열'한다. 이 검열 때문에 우리가 꿈(manifest dream)을 이해하지 못하는 것이다. 두 남자 사이에서 결정을 못 내리는 여자는 기차가 서로 반대 방향에서 달려오는 꿈을 꾼다(전위). 다양한 내용이 하나로 합성되기도 하여(압축), 시험을 앞둔 학생이 꿈에서 가게에 물건을 사러 갔는데 주인이 그 과목 선생이고 물건값을 엄청 비싸게 부른다. 가장 심한 검열을 받는 욕구들은 성과 공격 추동에서 나오는 욕구들이다. 아버지가 죽었으면 하는 소망이 꿈에서 아버지가 여행을 떠나거나 낯선 남자가 죽는 등으로 표현된다. 성·공격 욕구들은 많은 경우 상징을 통해서 표현·충족된다. 탑, 발, 펜, 가위 같은 물건들은 남성 성기를, 동굴, 그릇, 극장, 방 등은 여성 성기를 상징하고 계단 오르기, 차에 치임, 공간에 들어가기는 성교를 상징한다고 한다. Freud는 동화와 신화, 농담, 속담, 시와 속어 표현들 등에서 이 상징들을 발견했다.

성과 공격 추동　　　Freud는 히스테리 증상을 이해하려고 노력하면서 정신분석 이론을 발전시켰다. 히스테리란 심리적인 외상이나 갈등이 신체적 증상 (마비, 통증 등)으로 전환되어 나타나는, 특히 여자들에게 많았던 신경증이다. Freud는 성적 욕구와 충동의 억압이 그 수수께끼 같은 증상들의, 나아가 모든 신경증의 원인이며, 그 억압의 뿌리는 어릴 때의 욕망과 좌절, 갈등에 있다고 확신하게 되었다. 나아가 그는 유아들에게도 이미 성적 욕구와 충족이 있다고 주장하였다('유아 성욕', infantile sexuality).

'순진무구'한 어린이에게도 '성생활'이 있다는 주장은 성을 더럽고 추한 것으로 생각하던 빅토리아 시대에 받아들여지기 힘들었다. 그러나 Freud는 *성* 충동(sexual drive)과 *생식* 충동(genital drive)을 구별한다. 후자는 사춘기에 성적 성숙과 함께 생겨나지만, 전자는 출생 직후부터 나타난다. 일차적으로 성은 몸을 자극하여 즐거움을 얻는 활동이며, 번식에 봉사하는 목적은 이차적이다. 성 충동을 생식기능과 떼어서 생각하면 동성애자와 '도착성욕자'(노출증 등 '변태') 에게도 성생활을 인정하게 된다. 우리의 삶에 그토록 큰 영향을 미치는 성 충동을 Freud는 에로스 또는 **리비도**(Libido)라는 에너지 개념으로 설명했다.

초기에는 자아 추동(자기보존 경향)과 성 추동(종족보존 경향)이 구별되었으나, 후기에는 이 둘이 **삶 추동** 아래 들어가고, 그 반대편에 **죽음 추동**이 들어갔다. 삶과 사랑뿐 아니라 죽음과 파괴도 인간성의 본질적인 부분이며, 공격과 파괴가 사랑의 좌절에 대한 반응으로 나타나는 것이 아니라 그 자체가 인간성의 한 부분이라는 것이다. 파괴 추동의 궁극목표는 "살아 있는 것을 무기물 상태로 가져가는 것"이다. 사랑(성)과 죽음(파괴)의 이 두 기본 추동은 어디서나 같이 나타난다. 먹는 행위는 생명을 유지한다는 목표를 가지고 객체(음식물)를 파괴하는 것이며, 성행위는 극한의 친밀·통일을 위한 공격이라 할 수 있다. 강한 사랑에도 파괴 추동이 섞이며, 극한적 공격에도 에로스가 섞인다. 파괴 또는 죽음 추동의 가정은 인간성과 그 장래에 대한 Freud의 비관론을 굳혔다. 죽음의 추동은 정신분석 이론에서 가장 논란이 많고 수용되지 않는 부분에 속한다.

성격의 구조

인간의 마음이 의식, 전의식, 무의식의 층으로 갈라져 있다는 지형 모델은 나중에 원초아('그것'), 자아('나'), 초자아('윗-나')라는 삼중 구조설로 옮겨갔다. Freud는 심리 기구라는 말을 썼는데, 마음을 망원경이나 현미경같이 여러 부속으로 구성된 기구로 본 것이다. 세 '부속' 중 원초아는 완전히 무의식의 영역에 있고, 자아는 의식세계의 중심이다(그림 3-1). 초자아는 상당 부분이, 자아도 어느 정도는 의식되지 않는다.

원 초 아　　원초적 자아 또는 자아의 원초라는 뜻의 이 한자 조어는 원어로는 '그것'이라는 독일어 삼인칭 대명사이다(글상자 3-2 참조). [우리 말 문헌

[그림 3-1] 성격의 세 구조와 의식의 층

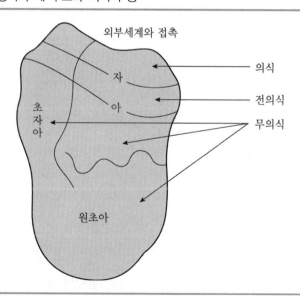

에서 이 용어는 영어 번역(id, 사실은 라틴어)대로 '이드'라고도 쓰이고 '원욕'이라고 번역하기도 한다. '거시기'라고 번역한 책도 보았는데, '그것'에 가장 가깝다고 하겠다.] '그것'은 생물학적으로 타고난 모든 것, 특히 신체구조에서 나오는 추동들을 말한다. 성인의 성격과 삶에 중요한 역할을 하는 내용은 앞에서 말한 성과 공격의 추동들이다. 모든 추동 에너지가 '그것'에서 나온다. 즉, 한 사람이 기능하는 데 필요한 에너지가 원초아의 추동들에 있는 것이다. 현실과 접촉이 없으므로 진정하게 '심리적' 현실이라고 할 수 있는 원초아는 **즐거움 원칙**을 따르며 일차과정적으로 기능한다. 선악, 도덕도 모르고 추동흥분들이 배출을 요구할 뿐이다.

배고픈 아기가 마구 울다가 젖을 먹고 나면 웃는 것처럼, 충동들이 만들어내는 긴장이 해소될 때 기분이 좋아지고 행복해진다. **일차과정**이란 욕구충족의 방식이면서 사고의 양식이다. 일차과정적 *욕구충족*은 즉각적인 대신 대상이나 방법이 유동적이다. 배고픈 아기는 엄마가 자기 앞에서 우유를 타고 있는데도 기다리지 못하고 울어대지만, 엄마가 빈 젖꼭지('공갈 젖꼭지')를 물려주면 그친다. 자기 손가락을 빨면서 울음을 그치기도 한다. 물론 빈 젖꼭지나 손가락에서 젖이 나오는 것이 아니므로 아기는 곧 다시 운다. 우리 어른들도 배가 고플 때 뜨거운 밥, 맛있는 빵 등을 눈앞에 그리며 일차과정적 욕구충족을 한다(소화과정이 시작되려고 침까지 나오지 않는가!).

일차과정적 *사고양식*은 비합리적이고 시각적 심상에 의존하며 시간 의식이 없다. 꿈 사고가 바로 이러한 양식이다. 우리는 오줌 마려울 때 꿈에서 화장실에 가지만(즉각적 욕구충족, 유동적 대상·방법) 결국은 방광이 터지기 전에 일어난다. 또 주로 시각적 심상들로 나타나며 과거와 현재가 뒤섞이는 꿈의 사고는 너무 비합리적이어서 '사고'라 하기도 어려울 지경이다. 일차과정적 사고는 자아가 무너진 정신병(정신분열증 등) 환자의 알아듣기 어려운 횡설수설에서도 볼 수 있다.

엄마 뱃속에서는 그리고 갓 태어나서는 '세상'과 '나'가 분리되지 않았지만, 결국 욕구를 충족시켜주는 것은 바깥세상에 있는 대상(엄마 젖가슴이나 젖병)이며, 필요할 때 이것들이 눈앞에 없을 수도 있다는 것을 아기는 배우게 된다. 엄마가, 나아가 바깥세상 전체가 '나'와 분리된 별개의 존재나 세계라는 것을 깨달으면서 욕구좌절을 참고 뒤에 올 충족을 기다리는 능력이 발달한다.

자 아　유기체의 모든 기능들을 포괄하는 원초아로부터 현실세계를 상대하는 기능이 떨어져 나간 것이 '나', 자아이다. 현실의 자극을 지각하고(보거나 듣고) 또 현실의 자극들로부터 유기체를 보호하는 기능을 맡는 부분이 독자적인 조직 또는 '구역'으로 독립하여 원초아와 바깥 세계를 중재한다. 동시에 '나'는 남들과 구별되는 주체인 '나'이다. '나'는 보고 들으며, 기억하고 감정을 느끼며 판단을 내린다. 의지를 행동으로 옮긴다는 점에서 '나'는 성격의 '집행자' (executive)이다. '그것'으로부터 '나'가 분화되는 이유는 간단하다. 욕구충족과 긴장해소는 결국 바깥세계의 대상들을 통해서만 가능하기 때문이다. 욕구를 충족시키는 대상들을 찾아내야 하는 '나'의 과제는 **현실검증**과 더불어 충동조절이다. 현실을 상대하는 구조로 원초아의 겉껍질에서 분화된 자아는 원초아에게서 에너지를 '빌려'오지만 점점 그것에 대항하여 추동요구들을 지배한다. '나' 는 '그것'의 요구들을 충족시켜야 할지 말지를 결정하고, 이 충족을 적당한 시간 및 상황으로 미루거나 아니면 그 흥분을 아예 억누른다.

'그것'이 즐거움 원칙을 따르고 일차과정적으로 기능하는 것처럼, '나'는 현실원칙을 따르고 이차과정적으로 기능한다. **이차과정**은 욕구충족을 뒤로 미룰 수 있는 대신 특정한 대상과 방법을 고집한다. 이를 위해 '나'는 기억, 지각 및 인시 기술들을 발달시키고, 현새만 아니라 미래를 생각하며 장기적으로 볼 때 무엇이 좋은가를 생각하고, 분석적·추상적·논리적으로 사고·추리할 수 있어야 한다(이차과정적 사고). 일차과정과 이차과정은 질적으로 확실히 구분되기보다는 정도의 차이만 있고 또 흔히 같이 작용한다. 배가 고플 때 우리는 먹을 것을 그리며 침을 삼키면서(일차과정) 동시에 먹을 게 있는지 찾아보거나 재료를 사다가 만들기도 한다(이차과정). 마찬가지로, 현실에서 문제에 부딪칠 때 이성적으로 대책을 궁리하면서도 문제가 저절로 해결된다고 믿어보기도 한다.

사회적 동물로서 인간은 내적, 물리적 현실의 제약들뿐 아니라 사회의 규범과 제약들도 인식하고 다룰 줄 알아야 한다. 나아가 외부에서 감시 또는 처벌하지 않아도 사회의 규범과 법들을 따라야 한다. 3, 4세경에 초자아가 형성되기 시작하면서 이러한 행동들이 나타난다.

초 자 아   자아가 원초아로부터 생겨나듯이, 초자아는 자아로부터 분리되어 '나'의 '위'에 있다. 인간의 아동기는 유난히 길며 부모에 의존해 사는 기간이기 때문에 부모의 영향을 지속시키는 구조가 자아로부터 분화되어 독립하는 것이다. 부모의 영향에는 부모의 개성뿐 아니라 부모가 이어가는 가족·민족 전통의 영향, 부모가 대표하는 당시의 사회적 환경의 요구들도 작용한다. 사회 규범과 전통이 변하기 힘든 이유가 여기 있다.

'윗-나'란 옳고 그름에 대한 사회와 부모의 규범들을 내면화한 것이다. 부모는 아이가 '착하게' 행동할 때 칭찬하며, '못되게' 굴 때 비난한다. 부모가 좋아하는 행동들은 **자아이상**의 형태로, 부모가 싫어하는 행동들은 **양심**의 형태로 내면화된다. 우리 속에 들어앉은 부모가 '착하다'고 칭찬할 때 우리는 자부심을 느끼고 행복해지며, '안 돼', '(넌) 나빠'라고 소리칠 때('양심의 소리') 죄책감을 느끼며 우울해진다. 초자아는 흔히 실제의 부모가 모범을 보여준 것보다 더 엄격하게 우리 속에서 부모가 행사한 기능들을 계속하여 '나'와 '그것'을 감시하고 명령·판결하며, 처벌을 위협한다. 이상과 완벽을 추구하는 초자아는 경직된 흑백 사고를 하고 용서가 없다. 초자아는 우리가 어릴 때, 즉 아직 부모가 아주 커다란 존재일 때 생겼을뿐더러 그 모델은 부모 개인들이 아니라 부모의 초자아이기 때문이다. 아이가 커가면서 부모를 다르게 평가하게 되지만 이것이 자아에는 영향을 미칠지언정 초자아에는 더 이상 영향을 미치지 않는다(Freud, 1917/2000, p. 503).

'그것'처럼 '윗-나'도 현실검증 능력이 없기 때문에 '나'를 실제 행위에 대해서뿐 아니라 생각이나 의도만 가지고도 칭찬하거나 질책한다. 그래서 우리는 우리 자신이 의식하지 못하는 '나쁜' 생각에 대해 스스로를 비난하며 열등감이나 죄책감('양심의 가책')에 시달린다. 이 가책이란 사실은 부모의 애정상실에 대한 두려움이다. 정신분석학적으로 보면 우연히 일어나는 사고나 실패, 손해가 죄책감에서 비롯되는 (무의식적) 자기처벌일 수 있다.

원초아, 자아, 초자아의 관계   아기가 태어났을 때는 원초아만 존재하다가, 현실의 제약과 요구들에 직면하면서 자아가 발달한다. 마지막으로 우리 속에 사회를 대표하는 구조로서 초자아가 생겨난다. 이 세 구조는 서로 엮여 있기 때문에 어느 것이 강해지면 다른 것이 약해진다. 현실도 도덕도 무시한 채 원하는 것은 무조건 즉시 가져야 하는 어린애 같은 사람이 있는가 하면, 현실논리만 따지며 계산 잘하고 이성적인 컴퓨터 같은 사람이 있다. 옳고 그름만 따지며 욕망도 없고 자기 이익도 초월한 성자 같은 사람도 있다. 이는 각각 원초아, 자아, 초자아가 다른 구조들에 비해 상대적으로 강한 경우들이 된다. 원초아와 자아만 기능하고 초자아는 발달하지 않은 사람을 생각해보라. 사기꾼, 조직폭력배 두목 같은 유능한 범죄자가 생각나지 않는가.

세 구조의 세력관계에는 발달적 변화도 있다. 사춘기와 갱년기같이 호르몬 변화가 클 때는 원초아 추동들이 강해지면서 자아와 초자아 기능이 일시적으로 교란·약화되기도 한다. 훨씬 짧은 시간 범위에서 주기적이거나 일시적인 변화도 있다. 잠 잘 때 자아의 기능이 약해져서 원초아적 일차과정이 우세해지는 소망충족적 꿈이 나오는 것처럼, 술에 취하거나 몸이 아플 때 또는 외적 유혹(예컨대, 밤에 도승의 암자에 찾아온 황진이)이 있을 때에도 평소의 세력균형이 일시적으로 흔들린다. 얌전하던 사람이 술만 마시면 '개'가 되는 일은 자주 보는 현상이다.

세 구조 중 대들보는 물론 **'집행자' 자아**이다. 원초아, 초자아, 그리고 현실이 서로 다른 것들을 요구할 때 그 갈등을 견디고 타협을 찾아내야 하기 때문이다. 세 구조의 조화와 일치는 예외이며, 자아가 탄력 있고 강해야 현실과 마찰하지 않으면서 마음의 평화를 유지할 수 있다. 원초아가 어린애처럼 막무가내 보챈다면, 초자아는 부모처럼, 흔히 실제의 부모보다 더 엄격하게, 자아를 감시하고 옳고 그름을 따진다. 현실을 고려하지 않는 두 구조의 요구들을 자아가 현실 속에서 충족시켜야 하는데, 현실세계는 현실세계대로 나름의 제약과 요구들을 한다. 이 갈등 속에서 자아는 타협안을 찾아내야 한다. 예컨대, 나에게 해를 입힌 자를 당장 죽여버리고 싶지만(원초아 충동), 그러면 경찰에 잡혀갈 것이므로(현실의 제약), 또 폭력은 무조건 나쁜 것이므로(초자아의 요구) 그를 차갑게 무시해 버리거나 대중 앞에서 모욕 주는 것으로 끝내는 것이다.

구조 모델은 경험·관찰을 통해 검증하기 힘들므로 더 이상 유용하지 않다고 생각되지만, 이 모델의 본질인 '마음의 갈등'의 서술은 여전히 중요하다 (Westen 등, 2008). 인간은 욕망들, 양심, 현실적 문제들, 사회적 수용 여부 사이의 갈등을 벗어나지 못하는 존재가 아닌가.

원초아, 초자아, 현실의 요구들을 감당하기 어려울 때 자아는 **불안**으로 반응한다. 위험의 출처에 따라 이를 각각 원초아 불안(신경증적 불안), 초자아 불안(죄책감), 현실 불안(공포)이라고 부른다. 위험이 있으므로 대책을 찾아야 한다는 신호가 불안이며, 자아가 상대적으로 약할 때는 더 자주, 더 강한 불안을 체험할 수밖에 없게 된다. 현실 불안 또는 공포를 느낄 때 자아는 객관적 위험을 피하거나 공격할 가능성 등을 찾아내려 한다. 나머지 두 유형의 불안들에는 대처하기가 힘들다. '위험'이 무엇인지 보이지 않기 때문이다. 뒤에 자아방어기제에서 이 문제들을 다시 논의하기로 한다.

왜 어떤 사람은 초자아가 강하거나 가혹할 정도로 엄격한데, 어떤 사람은 양심이 없고 자기 이익만 찾는 것일까? 왜 어떤 사람은 충동 통제가 안 되어 원하는 것은 무슨 일이 있어도 즉시 가져야 하는 것일까? 이러한 물음들은 '성격은 어떻게 발달하는가'라는 물음들이 된다.

성격의 발달

정신분석적 발달이론은 **심리성욕**(psychosexual) 이론이라고 부른다. 성 충동이 심리에 나타나는 것이기 때문이다. 앞서 말한 것처럼, Freud는 몸이 자극받아 느끼는 즐거움을 '성적'(sexual)이라 부르며 출생 직후부터 '성생활'이 있다고 본다. 그러한 관능적 감각에 특히 예민한 신체부분('성감대')은 처음에는 입이었다가 항문, 그리고 성기로 옮겨간다. 이를 **리비도**(에너지)가 성감대와 연관된 행동에 붙는다고 말한다. 성생활은 이렇게 아주 어릴 때 시작되어 5세 말경에 절정에 달하고 그 이후 휴식기에 들어간다. 이 잠복기간이 지난 후 사춘기에 리비도가 다시 강해진다. 이 단계들은 생물학적으로 결정되는 것이다. 각 단계에서 벌어지는 일들은, 특히 6세 이전의 초기 단계들에서 일어나는 일들이 개인의 심리적 발달과 성격형성에 결정적 자취를 남기게 된다.

심리성욕 발달 단계

이상적인 경우에 아이는 입(의 활동)과 관계된 즐거움들을 누리다가 다음 단계로 가면 항문·배설과 관련된 즐거움들을 발견한다. 이렇게 리비도가 한 단계에서 다음 단계로 잘 넘어가려면, 각 단계에서 충동들의 자유로운 표현이 제약당하지 말아야 한다. 어느 단계에서 충족이 너무 부족하면, 반대로 충족이 너무 많아도, 다음 단계로 넘어가기가 힘들어진다. 두 경우 모두 그 단계에 **고착**이 일어난다.

고착은 두 가지 결과를 가져온다. 우선 고착된 단계로 돌아가는 **퇴행**이 일어날 수 있다. 예를 들면, 동생을 보아 부모의 사랑을 빼앗긴 아이가 오래 전에 졸업한 젖병을 찾고 기저귀를 차려 하는가 하면, 어른이 되어서는 실연했을 때 먹고 마시기(구강적 충족)에 탐닉해 버린다. 고착의 더 지속적인 결과는 **성격유형**의 결정이다. 즉, 어느 단계에서 고착이 일어나는가에 따라 성격특징들이 형성되어 어른이 되어서까지 유지되는 것이다.

구강기(oral stage)　　　태어나서 약 1년 반 동안 아기의 삶은 입으로 하는 활동이 중심이 된다. 빨기, 삼키기, (이가 나면) 씹기 등은 물론 일차적으로 영양섭취에 봉사하지만, 먹기와 무관하게 단지 감각적 즐거움을 위해서도 하므로 '성적' 즐거움이라고 하는 것이다. 엄마가 젖이 풍부하고 아기가 원할 때 언제나 젖을 물린다면, 아기는 구강적 만족을 충분히 또는 지나치게 누린다. 젖이 부족하거나 엄마가 아기의 욕구보다는 자신이 정한 시간표를 따라가는 일도 있지만, 어떤 이유로든 엄마가 없어질 수도 있다. 지나친 만족과 지나친 박탈은 둘 다 이 단계에 아이가 고착되는 결과를 가져와 아이는 나중에도 구강적 만족에 집착하게 된다. 이 고착이 표현되는 것이 젖 뗄 때 어려움이다. 엄마의 결정에 따라 아이는 어느 날부터 구강적 즐거움들을 포기해야 하며, 만족이 너무 부족했어도 또는 너무 많았어도 그것에 저항하는 것이다.

구강기를 두 하위단계로 나누기도 한다. 빨거나 입에 무엇이든 집어넣는 즐거움이 지배하는 **구강적 성애**(oral eroticism)가 앞의 단계이고, 이가 난 후 깨물고 씹고 뱉는 공격·파괴를 할 수 있게 되면서 **구강적 가학**(oral sadism) 단계가 온다. 구강적 활동들은 개인들이 일생에 걸쳐 추구하는 즐거움들이다. 먹고 마시고 담배 피우는 것은 많은 이들에게 그 자체가 즐거움이고, 수다와 욕설 또한 그렇다. 아이를 예뻐할 때 쓰는 '물고 빠다'는 말도 구강적 관능성을 강하게 암시한다. 이러한 즐거움들은 구강기에 고착이 심하게 되었을수록 중요해진다.

구강적 성격 구강기 고착의 결과로 나타나는 구강적 성격(oral character)의 주요 특징들은 다음과 같다.

1. 주고 받음의 문제들에 집착
2. 의존-독립과 수동-능동성에 신경씀
3. 사람과의 가까움과 거리에 대한 특별한 태도들— 혼자 있으려 하는가 집단에 매달리는가
4. 낙천성과 비관론의 극단들
5. 두드러진 양면성(특히, 구강적 가학 성격에서)
6. 신기한 경험과 생각들에 개방적
7. 모든 것을 '집어삼키고' 싶어하는 급하고 초조한 태도
8. 좌절당할 때 구강적 충족 추구(예, 과식, 먹기 거부, 음주, 흡연, 수다)

이 일반적 특징들 중에서 한 개인이 어떤 특성들을 나타내느냐 하는 것은 그가 고착된 하위단계가 성애기인가 가학기인가, 그 고착이 좌절 때문인가 과잉 충족 때문인가 하는 두 요인에 달려 있다. 이 두 요인에 따라 일반적 특성들이 다르게 나타남을 *낙천성 대 비관론*의 예를 가지고 살펴보자(표 3-1). 우선 충족이 부족했던 경우 비관론자가 되고, 지나치게 많은 충족을 받은 경우 낙천적이 되기 쉽다. 전기(성애기)에 고착되었느냐 후기(가학기)에 고착되었느냐에 따라 낙천성이나 비관론의 형태는 수동적이거나 능동적이 될 수 있다. 혼란스럽게도 양쪽 극단이 번갈아 나타나기도 한다. 낙천적인 사람이 때로 심한 염세·비관에 빠지는 것이다.

낙천성-비관론의 예 하나만 보고도 독자들은 이렇게 다양한 특성들을 하

[표 3-1] 구강적 성격특성으로서 낙천성-비관론의 발달(Liebert와 Liebert, 1998, p.100)

고착시기	고착이유	
	과잉충족	좌 절
구강적 성애(전기)	**수동적 낙천성** 자신이 어떻게 하든 세상이 자신의 욕구들을 채워주리라 믿음. 예: 시험이 쉬울 것이라고, 선생님이 이해할 것이라고 기대하여 학생이 공부를 안 한다.	**수동적 비관론** 처지를 개선하기 위해 아무것도 할 수 없다는 듯 행동. 예: 소용없다고, 성적이 어차피 나쁠 것이라고 느껴서 공부를 하지 않는다.
구강적 가학(후기)	**능동적 낙천성** 자신의 욕구를 채우기 위해서 세상으로부터 능동적으로 가져옴. 예: 학생이 공부를 열심히 하고 특별한 도움을 구한다; 점수를 잘 받기 위해 특별과제를 한다.	**능동적 비관론** 세상에 대해 냉소적, 적대적임. 무차별적으로 남들을 침. 예: 선생, 강의, 시험을 욕하고 비판하는 데 시간을 허비하고 나쁜 성적을 '체제'의 탓으로 돌린다.

나의 성격유형으로 묶을 수 있느냐고 이의를 제기할지 모른다. 구강적 유형의 공통점은 *구강적 주제*(받아먹기, 삼키기, 내뱉기, 씹기 등)의 지배이며, 이 주제는 구강기를 어떻게 지냈느냐에 따라 다양하게 변형된다. 그것의 특징은 자기 자신에게만 관심 있는 자기도취, 남에게 받고 요구하기, 기대기(의지, 의존)라 할 수 있다. 과잉충족을 경험한 사람들에게서는 이 주제들이 과장·확대되어 나타나는 일이 많다. 반면 (좌절이 심했기 때문에) 뒤에 논의할 방어기제 중 반동형성이 작용하면 과장된 독립심, 무엇이건 받기를 신경질적으로 거부하는 태도 등이 나타나기도 한다. 이렇게 표현이 다양해도 주고받기, 의존과 수동성 등이 '주제'임을 알 수 있고, 남의 존재에 관심 없는 이기주의의 특성을 느낄 수 있다. 이러한 다양함은 구강적 활동에 대한 태도에서도 관찰된다. 대표적 예가 과식증(bulimia)과 거식증(anorexia nervosa)이다. 먹기에 탐닉하든 음식을 아예 거부하든 음식과 먹기가 관심의 초점이며 통제가 안 되는 것이다.

항문기(anal stage)　　　아이가 젖을 떼고 나면 리비도는 입에서 항문으로 옮겨간다. 만 한 살 반 정도 되면 아이는 자유롭게 뛰어 다니며 말을 하기 시작하고 '**나**'를 주장하기 시작한다('미운 세 살'). 아이가 엄마(젖가슴)와 '나'를 구별하게 되면서 구강기 말에 자아가 주체로서 형성되기 시작하고, 항문기에 현실과 관계 맺는 능력이 크게 발달하면서 자아도 성장한다. 변을 참거나 내보내는 배설과 관계된 활동들이 즐거움을 줌과 동시에 공격의 무기가 되기 때문에 '항문기'라고 하는데, 이 단계도 두 하위단계로 나눈다. 전기에는 변을 배설하는 데서(**항문적 가학**), 후기에는 변을 내보내지 않고 지니고 있는 데서 즐거움을 얻는다(**항문적 성애**).

　　　배설과정과 배설물에 대한 아이의 애착과 자부심은 똥을 더럽고 냄새나는 것으로 보는 어른의 태도와 충돌한다. 변 가리기 훈련(toilet training)은 결국 똥은 더러우니까 정해진 장소에다 누고는 안 보이게 치워버려야 한다는 태도에서 비롯된다. 아이에게는 모욕이자 즐거움 박탈인 셈이다. 아이의 의지와 부모의 의지가 부딪치는 최초의 중요한 개인-사회 충돌인 것이다. 똥을 별로 더러워하지 않고 변 가리기도 아이가 스스로 할 때까지 놓아두는 경우 ―과거에 우리나라 사람의 태도가 그랬었다― 에는 항문기적 만족을 허용하는 것이 된다. 거주양식이 서구화되고 서양적 자녀양육 방식이 현대적·과학적인 것으로 받아들여지면서 우리나라 어머니들도 변 가리기 훈련에 과거보다 훨씬 강박적이 되었다.

　　　항문적 성격　　　부모의 요구는 아이에게 당연히 분노와 반발을 불러일으킨다. 저항은 능동적일 수도 수동적일 수도 있다. *능동적 저항*은 직접 반항·공격하는 것이다. 예컨대, 부적절한 순간에, 이를테면 변기에서 부모가 내려놓은 직후에 똥을 싸버린다. 직접 반항으로 부모를 통제하는 데 성공하는 아이들은 그것을 좌절을 다루는 일반 전술로 쓴다. 그 결과가 반항적이거나, 낭비, 무질서, 지저분함 등으로 분노를 표현하는 **항문적 가학**(내보내기, expulsive) 성격이다(표 3-2). 서구의 욕에 똥이나 배설과 관련된 말들이 많다는 것은 서구인들의 항문적 가학 성격을 암시한다. [우리나라 전래의 욕에는 먹는 것과 관계된 말이 많다(예, 빌어먹을, 아니꼽다, 메스껍다).]

[표 3-2] 항문적 성격(Liebert와 Liebert, 1998, p. 103)

성격유형	성인 행동의 예
내보내기(가학)	어지르기, 무질서, 부주의 낭비벽, 사치벽, 무자비 반항적, 공격적
지니기(성애)	깔끔, 질서, 용의주도 절약, 모으고 쌓아두기, 정확, 빠름 수동적 공격성

변 가리기 훈련에 대한 *수동적 저항*은 변을 내보내지 않는 것이다. 아이는 장 (腸)의 압력을 즐기기도 하지만, 부모가 애타게 기다리게 함으로써 배설 거부를 간 접적 공격 수단으로 삼기도 한다(이는 물론 아이 자신의 건강에 해롭다). 아이는 며칠 씩 부모를 애태우다가 변을 보고 나서는 선물(뇌물?)을 당당하게 요구하기도 한다. 이 전술이 성공하면 지니고 내놓지 않는 행동 패턴이 굳어질 수 있다. **항문적 지니기** (anal retentive) 성격은 항문 성애기에 고착되어 깔끔하고 주의깊고 체계적이고 질 서를 좋아한다. 어질러진 방이든 무계획성이든, 모든 혼란은 그들을 화나게 만든 다. 표 3-2에 항문적 성격의 두 상반된 유형의 특징이 정리되어 있다.

내지르느냐 아니면 쥐고 안 내놓느냐 하는 항문적 주제들도 다양하게 변 형된다. 일반적으로 소화·배설과정 및 배설물에 대한 관심이 많고, 돈이든 물 건이든 정이든 인색하거나 쌓아두기를 좋아하고 남에게 자기 의지를 무자비하 게 강요하려 드는가 하면, 성자 같은 박애주의자나 비굴한 권위추종자가 되기도 한다. 질서, 인색함, 고집을 *항문적 성격의 3대 특성*(anal triad)이라 부르지만, 무질서, 낭비벽, 줏대 없는 순종도 같은 주제의 변주인 것이다. 성격유형은 신체 증상으로도 나타난다. 스트레스가 많을 때 구강적 유형이 식욕과 먹기나 소화와 관련된 증상들을 자주 겪는 데 비해, 항문적 유형은 변비, 설사 등으로 반응하는 일이 많다. 노출이 중요한 주제인 남근적 유형에서는 피부문제가 흔하다.

남근기(phallic stage)　　　남근기는 성기의 발견과 함께 시작한다. 이 제 성적 흥분과 긴장의 초점은 성기에 있다. 네다섯 살경에 아이들은 자위를 통해 성기의 자극이 기분 좋음을 경험하고, 막연하나마 성기가 남녀(아버지와 어머니)의 사랑, 아이의 출산과 관계가 있음을 알게 된다. "아기는 어디서 나와?"는 이 또래 아이들이 가장 많이 던지는 질문이다. 고추의 존재 여부에 따라 자신을 남자/여자로 정의하게 되면서 아이는 부모를 남자/여자로서 사랑하거나 질투한다. 그 결과는 격정적 '첫사랑'과 뼈아픈 실연이다. 남녀의 상황이 다르므로 남근기는 성별에 따라 다르게 진행된다.

남자아이는 사나이로서 엄마를 사랑하여 애를 만들 수 있다고 느끼므로 엄마의 남자인 아빠는 당연히 라이벌이다. 이 사랑은 실패로 끝나게 되어 있다. 우선 엄마가 대부분의 경우 그를 남자로 보지 않고 또 막강한 아빠가 보복을 할 수 있기 때문이다. 아빠가 할 수 있는 가장 무서운 보복은 아들의 '남성의 상징'을 잘라 버리는 것이다. 이것은 충분히 있을 수 있는 일이다. 여자애들에게는 고추가 없지 않은가. 아이는 결국 **거세공포**(castration fear) 때문에 엄마에 대한 사랑을 포기하고 자신을 아빠와 동일시하게 된다. 이렇게 되면 우선 아빠의 보복을 피할 수 있고 또 엄마가 아빠 같아진 아들을 사랑할지 모른다. 이 동일시("공격자와의 동일시")의 결과가 **초자아**의 형성이며, 남근기의 갈등과 투쟁이 심했을수록 초자아는 엄격하고 가혹해진다.

삼류 멜로드라마처럼 들리지만 이 시기의 격정과 고통은 엄청난 것이다. Freud는 이 시기를 **외디푸스기**라고 불렀다. 그리스 신화에 나오는 외디푸스는 아버지(테베 왕 라이오스)를 죽이고 어머니와 결혼한다는 예언 때문에 태어나자마자 아버지의 명령으로 버려지고, 결국은 청년이 되어 예언된 운명의 길을 가게 되는 비극적인 인물이다. 소포클레스의 '외디푸스 왕'에서 외디푸스는 '자기 아버지와 어머니를 몰라본 눈'을 스스로 파버리고 딸(이자 여동생) 안티고네를 데리고 방랑의 길을 떠난다. 남근기 드라마는 남자로서의 자신감이나 열등감, 사랑·성·여자에 대한 태도 등에 결정적인 영향을 미친다. Freud는 종교의 근원을 아들들이 합세하여 아버지를 죽인 살부의 죄로 거슬러 올라갈 정도로 외디푸스 드라마를 중요하게 생각했다('토템과 타부', Freud, 1913/95).[4] 글상자 3-4에 외디푸스 갈등이 짐작되는 이야기를 실었다.

---

4) 소포클레스도 Freud도 아버지를 죽이고 그 아내를 차지했거나 하려는 *아들*의 죄를 부각시키지만, 사실 이 드라마의 출발은 아들을 죽이려는 *아버지*의 결단이다. 아버지의 죄와 더불어 (아들을 유혹한) *어머니*의 죄도 Freud의 논의에서 비중이 크지 않다.

글 상 자 3-4

한 작가의 외디푸스 갈등

외설 시비가 법정으로까지 간 작품들을 쓴 작가 장정일(1962-)은 '개인기록'이라는 제목의 짧은 자서전에서 아버지에 대한 복잡한 관계를 다음과 같이 묘사하였다(최윤 등, 1996, pp. 48-49).

가슴이 막힐 정도로 나는 어린 시절부터 책읽기에 상당한 매력을 느꼈다. 까닭은 아버지가 무서웠고 너무 미웠기 때문이다. … 책읽기와 함께 나의 어린 시절은 아버지로부터 도피하는 방법의 또 다른 기술로 결벽증을 발달시켰다. 하루 종일 방을 쓸고 닦는 것은 물론, 방 안의 모든 사물을 반듯하게 정돈하는 일 그리하여 이불의 네 모서리가 방의 네 모서리와 정확한 대칭을 이루지 못하면 잠을 잘 수 없었던 그 지독한 결벽증은, 아버지의 완력에 무력했고 자신을 변호할 아무런 논리를 갖추지 못한 피폭력자가 폭력자에게 대항하는 안쓰러운 전투의 형식을 띠고 있었다. 유리상자 속에 뱀과 생쥐를 함께 넣어둔 경우에서처럼, 나보다 훨씬 힘센 누군가가 내 곁에 있다는 것만으로 견디기 힘들었던 당시의 감각은 거의 동물적인 것이었다. 하루라도 빨리 아버지가 죽지 않으면 내가 그에게 살해당하거나 아니면 내가 그를 독살하게 될지도 모른다는 두려움 속에서 나는 빨리 아버지가 죽었으면 하는 간절한 기도를 공자, 부처, 예수, 마호메트 등등의 제신들에게 했고 그 악랄한 탄원이 어떤 존재에게인가 받아들여져 아버지는 금방 사라지고 말았다. 그제서야 멀쩡히 길을 가다가도 저 돌이 왠지 잘못 놓여져 있다고 생각되어 가던 길을 되돌아와 길 위의 돌을 요리조리 놓아보던 지독한 결벽증은 차츰 사라지기 시작했으나, 그때 얻은 독서에 대한 끈질긴 습관은 여전히 남아 있다. 그리고 상대방과 싸우는 방법으로서의 결벽증은, 내가 사회나 현실과 싸워야 되는 위기의 순간마다 중요한 전술로 재등장한다.

초등학교 5학년 때 아버지가 죽었을 때 "이제 해방이다!"고 외친 그에게 "세상은 내 것이었다." 그러나 그는 자신이 "과대망상과 자기비하가 시계추처럼 늘 오락가락"하는 정서불안이 되었다고 고백하였다(p. 51). "어린시절부터 왠지 성교를 하고 나면 눈이 멀 것이라는 공포"(p. 56)가 있었다는 이야기는

> (친어머니와 결혼생활을 하고 나서) 자기 눈을 뽑은 '외디푸스 왕'을 연상시킨다.
> 아버지의 죽음은 해방이 아니었다. 일례로 그는 아버지를 연상시키는, 10-20년
> 쯤 나이 많은 남자들을 보면 겁이 덜컥 나기 때문에 "만나지 않는 것이 최고라
> 고 늘 방비를 튼튼히 하고" 있다(p. 67).

여자아이의 상황은 물론 다르다. 아이는 어느 날 자기에게 고추가 없음을
발견한다. [한 여자 정신분석학자는 어린 딸이 목욕 중에 "엄마, 내 고추가 없어졌어"
하며 울고불고 난리친 사건을 겪기까지는 이 얘기를 믿지 않았다고 한다. 아이는 "없어
진 게 아니라 원래 없었다"는 엄마의 말을 믿지 않았다.] 아빠와 여느 남자들은 고추
가 있는데 자기와 엄마는 그것이 없으므로 분명히 엄마가 자기 고추를 잘라 버
렸을 것이다. 아이는 엄마를 원망하면서 아빠를 사랑하며 빼앗긴 남근을 되찾
고 싶어한다(**남근선망**, penis envy). 남자는 거세불안으로 인해 외디푸스 갈등이
해소되지만, 여자는 이미 거세당했다는 믿음 때문에 엄마에게 분노하고 아빠에
게 애착을 옮기는 외디푸스 드라마를 시작한다. 남자의 거세불안이 매우 위협
적이며 따라서 근친애적 욕망을 포기해야 한다는 압력을 주지만, 남근선망에는
―거세가 이미 일어났으므로― 그런 절박성이 없다. 외디푸스 콤플렉스가 오
래 가고 강하게 억압되지 않으므로, 여자의 초자아는 남자의 초자아보다 약
하다.

Freud는 여아의 남근기 드라마를 역시 그리스 신화의 한 인물의 이름을
따서 **엘렉트라 콤플렉스**라고 부르기도 했지만, 그 말을 자주 쓰지는 않았다. 그
가 분석한 환자들의 대부분이 여자였음에도 불구하고 그의 이론은 지극히 남성
중심적이고 그 스스로도 여자는 모르겠다고 고백한 바 있다.

남근적 성격　　남근기 삼각관계는 확고한 부부관계, 엄마가 '아빠의 여
자'인 관계를 전제한다. 남근기의 연애사건이 ―특히 막강한 연적과 싸워야 한
남자에게는― 실연과 고통으로 끝난다고 서술하였지만, 꼭 그런 것은 아니다.
남편/아버지가 부재하거나 '존재감'이 없어서 어머니가 아들을 연인처럼 사랑
한다면, 아버지가 아내를 젖혀놓고 딸을 사랑한다면, 아이는 연애 드라마의 승

자가 된다. 반면, 부모가 아이의 자위행동에 너무나 충격 받고 처벌(거세)을 위협하며, 어머니가 아들의 '사나이 자존심'을 깔아뭉갤 수도 있다. 아버지의 거세위협이 너무 노골적일 수도 있으며, 아버지가 늘 바빠서 또는 아들만 자식으로 치면서 딸을 거들떠보지 않을 수도 있다. 그럴 때는 아이가 이성부모에게 남자로서 또는 여자로서 전혀 인정을 받지 못하게 된다. 물론 (이별이나 사별 등으로) 부·모가 없어졌을 수도 있다.

과잉의 결과든 과소의 결과든 남근적 고착이 심한 사람은 자신이 남자/여자라는 사실을, 따라서 이성의 성적 관심 또는 그 결핍을 예민하게 의식한다. 이 고착은 바람기, 정력이나 매력의 과시로 나타날 수 있는데, 이성을 유혹하는 것같이 보여도 이들은 본격적인 깊은 관계는 두려워 피한다. 자기보다 나이가 훨씬 많은 이성만 좋아하거나, '임자 있는' 사람만 유혹하여 차지하려 드는 사람들을 보면 동성부모는 무시하거나 싫어하면서 이성부모와는 어릴 때부터 연인같이 친밀한 관계를 맺어온 사람들이 많다. 이렇게 노골적으로 엄마·아빠를 찾지 않는다 해도, 남근적 고착이 심하면 한편으로는 이성에게서 엄마·아빠를 찾으며 달라붙고 다른 한편으로는 근친애를 범한다는 (무의식적) 공포 때문에 이성과 진정한 친밀 관계를 회피한다. 이는 거세불안이 강한 남자에게서 더 심하다. 동서양을 막론하고 많은 문화권에서 제일 심한 욕은 "제 어미와 성관계를 맺을 놈"이라는 뜻의 욕설이며, 이는 남자의 외디푸스 갈등의 깊은 상처를 암시해준다.

일반적으로 남근적 성격의 사람은 자신의 아름다움과 비범함에 도취하여 남들로부터 이를 끊임없이 인정받고 싶어한다. 이 지지를 받으면 기고만장해지지만, 그렇지 않으면 자기가 무가치하다고 절망해 버린다("과대망상과 자기비하," 글상자 3-4). 남근적 성격특성들은 허영, 자부심과 만용, 명랑함 등이고, 반대극에는 자기증오, 겸손, 슬픔(감상주의) 등이 있다. 남근기 주제는 노출과 유혹, 경쟁과 과시, 정복과 권력이며, 위의 두 단계에서처럼 이 주제가 확대되기도, 정반대로 왜곡되기도 한다. 가령, 옷차림이나 행동에서 성적 매력을 과시하고 경쟁과 승부를 눈에 불을 켜고 찾아다니는가 하면, 반대로 남자/여자로 보이는 것을 극히 싫어하고 경쟁이라면 미리 피하는 것이다. 옷차림을 예로 들면, 몸에 꽉 끼거나 노출이 심한 옷을 좋아하는 이들도, 우중충한 색깔의 헐렁한 옷

(여자의 경우 치마는 절대 안 됨)만 고집하는 이들도 모두 '노출과 유혹' 주제를 변주하는 것이다. 모든 고착에는 이렇게 과장과 부자연스러움이 있다.

구강적·항문적 공격성이 있듯이 남근적 공격성도 있다. 남성 성기의 찌르고 뚫기가 성 추동뿐 아니라 공격 추동을 배출하는 (지극히 남성적인) 양식이 되기도 하는 것이다. 남근적 성격의 남자가 남성다움과 정력을 과시하며 공격적이 될 때에도 우리는 그 밑에 깔린 거세불안(및 그에 대한 방어)을 추측한다.

여자의 남근적 성격은 **히스테리적 성격**이라 부르기도 한다. [최근에는 '연극성 성격장애'라는 말을 쓴다.] 이들은 아버지를 사랑하고 어머니를 미워하는 감정에 대한 방어로 어머니와, 여자다움과 지나치게 동일시한다. 어릴 때 아버지의 관심을 끌기 위해 유혹적인 행동을 했지만 성적 의도는 부인했듯이, 어른이 되어서도 행동과 옷차림 등으로 남자를 유혹하면서 성적 의도는 부인하고 일반적으로 순진해 보인다. 이런 여자들은 남근적 고착이 심한 남자의 시선을 끈다. 서로 끌리면서도 친밀 관계는 겁내는 (무의식적) 갈등 속에서 이런 남녀는 밀고 당기는 숨가쁜 연애 드라마를 펼치기 쉽다.

잠복기(latent stage)　　남근기 드라마가 너무나 격정적이고 고통스러웠기 때문에 그 해결과 함께 성·공격 충동 자체가 억압되게 된다. 대부분의 문화에서 잠복기의 시작은 *학교*에 들어가는 때와 겹친다. 다른 (주로 동성) 아이들과 어울리며 학교에서 이 세상을 살아나가는 데 필요한 지식과 기술을 배우면서 자아와 초자아가 확고한 형태를 갖추게 된다. 잠복기의 평온은 *사춘기*로 끝이 난다. 동화 "잠자는 숲 속의 공주"를 보면 리비도가 잠자는 "백 년 동안의 잠"이 왕자님의 "첫사랑의 키스"로 깨어난다. [동화가 아닌 현실에서는 잠자는 왕자가 용감한 공주의 키스로 깨어나는 일도 물론 있고, 영원히 잠에서 깨어나지 못하는 (그러면서 연애도 결혼도 하는) 비극적 공주·왕자도 많다.] 남은 일은 공주와 왕자가 결혼하여 "오래 오래 행복하게 사는" 것이다—동화에서는.

성기기(genital stage)　　아이들은 사춘기를 지나면서 몸이 급성장하고 더 이상 '애'가 아니라 '청소년'들이다. 남자/여자로 성숙해가면서 이들은 지금까지 잠잠했던 여러 욕망들에 다시 시달리게 된다. 오랫동안 억압되었던 이

성부모에 대한 사랑과 갈망이 다시 고개를 들지만, 이제 자아와 초자아는 남근기 때와 비교가 안 되게 강해져 있으므로 다양한 방어기제가 사용된다. 그 결과 이를테면 남자아이가 어머니를, 아니면 여자아이가 아버지를 극도로 증오하게 되기도 하고(반동형성), 이성부모에 대한 사랑이 다른 대상(예, 선생님)으로 전위되기도 한다. 동시에 같은 나이 또래의 이성에 대한 관심도 커지지만, 위에 말한 (남근기적) 갈등 때문에 이러한 '풋사랑'은 깨지기 마련이다. 앞서의 단계들에 대한 고착이 심하지 않다면, 성기기에 들어온 남녀는 (심리적으로) 가족의 울타리를 벗어나 타인을 사랑할 수 있다.

남근(phallus)은 여러 문화권에서 발기된 거대한 남성 성기로 표현되어 남성의 힘과 권력을 과시하는 "남성의 상징"인 반면, *성기*(genital)는 성숙한 남녀의 성관계를 함축하는 신체기관이다. 구강기, 항문기, 남근기의 '성생활'은 자기 몸을 스스로 자극하여 즐거움을 얻는 **자기성애**(auto-eroticism)인 데 비해, 성기기에서 초점은 **이성애**(heterosexuality)에 있다. 남근기에서 남성 성기는 자위, 자랑 또는 선망의 대상인 '남근'이었고 남녀의 진정한 성적 결합의 매체는 아니었다. 남근기 고착이 바람기를 가져올지언정 이성과의 진정한 친밀관계 형성을 방해하는 것은 이 때문이다. 남근기 고착인 사람들의 연애는 남자 대 여자의 친밀관계라기보다는 연인에게서 엄마·아빠를 찾는 식이기가 쉽다. 젊은 여성들이 연인을 '오빠'라 부르며 공주 대접을 요구하는 '예쁜 사랑'을 성숙한 남녀의 사랑이라 보기는 힘들다.

성숙한 성격　사춘기 이후의 인생과제는 부모에게서 분리되어 이제 아들/딸, 아이가 아니라 '사회공동체의 성원'이 되는 것이다(Freud, 강의, p. 331). 아버지나 어머니와 여전히 적대한다면 화해하고, 굴복하게 되었다면 압력에서 벗어나야 이것이 가능하다. Freud는 *일과 사랑*의 능력을 성숙('**생식적 성격**', genital personality)의 지표로 본다. 이전 단계에 고착되었다는 것은 자기성애와 가족연애를 벗어나지 못했음을 뜻한다. 따라서 일을 일 자체로—인정받거나 지배하는 수단으로가 아니라— 즐길 수도 없거니와, 이성에게서 자기를 사랑해 줄 아빠·엄마를 찾느라 타인을 그 자체로서 사랑할 수도, 나를 주고 상대를 받는 진정한 성적 즐거움을 누릴 수도 없다.

처음의 세 단계에 고착되어 나타난 성격특성들은 성숙하지 못하다는 공통점(의존, 과시, 강박성 등)이 있었다. 지금 나타나는 성격은 용기 있으나 남근기적 무자비함이 없고, 자신에게 만족하나 남근기의 자만과 허영심이 없다. 또 이성을 사랑하나 구강기적 의존심이 없고, 근면하고 효율적으로 일하나 항문기적 강박성이 없고, 이타적이고 관대하나 항문기적 위선과 성자스러움(saintness)이 없다. 즉 본능 충족을 극대화하면서도 처벌과 죄책은 최소이다.

앞에서 원초아·자아·초자아의 갈등이 규칙이며 조화와 일치가 예외라고 했지만, 이 성숙한 성격에서는 그 예외가 이루어지는 것으로 보인다. 이러한 성숙의 이상을 실현한 사람은 드물다. 왜 그럴까? 이미 나온 답은 이전 단계에서 '일이 잘못되어' 고착이 일어났다는 것이다. 결정적인 단계는 *남근기*(외디푸스기)이다. 우리가 성숙한 사람으로 일과 사랑을 즐기며 행복하게 사느냐, 아니면 유아적·자기중심적인 사람으로, 신경증 환자로 사느냐 하는 것이 우리가 기억도 못하는 어린 시절의 사건들에 의해 결정된다는 것은 정신분석 이론의 비관론적 인간관을 잘 말해준다.

Freud의 심리성욕 발달이론은 많은 학자들에 의해 비판·확장되어왔다. 핵심적 쟁점들은 성 추동의 지나친 강조와 더불어 성격구조가 6, 7세경에 결정된다는 주장이었다. 우리는 다음 장에서 성 추동이 아니라 권력 추동이 중요하다고 한 Adler, 중년의 성격변화를 서술한 Jung의 견해를 보게 될 것이다. Freud를 비판하며 그의 노선을 벗어난 이 학자들과 달리 자아심리학자인 Erik Erikson(1902-94)은 Freud의 발달이론을 수용하는 가운데 확장하였다.

발달의 더 넓은 조망: Erikson의 심리사회 발달 단계

Erikson은 Freud의 딸인 A. Freud의 제자였다(글상자 3-5 참조). 자아심리학자로서 그는 자아가 (원초아로부터 분화되는 것이 아니라) 그 자체의 뿌리를 가지며, 원초아와 초자아에 봉사하는 노예가 아니라 환경에 능동적·창조적으로 적응하는 주인이라고 보았다. 그는 우리 몸의 부분들이 (태내에서) 정해진 순서로 발달하듯이 우리의 자아와 심리적 특징들도 생물학적으로 정해진 '청사진'

에 따라 발달한다고 보았다. [이를 **후성원칙**(epigenesis)이라 한다.] 이론의 확장은 크게 세 가지 방향으로 나아갔다. Erikson은 우선 사회·문화의 영향력을 Freud보다 많이 강조하고, 자아의 기능을 강조하였으며, 남근기 이후에도 노년기에 이를 때까지 성격이 계속 발달·변화한다고 보았다.

기본적 신뢰와 자율 같은 각각의 긍정적 **자아특질**(ego quality)은 출생 때부터 존재하기는 하지만 특정한 시기가 되어야 두드러지게 나타난다. 이를테면, 갓난아기도 손을 꽉 쥐면 화가 나서 잡아 빼며 그런 점에서 자율성을 나타내지만, 둘째 단계가 되어야 진정으로 자기 의지를 주장할 줄 알게 된다. 잠재적 가능성들이 어떻게 나타나느냐 하는 것은 내적인 힘들뿐 아니라 사회·문화적 영향력들에 의해 결정된다. 그래서 그의 이론을 *심리사회적*(psychosocial)이라 부르는 것이다.

글 상 자 3-5

자아심리학과 대상관계 이론

Freud는 무의식의 탐색에 집중하였고 1920년대에야 자아와 성격구조들에 주의를 기울이기 시작하였다. 그의 딸 Anna는 이 새로운 방향을 따라가 자아심리학의 개척자가 되었다. 아버지가 주로 성인 환자들을 다룬 데 비해 A. Freud(1895-1982)는 유아원, 유치원 아이들을 관찰·연구·치료하였고, 아동심리학의 이론과 연구들을 이 작업에 통합시켰다. 아버지의 정신분석 이론을 자아의 탐색과 아동 정신분석 양면으로 확장시킨 것이다. [자아심리학의 '아버지'로 널리 인정받는 학자는 "자율적 자아"기능들을 강조한 Heinz Hartmann(1894-1970)이다.]

자아심리학은 자아의 발달과 기능은 내적 과정들뿐 아니라 외적 사건들에도 기인하며, 아기가 엄마(또는 돌보는 어른)와 가지는 경험, 관계의 질이 이후의 발달에 중요한 역할을 한다고 주장했다. 사회학에서 "중요한 타인들"(significant others)이라 부르는 존재들을 정신분석 또는 자아심리학에서는 **대상**(object)이라 부른다. 그래서 자아심리학을 대상관계 이론이라 부르기도 한다.

아동들을 직접 연구하면서 A. Freud는 성과 공격행동에만 국한하지 않고 여러 다양한 발달노선들도 고려하였다. 일반적으로 아동은 의존과 자기중심성에서 출발하여 독립하고 타인들과 관계 맺는 방향으로 성숙해간다.

대상관계 이론접근은 매우 다양한 개념과 이론적 방향들이 혼합되어 있고 전통적 정신분석 이론을 받아들이는 정도도 다양하다. 기본이 되는 생각은 인간은 성적·공격적 추동들에 휘둘리는 존재라기보다는 **관계**를 추구하는 존재이며, 자기 자신과 타인들에 대한 그림(표상), "내적 작업모델"(internal working models)을 가지고 있다는 것이다. 어렵게 들리지만 이 말은 대상·사건들의 *객관적* 특성보다는 개인의 *주관적* 지각과 생각이 결정적이며, 어릴 때 중요한 사람들과 가진 경험이 自己의 부분이나 측면들이 되어버려 현재 맺는 관계들에 영향을 미친다는 것이다.

일반적으로, 친밀관계들에서 지속적인 관계 맺기 패턴들, 그 패턴들을 매개하는 인지 및 정서과정들을 대상관계(object relation)라 한다(이하 Westen 등, 2008, p. 67). 관계 능력에 근본적 결함이 있어 보이는 성격장애 환자들이 흔해지면서 1930년대와 40년대에 대상관계 이론들이 나타났다. 무의식적 (소망 충족적) 환상에 초점 맞추는 정신분석 이론과 달리 대상관계 이론은 아주 어릴 때 실제 겪은 부정적 관계 경험들의 영향, "대상 표상"(자기 및 타인 표상)의 중요성을 강조한다.

심리사회적 위기와 그 결과　　Freud의 심리성욕 발달단계가 5개인 데 비해, Erikson의 심리사회적 발달단계는 모두 8개로서, 전자의 *성기기*가 후자에서는 사춘기에서 노년기로 이어지는 네 단계로 분화된다(표 3-3). 즉 발달이 사춘기 무렵에 끝나는 게 아니라 늙어 죽을 때까지 이어진다는 것이다.

각 단계에서 중심적 과제를 잘 해결하면 긍정적인 결과가, 잘못 해결하면 부정적인 결과가 자아특질로 남는다. '위기'라고 하는 것은, 각 단계마다 잠재력과 취약성 둘 다가 크게 증가하여 일이 잘되거나 잘못되는 갈림길이 되기 때문이다. 예컨대, 초등학교에 들어간 아이들(단계 4)은 새로운 기술들을 금방금방 익히지만, 실패하면 열등감도 심하게 느낀다. 위기의 결과는 긍정적 특질과 부정적 특질의 대비로 되어 있지만 실제로는 양쪽이 섞이게 되며, 부정적 특질

[표 3-3] 에릭슨의 심리사회 발달 단계

단계와 대략적 나이범위	심리성적 측면	심리사회적 위기	덕 성
Ⅰ. 유아기(0-1)	구강-감각적	신뢰 대 불신	희 망
Ⅱ. 이른 아동기(1-3)	항문-근육적	자율 대 수치·회의	의 지
Ⅲ. 놀이 나이(3-6)	유아 성기적, 운동적	솔선 대 죄책	목 적
Ⅳ. 학교 나이(6-12)	"잠복기"	근면 대 열등	능 력
Ⅴ. 청년기(12-20)	사춘기	정체 대 정체혼미	충 성
Ⅵ. 젊은 성연기(20-30)	성기기	친밀 대 고립	사 랑
Ⅶ. 성인기(30-65)		생성 대 정체	배 려
Ⅷ. 성숙한 나이(65+)		통합 대 절망	지 혜

도 적응에 도움이 된다. 예컨대, 누구나 무엇이나 다 신뢰한다면(단계 1) 살아가면서 많은 위험에 처하게 될 것이며, 죄책감(단계 3)을 느낄 수 있어야 타인들에 대해 책임 있는 행동을 하기를 배울 수 있다. 중요한 것은 어느 쪽 특질이더 *우세*하냐 하는 것이다. 한 단계에서 위기가 긍정적으로 해결되면 다음 단계의 위기도 잘 다룰 준비가 된다.

사회는 개인들의 과제 또는 위기의 해결을 돕는다. 개인과 사회는 Freud 이론에서처럼 갈등 또는 적대 관계가 아닌 것이다. 사회는 개인의 추동 표현을 억압만 하는 것이 아니라 돕는 장치나 제도도 마련한다. 삶의 초기 단계들에서 그토록 중요한 가정이라는 울타리를 법과 관습으로 보호하며, 학교라는 제도 장치로 부모·가정으로부터의 독립과 자아성장을 돕는다. 어린아이들에게 부모의 보호와 사랑이 절실하게 필요한 시기에 부모의 과제는 다음 세대의 어린이, 젊은이를 보살피고 키우는 *생성*이다(7단계). 또, 인생의 마지막 단계를 성공적으로 마감하는 지혜로운 노인들은 젊은 사람들에게 동일시할 모델이 되어주고 삶의 희망을 준다.

물론 이론과 현실은 다르다. 현실에서는 가정이 보호되지 못하거나 학교가 청소년들의 자아발전을 오히려 저해하고, 부모들이 생성욕구가 있기는커녕 자아정체도 확립되어 있지 않고, 노인들이 세상을 저주하며 초라하고 비참한 인생 말년을 보내는 일이 많다. 그럴 때는 개인과 사회가 성장과 발전을 서로 보장하는 조화가 이어지는 대신 서로 병들게 만드는 악순환이 나타난다.

Erik H. Erikson

표 3-3을 보면 Erikson의 처음 네 단계는 Freud의 네 단계와 유사하지만, Erikson은 심리성욕 역학을 순전히 생물학적인 것 이상으로 확대한다. 예컨대, 첫째 단계에서 그는 아기가 모든 종류의 감각적 자극을 향해 열려 있다고 논의하고 입을 포함한 경험들에 한정하지 않는다. 표 3-3에서 눈에 띄는 것은 "잠복기"가 따옴표가 붙어 있어 Freud와의 견해차이가 암시된다는 것과 '성기기' 이전에 '사춘기'가 따로 들어가 있다는 것이다. Erikson의 단계들을 하나씩 간략히 살펴보자.

신뢰 대 불신 갓난아기는 주로 먹고 자고 싸는 데 시간을 보낸다. 이런 일들이 긴장 없이 잘 이루어질 때 자신과 타인에 대한 그리고 세상에 대한 기본적 신뢰가 생겨난다. 젖 잘 먹고 잠 깊이 자는 등이 그 자체로서 세상에 대한, 자신의 감각과 충동에 대한 기본적 신뢰의 표현이다. 엄마가 아이의 욕구들에 민감하고 일관성 있게 반응하여 엄마 행동이 예측 가능할 때 아기는 타인이, 세상이 안전과 충족을 준다고 믿게 되고, 엄마가 잠시 안 보여도 겁에 질리거나 화나지 않는다.

언젠가 젖을 떼야 하듯이 엄마와의 분리는 피할 수 없다. 떨어져 나왔다는, 낙원에서 쫓겨났다는 피할 수 없는 느낌이 기본적 불신의 원형이 된다. 기본적 신뢰가 있다면 삶에서 겪는 박탈, 분리, 배척 등의 느낌들을 잘 견디고 대처할 수 있지만, 불신이 우세한 채 인생을 시작하면 커서도 어려움이 생길 때 뒤로 물러나고 비관적이 된다. Erikson은 기본적 신뢰가 없으면 성인기에 정신분열증이나 우울증이 올 수 있다고 보았다.

자기 자신을, 부모를 믿을 수 있다는 것을 깨닫게 되면 **희망**(hope)이라는 덕성을 배우는 것이 된다. 희망을 자신감(confidence)이라고도 할 수 있지만, 삶을 지탱하려면 자신감이 상처받고 기본적 신뢰가 손상된다 해도 희망이 남아 있어야 한다고 Erikson(1964)은 말한다. 인생의 첫 단계에서 어두운 충동과 격한 분노들을 겪으면서도 강렬하게 원하면 소망들이 이루어질 수 있다고 지속적으로 믿는 것이 희망이다.

자율 대 수치·의심　　　말을 배우고 걸음마를 하게 되면서 아이는 무엇은 해도 좋고 무엇은 안 되는지를 배워야 한다. Freud의 항문기인 이 단계에서 Erikson도 변 가리기 훈련의 중요성을 인정한다. 부모 및 다른 어른들은 아무 때나 아무 데나 대소변을 보면 안 된다고 규제함으로써 아이 안에 들어 있는 것이 나쁘고 더러운 것이라는 암시를 준다. 이렇게 아이와 부모의 의지가 충돌할 때 아이에게 자신과 타인에 대한 신뢰가 형성되어 있으면 이 시기의 발달과제를 더 잘 넘길 수 있다. 아이는 '내보내기'(elimination, letting go)와 '쥐고 있기'(retention, holding on) 둘 다를 통제하기를 배우는데, 부모의 강제력에 휘둘리는 것이 아니라 스스로 행동을 통제할 수 있다고 느끼게 되면 자부심을 느낀다. 부모가 아예 무관심하거나 너무 엄하게 통제하거나 아니면 무조건 양보하면 아이는 자기통제를 배우지 못한다. 대신 수치와 의심이 생겨난다. 부모가 기대·요구하는 자기통제를 해보일 수 없다는 창피함은 독립과 자율의 문제들을 가져온다.

수치(shame)는 발가벗겨진다는, '바지 내린' 채로 남들 앞에 나서게 되었다는 자의식이다. 수치심이 너무 커서 내 몸, 내 욕구를 나쁘고 더러운 것으로 보게 되면, '땅 속으로 가라앉'아 버리거나 창피 주는 대상을 없애버리고 싶어진다. 의심(doubt)은 '뒤에 숨겨진 것'이 있다는, 등 뒤에서 누가 공격할지 모른다는 불안이다. 이것은 망상적(paranoid) 공포로 이어질 수 있다. 수치와 의심의 경험을 피할 수 없지만 자유의지로 선택하고 자신에게 제약을 가하려는 불굴의 결단이 **의지**(will)라는 덕성이다. 살다보면 싫어도 받아들여야 할 필연성들이 있다. 가령 동생이 아무리 미워도 동생은 동생이다. 법질서 조항들도 공동생활을 위해 지켜야 한다. 법과 필연성을 수용하기 위한 토대가 의지라는 덕성이다.

솔선 대 죄책   3세 말이 되면 아이는 마음대로 돌아다니고 활기차게 뛰어다니며 호기심과 상상력도 왕성하다. 사내아이들은 다른 물체나 몸을 뚫고 들어가려 하고, 이는 공격적인 말과 싸움, 집요한 질문공세와 호기심으로 나타난다. 여자아이들에게는 받아들이기가 중요해져서 요구하고 붙잡기, 매달리고 의지하기가 많이 관찰된다. 아이는 정복과 경쟁, 자기주장에 즐거움을 느낄 수도 있고 반대로 죄책감을 느낄 수도 있다. 성적 공상들도 죄책감을 불러일으키거니와, 초자아가 발달하면서 내적 충동들에도 갈등을 느끼게 된다. 동생을 볼 때 시기와 질투에 불타는가 하면, 부모의 요구와 기대에 순종하면서도 부모가 올바르지 않게 행동할 때 분노하기도 한다. 초자아가 원시적이고 완고하기 때문이다. 초자아가 생겼다는 것은 아이가 한편으로는 여전히 (호기심 많고 공격적인) 아이이지만, 다른 한편으로는 자기 자신을 관찰, 감시, 처벌하는 부모가 되었다는 뜻이다.

이 시기 아이들의 주된 활동은 놀이이다. 성인이 생각하고 계획 세우는 것을 아이는 놀이에서 한다. 힘을 합쳐 무엇을 만들어내려고도 하고, 조건들이 단순한 '시험우주' 속에서 과거를 돌이켜보고 미래를 예상하며 현실 다루기를 배운다. 부모와의 동일시를 넘어서 다른 어른들―특히 경찰관같이 제복 입은 어른들―과 동일시하기도 한다. '목적'이 있으면 우리가 하는 고생과 노력에 앞을 내다보는 방향과 초점이 생긴다. 그 기초가 아이의 공상과 놀이 속에서 발달한다. 죄책감, 처벌공포에 억눌리지 않고 소중한 목표들을 구상하고 추구할 수 있는 용기가 **목적**(purpose)이란 덕성이다.

근면 대 열등   Freud의 잠복기는 Erikson에게는 추동들이 잠자는 수동적인 삶의 단계가 아니라 자아가 성장하는 능동적인 삶의 단계로서, 무슨 일을 하며 살 것인지(workmanship)를 생각하는 때이다. 아이는 어제까지의 갈망과 욕구들을 잊고, 풍부한 상상력과 호기심을 사물세계로 돌려야 한다. 초자아 형성으로 자신에게 심리적으로 부모가 되었으므로 이제 가족과 가정 밖의 일(직업)세계에 적응할 준비를 하는 것이다. 아이는 가족의 좁은 울타리를 벗어나 학교에 들어가며 자신이 살아갈 사회에서 중시하는 여러 가지 지식과 기술들을 배운다. 이에는 어른들과, 같은 또래들과 어울리고 협동하는 사회적 기술도 포함된다.

　　도구와 기술의 세계에서 아이는 자신이 어설프고 서투르고 못났다고 느끼게 될 수 있다. 학교 다니면서 부모의 배경(직업과 수입 등), 외모조건(작은 키, 뚱뚱함 등) 때문에 차별받을 때도 열등감이 생길 수 있다. **능력**(competence)이란 열등감에 손상되지 않고 솜씨와 지능을 자유롭게 행사하여 과제들을 완성하는 덕성이다.

　　정체 대 역할혼미　　사춘기가 오면 '아동기'는 끝나고 '청소년'이 된다. 몸이 막 자라며 '이차적 성징'들이 나타나기 시작하고, 억압했었던 낯선 성·공격 충동들이 되살아나면서 '나는 누구인가'에 혼란이 생긴다. 나는 아직도 부모님의 어린 아들/딸, 착한 아이인가? 아니라면 나는 누구이고 무엇인가? 직업도, 결혼(배우자)도 부모가 정해주던 시대에는 개인 스스로 어떤 존재로 살지 선택할 여지가 별로 없었다. 그러나 이제는 "정신 빼게 다양한 가능한 커리어기회들과 잠재적 결혼상대 중에서 선택할 수 있고 또 선택해야 한다"(Baumeister, 1997, p. 684).

　　'나는 나'로, 나아가 어른으로 산다는 것은 커다란 자유의 기회이기도 하지만, 공포와 불안, 의무와 책임들을 가져오기도 한다. 더 이상 애가 아니지만 아직 어른이 아니므로 성기능들이 성숙해도 부분 또는 전부를 정지시켜두어야 한다. 이에 따라 충동발산과 강박적 제약이 교대로 나타나는 일이 많아서 주위사람들뿐 아니라 청소년들 자신도 혼란스러워진다. '착하기만 하던 아이'가 갑자기 반항이 심해지고 달라지면 부모나 교사는 '나쁜 친구들'의 영향을 탓하기도 하지만, 이러한 모습들은 '나'를 찾기 위한 방황과 실험이다.

　　가정의 관습들을 던져버리고 자신만의 정체를 만들어내야 하지만, 우리는 사랑하는 사람들과 떨어질 때 이들을 내면화한다. 의식적으로 부모의 나쁜 점만 강조하면서도, 심지어 부모를 안 보고 살아도, "도망가면서 부모를 데리고 가는"(Vaillant, 1977, p. 207) 것이다. 절대 엄마같이 살지 않겠다, 아버지 같은 사람이 되지 않겠다고 맹세했는데, 30대, 40대에 자신을 돌아보면 자식에게 엄마/아빠 같은―많은 경우 더 못한―부모, 별로 자랑스럽지 않은 어른이 되어 있음을 깨닫는다.

자아정체(ego identity)라 할 때 "identity"란 '똑같다'는 말이다. [인터넷 상에서 내가 누구임을 밝히는 ID를 생각해보라.] 현재의 '나'가 과거의 '나'와 연속되고, 내가 보는 '나'가 남들이 보는 '나'와 일치한다는 자신감이 자아정체(감)이다. 그럴 때 비로소 '나는 누구인가', '이 사회에서 나의 자리는 어디인가'가 확실해진다. 이 사회에서 ─학생, 청소년이 아니라─ 어른으로, '나는 나'로 살려면 남자/여자, 직업역할, 민주시민, 부/모 등 여러 가지 역할들을 수행해야 하며, 마치 옷 살 때 이것저것 입어보듯이 여러 다양한 역할들을 시험해보아야 한다. 그 과정에서 부모와 교사 등 어른들이 무찔러야 할 적이나 '쓰레기'로 보이고, '말 안 되는 사람'과 사랑에 빠지기도 하고, 대중적인 스타나 집단(패거리) 리더와 지나친 동일시를 하기도 하고, 반대로 '다른 편' 사람들을 무자비하게 배척하기도 한다.

어떤 경우에든지 청소년들은 지속성 있는 가치들을 찾고 있으며, 여기서 **충성**(fidelity)이라는 덕성이 나타난다. 충성이란 가치체계들의 불가피한 모순들에도 불구하고 자유롭게 서약한 충성들을 유지할 수 있는 능력으로, 정체의 초석이다. 대부분의 문화, 사회, 집단, 하위집단들은 청소년 구성원들을 받아들이는 의식(ritual)들을 한다. 대학에서 하는 신입생 오리엔테이션이 그 예가 될 것이다. 이런 의식들을 통해 그 문화, 사회, 집단은 청소년들이 속하는 대가족(super-family)이 된다. 이 '가족' 내의 (하위)집단들 ─가족, 친구, 교회 등─ 이 중요시하는 가치들은 서로 모순될 수 있으므로, 어느 정도 갈등과 모순을 견딜 수 있어야 충성이라는 덕성을 발달시키고 '나'를 찾을 수 있다. 친구(집단), 연인, 동료를 선택하고 또 그들에게 선택받으면서 자아정체와 충성스타일이 나의 환경 속에서 내 자리를 정의한다.

우리 사회는 입시교육이라는 명분으로 청소년들을 억압하면서 정체 선택에 필요한 방황과 실험을 제도적으로 막는다. 교육, 정치, 사회, 종교 등 어디에나 진정한 권위가 없기 때문에 동일시할 어른이 별로 없으므로 스포츠 스타, 연예인들이 동일시 대상이 된다. 정체형성은 이 시기에 끝나는 것이 아니라 일생을 통해 이어지는 과제이기는 하지만, 역할혼미 상태로 성인기와 그 이후의 인생과제들에 부딪쳐 가면 긍정적 결과보다는 부정적 결과가 나오기가 더 쉽다.

자아정체는 Erikson의 성격이론에서 가장 연구가 많이 된 개념이다. 청소

글 상 자 3-6

네 가지 정체지위

Marcia(1994)는 정체형성 과정에 대한 연구에서 **탐색**을 하며 위기를 겪었는가, 선택하였고 **확신**(commitment)이 있는가 여부에 따라 네 가지 상태를 구분했다(Baumeister, 1997 참조).

- *정체성취*(identity achievement)는 탐색과 실험 후 정체감을 확립한, 즉 선택도 했고 확신도 있는 경우이다. 이들은 성숙하고 잘 적응한다.
- *정체유예*(identity moratorium)는 계속 탐색은 하나 확실한 선택은 못하는 상태이다. 혼란과 우울도 겪지만 새로운 경험들에 열려 있고, 다양한 생각과 생활양식들을 능동적으로 탐색한다.
- *정체유실*(identity foreclosure)이란 충분한 탐색과정을 겪지 않고 (주로 부모가 정해준) 정체를 선택해버린('미리 닫은') 상태를 말한다. 유실자들은 또래보다 일찍 성숙하는 것처럼 보이지만, 생활여건이 많이 변하거나 스트레스가 많으면 잘 적응하지 못한다.
- *정체혼미*(identity diffusion)란 정체감을 확립하지도 않았고 또 능동적으로 찾지도 않는 경우이다. 성인 생활의 책임과 결정을 가능한 한 뒤로 미루는 '영원한 소년'에 가까우며, 넷 중 가장 부적응자이다.

정체위기에는 두 가지 유형이 있다(Baumeister, 1997). 과거에 지녔던 생각과 행동양식들을 의문에 붙이고 거부하게 되면, *정체결손*이 생긴다. 내가 누구/무엇이 아닌지는 알겠는데 그럼 누구/무엇인지는 모르는 것이다. 청소년이 부모에게서 떨어져 나와 독립적으로 생각·행동하기를 배울 때, 또는 중년에 시간과 노력을 어디 바쳐야 할지를 다시 평가해야 한다고 생각할 때 정체결손이 와서 감정과 행동이 극단적으로 변할 수 있다.

다양한 신념들이 서로 충돌하게 되면, 가령 유교적 가족과 기독교 신앙이, 출세와 개인·가정생활이 양립할 수 없게 되면, *정체갈등*이 올 수 있다. 정체결손에서는 기분변화가 심한 데 비해, 정체갈등에서는 덫에 걸렸다는 답답함, 죄책감, 배신했다는 느낌이 든다. 또 탐색과 개방성이 나타나는 정체결손과 달리, 여기서는 (이미 발을 너무 깊이 들여놓았기 때문에) 새로운 정보나 대안을 원하기보다는 수동적 태도로 해결책이 나타나기를 기다린다.

년기의 '질풍노도', 위기와 방황이 보편적이기보다는 예외적이라는 연구결과도 많이 있다(예컨대 Baumeister, 1997의 개관). 1940년경 대학 2학년이었던 남성들을 35년간 추적 연구한 '그랜트 연구'에서 보면, 사춘기는 그 당시보다 중년기에 회상할 때 더 격동기였다(Vaillant, 1977). 거기에는 여러 가지 이유가 있을 수 있다. 18세보다 50세에 부모와의 갈등과 투쟁을 더 쉽게 인정할 수 있고, 지나간 이후에야 인생주기의 단계들이 더 잘 보인다. 사춘기 격동의 상당부분이 주인공들에게 순전히 방어적 이유로 안 보일 수 있다(p. 213). 어떤 남성은 48세가 되어서야 어릴 때 아버지를 미워했음을 인정하였고, 다른 남성은 47세에야 어머니에 대한 경멸과 증오를 표현하였다(p. 329).

정체위기가 보편적이든 아니든, 자아정체는 앞으로의 삶에 큰 영향을 미친다. 청소년기에 위기를 겪었는가, 정체를 찾았는가 여부에 따라 **정체지위**(identity status)를 구분하려는 시도를 글상자 3-6에 소개하였다. 부모가 불어넣은 신념, 가치, 목표들을 수용하는 아이들은 '유실'(미리 닫은) 정체라 할 수 있다. '반항'을 모르고 정체위기를 겪지 않는 사람들은 부모가 정해준 길을 가는 착한 아들/딸이며, 인생이 여기서 끝이라면 이 정체유실이 제일 현명한 길일 것이다. 그러나 인생단계는 앞으로 세 고개나 남아 있고, 평균수명이 80세를 넘었으니 앞으로 5, 60년을 더 살아야 하는데, 이 단계에서 정체문제 '해결'을 보고 그 정체로 평생 사는 것은 아니다. 옷 사기 비유를 다시 쓰자면, 자기에게 맞고 편한 옷을 찾는 것은 충분히 어려운 일이지만, 어리거나 젊을 때의 옷을—아무리 잘 맞고 멋있다 해도— 평생 입고 살 수는 없다. 살아가면서, 특히 위기를 겪을 때면 '내가 누구인가'라는 물음을 또 다시 던지게 되고 탐색과 선택에 직면하게 된다.

친밀 대 고립　　그랜트 연구에서 한 남성은 20대에는 아내와 잘 지내는 법을, 30대에는 일에서 성공하는 법을 배웠고, 40대에는 자신이 아니라 아이들에 대해 걱정했다고 썼다(Vaillant, 1977, p. 195). 부모에게서 독립하여 자아정체를 갖자마자 청춘남녀는 다른 사람들에게 또다시 의지하게 된다. 그러나 이제는 집단에 대한 충성 대신에, 자신과 비슷하거나 '이상형'인 친구들 대신에, 차이를 존중하는 관계들이 필요하다. 대략 20대에 들어오면 젊은이들은 자신의 정체를 타인들의 정체와 결합시키고 싶어한다.

친밀이란 자신의 정체를 잃지 않으면서 관계(연인, 친구, 동료 등)에 헌신할 수 있는 능력이다. 정체감이 확실하지 않으면 '나'가 아주 없어질까봐 두렵기 때문에 타인과 안정된 가까운 관계를 맺기가 어렵다. 그 결과는 오래가지 못하고 자주 바뀌는 피상적 관계들, 고립, 고독이다. 자기의 정체와 삶의 목표를 확실하게 정할 수 있을 때 이 단계의 덕성인 **사랑**(love)이 생긴다. 사랑이란 성격, 경험, 역할이 서로 다른 사람들 사이에서 피할 수 없는 적대 또는 대립을 극복하는 '상호 헌신'이다. 인간관계들이 다시 공고해지고 나면 다음 인생단계(대략 20대 중반에서 30대 중반)는 직업세계에서 인정받거나 승진하기 위해 열심히 일하고 가정에 헌신하는 시기이다.

생성 대 정체　　성숙한 어른은 남들과 친밀한 관계를 맺을 줄 알 뿐 아니라 다음 세대의 어린 사람들을 보살피고 가르치고 싶어한다. 이 '생성'욕구는 일차적으로 가정을 이루어 자녀를 키우는 형태로 나타나지만, 다른 영역들에서 사회에 도움이 되도록 일(작품), 사상 등을 생산·창조하는 형태로도 나타난다. 생성을 체험하지 못하면 자신의 존재가 쓸모없고 인간관계가 무의미하고 메마르다는 느낌이 생겨난다. 고인 물(정체)은 생명을 키우지 못하고 썩는다. 남들을 보살피고 가르치고 싶은 욕구에서 **배려**(care)의 덕성이 생긴다. 남들을 가르치면서 우리가 남들에게 중요한 존재라고 느끼고 동시에 우리 자신에게만 관심 갖는 자기도취(나르시시즘)도 피한다. 보살핌의 대상은 가족의 범위를 벗어나 이 시대 청소년, 노인 등 다른 사람들, 나아가 이미 생성된 작품, 사상이나 이론(가령 Freud 이론, 연암 박지원의 사상 등), 제도(민주주의, 우리 학교 등), 자신이 하는 일 등도 포함할 수 있다.

젊은 독자들은 좋은 가장/주부이자 직장인이자 부모를, 열심히 가르치고 연구하는 중년의 교수를 떠올리는가. 그들이 안정되어 보여서 부럽거나 딱한가. 그러나 40대는 제2의 사춘기라고 불릴 정도로 격동의 세월이기도 하다. 외도를 제일 많이 하는 때도 40대이다. 사춘기가 부모의 결점들을 인정하고 아동기의 진실을 발견하는 시기인 것처럼, 40대는 사춘기와 젊은 성인기에 관한 진실을 다시 평가하고 정비하는 시기이다(Vaillant, 1977). '커리어 강화'(career consolidation)를 위해 '회색 정장'의 개성 없는 동조주의자로, 또는 살림과 육아에 정신없는 '아줌마'로서 30대를 보냈다면 더욱 그렇다. 체력이 떨어지기 시작하고, 남자는 여자 같아지고 여자는 남자 같아지면서, 정신없이 바쁘던 30대를 뒤로 하고 다시 한 번 내면세계를 탐험하게 된다. 앞에 쓴 것처럼 이 나이가 되어 비로소 사춘기의 '진실'들을 인정하게 되는 일이 많다.

40대 남녀의 청소년 자녀는 부모가 잊고 살던 무의식적 욕구들을 자극하는데, 어린 자녀와 가까웠던 아버지들도 이 무렵 자녀와 남 같아지는 일이 많다. 그랜트 연구에서 보면 '세대차'가 생기는 이유는 부모가 보수적이기 때문이라기보다는 정직하지 않기 때문이다. 자녀들에게 자신의 청소년 시절에 저지른 사소한 실수들을 감추고, 세금문제로 거짓말을 하거나 이런저런 자아방어기제를 미성숙하게 사용하는 것이다. 자녀들의 반항을 자연스러운 성장과정의 일부로 보기보다는 자신에 대한 모욕으로 생각하기도 한다.

전 단계에서 친밀의 능력과 사랑의 덕성을 키우지 못했으면 생성기에도 어려움을 겪는다. 그랜트 연구에서 보면 상식적인 고정관념과는 반대로 결혼생활이 안정되고 행복하며, 충실한 우정을 경험한 사람이 사업에서도 성공한 일이 많았다. 오십이 가깝도록 사춘기를 못 벗어난 7명의 '영원한 소년'들은 여전히 모두 어머니 치마폭에 싸여 있었고, 2명만 결혼생활을 (실패했지만) 해보았으며, 자녀 가질 생각을 안 했고, 친구도 없었다. 일만 하고 놀 줄 모르며, 직업에서도 성공하고 사회활동도 열심히 하지만 가족이나 친구, 동료들과 친밀관계를 맺을 줄 모르면 정체(stagnation)가 오고 삶이 의미가 없어진다.

자아통합 대 절망   노년에 들어오면 이제 다음세대가 세상의 주인이 되어 있고 가까운 사람들이 죽는 일이 점점 많아진다. 눈도 귀도 어두워지고 기억력도 떨어지며 점점 '몸이 말을 안 듣는다'. 실패와 실수들을 후회해도 다시 시작할 수 있는 시간이 남아 있지 않다. 절망감을 피할 수 없지만, 이제는 큰 그림을 보고 삶을 정리할 때이다. 앞 단계들을 잘 넘긴 사람은 지나온 삶을 긍정하고 자기 인생에서 (좋건 나쁘건) 중요한 역할을 한 사람들을 이해할 수 있게 된다. 그런 사람은 인류가 좋은 쪽으로 발전해가고 있으며 자기가 작은 공헌이나마 했다는 만족감을 느낀다. 통합(integrity)보다 절망이 더 크면 자신을 증오하고 세상과 타인들을 원망하며 헛살았다고 한탄한다. 이 사람들에게서 우

리는 '요즘 세상', '젊은 것들'에 대해 비판·비난하는 소리를 많이 듣는다. 독자
들은 그런 사람 옆에 가고 싶은가.

통합이 절망보다 클 때는 **지혜**(wisdom)의 덕성을 얻는다. 지혜란 죽음을
앞두고 삶에 관심 갖되 거리를 두고(detached), 모든 지식과 진리는 상대적임을
잊지 않는 것이다. 인생순환이 처음으로 되돌아가 노인이 다시 어린애 같아진
다고 해도, 지혜로운 노인들은 아이 같을(childlike)지언정 유치하지(childish) 않
다. 젊은이들이 길을 잃거나 무력감을 느낄 때 지혜로운 노인들을 보면 삶이
의미가 있고 결국에는 마음의 평화가 올 수 있다는 희망을 갖게 된다. Vaillant
(2002/10)는 긍정적 노화를 "사랑하고, 일하며, 어제까지 알지 못했던 사실을 배
우고, 남아 있는 소중한 순간들을 사랑하는 이들과 함께 즐기는 것"으로 정의
하였다(p. 53). 늙어서 몸과 마음이 건강하려면 가장 중요한 것은 "다른 사람들
과의 관계"였다. 관계 맺기의 과제는 늦어도 젊은 성인기(친밀 대 고립)부터 중
요한 인생과제들이고, 잘 살지 않고는 잘 늙고 잘 죽을 수도 없는 것이다.

불안과 자아방어 기제

앞에서 우리는 집행자 자아가 원초아, 초자아, 현실의 요구들을 감낭하기
어려울 때 불안으로 반응한다고 하였다. 불안은 자아에 위험이 닥쳐온다는 신
호이며, 자아가 상대적으로 약할 때 ―발달적으로 보면 어릴 때― 는 그만큼 불
안도 많이 느끼게 된다. 불안이 너무 커질 때 자아가 그 긴장을 감소시키기 위
해 무의식적으로 작동시키는 정신과정들을 자아방어 기제라 한다.

불 안

Freud가 개념화한 세 가지 불안 중에서 **현실불안**은 외부 현실에 존재하는
위험을 지각 또는 예상할 때 나타나며 현대심리학에서는 이를 공포(fear)라 부

른다. 나머지 두 종류의 불안은 내면적 위험에 대한 반응이다. 원초아의 요구들에서 비롯되는 불안을 **신경증적 불안**이라 한다. 원초아 추동들을 충족시킬 경우에 부모 또는 다른 권위인물들로부터 받을 처벌을 두려워하는 것이다. 초자아의 요구들에서 나오는 **도덕적 불안**은 우리가 스스로 내면화한 부모의 도덕적 표준을 어길 때 '양심의 가책'을 말하며 따라서 죄책감이라 할 수 있다. 현실불안은 공포이고, 도덕적 불안은 죄책감이며, 진정한 '불안'은 신경증적 불안인 것이다.

성과 공격 욕구의 표현은 아이가 자랄 때 그 사회의 규범을 대표·전수하는 부모에게서 강한 제재를 받는다. 특히 남근기에 아이는 성적 욕망과 공격성이 얼마나 무서운 처벌을 불러올 수 있는지를 알게 되었다. 부모 형제에 대한 아이의 공격성은 (표현되면) 부모의 강한 제지도 받거니와, 또 부모 형제를 동시에 사랑도 하기 때문에 자신의 공격 충동이 큰 불안을 준다. 부모나 형제를 미워하면 '착한 아이'가 아니고 부모도, 세상도 '나쁜 아이'를 다 미워한다. 성과 공격이 위험하다는 것은 이렇게 '나'의 경험의 결과이기도 하지만, 우리 속에 들어앉은 부모('윗-나')의 판단이기도 하다.

만약 *초자아*가 없다면 성·공격 충동들은 훨씬 더 자유롭게 표현될 수 있을 것이고 자아방어도 없고 신경증도 없을 것이다. 부모가 엄했을수록 자녀가 발달시킨 초자아도 가혹하기 때문에, 어릴 때 충동 표현을 심하게 통제 받은 사람들은 자유 방임 속에 자란 사람들보다 방어적, 신경증적이 될 가능성이 더 크다. 배우고 '교양 있는' 부모의 자녀가 못 배우고 '교양 없는' 부모의 자녀보다 더 불행하고 병들 가능성이 높고, '문명인'이 '원시인'보다 불안하고 불행한 것은 그 때문이다. [원시인은 현실불안, 즉 공포에 더 강하게 그리고 자주 노출되었을 것이다.]

자아방어 기제

공포, 죄책감, 불안은 위험이 존재하며 적절한 조처를 취하지 않으면 자아가 무너질지 모른다는 신호이다. 따라서 우리는 외적 위험을 피해 도망가거나,

성·공격 욕구를 억누르거나, 양심의 소리에 굴복한다. 그러나 신경증적 불안이란 '위험'이 무엇인지 모르는, 그래서 더 불안한 감정상태이다. 위험한 충동이 표현과 충족을 요구하며 의식의 표면으로 올라오려고 들썩거릴 때 '나'는 불안이라는 경보를 요란하게 울리며 자아방어기제(ego defense mechanisms)를 작동시킨다.

방어의 유형들   Freud의 딸인 Anna Freud는 여러 종류의 방어기제들을 확인하고 서술하였다. 그중 몇 가지 기제만 소개해본다.

- **억압**(repression)   억압이란 위험한 요구들을 의식에서 밀어내는 기제를 말한다. 격동의 남근기 상처는 특히 남아들에게 억압으로 마무리되었다. 어머니에 대한 갈망, 아버지에 대한 공포와 증오는 그냥 '없는 것'이다. '무조건 없다'고 눌러버리는 억압은 가장 원시적이고 기본적인 방어기제라고 할 수 있다.
- **부정**(denial)   억압이 위험한 내적 욕망이나 충동, 생각을 '없다'고 눌러 버리는 것이라면, 부정은 외적 위협을 '안 보인다'고 부인해 버리는 것이다. 어머니의 죽음은 누구에게나 고통스럽지만 어머니에게 집착이 강한 사람에게는 특히 그러할 것이다. 의사도 어머니가 곧 돌아가실 것이라 하고 남들도 전부 그렇게 말하는데 나의 눈에는 어머니가 건강하게 보인다. 어머니가 돌아가시고 난 후에도 나는 평온하게 지낸다. 나는 '불효자식'이 아니라 무의식에서 어머니의 죽음을 '부정'하는 것이다.
- **반동형성**(reaction formation)   반동형성은 고착의 결과를 서술할 때 이미 여러 차례 언급되었다. 억압으로 안심이 안 될 때, 즉 억누르는데도 자꾸 '나쁜' 생각이나 욕망이 의식 속으로 뚫고 나오려 할 때, 그것의 정반대를 주장하면 효과적일 수 있다. 예컨대, 어머니에 대한 남근기적 애정이 사춘기 이후에 어머니에 대한, 나아가 모든 여성에 대한 경멸과 적대로 나타날 수 있다. 다른 예로, 자기 아이를 증오하는 어머니가 있다 하자. 이 증오를 그냥 없는 것으로 눌러 버리는(억압) 것보다 확실한 방어는 그 반대를, 즉 아이를 얼마나 사랑하는지를 스스로에게 확신시키

는 것이다. 이제 그 어머니는 아이를 끔찍이 사랑하여 잠시라도 아이가 안 보이면 불안해 견딜 수가 없다.

- **이지화**(intellectualization)　　(성, 공격) 충동들에 대하여 생각이나 이론화는 허용하지만 감정은 없다. 성에 대해 모르는 것이 없으며 외설적 농담도 잘 하는 사람이 실제 성경험이 없는 일이 많은데, 몸의 또는 내면의 충동들이 표현되지 않도록 자신을 지키기 위하여 '머리'로 성에 집착하는 것이기 때문이다.

- **투사**(projection)　　자신의 충동, 증오, 불안이 다른 누구의 것이라고 하는 것이다. 가령 내가 동성애 성향을 가진 게 아니라 다른 사람이 그런 것이다. 의식하지 못하는("알고 싶지 않다") 나쁜 것을 밀어내어 바깥에서 다시 찾는다("나는 아니다"). 우리의 불쌍한 어머니가 자신의 증오를 딸에게 투사하면 딸이 이유 없이 자기를 미워한다고 괴로워한다. 내가 어떤 이성을 좋아하는 감정을 받아들일 수 없을 때 투사기제를 쓰면 그가 나를 죽도록 사모하는 것으로 바뀐다. 투사를 습관적으로 하면 망상증(paranoia)이 되어 남을 못 믿고 특정인 또는 세상이 자기를 감시, 박해 또는 사랑한다고 믿게 된다.

- **합리화**(rationalization)　　위의 어머니는 이따금씩 아이를 학대하면서 "너무 잘해주면 아이를 망친다," "다 저 잘되라고"라는 등의 나무랄 데 없는 합리적 이유를 댈 수 있다. 이것은 의식적인 합리화가 아니라는 점에서 위선이나 둘러대기와 다르다. 이 어머니는 자신의 고결한 동기를 전혀 의심치 않는다.

- **전위**(displacement)　　위험한 욕구나 충동을 표현하되 다른 대상으로 '자리'를 바꾸어 표현한다. 위의 어머니의 경우 자기 아이에 대한 증오를 조카나 옆집 아이에게로 전위시킬 수 있다. 그 다른 아이를 '주는 것 없이' 심하게 미워함으로써 자기 자식을 미워한다는 사실이 감추어진다.

- **승화**(sublimation)　　충동도 어느 정도 만족시키고 사회적으로 바람직한 결과도 가져오는 전위를 승화라고 부른다. 예를 들면 어머니에 대한 남근기적 갈망이 문학작품이나 그림에서 '구원의 여성상' 창조로 대리 표현될 수 있다. 공격적 충동이 강한 사람이 수술전문의가 되면 합법적

으로 칼을 쓰고 피를 보면서 남의 생명을 구할 수가 있다. Freud는 문명
(과학과 예술)의 발전이 성과 공격 추동들의 승화에서 온다고 보았다.

자아방어기제는 이것들 말고도 여러 가지가 있으며 분류하려는 시도들도
많았다. 표 3-4에 그랜트 연구(Vaillant, 1977)의 중심이 된 분류를 소개한다. 적
응을 잘하고 좋은 삶을 산 남성들은 '성숙한 기제'들을 더 많이 사용했다. 성숙한
기제의 하나인 **유머**(Humor)는 나쁜 상황에서 자아가 주눅드는 대신 웃어버리는
것이다("나르시시즘의 승리," Freud, 1927/2000, p. 279). 바깥세상의 외상과 요구
들 앞에서 초자아가 괜찮다며 따뜻한 위로의 말을 해주기 때문이다("이봐, 세상
이 위험해 보이는데, 그까짓 것 어린애 장난이야. 웃어넘겨," p. 282). 실제의 (어릴 때)

[표 3-4] 방어기제들의 수준별 특성과 종류(Valliant, 1977, pp. 383-386 부록 A 내용을
토대로 재구성)

수 준	특 성	종 류
I. **정신병적** (Psychotic) 5세 이전의 '건강한' 어린이들에서, 성인의 꿈과 공상에서 흔함	*본인에게:* 외부현실을 바꿈 *보는 사람에게:* '미친' 것처럼 보임 *변화 가능성:* 심리치료 해석에 별로 영향 받지 않고, 현실변화(진정제, 긴장상황의 제거, 발달적 성숙 등)로 바뀜	**망상적 투사:** 외부현실에 대한 명백한 망상(보통 피해망상); 현실검증을 포기한다는 점에서 투사와 다르고, 소망충족이 없다는 점에서 왜곡과 다름 **부정:** 외부현실의 부정 **왜곡:** 내적 욕구에 맞도록 외부현실의 모습을 크게 바꿈; 비현실적인 과대망상, 환각, 소망충족 망상, 줄기찬 망상적 우월감
II. **미성숙** (Immature) 3 - 15세의 '건강한' 사람들에게서, 성격장애에서, 심리치료 받는 성인에게서 흔함	*본인에게:* 사람과 친밀해질까봐 아니면 멀어질까봐 생기는 고통을 바꾸어줌 *보는 사람에게:* 사회적으로 바람직하지 않게 보임 *변화가능성:* 인간관계 개선(개인이 성숙, 더 성숙한 배우	**투사:** 스스로 인정하지 못하는 감정들을 다른 사람에게 귀인(심한 편견, 친밀관계 거부, 외부 위험에 대한 지나친 경계, 위법·탈법 사례 수집) **분열적 환상:** 갈등 해결과 만족을 위하여 환상을 사용하고 자폐증적 은둔에 빠짐 **건강염려증:** 사별, 외로움, 또는 수용할 수 없는 공격충동으로 타인을 비난하다가 자기비난을 하게 되고, 나중에는 통증, 신체질병과 신경쇠약 호소들로 변형

	자, 더 직관적인 치료자) 또는 오랜 심리치료에서 반복적, 설득적인 치료 해석	**수동-공격 행동**: 타인에 대한 공격성이 수동성을 통해 간접적, 비효과적으로 표현되거나 자신을 향함(자기 자신보다 남들에게 영향 미치는 실패, 미루기, 질병)
		행동화: 무의식적 소망이나 충동을 직접 표현하여 그에 따라오는 감정을 의식하지 않음(비행이나 충동적 행동, 성질발작; 약물 사용, 질질 끌기, 도착/변태, 자해)
III. **신경증적** **(Neurotic)** 3-90세의 '건강한' 사람들에서, 신경증적 장애에서, 성인이 심한 스트레스를 이겨낼 때 흔함	*본인에게:* 개인적 감정이나 추동 표현을 바꿈 *보는 사람에게:* 익살이나 기벽, '신경증적 콤플렉스'로 보임 *변화 가능성:* 흔히 단기 심리치료 해석에 의해 극적 변화	**이지화**: 추동적 소망에 대하여 형식적으로 감정 없이 생각하며, 그 소망들대로 행동하지 않음; 생각은 의식하지만 감정이 없음 **억압**: 설명 안 되는 순진함, 기억 착오, 또는 감각자극을 인식하지 못함; 감정은 의식에 남아 있지만 생각은 없어짐 **전위**: 감정을 유발한 사람·상황보다 덜 좋아하는(덜 중요한) 대상에게로 감정들의 방향을 돌림 **반동형성**: 받아들일 수 없는 추동과 정반대로 행동 **해리**: 정서적 고통을 피하기 위하여 성격이나 정체를 일시적이지만 극적으로 수정; 신경증적 부정과 유사어
IV. **성숙** **(Mature)** 12-90세의 '건강한' 사람에게 흔함	*본인에게:* 외부현실, 대인관계, 개인적 감정을 통합 *보는 사람에게:* 편리한 미덕들 *변화 가능성:* 긴장이 커지는 상황에서 미성숙한 기제로 바뀔 수 있음	**유머**: 불편해지거나 굳어지지 않으면서, 또 남을 불쾌하지 않게 하면서 생각과 감정을 겉으로 표현; 주의를 돌려버리는 재치(전위의 한 형태)와 달리 힘든 현실을 참아내면서도 초점을 거기 맞춤 **억제**: 충동과 갈등을 의식하되 관심을 뒤로 미루려고 의식 또는 반쯤 의식하며 노력(힘든 상황에서도 희망 찾기, 불편함을 인정하지만 최소화하기, 미루되 피하지는 않기) **예상**: 앞으로 일어날 심리적 불편감에 대하여 현실적으로 내다보거나 계획함 **승화**: 부정적 결과나 큰 불행감 없이 간접적이거나 약하게 충동 표현

부모처럼 초자아는 감시·관찰하고 처벌을 위협하는 무서운 존재일 뿐 아니라, '나'를 위로하고 지켜주는 자애로운 존재이기도 하다. 유머는 통상 자아방어기제에 들어가지 않지만 이렇게 자아를 지키는 기능을 한다. Freud는 유머가 '값지고 드문 재능'으로서, 많은 사람들이 스스로 유머적 태도의 능력이 있기는커녕 전달되는 유머를 즐기지도 못한다고 보았다.

방어의 특성   자아방어를 하는 사람은 그것을 전혀 의식하지 못하면서, 방어가 완전히 성공하는 일은 없으므로 계속 방어태세를 늦추지 않는다. 이는 그가 현실판단과 적응에 써야 할 자아 에너지를 내면의 욕망과 충동을 감추거나 억누르기 위하여 쓴다는 것을 뜻한다. 바로 그 때문에 현실왜곡과 비논리성, 과장과 부자연스러움이 나타난다. 그 '나쁜' 욕망과 충동이 강할수록 이런저런 방어기제를 닥치는 대로 쓰고, 일반적으로 그 욕망과 충동이 관련된 주제들에 대해 감정적, 비합리적이 된다. 예컨대, 아버지에 대한 증오를 억압하는 사람이 아무 감정이 없다면서 아버지만 들어오면 방을 나가 버리고, 아들이 아버지를 폭행했다는 신문기사를 읽을 때 이성을 잃을 정도로 흥분할지 모른다. 전위기제를 쓰면, 회사의 나이 많은 상사를 이유 없이 극렬하게 싫어하고 모함하여 직장생활을 스스로 어렵게 만든다.

방어는 완전히 성공하는 일이 없을뿐더러 완전한 충족도 주지 않는다. 어머니에 대한 애정이 예술로 아름답게 *승화*되든, 아버지에 대한 증오가 *억압*되거나 상사에게로 *전위*되든, 이는 모두 원래의 충동 목표를 비껴가는 대리 만족일 뿐이다. 대리 만족은 언제나 미진하기 마련이며, 역설적이지만 바로 그 때문에 그칠 수가 없다. 화가는 계속 성모 마리아를 그리고, 상사를 모함하여 큰 피해를 입은 사람이 '정신 못 차리'고 상징적 아버지인 권위인물들을 미워하고 모함하기를 그치지 않는다. 그러면서도 미진함과 불만은 없어지지 않으며, 원래의 '나쁜' 충동에 대한 죄책감도 없어지지 않는다.

우리는 누구나 방어를 하며 산다. 단지 정도에 차이가 있을 뿐이다. 방어가 심한, 즉 *방어적*(defensive)인 사람은 무엇보다도 스스로 편안하고 행복하지가 않다. 어느 한 방어기제에 너무 크게 의지할 때 그것은 (신경증적) 증상으로 발전하여 일상적인 적응을 방해할 수 있다. 자식에게 무슨 일이 일어날까봐 밤낮없이 걱정하느라고 잠도 못 자고 아무 일도 못하는 어머니, 하루에도 수십 번씩 손을 씻어야 하기 때문에 일도 방해를 받거니와 손 피부가 다 헐어버린 회사원을 생각해보라. 표 3-5에 소망과 불안의 갈등에서 방어가 나오는 예를 몇 가지 실었다. 이 갈등이 심할 때 '방어기제의 행동결과들'이 병적, 신경증적이 될 수 있다.

신경증과 증상형성   Freud가 무의식을 '발견'하게 된 것은 히스테리 환자(주로 여자)들을 이해하고 치료하려고 노력하면서였다. 이들은 기질적 (organic) 장애가 없는데도 기이한 신체적 증상(마비, 실명, 실어증 등 '전환 히스테리')들로 고통당하고 있었다. Freud는 차츰 성 충동의 억압이 히스테리 증상, 나아가 모든 신경증 증상의 원인이라고 믿게 되었다. 구조로 볼 때 신경증은 '그것'과 '나'의 갈등의 결과이며, 과정을 볼 때는 충동들이 올라올 때 불안해지고 방어기제를 사용하는 결과이다. 원초아는 어느 발달단계에 고착된 충동들 (예, 구강적 의존, 항문적 공격 등)을 충족시키고 싶어하지만, 초자아(내면의 부모)는 무조건 안 된다고 윽박지르고, 자아는 그러한 충동의 직접적 충족이 현실에서 불러올 위험을 예상한다. 이러한 갈등상황에서 '나'가 억압된 충동을 위장하여 표현함으로써 '그것'의 요구, '윗-나'의 금지, 현실의 요구를 다 만족시키려

[표 3-5] 정신분석적 정신병리 이론(Pervin & John, 1997, p. 125, 표 4-2)

갈등 예		방어기제의 행동결과들
소 망	불 안	방 어
저 사람과 성관계를 갖고 싶다.	그런 감정은 나쁘고 벌 받을 것이다.	모든 성행동의 부인, 남들의 성 행동에 대한 강박적 집착.
내게 열등감을 갖게 하는 모든 인간을 때려눕히고 싶다.	내가 적대적이 되면 그들은 보복할 것이다.	소망이나 공포의 부정: "나는 결코 화가 나지 않는다," "아무도, 아무것도 두렵지 않다."
사람들에게 가까이 가고 싶고 그들이 나를 보살펴주었으면 좋겠다.	그들은 나를 꼼짝 못하게 질식시키거나 또는 떠나 버릴 것이다.	과도한 독립심, 친밀관계 회피, 접근과 도피 사이의 갈등, 남들을 보살피려는 지나친 욕구.

는 타협결과가 바로 **증상**이다.

　　마음속에서 자식을 증오하는 어머니의 증상을 보자. 반동형성으로 이 어머니는 '헌신적 모성애'라는 칭송을 받고 초자아의 도덕적 요구도 만족시키지만, 과잉보호로 아이를 질식시킴으로써 아이에 대한 분노와 증오를 위장 표현한다. 손 씻기는 '더러운' 짓을 하고 싶은 소망을 표현하지만, 동시에 지나친 청결함이 그 소망에 대한 방어도 된다. 자아는 이런 증상을 통하여 원초아의 요구와 초자아의 금지를 다 만족시킬 뿐 아니라 외부 세계의 동정도 산다. '병'이 할 일을 못하는 데 대한 변명이 되어주는 것이다('이차적 이득'). 본인들은 소망도 방어도 의식하지 못하며, 증상들만 문제라고 생각하여 그 때문에 심리학자나 의사를 찾아간다.

　　치료는 이론적으로는 간단하다. 그 두려운 충동이나 욕구를 인정하면, 마음속 증오·분노와 위험한 소망·욕구를 깨달으면, 방어의 필요가 없어진다. "진리가 너희를 자유케 하리라." 실제에서는 치료가 그리 간단하지 않고 몇 년씩 걸리는 일이 흔하다. '성격의 발달'에서 본 것처럼, 추동의 억압 자체에 깊은 뿌리가 있기 때문이다. 추동을 표현했을 때 부모(돌보는 이)에게 제재나 처벌(남근기의 거세위협을 상기하라)을 당한 외상적 경험, 부모의 사랑을 잃는다는 두려움 때문에 증상으로 대리 표현하는 것이다. 나이를 먹는다고 저절로 성장·독립하는 것은 아니다. 나이들어서도 무의식에서는 여전히 부모가 버릴까봐 무서울 수 있다.

정신분석 치료

　　'나쁜' 추동이나 욕구가 있음을 스스로 인정하는 것은 그것을 표출하는 것과 다르다. 어머니에 대한 애정을 인정한다고 해서 어머니와 결혼하는 것도, 아버지의 보복이 기다리는 것도 아니다. 아버지에 대한 증오를 인정한다고 해서 그를 죽이러 가는 것도 아니다. 우리 자신은 더 이상 약하고 힘없는 어린애가 아니며, 마찬가지로 부모도 더 이상 막강한 권력자가 아니다. 우리는 부모의 사랑을 잃는다고 죽는 어린애가 아닌데도, 어릴 때 어느 단계에 고착이 되었기 때문에 무의식에서는 여전히 무력한 아이이다. 방어와 증상을 포기하려면 멈춘 발달이 이어져야 한다. 정신분석은 방어를 걷어내고 진실을 밝혀내어 자유를 얻는, 자기 자신이 되는 작업, 성장경험이라 할 수 있다.

치료의 기본규칙

원초아와 초자아의 요구들, 자아의 대처능력, 현실의 규범과 요구들이 서로 맞지 않을 때는 언제나 괴로움이 따르지만, 신경증적 증상들에는 특히 성충동과 아동기 경험들이 문제가 된다. Freud는 신경증이 근본적으로 6세 이전에 일어난 경험과 사건들로 인한 성·공격 추동 억압 때문에 생기는 것이라고 보았다. 신경증 환자의 자아는 초자아의 엄한 금지들에 억눌리고 원초아 요구들을 방어하는 일에 몰두하며 바깥세계로 관심을 돌리지 못하므로 일도 사랑도 즐기지 못한다. 자아가 상대적으로 약하기 때문에 방어적이 되지만, 또 방어를 통해 현실을 왜곡하기 때문에 자아가 강해지기가 힘들다. 이 악순환을 깨는 것이 치료의 과제이다.

내담자는 일상생활과 기능을 방해하는 증상이나 괴로움을 벗어나기 위해 치료자를 찾아오지만, 정신분석 치료의 일차적 목표는 증상 제거도, 내담자의 위로와 고통 완화도 아니다. 목표는 *자아의 강화*, "원초아가 있던 곳에 자아가

Freud의 치료실

있게 하라"이다. 의식하지 못하는 한 '그것'에 휘둘리므로, 무의식적 충동들을
의식하여 '나'가 조절·통제할 수 있어야 하는 것이다. 이를 위해 자아는 분석
가와 동맹을 맺고 원초아의 추동요구, 초자아의 양심요구라는 적과 싸워야 한
다. 이 공동작업에서 자아는 적의 공격에도 불구하고 버티는 힘, 현실의 요구
들에 대한 어느 정도의 통찰을 가지고 있어야 한다. 그러므로 정신병의 경우에
서처럼 자아가 아주 약하다면 정신분석이 불가능하다.

자유연상   내담자가 정신분석에서 따라야 하는 기본규칙은 아무리 말
하기 불편하거나 시시해도, 마음에 떠오르는 모든 생각·기억들을 이야기해야
한다는 것이다. 분석가는 어떤 특별한 것을 따라가지 말고 들리고 보이는 것,
내면에서 떠오르는 느낌 등에 골고루 주의를 기울여야 한다("잔잔히 떠 있는 주
의력"). 자유연상 과정에서 나오는 기억의 단편들은 서로 관계없는 것같이 보이
지만 의식의 심층, 잊어버린 어린 시절의 경험과 사건들로 내담자와 분석가를
데려가주는 중요한 단서들이 된다.

꿈은 정신분석의 중요한 재료가 된다(글상자 3-3 참조). 증상들처럼 꿈도
위장된 소망충족이다. 꿈속의 인물, 사건, 장소 등에 대해 생각나는 모든 것을
이야기하면서 잠재적(latent) 꿈 생각이, 즉 무의식적 소망을 표현하는 숨은 의미
가 점점 드러난다. 자유연상들이 나오면서 무의식의 점점 깊은 층들이 모습을
드러낸다. 내담자는 장의자(카우치)에 눕고 분석가가 그 뒤에 앉는 전통적인 양
식은 바로 긴장이 풀린 상태에서 자아의 검열 없는 자유연상을 허용하기 위한
것이다. 오늘날에는 분석가에 따라 또는 내담자의 장애 유형에 따라 치료자와
내담자가 마주 앉아서 이야기를 하기도 한다.

해 석   해석은 정신분석의 가장 특징적인 기법이다. 좁은 의미의 해
석은 분석가가 여러 상황과 정보, '지금 여기'에서 일어나는 일들을 헤아려 짐
작·유추한 것들을 내담자에게 말로 전하는 것을 말한다. 보통 표면부터 심층
으로, 즉 의식하는 것부터 의식하지 못하는 것으로, 또 방어나 저항을 무의식
적 충동들보다 먼저 해석해 들어간다. 심층의 내용일수록 내담자가 받아들이기
힘들고, 받아들일 준비가 되지 않았을 때 무의식의 내용을 해석하면 아무런 효

과가 없거나 오히려 저항만 불러일으킨다. 의식하지 못했던 것들을 해석을 통해 의식하게 되면서 자아가 커지고, 추동들을 점점 덜 두려워하면서 억누르기보다는 표현과 충족을 허용하는 쪽으로 변해간다.

해석의 시점과 방식이 적절하면 내담자는 지금까지 의식하지 못하던 증상이나 행동의 의미, 서로 무관하다고 여겼던 일들의 관계 등을 깨달을 수 있다. 바로 **통찰**이다. 통찰은 머리로만 "그랬구나," "그렇겠구나" 하는 회상이나 이해가 아니라 통렬하게 가슴을 치는, 즉 강한 감정이 따르는 전 존재의 체험이다. 이런 정서적 통찰이라야 진정한 치유 효과가 있다. 한 번의 통찰로 효과가 있는 것이 아니다. 억압되었던 괴로운 경험들이 일단 의식화되었을 때, 그것들을 (다시 억압하지 않고) 받아들이고 의식에 통합시키는 작업(Durcharbeiten, working-through)을 해 나가야 한다. 이를 통상 **훈습**(불법을 듣고 마음을 닦아 간다는 불교 용어)이라 번역한다.

분석가가 적절하게 해석해야 하는 것은 (무의식)내용뿐 아니라 분석가에 대한 태도와 행동도 포함한다. 바로 전이와 저항의 해석이다.

전이와 저항

정신분석 과정에서 내담자는 지금까지 억압했던 성·공격 충동들에 마주치게 된다. 그는 일상생활을 방해하는 증상들을 벗어나고 일과 사랑을 즐기고 싶으면서도 위험한 충동들은 계속 덮어두고 싶다. 아버지는 훌륭한 사회인이었으며 아내와 자식을 —표현은 안 해도— 사랑했고, 그런 아버지를 존경하고 사랑한다고 믿어 온 사람이 있다. 그런데 무의식을 파고 들어갈수록 그리고 어린 시절로 되돌아갈수록 아버지가 엄마와 자신에게 어떤 고통을 주었는지 그리고 자신이 아버지를 사실 얼마나 증오하는지를 깨달아간다. 진실을 인정할 때 지금까지처럼 살 수 없다는 것이 분명해지면서 발밑의 땅이 흔들린다. 진실을 알고 싶으면서도 동시에 방어를 포기하고 싶지 않은, 치유를 (의식에서) 원하면서 동시에 (무의식에서) 원하지 않는 갈등 속에서 치료자와의 관계 또한 양면적이 된다.

전 이　　충동들이 '위험'해진 것은 어린 시절의 경험 때문이므로, 분석 과정에서 내담자는 부·모에게 절대적으로 의존했던 또는 부·모를 성적으로 갈 망하거나 증오·질투했던 어린 시절로 되돌아간다. 이 특수한 상황에서 그는 분석가를 어린 시절에 중요했던 인물(보통 아버지나 어머니)로 여기고 그 인물을 향했던 감정과 반응들을 분석가에게 옮길 수 있다. 그는 분석가를 사모하기도 하고 경멸·증오하기도 하는데, 이러한 감정들이 분석가의 어떤 행동에 대한 납 득할 만한 반응이 아니라면 그 현상을 전이(transference)라 한다. 전이는 분석 상황에서 일어나는 '전위'라 할 수 있다.

학생이 부모에게 가진, 스스로 의식하지 못하는 감정을 어떤 특정한 선생 님에게 전이하여 그를 사모하거나 미워하는 일은 비교적 자주 일어나는 일이 다. 인간관계 전체가 전이에 지배된다고도 볼 수 있으므로, 분석가는 자신을 향한 전이뿐 아니라 치료장면 밖에서의 전이들도 해석해주어야 한다. 분석가는 분석가대로 어떤 내담자가 '공연히' 싫거나 좋을 수 있는데, 이러한 감정은 **역 전이**(counter-transference)일 수가 있다. 분석가 수련에서 받는 교육분석은 이러 한 역전이의 발생을 줄어들게 하지만, 분석가는 역전이가 일어날 경우 내담자 의 전이와 마찬가지로 잘 분석해야 한다. 현대 분석가들은 더 이상 역전이를 피해야 할 것으로 생각하지 않는다(Westen 등, 2008). 임상가가 한 특정 환자와 있을 때 생각하고 느끼고 행동하는 방식을 역전이로 정의하면서 이것도 치료에 유용하다고 본다. 역전이가 치료자의 성격과 역사 때문에 나오기도 하지만, 환 자의 감정과 행동이 유발하는 측면도 있기 때문이다. 가령 나르시시즘 장애와 우울증은 임상가에게 서로 다른 반응을 유발한다.

긍정적 감정이 전이되는 경우, 내담자는 분석가의 마음에 들고 사랑 받고 싶어하기 때문에 자유연상도 잘하고 증상도 빠르게 호전된다. 선물 공세를 하 는가 하면 '섹스 어필'을 적극적으로 이용하기도 한다. 그러나 부모에 대한 감 정은 보통 양면적이기 때문에, 그리고 좋은 분석가라면 내담자의 애정표현에 응답을 안 하기 때문에, 긍정적 태도가 갑자기 부정적·적대적으로 바뀔 수 있 다. 이때 지금까지의 치료효과는 없어지고 모욕·무시당했다고 생각한 내담자 는 분석을 집어치우려고 하기도 한다. 분석자는 내담자에게 그때마다 그런 반 응들이 과거의 재연이라는 것을 보여주어야 한다. 자신의 강렬한 감정이 분석

가를 향한 것이 아니라 부·모(또는 다른 어떤 중요했던 인물)를 향한 어린 소년·
소녀의 감정이라는 것을 깨닫게 되면 자신의 병과 불행의 깊은 원인에 대한 통
찰이 올 수 있다. 과거의 사건을 자기 스스로 재연하며 재체험하는 것이기 때
문에 전이의 올바른 해석은 설득력이 강하다.

저 항   치료과정에서 무의식이 의식되는 것을 방해하는 내담자의 모든
태도·행동을 저항이라 한다. '무조건 알고 싶지 않다'는 태도는 여러 가지로 나타
난다. 내담자는 갑자기 아무 생각이 안 나거나 아니면 반대로 계속 신변잡담을
늘어놓고, 지각을 하거나 약속을 아예 잊어버린다. 전이가 '열애'나 적대감으로
바뀌면 자유연상이 안 되고 치료성공을 위협하면서 저항의 중요한 도구가 된다.
저항의 극복은 분석작업 중에서 가장 많은 시간과 노력을 요구한다. 분석가는 저
항이 일어나고 있다는 그 자체를 알아차리고 그 이유를 이해해야 하며, 전이를
해석해준 것처럼 저항도 해석해주게 된다. 이는 위에 말한 훈습의 일부가 된다.

Freud는 저항의 원천이 되는 두 가지 큰 힘이 가혹한 초자아와 자기파괴
추동이라고 말한다. 가혹한 초자아는 내담자가 건강해지거나 행복해질 자격이
없다고 일깨운다. 내면의 부모가 '넌 나빠. 사랑받을 자격이 없어. 죽어버려'라
고 심판을 내린 것처럼 한 가지 증상이 없어지면 즉시 다른 증상이, 때로 신체
적인 병이 나타나기도 한다. 가혹한 초자아를 무너뜨리는 것보다 어려운 일은
자기파괴 추동을 극복하는 것이다. 자기파괴 쪽으로만 가는 사람은―결국 자
살까지 갈지 모르는데― 자기를 건강하고 행복하게 만들려는 모든 치료 노력에
저항하기 때문이다.

분석가가 내담자를 새로운 인간으로 다시 태어나게 할 수는 없다. 분석가
가 할 수 있는 것은 내담자 자아의 우방이 되어 억압된 내용의 의식화를 돕고,
그로써 내담자 자아가 점점 강해지고 현실 적응에, 일과 사랑에 에너지를 돌릴
수 있게 하는 것이다. 통찰하고 깨닫고 변하는 것은 내담자 자신이다. 그러므
로 중요한 것은 *자기분석*의 태도이다. 이는 마음의 과정과 동기를 추리하여 자
신의 감정반응들, 자신이 내린 판단, 결정 등의 무의식적 배경을 질문·통찰하
려 하는 삶의 자세를 말한다. 오랜 습관을 한 번의 통찰로 바꾸기는 어려우므
로 오랜 시간에 걸친 끈기 있는 노력이 필요하다.

이론의 평가

정신분석 이론에 대한 관심은 우리나라에서도 상당히 크다. Freud 총서가 번역 출판되어 있기도 하다. 물론 대중에게 인기가 있으니까 책들이 계속 나오는 것이다. 정신분석 이론의 어떤 특징들이 대중에게는 그리고 인문 사회과학 분야에서는 흥미와 관심을 끌면서 학문적(즉 대학에서 가르치고 배우는) 심리학의 주류에는 속하지 못하게 하는 것일까?

성격이론으로서 정신분석학의 강점과 약점은 그것이 과학적 심리학의 틀 안에 집어넣어지지 않는 것과 밀접한 관계가 있다. 정신분석학은 과학적 이론이라기보다는 인문학적 이론이고, 그것의 강점과 약점 모두 이 특징에서 비롯된다.

강 점

과학적 심리학의 틀에 안 들어간다고 해서 정신분석 이론이 성격심리학과 심리학 전반에 영향을 미치지 않았다거나 중요한 공헌을 하지 않았다는 것은 아니다. 몇 가지 강점만 지적해본다.

현상들의 발견과 탐구   학문적(과학적) 성격심리학에서는 검사나 척도로 성격을 측정해서 파악할 수 있다고 가정하지만, 정신분석학은 그 가정이 환상일지 모른다고 말해준다. 내가—그리고 가까운 사람들이— 어떤 사람인지 하는 '진실'은 심층적인 탐색이 필요하기 때문이다. Freud가 발표한 사례연구들은 서로 관계가 없어 보이는 단편들을 퍼즐 맞추듯이 조합하여 의미 깊은 그림을 완성시키는 뛰어난 능력, 추리의 집요함과 대담함을 보여주었다. 그가 보여준 것은 이차원적인 평면의 그림이라기보다는 살아있는 입체적 인간이었다. 이는 그의 철저한 학구적 탐구정신뿐만 아니라 뛰어난 문학적 재능에도 힘입은 성과이다.

한 환자와 수백 시간에 걸쳐 대화를 한다는 분석 관행은 개인들의 집중 연구를 가능하게 하였다. 그는 어떤 세부도 놓치지 않았다. 그에게 우연이란 없었다. 환자들이 가지고 오는 증상들뿐만 아니라 꿈, 말 실수, 하찮은 습관들, 돌발적 사고 등 모든 일은 어떤 원인이 작용한 결과들이었다. 그 원인들은 대부분의 경우 본인이 의식하지 못하는 생각, 감정, 동기 등이었고 이 무의식적 충동들은 기억하지도 못하는 어린시절의 경험 및 사건들과 관계가 있었다. 그러한 집요한 탐색의 결과 그는 어린시절 경험의 중요성, 무의식의 작용 방식, 성과 공격 충동의 중요성, 자아방어 기제 등을 발견할 수 있었다.

이러한 발견결과들은 물론 인간의 성격과 행동을 이해하는 데 큰 도움이 되었지만, Freud가 모범을 보인 불굴의 탐구정신과 관찰력 자체가 사람 공부의 기본적 태도가 어떠해야 하는지를 보여준다.

인간 존재의 복잡성 정신분석 이론은 우리에게 인간이란 복잡한 존재이며, '겉만 보고는 모른다'는 진리를 가르쳐주었다. 같은 행동이 서로 다른 동기에서 비롯될 수 있으며, 같은 동기가 아주 다른 행동을 가져올 수 있다. 한 사람 속에 빛과 그림자가, 동물과 성자가 공존한다. 언제나 명랑하던 친구가 어느 날 자살 기도를 하며, 늘 온화하고 친절한 선생님이 부인을 상습적으로 폭행하여 경찰에 입건되었다는 소식을 들을 때 우리는 놀란다. 나에게 한없이 너그러운 사람이 나를 좋아하는 것일 수도 있고 나를 싫어하는 적대감에 방어하는 것일 수도 있다. 성을 더러운 것이라고 생각하는 사람이 이성에 대한 관심을 완전히 끊기도 하지만, 정반대로 아무하고나 성관계를 맺기도 한다. 금욕과 방탕함이 번갈아 나오기도 해서 더 혼란을 준다.

정신분석학은 이러한 복잡성을 설명해주어 우리가 정신을 잃지 않게 해준다. 그리하여 우리는 누구에게나 비굴할 만큼 겸손한 사람을 볼 때 "저 사람의 공격성은 어디서/언제/어떻게 표현되는 것일까?"를 묻고, 자신만만하다 못해 안하무인인 사람을 볼 때 기가 죽기보다는 "얼마나 열등감이 많으면 저렇게 반동형성을 해야 하나?"라고 혀를 차는 것이다. 정신분석적 관점에서 행동의 의미를 해석하면 보통사람들에게 직관적이거나 명백해 보이지 않는 방식들로 인간 행동을 이해하게 된다(Westen 등, 2008, p. 96). 아마도 그 때문에 개인적 의미의 이해와 해석이 직업상 중요할수록 이 접근에 의지하게 되지만, 정신분석적 경청과 의미해석에는 많은 경험과 지도(supervision)가 필요하다.

인간을 전체로서 이해하려고 하는 정신분석학의 접근에서 결국 중요한 것은 한 사람의 특수한 행동과 특성들이 아니라 그 부분들의 조직화(organization, configuration), 즉 전체 성격의 성숙 또는 건강의 수준, 원초아·자아·초자아의 역학관계이다. 이러한 복잡성의 전체적(holistic) 이해를 추구하면 실험으로 대표되는 좁은 의미의 과학적 연구가 어렵거나 불가능해진다. '과학적 연구'가 목표가 아니라 인간 행동·성격과 삶의 이해가 목표라면, 실험실에서 나오는 객관적 행동 측정치들과 검사·척도 점수들만 '자료'가 아니라, 나 자신의 삶과 성격이, 인간의 모든 반응과 행동이 모두 중요한 자료가 된다. '주제 파악'을 올바르게 하면 과학적 탐구를 실험법과 실험실, 통계적 유의도 검증에 국한시키지 않고 더 넓게 이해하게 된다.

이론의 포괄성   Freud(나 Piaget)의 가장 중요한 공헌은 아마도 큰 질문들과 큰 해법들을 제기한 것이다(Westen 등, 2008, p. 87). 큰 그림을 그리고, 놀라운 범위의 현상들을 설명할 수 있는 넓은 단계와 구조들을 제안한 것이다. 인간 존재의 복잡성을 인정하기 때문에 Freud는 인간 행동의 거의 모든 측면들을 설명할 수 있었다. 자아방어 기제만 공부해도 우리는 똑같은 충동(예, 공격성이나 적대감)이 억압, 투사, 반동형성, 이지화 등에서부터 승화에 이르기까지 수많은 방식들로 표현될 수 있다는 것을 알게 된다. 성과 공격충동의 억압과 방어기제, 원초아·자아·초자아의 개념들을 가지고 Freud는 정상성격과 성도착과 신경증을, 천재(예, 레오나르도 다빈치, 미켈란젤로)와 광인을, 도덕·종교·예술·문화의 생성과 작용을 설명할 수 있었다. 어떤 다른 성격이론도 그렇게 넓은 행동 범위를 포괄하지 못한다. (우리 말로 번역되어 나온) '토템과 타부', '문명 속의 불만'을 읽어보면 Freud의 넓은 시야를 알 수 있다.

약 점

정신분석 이론의 약점들은 강점들을 이야기할 때 이미 시사되었다. 이론의 모든 강점들은 그것의 개념과 주장들을 과학적으로 검증하기 어렵게 만드는 특징들이다.

과학적 연구의 문제　정신분석 이론의 개념과 명제들은 경험적으로 검증하기가 힘들거나 때로는 불가능하다. 무엇보다 용어들이 분명하게 정의되어 있지 않기 때문이다. 앞에서 추천한 두 권의 책도 그렇거니와, Freud의 저서들은 건조한 과학서적이라기보다는 감동적인 문학작품, 때로는 흥미진진한 탐정소설같다. 그의 문학적 재능의 일부는 은유적 언어에 있었다. 잠복기, 죽음 충동, 외디푸스 컴플렉스, 거세 불안 등은 모두 은유들이다. 거세 불안은 음경을 상실할까봐 겁내는 것을 말하는가 아니면 신체상(body image)이 자기존중에 점점 더 중요해지는 나이에 아이가 몸에 상처를 입을까봐 겁내는 것을 말하는가? 이론의 언어는 너무 모호해서 정확한 의미가 무엇인지 연구자들이 합의를 보기가 힘들다. 이를테면, 리비도를 어떻게 정의할 것인가? 구성개념들이 잘 정의되어 있는 경우에서조차 관찰 및 측정 가능성으로부터 너무 거리가 멀어서 경험적 연구에 큰 도움이 안 된다. 원초아, 자아, 초자아는 상당한 기술력(descriptive power)을 가지지만, 그들을 행동적 관찰들과 연결짓기가 힘들다.

이론을 검증하기 어렵다는 문제가 더 복잡해지는 것은 정신분석학이 거의 모든 결과를 —상반된 결과들도— 설명할 수 있다는 것이다. 한 행동이 나타나면 충동의 표현이고, 그 반대가 나타나면 방어(반동형성)의 표현이다. 다른 행동이 나타나면 충동과 방어의 타협이다. 그러한 복잡성의 여지를 허용한다는 것이 문제가 아니라, 어떤 여건이 주어진다면 어떤 행동이 일어날 것인가를 진술하지 못한다는 것이 문제이다. 그러한 예언을 하지 못하면 정신분석 이론이 맞는지 틀리는지 검증할 수가 없는 것이다.

Freud는 과학적 이론으로서 정신분석학의 문제점들을 알고 있었다. 그는 순진한 과학자가 아니었다. 다만 과학적 활동 초기에는 현상들의 기술에 집중해야 하며 초기단계들에서는 정밀성 결핍이 불가피하다는 견해를 가졌을 뿐이다. 그는 정신분석적 통찰들을 예언의 목적에 사용하기 힘들며 정신분석 이론의 강점이 (미리) 예언하기보다 (나중에) 설명하기라는 것을 인정하였다. 그는 대학에서 연구에 전념하는 학자가 아니었고 매일 환자들을 분석하는 임상가였다. 의학적 치료환경에 지나치게 의시하였기 때문에, 그는 과학석 이론의 핵심인 예언과 그 검증의 중요성을 충분히 인식하지 못했다.

임상적 자료의 신뢰도   누차 지적했듯이 정신분석 이론의 토대는 임상적 관찰, 사례연구에 있다. 많은 비판자들은 정신분석학자들이 사용하는 임상적 자료의 신뢰도를 의심한다. 그 자료가 객관적 관찰, 반복 가능한 관찰이 아니라, 관찰자의 주관적·이론적 지향에 의해 선택·해석된 자료이기 때문이다. Freud는 환자와의 면담 기록을 발표한 적이 없다. 그러므로 환자가 하는 이야기에서 자기 이론에 맞는 부분들만 '들었'거나, 환자로 하여금 분석가가 듣고 싶은 이야기만 하도록 부지중에 유도했거나, 결과를 보고할 때 자기 이론에 맞지 않는 부분을 빼버리고 맞는 부분만 남겨 두드려 맞추었다는 혐의를 면할 수가 없다.

　　Freud의 글을 읽어보면, 그가 독선적으로 자기 주장만 하는 학자가 아니라, 납득이 가지 않는 주장들도 그 타당성을 신중하게 검토한 개방적인 탐구정신을 가진 학자였음을 알게 된다. '문명 속의 불만'(Freud, 1929/97)의 도입부에서 이 열린 정신을 엿볼 수 있다. 그러나 그의 관찰과 해석이 독립적인 다른 학자의 관찰, 해석과 일치하는지 *검증*된 바가 없기 때문에 이론의 토대가 된 임상적 자료의 신뢰도는 의심받을 수밖에 없다. 이 책 5장에서 우리는 정신분석의 주장들을 학문적(과학적) 심리학의 방법들로 검증하려고 시도한 Murray (1938)의 '성격 탐색'을 보게 된다.

　　정신분석학자들이 이론을 옹호하는 방식은 때로 억지에 가깝다. 이를테면, 성 충동의 지나친 강조를 비판하는 사람에게 자신의 충동들을 억압·방어하는 것이라고 대응하는 것이다. Freud가 살아있을 때 이미 정신분석은 과학적 이론이라기보다 종교적 운동이 되었었다. 정신분석의 근본원칙들을 받아들이기를 거부한 학자들을 Freud가 추방하고 완전히 관계를 끊었듯이, 그의 사후에도

'정통'을 이탈하는 분석가들은 여전히 추방과 비방을 각오해야 했다. 이론을 종교 교리처럼 받들면 임상적 관찰과 해석에 편파가 생길 수밖에 없고 자료의 신뢰도가 손상된다. 바로 뒤에 보게 되듯이 '정통' 자체가 흔들리면서 이러한 경향은 이제 거의 없어졌다.

결정론과 비관론　　과학적 연구를 강조하는 학자들과 전혀 다른 각도에서 인본주의적, 실존주의적 학자들은 정신분석의 인간관을 비판해왔다. 인간을 긴장감소를 추구하는 에너지 체계로 보는 견해가 창조적·자기실현적 측면들을 무시한다는 것이다. 이들은 Freud의 결정론과 비관론에도 반대한다. 기억도 못하는 어린 시절에 성격이 형성되고, 4, 5세경 외디푸스 갈등의 결말이 일생을 건강한 사람으로 살지, 신경증 환자로 살지를 결정한다는 견해는 자유의지를 부정하고 비관적 운명론으로 몰고 간다는 것이다. 죽음 충동 개념은 Freud의 비관론을 극명하게 보여준다.

문화와 사회가 인간의 자연스러운 충동을 억압함으로써 존속·발전한다는 인간-사회 대립 견해도 "인간 행복은 창조의 프로그램에 없다"는 비관론을 반영한다. 이 사회비판적 견해는 인간해방을 부르짖는 맑스적 사회주의 이론가들(프랑크푸르트 학파)에게 정신분석 이론을 받아들이기 쉽게 만들었지만, Erik Erikson이 지적한, 사회가 (예를 들어, 가정과 학교라는 제도를 통해) 개인의 발달을 돕는다는 측면을 무시하게 만든다.

생물학주의와 남성적 편파　　정신분석적 인간관이 비판받는 또 다른 측면은 생물학의 강조이다. 인간의 성격과 행동을 설명할 때 개인 내의 타고난 추동들만 강조하고 가족과 사회 내의 영향력들을 무시한다는 것이다. 정신분석에 대한 페미니즘적 비판은 주로 이 점에 집중된다. Freud는 여자들이 생물학적 이유(남근 부재)로 수용적·수동적이고 의존적·굴종적이라고 보았다. 이러한 '여성적' 특성들은 피학증(매저키즘)의 개념 아래 포괄된다. [이 장의 초두에 각주 1에서도 Freud의 남성적 편향을 지적한 바 있다.] Freud의 시대에 살았던 여자정신분석학자 Karen Horney는 이러한 피학증적 특성들이 Freud가 주로 상대한 부유한 신경증적 여성들의 특성이며, 보편적으로 여성들이 피학증 쪽으로 기운다 해도 그것은 해부학적인 사실 때문이 아니라 문화와 사회의 영향력 때문이라고 반박하였다.

Horney(1967/84)는 *남근선망* 개념이 근본적으로 남성적 편파(male bias)의 결과라고 생각한다. 그녀는 저서 '여성심리학'에서 어린 남자아이들의 '여성관'과 정신분석적 여성관이 얼마나 일치하는지를 비교 제시한 바 있다. 그녀는 이러한 편파가 아이를 낳지 못한다 —출산은 가장 위대한 창조이다— 는 열등감에서 비롯된 방어라고 본다. 여자에게 '남근선망'이 있는 것이 아니라, 남자에게 '자궁선망'이 있다는 것이다. 어느 편이 옳으냐를 따지기 전에 이러한 견해차이는 다른(alternative) 시각, 이 경우 '여성적 시각'을 가질 때 똑같은 자료를 얼마나 다르게 해석하게 되느냐 하는 예를 보여준다. 물론 여자학자라고 해서 모두 여성적 시각을 택하는 것은 아니다. Horney와 동시대에 활동한, Freud보다 더 남성 중심적인 여자분석가들(예를 들면, 헬레네 도이치)이 이를 잘 보여준다.

Freud는 주로 여자환자들을 분석했으면서도 '여자는 도대체 모르겠다'고 고백한 바 있다. 이는 결국 그가 시대와 문화(종교 포함)의 벽을 넘지 못한 것처럼 성별의 벽을 넘지 못했다는 것을 말해준다. '토템과 타부'를 읽어보면 역사의 주인공은 남자이고, 여자는 성적 대상으로 전리품 정도의 역할밖에 하지 못한다. 외디푸스 갈등은 근본적으로 막강한 아버지와 무력한 아들이 성적 대상인 어머니를 놓고 벌이는 싸움이다. 한편, 특히 대상관계 이론 지향의 학자들은 —Freud가 소홀히 한— 외디푸스 이전 단계에서 어머니와 자녀의 관계에 초점을 맞추고 성격발달에서 어머니의 중요성을 부각시켜왔다.

물론 Freud만, 정신분석학만 남성 중심적인 것은 아니다. 현대까지도 심리학, 나아가 과학과 학문, 정치와 사회는 남성의 영역이다. 남자가 여자의 '본질'과 역할을 규정해 왔다. 여성적 시각에서 비로소 어머니의 주체적 역할이 '발견'(!)된 것같이, 여성적 시각을 가진 학자들이 정신분석적 자료와 이론의 범위를 확대해 가고 있다. 자료와 이론의 범위를 확대해 가는 것은 물론 성별에만 관계되지 않는다. 시대가 지나면서 생활환경과 조건이 달라지고 따라서 인간의 문제들도 달라지므로, 자료와 이론의 범위는 확대되어 갈 수밖에 없다.

이를테면 Freud가 살던 시대 서유럽에서는 (특히 여자의) 성이 억압되었지만, 2차 대전 후 '성개방' 풍조가 나오고 자본주의가 지배하게 되면서 성 억압의 정도는 약해졌으나 그 양상은 복잡해졌다. 오늘날 정신분석가를 찾는 내담 자들은 충동 억압에서 나오는 '전형적 신경증'을 내놓기보다는 우울증, 허무감, 아무 의욕도 의미도 없는 삶 때문에 도움을 받으려 한다. 최근의 이론에서 (성 과 공격) 충동보다는 '나'라는 느낌(sense of self), 자기존중, 관계(맺는 능력)의 문제들이 중시되는 추세는 바로 이러한 시대 변화를 반영한다. 다른 예로, 아 버지('가부장')가 아내와 자녀에게 거의 절대적 권력을 행사하던 가족구조가 붕 괴하고 '아버지 부재 사회'를 걱정하는 시대에 외디푸스 갈등은 어떻게 나타나 는가?

정신역동 이론의 현재

정신분석 이론이 나온 후 100여 년이 지나면서 성격이론으로서 정신분석 학은 많은 변화를 겪으며 '정신분석'이 정확하고 무엇인지를 정의하는 일이 '도 전'이 되었다(Westen 등, 2008, p. 61). 정신분석과 정신역동을 구별하여, 무의식 과 갈등, 방어 같은 것들은 받아들이지만 리비도 이론과 외디푸스 콤플렉스 등 은 거부하면 정신분석학자가 아니라 '이단'이거나 정신역동학자로 분류되던 때 도 있었다. 지난 30년 간 정신역동과 정신분석 구분은 사라졌고, 정신분석과 심리학의 경계도 무너지기 시작하였다. '주류' 정신분석 이론가 및 임상가들도 핵심명제들—외디푸스 콤플렉스와 성 추동 또는 아예 추동 개념 자체— 을 거 부하게 되기도 하였고, 현대심리학(인지 및 사회심리학, 신경과학)이 무의식과정, 갈등 등을 연구하기 시작했기 때문이다(같은 곳; 이 책의 6장 참조).

Westen(1998; Westen 등, 2008)은 다음을 자명하게 받아들이면 성격에 대 한 '정신분석적 접근'이라고 볼 수 있다고 본다.

1. **무의식 과정들의 존재와 중요성**　생각, 감정, 동기들을 포함하여 정 신생활의 많은 부분은 의식되지 않는다.
2. **갈등과 양면감정**　감정 및 동기 과정들을 포함하여 여러 심리적 과 정들이 동시에 작동한다. 같은 사람이나 상황에 대해 상반되는 감정들

(예, 갈등과 공포)이 동시에 생겨서 갈등적 동기들(예, 접근과 회피)을 불러올 수 있으므로, 어떻게 타협을 보는가 하는 것이 중요해진다.

3. **성격의 연속성과 아동기 경험의 역할**   아동기 경험들이 성격 발달에서, 특히 후에 사회적 관계들을 맺는 방식들의 형성에 중요한 역할을 한다.

4. **자기, 타인, 관계들의 정신적 표상들의 역할**   자기, 타인, 관계들을 어떤 모습으로 그리느냐—'정신적 표상'— 하는 것이 타인들과 맺는 관계와 상호작용들에 그리고 심리적 증상들에 영향을 미친다.

5. **발달의 궤도**   성격 발달은 성과 공격 충동들을 조절하기를 학습하는 것뿐 아니라, 미성숙하고 의존적인 상태에서 성숙하고 독립적·상호의존적인 상태로 옮겨가는 것도 포함한다.

구조모델(원초아, 자아, 초자아)도, 발달모델(심리성욕 단계)과 외디푸스 콤플렉스도 '정신분석적 접근'의 필수 요소들이 아닌 것이다. 마지막 두 가정은 대상관계 이론(글상자 3-3 참조) 발전의 영향을 특히 분명하게 반영한다. Freud 이래 정신분석학에서 중심이 된 이론 발달은 1930년대와 40년대에 나타난 대상관계 이론들이라 할 수 있다. **대상관계**란 "친밀관계들에서 지속적인 관계 맺기 패턴들과 그 패턴들을 매개하는 인지 및 정서과정들"(Westen 등, 2008, p. 67)을 말한다. 만족을 주는 관계들을 유지하지 못하고, 친밀관계들의 위험들에 대한 공포와 환상들에 시달리는 성격장애 환자들이 많아지기 시작하면서, 추동과 그 억압보다는 관계(욕구) 자체가 치료와 이론화의 중심이 된 것이다. 외디푸스 콤플렉스를 강조한 Freud가 그 이전 단계들의 중요성을 상대적으로 간과한 반면, 대상관계 학자들은 외디푸스 앞 단계, 특히 삶의 첫해 엄마와의 관계에서 일어나는 일들과 그 영향을 자세히 고찰하였다. 이 책 6장에서 대상관계 학자라 할 수 있는 Bowlby의 애착 이론을 공부하게 된다.

Westen(1998)은 정신역동적 관념들이 지난 수십 년간 학문적 심리학 내에서 계속 무시되어 왔음에도 불구하고 성격·사회·발달 심리학자들이 가진 관심사들과 점점 일치해 왔다고 본다. 이러한 추세에는 대체로 다음 세 가지 변화가 작용하였다. 첫째, 인지혁명으로 무의식 과정들을 포함한 정신과정들이 다시 논의되기 시작하고 감정과 동기에 대한 관심도 새로워졌다. 둘째, Freud 사후 정신역동 이론이 계속 발전되어 현대의 정신역동 이론가들은 성과 공격 충동 외에 다른 동기들에도, 특히 관계와 자기존중에 대한 욕구들에 초점을 맞춘다. 셋째, 정신분석학을 종교로 취급하고 '교리'를 지키려는 경향이 지속되어 온 가운데, 심리학자들이 정신분석학에 들어오면서 경험적 연구가 중시되고 임상적 효용성만 주장하지 않게 되었다.

다음 장(4장)에서 'Freud에 대한 도전과 이탈'이라는 제목 아래 Adler와 Jung의 이론들을, 5장에서 정신분석적 개념과 가정들을 학문적 심리학의 과학적·체계적 방법론을 가지고 연구한 Murray의 이론과 연구를 공부한 후 그 다음 장(6장)에서 정신분석적 가정들에 대한 경험적 연구들을 제시하게 될 것이다.

▌요 약▌

01 정신분석 이론에서 인간은 닫힌 **에너지 체계**이다. 추동들은 불쾌한 긴장으로 체험되며 에너지 방출, 즉 **긴장감소**를 요구한다. 사회의 금지들 때문에 직접 표출되지 못하는 추동들은 방향이나 대상이 바뀌어 표현된다. 정신분석 이론에서 사회는 개인의 자유를 억압하는 세력이다. 이론의 또 다른 특성은 인간 행동과 성격에서 우연을 인정하지 않는 결정론적 사고이다.

02 인간의 마음은 **의식, 전의식, 무의식**의 층으로 이루어져 있다. 우리가 의식하지 못하는 감정, 생각, 동기들은 (만약 의식한다면) 괴롭기 때문에 억압된 것이다. 특히 사회(를 대표하는 부모)가 자유로운 표현을 금지하는 성·공격 충동들이 억압된다.

03 Freud는 **성 충동**과 **생식 충동**을 구별한다. 후자는 사춘기에 성적 성숙과 함께 생겨나지만 전자는 갓난아기 때부터 존재한다. 그는 **삶 추동**과 **죽음 추동**을 가정하여 삶과 사랑뿐 아니라 공격과 파괴도 인간 본성의 일부라고 보았다.

04 성격은 원초아, 자아, 초자아 세 개의 구조로 이루어져 있다. 완전히 무의식의 영역에 있는 **원초아**('그것')는 생물학적으로 타고난 모든 추동들의 저장소이다. 충동들의 즉각적 충족을 요구하는 원초아는 즐거움 원칙을 따르며 일차과정적으로 기능한다. 현실세계를 상대하는 기능이 원초아로부터 분화된 **자아**('나')는 현실원칙을 따르고 이차과정적으로 기능한다. **초자아**('윗 나')는 부모(가 대리·대표하는 사회·전통)의 도덕과 규범들을 지속시키는 구조이다. 부모가 칭찬하는 행동들은 자아이상으로, 부모가 싫어하고 처벌하는 행동들은 양심으로 내면화된다.

05 세 구조는 하나가 강해지면 다른 것이 약해지는 상호 의존 관계에 있다. 원초아, 초자아, 현실이 서로 다른 것들을 요구할 때 자아가 그 갈등을 견디고 타협을 찾아내야 하기 때문에 자아가 탄력 있고 강해야 적응을 잘 해 나갈 수 있다.

06 정신분석적 발달 이론을 **심리성욕 이론**이라고 부른다. 성격형성에 중요한 단계는 구강기, 항문기, 남근기의 초기 세 단계로서, '성감대'가 입이었다가 항문, 그리고 성기로 옮겨 가는 것이다. 어느 단계에서 충족이 너무 부족하거나 너무 많으면 그 단계에 **고착**되는 일이 일어난다.

07 **구강기**에는 입에 무엇이든 집어넣고('구강적 성애') 깨물고 뱉는('**구강적 가학**') 즐거움이 지배한다. 구강기 고착은 구강적 성격을 가져온다. **항문기**에는 배설과 관계된 활동이 중요해진다. 변 가리기 훈련이 얼마나 너그러우냐, 엄하고 강박적이냐에 따라 항문기 고착이 일어나 항문적 성격이 형성될 수 있다.

08 **남근기**에 아이들은 성기(및 그것이 주는 즐거움)와 남녀 차이를 발견한다. 자신을 남자/여자로 의식하면서 이성 부모를 사랑하고 갈망하게 된다. 남자아이가 어머니를 사랑하고 아버지의 보복을 겁내는 것을 **외디푸스 갈등**이라고 한다. 아이는 **거세공포** 때문에 어머니에 대한 사랑을 포기하고 아버지와 동일시하게 되며, 그 결과가 **초자아 형성**이다. 여자아이는 자신에게 고추가 없는 것이 엄마가 잘라 버렸기 때문이라고 믿고 엄마를 원망하면서 아빠를 사랑하게 된다. 아빠를 포기하고 엄마와 동일시하게 되어도 **남근선망**은 없어지지 않는다. 남근기의 가족연애가 얼마나 큰 충족 또는 고통을 주었느냐에 따라 남근기 고착과 남근적 성격이 나타난다.

09 남근기의 성·공격 충동이 억압되고 **잠복기**가 시작된다. 대부분의 문화에서 이 시기에 아이들은 학교에 다니며 주로 동성 친구들과 어울리고 이 세상을 살아가는 지식과 기술을 익힌다. 마지막 단계인 **성기기**가 사춘기와 함께 시작되면 성·공격 충동들이 다시 강해지고 이성에 대한 관심도 커진다. 앞의 어느 한 단계에 대한 고착이 너무 심하지 않았다면 이 단계에 **일과 사랑**을 즐길 수 있는 성숙한 성격이 발달한다.

10 자아심리학자인 Erikson은 Freud의 발달 이론을 수용하는 가운데 확장하였다. 그는 사회·문화의 영향력과 자아의 기능을 Freud보다 강조하고, Freud의 성기기를 노년까지 이어지는 네 단계로 나누어 모두 8개의 **심리사회 발달단계**를 가정하였다.

11 현실, 원초아, 초자아의 요구들을 감당하기 어려울 때 자아는 **불안**으로 반응한다. 불안은 자아에 위험이 닥쳐온다는 신호이며 자아는 이 위험에 대처하기 위해 억압, 부정, 반동형성, 투사, 합리화, 전위, 승화 등의 **방어기제**를 사용한다.

12 자아방어를 하는 사람은 자신이 방어를 하고 있다는 것을 의식하지 못하면서 현실판단과 적응에 써야 할 자아의 에너지를 계속 방어를 위해 쓴다. 방어기제에 너무 크게 의지하면 **신경증적 증상**이 나오기도 한다. 신경증 증상은 자아가 억압된 충동을 위장하여 표현함으로써 원초아의 요구와 초자아의 금지를 다 만족시키려는 타협의 결과이다.

13 정신분석적 심리치료는 억압된 감정이나 충동을 의식화하는 과정이며, **자유연상** 내용의 해석이 중요한 도구이다. 내담자는 어릴 때 부모에게 가졌던 감정들을 현재의 치료자에게 **전이**시키는 가운데 다시 체험하기도 하고, 치료와 변화에 **저항**하기도 한다. 전이와 저항의 해석은 정신분석 치료의 중요한 부분이 된다.

14 Freud는 뛰어난 관찰력과 불굴의 탐구정신으로 무의식과 갈등을 발견하고 인간 행동의 복잡성을 설명해주었다. 정신분석 이론은 정상 성격과 신경증, 도덕·문화·예술의 현상들을 설명하는 포괄적인 이론이다. 그러나 바로 이러한 강점들이 이론의 개념과 주장들을 과학적으로 검증하기 어렵게 만든다. 용어들이 분명하게 정의되어 있지 않기 때문에, 행동을 예언하여 그 정확성을 검증하기에는 적합하지 않은 것이다. 이론의 토대가 된 임상적 관찰, 사례연구의 자료가 Freud 개인의 관찰과 해석의 결과이기 때문에 신뢰도를 검증할 길이 없다.

15 정신분석 이론은 Freud 사후에도 계속 발전하여 현대의 정신역동 이론은 그 창시자와 더 이상 동일시되지 않는다. 그러나 무의식 과정들의 존재와 중요성, 갈등과 양가감정, 성격의 연속성과 아동기 경험의 중요성, 자기·타인·관계들의 정신적 표상들의 역할, 발달의 궤도 등에 대한 가정들은 현대에도 계속 고수되고 있다.

제 4 장

Freud에 대한 도전과 이탈: Adler와 Jung

Freud는 정신분석 이론의 많은 측면들을 오랜 세월에 걸쳐 스스로 수정하였으나, 추종자들의 수정과 비판을 받아들이는 데는 한계를 보였다. 정통과 이단의 기준은 시대에 따라 달라져왔다. 앞 장 말미에 논의했듯이 에너지 모델, 발달 모델, 구조 모델이 모두 '정통'에서도 더 이상 고수되지 않고 있어서 '정신분석'이 무엇인지 정의하기가 힘들 지경이 되었다(Westen 등, 2008).

Adler와 Jung은 초기부터 Freud의 추종자들이었고, 특히 Jung은 Freud의 후계자("왕세자")로까지 선택되었으나, 결국 둘 다 Freud 진영을 떠나고 말았다. 둘은 Freud가 (성과 공격) *추동*들을 지나치게 강조했다고 비판했지만, 그의 *결정론*과 *비관론*에도 찬성하지 않았다. 결정론이란 우리의 모든 생각, 감정, 행동, 나아가 성격 특성, 직업 및 배우자 선택 등이 우연히 나오는 것이 아니라 원인이 있다는 신념이다. 우리는 Freud가 그 원인을 횡단적으로는 무의식으로 들어가서, 종단적으로는 아주 어린 시절의 경험으로 거슬러 올라가서 찾았다는 것을 보았다. 일반인들은 그냥 지나치는 것들에 대해 그는 집요하게 '왜'를 물으며 원인을 찾아내고야 말았다. 그러나 '왜'에 대한 답은 원인, 과거에서만 찾을 수 있는 것이 아니라 의도, 목표, 미래에서도 찾아진다.

학교 가기가 싫어서 울고불고 병까지 나는 아이는 남근기 때 엄마와의 관계에 문제가 있었을 수 있지만, 동시에 엄마를 '교육', '통제'하려는 (숨은) 의도가 있을 수 있다("엄마는 절대 나를 떼어 버리려고 해서는 안 돼"). 남편의 여자관계를 가지고 난리를 부리는 여자의 지나친 행동은 어릴 때 아버지가 바람을 피워 어머니와 가족을 괴롭힌 과거 경험에 원인이 있을 수 있지만, 동시에 바람을 피우면 끝장이라고 남편에게 경고하는 의도를 내포할 수 있다. 신경증이 생기는 이유도 충동 표출에 대한 불안일 수 있지만(Freud), 가정이나 직장에서, 관계들에서 책임면제를 요구하는 의도가 숨어 있을 수 있고(Adler), 전혀 다른 각도에서 보면, 현재 이끌어가는 삶이 잘못된 것이므로 방향전환을 해야 한다는 내면의 요구일 수도 있다(Jung).

Freud는 신경증의 '이차적 이득'을 인식했지만, 증상의 *목적*을 Adler처럼 강조하지는 않았다. Adler에게는 "정신생활의 모든 현상들은 하나의 목표를 앞둔 준비로 파악할 수 있다"(1927/87, p. 89). 우리 모두에게 궁극적인 목표는 강해지고 우월해지려는 것이며, 이 목표를 성취하기 위한 책략, 즉 생활양식만 사람마다 다를 뿐이다. 구체적으로 어떤 목표가 정해지며 어떤 생활양식이 채택되느냐 하는 것은 어릴 때 결정되지만, 한 사람의 성격을 이해하려면 그가 어떤 목표를 추구하는지를 이해해야 한다.

Adler의 개인심리학

Alfred Adler(1870-1937)는 오스트리아의 한 유복한 유태인 가정에서 6남매 중 차남으로 태어났다. 아버지의 사랑은 많이 받았지만 어머니와는 사이가 좋지 않았다. 그는 세 살 때 동생이 태어난 후 어머니가 자신을—병약하기 때문에 보살핌을 많이 받았었는데— 비교적 소홀히 한 것을 받아들이지 못했을 것이라고 회상한다(Pongratz, 1983). 어린 시절 만성적 질환에 시달렸고 죽음의 고비도 몇 번 넘겼으며 동생이 죽는 것도 보았던 그는 죽음의 공포를 이기기 위해 네 살에 이미 의사가 되기로 마음먹었다. 그는 1895년에 의학공부를 끝내고 안과의사로 개업하였다가 신경전문의로 바꾸었다. 1899년에 이미 의사들의 모임에서 Freud 이론이 비난받으면 옹호하고 나서기는 했으나, 그와 만난 것은

1902년의 일이었다. 빈의 한 일간신문에
'꿈의 해석' 서평을 긍정적으로 쓴 것을
Freud가 읽고 엽서를 보내 자기 집에서
열리는 수요토론회에 초대하였다.

　이 모임들에서 그는 자신의 독자적
견해들을 발표했다. 시간이 가면서 그의
생각은 Freud와 점점 멀어졌지만, 둘 다
조심하여 충돌을 피했다. Adler는 1910년
빈 정신분석학회 회장으로 뽑혔는데, 그때
까지만 해도 정신분석 안에서 자신의 견
해를 밀고 나갈 수 있으리라는 희망을 버
리지 않은 것 같다. 그러나 다음 해에

Alfred Adler

"Freud의 성 이론 비판"이라는 제목으로 몇 개의 강연을 하면서 결국 정신분석
의 성역을 침범하고 말았다. 안전 추구가 성 만족보다 중요하고, 무의식은 원
초아의 영역이 아니라 자아의 도구라는 등의 주장을 하자 강연을 듣던 한 회원
이 학회 탈퇴를 건의하였다. 그는 처음엔 저항했으나 곧 스스로 회장직을 내놓
고 몇 달 후 회원으로서도 탈퇴하였으며, 얼마 뒤 자신의 학회('개인심리학회')를
세웠다.

　1915년에 Adler는 대학 정교수 자격과정(Habilitation)을 위해 "신경증적 성
격에 대하여"라는 1912년에 나온 책을 제출했는데 통과되지 않았다. 내용이
"공상의 산물"이라는 혹평을 받았다고 하는데, 다른 이유는 정신분석이 비난의
화살을 받자 의대 교수들이 Freud에게 정교수 자격을 주었던 일(1885년)을 후
회했기 때문이라고 한다(Pongratz, 1983).

　Jung(1966)은 Freud와 Adler의 견해 차이를 내향성과 외향성의 성격차이
로 설명하였다. 내향적인 Freud가 모든 행동의 원인을 '안'에서, 생물학에서 찾
았다면, 외향적인 Adler는 '밖'(사회, 문화)에 대한 관심을 강조했다는 것이다.
실제로 Adler는 현실참여 성향이 매우 강했다. 그는 "정직한 심리학자라면 아
동이 공동체의 한 부분이 되고 세계를 집이라고 느끼지 못하게 막는, 적지에
서 사는 것처럼 느끼게 하는 사회조건들에 눈을 감을 수 없다"(Ansbacher &

Ansbacher, 1956; Hall 등, 1985 p. 150에서 재인용)고 말한 바 있다. 심리학자라면 적지에 사는 것처럼 느끼게 하는 사회조건들 —전쟁, 실업, (성, 종족)차별 등— 을 퇴치하려고 노력해야 한다는 것이다. Adler에게는 건강한 성격이란 일과 사랑의 능력 이외에 타인들의 안녕에 적극적 관심을 가지는 태도(공동체감)도 의미한다.

　　Adler의 이론은 학문적인 연구보다는 교육의 실제에 더 큰 영향을 미쳤다. 앉아서 저술에 전념하기보다는 교육, 사회운동에 더 열심이었던 그는 저술의 양이나 체계성, 문학적 재능 등에 있어서 Freud 근처에도 가지 못했는데, 그의 학문적 영향이 별로 크지 않았던 이유는 거기서 유래한다. 그러나 그의 이론은 단순함의 매력이 있고, 인간 행동과 성격에 대한 보통사람들의 상식적인 의문들에 답해준다. 이를테면, 우리의 경험상 막내와 맏이의 성격은 다르며, 부유한 집안에서 자랐는가 가난하게 자랐는가 하는 것도 성격형성에 영향을 미친다. Freud는 출생순위와 경제사정 같은 외적 요인들에 관심이 없었으나 Adler는 이런 요인들의 중요성을 인정한다.

　　Adler는 성격의 구조나 발달 단계에 대해 말하지 않았다. 삶이란 언제나 움직임이요 흐름이기 때문에 구조를 논한다는 것은 추상적인 것을 구체화, 물화하려는 시도에 지나지 않는다고 보았기 때문이다. ['개인심리학'에서 '개인'이라는 단어도 사회·집단에 대비한 *개체*보다는 '나눌 수 없다'(in-dividuum)는 *전체성*을 의미한다.] 개인 성격을 이해한다는 것은 그 움직임의 방향과 목표를, 살아가는 스타일(life style, 생활양식)을 이해한다는 것이다.

열등감의 보상과 우월추구

　　의사로서 Adler는 약한 소화기, 약한 시력이나 청력 등을 타고난 사람들이 이 *기관열등*(organ inferiority)을 보상하는 방식에 원래 관심이 있었다. 그는 그런 사람들이 남다른 노력으로 그 약한 기관을 훈련·강화시키거나 아니면 약한 데를 놓아둔 채 다른 기관들을 개발한다는 것을 관찰하였다. 이를 **보상**(補償, compensation)이라 한다. 어릴 때 말을 더듬던 사람이 후에 빼어난 연설가가 되

거나, 뛰어난 어휘력과 문장력을 자랑하는 작가나 학자가 된다─다음 장의 주
인공 Murray가 그 예이다─면 '약한 기관' 자체를 훈련·강화시키는 것이다.
베토벤은 청년 시절부터 귓병이 있어서 잘 듣지 못했다고 한다. 반면 시력이
극히 약한 사람이 뛰어난 청력을 발달시키거나, 극복할 수 없는 신체장애로 평
생 휠체어에 앉아 인생을 보내야 하는 사람이 뛰어난 물리학지가 되는 등은
'다른 기관'을 훈련시키는 예가 된다.

　　기관열등 개념은 그 범위가 점점 넓어져서 남보다 각별히 작거나 못생겼
다거나 하는 신체적 약점들도 포괄하기에 이르렀다. 나아가 Adler는 신체적 약
점이 심리적 열등감도 가져온다는 것을 알게 되었다. 말을 더듬거나 신체장애
가 있거나 유난히 못생긴 것이 열등감을 줄 수 있는 것이다.

　　열 등 감　　살아가면서 새롭고 낯선 과제들에 부딪칠 때마다 우리는
자신이 부족하고 무능하다고 느끼고, 배워서 잘 하려고 노력한다. 부족하다고
느끼지 않는다면 잘 하려고 최선을 다하지 않을 것이며, 따라서 열등감이라는
추진력이 없다면 우리의 삶에 발전이라고는 없을 것이다. 더욱이 열등감은 인
간 존재 자체에서 비롯된다. 우리는 누구나 작고 약하고 무능한 존재로 인생을
출발한다. 갓 태어난 아기에게 세상은 자기보다 크고 강하고 유능한 사람들로
가득 차 있고 그의 생존과 안녕은 이들 손에 달려 있다. 문명이 발전하면서 아
동기의 의존기간은 점점 더 길어지고 있다.

　　아이들이 실제로 열등감을 느끼는지 아닌지를 어떻게 아는가? 두세 살 난
아이에게 물어본다고 대답을 할 것도 아니지만, 열등감은 행동 관찰을 통해 추
리되는 *심리적 사실*이다. "위로 올라가려고 하는 사람은 아래에 있다고 느끼는
것이다." 즉, 위로 올라가려고 애쓰는 행동을 보고 그 사람이 아래에 있다고 느
낀다고 *추리*하는 것이다. 아이들은 넘어지고 다치면서 걸음마와 뜀박질을 배우
고, 놀라운 속도로 말을 배우며, 이런저런 일에 성공할 때는 자랑스럽고 기뻐
하지만 실패할 때는 화내고 창피해 한다. 여기서 우리는 "위로 올라가려는" 우
월추구 노력의 원형을 보며 그 밑에 깔린, 그 노력의 추진력이 되는 (정상적) 열
등감을 추리한다.

　　강해지고 독립하기 위한 노력과 훈련에는 실패가 따라오기 마련이다. 그

때 어른들은 격려하며 용기를 북돋기도 하고, 모든 것을 대신해주거나 조롱하고 무시함으로써 용기를 꺾기도 한다. 물론 아이 자신의 조건들(예, 기관열등) 때문에도 애당초 용기가 안 생기거나 실패에 쉽게 좌절하고 포기할 수 있다. 이러한 경험들은 (정상적) 열등감이 더 커지게 만든다.

열등감의 보상   어떤 사내아이가 유난히 작고 허약하다고 하자. 다른 아이들과 어울려 놀 때 그는 열등감을 느낄 것이다. *일반적 열등감이 별로 크지 않다면* 그는 **보상**을 할 것이다. 부모에게 운동기구를 사달라고 하여 쉬지 않고 노력해서 다른 아이들보다도 더 튼튼해지고, 커서는 운동선수까지 될 수 있다. 비슷한 처지의 다른 아이는 밖에서 다른 아이들과 어울리는 일을 포기하고 책벌레가 되어 공부 우등생이 될 수 있다. 이 두 가지 길은 위에 나온 기관열등 보상의 두 가지 길―약한 기관을 강화시키거나 다른 기관을 개발―에 상응한다. 두 아이 모두 실제로 강하고 유능해짐으로써 긍정적으로 열등감을 보상하지만 그 스타일, 즉 **생활양식**이 다르다. 일반적 열등감이 매우 크다면 생활양식은 부정적이 된다.

일반적 열등감이 원래 매우 크거나 자부심이 너무 큰 타격을 받으면 **과잉보상**(overcompensation)이 나타난다. 아무리 작은 실패도 외상(外傷)이 되므로 현실세계에서 정상적인 보상 노력을 하지 않게 되는 것이다. 이제 아이는 남보다 우월하고 특별하다고, 자기는 왕/여왕, 공주/왕자라고, 신(神) 같다고 생각해 버린다. 그는 (크고 작은 실패들을 극복하여) 실제로 강하고 유능해지려는 노력을 포기하고, 우회하여 우월 추구를 한다. 아이들이 흔히 나타내는 **불안** 증상은 "나를 혼자 내버려두면 안 돼"라는 경고로서, '약자의 무기'를 써서 부모를 지배하는 것이다. 이를테면 위의 허약한 소년은 부모가 항상 근심하고 다른 형제들에 비해 특별 대접을 하도록 만듦으로써 부모를 휘두르고 형제들에게 우월감을 느낀다. 예민하고 병약해지거나, 조그만 일에도 성질을 부리는 사람이 된다면 '약질', '문제아' 또는 '폭군'이 생활양식으로 굳어지는 것이다.

아이의 불안은 많은 경우 성인기 **신경증**으로 이어진다. 개인심리학적으로 보면 신경증환자는 *비겁한 욕심쟁이*로서, 삶의 모든 중요한 문제들에서 결정을 못 내리고 현실을 도피한다. 신경증환자의 특징은 '나'만 아는 개인주의, 어차피

소용없다는 비관주의, 운명주의이다. 공동체감이 발달하지 않기 때문이다. 글
상자 4-1에 용모와 체격에 대한 열등감이 신경증적 자기도취와 과대망상으로
(과잉)보상된 예를 실었다.

글 상 자 4-1

'약골'의 열등감에서 '귀골'의 우월감으로

김상태(1996)는 작가 마광수의 성격을 분석하면서 작가가 쓰는 말투를 '쌤
통의 말투'—"포도를 따먹지 못한 여우의 말투,""놀이집단에서 소외된 아이의
불평"(p. 113)— 라고 표현했다. 그는 "철저한 열등성을 철저한 우월성으로 바
꿔치기"(p. 152)하려는 노력이 작가의 자화상에서도 나타난다고 본다. "솔직히
말해 지독히도 못나고 못생긴" 작가가 자신의 용모에 집착하며 "매력적이고 섹
시한 남성"으로 연출하려고 무진 애를 쓴다는 것이다. 작가의 어릴 때 자화상
은 섬세하고 병약한 소년이었다. '약골'이라는 열등감이 '귀골'이라는 우월감으
로 바뀐 보상 과정이 아래의 글들에 나타나 있다(pp. 121-124).

내가 세상에 태어나자마자 어머니는 징그러운 생각이 나셨다고 한다. 뱃
속에서 이미 너무 여위어 있어서 말라빠진 원숭이 같은 모습이었기 때문이다
[…] 어려서 영양공급이 제대로 안 되어서인지 지금까지 나는 계속 약골로 지
낸다. 국민학교 때도 체육 시간에는 으레 빠지는 게 일쑤였다[…] 국민학교 5,
6학년 때까지도 그저 어머니에게 안아 달라고만 졸랐고 반찬투정과 아프다는
투정에 매일 신경질만 부렸다.

『나는 야한 여자가 좋다』, 「내 사랑하는 어머니」

이불을 깔지 않은 맨 바닥 위에선 잠이 잘 오지가 않드군. 드러눕지도 못
하겠어. 몸이 원체 말라서 이리저리 뼈가 튀어나와 방바닥에 살이 배기기 때
문. 그런데도 서울역 대합실이나 남대문 지하로의 지게꾼들과 거지 아이들은
시멘트 바닥에서 잠을 잘도 자고 있었어. 그것도 대낮에. 괜히 육신이 예민하
여 조그만 소음이나 자극에도 잠을 잘 못 이루는 나보다 그들은 그래도 행복

해 보였어. 이런 고통을 어머니에게 호소하면, 으레껏 어머니는 "그건 네가 귀골(貴骨)인 탓이야"라고 말씀하시며 대견스런 당신의 아들을 바라보시드군. … 그러고 보니 정말, 어디서나 잠을 쿨쿨 잘 자는 친구들, 살이 질펀하게 찐 친구들이 꼭 천골로 보여. 피곤한 모습으로 시장터에 정신없이 낮잠을 자고 있는 행상 아주머니들도 확실히 천골, 지게꾼도 천골, 자장면을 20초에 게걸스럽게 먹어치우는 사람도 천골, 천골로 태어난 그들은 참 불쌍하지. 귀골, 귀골로 태어난 나는 참 그래도 행복하지. 돈은 없어도 나는 몸이 말랐어. 신경도 날카로워, 큰 부자는 못 된다고 해도. 그래도 노동을 하지 못하고, 다방 구석에서 담배 연기를 뿜으며 세월을 한탄하고, 거지들에게 십원짜리 동전이라도 떨어뜨리며 흐뭇해 할 수 있는 귀골인 나는 그래도 얼마나, 얼마나 행복한 놈이야? …

『가자! 장미여관으로』, 「귀골」

공동체감　　　개인심리학에서 심리적 건강, 성숙의 지표는 공동체감의 정도이다. 즉 공동체감이 클수록 건강하고 성숙한 사람이다. 영어(social interest)로부터 보통 '사회적 관심'으로 번역되는 공동체감(Gemeinschaftsgefühl)은 '나'가 아니라 '우리'로, 공동체로 느끼고 생각하는, 남을 배려하고 이해할 수 있는 능력 또는 태도를 말한다. 인간은 혼자서는 살 수 없는 사회적 동물이기 때문에 공동체감은 누구나 다 가지고 있는 생물학적 성향이지만, 열등감이 커지면 그것이 잘 펼쳐지지 않는다. 자신감이 없으면 '나'만 생각하고 남을, 세상을 생각할 수 없기 때문이다. 열등감이 큰 사람은 바깥세상을 향하여 담을 쌓기 때문에 남 생각만 못하는 것이 아니라 객관적, 논리적이지도 못하고 책임감도 약하며 자연과 예술의 아름다움을 즐기지도 못한다.

인간 최초의 공동체 체험은 엄마(또는 돌보는 이)와의 관계이다. 엄마가 자식을 무조건적으로, 즉 '내 새끼'이기 때문에 사랑할 때, 아이는 자기 존재가 타인에게 기쁨과 행복을 준다는 것을 느끼면서 자기 자신을 수용·존중할 수 있게 되고 그 사랑에 응답·보답하고 싶어진다. 이것이 공동체감의 시초라고 할 수 있다. 엄마에 대한 사랑과 관심은 다른 식구들에게 확대되고, 자신감과 독립심이 충분히 쌓이면 가족 밖으로 관심이 확대되면서 가족으로부터 심리적으로 독립하게 된다.

Adler는 공동체감이 나타나는 삶의 영역이 **사랑**(이성애, 결혼), **우정**(인간관계), **일**(직업)의 세 가지라고 보았다. '나'만 아는 사람은 '우리'를 생각하지 못하기 때문에 친구든 연인/배우자든 진정으로 사랑할 수 없고, 일과 성취에서도 보람을 느끼지 못한다. '나'만 알고 내세우면 누구에게나 배척당하므로 오래 가는 친구도 없고, 배우자를 찾아 가정을 이룬다 해도 좋은 남편/아내, 부/모가 되지 못하므로 행복한 가정을 이끌어나가기 어렵다. 따라서 남들도 불행해지게 만들지만 무엇보다 자기 자신이 외롭고 불행해진다.

'우리'가 없이는 '나'도 없다는 것은 사실 상식에 속하는 진리이다. 개인심리학적으로 볼 때 건강하고 행복한 사람은 **용기와 상식**이 있는 사람이다. '우리'의 안녕이 없이는 '나'의 안녕도 없기 때문에 건강한 사람들은 '우리'가 사는 이 세상을 더 나은 곳으로, 조화롭게 같이 살고 사랑하고 일할 수 있는 곳으로 만들어가려고 노력한다. 자기 자신의 우월을 추구하면서 동시에 다른 사람들도 목표에 도달할 수 있도록 돕는 것이다. Adler가 갓 결혼한 맏딸 부부에게 쓴 편지의 다음 귀절은 공동체감의 진수를 잘 보여준다(Hall 등, 1985, p. 149에서 재인용).

> 결혼생활은 너희 둘 다 기쁜 마음으로 노력해야 하는 과제이다. … 자기 자신보다 상대방에 대해 더 많이 생각하려는 결심으로 마음을 가득 채우고, 언제나 … 상대방의 삶을 더 쉽고 더 아름답게 만들려고 노력해라. 서로가 서로에게 종속되도록 허용하지 말아라. 아무도 이런 태도를 참지 못한다.

가정의 평화, 사회의 건설적 발전이 구성원들의 공동체감 수준에 달려 있기 때문에, 공동체감을 키우는 일은 (가정 및 학교)교육의 가장 중요한 목표라고 할 수 있다. "아동이 공동체의 한 부분이 되고 세계를 집이라고 느끼지 못하게 막는, 적지에서 사는 것처럼 느끼게 하는 사회적 조건들"을 개선하려고 힘쓰는 것은 따라서 심리학자의 막중한 임무가 된다.

생활양식의 발달

생활양식이란 우리가 처한 생활여건들 속에서 목표들을 설정하고 추구하는 개인적으로 독특한 방식을 말한다. 우리가 처한 생활여건들의 상당 부분은 우리 스스로 선택하지 않았다는 점에서 '운명'이다. 태어난 지역과 시대, 성별, 부모의 성격과 사회경제적 수준, 출생순위, 외모와 체격 등이 모두 '운명'이지만, 이 객관적 조건들은 우리의 성격, 생활양식의 *원료*가 될지언정 그것을 *결정*하지는 않는다. 중요한 것은 그 조건들을 어떻게 받아들이느냐 하는 것이고, 그에 따라 생활양식이 긍정적·건설적이 되기도 부정적·파괴적이 되기도 한다.

긍정적, 부정적 생활양식　　Adler는 생활양식이 4, 5세경에 이미 정해져서 더 이상 변하지 않는다고 보았다. [독자들은 Freud도 남근기가 끝나면서 성격구조가 형성된다고 주장한 것을 기억할 것이다.] 생활양식이 긍정적이 되느냐 부정적이 되느냐 하는 것을 결정하는 것은 *일반적 열등감*의 크기이다. 앞에서도 말한 것처럼 건강한 아이들은 무수한 실패를 무릅쓰고 노력·훈련하여 강하고 유능하며 독립적인 존재가 되려고 애쓴다. 그들은 삶의 중요한 과제들에 용기를 가지고 도전하며 공동체에 도움을 주는, 즉 쓸모있고 필요한 사람이 된다.

용기 상실, 깊은 열등감으로 인하여 생활양식이 잘못되는 사람은 상식을 무시하고 삶의 중요한 과제들을 회피하기 때문에 공동체에 유익한 사람이 되지 못한다. 열등감의 과잉보상으로 그들은 왕/여왕, 왕자/공주로서 특별 대접받아야 한다고 믿는다. 왕자/공주란 누구나 우러러 받들고 모셔야 할 존재인데 어려움들을 직접 헤쳐 나갈 것을 요구해서 되는가? 이렇게 비상식적, 비현실적인 우월목표는 여러 가지 다양한 방식들로 추구된다. 위에서 신체적 허약함이라는 기관열등이 깊은 열등감과 연결되면 부정적 생활양식을 가져올 수 있음을 보았지만 외모, 부모의 부와 지위 등 어떤 조건도 생활양식 '원료'로 사용될 수 있다.

어쩌다 한 번 다치거나 병이 났더니 부모가 놀라서 밤낮으로 곁을 떠나지 않고 관심과 애정을 쏟아주었다 하자. 일반적 열등감이 강한 상태라면, 사고나 병약함이 삶의 중요한 과제들—어릴 때는 자기 자신을 돌보기, 학교 공부, 집안 일 돕기 등, 커서는 사랑, 우정, 일— 을 피해 가면서도 남들의 동정과 관심을 사고 우월감을 느끼는 방법으로 굳어질 수 있다. 만약 그런 긍정적 반향이 없었다면 다른 길이 얼마든지 있다. 깜찍하고 귀여운 행동으로 특별 대접을 받을 수 있었던 예쁜 소녀는 '귀여운 소녀'로 인생을 살아가기로 할 수 있다. 어릴 때 형성된 생활양식은 성격으로 굳어져서, 병약한 소년은 어른이 되어서도 병을 핑계로 삶의 의무들을 면제받으(려고 하)며, '귀여운 소녀'는 아줌마, 할머니가 되어서도 소녀 같은 옷차림과 표정, 행동(애교, 어리광 등)을 포기하지 못한다. 어떻게 해도 부모의 반응이 없다면, 무관심보다는 비난이 더 나으므로 '문제아', '비행청소년'의 길을 갈 수도 있다.

부정적 생활양식에는 물론 부정적 성격 및 행동특성들이 따라온다. 게으름, 공격성, 교만함, 수줍음, 예민함, 시기심 등은 모두 나름대로 주변으로부터 특별 대접을 요구하는 수단들이 된다. 게을러터진 사람은 옆에서 챙겨주는 수밖에 없고 할 일을 제때 하는 법이 없어도 그러려니 해야 하며, 신경이 예민한 사람은 주위에서 깨지기 쉬운 고급 사기그릇처럼 다루어야 한다. '문제아'나 '비행청소년'은 또 무슨 '사고를 칠'까봐 부모나 교사가 가슴 졸이고 눈치를 본다. 이러한 부정적 생활양식과 성격특성들은 무엇보다 자기 자신에게 피해가 되지만, '나는 특별하다'는 허구를 내던지지 못하면 남들의 '관심'이 진정한 존중이나 애정이 아니라는 사실에 눈감고 삶의 과제들을 계속 피해 가면서 겉도는 삶을 산다.

열등 콤플렉스   사람들은 자신의 독특한 생활양식을 의식하지 못하며, 부정적 생활양식의 경우에는 더욱 그러하다. 앞에서 열등감이 행동관찰을 통해 추리되는 *심리적 사실*—'가설적 구성개념'(2장 참조)이라고도 할 수 있다— 이라고 했거니와, 이는 자기표현 능력이 부족한 아이들에게만 통하는 말이 아니다. 지나치게 게으르거나 예민한 사람에게 그 게으름이나 예민함이 남들을 휘두르려는 책략이라고 말한다면 그는 쉽게 수긍하지 않겠지만, 경우에 따라서는 남들에게 느끼는 우월감과 승리감을 인정할 수도 있다. 그러나 그는 그 우월감이 실은 깊은 열등감에서 나온다는 가정은 받아들이지 않을 것이다. 이 열등감은 제삼자가 추리하는 심리적 사실이다.

늘 자기는 못나고 못생기고 무능하다고 생각하는, 겸손하다 못해 열등감에 찌든 사람은 어떤가? 이 열등 콤플렉스도 우월 추구의 한 방식인가? 개인심리 학적으로 보면 그렇다. 가족과 친구들은 그가 무시당한다고 느끼지 않도록 특별히 조심해야 하며 그에게 보통사람들처럼 삶의 과제들을 해결해 나갈 것을 기대하거나 요구하지 못한다. 그가 바로 이러한 방식으로 특별 대접을 요구하고 우월감을 느끼는 이유는 어린 시절의 경험에서 비롯되는 *의식하지 못하는* 열등감 때문이고, 그가 지나칠 만큼 *의식하는* 열등감은 그가 이 근원적 열등감을 보상하기 위해 (무의식적으로) 선택한, 살아가는 방식이다. 이 근원적 열등감의 (과잉)보상으로서 '나는 특별하다', '나는 신(神) 같다'는 우월감―우월 콤플렉스라고도 할 수 있다― 이 나오고, 이 우월감을 표현하는 방식, 삶의 양식으로서 열등 콤플렉스가 선택되는 것이다.

이런 사람은 자신이 *원래* 소심하고 여리고 남 앞에 나서지 못한다고 말하며, 흔히 사소한 약점에 지나치게 큰 의미를 부여한다. 그에게는 작거나 큰 키, 마르거나 뚱뚱한 몸매, 손의 흉터, 부모 이혼이나 문제 많은 가정 등의 '악조건'이 열등감의 원인이 된다. 그러나 사실 이 '원인'은 그가 자신의 삶의 양식을 정당화하기 위해 갖다 붙인 핑계에 지나지 않는다. 그의 문제의 (그가 모르는) 진정한 원인은 *근원적 열등감*이며, 그것은 어릴 때 자신이 아무것도 못하며 아무 '도움이 안 되'는 무력한 존재라는 느낌이 뼈에 새겨진 데서 비롯된다. 그 때문에 그는 '정공법'보다는 비겁한 술책을 써서 남들에게 인정받고 남들을 휘두르는 생활양식을 발달시킨 것이다. 이는 물론 의식적 결단이 아니다. [비겁해지고 싶어서 비겁해진 사람은 아무도 없다.]

어떤 이유에서든 자신의 노력으로 "마이너스에서 플러스로, 아래에서 위로" 가려는 도전의 용기가 어릴 때 꺾인 사람은 세상에 '도움이 되는', *생산적* 또는 *건설적* 성격을 발달시키지 못한다. 앞에서 예를 든 병약한 소년, 귀여운 소녀는 '비생산적'인 데 그치고 도움은 안 되지만 그렇다고 해를 끼치지도 않는 데 비해, 공동체에 적극적으로 피해를 준다는 점에서 *파괴적*이 되는 사람도 있다. 부모가 원치 않는 자식으로 태어나 거부와 학대 속에 컸기 때문에 공동체 감이 거의 발달하지 못한 사람은 비행·범죄의 길을 감으로써 세상과 사회에 적극적으로 해를 입힌다. 인정·사랑받지 못할 바에는 두려워 무시 못할 사람

이 되는 것이다. 객관적 생활여건들의 긍정·부정적 의미는 생활양식에 달려
있다. 어릴 때 가난*했지만* 자수성가하여 남을 돕고 사는 사람이 있는가 하면,
가난 *때문에* 모든 것이 안 풀렸다며 세상을 저주하는 사람도 있는 것이다.

공동체감 발달에 엄마와의 관계의 질이 결정적이라면, 일반적 열등감의 크
기를 결정하는 가장 중요한 요인은 부모의 양육태도일 것이다.

부모의 양육태도   개인심리학적 관점에서 볼 때 교육은 *용기 주기*이
며, 중요한 것은 교육자(부모, 돌보는 이, 교사)의 '프로그램'보다는 태도이다. 이
태도는 **우정적 호의**여야 한다. 아이를 위에서 내려다보지 않는 동료애, (자신감
이 있어야 가능한) 끝없는 인내심, 명랑함, 감정이입이 이 태도의 특징들이다. 능
력과 지식이 부족한 아이를 동등한 인격체로서 존중하는 것이다. 돌보는 이의
권위주의, 지나친 애정(과잉보호), 지나친 욕심 등은 아이로 하여금 어른보다 열
등하고 약한 존재라고 느끼게 하기 때문에 용기를 꺾는 잘못된 양육태도이다
(Wexberg, 1931/74).

어른이 **권위**를 강조하고 독립심의 싹을 밟아버리면 아이는 열등감이 커지
고 용기를 상실한다. 부모에게 순종하며 소위 '모범생'이 되는 결과가 나올 수
도 있지만, 이는 대체로 자기보다 약한 사람들에게 순종을 요구함으로써 (부모
에 대한) 열등감을 보상할 수 있는 경우에 한정된다. 흔히 *맏이*가 그런 위치에
있다. 자기 밑에 아무도 없으면서 부모 형제에게 순종을 강요당하는 *막내*는 권
위주의적 양육방식에 대해 반항으로 나가는 일이 많다. **지나친 애정** 또는 과잉
보호도 열등감을 키워주어 실력 향상을 통해 인정받고 우월해지려는 노력을 포
기하게 만든다. 어리고 작다는 약함이 막강한 존재인 부모를 노예로 부리는 무
기가 되어주기 때문이다. 흔히 *외동이*가 과잉보호의 제물이 된다. 부모가 **지나
친 기대**를 걸 때 아이는 부모의 인정을 받기 위해 열심히 노력한다. 그러나 아
이가 아무리 우수한 성취를 해도 부모는 점점 더 많은 것을 요구하고, 아이가
한 번만 실패를 해도 비난과 실망을 감추지 않는다. 아이가 언젠가 다시 도전
할 용기를 내지 못하면 이제 부모의 자랑이 아니라 부모의 수치가 되는 것으로
너무 커진 열등감을 보상한다.

권위주의, 과잉보호, 지나친 욕심의 세 가지 양육방식은 ― 세 가지가 같이

가는 일도 많다— 나름대로 자녀를 사랑하는 부모(돌보는 이)를 전제한다. 그러나 **거부**와 무관심 속에 크는 아이들도 있다. 부모의 결혼생활이 불행하거나, 자녀가 너무 많거나, 아이가 약하거나 장애가 있을 때 이런 가능성이 있다. 이들에게 세상은 편안하고 따뜻한 '집'이 아니라 무서운 '적지'이다. 이들은 독립심은 일찍 생기지만 공동체감이 전혀 발달하지 못하므로 자기를 거부하는 세상에 복수하려고 들게 된다. 이는 보통 사랑과 인정을 받으며 '잘 사는' 이들을 미워하고 괴롭히는 것으로 나타난다.

잘못된 교육은 아이의 열등감을 직접·간접으로 상승시키고 그럼으로써 독립심, 용기, 공동체감이 발달되지 못하게 한다. 결과적으로 아이는 수줍음, 의지박약, 공격성 같은 부정적 성격특성들을 발달시키고, 또래들과 진정한 우정을 나누지 못하며 배움과 성취에 대해 비정상적 태도(지나친 집착 또는 반대로 무관심과 거부)를 나타낸다. 좋은 부모가 되고 싶다는 좋은 뜻에서 출발해도 결국 나쁜 부모가 되고 마는 예를 우리는 주위에서 너무 자주 본다. 그런 비극은 결국 부모들의 잘못된 생활양식에서 비롯된다. 스스로 열등감이 강하고 공동체감이 발달되지 않은 사람은 부모로서도 '나'(나의 욕심, 나의 한)만 알고 자녀를 자기 열등감을 보상해주는 수단으로 여기기 때문이다.

부모의 양육방식과 더불어 다른 여러 조건들도 열등감을 강화시킬 수 있다. 외모와 체격 조건들을 포함하는 *기관열등*, *경제형편*이 그러한 조건들에 속한다. 예쁜 아이는 못생긴 아이보다, 부유한 집안의 아이는 가난한 집안의 아이보다 남들의 인정을 받고 우월감을 느끼기가 훨씬 쉽다. 아무런 노력을 하지 않고도 인정을 받는다는 것이 긍정적 결과만을 가져오지 않는다는 것은 바로 위에 '지나친 애정'을 이야기할 때 보았다. 그러나, 못생겼거나 집이 가난하기 때문에, 즉 자기의 잘못이 아닌 (운명적) 요인들의 결과로 어릴 때부터 수모와 무시를 당하면 열등감이 커지고 공동체감이 펼쳐지기 힘들다는 것은 말할 필요도 없다. 출생순위와 성별이라는 조건들이 가져오는 결과는 좀 복잡하다.

출생순위　　출생순위가 성격형성에 영향을 미칠 수 있는 방식은 위에서 이미 시사하였다. 외동이, 맏이, 중간, 막내는 모두 다른 **위치**(position)에서 인생을 살아간다. *외동이*는 계속 가장 작고 어린 위치로 남아 부모의 관심을 독차지하며, *맏이*는 동생을 볼 때 외동이 자리를 내놓고 부모의 애정과 관심이 아기에게 쏠리는 꼴을 지켜보아야 한다. 엄마·아빠의 왕자·공주님이 더 이상 아니라는 것은 분한 일이지만, 자기보다 더 작고 약한 존재 앞에서 우월감을 느낄 수도 있고 '큰 애'로서 책임감도 느낄 수도 있다. *막내*는 부모 형제가 모두 자기보다 크고 강하다는 현실을 견뎌야 한다. 중간에 낀 사람은 맏이나 막

[표 4-1] 출생순위에 따른 성격특징들(Hall 등, 1985, p. 154의 표 5-1)

맏이	둘째(중간)	막내	외동
기본 상황:			
·부모의 애정을 독차지하다가 둘째가 태어나면 왕좌에서 물러나 애정을 나누어야 한다.	·위의 형제(들)가 모델이 되어준다. ·처음부터 부모의 애정을 다른 형제들과 나눈다.	·모델이 여럿이다. ·많은 애정을 받는다. ·도와주는 사람이 많다. ·나누기는 해도 밀려나지는 않는다. ·지나친 애정을 받는 일이 많다.	·부모의 애정을 독차지한다. ·형제들이 없으므로 아버지와 경쟁하는 경향이 있다. ·지나친 애정을 받는 일이 많다.
긍정적 결과:			
·책임감이 생긴다. ·남들을 보호하고 배려한다	·야심적이다. ·공동체감이 있다. ·맏이나 막내보다 적응을 더 잘할 가능성이 크다.	·자극을 많이 받고 경쟁의 기회도 많기 때문에, 다른 형제들을 앞지르는 일이 많다.	
부정적 결과:			
·자신없고, 일이 갑자기 나빠질 것을 두려워한다. ·적대적이고 비관적이다. ·지나치게 보수적이고, 규칙과 법들에 신경을 쓴다. ·문제아, 부적응자가 될 가능성이 매우 크다.	·반항적이고 질투가 많다. ·언제나 남들을 이기려고 노력하는 경향이 있다. ·추종자 역할을 하기 힘들어한다.	·누구에게나 열등감을 느낀다. ·과잉보호로 인해 문제아, 적응 못하는 어른이 될 가능성이 맏이 다음으로 크다.	·관심의 중심이 되고 싶어하고, 남들과의 경쟁을 겁낸다. ·자기 자신의 위치가 옳으며 어떠한 도전도 불공평하다고 느낀다.

내처럼 거저 생기는 특권이 없기 때문에 부모의 관심과 애정을 '쟁취'해야 한다.

표 4-1에 출생순위에 따른 성격특징들을 서술하였다. (외동이를 제외하고) 모든 위치에는 장단점이 있다. [Hall 등은 Adler가 왜 외동이에게는 좋은 점이 없다고 보는지 모르겠다고 하면서, 외동이가 맏이보다 적응을 더 잘한다는 것을 보여주는 연구도 있다고 보고한다.] 장점이 주로 나타나느냐 단점이 주로 나타나느냐 하는 것은 부모의 양육방식, 가정 분위기에 좌우된다. 가족이 사이가 좋지 않고 자녀가 부/모의 사랑과 관심을 차지하기 위해 경쟁하는 살벌한 분위기에서는 '위치'의 효과가 부정적으로 증폭될 수 있다. 부모가 자녀를 편애하거나 서로 비교하는 가정에서 이렇게 미워하고 경쟁하는 분위기가 나오게 된다.

가정 분위기가 조화롭다 해도 각 위치의 위험은 존재한다. 동생을 볼 때 맏이가 하루아침에 (스스로 느끼기에) 왕좌에서 쫓겨나 천덕꾸러기가 되고, 모두 자기보다 크고 강한 소우주(가정)에서 실제로 제일 작고 약한 외동이나 막내가 강한 열등감을 느끼게 되는 것이다. 그러한 잠재적 위험에 부모가 적극적으로 대처할 수도 있다. 이를테면, 동생이 태어나기 전에 부모가 맏이에게 "너는 컸지만 동생은 아기니까 우리 도움이 많이 필요하다"고 일러주고 아기를 돌보는 일에 참여시키면 '왕좌'에서 밀려나는 참담함이 많이 줄어든다.

독자들도 전형적인 맏이, 전형적인 막내만큼이나 맏이답지 않은 맏이, 막내 같지 않은 막내도 많이 보았겠지만, 경험적 연구에서도 출생순위에 따른 성격 차이는 잘 관찰되지 않고, 관찰된다 해도 그 차이는 크지 않다. 그 이유는 우선 위에서 논의한 부모의 양육방식과 가정 분위기를 비롯하여, 출생순위 말고도 여러 다른 요인이 작용하기 때문이다. 이를테면, 어느 한 사람이 재능, 외모 등에서 너무 뛰어나면 다른 남매들의 열등감이 처음부터 커져서 잘할 수 있다는 용기가 없어질 수 있다. 형제들의 나이차가 매우 크면 각자가 모두 외동이처럼 클 수 있다. 성별의 효과도 출생순위 효과에 겹쳐질 수 있다. 극히 한국적인 예가 딸만 몇 명이다가 맨 끝으로 아들을 낳은 가정이다. 이 아들은 그냥 '막내'가 아니다. 이렇게 극단적인 경우가 아니라 해도 성별은 가정과 사회에서의 위치를 결정하는 데 큰 역할을 한다.

남성적 반항   정치, 경제, 언론 등 이 사회의 중심 영역들은 남자가 점령하고 있다. 만화, TV 등 대중문화도 '강한/씩씩한 남자, 약한/부드러운 여자', '남자는 직장/사회, 여자는 가정'이 올바른 질서라고 선전한다. 가정에서도 물론 이 질서가 지배한다. 아빠는 남자라는 이유로 밖에서 돈 벌고 성공해야 하고, 엄마는 여자이기 때문에 —밖에서 일하든 안 하든 상관없이— 밥하고 살림하고 남편에게 복종해야 한다. 이런 현실은 남녀 모두에게 열등감을 강화시킨다.

'여자는 이등인생'이라는 것을 깨닫는 때부터 여자아이들은 일단 남자가 되기로 마음먹는다. 치마 입기, 인형놀이를 거부하고 사내아이같이, 사내아이보다 더 거칠게 놀면서 열등한 위치를 거부하며 **남성적 반항**(masculine protest)을 하는 것이다. Freud가 *남근선망*의 징표로, 즉 남근이 없다는 (생물학적) 사실에 대한 반응으로 본 것을 Adler는 사회적 여성역할 내지 위치에 대한 반항으로 해석한 것이다. 남성적 반항이 성인기까지 이어지면 남자와 같아지려는 (옷차림, 음주/흡연, 직업, 취미 등에서) 생활양식이 굳어진다. Adler는 여자의 동성애도 여성적 역할을 거부하는 남성적 반항의 표현이라 보았다.

남자 되기가 불가능하다는 것을 깨달을 때 대부분의 소녀들은 체념하고 '단지 여자'임을 받아들인다. 그러나 약자의 무력한 처지에 만족하는 사람은 없다. 위에서 본 것처럼 어린아이도 어른이 '약자의 설움'을 느끼게 하면 어른을 휘두르거나 (커서는) '사회'에 복수하는 책략들을 개발하지 않는가. '단지 여자'임을 수용한다고 해서 이등인생에 만족하기는커녕, 음성적으로 남자를 쥐고 흔드는 수단들이 나온다. 흔한 방식은 여자라는 약점을 강점으로 만들어 아름다움과 애교, 눈물과 의존성, 변덕과 질투심 등으로 남자를 무릎 꿇리고 지배하는 것이다. 이러한 여성스러움은 여성적 수단을 약자의 무기로 쓰는 남성적 반항이라고 할 수 있는데, 예쁜 외모, '청순가련형'같이 여성적 매력을 갖춘 사람이 더 쓰기 쉬운 책략이다.

'남자다움'의 중압감　　여자는 예쁘고 착해야 사랑받고 드세거나 남자를 이기려고 들면 안 된다는 메시지만큼이나, 사내 대장부가 계집애같이 촐랑대거나 울면 안 되고 장차 돈 많이 벌고 훌륭한 사람이 되어야 한다는 압력도 용기를 꺾는다. 저자는 군대 가기 싫고 결혼하지 않겠다는 사내아이들을 보고 놀란 일이 꽤 있다. 어른들이 생각하는 것보다 아이들은 자신의 미래를 훨씬 더 많이 생각하고 걱정하는 것이다. 우리 사회에서 남자의 의무로 부과되는 것은 우선 군복무이지만, 예쁜 여자와 결혼하고 출세하여 유명해지고 돈 잘 버는 것도 사실 남자가 해야 할 일로 통한다.

남자다워야 한다는, 남자임을 증명·과시해야 한다는 압력은 남자아이들에게 불안감을 심어주고 자신감을 꺾는다. Adler는 남근선망을 의문에 붙인 것처럼 *외디푸스 콤플렉스*도 의문에 붙였다. 엄마를 성적으로 갈망하고 아빠를 질투하는 태도가 나타난다 해도 그것은 강자인 아빠와 동일시함으로써 열등감을 보상하려는 것이라는 해석이다. 사춘기를 넘어서면서 여자를 정복·리드해야 한다는 압력은 커지고 이는 남자로서의 열등감, 여자에 대한 불안을 키운다. 이는 다시 과장된 남성다움, 모든 여성적인 것의 경멸로 보상되기도 하고, 남성다움의 거부, 동성애를 가져오기도 한다.

남녀의 권력투쟁　　성인 남녀의 공동체감 정도가 나타나는 삶의 과제 하나는 *사랑*과 *결혼*이지만, 남녀는 서로 다른 이유로 이 과제가 부담스럽다. 여자에게 결혼은 남자 밑에 들어가는 것이며, 주부와 어머니 역할(살림과 육아)은 중요한 일인데도 불구하고 사회적으로 인정받지 못한다. 남자도 가족을 부양하는 가장 노릇을 제대로 해낼 수 있을지 두렵다. 대부분의 남녀는 결혼하여 가정을 이루지만, 여자는 약자의 무기를 휘두르고 남자는 남자임을 내세우면서 지배력을 행사하려고 드는 일이 많다. 약자의 무기는 하나부터 열까지 챙겨주면서 남편을 아기로 만드는 '모성애'일 수도, 살림은 모르고 귀한 체만 하는 공주병일 수도 있다. 사나이 자존심 세우기도 집안일은 여자 일이라며 상관 안 하는 스타일, 여자를 무시하는 쇼비니즘, 폭력 행사 등 다양하게 나타날 수 있다.

Adler가 맏딸 부부에게 권장한 태도—자신보다 상대방을 더 많이 생각하고, 서로 종속되지 말라—는 심리적으로 건강하고 성숙한 남녀에게서만 나올 수 있다. 결혼생활뿐 아니라 모든 인간관계에서 내가 잘하면, 내가 잘해야 상대방도 잘한다는 것은 상식에 속하는 진리이다. 열등감 때문에 자기가 특별한 존재라고 믿으면 주지는 않고 받으려고만 든다. 아니면 주는 만큼 받지 못한다고 억울해 한다. 부부가 서로 존중하고 사랑하기보다 서로 우월해지려고 싸우는 긴장관계가 되면 가정은 편안한 '집'이 아니라 권력투쟁의 싸움터가 되어버린다. 이 싸움에서 가장 고통받는 사람은 아이들이다. 상황이 나쁠 때 나오는 책략의 하나가 (몸이나 마음이) 병이 나거나 '문제아'가 되어 부모의 관심을 자신에게 집중시키는 것이다. 아이에게 문제가 생기면 부모는 '휴전'을 할 수밖에 없다.

자녀양육은 아직까지도 여자의 책임(이자 권리)으로 통한다. 아내/주부는 남편/가장보다 열등한 위치일지 모르지만, "여자는 약하다. 그러나 어머니는 강하다." 엄마가 열등감이 크고 공동체감이 없으면 자녀를 소유물로, 개인적 우월 추구의 수단으로 여기기 때문에 앞에서 말한 '잘못된 양육방식'밖에는 나올 수 없다. 그런 엄마는 열등감 많고 공동체감 없는, 용기 없고 상식을 무시하는 사람들을 길러 사회에 내보내게 된다. 이 모든 불행이 남녀가 평등관계가 아니라 상하관계라는 현실에서 비롯되기 때문에 Adler는 남녀평등을 위한 여성운동을 적극 지지하였다.

개인심리학적 심리치료

어릴 때 자신감과 용기를 상실하면 커서도 삶의 중요한 과제들—일, 우정과 인간관계, 사랑과 결혼·가정— 을 잘 해내려는, 즉 유능하고 공동체에 유익한 사람이 되려는 노력을 하지 못한다. 대신 억지를 부려서 가족과 주위사람들에게 특별 대접을 받으려고 든다. 그 억지 중의 하나가 *신경증 증상*이다. 이를테면 밖에만 나가면 의식을 잃을 정도로 불안해지는 광장공포증 환자에게, 또는 우울증으로 자살 위험까지 있는 사람에게 누가 가정이나 직장에서 남들처럼 기능할 것을 요구할 수 있겠는가? 이런 사람들은 괴로운 증상을 벗어나려고 별 노력을 다 해 보지만 성공하지 못한다. '병'이 알리바이가 되어 주는 한, 그들은 —무의식적으로— 치유를 원하지 않는다.

앞에서도 말한 것처럼, 개인심리학적 관점에서 볼 때 신경증환자는 *비겁한 욕심쟁이*이다. 욕심(우월 목표)은 터무니없이 큰데(공주/왕자, 신) 용기는 없으므로, 억지 또는 편법 —잘못된 생활양식— 을 쓰는 것이다. 개인심리학자는 내담자에게 그의 생활양식이 어떤 점에서 '잘못'인지를 인식시키고 삶의 과제들을 더 이상 회피하지 않고 도전할 수 있는 용기를 준다.

생활양식의 파악   치료자는 우선 내담자의 생활양식을 파악해야 한다. Adler는 한 사람의 인생에서 점 두 개를 알면 선을 그어서 그의 삶이 움직이는 방향을 알 수 있다고 보았다. 하나의 점은 그 사람의 현재 상태나 증상이다. 다른 하나의 점으로 Adler가 즐겨 사용한 것은 **최초의 기억**, 즉 기억을 더듬을 때 생각나는 인생 최초의 사건이다. 실제로 있었던 일인지 여부보다 중요한 것은 그 개인이 가진 **삶의 각본**이다. Adler 자신이 회상하는 인생 최초의 사건 하나가 이를 보여준다. Adler는 초등학교 가는 길에 공동묘지(유럽에서는 우리나라와는 달리 동네나 도시 안에 있고 조용한 공원 같다)를 지나가야 했는데 그게 아주 무서웠다. 이 공포를 극복하기 위해 그는 어느 날 공동묘지의 한 쪽 끝에서 다른 쪽 끝까지 열 번을 뛰었다. 그런데, 정작 학교 가는 길에 공동묘지가 있었던 것은 초등학교 때가 아니라 (13세부터 다닌) 김나지움 때였다(Pongratz, 1983). Adler의 생애를 소개할 때 언급한 죽음의 공포를 말해주기도 하는 이 공동묘지 사건은 '두려운 일은 피하지 말고 정면 도전하자'는 생활양식과 부합되기 때문에 기억의 단편들로부터 재구성 또는 창조된 것으로 보인다.

Adler가 보고하는 사례를 보자(Adler, 1927/87, p. 33). 한 청년이 약혼녀를 근거 없이 불신·질투한다. 그의 최초 기억은 네 살 때 어머니, 남동생과 같이 시장에 간 일이었다. 사람이 너무 많아서 어머니는 동생을 안는다는 게 그만 형을 안아 올렸고, 그를 금방 다시 내려놓고 동생을 안았다. 형은 풀이 죽어서 어머니 옆을 따라 걸었다. 이 현재와 과거의 두 점을 연결하면, 그가 택함을 받는다는 데 자신이 없다는 것을 알 수 있다. 자존심을 건지기 위한 그의 각본인즉, "남에게 밀리느니 차라리 먼저 밀어내자"는 것이 되었다.

과거와 현재의 두 점을 잇는다고 해서 과거 사건이 현재 상태의 *원인*이라는 것은 아니다. 우리의 기억은 어차피 선택적이며, Adler에 의하면 우리는 우리의 인생관, 생활양식에 일치하는 것들만 기억한다. 이 청년은 아마도 동생이 태어났을 때 왕좌에서 밀려나 자존심에 큰 상처를 입었고, 위의 사소한 사건은 "세상은 나를 이렇게 취급한다," "다시는 밀려날 수 없다"는 그의 인생관에 일치하기 때문에 기억에 남아 있는 것이다.

잘못된 생활양식의 교정　　내담자의 잘못된 목표설정과 생활양식을 파악했으면 이제 그것을 고치도록 도와야 한다. 심리치료는 일종의 '교육'이고, 앞에서 말한 용기 주기, '우정적 호의'가 치료자가 지녀야 할 기본적 태도가 된다. 치료자는 내담자와 토론하는 분위기에서 일종의 '개인심리학 개론'을 전달한다. '교재'는 내담자가 지금까지 살아온 삶, 사랑·우정·일이라는 삶의 과제에 임하는 태도가 된다. 열등감과 우월 추구, 생활양식의 발달에 대해 알게 되면서 내담자는 자신에게 고통을 주는 증상에 목적이 있(었)음을 점차 깨닫게 된다. 열등감 평가와 함께 치료에서 중요한 것이 *공동체감* 수준의 진단이다. 열등감이 강하면 '나'를 벗어나지 못하므로 '공동체'를 생각하지 못한다. 열등감이 줄면 공동체감이 커지지만 후자를 키워도 전자가 줄어든다.

정신분석 치료에서 나타나는 **전이**는 개인심리학적 치료과정에서도 나타난다. 특히 내담자가 여자이고 치료자가 남자일 때 내담자는 연애감정을 느끼기가 쉽다. 그러나 Adler는 전이에서도 *목적*을 본다. 바로 치료자를 굴복시킴으로써 지금까지 삶에 대한 개인심리학적 통찰을 벗어나고 싶은 목적이다. '병'이 삶의 과제들을 회피하기 위한 핑계로서 필요하기 때문에, 치료자에게 올 때도 병자임을 확인받고 싶은 목적이 앞선다. 삶에 대한 태도에 문제가 있다는, 비겁한 욕심쟁이라는 암시는 받아들이기 싫은 것이다. 독자들도 전문심리학자에게 간다면 불쌍한 병자로, (과거·부모·사회의) '피해자'로 동정받고 싶고, 잘못 살았다는 말을 듣고 싶지는 않을 것이다.

치료자가 굴복하지 않으면 내담자의 호감이 적대감으로 변하기 쉽다. 내담자는 이제 치료자의 사생활이나 성격의 약점을 찾아내서 "너나 잘해라"는 식의 공격을 하기도 한다. 이 술책도 효과가 없으면 이미 사라진 증상들을 시위하듯 다시 나타내 보임으로써 치료자의 무능을 입증하려 하기도 한다. 물론 그런 와중에서 치료 자체를 중단해 버릴 수도 있다. 그렇게 치료가 실패한 뒤 몇 달이 지나 치유가 오는 일이 흔한데, 가시처럼 살에 박힌 개인심리학적 통찰을 벗어나지 못하기 때문이다. 자신의 신경증적 태도가 어떤 목표에 봉사하는지를 이해한 이상 그것을 계속 유지하기는 어렵다.

증상이 없어지는 것 자체는 별 의미가 없다. 삶의 과제들을 회피한다는 것이 문제이고 회피의 스타일은 부차적이기 때문이다. 내담자가 삶의 과제들을 피하지 않고 적극적으로, 내적 확신을 가지고 덤벼들 때 비로소 치유가 된 것이다. 개인심리학 치료를 스스로 시도한다면, 열등감 줄이기, 자신감 키우기보다는 공동체감 키우기에 집중하는 편이 낫다. 열등감이나 자신감에 초점을 두면 결국 '나'를 벗어나지 못하기 때문이다. 물에 빠진 사람이 자기 머리털을 붙잡아서 자신을 끌어 올릴 수는 없다. 밖에 뿌리박고 있는 것을 붙잡고 빠져 나와야 한다. 타인에게 관심 갖고, 공동체의 문제들(사회문제, 학교문제, 나아가 정치 · 경제 등)에 관심 가지며 삶의 과제들을 피하지 않고 직면하면 '나' 중심성과 열등감이 저절로 극복된다.

이론의 평가

Adller의 성격이론은 Freud의 이론만큼 포괄적, 체계적이지 않지만, 후자가 소홀히 한 인간 성격의 측면들을 조명해주었다. 사회적 요인들의 중요성과 행동의 목적성을 강조함으로써 Adler는 생물학적 충동과 무의식적 갈등들을 강조한 Freud의 노선에서 이탈하였다.

사회적 요인들의 강조　　Freud가 사회적 요인들을 무시한 것은 아니지만, 부(富)나 가난, 성별, 출생순위 등 특수한 사회적 요인들의 영향을 고찰하지는 않았다. Adler의 이론에서 이 요인들은 개인들이 어떤 **위치**(position)에서 인생을 출발하느냐 하는 데 큰 영향을 미치며, 이 위치가 일반적 열등감의 수준을 정하게 된다. [성별이나 출생순위가 '사회적' 요인인 것은 개인이 가정과 사회에서 놓여지는 위치에 영향을 미치기 때문이며, 그런 의미에서 외모와 체격도 사회적 요인이다.] 그의 이론의 사회 지향성은 공동체감 수준을 성숙의 지표로 본 데서도 드러나지만, 남녀 성격차이의 설명에서 더욱 명백해진다. Freud에게 중요한 것은 음경의 존재 여부, 즉 생물학적 성별(sex)이지만, Adler에게 중요한 것은 사회적 위치의 차이, 즉 사회적 성별(gender)이다.

Freud와 비교를 떠나서도 Adler의 '사회성'은 심리학에서 이례적이다. 우리는 어떤 다른 성격이론에서도 생산적으로 일하고 서로 사랑하고 존중하며 살아가는 공동체를 이만큼 강조한 이론을 보지 못할 것이다. 그가 '삶의 양식'이라는 말을 쓴 것은 우연이 아니다. 그의 관심은 개인, 성격을 넘어서 공동체, 삶에 있었다. 성격심리학이 Adler에게서 받아들일 가장 중요한 유산도 바로 이 넓은 시야, 현실에 대한 참여적 관심일 것이다.

행동의 목적성   Adler가 그리는 인간상은 스스로 의식하지 못하는 성적, 공격적 충동들에 지배되는(또는 방어하는) 존재가 아니라 끊임없이 개인적 우월의 목표를 추구하는, 남들에게 좋은 또는 강한 인상을 주고('존재감') 인정받고 싶은 존재이다. 물론 개인들은 자신들이 추구하는 목표를 대부분 의식하지도 못하거니와 목표들을 스스로(자유의지로) 선택하는 것도 아니다. 개인들이 일생을 통해 추구할 *허구적*(fictional) 목표는 3, 4세경에 이미 결정된다. 그런 의미에서 Adler가 무의식과 결정론을 부정한 것은 아니다. 의식과 자아에 Freud보다 더 큰 재량권을 인정하고 어린 시절의 경험의 결과로 인생목표가 정해진다고 본 것뿐이다.

낙 관 론   사회적 요인들과 개인적 목표추구를 강조한 Adler는 생물학적 충동과 내적 갈등을 강조한 Freud보다 낙관주의적일 수밖에 없었다. 인간의 행복과 불행이 환경·사회적 요인들에 달려 있다면, 누구나 열등하고 무력한 존재로 인생을 출발하며 열등감이 발전의 추진력이 된다면, 그것은 갈등과 불행이 운명일 필요는 없다는 말이 된다. 아무리 불리한 (신체, 경제, 성별 등) 조건이라 할지라도 그 자체가 우리의 운명을 결정하는 것은 아니다. 타고난 조건들은 성격과 삶을 만들어 가는 재료일 뿐이다. 외모를 강조하는 사회에서 예쁘고 잘생긴 아이들은 유리한 위치에서 인생을 출발하지만, 바로 그 때문에 능력 키우기를 소홀히 하고 애교나 어리광, '섹스 어필'로 인생의 어려움들을 피해 가려는 비겁한 부정적 생활양식이 생겨날 수도 있다. 반면 못생긴 아이들은 외모로 승부할 수 없으므로—일반적 열등감이 너무 커지지 않는다면— 다른 능력(공부, 운동, '인간성' 등)을 개발하여 더 성공한 인생을 살 수 있다.

개인심리학은 원칙적인 낙관주의를 밑에 깔고 있으면서 상대적으로 단순하기 때문에 일반인들이 이해하고 적용하기 쉽다. 대중이 쉽게 이해한다는 것은 가볍게 볼 수 없는 장점이다. Adler 자신이 교육 및 사회'운동'을 중시한 '행동하는 지성인'이었다. 개인심리학적 통찰들을 통해 부모나 교사들이 아이들의 열등감이나 이기주의를 강화시키기보다 용기와 공동체감을 키워준다면, 인류 행복과 사회 발전에 큰 공헌을 하는 것이다. 개인심리학의 학문적 영향력이 정신분석이나 분석심리학의 영향력을 따라가지 못하는 것은 사실이지만, Adler가 목표한 것도 일차적으로 현실개혁이었다. 그런 점에서 그의 이론이 일반 대중에게 널리 전파되지 못한 것은 유감스러운 일이다.

Adler식의 우월 추구는 Freud나 Jung의 눈으로 보면 자아확장 또는 팽창일 것이다. Jung이 행동, 증상, 꿈 등에 내재한 목표라 본 것은 "자기 자신이 되기"(자기실현 또는 개성화)였다. *의식*의 중심인 자아(ego)보다 *전(全) 존재*의 중심 또는 핵이라 할 수 있는 자기(self)가 삶의 방향을 정한다는 것이다. Jung에 의하면, 분열을 참지 못하고 통일과 전체성을 지향하는 自己의 작용이 여러 가지 행동과 감정, 증상과 꿈들을 만들어낸다. Jung은 Freud와 Adler의 이론이 자아를 발달시키고 현실에 적응해야 하는 아동 및 청소년들을 설명하는 데는 적합하나, 자아가 어느 정도 확고하게 구축되었고 현실 적응에 성공한 중년 이후에는 삶의 의미, 자기의 실현이 중요한 문제가 된다고 보았다.

Jung의 분석심리학

Carl Gustav Jung(1875-1961)은 스위스의 작은 마을에서 목사의 아들로 태어났다. 맏아들이었던 그는 8년간 외동으로 크다가 9살에 여동생을 보았다. 어머니와는 매우 밀착된 관계였으나 아버지와는 그렇지 못했다. 바젤에서 김나지움에 들어갔을 때 그는 '촌놈'이라고 해서 친구를 사귀지 못했다. 과학, 철학, 고고학 등에 관심이 있었지만, 그는 결국 의학을 선택하였다. 국가시험을 앞두고 그는 정신의학을 전공분야로 선택했는데, 관심 가진 방향들을 통합해주는 것으로 보였기 때문이다.

　1900년에 취리히의 한 정신병원에 취직하여 그는 정신분열증의 권위자였으며 정신분석도 좋아했던 E. Bleuler(1857-1939)의 밑에서 단어연상과 정신분열증을 연구하기 시작했다. Freud는 1906년에 처음 뮌헨 정신분석학회에서 만났고 편지를 자주 교환하다가 1907년 방문하였다. Freud도 그를 신뢰하고 좋아하게 되었고, 6년간 지속된 두 사람의 개인적, 학문적 우정은 거의 아버지와 아들의 관계였다. Freud는 Jung을 '왕세자'로 보기 시작했고 1909년에 미국 클라크 대학 강연여행도 같이 하였다. 그러나 두 사람의 갈등은 이미 시작되어 점점 더 커지기만 하였다.

　Jung에게는 누구의 계승자가 되고 한 집단의 리더가 된다는 것이 성격에 맞지도 않았거니와, 자신의 견해를 발전시키면서 Freud의 이론을 점점 더 받아들일 수 없게 되었다. Freud는 결정론적 자연과학자였고, Jung은 종교, 연금술, 심령과학 등 '비과학적'인 분야들에 깊은 관심을 가졌다. Jung에게는 모든 것을 무의식적 성적 충동들과 유아기 경험들로 환원시키는 Freud의 결정론이 체질에 맞지 않았고, Freud에게는 Jung이 말하는 종족의 기억(집단적 무의식), 영적 체험, 목적론 등이 이해되지 않는 비합리적인 주장들이었다. 결렬은 1913

년에 왔고, 다음 해에 Jung은 정신분석학회 회장 자리를 내놓았다. Freud와 헤어진 Jung은 유형론과 원형론을 발표하는 한편 연금술, 신화, 민담 등에 대한 관심이 점점 커졌다. 문헌 연구로만 만족하지 못하고 1920년대에 아프리카, 미국(인디언), 인도 등을 여행하여 원시부족들이 사는 지역들에 직접 가보기도 하였다.

　Jung이 과학적 심리학에 미친 영향은 Freud의 영향보다 훨씬 적지만, 문학, 역사, 철학, 종교 등 다양한 분야들에 많은 영향을 미쳤다. Adler 이론이 단순한 만큼이나 Jung의 이론은 방대하고 복잡

Carl Jung

하며 Freud의 특징인 체계성도 부족하다. 여기서는 집단적 무의식과 유형론을 중심으로 그의 이론을 소개하기로 한다.

의식과 무의식

Jung도 *리비도* 개념을 사용했지만, 성적 에너지보다 훨씬 더 광범위한 생명 에너지로 이해하였다. 그러나 Jung과 Freud의 차이는 무의식에 대한 견해에서 가장 분명하게 드러난다. Jung에게 무의식은 억압된 충동들이 갇혀 있는, 방어 또는 승화되어야 하는 위험한 세력이기보다는 생명의 원천이며 창조적 가능성을 지닌다. Jung의 독특한 개념은 집단적 무의식으로서, 이는 동물 조상으로까지 거슬러 올라가는, 유구한 세월에 걸친 인류의 경험이 침전된 결과이다. 그림 4-1에 Jung이 가정한 마음의 구조를 제시하였다. 입체(공)로 제시된 전체 성격의 중심에 집단적 무의식이, 그리고 그 중심에 '자기'라는 핵이 들어 있다.

의식과 자아　　의식은 Freud에서처럼 '나'와 연관되는 모든 심리적 내용들로 이루어진다. 자아는 어떤 지각, 생각, 감정, 기억 등이 의식에 들어올

[그림 4-1] 마음의 구조(이부영, 1998, p. 59)

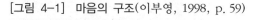
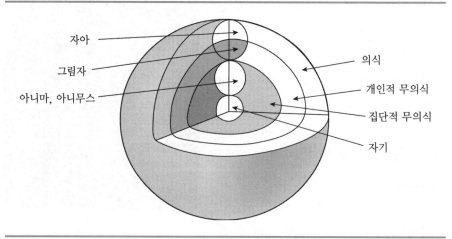

수 있는가를 정하는 문지기이기도 하고 '성격의 집행자'이기도 하다. 자아가 없
다면 또는 너무 약하다면 성격의 일관성과 연속성이 없고 우리는 자신이 누구
인지를 모를 것이다. Jung의 이론에서 중요한 자기실현도 자아가 강해야 가능
하다. 의식은 순간순간 몇 가지의 내용만 동시에 붙잡아 놓을 수 있고, 따라서
언제나 계속되는 넓은 무의식에 비해 좁고 단절된 것이다. 무의식의 넓고 넓은
바다에서 의식의 탐조등이 비추는 흔들리는 작은 섬이 '나'이다.

개인적 무의식과 콤플렉스   Jung의 개인적 무의식은 Freud의 전의식
과 무의식을 포괄하는 범위를 가진다고 할 수 있다. 즉, 억압된 욕망과 충동들
뿐 아니라 단순히 잊어버리거나 지나쳐버린 개인적 경험의 내용들도 포함한다.
개인적 무의식은 자아라는 문지기가 위험하다고 판단하기 때문에 또는 부주의
해서 —의식이 한 번에 주의를 기울일 수 있는 범위(소위 단기기억의 용량)는 매
우 한계가 있다— 의식에 들여보내지 않은 개인 경험의 잔재라 할 수 있다.

개인적 무의식 안에서 어떤 핵 또는 중심이 마치 자석처럼 작용하여 생각
들을 끌어모은 —전문용어로, 별들이 모여 별자리를 이룬다는 뜻의 *배열*(con-
stellate)이라고 한다— 결과가 **콤플렉스**이다. 아동기에서 유래하는 억압과 외상,
현재 겪는 갈등 등 다양한 것들이 핵이 될 수 있다. 그것이 아버지라면, 즉
*아버지 콤플렉스*가 있다면, 많은 것들이 아버지를 생각나게 하면서("아버지는
된장찌개를 좋아하셨지," "아버지는 저런 인간을 못참으셨어") 감정적이 되게 한다.
그 콤플렉스가 강할수록 아버지와 연결되는 것들이 많아진다. 콤플렉스는 추진
력, 충동, 활력을 주는 에너지센터로서, 갑자기 무엇이 관심을 끌어 거기 몰입
하게 된다.

Jung이 콤플렉스를 발견한 것은 **단어연상검사**를 통해서였다. 검사자가 부
르는 단어들에 대해 연상되는 단어를 말하면 된다(예, 꽃-나비, 겨울-눈 등). 검
사자는 연상어만 기록할 뿐 아니라, 반응시간(자극어를 듣고 반응이 나올 때까지
걸린 시간)도 재고 특이한 연상어(가령 '꽃'에 대해 '칼', '돼지'), 말더듬, 얼굴 붉힘
등의 현상들도 관찰한다. 연구에서는 심장박동, 피부전기반응 등 정서반응 지
표들도 측정한다. 내담자가 특정한 단어들에 대해 반응시간이 길거나 정서적이
되는 것을 관찰할 때 어떤 콤플렉스가 건드려졌음을 추측한다. 예컨대, 아버지

콤플렉스가 있는 사람은 '아버지'(뿐만 아니라 그와 연결된 단어들)에 대해 너무 많은 것들이 연상되므로 어느 하나를 대는 데 시간이 오래 걸리고 또 다양한 감정반응들을 나타낸다.

Jung은 "사람이 콤플렉스를 가지는 것이 아니라 콤플렉스가 그 사람을 가진다"고 한 적이 있다. 이는 콤플렉스가 의식적으로 통제되지 않고 오히려 그 사람을 장악하고 일상생활의 흐름을 훼방놓는다는 것을 의미한다. 이를테면, 일을 하다가 갑자기, 밑도 끝도 없이, 돌아가신 아버지가 생각나서 눈물이 나고, 나이 많은 남자들을 보면 자기도 모르게 아버지 대하듯 친밀감이나 공포, 적대감을 느끼는 것이다. 스스로 꼭 아버지같이 행동하기도 하는데, 콤플렉스가 그를 장악하여 다른 사람이 되게 하는 것이다. 앞 장 글상자 3-4에서 "한 작가의 외디푸스 갈등"을 소개한 바, 글상자 4-2에 같은 작가의 '아버지 콤플렉스'라 할 수 있는 기록을 실었다.

콤플렉스가 행사하는 힘은 아동기 경험들, 개인적 무의식에서 유래하기도 하지만, 마음의 더 깊은 층인 집단적 무의식의 요인들이 작용하기도 한다. 즉, 위 작가의 아버지 콤플렉스에는 그가 육친의 아버지와 가진 외상적 경험뿐만 아니라 인류가 태고 적부터 아버지라는 존재를 거듭거듭 겪으면서 '아버지'에 대해 가지게 된 생각과 감정(심상, 이미지)도 작용하는 것이다. 따라서 아버지에 대한 그의 비합리적인 공포를 이해하려면 집단적 무의식까지 내려가 *아버지 원형*을 이해해야 한다.

그 림 자   내가 알고 있는 나를 나의 전부라고 믿고 내세우면 바로 그 밑바닥에 있는 나의 부분이 안 보인다. 그림자란 이 어두운 면, 즉 무의식의 어둠 속에 있는 나의 분신이다. 정의와 도덕성을 부르짖는 사람이 자기도 모르게 불의를 저지르거나 성적 추문을 일으킬 때 우리는 빛이 강할수록 더욱 어두운 그림자의 존재를 본다. 아주 겸손하고 소극적인 사람이 자신의 명예욕을 인정 또는 의식하지 못한다면 그림자는 명예욕에 불탄다. 이 그림자가 밖으로 **투사**(投射, projection)되면 남 앞에 나서기 좋아하는 사람이 극렬한 증오 또는 경멸의 대상이 된다. 그림자는 보통 가까운 사람들(가족, 친구 등), 성별, 나이 등이 비슷한 사람들에게 투사되며, 그때 우리는 그 사람이 '괜히', '주는 것 없이' 싫

글 상 자 4-2

한 작가의 아버지 콤플렉스

앞 장 글상자 3-4에서 작가 장정일이 아버지에 대한 극도의 공포와 증오를 고백한 글을 읽은 바 있다. Jung은 그러한 기록에, 특히 아래 고백에 '아버지 콤플렉스'는 이름을 붙였을 것이다(최윤 등, 1996, pp. 66-67).

⋯ 점점 나이가 들어가면서, 놀랍게도 나는 아버지와 점점 흡사해지고 있었다. 이러저러한 일 앞에서 나는 나도 몰래 '아버지라면 분명히 이렇게 처리했을 거야' 하는 식으로 사고하고 행동했다. 나는 내가 가장 미워하던 사람과 같아지고 있었다. 끔찍했다. 내게 아이가 생긴다면 나는 그 아이에게 예전에 나의 아버지가 하던 식으로 억압적인 교육을 행했을 것이고, 아이는 또 예전에 내가 했던 것처럼 매일 내가 죽기를 기도할 것이 분명했다. 그러니 뭔가. 내가 낳을 2세는 예전에 나의 기도로 죽은 내 아버지임에 분명하다. 그런 상상은 소름이 끼치도록 무서운 것이었다. ⋯ 그래서 이렇게 결심을 한 것이다. '이제 너와 나의 더럽고 치사한 윤회는 끝내야 한다. 내가 아이를 낳지 않으면 된다'고. 지금도 나는 나보다 나이가 많은 사람 특히 10년이나 20년쯤 나이가 많은 남자들을 보면 겁이 덜컥 난다. 왜 10년이나 20년쯤인가 하면 나보다 10년 안팎의 사람은 형제처럼 지낼 수 있으니 아버지라는 느낌이 덜하고 30쯤 나이가 많은 사람은 할아버지가 되어버린 나이여서 완력이 없기 때문이다. 같이 자리를 하는 것도 힘들고 얼굴을 바로 바라보는 것도 싫은 어른이라는 존재는 글을 쓰는 문인이어도 덜하지 않다. 그들 역시 아버지의 기억을 일깨운다. 나는 그들과 피치 못하게 자리를 함께 할 때는, 개들이 하는 것처럼 무조건 꼬리를 흔들거나(아부) 이를 드러내어야지(공격) 하고 스스로 다짐한다. 하지만 만나지 않는 것이 최고라고 늘 방비를 튼튼히 하고 있기 때문에 자신을 그토록 비참하게 만들어야 할 기회는 잘 없다.

다. 내면의 악을 부정하고 싶은 성직자들은 다른 사람들에게서 악을 보고 (설교에서) 단죄한다.

스승의 그림자도 밟지 말라는 말이 있듯이, 그림자는 존재의 일부라 여겨진다. 그림자 없는 사람은 죽은 사람이다. 그림자를 없애기(부정)보다 '나'의 일부로 받아들인다는 것은, 그 동안 유치하고 나쁘다고 비난하던 타인의 특성들이 사실 나 자신의 일면들임을 인정하는 것이다. 이렇게 *의식에 통합*시키지 않으면 그림자는 점점 더 세력이 강해져서 우리 자신도 모르게 행동으로 나타나거나, 자꾸 가까운 사람들에게 투사되는 나머지 인간관계가 힘들어진다. 누군가 별 이유 없이 싫어 죽겠다면 그 사람의 성격을 종이에 써보라(Boa, 1988/2004, p. 112). 이제 그걸 보고 "이게 나야"라고 말해보라.

그림자는 보통 개인적 무의식의 특징을 나타내지만, 집단적 무의식의 내용을 담기도 한다. **그림자 원형**은 인간의 동물적인 측면을 말한다. 이 원형이 투사되면, 그 대상은 괜히 싫은 정도가 아니라 인간이 아닌 짐승, 사악한 악마로 다가온다. 그림자가 원형과 관계될 때는 의식화가 더 어려울 수밖에 없다. *집단적 그림자 투사*도 있어서, 일본인은 한국인에게, 백인은 흑인에게 스스로 인정하고 싶지 않은 부정적 특질들을 뒤집어씌우면서 싫어한다. 많은 문화권에서 '개 자식'은 심한 욕인데, 인간과 가장 친하고 가까운 동물인 개(영어의 bitch)에게 인간의 동물적 측면들(상대를 가리지 않는, 남의 눈에 신경 쓰지 않는 성욕 추구)이 집단적으로 투사되는 것이다.

집단적 무의식과 원형들　　집단적 무의식은 Jung의 가장 독창적인 업적이면서 동시에 논란의 여지가 가장 많은 개념이기도 하다. 그는 인간이 (동물 조상으로 거슬러 올라가는) 진화의 역사로 인해 똑같은 몸 구조를 가지고 태어날 뿐 아니라, 감정과 생각과 행동, 즉 성격의 무의식적 성향들도 공통되게 가지고 태어난다고 믿었다. 집단적 무의식은 근원적 심상(primordial image), 즉 **원형**(archetype)들로 구성된다. 세대를 거듭하여 인간은 누구나 부·모가 있었고, 매일 해가 뜨고 지는 것을 보았으며, 출생과 죽음을 경험하였고, 그 결과 개인 경험과 별개로 부·모, 태양, 출생과 죽음 등에 대해 공통된 '근원적 심상'들을 가지고 태어난다는 것이다. 이 원형들은 인간이라면 누구나 같은 보편적 생각과 기대, 감정 반응으로 나타나는 바, 일출을 볼 때의 벅찬 감동, 어린 아기에 대한 어른들의 반응(사랑스럽고 보호해주고 싶다)에는 이런 보편성이 있다.

Jung은 부·모, 출생과 죽음, 영웅, 아이, 신, 악마, 동물 등 많은 원형들을 확인하고 기술하였다. 원형들은 **상징**으로 표현된다. Jung은 다양한 문화적 배경의 수많은 사람들의 꿈, 정신병 환자의 환각과 망상, 여러 문화권의 신화와 동화들, 비교종교학적 연구들, 원시문화에 관한 민족지 재료, 연금술 문헌, 천문학, 점성술 등 다양한 재료들에서 유사한 원형상징들이 나온다는 것을 발견하고 인류 공통의 집단무의식에 대한 생각을 더 굳히게 되었다. 이를테면, 다양한 지역과 시대에서 나온 재료들에서 *물*은 생명 또는 죽음, 정화를 상징하며, *나무*는 세계를, *새*는 정신('성령의 비둘기'), 천사를, *결혼*은 대극의 합일을 상징한다.

성격의 형성에 중요한 원형들은 페르조나, 아니마와 아니무스, 그리고 自己이다.

페르조나　　고대 그리스에서 배우들이 연기할 때 쓰는 가면을 뜻하는 페르조나(persona)는 우리가 바깥세상에서 하는 역할들을 의미한다. ["person," "personality"라는 단어가 이 그리스어에서 나왔다고 한다.] 우리말의 *얼굴, 체면, 낯* 등도 이와 비슷한 개념들로 쓰인다("뵐 낯이 없어서," "사람의 탈을 쓰고" 등— 요즘에는 '쪽'이라는 일본어를 속어에서 많이 쓴다). 회사 과장의 근엄한 얼굴이 집에 와서 어린 딸을 보면 자애로운 아버지의 얼굴로 변하고 아내나 늙은 부모를 대할 때는 다시 다른 얼굴이 된다.

얼굴, 가면이 곧 거짓, 위선을 뜻하는 것은 아니다. 오히려 '나는 나'니까 '맨 얼굴'로 살겠다고 한다면 사회생활이 어려워진다. 위의 과장이 '나는 나'를 고집한다면 회사나 가정에서 본인뿐 아니라 동료나 가족도 어려움을 겪을 것이다. 정반대로 얼굴과 너무 *동일시*를 하는 것도 위험하다. 예컨대, 교수가 동료, 친구, 가족을 대할 때도 근엄하게 가르치려고 들고 교수'답지' 않은 감정과 행동을 스스로 억누르고 산다면 교수라는 역할을 자기 자신과 혼동하는 것이다. 페르조나와 지나친 동일시는 자기소외를 가져온다. 페르조나는 적응에 필요한 것이지만 어디까지나 '가면'인 것으로 *구별*해야 한다.

아니마와 아니무스　　인간은 조상 대대로 남녀가 어울려 살아왔기 때문에, 남자도 여자의 특질들(아니마)을, 여자도 남자의 특질들(아니무스)을 지니고 있다. 아니마(Anima)는 남자의 영혼(Seele), 아니무스(Animus)는 여자의 정신 (Geist)이라고 Jung은 말한다. 아니마는 남자의 감정과 정서성, 예감능력, 비합리적인 것에 대한 감수성을, 아니무스는 여자의 논리와 합리성을 반영한다. 아니마와 아니무스는 어머니나 아버지와의 관계가 어떠했느냐에 따라 긍정적일 수도 부정적일 수도 있다.

어머니와 관계가 좋지 않았던 남자의 **아니마**는 우울한 기분, 변덕, 끊임없는 불만, 예민함 등으로 나타난다. 반면, 어머니와 너무 밀착했을 때는 세상이 엄마처럼 한없이 베풀어야 하고, 그렇지 않으면 세상에 대해 (그리고 여자들에게) 어리광을 부리거나 떼쓰는 행동이 나타난다. 아니마는 에로틱한 공상으로 나타나는 일이 많고, 의식되지 않아 미분화 상태에 있으면 원시적인 감정과 통하게 되어 침착하고 이성적인 남자가 폭발적 분노를 터뜨리게 만들기도 한다. 부정적 아니마에 사로잡히는 것이다. 사나이다운 호남(好男)이 분방한 추측과 질투로 부인을 괴롭히기도 한다. 긍정적 아니마가 발달하면 감정을 체험·표현하고 남의(특히 여성의) 감정을 이해하는 일을 힘들어하지 않는다.

아니무스는 에로틱한 공상이나 변덕스러운 기분보다는 예외를 믿지 않는 '거룩한' 확신으로 체험된다. 그런 확신을 말로 강력히 주장할 때는 남성적 측면이 쉽게 보이지만, 매우 조용하고 여성적인 여자가 예기치 않은 독선과 고집으로 아니무스 지배를 보여주기도 한다. 긍정적인 측면에서 여성의 남성성은 용기와 지성, 영성(spirituality)능력으로 나타나지만, 아니무스가 미분화되면 부정적이 되어, 따지는 버릇, '어떤 경우에나 내가 옳다'는 궤변과 독선이 나타나기도 한다. 아니마가 비합리적인 *감정*이라면 아니무스는 비합리적인 *의견*인 셈이다(이부영, 1998, p. 94).

아니마/아니무스는 남녀가 서로를 이해할 수 있게 해주기도 하고 사랑에 빠지게도 한다. 특히 첫눈에 반할 때 아니마/아니무스 투사가 일어난다. 처음 보는 사람이 씩씩하고 현명한 왕자님으로 또는 아름다운 천사나 공주님으로 보이는 것은 각자가 깊은 내면에 지닌 심상(이미지)이 현실의 대상에게 '뒤집어 씌워'지기 때문이다. [이제 독자들은 '제 눈의 안경', '콩깍지' 대신 아니마/아니무스 원형 투사라는 유식한 말을 쓸 줄 알게 되었다.] 물론 왕자님이 씩씩하지 않다거나 천사가 화내고 욕하는 것을 보게 되면 경악과 실망이 올 수밖에 없다. '사랑에

눈이 멀다'는 말을 쓰는데, 투사를 하는 만큼은 상대를 나름의 생각과 감정을
가진 존재—주체— 가 아니라 '이상형'을 구현하는 *대상*(Freud의 용어로 전이대상)
을 보는 것이므로 '눈이 멀었다'고 할 수도 있다. 그리하여 한때 '죽고 못 살던'
대상이 얼마 뒤에는 자존심 상할 정도로 평범하거나 시시한 사람임을 깨닫게
되는 것이다.

아니마와 아니무스는 살면서 만나는 여자나 남자에게 투사되기도 하지만
종교나 예술 속의 인물들, 배우나 '스타'같이 공공의 인물들에게 투사되기도
한다. 그 투사에는 단계가 있는 것 같다(글상자 4-3). 사람이 아니라 사상이나
이념, 물질이나 물체에도 아니마/아니무스가 투사된다. 그렇게 되면 그것들은
'사랑의 대상', 나아가 광신적 집착의 대상이 된다. 자동차를 거의 애인같이
보살피고 아끼는 남자는 아니마를 자동차에 투사하는 것일지 모른다. 돈과 술
도 아니마의 손길이 닿으면 더 이상 평범한 물질이 아니라 마력이 생긴 나머
지 '종교'가 된다. 회사나 대학, 심지어 국가 같은 조직에 아니마를 투사하여
단물을 빨아먹기도 한다(Boa, 1988/2004). 신흥종교에 들어가 '위대한 지도자'
에 열광하는 여성들은 아니무스 원형, 즉 영웅 원형을 집단적으로 투사하는 것일
수 있다.

페르조나가 외부세계와 자아를 연결해준다면, 아니마는 자아를 마음의 깊
은 층과 연결해준다. 페르조나를 잃을 때 외부와의 관계를 상실하듯, 아니마가
외계로 투사되면 자아가 내면세계와 관계 맺지 못한다. 즉 자기 자신의 여성성
을 깨닫지 못하고 자신의 마음을, 감정과 기분을 알아채지 못하는 것이다. 여
성의 아니무스는 바깥 상황에 관심을 가지고 의견을 주장하게 하지만, 아니무
스도 안을 향하고 무의식과, 특히 自己와 관계 맺게 해주는 기능을 한다.

자기(自己)   자아(Ich, ego)가 의식세계의 중심이라면, 자기(Selbst,
self)는 의식과 무의식을 통틀어 전체 성격의 중심이라고 할 수 있다. 자기는 자
아와 달리 주체('나')로 체험되지 않고 객체로 느껴지는데, 투사를 통해서 간접
적으로만 의식될 수 있기 때문이다. 自己는 의식에서 워낙 멀리 떨어져 있기
때문에 인간상(아버지와 아들, 어머니와 딸, 왕과 여왕 등)들뿐 아니라 물건이나 추
상적 상징들을 통해 표현된다. 용, 뱀, 코끼리, 사자, 곰 등 힘센 큰 동물들이나

글 상 자 4-3

아니마/아니무스의 투사 단계

아니마와 아니무스를 어떤 대상에 투사하느냐 하는 것은 각자의 내면에서 아니마, 아니무스가 어떤 발전 단계에 있느냐 하는 것과 관계가 있을 수 있다 (이부영, 1998, pp. 95-96; Boa, 1988/2004, p. 148, p. 192).

아니마의 첫단계는 이브(Eve)상(像)으로, 본능적이고 생물학적인 여성상이다. 둘째는 파우스트의 헬렌(Helen)이며 이는 낭만적이고 미적 수준의 아니마의 인격화로서 아직 성적인 특징을 지니고 있다. 헬렌은 기생과도 같은 그리스 고급창녀로, 함께 시와 철학적 대화를 나누고 낭만적인 성관계도 할 수 있는 사이이다. 셋째 단계는 성모 마리아상에서 표현되는 최고의 영적 존재이다. 동정녀 마리아에는 그림자 측면, 자연적인 아니마 측면이 없다. 넷째 단계에서 지혜의 신은 땅으로 내려온다. 모나리자가 삶에 더 가까운 그러한 지혜의 아니마와 가깝다.

아니무스의 네 발전단계 중 첫 단계는 레슬링선수나 운동경기의 스타, 타잔처럼 육체적인 영웅이며, 둘째는 낭만적인 남성, 또는 행동적 남성으로 전쟁 영웅의 이미지 속에 발견되는데 주도권과 계획된 행동을 할 수 있는 능력을 갖추고 있다. 셋째 단계는 교수나 목사의 상으로 '말씀'의 사자(使者)이며, 넷째 단계는 종교적 체험의 중개자이며 영적 진리로 끌어가는 지혜로운 안내자— 예컨대 간디의 이미지에 있다.

거미, 게, 나비 등도, 꽃(특히 연꽃과 장미)도 自己를 상징할 수 있고, 원, 공, 사각 같은 기하학적 형태들(예컨대 원형이나 사각형으로 둘러앉은 사람들)도 自己의 상징이 된다. [원과 사각형이 기본이 되는 상징을 특히 만달라(mandala)라고 부른다.]

자아, 콤플렉스, 아니마/아니무스, 그림자, 자기 등 우리 속에 이렇게 많은 존재들이 들어 있다는 통찰은 (과학적) 심리학에서는 기이하고 낯설지만, *예술* (특히 그림과 문학)의 세계에서는 그렇지 않다(글상자 4-4). 시에서 '내 안에 있는 이', '은밀한 내 꿈과 만나는 이'는 내 밖에 너무 멀리 있다. '그것은 무엇일까'를 알려면 "自己가 매일밤 우리에게 쓰는 편지," 즉 **꿈**을 읽어야 한다(Boa, 1988/

2004, p. 43). 인생을 돌아보면 알 수 없는 어떤 존재―自己― 가 우리에 대한 계획이 있어서 "내 삶이 어디로 흘러가는지 알고" 있는 것처럼 느껴질 때가 있다. 이 존재가 밖으로 투사되면 神, 하느님/하나님이 된다.

우리가 지금까지 의식하지 못하던 콤플렉스, 원형들을 점차적으로 의식하게 되면 의식세계가 상대적으로 확장되면서 자아가 점차 自己에 접근해 가는 것이 된다. 이를 **자기실현** 또는 **개성화**(individuation)라고 한다. 아래에서 더 자세히 논의하기로 한다.

보상과 투사　　Freud 이론에서 개인과 사회·부모, 자아와 원초아, 자아와 초자아 등이 서로 갈등하는 세력들이었다. Jung의 이론에서 갈등과 **대극**(opposition)은 삶의 본질이다. 높은 곳과 낮은 곳이 있어야 물이 흐르듯이, 대극이 있기 때문에 삶의 에너지가 생기는 것이다. 자아와 그림자, 남성과 여성, 어른과 아이, 아래에 논의할 외향성과 내향성, 합리적 기능과 비합리적 기능 등은 어느 한 편이 의식의 세계를 점유하면 다른 하나는 무의식의 어둠 속으로 가라앉게 된다는 점에서 서로 대극을 이룬다. "나는 선하다"고 자아가 부르짖을수록 악한 그림자는 어두워지고, 사나이 중의 사나이는 자신의 여성적인 면을 억누른다.

생각이나 감정, 욕망이나 충동이 억압한다고 해서 없어지기는커녕 결국 현실에서의 적응과 역할수행을 방해하고 신경증까지 일으킨다는 것은 심층심리학이 우리에게 가르쳐주는 중요한 교훈이다. 적들을 멀리 쫓아버리면 눈에 안 보이니 좋지만, 그들이 유배지에서 무슨 짓을 하는지, 어떤 식으로 세력을 키워 가는지 알 수 없고 따라서 통제할 수도 없다. 자신의 부끄럽거나 위험한 성향들을 억눌러 버리면 그들은 의식의 빛이 닿지 않는 곳에서 유치하고 원시적―'고태적'(古態的, archaic)― 인 상태로 남아 백방으로 자기 존재를 주장한다. 이를 무의식이 의식의 일방성을 **보상**(補償, compensate)한다고 말한다. 매일 밤 꿈에서 일어나는 일이 바로 이러한 보상이다.

현실에서 매우 싫어하고 경멸하는 동료가 꿈에서는 아주 괜찮은 사람으로, 친한 친구로 나타날 때가 많다. 동료를 싫어하는 감정은 사실상 투사 때문이며, 무의식은 나에게 내가 보는 그 사람의 특성(가식, 허영심 등)이 바로 나 자신

글 상 자 4-4

내 안에는 나만이 있는 것이 아니다

시인 류시화는 "곁에 있어도 그립다"는 역설적 표현으로 우리 안에 있는데도 멀고 낯선 존재들에 대한 느낌을 노래한다.

...
내 안에 있는 이여
내 안에서 나를 흔드는 이여
물처럼 하늘처럼 내 깊은 곳 흘러서
은밀한 내 꿈과 만나는 이여
그대가 곁에 있어도
나는 그대가 그립다

시 "그대가 곁에 있어도 나는 그대가 그립다" 일부.

겨울 숲에서 노려보는 여우의 눈처럼
잎 뒤에 숨은 붉은 열매처럼
여기
나를 응시하는 것이 있다
내 삶을 지켜보는 것이 있다.
...
나는 그것이 무엇인지 모른다
때로 그것은 내 안에 들어와서
내 눈으로 밖을 내다보기도 하고
내 눈으로 나를 들여다보기도 한다
그것은 무엇일까
내 삶이 어디로 흘러가는지 알고 있을까
...

시 "그것이 무엇인지 나는 모른다" 일부.

의 특성(권력욕)이라고 말해주는 것이다. 꿈에서 그 사람과 친하다는 것은 '내 겐 없다' 하는 그림자 측면을 인정하라는 自己의 요구로 볼 수 있다. 내가 내 권력욕을 의식하고 인정하면 나는 '배후공작', '뒷담화'만 하는 대신 남 앞에 나 서거나 내 색깔을 밝히기 시작하게 된다. 그러면 권력욕은 내게 피해를 주는 적이 아니라 현실 적응을 도와주는 친구가 되기 시작한다. 즉, (지적) 통찰로는 부족하고 행동이 따라야 하는 것이다. 의식과 자아가 능동적 보상을 하면 투사 도 멈추기 때문에 동료에 대한 부정적 감정도 약해진다.

내가 계속해서 나의 권력욕을 억압하면("나는 절대 안 그래") 나는 투사를 그치지 않을 뿐 아니라 권력 콤플렉스가 되어버린 것에 불시에 장악 당한다. 나도 모르게 권력욕의 화신이 되어버리는 것이다. '욕하며 닮는다'고 하지만, 사실은 닮았기 때문에 욕하는 것이며, 욕만 하고 앉아 있을수록 더욱 닮아가는 것이다. 글상자 4-2에서 아버지 콤플렉스에 사로잡힌 30대 작가는 아버지 나 이의 남자들을 보면 겁이 나는가(투사) 하면 스스로 아버지같이 행동하기도 한 다(보상). 자식을 낳는다면 아버지인 자기를 증오·저주할 것이기 때문에 자식 도 낳을 수 없다. 그러나 "더럽고 치사한 윤회"를 끊으려면 고통스럽더라도 자 신의 "아버지 같은 특성들"을 더 직시하고 그 특성들의 표출을 허용해야 한다. 그렇지 않으면 부지중에 더 닮게 된다.

보상과 투사는 의식하지 못하는 가운데 일어나기 때문에 자신이 언제 그 러는지를 알기가 힘들고, 그 뿌리에 있는 콤플렉스나 그림자, 원형을 깨닫지 못한다. 매일 밤 꾸는 꿈을 지나쳐버리지 말고 일기에 기록하여 고찰할 수도 있지만, 참고가 되는 하나의 징표는 비합리적으로 강한 *감정* 체험이다. 위에서 그림자 투사 때의 증오·경멸—긍정적 측면을 투사할 때는 찬탄이나 시기·질 투—이나 아니마/아니무스 투사 때의 불타는 사랑을 서술한 바 있다. 억압된 대극의 보상은 친구나 배우자같이 가까운 사람이 더 잘 알 수 있다. 말과 행동 의 모순, 지나친 과장이나 경직, 이중/다중인격이라 할 수 있을 정도의 극적 변 신 등을 자기 자신은 의식하기 힘들기 때문이다. 그러나 아무리 친한 사람이라 도 또 아무리 확신이 간다 해도 억압된 무의식적 성향을 지적해준다는 것은 앞 장의 정신분석 치료에서 본 것처럼 방어와 저항을 불러일으키기 쉽다.

선도 악도, 남자도 여자도, 아이도 노인도, 외향성도 내향성도 전부 우리 속에 들어앉은 성향들이므로, 대극의 한쪽 면만을 인정하고 표출하며 살면 결국 분열이 온다. 비유컨대, 남한만 우리 땅이고 남한에만 사람이 살며, 북한은 사람이 못사는 얼어붙은 어두운 땅인 것이다. 우리 속의 **자기원형**은 이 분열상태를 참지 못하며 통일과 전체성을 지향한다. 분단은 언제나 슬프고 '우리의 소원은 통일'이다. 의식의 일방성에 대한 무의식의 보상작용은 우리 내면의 통일 지향성에서 나오는 것이다. 자기실현이 되려면 이 보상이 자아가 주관하여 적극적으로 이루어져야 한다. 자기실현의 논의는 뒤로 미루고, 심리적 유형의 문제에서 나오는 대극과 보상을 보도록 하자.

유 형 론

Jung의 이론의 내용 중에서 과학적 심리학에 가장 큰 흔적을 남긴 것은 그의 심리학적 유형론일 것이다(1921/88). Jung은 의식의 일반적 태도를 외·내향으로 나누고 사고, 감정, 감각, 직관의 네 가지 기본기능을 구분하여 모두 8가지의 유형을 나눈다.

의식의 태도: 외·내향성   '내향적'(내성적), '외향적'은 많은 이들이 자기 자신이나 남들의 성격을 묘사할 때 자주 쓰는 범주이다. 말이 없고 느리며 속을 알 수 없고, 사람들과 어울리기보다는 혼자 있기를 좋아하는 사람을 '내향적'이라 하고, 개방적·사교적이고 명랑한 사람을 '외향적'이라고 한다. Jung의 유형론에서도 내·외향적인 사람은 대체로 이런 차이를 보이지만, 두 유형을 가르는 결정적인 차이는 *객체*에 대한 태도이다. 객체(타인, 환경)에 대해 부정적·방어적이면 내향적이고, 긍정적·순응적이면 외향적이다. 외향적인 사람에게는 자신의 주관적 견해보다 남들(가까운 사람들, 세상 사람들, '전문가' 등)의 의견, 객관적 조건이 판단과 행동에 더 큰 영향을 미치고, 내향적인 사람은 내면의 관념이나 개념들로 시작한다.

외향적인 사람은 주어진 여건들에 비교적 마찰 없이 순응하고 다른 요구가 없기 때문에 원만하고 적응 잘하는 사람으로 통한다. 반면 내향형은 객체에 관심이 없거나 객체를 두려워 피하거나 거부하고, 표현(의사소통) 능력이나 의지도 적으므로, '부적응자'로 보이기 쉽다. 두 유형은 에너지 사용 전략이 근본적으로 다른 것 같다. 외향형은 자신이 가진 에너지를 다 쓰고 모든 것에 자기 자신을 집어넣어 퍼뜨리는 반면, 내향형은 바깥세계의 요구들에 맞서 자신을 지키고 에너지 지출을 가능한 한 삼간다(Jung, 2001, p. 246). 같은 가정에서도, 외향적인 아이는 어떤 일이든 직접 경험해야 하고, 경험하여 알고 난 뒤에야 다른 사람들의 생각을 행동의 바탕으로 삼지만, 내향적인 아이는 도덕적인 원칙(개념)을 추상적인 형태로도 곧잘 포착하고 받아들인다(가령 '약속은 꼭 지켜야 한다')(Myers, 1995/2008).

　Jung은 태도유형이 환경과 교육에 의해 정해지기보다는 타고나는 것이라고 생각했다. 같은 부모의 여러 자녀가 서로 다른 유형에 속하는 경우가 많고 또 유형적 특성이 일찍부터 나타나기 때문이다. 물론 부모나 환경이 아동의 삶의 태도에 영향을 미치는 일이 일어난다. 예컨대, 극단적으로 외향적인 아버지가 내향적인 아들을—계집애 같다고 비난하며— 외향적으로 살도록 강요하는 것이다. 타고난 태도 유형과 반대로 살려면 에너지가 많이 소모되기 때문에 정신·육체적 피로와 탈진이 온다. 사람들과 어울리고 '세상'에 자기를 맞추는 일은 외향형에게는 신나고 쉬운 일이지만, 내향형에게는 본질적으로 힘든(에너지 소모가 큰) 일이다. 반대로, 혼자 있는 일은 내향형에게는 행복이지만 외향형에게는 고문일 수 있다. Jung은 외적 영향에 의한 유형 왜곡이 후에 신경증을 가져오며, 그 사람에게 자연적으로 맞는 태도를 끄집어내야만 치유된다고 보았다.

　외향성과 내향성은 대극이 되는 태도들이기 때문에 자신을 비롯하여 주위 사람들이 어느 유형인지 대체로 쉽게 알 수 있다. 그러나 판단하기 힘든 경우도 많고 본인도 잘못 알고 있는 경우가 많다. 앞에서도 보았지만, 대극이 되는 성향들은 우리 속에 모두 존재하며 다만 그중 어느 하나만 의식에서 인정된다. 즉, 누구나 외·내향성의 태도를 다 갖고 있으며, 어느 것이 *의식*의 태도를 주로 결정하느냐에 따라서 어느 한 유형이 되는 것이다. 일이 복잡해지는 것은 무의식의 태도가 의식의 태도를 **보상**하기 때문이다('대극의 반전', 그림 4-3 참조). 예컨대 보통 때는 내향적인 사람이 친한 친구들과 있을 때 또는 술이 취했을 때 못 말리게 외향적이 되어 기지와 재치로 사람들을 웃기고 울리는 일이 생긴다. 또는 내향적인 작가가 작품에서는 누구보다 외향적일 수 있다.

본래의 유형을 판단하기 어려운 또 다른 이유는 우리가 사는 *문화*가 외향
성을 더 높이 평가하기 때문이다. 외향적 태도가 지배하게 된 이유는 외향적인
사람들이 더 시끄럽고, 수가 많으며(미국의 경우 3 : 1, Myers, 1995/2008), 상대하
기가 편하고 이해하기도 쉽기 때문이다. 내향적인 사람들은 같은 성향끼리도
이해가 쉽지 않으며, 더구나 외향적인 사람들에게는 이해 불가능한 사람으로
비치기도 한다(같은 책, p. 104). 외향성이 '좋은 성격'으로 통하기 때문에 Myers
(1995/2008)는 내향적인 사람들의 장점을 강조할 필요를 느낀다. 그들의 장점
하나는 일관성과 (외부상황으로부터) 독립성이다. 이미 어릴 때부터 내향형 아이
들은 외향적 아이들의 부모가 부러워하는 놀라운 '집중력', 외부자극들에 '신경
을 끄는' 능력이 있다. 외향적인 사람들이 일의 범위를 넓히고, 결과물을 일찌
감치 내세우고, 자신을 많은 사람들에게 알리고, 관계들과 활동들을 키워가려
는 경향을 보이는 반면, 내향적인 사람들은 정반대로 자기 일에 깊이 빠져들면
서 그것이 끝났다고 선언하거나 공개하기를 꺼린다. 공개할 때도 그 일을 세세
하게 전달하기보다는 결과만 드러내는 경향이 있다. 따라서 명성이 제한되지만
독립적으로 자기 일에 매진하며, 외부의 의견이나 응원에도 별 영향을 받지 않
고 오랫동안 행복하게 일할 수 있다.

두 유형은 서로를 이해하지 못하고 낮게 평가하는 경향이 있다. 외향형은
내향형에게 피상적이고 '주관이 없는' 사람으로, 후자는 전자에게 소심하고 자
기중심적이고 오만한 고집쟁이로 보이는 것이다. 그러나 두 유형이 서로 끌리
기도 한다. 배우자 선택에서 이런 일이 자주 일어나, 내향형과 외향형이 사랑
에 빠지고 결혼하는 일이 많다. 서로 자신의 무의식적 태도를 상대방에게 투사
하기 때문이다. 투사가 멈추고 '매혹'이 사라지면, 부부는 다시 서로 '이해 못할
사람'이 된다. 매혹과 환멸의 이러한 교차는 위에서 본 것처럼 아니마/아니무
스 투사에서도 일어나고, 일반적으로 투사가 큰 역할을 하는 인간관계에 공통
이 되는 현상이라 할 수 있다.

기본 기능: 사고, 감정, 감각, 직관   내·외향 태도에서처럼 네 가지
기본 기능도 보통 하나만 지배적이고 의식되며, 다른 것들은 무의식 속에 존재

한다(그림 4-2).

사고와 감정은 **합리적 기능**들이다. 둘 다 이성적 판단을 요구하기 때문이다. 사고(thinking)는 맞나 틀리나를 판단하고, 감정(feeling)은 좋고 나쁨, 편하고 불편함을 판단한다. 우연하고 비합리적인 것은 의식에서 배제되고 이성적 판단이 언제나 우선이다. 합리적 판단으로서 '감정'(느낌)은 (흔히 주관적, 비합리적이라고 여겨지는) 감정(affect)이나 정서(emotion)와 같지 않다. [기쁨, 슬픔, 분노 같은 주관적 정서를 체험하는 앞 단계가 좋다-나쁘다는 판단, '느낌'이라고 볼 수는 있다.] 감각과 직관은 **비합리적 기능**들이다. 이성적 판단이나 의도가 끼어들지 않고 '그냥' 일어나기 때문이다. 감각(sensation)은 감각기관들을 통하여 외적(바깥 세계), 내적(몸) 자극들을 보거나 듣는 기능이며, 직관(intuition)은 의식하지 못하는 가운데 보고 듣거나 느끼고 가능성을 지각하는 것이라 할 수 있다. 눈에 보이지 않는 것을 감지하는 직관 기능은 본인이나 남들 모두에게 가장 이해, 설명하기 힘든 수수께끼이다.

우리는 네 기능을 전부 가지고 있지만, 네 가지가 고르게 발달되는 일은 없고 어느 하나가 지배적이 된다. 이를 **우월 기능** 또는 주 기능이라 부른다. 외·내향성처럼, 우월한 기능이 다르면 사람들이 서로 이해하지 못하는 일이 많다. 합리형에게는 비합리형이 우연에 좌우되는 '생각 없는' 사람으로 보이고, 반면

[그림 4-2] Jung의 유형론에서 네 가지 기본 기능(이부영, 1998, p. 144)

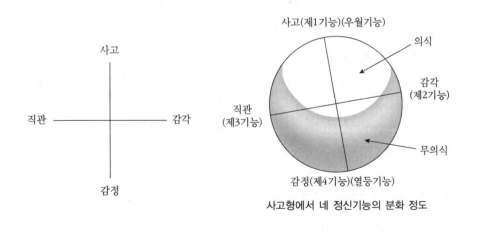

사고형에서 네 정신기능의 분화 정도

후자에게는 전자가 살아 있는 모든 것에 이성의 족쇄를 채우는 타산적이거나 답답한 사람으로 보인다. 우월 기능을 뺀 다른 세 가지는 **보조 기능** 또는 **열등 기능**이 되는데, 이에는 일정한 법칙성이 작용한다. 그림 4-2를 보면, 합리 기능들(사고와 감정)과 비합리 기능들(감각과 직관)은 서로 *독립적*이지만 두 합리 기능, 두 비합리 기능은 각각 *대극적* 관계에 있다. 가령, 사고가 우월하면 다른 합리 기능인 감정이 자동적으로 열등해지며, 비합리 기능들 —보통 둘 중의 하나— 은 보조 기능이 된다. 대극 관계에 있는 사고와 감정은 서로의 활동을 방해한다. 이를테면, 진실이냐 거짓이냐를 판단하는 데 좋고 나쁨의 판단처럼 방해가 되는 것이 없기 때문에 사고형은 감정 기능을 능동적으로 억압한다. 감각과 직관도 서로를 배제한다. 표면에 드러나는 자극들의 감각을 무시해야 그 배후의 것들을 감지할 수 있고, 또 배후를 무시해야 표면에 머물 수 있기 때문이다.

　　Jung의 유형론과 독립적으로 개발되었다가 Jung의 체계를 받아들여 확장된 Myers 부부의 유형론은 '유형지표'(Myers-Briggs Type Indicator, 1962년 매뉴얼 출간)라는 질문지 도구를 가지고 16개 유형을 나눈다(Myers, 1995/ 2008). 이 도구가 중·고·대학생, 다양한 직업에 종사하는 일반인들에게 실시되어 나온 결론들은 임상적 집단에 주로 집중한 분석심리학자들의 견해를 보충해준다. 유형분류의 토대는 외·내향성, 지배(우월) 및 보조 기능이 된다. 이 분류체계가 Jung 체계에 도입한 한 가지 확장은 *보조 기능*이 내향적인 사람에게는 외향성을, 외향적인 사람에게는 내향성을 제공한다는 것이다. 즉 내향적인 사람들은 내면세계를 다룰 때는 우월 기능을 사용하지만, 덜 중요한 외부세계를 상대할 때는 보조 기능을 사용하며[1] 외향적인 사람들은 그 반대이다. 내향적 감각형의 보조 기능이 '사고'라면, 외적 삶을 사고로 꾸려가므로 외적 삶에 객관적 체계와 질서가 있고, 밖에서 관찰되는 사고는 내향적 사고보다는 외향적 사고와 더 비슷하다.

　　Myers는 Jung의 합리 대 비합리 구분을 **판단**(Judgment) 대 **인식**(Perception, 심리학에서는 보통 '지각'으로 번역한다) 구분으로 대치하였다. 후자 구분이

---

1) 그 때문에 내향적인 사람들의 우월 기능은 밖에서 알아맞추기가 쉽지 않은 반면, 가장 믿고 가장 뛰어난 정신작용을 외부세계에 쏟는 외향적인 사람들에서는 우월 기능이 뚜렷하게 드러난다(Myers, 1995/2008, p. 51f. 참조).

전자보다 간단하고 접근 가능한 반응들로 드러나기 때문이다. [또, '비합리'는 부정적으로 들리지만 '인식'은 그렇지 않다.] Jung의 체계에서처럼 판단과 인식 기능들은 서로 대극을 이룬다. *판단*할(합리적 기능) 때는 인식을 차단하면서 증거를 이미 다 모았으므로 이제 결론을 내리려 하고, 반대로 *인식*할(비합리적 기능) 때는 판단을 차단하면서 아직 증거를 다 모으지 못했으므로 결론을 내리거나 돌이킬 수 없는 행동을 하지 않으려 한다. 판단형들은 자신의 일뿐 아니라 남의 일까지도 사태해결, 결말을 보고 싶어하는 반면, 인식형들은 끝까지 "무엇을," "왜"라고 묻는다. 전자는 체계적 일 처리, 질서정연한 정돈, 계획적인 삶(꽉 짜인 프로그램과 스케줄), 한결같은 노력('토끼와 거북이'의 거북이) 등이 장점인 반면, 후자의 재능은 즉흥성, 열린 마음, 이해와 관용, 호기심 등에 있다. 글상자 4-5에 Myers (1995/2008)가 서술하는 네 기능의 특징을 제시하였다.

글 상 자 4-5

네 가지 기능

'합리적', 즉 **판단**(Judgment, J) 기능들 중에서 **사고**(Thinking, T)는 객관성, 논리와 일관성, 진실과 거짓을 따지고, **감정**(Feeling, F)은 개인적 주관적 가치를 따진다. 사고가 본인이나 타인들의 성격이나 바람과 상관없는 '객관적 진실'(여하튼 본인에게는)을 내세울 때, 감정은 "내겐 이것이 소중해"라고 말한다. [합리적 판단 기능으로서 '감정'은 '감정적'이라고 할 때 의미하는 감정(affect 또는 emotion)과 같지 않다.] 성차가 뚜렷한 유일한 선호가 T-F 차원으로서, 여자들에게 F형이 훨씬 많다(Myers, 1995/2008). 여자는 남자보다 논리적, 분석적이지 않고, 정이 많고, 약삭빠르며, 사교적이고, 일들을 개인적으로 받아들인다는 성별 고정관념이 여기서 나온다. 물론 T형 여자, F형 남자에게는 이 고정관념이 안 맞다.

'비합리적, 즉 **인식**(Perception, P) 기능들 중에서 **감각**(Sensing, S)은 현실에, **직관**(Intuition, N)은 가능성에 집중한다. S형들은 말이나 글을 통해 오는 것들보다는 직접 보고 듣고 만지는 등의 감각을 믿고, N형들은 무의식에서 나오는 직관에 귀를 기울인다. 평균적으로 S형 아이들은 N형보다 공부에 관심이 적고 지능검사나 수능(SAT) 점수도 낮은데, 이 검사들 대부분이 N형의 언어(단어, 은유, 상징)로 표현되기 때문이다. 직관은 매우 빠르며 N형에게 지능은 "이해의 신속성"인 반면, 훨씬 더 조심성 있는 S형에게 지능은 "이해의 건전함," 즉 결론과 사실들의 확실한 일치이다(pp. 112-113).

현실 속의 정보를 수집하는 일에는 직관보다 감각이 더 바람직하고, 가능성을 보는 데는 직관이 더 유용하고, 일을 조직하는 데는 사고가 훨씬 더 적절하지만 인간관계를 다루는 데는 감정이 훨씬 더 뛰어나다는 점을 깨달은 사람은 자신의 재능 모두를 보다 효과적으로 이용하는 데 필요한 열쇠를 갖고 있는 것이다(p. 317).

다양한 유형이 관여하는 집단 활동에서는, 각각의 정신작용이 공동 임무에 기여하는 것이 무엇인지를 확인하기가 더 쉽다. 예컨대, 감각 유형들은 그 상황에 대한 명확한 정보들을 알고 있으며 다른 유형들이 잊거나 간과할 수도 있는 사실들을 잘 기억하는 것 같다. 반면 직관 유형들은 어떠한 어려움이라도 우회할 수 있는 아이디어로 가득하며 새로운 처리절차를 제시하는 경우도 종종 있다. 사고 유형들은 원칙에 회의적인 태도를 보이고, 근거 없는 가설에 재빨리 도전하고, 어떤 계획에서 잘못될 수 있는 것들을 예측하고, 그 계획에서 결함이나 모순을 지적해내고, 그리하여 길을 잃은 그 지점으로 사람들을 다시 끌고 간다. 감정 유형들은 조화에 관심이 많다. 날카로운 의견대립이 생기면, 그들은 각 유형이 모두 체면을 구기지 않을 타협점을 추구한다(pp. 322-323).

8가지 유형　　표 4-2에 Jung의 8가지 심리적 유형을 간략히 서술하고 각 유형을 대표하는 직업이나 부류도 몇 가지씩 언급하였다. 독자들이 이 표를 가지고 자기 자신을 비롯하여 가까운 사람들의 유형 분류를 하기는 쉽지 않을 것이다. 표에 나온 정보가 충분하지 않기도 하지만, 실제로도 '순수 유형'은 흔하지 않다. 한 유형에 속해도 여러 가지 요인들이 작용하여 성격과 행동이 다양하게 나타나는 결과를 가져오기 때문이다. (내·외향적) 태도가 얼마나 과장 또는 왜곡되어 있느냐, 주 기능이 얼마나 절대적 우위를 차지하느냐, 어떤 보

[표 4-2] Jung의 심리적 유형들

	외향적	내향적
사고	사실들에 방향을 맞추며, '공식'에 맞는 것은 옳다고 여긴다. *자연과학자(찰스 다윈), 개혁가, 선전가 등.*	생각들에 방향을 맞추며 '내적 현실'에 몰두한다. 외적 사실들은 예(例)만 되어줄 뿐이다. *철학자(칸트, 니체), 상아탑 속의 학자.*
감정	가치평가가 객관적, 전통적, 보편적 기준들에 일치하고 상황에 따라 가치판단이 달라진다. 사교적이고 친절하다. *배우, 모임이나 단체의 회장, 사회사업가.*	밖으로는 차갑고 타인들이나 환경에 무관심한 것같이 보이지만, 안으로는 강렬한 감정체험을 한다("잔잔한 물이 깊다"). *작품에서만 강한 감정을 표현하는 작가, 예술가.*
감각	구체적 감각적 사실들, 만질 수 있는 현실을 중시하며, 이상이나 원칙들이 없는 것같이 보인다. 현실적, 실제적이고 감각적 즐거움들을 밝힌다. *사업가, 세련된 심미주의자(또는 천박한 향락주의자).*	물리적 세계의 표면보다는 배경들을 포착한다. 바깥세계에는 관심이 없이 주관적 내적 감각들에만 빠져 있는 것같이 보인다. *추상적 음악가, 화가.*
직관	미래가 약속된 것을 냄새맡을 줄 알며, 새로운 세계들을 정복하고 싶어하고, 시작은 많이 하지만 끝을 보고 열매를 거두지는 못한다. *외교관, 투기업자, 정치인.*	바깥 현실에 어둡고 자신도 잘 이해하지 못하는 원형들의 고태적 세계속에 빠진다. 남들에게 몽상가로 보인다. *예언가('황야의 설교자'), 예술가.*

조 기능이 얼마나 잘 발달되어 있느냐 하는 등이 고려되어야 하는 요인들이다. Myers는 지배적 태도 및 기능에 더하여 보조 기능까지 넣어서 16개 유형을 분류한다(1995/2008). [지배 또는 우월 기능이 합리(판단)면 보조 기능은 두 비합리(인식) 기능 중 하나가 되기 때문에 32개가 아니라 16개가 되는 것이다.]

   의식에서 어느 한 태도나 기능이 너무 큰 우위를 차지하면, 그 태도나 기능의 장점이 어느덧 단점 또는 위험으로 변하고, 열등 기능은 빛을 보지 못하기 때문에 유아적, 고태적인 상태로 남는다. 예컨대, 외향적인 사람이 객관적 여건에 순응하는 나머지 객관세계에 흡수되어 주체를 아예 잃어버리고, 내향적인 사람이 주관적 요인만 강조하다가 자아중심적이 되어버리고 권력 콤플렉스가 생긴다. 어느 한 태도나 기능이 극단적으로 우세하다는 것은 다른 태도와 열등 기능이 더 심하게 억압된다는 것을 뜻한다. 보조 기능이 발달하지 않았을수록 이 편향이 심해진다. 가령 극단적 외향적 사고형은 내향성은 전혀 없이 외향성만 가지고 현실감각도 가능성도 무시한 채 사고 기능만 가지고 산다.

　의식의 일방성에는 무의식의 보상이 따라온다. 의식의 외향적 태도가 완전할수록 무의식의 내향적 태도는 무자비한 이기주의가 되고, 의식에서 내향적 태도만 주장하며 객관 현실을 무시할수록 무의식은 그것에 무한한 권력을 부여하여 그것이 공포나 매혹의 대상이 된다. 마찬가지로 사고 기능만 가지고 사는 사람은 감정 생활을 억압하기 때문에 독선, 의심, 광신 등 부정적 감정들의 제물이 쉽게 된다. 바로 **대극의 반전**이다(그림 4-3 참조). 내향적 사고형의 남자가 외향적 감정형의 여자의 제물이 되는 일도 흔하다. 서로 자신이 살아내지 않는 무의식적 성향들을 밖으로 투사하는 것이다. 반전은 모든 대극들에서 일어난다. 앞에서 아니마·아니무스를 논의할 때 밖에서 남성적인 남자('무골호인')가 집에서는 예민하고 짜증 잘내는 '여자'가 된다는 예를 보았다.

　두 태도와 네 기능이 골고루 발달하면 물론 가장 이상적이다. 객관 현실, 논리와 원칙뿐 아니라 다른 사람들의 감정들도 분명히 하고, 이성적인 판단들도 내리지만 동시에 순간순간의 감각과 예감들도 놓치지 않으면 되지 않겠는가

[그림 4-3] 대극의 반전(이부영, 1998, p. 144)

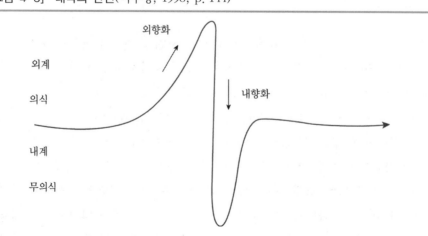

(글상자 4-5의 인용문들을 보라). 말하기는 쉽지만 이것은 완전한 자기실현으로서, 인간이 완전히 도달할 수는 없는 성인의 경지이다.

우월 기능의 쇠진　어느 한 태도/기능이 태어날 때부터 조금이라도 더 우세하면 자꾸 더 쓰기 때문에 우위가 더 확고해진다. 젊을 때 우리는 각자가 잘하는 특기를 가지고 삶을 헤쳐 나가게 된다. 예컨대, 외향적 감각이 발달한 사람은 외환투기로, 내향적 감각형은 추상파 화가로 성공할지 모른다. 그런데 이 특기가 닳아서 효력이 떨어지는 때가 온다. 투기전문가의 예상이 번번이 크게 빗나가며 추상파 화가의 그림에 생명이 없어지는 것이다. 흔히 말하는 '중년의 위기', 탈진(burn-out)은 분석심리학적으로 말하면 의식의 일방성을 무의식이 보상하는 것이다.

많은 동화들에서 이 고갈 상태는 왕이 늙고 병들거나 왕국에 몇 년 내리 기근이 들었다는 식으로 그려진다. 왕의 생명 또는 왕국을 구할 길이 있기는 한데, 그것은 아주 먼 곳에 가서 아주 귀하고 특별한 것을 가져와야 하는 아주 위험한 일이다. 이를테면 지구 끝에 사는 무서운 괴물을 찾아내서 샘물이나 보석을 훔쳐와야 한다. 모두 절망하는 난국에서 우선 첫째 아들이 아버지/나라를 구하겠다고 모두의 축복을 받으며 길을 떠나지만 실패한다. 둘째 아들이 나서 보지만 역시 실패한다. 마지막으로, 바보 같아서 아무도 희망을 걸지 않는 막내아들이 아버지가 만류하고 형들이 비웃는 가운데 길을 떠난다. 그리고 성공한다. [독자들이 잘 알다시피 그는 꼭 공주를 덤으로 데리고 오고, 둘은 결혼하여 "오래오래 행복하게 살았습니다."]

이런 동화를 분석심리학적으로 읽어보면, 왕국을 이끌어온 우월 기능이 이제 빛을 잃어 왕국이 망할 지경이 되었고, 제일 어리고 못난 열등 기능이 왕국을 살릴 길을 찾아내고 왕위를 이어 받는다고 풀이할 수 있다. 독자들이 잘 알듯이 막내 왕자는 많은 난관을 이겨내고 죽을 뻔한 위기를 몇 번씩 넘기고 나서야 보물과 공주를 구해온다. 자기실현은 이렇게 목숨을 걸 정도로 힘든 과정이다.

자기실현

위의 동화에서 두 형은 실패했는데 막내는 성공한 비결은 무엇인가. 민담이나 동화를 많이 읽은 독자들은 잘 알겠듯이, 잘난 두 형은 힘없고 비천한 존재들에게 도움을 받거나 베풀기를 교만하게 거절했다. 못난 막내는 위기에 처한 동물을 돕고 거지나 노인에게 먹을 것을 나누어주었으며, 이 존재들은 그가 위기에 처할 때 그를 도왔다. 이들은 모두 **원형**이다. 우리의 내면에는 왕과 왕자와 공주만 있는 것이 아니라 동물과 거지와 노인과 도둑도 있으며, 우리는 물론 전자로 살고 싶고 후자들은 우리와 상관없다고 믿고 싶다. 그러나 분석심리학은 우리에게 이런 부정적 측면들을 인정하고 *의식에 통합*하지 않으면 왕국을 살릴 수 없다는 것을 가르쳐준다. 많은 동화의 끝을 장식하는 왕자-공주의 결혼식은 대극들의 합일로서 그 자체가 自己의 상징이다.

자기원형　　무의식적 성향들의 투사·보상에는 통일을 지향하는 자기원형이 작용한다. 즉, 우리가 콤플렉스에 사로잡히고 그림자, 아니마/아니무스를 투사하고 열등 기능을 보상하는 데는 모두 *목적*이 있는 것이다. 바로 의식과 무의식의 분열을 극복하고 통일과 전체성을 이루어야 한다는 목적이다. 분열과 분단이 심해지면 "더 이상 이렇게는 안 된다"는 신호가 (내면에서) 오기라도 하는 것처럼 직장이나 결혼생활에서의 파탄, 큰 사고나 병 같은 위기를 겪기도 한다. "왜 하필 지금," "왜 내게 이런 일이"라고 울부짖기도 하지만, 이러한 위기와 고통은 지금까지의 삶의 태도를 점검하고 방향을 바꿀 수 있는 기회이기도 하다. 중년에 들어서 자기원형의 영향력이 커지는 이유는 30대 후반, 40대 초반쯤이면 가정을 이루고 자녀도 어느 정도 컸고 직장에서도 자리를 잡았으므로 밖을 향하던 에너지가 안을 향하기 때문이다. 이제 그는 자신의 삶의 의미를 이해하고 '자기를 발견'하려고 한다.

자기실현은 **개성화**라고도 한다. '자기', '개성' 또는 불교에서 말하는 '진여'(眞如)는 물론 사람마다 다르다. 위의 동화에서도 왕 또는 왕국을 살리기 위해 구해 와야 하는 것(自己의 상징)은 아주 특별하고 귀한 것이다. 그것은 돈 주

고 살 수도 없고 왕의 권력을 이용하여 빼앗아 올 수도 없는, 많은 위험을 무릅
쓰고 직접 구해 와야 하는 유일무이한 것이다. 동화에서도 여러 원형(의 상징)
들을 만난 다음에 마지막에 가서 자기원형을 만날 수 있듯이, 실제의 자기실현
에서도 원형들을 만나고 의식에 통합하는 순서가 있는 것 같다(그림 4-4). 대체
로 먼저 개인 및 집단무의식적 그림자를 만나고 그 다음에 아니마/아니무스 원
형과 씨름한다.

자기실현의 과정   그림자를 만난다는 것은 자기 자신을 비판적으로
본다는 것, 자신의 부끄럽고 못난 면을 인식하고 인정한다는 것을 말한다. 이
그림자가 어떤 모습인지는 외적 대상에게 *投射*할 때 그리고 *꿈*에서 알아볼 수
있다. 우리는 때로 자신의 긍정적인 면을 억압하기도 한다. 미국 만화 '찰리 브
라운'의 주인공 소년은 극단적으로 내향적이고 친구(특히 여자)들의 웃음거리이
지만, 그의 개 스누피는 극단적으로 외향적이고 여자들에게 인기 있는 '멋진 사
나이'이다. 찰리 브라운은 "왜 나는 남들처럼 정상적인 개를 가지지 못했을까"
라며 한숨 쉰다. 세상 속으로, 삶 속으로 뛰어들 용기를 못내는 한 그런 사람은
자신의 그림자를 구현하는 친구를 경탄하고 짝사랑하거나 시기 질투하기를 그
치지 않을 것이다. "내 안에서 슈바이처의 숭고한 특질들을 발견하는 것보다는
멀리서 슈바이처 박사를 추앙하는 것이 더 쉽다."

[그림 4-4] **자기실현의 과정**(이부영, 1998, p. 123)

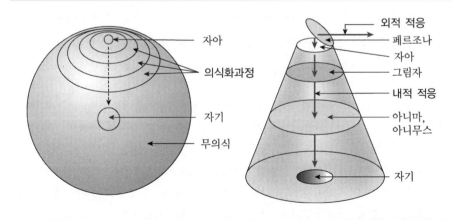

아니마/아니무스는 그림자가 감싸고 있어 그 모습을 뚜렷이 볼 수 없고, 많은 경우 이성에게 투사된다. 젊을 때는 이성과의 관계가 주로 신체적 결합을 목표하지만, 중년부터는 심리적 결합이, 즉 상대방(배우자)의 특성들을 자기 자신의 체험 속에서 인식하고 인정하는 것이 더 중요해진다. 투사했던 에너지를 거두어들이지 못하면, 즉 아니마/아니무스 상이 의식에 통합되지 못하면 그것이 무의식으로부터 계속 영향력을 발휘한다. 영화나 소설에서도 자주 그려지는, 중년 이후의 남자/여자가 젊은 여자/남자와 미친 사랑에 빠지는 일은 바로 이런 경우에 벌어지는 아니마/아니무스 투사인 것이다.

투사되었던 무의식 내용은 다시 의식에 통합되어야 한다. 예컨대, '어울리지 않는 사람', 남들이 모두 '아니'라는 사람에게 빠져 있을 때 자신이 사실은 내면의 아니마를 그 대상에게 투사하고 있는지를 질문하고, 투사하던 그 내용을 의식으로 끌어올려 자신의 일면들로 인정하는 것이다. "사랑에 눈이 멀어" 상대가 진정 어떤 사람인지 몰랐을 수 있다. '눈을 뜨고' 나면 눈먼 사랑이 "오래 참고 온유하며 투기하지 않는" 사랑(고린도 전서 13-4)이 될 수도 있지만 이는 오래 걸리는 과정이다(Johnson, 1983/2008). 그림자, 아니마/아니무스가 의식에 통합되면 의식의 범위가 상대적으로 확장된 것이기 때문에 전체의 중심인 **自己**가 멀지 않다. 남자는 늙은 현자(wise old man, der Alte Weise)를, 여자는 태모(Great Mother, Grosse Mutter)를 만나게 되고, 마지막 단계에서 자기 원형과 만나게 된다. 자기라는 중심을 발견하면 '사람이 변하'고, 권태, 고갈 대신에 풍요한 삶이 펼쳐진다.

자기실현은 통속적인 의미의 성인(聖人)이나 도사(道士)가 되는 과정이 아니다. 성인, 도사는 사회가 만든 '탈'(페르조나)이기 쉽다. 자기실현의 길에 있는 사람은 오히려 "평범하나 분수를 아는 사람"이다(이부영, 1998, p. 120).

> 그는 그가 하여야 할 바를 마음 속에 물으며, 그것이 그가 가야 할 길이면 그렇게 간다. 그것 때문에 그가 대인관계에서나 세속적인 이권에 반해서 손해를 보게 된다 하더라도. 그는 진정으로 고독한 사람일 수도 있다. 또한 그는 세속적인 의미에서 진정으로 무력한 사람일 수도 있다. 그러나 그는 자기와의 일치라는 점에서 가장 강한 사람이다. 그러나 강하다 약하다 하는 의식을 그는 가지지 않는다. 그는 반성할 줄 알며 그런 의미에서 종교적인 인간이다. 무엇이 나의 갈 길인가를

항상 마음속에 물으나 그 해답이 늘 분명하지 않음을 알며, 때때로 인간은 그 불분명한 혼돈 속에서 찾아 헤매는 고통을 겪어야 하며, 그러나 그 물음과 찾음에 응답이 있을 것임을 믿는다.

분석심리학적 심리치료

개성화와 성숙으로 밀고 가는 자기원형은 역설적으로 신경증을 가져오기도 한다. 무의식적 성향, 태도, 기능들이 의식에 통합되지 못하고 억압되어 있으면, 이 내적 분열상태가 현실판단과 적응을 방해하는 정도까지 갈 수 있기 때문이다. 우울, 불안, 강박관념 등 심리적 증상들과 더불어 두통, 피로, 피부병 등 신체적 증상들도 상징적 의미를 가진다. '병'까지 가지 않는다 해도, 삶의 의미를 찾지 못하고 내적 공허감과 불만 때문에 분석심리학자를 찾아가기도 한다. 심리치료의 목표는 개성화로 가는 길을 안내하는 것이며, 치료자는 자기발견과 자기실현으로 가는 길의 동반자이다.

분석가의 도움을 받아 내담자는 타인들에게서 보는 부정적, 긍정적 특성들이 기실 자기 자신의 특성들임을 인식할 수 있게 된다. 원형들이 의식에 통합되면 더 이상 의식의 생활을 교란시키지 못한다. 그러한 치유과정에서 중심적 역할을 하는 것은 꿈 분석이다.

꿈의 진단·치유력   꿈은 Jung에게도 '무의식으로 가는 왕도'였다. 다만 무의식에 대한 견해가 Freud와 다른 만큼 그가 찾는 내용과 방식은 달랐다. Freud는 꿈을 소망충족으로 보며 내담자의 자유연상들의 도움을 받아 무의식 충동들, 유아기 경험과 사건들에 도달하려고 하였다. Jung은 검열 때문에 꿈 내용이 왜곡되는 것이 아니라 무의식 언어—그림과 상징—를 우리가 해독하지 못하는 것뿐이며, 꿈은 무의식적 과정과 상태들을 숨기는 것이 아니라 *드러내* 준다고 보았다. Freud도 동화와 신화, 속담과 시 등에서 꿈의 상징들을 해독하는 열쇠들을 발견했지만, Jung은 Freud보다 훨씬 더 멀리 나아가 종교, 연금술, 점성술 등의 문헌들을 연구하여 무의식과 원형들의 언어를 발견하였다.

꿈의 가장 중요한 기능(목적이라고도 할 수 있다)은 **보상**(補償, compensation)
이다. 의식이 한 방향으로 치우칠 때 전체의 균형을 (다시) 잡아주는 것이다.
따라서 같은 꿈이라도 꿈 꾼 사람의 성격과 삶의 상황에 따라 다르게 해석된다
(글상자 4-6). 꿈은 꿈꾸는 자의 현재 삶의 상황을 하나의 그림으로 제시해 보여
주기도 하고, 그가 처한 위험을 예고하고 어떻게 행동해야 할지를 가르쳐주기
도 한다. 매우 열성적인 학자이자 스승이지만 몸과 마음이 지친 40대의 한 교
수가 꿈에 한약방의 약장 같은 장 앞에 서서 서랍들을 열어보는데, 서랍마다
해골이 들어 있다. 심층적 해석도 필요 없이 이 그림은 그의 삶의 상황과 위기
를 '진단'해준다.

한 학생을 불쌍할 정도로 가혹하게 구박하는 교수가 권투선수가 되어 (글
러브를 끼고 링에 올라서!) 그를 마구 패주는 꿈을 꾸었다. 얼마나 기막힌 그림인
가! 왜소하고 못생기고 열등감에 시달리는 그 학생은 키 크고 잘생기고 자신만
만한 그 교수의 '그림자'였다. 그 교수는 학생이 얼마나 고통당하는지를 (흥분하

글 상 자 4-6

똑같은 꿈의 상이한 해석

어떤 청년이 한 무리의 젊은이가 넓은 들판에서 말을 타고 달려가는 꿈을
꾸었다. 꿈꾸는 사람은 선두에서 달려가다가 물이 가득 찬 도랑을 뛰어넘는데,
다른 사람들은 물에 빠져버린다. Jung에게 이 꿈 이야기를 한 청년은 조심스럽
고 신중한 내향형이었다. 그런데 Jung은 같은 꿈 이야기를 다른 사람에게서도
들었다. 활동적이고 모험적인 생활을 해온 용감한 성격의 노인이 같은 꿈을 꾼
것이다. 이 꿈을 꿀 당시 그는 병원에 입원중이었는데 의사와 간호사의 지시를
따르지 않아 큰 골칫거리였다(Jung, 1964/84, p. 66).

Jung은 두 경우에서 같은 꿈을 다르게 해석하였다. 같은 꿈이 내향적인 청
년에게는 무엇을 해야 하는지를 격려조로 말해준 반면, 노인에게는 그가 무엇
을 여전히 하고 있어서 어려움을 겪는지를 분명히 말해주었다는 것이다. 이 예
는 꿈 해석이 꿈 꾼 사람의 개인 상황에 따라 달라진다는 것을 보여준다.

고 야단만 치느라고) 전혀 몰랐지만, 그의 꿈은 그가 무의식에서는 그것을 지각
했음을 보여준다. 그가 자신의 '못난 면'과 열등감을 의식하고 인정하지 못하는
한 (특히 격려와 지지를 필요로 하는) 학생들을 얼마나 괴롭힐지를 생각해보라.
그림자 통합을 못하는 한 그는 남들만 괴롭힐 뿐만 아니라 자기 자신도 어려움
에 처하게 된다. 실제로 그는 동료들에게 인기 있다고 믿고 있었지만 사실은
혼자 잘난 안하무인의 사람으로 낙인찍혀 있었다.

꿈은 의식의 일방성을 어떻게 극복해야 하며, 어떻게 '죽음의 골짜기'를 벗
어나 생명을 찾을지를 가르쳐준다. 그러나 분석가의 도움을 받아 그 의미를 이
해한다 해도, 머리로 이해하고 말로 인정하는 일로 그치지 않고 행동으로 옮겨
야 한다. 내가 어떤 그림자(이를테면 불타는 명예욕)를 가지고 있는지를 보았다
면 적극적으로 남 앞에 나서기를 해보는 것이고, 학문과 학교만 아는 교수가 가
족과 대화를 나누는 것이다. 자기원형은 불가능에 가까운 일을 요구하기도 하
며 자아가 거절하고 버티면 다른 제안을 한다. 치료자의 격려도 도움이 되지만,
꿈도 꿈꾸는 자의 새로운 시도들에 그림과 상징들로 촌평을 하고 격려도 한다.

꿈의 이중적 해석   꿈을 이해하는 것은 '해몽사전'을 가지고 무의식의
상징들을 기계적으로 번역하는 작업이 아니다. 무의식은, 특히 집단적 무의식
은 인간의 속에 있는 '자연'이다. 자연과학과 기술문명의 놀라운 발달로 인간이
자연 현상들을 모두 이해하고 '정복'할 수 있는 것으로 믿을 때, 자연 재해들은
이 믿음이 얼마나 헛된 것인지를 보여준다. 무의식이라는 자연도 마찬가지로
궁극적으로 전부를 이해할 수는 없다.

무의식 언어에는 근본적인 모호함이 있다. 예를 들면 물은 생명과 정화를
의미하지만 죽음도 가져다준다. 신화와 무의식의 세계에서, 생명을 주는 *어머니*
는 생명을 빼앗아 가는 파괴적 권력도 가지고 있다. 어떤 그림이 위험을 경고
하는지, 모험을 격려하는지도 분명히 알 수 없다. 하나의 꿈에 대해서도 여러
가지 해석이 가능하고, 어떤 해석이든 내담자에게 "아 그렇구나!" 하는 확신을
주지 않으면 성공하지 못한 것이다. 내담자와 분석가가 같이 진지하게 노력해
도 꿈의 의미를 잘못 해석하는 일이 생기지만, 계속 진지하게 찾고 있으면 무
의식은 다른 꿈들을 통해 이 오류를 지적해준다.

한 여성변호사는 꿈에서 어린 시절에 다니던 교회 밖으로 걸어 나왔을 때 사나운 개 두 마리에게 공격을 받았다(이하 Bolen, 1992, p. 305). 개들은 마치 급소를 물어뜯으려는 것처럼 뛰어올라 목을 물려고 하였고, 꿈꾸는 이는 공격을 막기 위해 팔을 쳐들면서 악몽에서 깨어났다. 변호사 사무실에서 그녀는 비서 취급을 받는 일이 많았다. 그녀가 변호사라는 걸 알 때도 남자들은 그녀를 제대로 대접해주지 않았다. 그녀는 한편으로는 점점 비참한 심정이 되면서 다른 한편으로 비판적, 적대적이 되어갔다. 이 꿈은 자신이 늘 "공격당하고" 있음을 나타내는 것 같았지만, 그녀는 자신의 내면에 뭔가 사나운 개들 같은 요소가 있지 않나 생각해보았다. "나는 적개심에 불타는 암캐로 변하고 있었어요." 그녀는 발랄했던 모습과 어린 시절 교회 다닐 때 행복했던 시간들을 회상하고 거기서 "물러 나왔다"는 것을 알았다. 꿈은 그녀가 다른 사람들에게 품었던 적대감 때문에 냉소적, 적대적이 되어 진짜로 파괴될 위험에 처해 있다는 것을 가르쳐주었다. 사나운 개는 밖에도 있지만, 안에도 있었다.

꿈은 개인적 무의식뿐 아니라 집단적 무의식 내용도 포함하므로, Jung은 꿈을 두 단계로 고찰할 것을 권한다. 꿈에 어머니가 나오면, 그 모상(母像)은 내 육친의 어머니 특성들, 내가 어머니와 가진 경험을 보여주기도 하지만 (**객관단계**의 해석), 집단적 무의식의 어머니 원형의 측면을 제시하기도 한다(**주관단계**의 해석). 즉, 나는 나 개인의 어머니에 대한 감정, 어머니와의 관계도 다시 생각해야 하지만, 내 속의 어머니 원형과 어떤 관계를 맺고 있는지 또는 맺어야 하는지도 보게 되는 것이다. 객관단계의 해석을 위해서는 내담자 개인의 과거 경험을 들어보아야 하지만, 주관단계의 해석을 위해서는 어머니 원형이 여러 신화나 동화, 종교 등에서 어떤 상징들로 나타나는지를 이해해야 한다. 개인의 문제를 이해하고 해결하는 데 그 자신의 무의식뿐 아니라 인간 조상의 경험과 지혜의 보물창고도 실마리를 주는 것이다.

꿈을 해석하는 태도에서 나타나듯이, 정신분석적 치료가 *회고적*(retrospective), 분석적(analytical)인 데 비해 분석심리학적 치료는 *전망적*(prospective), *종합적*(synthetical)이라고 할 수 있다. 현재의 문제와 갈등의 밑에는 분명히 과거의 개인적 경험이 깔려 있지만, 과거로 거슬러올라가 원인을 찾는 데 만족하지 않고 앞으로 어떻게 나가야 하는지를 집단무의식의 지혜를 빌어 내다보는 것이다.

이론의 평가

Adler와 함께 바깥 현실로 나갔던 우리는 Jung과 함께 다시 우리 내면 '심층'의 어둠 속으로 들어왔다. Jung의 무의식은 Freud의 무의식보다 훨씬 더 깊은 곳에 뿌리를 내리고 있다. 집단적 무의식은 우리를 종족 조상의 과거와 연결시키는, 따라서 (같은 진화의 역사를 겪은) 우리를 서로 연결시키는 '근원적 심상'들을 담고 있다. 나아가 이 원형들이 결국 우리 각자가 '자기를 발견'하는 자기실현의 길고도 힘든 여행의 길잡이가 되어준다.

유형론을 개략적으로나마 소개했으니까 세 사람의 차이를 유형론으로 이야기해보자. Adler(의 이론)의 외향성이 심리학에서 이례적인 현상인 만큼이나 Jung(의 이론)의 내향성도 이례적일 만큼 극단적이다. Jung의 제자이자 동료인 von Franz(1971)의 판단으로 Freud는 *내향적 감정형*,[2] Jung은 *내향적 직관형*이었다. 그 자신의 말로 내향적 직관형은 "물리적이 아니라 심리적인 현실"을, "의식의 모든 배경의 과정들을 마치 외향적 감각이 외적 객체들을 지각하듯 똑같이 분명하게 지각"(Jung, 1921/88, p. 274)하며, "신비한 몽상가 겸 예언자이거나 환상가(Phantast) 겸 예술가인 독특한 유형"(p. 276)이다.

Jung의 성격이론, 특히 집단적 무의식과 원형 개념들은 내향적 직관의 성과라고 할 수 있다. 관찰 및 수량화할 수 있는 행동들을 과학적으로 연구하는 (외향적 감각!) 과학적 심리학이 분석심리학을 받아들이기 힘든 근본적 이유가 여기에 있다. [외향적 감각형의 '열등 기능'은, 즉 이 유형이 가장 못하고 억압하는 기능은 내향적 직관이다!] 이를테면, 원형들이 개인 경험의 결과가 아니라 종족의 삶의 경험과 기억의 잔재라는 것을 어떤 자료와 방법을 사용하여 과학적으로 검증하겠는가?

Jung의 이론이 과학적 심리학에 미친 영향은 단어연상 검사와 유형론이라 할 수 있다. 16개 유형을 분류하는 자기보고 질문지인 Myers-Briggs 유형지표

---

2) 그러나 Freud의 이론체계는 그의 열등기능인 외향적 사고를 나타낸다고 von Franz (1971, p. 49)는 주장한다. "소수의 관념들을 가지고 엄청난 양의 재료를 설명해내는" 특성이 그렇다는 것이다.

(MBTI)는 임상 밖 현장에서 평가와 컨설팅에 널리 사용되고 있는 한편, 특히 외향성-내향성 차원은 과학적 심리학에서 계속 인기 있는 변인으로 남아 있다. 이 책(하권)의 4부에서 나올 특질심리학에서 외내향성을 개념화하고 측정한 다양한 시도들을 보게 될 것이다.

Freud나 Adler가 성격구조 또는 생활양식이 4, 5세경에 이미 형성된다고 주장한 데 비해, Jung은 어린 시절의 성격발달을 별로 언급하지 않았다. 대신 그는 Freud나 Adler가 소홀히 한 *중년*의 성격변화에 주목하였다. Jung은 중년 심리학을 이해하려고 노력한 최초의 성격이론가에 속한다(Hall 등, 1985). 그는 성공적인 삶을 살고 있는 사람들이 중년에 이르러 삶의 의미를 묻고 성격변화와 다양한 위기를 겪는 것을 자기실현의 시작이라고 본다. 완전한 자기실현을 이루는 사람은 없다고 해도, 성장과 성숙의 잠재력을 의미하는 자기원형이 누구에게나 있다는 가정은 낙관주의적 인간관을 반영한다.

심리학자들이 Jung의 이론을 받아들이기 힘들어하는 것과 대조적으로 심리학 밖에서는 그의 영향력이 상당하다. 문학, 역사, 철학, 종교 등에서 많은 저자들이 그의 사상을 수용한다. 외디푸스 콤플렉스, 거세불안, 자아방어 등처럼 그림자, 아니마/아니무스, 우리 속의 아이(아이 원형) 등은 인문학적 교양을 웬만큼 쌓은 지식인들에게는 친숙한 개념들이다. Hall 등이 썼듯이(1985, p. 138), "Jung의 사고의 독창성과 대담함은 최근의 과학사에서 거의 유례가 없으며, Freud 외의 어느 누구도 Jung이 '인간의 영혼'이라 부를 만한 것을 들여다보는 개념적 창문들을 더 많이 열어주지 않았다."

성격심리학의 큰 목표와 주제가 인간 이해, 인간 공부라고 한다면, 과학적 연구방법론만 주장할 것이 아니라 인문학에 더 가까워져야 할지 모른다. '인간 이해'가 목표라면 실험, 질문지에서 나온 수량적 자료에만 집중할 것이 아니라 Freud나 Jung이 한 것처럼 문학, 역사, 종교, 신화 등에서도 '자료'를 구할 수 있다. 다음 장에 다룰 Murray는 과학적 연구를 중시했지만 동시에 '백경'(모비딕)을 쓴 미국 작가 허먼 멜빌의 권위자였고 사회학, 인류학, 정신의학 등 다양한 분야의 학자들과 같이 '성격의 탐색' 작업을 하였다.

┃요 약┃

01 Freud 진영을 이탈하여 독자적 이론들을 발달시킨 Adler와 Jung은 결정론과 성 충동 강조에 반대했을 뿐 아니라 인간 행동의 목적성을 강조하였다.

02 Adler의 개인심리학에서 볼 때 우리는 누구나 열등하고 무력한 존재로 인생을 출발하며 **열등감**을 보상하기 위하여 우월을 추구한다. 일반적 열등감이 너무 커지면 과잉보상이 나타나며 공동체감이 발달하지 못한다. **공동체감**은 '나'가 아니라 '우리'로 느끼고 생각하는 능력을 말하며, 개인심리학에서 심리적 건강과 성숙의 지표가 된다. 공동체감의 수준은 사랑(이성애, 결혼), 우정(인간관계), 일(직업)의 세 가지 **삶의 과제**에 직면하는 태도에서 반영된다.

03 인정받고 우월해지려는 목표를 추구하는 방식은 사람마다 다르다. Adler는 이 **생활양식**이 4, 5세경에 이미 정해진다고 보았다. 일반적 열등감이 너무 커지고 공동체감이 발달하지 못하면 **용기와 상식**을 가지고 삶의 과제들에 도전하며 공동체에 도움을 주는 긍정적 생활양식이 발달하지 못하고, 삶의 과제들을 회피하며 특별 대접을 요구하는 부정적 생활양식이 생겨난다.

04 일반적 열등감의 크기와 공동체감의 수준을 결정하는 가장 중요한 요인은 부모의 양육태도로, 아이를 동등한 인격체로 존중하는 **우정적 호의**가 이상적이다. 권위주의, 지나친 애정(과잉보호), 지나친 욕심 등은 아이의 용기를 꺾고 열등감을 강화시키는 잘못된 양육태도이다.

05 외동이, 맏이, 중간, 막내는 각기 다른 *위치*에서 인생을 출발하기 때문에 생활양식도 달라질 수 있다. 남녀 불평등과 차별이 존재하는 한 성별도 가정과 사회에서의 위치에 영향을 미친다. 결과적으로 여자는 약자의 무기를 개발하여 휘두르고(**남성적 반항**) 남자는 남성 권위를 주장하는 생활양식을 발달시키기 쉽다.

06 개인심리학에서 신경증환자란 일반적 열등감이 큰 나머지 자신감과 용기를 잃고 삶의 중요한 과제들을 회피하는 사람이다. 심리치료는 내담자의 부정적 생활양식을 파악하고 교정해주는 작업이 된다.

07 Adler는 사회적 요인들의 중요성과 행동의 목적성을 강조하였고, 아무리 불리한 생활 조건들 속에서도 열등감을 발전의 추진력으로 삼을 수 있다는 낙관주의를 불러일으킨다.

08 Jung의 분석심리학의 가장 특징적인 개념은 **집단적 무의식**이다. 개인적 무의식은 Freud의 무의식과 비슷하게 개인 경험을 반영하지만, 집단적 무의식은 진화의 역사를 거쳐온 종족의 경험의 침전물이며 근원적 심상, 즉 **원형**들로 구성된다. 성격 형성에 중요한 원형들은 페르조나, 아니마와 아니무스, 그림자, 그리고 자기이다.

09 의식과 무의식의 **대극**이 심해지면 억압된 무의식적 성향들이 유치하고 원시적인 상태로 남아 꿈과 신경증 증상들을 통하여 간접적으로, 즉 상징적으로 표현된다. 무의식이 의식의 일방성을 **보상**하는 것이다. 무의식적 성향들이 외적 대상에 **투사**되는 것도 이 보상에 속한다.

10 Jung의 심리학적 **유형론**은 의식의 일반적 태도(외향성과 내향성)와 기본 기능(사고, 감정, 감각, 직관)이 조합된 8가지 유형을 제시한다. 두 태도 중 하나가 우세하고 네 기능 중 하나가 우월 기능이 되어 유형을 결정하지만, 억압되는 다른 태도와 기능들이 여러 가지 방식으로 의식의 일방성을 보상한다.

11 무의식 성향들의 보상과 투사는 **자기원형**의 작용에서 나온다. 자기원형은 의식과 무의식의 분열을 극복하고 통일과 전체성을 이루려고 하며, 이 **자기실현** 또는 개성화는 중년 위기와 성격변화를 초래한다. 밖으로 투사만 되던 콤플렉스와 원형들이 의식화, 수용되면서 자기실현으로 가게 되는데, 그 일반적 순서는 그림자를 만나고 아니마/아니무스 원형을 통합시키고 늙은 현자 또는 태모를 만나고 자기라는 중심을 발견해가는 것이다.

12 무의식적 성향, 태도, 기능들이 의식에 통합되지 못하고 억압되어 있으면, 이 분열 상태가 신경증을 가져올 수 있다. 분석심리학적 치료는 자기실현을 돕는 것이며, 꿈 분석이 치료에서 중요한 역할을 한다.

13 Jung의 심리학적 통찰들은 내향적 직관의 성과이기 때문에 객관적 관찰과 측정을 통하여 검증하기가 힘들다. 그는 중년의 성격변화에 주목한 최초의 성격이론가이며, Freud와 더불어 인간의 영혼의 심층을 탐색한 독창적 사상가에 속한다.

제 5 장

정신역동 이론의 과학적 연구: Murray

지금까지 논의한 성격이론들은 모두 (독일어권) 유럽 정신의학자들의 이론들이었다. Henry Murray(1893-1988)는 미국인이었고 정신의학자도 아니었지만, 그렇다고 3부부터 나오는 대부분의 (미국인) 학자들처럼 대학에서 심리학을 전공하지도 않았다. 그는 의학, 생물학과 생화학을 전공하는 자연과학도로서 혼자서 심층심리학 책들을 읽던중에 하버드 심리클리닉에 가게 되어 학문적 심리학과 만났다. 이 클리닉의 소장으로서 27명의 공동연구자들과 같이 수행한 연구의 방대한 보고서인 '성격의 탐색'(Explorations in Personality, 1938)은 '50명의 대학생 연령 남자들의 임상적 및 실험적 연구'라는 부제가 말해주듯이 임상과 실험실을 잇는 다리를 놓은 연구의 결과였다.

그는 자신의 이론을 **성격학**(personology, '인간학'이라고 번역할 수도 있겠다)이라고 불렀다. 심리학의 과제는 당연히 성격 연구이므로, '성격심리학'이라는 말은 동어반복이라고 보았기 때문이다. 그의 이론체계는 워낙 포괄적이어서 이 책에서 채택한 다섯 가지 범주—정신역동, 현상학-인본주의, 성향-생물학, 행동주의-학습, 인지-정보처리—중 행동주의를 제외한 네 개의 이론적 접근방향 어디에나 집어넣을 수 있다. 여기서는 정신역동 이론과 과학적 심리학 사이에 다리를 놓은 공헌에 초점을 맞추기로 한다.

뉴욕시의 부유한 상류층 가정에서 태어나 자란 Murray는 그리 행복한 아동기를 보내지 못했다(글상자 5-1 참조). 하버드에서 학부를 마친 후 컬럼비아 대학에서 의학을 전공하여 1919년에 수석 졸업하였다. 2년간 외과 인턴을 하였으나 외과 전공을 포기하고, 영국 케임브리지 대학에서 생화학으로 1927년 박사학위를 받았다. 연구에 관심 있는 의사로서 그는 다양한 방법들을 사용하여 신중하게 내리는 진단, 상세하고도 체계적인 사례연구, 주의 깊은 연구절차 서술 등의 중요성을 깊이 인식하고 있었다. 이러한 태도는 '성격의 탐색'에서도

Henry Murray

글 상 자 5-1

"불행과 슬픔의 골수"

심리학자 James W. Anderson(1988)은 Murray를 오래 아는 친구로서 상세한 면접을 나눈 자료를 가지고 "Herry A. Murray의 초기 커리어: 심리전기적 탐색"이라는 제목의 논문을 발표했다. Murray는 늘 기운차고 쾌활한 사람이었고, 아흔이 넘어서도 언제나 아이디어와 열정이 넘쳤다. Anderson이 그의 아주 다른 모습을 본 것은 1979년 그가 몇 번의 심장마비에서 회복하여 슬픔과 눈물의 세월을 보내던 때였다. Murray는 1967년에 발표한 자전 논문에서 자신의 "불행과 슬픔의 골수"(marrow of misery and melancholy)를 탐색한 바 있다.

그의 어머니는 누나와 남동생을 편애하였다. 저항해보았으나 돌아온 것은 좌절과 수치뿐이었다. 결국 그는 "자기 스스로 만든 사적인, 엄마 같은 밀실로 거만스럽게 기어들어가 한동안 자기도취적 자기연민에 빠져들고 나서 자연이 상처를 낫게 해줄 때까지 상처를 핥았다." 모자간의 특별한 유대관계는 영원히 단절되었고 두 사람은 이제 서로에게 "죽은 사람"이었다.

아동기 경험들을 토대로 생겨난 성격 패턴은 그 자신이 보기에 다음 세 가지 구성요소를 가졌다. 우선 '불행과 슬픔의 골수'는 자부심에 의해 억압되고, 낙천적이고 대범한 쾌활함의 성향이 작용하여 일상생활에서 실제로 없어졌다. 그러나 이 감정들은 그의 속에 살아 있었고 체험들에 계속 깊은 영향을 주었다. 다음으로 다른 이들, 특히 여자들의 고통에 지나칠 정도로 민감했기 때문에 그들의 건강과 기쁨을 되찾아줄 수 있다는 낙천적 자신감을 가지고 의학과 심리치료를 선택하게 되었다. 마지막으로 자부심, 부정, 억압의 결과로 나온 확신이 있었는데, 남의 도움이나 지지가 필요 없다는 독립심이었다. 어머니와의 관계에서 받은 깊은 상처 때문에 친밀 관계를 두려워하게 된 것이다.

Anderson은 Murray의 성격이해에 출발점이 되는 것이 자신이 특별하다는 느낌, 위대한 일을 할 비범한 존재로 보고 싶은 욕구라고 지적한다. 그는 이런 성향이 다음 여러 측면이 작용한 결과라고 본다. 첫째, 가까운 관계가 좌절과 고통을 주었기 때문에 그러한 관계들을 피했다. 또, 높은 에너지 수준, 비상한 기억력, 총명함, 비범한 언어능력 같은 많은 강점들을 타고났으며, 어릴 때부터 이 강점들을 의식했다. 셋째, 착하지만 무능해서 가족에게 무시당한 아버지와는 반대로 야심적인 성취자가 되고자 했다. Murray 자신이 자기도취(나르시시즘)가 자신의 주요 성격특성이라 생각하고 '성격의 탐색'에서도 이 변인을 연구하였다.

Murray는 어릴 때부터 말을 더듬었다. 어머니에 대한 분노, 강요된(스스로 강요한) 독립에 대한 불편함 같은 감정들을 표현하면 안 되었기 때문이었다. 말 더듬 증상은 그가 어른이 되어서도, 정신분석을 받고 나서도 없어지지 않았고, 후에 저절로 상당히 나아졌다. Murray 스스로는 그 증상이 많이 없어진 이유를 모르겠다고 말했다 한다.

'뼈에 사무친 슬픔' 때문에 Murray는 비극적 문학 주제들에 관심을 가졌을 뿐 아니라, 의학과 생화학을 포기하고 심리학으로 돌아서게 되었다. 심리학자로서도 그는 피험자들의 숨겨진 내면 세계에 접근할 수 있도록 연구를 설계하였고, 공상, 소망, 공포 같은 무의식과정들에 도달하기 위한 특별한 도구—뒤에 나올 TAT—를 제작하였다. 그는 자신의 내면의 슬픔 때문에 TAT를 만들 때 어두운 그림들을 많이 선택하였음을 인정하였다.

유지되었다. Murray는 자신들의 연구가 "정신분석학의 심층적이고 의미깊고 비유적이고 도발적이고 의문의 여지가 있는 사색들과, 학문적 심리학의 정밀하고 체계적이고 통계적이고 사소하고(trivial) 인위적인 방법들이 낳은 자식"이라고 할 수 있으며, "양쪽 부모의 나쁜 점보다는 좋은 점들을 더 많이 물려받았기"(1938, pp. 33-34)를 바란다고 서술하였다. "정신분석학의 사색들"과 "학문적 심리학의 방법들"을 수식한 형용사들을 음미해보면, '양쪽 부모' 중에서 정신분석학을 더 좋아하고 높게 평가했음이 느껴진다.

심층심리학에 관심을 가진 자연과학자로서 학문적 심리학을 처음 만났을 때 당시 심리학은 어떠했으며 그는 그것을 어떻게 받아들였는가? 그의 성격학 이론체계를 소개하기 전에 그 배경부터 알아보기로 하자.

성격학 체계의 발달 배경

우리는 1장에서 성격이론들이 임상적 전통에서 나왔으며, "승인되는 이론과 규준적 문제들에, 기성의 연구방법 및 기법들에 반기"를 든 반역자였다고 말한 바 있다. Murray는 정신분석학에도, 학문적 심리학에도 주류에 속하지 않는 이단자로서, "엄정한 성격 과학을 세우려고 노력하면서도 과학자의 측정을 피해 가는 인간 정신의 신비들을 너무 잘 알고 있었던 임상가-인문학자-과학자"(a hybrid clinician-humanist-scientist) (Levinson, 1980, p. 46)였다. 그가 성격 분야로 찾아 들어온 것은 "1920년대의 거의 어느 심리학자라도 위험할 정도로 비(非)정통적이라고 보았을"(White, 1980, p. 4) 길을 통해서였다. 개인적 동기가 그 길의 출발점이 되었다.

정신역동 이론과 학문적 심리학에 대한 견해

Murray가 의학과 생리학 분야에서 유수한 학회지에 발표한 논문은 21편에 이르나, 케임브리지 대학 박사과정중에 개인적 위기("심각한 감정 동요")를 겪는 와중에서 심리학으로 전환하게 되었다(Anderson, 1988). 생화학으로 박사학위를 받은 해(1927년)는 공교롭게도 그가 하버드 심리클리닉에 심리학자로 가면서 직업을 바꾼 해이기도 하였다.

내면세계에 대한 관심　　　1923년에 시작되어 3년을 간 "심각한 감정 동요" 때에 Murray는 니체, 도스토예프스키, 베토벤 등 예술의 영역에서 전에 몰랐던 깊고 어두운 감정의 세계를 알게 되었다. 특히 미국 작가 허먼 멜빌의 '백경'(모비 딕)이 큰 영향을 주었는데, 멜빌 연구는 그가 평생 정력을 쏟은 과제로 남았다. 다른 한편, 그는 영어로 번역되어 나온 Jung의 '심리학적 유형론'을 발견하고 밤새워 그리고 다음날 종일 읽었다. 그 책을 읽은 지 2, 3주 뒤에 만난 Christiana D. Morgan —후에 같이 TAT 제작— 이 설득하여 그는 1925년에 스위스 취리히로 Jung을 만나러 갔다. 원래는 이론을 토론하려고 했으나 결국 한 달간 머물며 내면의 문제들을 파들어 갔고 Jung의 인품과 천재성에 깊은 인상을 받았다. [그의 고민 중의 하나는 부인을 좋아하면서도 Morgan과 사랑에 빠진 일이었다(Anderson, 1988).] 그는 심층심리학을 하기로 마음을 정하고 Freud, Jung, Adler 등 심층심리학 책들을 읽기 시작하였다.

의학과 생화학 연구는 자신의 성격의 깊은 뿌리("불행과 슬픔의 골수," 글상자 5-1)와 연결되지 않으므로 점점 더 기계적이고 생명이 없는 것으로 여겨지게 되었다. 때마침 Morton Prince는 하버드 심리클리닉(Havard Psychological Clinic)을 세우면서 심리학 교수도 될 부소장(assistant director)을 채용하려고 하였다. Murray는 생화학에서 심리학으로 바꿀 기회를 보고 응모하였으나, 심리학 교육을 전혀 못 받았기 때문에 자리를 얻으리라고는 생각하지 않았다. 친구인 생리학 교수가 Prince에게 "영국에 있는 뛰어난 화학자입니다. 과학자를 원하시는 것 아닙니까?"라고 말했다 한다(Anderson, 1988, p. 149).

하버드 심리클리닉　　　Morton Prince(1851-1929)는 의사이자 미국 최초의 심리치료자 중의 하나이며, 미국심리학의 발달에서 큰 역할을 하였다. 이상심리학 학회지를 창간하였고 히스테리, 다중인격, 무의식 과정 등에 대한 연구로 유명한 학자였다. 그는 말년에(1927년) 임상적 시범의 도움으로 학부생들에게 이상심리학을 가르치는 클리닉을 시작하려고 하였다. 학문적 심리학의 본산이었던 하버드 심리학과는 이 제안에 경악하였고, Prince는 기부금을 제공하여 클리닉을 대학에 거의 강요하다시피 하였다(White, 1980). 클리닉은 처음부터 대학교정에서 떨어진 곳에 있었고 Prince와 심리학과 교수들은 말도 안 하고 지냈다 한다.

Prince가 2년 뒤 죽자 Murray는 그를 이어 소장이 되었다. 소장으로 있으면서 정신분석가 수련을 받고 분석치료도 하는 한편, 개인 성격과 삶을 이해하기 위한 공동연구 프로젝트를 수행하였다. 27명의 공동연구자들은 Freud이론 분석가, Jung이론 분석가, 사회학자, 인류학자, 문학자 등으로 전공이 다양하였다. [3장에서 나온 Erikson도 공동연구자의 한 사람이었다.] 연구팀의 한 사람이었으며 Murray를 이어 클리닉 소장이 된 White(1980)는 이렇게 다양한 배경을 가진 사람들이 모여서 오래 같이 일할 수 있었던 것이 Murray의 '카리스마' 덕분이었다고 말한다.

그는 임상적 훈련과 경험에서는 정상을 벗어난 것에 초점을 맞추었지만, 성격 연구에서는 정상인에 일차적 관심을 가졌다. 다양한 학문적 배경 출신자들이 같이 작업을 해야 하므로 Murray는 무엇보다 먼저 공동의 언어, 공동의 이론틀과 변인들이 필요하다고 생각하여 시험적으로라도 이론체계를 만들었다. 피험자들의 첫번째 집단에서는 10개 변인들을 가지고 작업하였으나 마지막 집단에서는 40개 이상의 변인이 연구되었다. 공동의 이론틀을 가지고 동일한 개인들을 연구한 후 이론틀을 수정하며, 그것을 가지고 다음 집단을 연구하고 다시 이론틀을 수정하는 작업이 계속되었기 때문이다.

Murray는 모든 연구자들에게 공통된 목표가 "인간의 본질을 탐구"하는 것이었다고 '성격 탐색'의 서문에 썼다. White는 "크고 중요한 사명에 착수한다는, 성격을 이해하기 위한, 비록 극히 멀지만 진짜 길(real way)을 드디어 발달시킨다는 느낌"(1980, p. 14)이 연구팀을 지배했다고 회상한다. Murray의 원대한 목표는 심층심리학을 학문적 심리학 안으로 들여오고 임상과 실험실을 잇는 다리를 놓는 것이었다. 그가 심층심리학, 즉 정신역동 이론과 학문적 심리학을 어떻게 평가했는지를 알아보자.

심증심리학과의 만남　　　1927년에 하버드에 온 Murray는 보스턴 영역에서 정신분석에 관심 있는 사람들—대부분 정신의학자, 즉 정신과의사—과 함께 1928년에 10명이 보스턴 정신분석학회를 세웠다. 그의 눈에는 모두 "재(在)보스턴 Freud 후계자"가 되고 싶은 것 같았고, 마치 종교단체같이 "정통이냐 이단이냐"가 제일 큰 문제였다. 특히 초대 학회장이 연설에서 "양면적 태도를 가진, 즉 분석과 학문적 심리학을 '결합'한다는 태도를 가진 사람은 누구도 받아들일 수 없다"고 했을 때 Murray는 그 말을 자신을 겨냥한 공격으로 들었다 (Anderson, 1988).

보스턴 정신분석학회에서는 회원들의 교육분석을 위해 Freud가 총애한 젊은 분석가 중 하나였던 Franz Alexander를 베를린에서 보스턴으로 초청하였다. Murray는 1931년 가을에 시작하여 9개월간 그에게 분석을 받았으나 "아무런 새로운 것도 나오지 않았다." 말 더듬 증상도 없어지지 않았다. 분석가와 전이 관계를 맺지 못했던 그는 Freud의 접근이 "Freud 같은 사람들," 즉 어머니에게 집착하고 아버지에게 적대감이 많은 사람들을 위한 것이라고 생각하게 되었다. 자기 아버지는 매우 착하고 허약한 사람이었기 때문에 외디푸스 콤플렉스에 토대를 둔 접근은 자기에게는 적용되지 않는다는 것이었다.[1] 여하튼 분석 경험을 통해 그는 정신분석학의 결점들을 몸소 깨닫게 되었다. 교육분석을 끝낸 후 분석가 수련을 마치고 스스로 분석 치료를 하면서 정신분석학적 개념들과 이론에 대한 존경심이 다시 커졌지만, 치료자로서 별로 보람을 느끼지 못하고 연구에서 더 큰 충족을 맛보았다.

Murray가 정신분석 이론에서 높이 산 것은 내면생활을 강조했다는 것이다. 그는 성의 중요성 주장, 아동기 경험 강조 등 기본적 관점들도 다수가 유용하다고 보았고, 특히 동기와 추동의 강조를 높이 평가하였다. 그러나 그는 Freud가 가정한 동기체계가 너무 좁으며, 포괄적 성격학 접근이라면 삶과 죽음 추동 이외의 욕구들을 포함해야 한다고 믿었다. 정신분석 이론은 아이와 부·

---

1) 글상자 5-1에서 Murray가 어머니의 편애에 깊이 상처받은 이야기를 읽어보면 어머니에게 집착이 없었다는 말이 얼핏 믿어지지 않는다. 아버지를 "착하고 허약한" 사람으로 보는 배후에도 (외디푸스적) 경쟁심이나 적대감을 배제하기 힘들다. Murray가 자신이 특별하며 비범한 존재라고 생각했다는 Anderson의 지적이 맞다면 이 또한 외디푸스 콤플렉스 내지 남근기 고착을 시사한다.

모의 삼각관계 등 많은 삶의 상황들의 중요성을 지적했지만, 자신의 경험으로
미루어 그 이론은 어느 유형과 조건들에나 모두 잘 적용되지는 않는다는 것이
었다. 아울러 그는 정신분석학이 환경, 즉 사회적 요인들을 부적절하게 다룬다
는 것과 체계적 연구를 활용하지 않는다는 점을 비판하였다.

　　정신분석학에 대한 이러한 비판들은 그의 성격학 이론과 연구에서 반영되
게 된다. 그의 이론체계는 20개의 욕구를 비롯하여 행동을 일으키는 환경적 힘
인 '압력'들을 포함하였다. 이 이론체계를 토대로 수행한 '성격 탐색'에서 그는
학문적 심리학의 개념들과 방법론에 크게 의지하였다.

　　학문적 심리학과의 만남　　Murray는 하버드 학부생 시절에 독일에서
공부한 실험심리학자[2]의 강의를 듣고 심리학이 사람과 아무 상관없다는 주장
에 충격을 받았었다. 학문적 심리학과 정식으로 맞닥뜨린 것은 하버드 심리클
리닉에 '심리학자'로 오게 된 후였는데, 심리학이 '사람에 관심 없는' 것은 여전
하였다. 1920년대 말 1930년대 초의 심리학 학회지들은 감각, 정신물리학 등 좁
은 실험적 연구들이 지배하였고, 행동주의가 이미 정착하였다(제5부 13장 참조).
Murray는 심리학의 '과학주의'(scientism)에 놀랐고("a mind without a history,"
Murray, 1959, p. 13) 학문적 심리학에 철저히 실망하였다.

　　클리닉 소장이 되고 조교수 승진도 했으나, Murray는 행동주의의 아성인
하버드 심리학과에서 고립되었다. 오직 한 사람, 좁은 실험심리학이 아니라 종
교·편견 등 사회심리학적 주제들을 연구하고 개인과 개성의 연구의 가치를 강
조한 Gordon Allport만이 Murray가 공격받을 때 편을 들어주었다.[3] Murray는

---

2) 아마도 Hugo Münsterberg(1863-1916)였을 것이다. 그는 심리학을 창설했다는 명예를
　누리는 독일 Wilhelm Wundt의 제자이자 의학박사였다. 하버드에 있던 William James(미
　국 심리학의 아버지)가 1890년 '심리학의 원리'를, 2년 뒤 그 축약본을 완성하고 심리학
　을 떠나 철학에 가까워지면서, 그를 설득하여 미국에 불러다 하버드 심리학실험실 운영
　을 맡겼다. Münsterberg는 3년 뒤 독일에 돌아갔다가 1897년부터 죽을 때까지 하버드에
　있었다(Leahey, 2000).

3) 그러나 '성격의 탐색'이 나오기 1년 전에 '성격'이라는 제목의 책을 냈던 Allport도 심리
　학과 교수가 아니라 사회윤리학과 교수였다. 이것은 최초의 성격 교재였고, 1장에 쓴
　것처럼 이 해를 '성격심리학'의 탄생연도로 보는 견해가 있다. 역시 하버드에 있던
　McClelland(1996, p. 429)의 말을 들으면, 하버드 심리학과는 성격분야에서 아무에게도
　종신교수(tenure)를 준 적이 없다.

Allport를 존경했지만, 또 그가 "질서 있는 방법·절차, 결과들의 올바른 통계처리"에 대해 가르쳐주었다고 인정하면서도, 그의 *특질*(trait) 이론(이 책의 4부에서 다루어진다)은 좋아하지 않았다. 그러면서도 자신의 이론체계에 불안, 창의성, 정서성 등 15개의 '일반적 특질들'을 포함시키고 연구에서 측정하였다. 그 외에도 그는 학문적 심리학으로부터 유전-환경, 조건화와 습관체계 등 많은 개념들을 받아들였다. 정상적 대학생들을 대상으로 대학 장면에서 연구를 수행한 것도 학문적 심리학의 영향이라고 할 수 있다.

정신분석학에도 학문적 심리학에도 불만이었지만, Murray는 둘 중 하나에 적응하기보다는 자기 자신의 접근을 개발하였다. 욕구개념들이 중심이 된 이론체계에서 각 변인은 많은 구체적 예(例)들을 집어넣어 모든 연구자가 만족하도록 정의하였다. 연구의 마지막 단계에서 연구자들은 각 피험자를 각 변인에 따라 '0-5'의 척도 위에서 평정하였다. 그가 세운 방법론적 원칙들을 알아보고 그의 이론체계를 욕구 이론을 중심으로 소개하기로 한다.

방법론적 원칙들

Murray(1938, p. 705)는 '성격의 탐색'이 성격학에 공헌을 했다면 그것은 연구팀의 "일반적 행동계획"에서 찾을 수 있을 것이라고 말하였다. 그의 목표는 단순히 '성격의 탐색'이 아니라 삶의 이해, **삶 역사**(life history)의 이해였으므로, "인간의 수태에서 죽음까지의 복잡한 일들의 긴 과정에 관련되는 사실들의 조직적 수집"(p. 23)이 연구의 목표였다.

방법 다양성   매 회기에 약 13명의 피험자들—연구 참여의 대가로 돈을 받았다— 이 몇 개월 동안 매주 3-4시간씩 클리닉에 왔다. 연구에 들어가기 전에 Murray는 각 (자원)피험자와 10분 동안의 면접을 하였다. "특정한 능력 유형들과 특정한 기질 유형들간의 관계를 발견하기 위하여 다양한 검사를 해보고 싶다"고 말하고, 3, 4개월 (총 약 36시간) 걸리는 프로그램을 개요해준 다음 참여 의사를 물었다. 첫 과제는 약 15쪽 분량의 짧은 *자서전*을 쓰는 것이었다.

피험자는 20여 명의 다양한 연구자들을 만났고, 몇 번의 절차가 끝난 후 자신들의 경험을 말이나 글로 보고할 기회가 주어졌다. 연구자의 성별, 나이, 성격 유형 등에 따라 피험자가 누구를 신뢰하는가, 어떤 성격측면들을 내놓는가 하는 것도 흥미 있는 주제였다. 또 연구자가 많으면 각자의 개인적 관점에서 발생하는 오류도 줄일 수 있었다. Murray는 이것이 "인간 피험자들과 실험하는 이상적인 방법"이라고 여겼다(p. 706).

　저서 '성격의 탐색' 6장에서 연구팀이 마지막 두 피험자 집단에 사용한 절차를 보면 '회의'(conference)와 '자서전'부터 시작하여 모두 25가지의 절차가—모든 피험자에게 같은 순서로— 사용되었다. 가족 관계와 아동기 기억(면접과 질문지), 성적(性的) 발달(자유연상), 현재의 딜레마들(장의자에 누운 채 구조화되지 않은 물음들에 대답), 대화(길에서, 충계에서, 언제 어디든 만나면 2, 3분에서 2시간 동안), 질문지들(주로 욕구들의 측정), 능력 검사들(신체능력, 기계능력, 학습능력, 사회적 능력 등 모두 15가지), 과학적 이해, 미적(美的) 감상력(시와 그림 제시), 최면 검사, 포부 수준 검사, 억압의 실험 연구, 금지의 위반, 감각운동 학습 검사, 정서적 조건화, 주제통각검사(TAT), 극 연출 검사,[4] 로샤하 등이 이에 포함된다.

　자서전은 가족사(부모, 형제 등), 개인 발달사, 성적(性的) 발달사, 주요 경험들, 목표와 야망, 자기관과 세계관 등 모두 7개의 제목 아래 항목을 상세하게 적은 '개요'를 일단 읽어 보고 쓰게 했다(글상자 5-2 참조). 피험자들은 다 쓴 뒤에 개요문을 다시 읽으면서 빼먹은 내용을 보충하였다. 개인의 성격과 삶을 이해하는 데 불가결한 자료를 제공한 자서전 외에 가장 의미 있는 자료는 심상과 공상을 끌어내기 위한 **투사검사**들에서 나왔다(Murray, 1938, p. 728). 로샤하 같은 기존의 투사법을 사용하기도 했지만, 새 투사검사(TAT)를 개발하기도 하였다. [이 두 검사는 다음 장에서 소개된다.] 그 밖에도 이야기 완성, 음악에 대한 공상 등 다양한 투사검사들이 사용되었다. 일상생활과 비슷한 상황들을 제시한 기법들도 유망한 것으로 보였다. 특히 정서적 조건화, 요구수준, 윤리적 금지에 대한 반응, 좌절에 대한 반응 등을 검사한 절차들이 그러했다. '회의'와 '자서전'

---

4) 장난감들을 가지고 연극 장면을 만들어내는 이 검사는 아동 정신분석학자였던 Erik Erikson (당시 이름은 Erik Homburger)이 맡았다.

을 비롯하여 25가지의 절차를 사용해서 나온 자료를 토대로 각 피험자를 44개 변인 상에 평정하였다. 최종 목표는 각 피험자의 성격과 생활사를 재구성하는 것이었다.

정신분석학자로서 Murray는 '투사'의 위험을 잘 알고 있었다(1938, pp. 248ff.). 연구자는 자신의 느낌이나 내적 과정, 상태를 피험자의 상태나 과정으로 착각할 수 있고, 피험자의 태도나 행동에 영향받을 수도 있다(역전이, 3장, p. 139 참조). 가령 지배욕 강한 피험자 앞에서 움츠러들거나 화가 날 수 있다. 과학적 연구에서는 객관성과 중립성을 강조하지만, Murray는 (연구자의) "정서를 적으로 삼기보다 동맹으로 삼는 것"이 낫다고 보았다(pp. 248-249).[5] 교육분석, 잦은 토론 등을 통하여 "비판적 정서적 참여"(p. 249)—'임상적 직관'이라고도 할 수 있을 것이다—를 개발하고 이를 성격의 심층을 탐색하는 최상의 도구로 쓸 수 있다고 믿은 것이다. 판단의 짐은 5명의 전문가로 구성된 '진단의회' (Diagnostic Council)가 주로 떠맡았다.[6]

진단의회 '진단'이라는 말은 물론 의학 장면에서 가져온 것이다. 여러 검사 결과들과 환자의 증상 호소들을 '자료'로 하여 여러 명의 의사가 토론을 거쳐 환자의 병을 진단하는 것은 병원 장면에서는 흔한 관행이다. 이 사례회의(case conference) 절차를 Murray가 성격 연구에 처음으로 사용한 것이다. 다섯 명의 '의원'은 2년 동안 같이 일하고 같이 점심 먹으면서 서로의 성격을 잘 알게 된 사이였다. 연구 절차의 첫 순서인 **회의**에서 이 다섯 명이 피험자를 직접 만나 인상을 형성하고 40여 개 변인 상에 시험적 평정을 하였다. 약 40분 동안에 각자가 맡은 영역에서 차례로 질문을 하였다(글상자 5-2 참조). 다섯 가

5) Westen 등(2008, p. 76)이 보고한, 정신과의사와 심리학자들을 대상으로 한 *역전이 질문지* 연구결과를 보면, 임상가들의 이론 지향과 상관 없이 환자 성격에 따른 역전이 패턴들이 확인될 수 있었다. 가령 나르시시즘(뒤에 글상자 5-5 참조) 성격장애 환자들을 상대하는 치료자들은 분노, 분개, 두려움을 느끼고 비판과 평가절하를 당한다고 느끼며 주의집중이 힘든 때가 많았다.

6) Murray는 5명 중 4명이 정신분석학자였다고 말한다. 그를 포함한 5명의 나이는 30대였는데, 이들은 모두 저명한 (성격)심리학자가 되었다. 책에서 '절차'를 보면 '회의'에 참석한 '의원'들은 W. G. Barrett, S. Rosenzweig, H. S. Mekeel, R. W. White, C. Morgan, E. Homburger(후에 Erikson으로 성을 바꾸었다)였다. 다른 연구자들과 마찬가지로 이들은 모두 '성격의 탐색'의 공동 저자로 표지에 이름이 나와 있다.

지 영역은 각각 *흥미와 능력들*(현재 집중하는 분야, 원하는 직업, 특기, 취미 등), *사회적 경험과 태도*(과거의 학교생활, 자신의 장단점 등), *급진-보수성, 주제통각*, 기타 질문들(존경하는 위인들 이름 쓰기, 사회 명사들에 대한 의견, 퍼즐 맞추기 등) 이었다.

'회의'가 끝난 직후 연구자들은 서로 독립적으로 각 변인에 평정을 하였다. 평정 결과의 평균은 진단의회의 모든 차후 모임들에서 평정 카드의 첫 열 (column)에 언제나 제시되었다. 이 절차가 끝나면 각 피험자에 대해 '의원' 중 에서 **전기작성자**(biographer)가 선발되었다. 맡은 피험자에 대한 모든 관찰과 해석들을 수집하고 짜 맞추어 "이해할 수 있고 설득력 있는 초상화"(p. 604)를 그려내는 것이 그의 과제였다. 진단의회는 몇 차례의 모임에서 연구자들이 제 시하는 보고를 듣고 토론을 거친 후, 새 증거를 토대로 각 피험자를 다시 평정 하였다. 연구 절차가 모두 끝난 후에는 각 피험자에 대해 5-6시간 걸리는 모임 이 열렸다. 전기작성자가 자신의 가설을 발표하고 나면 각 연구자가 그 피험 자를 대상으로 수행한 연구 보고서를 읽고 '의원'마다 자신의 평정 결과를 발 표한 후 토론이 이어졌다. 보고서 읽기와 토론에 약 4시간을 보낸 후 전기 작성자는 그 사례의 **'심리지'**(心理誌, psychograph) —"추상적 전기"(abstract bio-graphy)— 를 읽었다. 이어 각 변인에 대한 최종 평정을 했는데, 의견이 불일치 할 경우는 표결되었다.

'성격의 탐색'에서 Murray는 한 장(章)을 할애하여 진단의회를 이용한 성격 판단의 문제점과 장점을 논의하고 판단 신뢰도 및 타당도를 다양한 방법으로 검증하였다. 바로 이어지는 장에서 그는 '대표적 피험자'로서 '언스트의 사례'를 상세히 제시하였다. 가난한 농부의 9남매 중 막내로 태어난 언스트(Earnst)는 연구 참여 당시 24세의 (하버드) 공대생이었다. 어머니는 오래 앓다가 그가 14 세에 죽었고, 폭군이었던 아버지도 그 다음해에 병자(invalid)가 되었다. 이어지 는 글상자들에서 이 청년에 대한 결과의 일부를 들여다보고, 글상자 5-2에 현 재 전형적 성격연구에서 안 쓰는 '회의'와 '자서전' 절차와 결과를 짧게 소개 한다.

글 상 자 5-2

언스트의 사례— '회의'와 자서전

언스트(Earnst)의 '전기작성자'는 R. W. White였지만, 절차마다 팀의 다른 연구자가 결과보고를 하였다. 키 크고 비쩍 마른 언스트는 극도로 허약하고 신경도 예민하다는 인상을 주었다. 태어나서부터 병치레가 많았고 빈곤과 가정불화에 시달렸다. 도서관에서 진행된 **'회의'**에서 그는 매우 겁먹고 불안해보였다. [연구자는 E(Experimentor), 피험자는 S(Subject)라고 표시되었다. 괄호 안의 진단들은 연구자들이 시험적, 가설적으로 한 것이다.]

E: 부모님이 전공선택을 좋아하셨나요?

S: 부모님은 아무 상관이 없습니다. 어머니는 제가 14세에 돌아가셨고 아버지는 교육에 별 관심이 없었습니다(*p 지지결핍*).

…

E: 학교 다닐 때 다른 소년들과 잘 지냈어요?

S: 같이 논 아이들은 많지 않아요(*p 거부, 사회적*). 대다수와 그냥 알고 지냈지만, 같이 뭘 하지는 않았어요(*n 피해회피*).

E: 소녀들과는 잘 지냈어요?

S: 고등학교 때는 아는 여자가 없었습니다(*n 은둔*). 춤을 잘 못 추고 좋은 인상을 주지 못해서(*열등감, 사회석*) 같이 못 어울렸습니다(*n 피해회피*)…

…

E: 지금까지 저지른 최악의 실책은 무엇입니까?

S: 모르겠어요. 많았지요(*n 굴종*). 생생하게 기억나는 사건 하나는 여자 아이를 춤추러 데려가서는 춤을 못 춘 거예요(*열등감, 사회적*).

…

E: 사람들이 쳐다본다고 느끼나요?

S: 예. 제가 남들 눈에 거슬린다고 할까요(*투사성향, 나르시시즘, 열등감*).

E: 동물을 좋아합니까?

S: 별로요(*낮은 n 보살핌*).

(pp. 620–622)

White는 언스트가 열등감과 싸우고 있다고 보았다. 그는 도망치고 싶은 사람처럼 보였지만, '회의'가 전혀 나쁘지 않았다고 말했다(*n 방어*). 피해회피 욕구와 저항(counteraction) 욕구 사이에서 갈등을 겪는 것으로 보였다. 6개월 후 언스트를 만나 '회의' 경험을 되살릴 기회를 주었을 때 그는 쌓였던 분노를 털어놓았다. 연구자들이 자기를 조롱하고 못난 점들을 들추어내고는 갑자기 방에서 내보냈다는 것이다.

'자서전'에서 '가족상황'은 다음과 같이 서술되었다.

나는 1911년 1월 늙은 부모(어머니 44세, 아버지 54세)에게서 9명 중 막내로 태어났다. 바로 위의 형은 당시 다섯 살이었다. 부모님은 미국인이었다. 아버지는 농부이자 통 만드는 사람이었고, 살면서 나무꾼, 짐승 몇 놓기, 기관사 등 여러 일을 하셨다. 어머니는 머리 좋고 부드럽고 사랑이 많은 분이었고, 내 친구들과 이웃이 많이 존경했다(p. 628).

'아동기'는 불행했다. 기억나는 최초의 인상은 아기 때 계속 아팠다는 것이었다. 아버지는 폭군이었고, 특히 술을 마시면 폭력을 휘두르고 온갖 욕설을 퍼부었다(*p 공격, p 지지결핍: 열등한 아버지*). 아들이 곧 죽을 거고 또 죽으면 좋겠다고 폭언해서(*p 공격: 비하*) 언스트가 울곤 했다(*나르시시즘, n 도움요청, n 피해회피, n 상해회피*). '발달' 아래 쓴 내용을 보면, 학교 들어가서 처음에는 공부를 못했지만 공부에 흥미가 생기자(*우월감, 知的*) 곧 공부가 우월감을 경험하는 수단이 되었다(*대리성취 '주제'*). 어머니가 칭찬과 격려를 많이 했다. '성 역사'에서 그는 어릴 때 친구가 여동생의 옷을 벗기고 성기를 만지며 놀 때(*p 성: 노출*) 좋아라고 같이 한(*n 탐구: 관음*) 경험을 보고했다. 대학 3학년 때까지는 데이트를 한 적이 없었지만(*n 은둔, n 피해회피*), 결국은 사랑에 빠져(*n 성*) 약혼하였다.[7] 성 경험은 없다. 깊이 사랑하지 않는다면 성관계를 갖고 싶지 않다— 결혼한다면 모르지만(*초자아 통합*). '자기와 세상에 대한 의견'에서 그는 자신이 큰 성공을 하거나(*자아이상*) 아니면 참담한 실패(*n 굴종, 수동성, 열등감*)를 할 거라고 추정했다.

언스트의 글씨는 단정하지 않고 글은 극히 지저분했다. White는 그가 죽음, 질병, 신체 상해, 아버지 처벌, 형의 공격 등을 겁내며 어린 시절을 보냈다고 썼다. 괴물아버지와 사랑 많은 어머니는 외디푸스 주제를 시사한다. 학교에

---

7) 언스트는 다음해(23세)에 아버지 사망 후 파혼하였다.

들어가서 처음에는 겁 많은 아이로 시달림을 당했지만(*n 상해회피, n 피해회
피, n 굴종*) 공부를 잘하게 되면서 공부에 열중하고 점차 자기존중을 얻어갔다
(*n 저항*). 야심이 크고(*자아이상*) 열심히 공부한다.

방법의 평가   Murray는 자신들의 방법을 평가하면서, 연구·관찰한 내
용을 유아기 경험들로 추적해 들어가고 무의식 경향들을 강조함으로써 작업이
학문적 성격학자보다 분석가들의 관심사들과 더 밀접하게 연결되었다고 썼다
(p. 31). 탐구의 길이와 깊이는 물론 정신분석 방법론과 견줄 수가 없었다. 대부
분의 정신분석이 몇 년씩 걸리는 데 비해, 피험자들이 35회의 1시간 연구에 참
여하였고 그중 5회에서만 과거 경험이 재생되었기 때문이다. 그러나 Murray는
자신들의 절차가 몇 가지 점에서 유리했다고 평가한다.

우선 많은 연구자들이 같이 관찰하고 피험자 성격을 재구성했으므로, 한
쪽으로 치우친 관점이 허용되지 않았다. 또, 방법론적으로 그리고 이론적으로
*드러난(manifest) 성격*에 더 많은 주의를 기울였다. 그는 정신분석학자들이
정상인을 기술할 때도 신경증적 측면들을 강조하는 것이 "마치 미국을 기술할
때 사고, 전염병, 범죄, 매춘, 급진적 소수파, 급진적 문학동인, 사교(邪敎) 종파
등에 관해 상세히 쓰고, 대통령, 의회, 대법원 등 기성 제도들은 언급하지 않는
것과 같다"(p. 32)고 비판한다. 마지막으로, 여러 개인들을 연구함으로써 개인
차, 각 변인의 정상 범위, 변인들의 상관, 관찰된 행동에 대한 변인들의 영향력
등이 추정될 수 있었고 실험적 조건들 아래에서 가설검증을 할 수 있었다.

정신분석 이론에 비판의 여지가 있으나, 처음부터 끝까지 길을 이끌고 밝
혀준 것은 그 이론이었다는 사실을 Murray는 인정한다. 한편 학문적 심리학,
특히 Allport의 연구는 통제된 절차와 통계적 결과처리에 대해 많은 것을 가르
쳐주었다. 그러나 심리학 연구에서 흔히 쓰이는 지능검사와 다양한 질문지들은
사람 이해에 기여한 바가 매우 적었다고 Murray는 결론 내린다. 많은 피험자
들을 사용하지만, 연구하는 내용은 객관적 행동, 겉에 드러나는 성격특성, 피상
적 태도 등 피험자들이 전부 의식하며 기꺼이 인정하는 사실들에 머물고 그 아
래로 뚫고 들어가지 않는다는 것이 미국 심리학의 성격 연구들에 대한 Murray

의 불만이었다(p. 33; Barenbaum & Winter, 2008). 학문적 성격학의 방법들은 정밀하고 체계적이지만, 발견해내는 것들은 시시하고 인공적이라는 것이다.

성격학 이론체계

'성격 탐색' 팀의 의도는 극히 야심적이었다. 이론을 체계적으로 건설하고, 성격의 중요한 속성들을 알아내는 기법들을 고안하고, 많은 개인들의 삶을 연구함으로써 성격의 기본적 사실들을 발견한다는 것이 팀의 목적이었다(p. 4). 성격은 하나의 *시간적 전체*(temporal whole)이므로, 한 부분을 이해하기 위해서는 막연하게나마 전체를 이해해야 한다고 여겨졌다. 따라서 "모든 것을 파악하려고 노력하다가 아무것도 가질 가치가 없는 것만 남게 될지 모른다는 위험을 무릅쓰고"(p. 4) 이론은 매우 포괄적이 되었다. 여러 방법들을 사용하여 그들은 40개가 넘는 변인들에 대해 '사실들'을 수집한 바, 물리적 및 사회적 환경의 조건들, 생리적 조건들, 행동과 반응들, 성공과 실패들 같은 '객관적 사실'들과 지각, 해석, 감정, 정서, 인지, 환상, 의도 및 의지에 관한 피험자의 보고('주관적 사실들')가 작업에 포함되었다.

Murray에게 연구대상은 **개인 성격과 삶**이다. 자연과학적 훈련을 받은 그는 이처럼 커다란 주제를 다루기 위해서는 빈틈없는 개념적 도구가 필요하다고 보았다. Murray의 이론의 가장 독특한 특징이라면 *분류*에 대한 관심으로서, 이는 생물학과 화학이라는 그의 '출신 배경'을 드러내준다(동식물 분류와 원소주기율표를 생각해보라). 그는 무엇보다도 **욕구**들을 분류, 정의, 기술하였다. 의식되지 않는 욕구들, 아주 어릴 때 경험이 성격 형성에 미치는 영향을 강조하였다는 점에서 그의 이론은 정신역동적이다. 또한 그는 성격심리학에서는 드물게 심리 사건들과 그 밑에 깔린 생리적 과정들 사이의 연결을 강조하였다.

성격의 역학

개인의 삶이라는 긴 단위는 관련된 짧은 단위들 또는 사건들(episodes)의 이어짐이라 볼 수 있다. 어머니에게 전화한다든지 성격심리학 시험을 본다든지 하는 *개체-환경 상호작용*—Murray는 이를 proceeding이라 불렀다— 이 편리한 단위가 된다. Murray는 개체가 주의하고 반응하는 자극상황을 그것이 행사하는 또는 행사할 수 있는 *효과*의 종류에 따라, 즉 개체에게 피해를 위협하느냐 이익을 약속하느냐에 따라 분류하였다. 환경 내의 그러한 경향이나 '힘'을 **'압력'**(press)이라 한다.[8] 나를 모욕하는 친구, 칭찬하는 선생님, 돈 없음 같은 '압력'은 특정한 추동 또는 욕구를 불러일으키고, 개체의 반응과 활동은 어떤 효과를 성취하는 방향으로 나아간다. 이를 **'추세'**(trend)라 한다. 친구의 욕설이 내게 공격 욕구를 불러일으킨다면, 한동안 나의 생각과 감정과 행동은 모두 그를 공격하는 쪽으로 집중되는 '추세'를 보인다. 원하는 효과(공격)를 얻을 수도 있고 그렇지 못할 수도 있지만, 경험 있는 관찰자라면 나의 행동과 생각에서 추세, 즉 방향성을 볼 수 있다. 그는 '추세'를 보고 나의 내적 욕구를 추리한다.

한 개인의 삶을 보면 특정의 추세(들)가 되풀이하여 나타난다. 이를테면 모욕당하고 분노하며 공격적이 되는 일이 반복되는 것이다. 이 반복되는 추세들을 이해하기 위한 가장 단순한 공식은 **압력-욕구 결합**이다. 이를 **'주제'**(thema)라 한다. 특정한 압력이 특정한 욕구를 불러일으키는 것이 개체-환경 상호작용의 역동적 구조가 되는 것인데, 중요한 것은 어릴 때 노출된 압력들, 즉 어릴 때의 환경, 부모와 가진 경험들이다. 압력과 주제 개념은 연구의 후기에 가서야 이론체계에 들어왔기 때문에, 욕구만큼 발달되지 못했다. 먼저 욕구의 개념을 고찰한 다음에 압력과 주제를 보도록 하자.

욕구의 개념   언스트의 사례(글상자 5-2)에서 우리는 Murray 팀이 피험자의 말 한 마디, 행동과 경험 하나하나에서 욕구와 성향을 추리했다는 것을

---

8) Murray는 낯선 개념들을 많이 만들어 썼다. 그런 개념들을 옮길 때는 홑 따옴표를 붙여 통상적 의미와 구별하기로 한다.

보았다. [추리된 욕구·성향들은 이어지는 관찰들에서 검증될 가설들이었다.] Freud의 추동(drive)개념에 상응하는 것이 Murray의 욕구(need)이다. Murray는 욕구가 지각, 사고, 행동을 조직화하는 뇌 영역 속의 힘("전기화학적 과정")에서 나온다고 가정한다. 종일 굶으면 먹을 것만 눈에 보이고 생각난다. 심리적 과정들이 먹을 것을 찾는 쪽으로 '조직화'되는 것이다. 욕구에는 방향과 에너지, 즉 질적 측면과 양적 측면이 있다. 음식에 대한 욕구와 성에 대한 욕구는 그 *방향*, 즉 질이 다르며, 같은 음식 욕구도 개체가 얼마나 오래 굶었느냐에 따라 또는 눈 앞에 얼마나 맛있는 음식이 나오느냐에 따라 *강도*가 다르다.

욕구가 "뇌 영역 속의 힘"을 나타내는 구성개념이라면 우리는 욕구가 존재하는지를 어떻게 아는가? 욕구 개념은 얼핏보기에 이해되지 않는 행동들을 설명해준다. 자극에 대한 통상적 반응이 일어나지 않을 때(예, 좋아하던 빵을 쳐다보지도 않는다), 특정한 대상들에 대한 반응이 평소와 다를 때(예, 빵을 먹지 않고 동생에게 집어던진다), 우리는 욕구를 추리한다. 특징적 목표추구 행동이 나타날 때도 욕구의 작용이 추리된다. 배고픔 욕구에 특징적인 행동은 먹을 것을 찾는 것이고, 성 욕구의 특징이라면 어떤 대상을 유혹하는 행동이다.

욕구란 개체가 특정한 종류의 상황에 도달하기까지는 보통 완전히 사그러들지 않는 충동이다. 개체는 무엇이 결핍되는지는 알지 못한 채 일종의 긴장과 욕망을 느낀다. 따라서 주관적으로 체험되는 불만, 욕망, 감정도 욕구 개념을 가정하면 더 적절하게 이해가 된다. 욕구 충족은 행복으로, 좌절은 괴로움으로 체험되므로, 개인들의 행·불행을 이해하고 설명하는 데도 욕구 개념이 도움이 된다. 나아가, 행동주의자들처럼 밖에서 관찰되는 행동에만 국한한다면 욕망들 간의 갈등도, 꿈·환상과 행동의 관계도 적절하게 이해할 수 없다.

엄밀하게 말하면 욕구는 특정한 내적·외적 사건들의 결과로 생겨나는 일시적 상태이다. 그런 점에서 각 욕구는 독특하지만, 비슷한 것들끼리 묶어서 하나의 욕구로 취급한다(음식에 대한 욕구, 성적 욕구 등). 성격심리학적으로 중요한 것은 개체의 반복적, 지속적 경향, 즉 성격 특성으로서의 욕구이다. 어떤 욕구가 성격의 *습관적 반응체계*(ready reaction system)가 되느냐 하는 것을 결정하는 요인들은 욕구들의 태어날 때부터 상대적 강도, 강하거나 잦은 충족, 우연히 어떤 목표 상황을 얻은 경험(예, 모르핀에 대한 욕구), 특수한 환경 사건—뒤에 나올 '압력'— 이 자주 발생하여 그 욕구가 반복되는 것 등이다(pp. 128-129).

욕구의 종류   마지막 피험자 집단을 연구할 때 사용한 44개의 변인 중 28개는 욕구였다. 그중 20가지는 '외현적 욕구'(manifest needs), 8가지는 '잠재적 욕구'(latent needs)이다. **외현적**(객체화된, objectified) 욕구란 —의식하는 의도나 소망이 앞에 나왔느냐와는 상관없이— 행동이 실제(real) 대상들을 향하는 욕구들을 말한다. 반대로 외적으로 표현되지 않는 욕망, 유혹, 계획, 환상, 꿈 등의 모든 욕구 활동은 **잠재적**(주체화된, subjectified)이다. 외현-잠재 구분은 의식-무의식과 꼭 일치하지는 않는다. 많은 의식적 욕망들은 결코 행동에 옮겨지는 적이 없으며, 많은 무의식적 욕구들은 행동으로 나타나기 때문이다(p. 114). Murray는 연구에서 "시간이 갈수록 의식적 외현적 행동에 대한 관심이 적어지고 무의식적 콤플렉스들의 탐색에 점점 더 빠지게 되었다"(같은 곳).

표 5-1에 *외현적* 욕구 20가지 중 5가지를 제시하였다. 관심 있는 독자들을 위해 나머지 15개의 이름을 나열해보면, 지배, 보살핌, 의존과 우월, 저항(counteraction), 존경, 노출(과시), 피해 회피, 모욕 회피(infavoidance)와 불가침(inviolacy), 질서, 놀이, 거부와 은둔, 감각, 성(sex), 이해 등이다(p. 145). 성 욕구를 제외한다면 모두 **심인적**(心因的, psychogenic) 욕구들이다. 공기, 영양, 물, 수면 등에 대한 **생리적**(Murray의 용어로 '내장기에서 나오는'이라는 뜻의 viscerogenic) 욕구들보다 심리적 욕구들이 성격의 탐색에 너 중요함은 말할 것도 없다. 생리적 욕구 중에서 성(n Sex)만이 성격변인으로 들어간 것은 유독 성 활동이 그 빈도나 강도에 개인차가 크고, 활동과 충족이 '당연'한(예, n Air, n Water처럼) 것이 아니라 방해가 있기 때문이다. 20개 욕구 중에서 매우 많은 연구가 수행된 두 가지는 *성취*(n Ach)와 *유친욕구*(n Aff)이다.

20개 욕구들은 외적 행동표현들의 빈도와 강도에 따라 평정되었다. 평정들에서 연구자들 사이에 상당한 불일치가 일어났는데, 외적으로 표현되지 않는 ('객체화'되지 않는) 욕구긴장들이 추정되었기 때문이었다. 욕구들의 객체화를 막는 억제가 있으므로, 밖으로 나타나는 활동의 정도뿐 아니라 안으로 억제된 긴장의 정도도 고려해야 할 필요가 있었다. 즉 외현적 욕구뿐 아니라 내현적 욕구도 초점에 들어온 것이다. 직접 표현되지 못하고 표현이 억제 또는 차단되

[표 5-1] 몇 가지 외현적 욕구들(Murray, 1938, pp. 144, 152-199에서 발췌·압축)

욕구	짧은 정의	관련된 정서	관련 압력	질문지 문항예
굴종 (Abasement, n Aba)	외부의 힘에 수동적으로 굴복; 열등, 오류, 패배를 인정; 자신을 비난·비하; 고통, 처벌, 질병과 불운을 찾고 즐김	수치, 죄책, 열등감, 절망	다른 사람들의 공격, 지배	싸움을 계속하기보다 져주는 경향이 있다; 윗사람들이 있을 때 신경이 쓰이고 불안해진다
성취 (Achievement, n Ach)	어려운 일을 수행함; 장애물을 극복하고 높은 표준을 이룸; 남들과 경쟁하고 이김	열의, 야심	과제, 경쟁자	스스로 어려운 목표들을 세우고 도달하려고 한다; 대부분의 활동들에서 경쟁심을 느낀다
유친 (Affiliation, n Aff)	다른 사람에게 접근하고 즐겁게 협동; 좋아하는 사람의 호감을 삼; 다른 사람에게 친구가 됨	신뢰, 호감, 사랑, 감정이입	*긍정적*: 호감이 가는 사람 *부정적*: 친구들의 결핍	친구들에게 매우 애착이 강하다; 혼자 일하기보다 남들과 협동하기를 즐긴다
공격 (Aggression, n Agg)	적대를 힘으로 극복; 싸움; 피해에 보복; 남을 습격하거나 죽임; 남을 경멸, 저주, 비방	분노, 질투, 증오	공격; 우월; 거부; 경쟁자; 싫어하는 사람	친구가 화나게 하면 그에게 내 의견을 이야기한다; 남들을 개의치 않고 내 식대로 한다
자율 (Autonomy, n Auto)	자유로워짐; 강요나 강제에 저항; 지배하는 타인들을 회피; 독립; 인습을 거부	구속감, 분노; 독립과 무책임	*긍정적*: 관용, 열린 공간 *부정적*: 물리적 제약, 지배와 공격	강요를 당하면 굽히지 않고 저항한다; 인습적 표준들을 따르기를 기대 받는 상황들을 피하려고 노력한다

는 *잠재적* 욕구들로는 굴종(수동성과 피학증), 공격(증오와 가학증), 인식(훔쳐보기), 지배(전능감), 노출(노출증), 성, 동성애, 의존(무력감, 불안)의 8가지가 연구되었다(p. 146). 굴종, 공격, 지배, 노출, 성, 의존은 행동으로 나타나기도 하고 억압되기도 한다는 것을 알 수 있다. 잠재적 욕구가 보통 다 억제되지는 않으므로 가끔씩 순간적으로 나타난다(눈빛, 손 떨림, 얼굴색 변화, 말실수 등, p. 256). 완전히 억제된 욕구들은 '주체화'로만, 가령 계획, 공상, 자유연상, 꿈 등에서, 또는 감정이입과 심상(동일시)으로 표현된다(소설 읽을 때, 대화할 때, 예술을 감상할 때).

욕구의 복잡성　욕구가 잠재적일 수도, 무의식적일 수도 있다는 것은 측정이나 평가가 단순하지 않다는 것을 뜻한다. 외현적 욕구들도 여러 가지 방식들로 나타나므로 각 개인에서 특정한 욕구를 인지하고 그 강도를 평정하는 일이 단순하지가 않다. 특정의 욕구가 *직접적*으로는 효과나 추세(일련의 하위 효과들)로 나타나지만, (관련)대상들에 주의를 기울이거나, (관련)감정이 생기거나, (목표를 이룰 때) 즐거움과 (이루지 못할 때) 불쾌함 등으로 *간접적*으로 나타나기도 한다. '강도' 평가도 빈도, 지속시간, 강도, 반응속도 등을 모두 고려해야 한다. 욕구강도를 평가하는 객관적 지표 또는 준거들이 32개나 되는데(Murray, 1938, p. 255), 피험자의 주관적 보고를 가지고 객관적 결과들을 체크해야 판단에 확신을 가질 수가 있다.

일이 더욱 복잡해지는 것은 욕구들이 다양한 방식들로 서로 관련되기 때문이다. 어떤 욕구(들)의 충족이 다른 욕구(들)의 출현에 조건이 되는가 하면, 욕구들이 서로 충돌(갈등)하기도 하고, 두 가지가 합해지기도 한다. 예컨대, 배고프거나 몸이 아프면 이해나 놀이 욕구가 생기지 않을 것이다. 독립을 강하게 원하면서도 사람들과 친하게 지내고도 싶다면 자율과 유친의 욕구들이 갈등을 일으킬 수 있다. 국회의원이 되기 위해 매우 적대적인 '흑색' 선전을 한다면 공격과 지배 욕구가 한꺼번에 나타나는 것이다.

Murray는 같은 욕구도 어느 대상에 의해 유발되느냐에 따라 다르다고 보았다. 예컨대, *유친*욕구가 나이나 지위 등이 자기보다 우월한 사람들과 친해지고 싶은 욕구로도, 반대로 자기보다 아래인 사람들과 친해지고 싶은 욕구로도 나타날 수 있다. 같은 *공격*욕구라 해도 나이 어린 대상들을 못살게 구느냐 나이 많은 대상들을 적대하느냐를 구별해야 한다. 공격성은 자기 자신을 향하기도 한다(자기비난, 자살). 개체 자신이 다른 사람들의 눈에 어떻게 비치느냐 하는 것도 고려되었다. 이를테면 그는 남들을 불쾌하게 하는 공격 대상인가, 존경을 받는 대상인가?

욕구는 공중에 떠있지 않고 특정한 '압력'과 결합되어 있는 것처럼 특정한 대상과 결합되기도 한다. 같은 *공포*(n 피해회피)라 해도 나이 많은 남자가 두려울 수 있고(글상자 3-3과 4-2에 나온 아버지 콤플렉스에서처럼) 공간적, 심리적 구속이 싫을 수 있다(뒤에 나오는 폐소 콤플렉스). 욕구-대상 결합을 Murray는 **욕구통합체**(need integrates) 또는 **콤플렉스**라고 불렀다. 어떤 사람은 좁은 장소, 구속하는 사람이나 제도를 싫어하고 피하지만, 다른 사람은 그러한 대상을 좋아하고 찾을 수 있다. 이 통합체 또는 콤플렉스는 공상이나 행동계획으로서 의식될 수도 있고, 적합한 상황조건 아래서는 밖으로 표출되기도 한다. 특정한 조건들이 특정한 반응양식을 불러일으키는 것이다. 콤플렉스는 뒤에서 다루게 될 것이다.

'압 력' 언스트의 사례(글상자 5-2)에서는 욕구만 추리되었을 뿐 아니라 '압력'들—교육에 관심 없는 아버지(*p 지지결핍*), 학교 다닐 때 같이 논 아이들이 없음(*p 거부, 사회적*) 등— 도 추리되었다. 욕구가 행동을 결정하는 내적 힘이라면, '압력'은 바깥의 힘이다. '압력'은 어느 한 목표를 향해 가는 것을 돕거나 방해하는 타인, 물건, 환경 조건의 속성이다. "환경은 주체에게 무엇을 한다." 개체에게 이익(촉진, 만족)이나 피해(방해, 손상, 불만)를 주는 것이다. 어떤 대상이 (내가 계속 반응을 안 한다면) 내게 이렇게 나올지 모른다거나, (반응한다면) 내가 그 대상을 이렇게 저렇게 이용할 수 있을 것이라고 지각할 때 이를 *'압력 통각'*(pressive apperception)이라 한다. '압력'(즉 상황)의 의미를 지각하는 통각은 보통 의식되지 않고 개체는 단지 반응할 뿐이다.

표 5-1에는 각 욕구에 대해 관련 '압력'도 나와 있다(예, '성취'의 경우에 '과제, 경쟁자'). 과제를 앞두고 있거나 경쟁자가 있으면 성취욕구가 자극되기가 쉽다. ['경쟁자'라는 환경 조건이 꼭 성취욕구를 자극하란 법은 없고, 사람에 따라 굴종을,

또는 굴종과 유친의 혼합을 불러일으킬 수도 있다.] 유친과 자율의 욕구들에 대해
긍정적, 부정적 압력들이 표에 나와 있다. 긍정적 압력은 그 욕구와 관련된 목
표를 향해 가도록 돕는 조건(예, 호감이 가는 사람이 있으면 유친욕구가 강해진다)
이지만, 부정적 압력은 반대로 그것을 방해하는 조건(친구들이 없으면 유친욕구가
줄어든다)이다.

　　Murray는 인간 대상들이 나타내는 '압력'에 집중하다가, 개념을 확대하여
긍정적 압력의 결핍이나 상실도 포함시켰다(예, 황폐하고 단조로운 환경, 가난 등).
표 5-2에 특히 *아동기*에 중요한 압력들 몇 가지를 제시하였다. 어릴 때 노출된
압력들이 —그 정도가 극단적이었을수록—'습관적 반응체계', 즉 성격특성으로
서 욕구들의 형성에 영향을 많이 미친다는 것은 말할 필요도 없다. 압력과 욕
구의 결합인 '주제'는 뒤에 가서 다루어질 것이다.

　　압력은 두 종류로 구별되기도 한다. **'알파 압력'**(alpha press)은 환경의 객
관적 특성을, **'베타 압력'**(beta press)은 환경의 주관적(지각된) 특성을 말한다.
둘이 불일치하는 예를 들어보자. 방을 같이 쓰는 두 친구가 저녁때 집에 돌아
왔다. 동아리 회장인 한 사람은 그 날 모임이 얼마나 엉망으로 돌아갔는지 이
야기를 하다가 상대방이 듣지 않고 있음을 알아챈다. 그의 베타 압력은 *지지*

[표 5-2] 어릴 때 중요한 '압력'들의 예(Murray, 1938, p. 291)

'압력'	설명
가족 지지의 결핍 (p Family Insupport)	가정 불화; 교육방식에 대해 부모의 불일치; 부모의 이혼/별거; 부·모의 질병이나 죽음; 가난
위험이나 불운 (p Danger or Misfortune)	물리적 지지의 상실; 높은 곳; 혼자 있음; 어둠; 사고
결핍이나 상실 (p Lack or Loss)	영양, 소유물, 가족이나 친구, 다양성 등의 결핍이나 상실
거부, 무관심, 경멸 (p Rejection, Unconcern & Scorn)	
동생의 출생 (p Birth of Sibling)	

결핍(p Insupport)이 될 것이다. 친구는 실제로 다른 생각을 하고 있었지만, 상대방을 무시해서가 아니었다. 그는 지난 학기말에 신청한 장학금을 못 받게 되었다는 말을 그 날 오후 조교에게서 듣고 다음 학기 등록금과 밀린 방세 걱정을 하고 있었다. 그러므로 객관적인 알파 압력은 *일시적 주의상실*이다. 다른 예로 밤거리에서 깡패나 술 취한 사람이 '뭘 봐'라며 지나가는 사람에게 시비를 건다면, 무심한 시선(알파 압력)을 적대적이라(베타 압력) 본 것이다.

베타 압력은 개체가 통각하는 내용인 데 비해, 알파 압력은 훈련된 제 삼자의 판단이다. 행동에 더 직접적인 영향을 미치는 것은 물론 환경의 의미 지각, 즉 베타 압력이다. 사실이야 어쨌든 무시당한다고 느끼면 일단 화가 나고 아마도 공격 욕구가 생길 것이다. Murray처럼 어머니가 자기를 사랑하지 않았다고 느꼈다면(거부의 베타압력, 글상자 5-1 참조) 사실 여부와 상관없이 그것이 그를 불행하게 만든다. 알파와 베타 압력 사이의 차이가 너무 크면 심리적 장애를 추리할 수 있다. 남들은 아무렇지도 않게 지나치는 자극들을 번번이 공격으로 받아들이는 사람은 적응에 어려움을 겪을 것이다.

'**주 제**' 삶이란 복잡해서 하나의 사건에도 무수한 요인들이 작용한다. Murray는 이 복잡성 속에서 정신을 잃지 않으려면 한 특정한 '압력'을 선택하여 여러 다른 개인들의, 또는 한 개인에서 여러 다른 때의 반응차이를 관찰해야 한다고 보았다. 예를 들면, 위급사태(위험 압력, p Danger)에서 피험자는 정서적이 되는가, 충동적으로 행동하는가, 조용하고 침착한가. 그는 그 상황에

글 상 자 5-3

주제통각검사(TAT)

TAT는 나중에 소개할 로샤하 잉크반점 검사와 더불어 가장 많이 사용되는 투사검사이다. 로샤하가 잉크반점들을 자극으로 사용하는 데 비해, TAT는 사람이 나오는 그림들을 사용한다. 그림 5-1의 그림을 친구들에게 보여주어 보

라. [카드의 실제 크기는 이 책을 펼쳐놓은 것만하다.] 독자들은 인물들의 성별과 나이, 관계 등이 아주 다양하게 지각된다는 사실에 일단 놀랄 것이다. 그림에서 무슨 일이 일어나고 있으며, 인물들이 무슨 생각을 하며, 어떻게 해서 이 장면에 오게 되었고, 앞으로 어떻게 될지를 이야기하게 해보라. 이야기하는 내용의 차이가 엄청날 것이다. '지각'(perception)이 아니라 '통각'(apperception, 의미지각)이기 때문이다.

젊은 남자와 마주 앉은 늙은 남자가 논쟁에서 어떤 요점을 강조라도 하듯이 손을 뻗치고 있는 그림을 보고 언스트(글상자 5-2, 5-5)는 아래와 같은 이야기를 지었다(Murray, 1938, p. 677).

젊은 남자는 은행원인데 늙은 남자에게 도박 빚이 있다. 늙은 남자는 그 은행이 관련된 범죄에 그를 끌어들이려고 하고 있다. 젊은이는 반대하고 있다. 양심 때문이 아니라 올가미에 걸려들고 싶지 않기 때문이다. 젊은이는 머리가 좋으므로 늙은이의 손아귀를 벗어날 길을 찾아낼 것이다. 그것은 좀 거친 방법이 될 것이다. 그는 늙은이를 어두운 데로 데리고 가서 조용히 목을 조른 다음 낭떠러지로 던져 버릴 것이다. (*p 지배: 획득을 위한 강제: 절도(범죄) → n 공격: 살인*)

평화롭게 볼 수도 있는 장면에서 언스트는 엄청난 폭력드라마를 보았다. 이 검사를 만들 때 Murray가 가정한 것은 "모호한 사회적 상황을 해석할 때는 그 사람이 주목하고 있는 현실을 드러내는 만큼이나 그 자신의 성격을 노출시키게 된다"는 것이었다. 이를 **'투사가설'**(projective hypothesis)이라 한다. 자극상황(성별, 나이, 표정, 관계, 배경 등)이 충분히 모호하기 때문에 그것을 해석(통각)할 때 자기 욕구와 소원들이 들어가게 되는 것이다.

언스트의 '주제'(지배 압력→공격욕구)는 바로 다음 카드에 대한 이야기에서도 되풀이되었다. 그는 면담에서 "때로" 아버지를 미워했지만, 아버지가 병자가 된 다음부터는 어릴 때의 두려움과 증오가 없어지고 동정심만 느낀다고 이야기했다. 그러나 무의식에서는 아버지를 죽이고 싶을 정도로 미워한 것으로 보인다. 다른 여러 카드들에 대해서도 나이 많은 남성 인물이 젊은 남자를 벌주거나 착취하거나 이용한다는 이야기가 나왔다.

서 물러나는가, 도움을 청하는가, 아니면 용감하게 맞서는가. 어떤 압력이나 선행 사건과 연결되지 못하는 '행동 반응'은 공중에 떠 있는 추상적 사실에 지나지 않는다.

'압력'이나 선행 사건들—앞의 행동(pre-actions)과 그 결과(outcome, O)—과 욕구의 결합을 '주제'(thema)라 한다. 거부당할 때 자신도 똑같이 거부한다면 "거부 압력 → 거부 욕구"(p Rej → n Rej)가 되고, 실패 후 성공하기 위해 다시 시도한다면 "실패 결과 → 성취 욕구"(o Failure → n Ach)가 된다. 욕구와 '압력'은 서로 영향을 미친다. 주위 사람의 공격('압력')은 공격 반응(욕구)을 가져올 수 있지만, 공격욕구가 표출되면 그것이 상대방을 자극하여('압력') 공격성(욕구)을 유발시킬 수 있다. 개개의 욕구들(의 강도)보다도 대상과 욕구의 통합체인 콤플렉스, 압력과 욕구의 결합인 '주제'가 한 사람의 성격과 삶을 더 잘 말해준다. 욕구가 얼마나 강한가 하는 것보다는 어떤 대상에게 또는 어떤 영역이나 상황에서 욕구들이 나오느냐가 더 의미 깊은 것이다.

Murray는 욕구가 이론체계에 가장 먼저 들어왔기 때문에 너무 비중이 커졌지만, 그 개념이 너무 추상적이라고 판단하였다. 연구 과정에서 뒤늦게 나온 '압력' 개념은 다른 개념들과 통합되지도, 성격과 사회적 문화들의 해석에 충분히 적용되지도 않았다(p. 119). 연구가 진행되면서 마지막에는 '주제' 개념이 모든 것을 끌어들였다. '주제'는 여러 가지 도구를 가지고 측정되는데, 가장 중요한 것은 Murray가 Morgan과 함께 개발한 **주제통각검사**(Thematic Apperception Test, TAT)이다(그림 5-1과 글상자 5-3). 글상자 5-3에서 나오는 '주제'는 지배나 강요의 '압력'과 공격 욕구의 결합이다. [다른 사람에게서는 같은 '압력'이 존중 또는 굴종의 욕구를 일으켰을 수 있다.]

[그림 5-1] TAT 카드 예

글 상 자 5-4

"물에 빠지는 기차"

프로스트(Frost)는 미적(美的) 감상력 검사에서 방앗간 그림을 제시받았을 때 구석에 그려진 작은 시내를 본 유일한 피험자였다. 또, 기차가 강둑을 따라 달리는 그림에 대해 그는 기차가 물 속으로 떨어질 것처럼 보인다고 말하였다. 다른 어느 피험자도 이런 식으로 보지 않았으므로, 프로스트가 이런 독특한 반응을 하는 이유를 자서전 자료를 토대로 탐색한 결과 다음과 같은 사실들이 해답을 주는 것으로 보였다.

1. 아동기에 기차가 다리에서 강물로 떨어지는 악몽을 꾸었다. (명백하게 이 공상이 그림 속에 투사된 것이다.)
2. 나무토막을 가지고 다리를 만드는 놀이를 즐겼다. (아마도 물에 빠지는 일을 막기 위해.)
3. 물을 무서워했고 11세가 되어서야 수영을 배웠다. (기차와 자신을 동일시했음을 시사한다.)
4. 물 공포는 그가 태어나기 전 그 지역을 침수시켰던 무서운 홍수에 대한, 아기 때 들은 극적인 이야기 탓이기도 하고, 만성적인 야뇨증이 있었다는 사실 탓이기도 하다.
5. 현재 그의 몽정은 거대한 오줌줄기의 꿈(요도성애)과 연결되어 발생한다.
6. 때로 수도꼭지를 잠가야 한다는 강박증에 시달린다. 물 흐르는 소리를 들으면 불편해지고 때로는 집안의 모든 수도꼭지가 잘 잠겼나를 확인하지 않고 못 배긴다. (이 강박증은 요도성애의 상징적 금지로 해석될 수 있다.)

따라서, 사정(射精)(또는 유아 자위), 야뇨증(방을 침수시킴), 물에 빠져 죽는 공포 사이에 연결이 생겼다고 가정할 이유들이 있다. 기차가 강물에 떨어진다는 꿈은 이 콤플렉스와 연결된 불안을 상징하고, 튼튼한 다리를 짓는 놀이는 야뇨증을 극복하기 위한 시도의 표현임은 물론 그러한 사고를 예방하려는 노력을 나타냈을 것이다.

통일 주제   표 5-2에서 어릴 때 중요한 압력들의 예를 몇 가지 보았거니와, 어릴 때 노출된 압력들에 강한 욕구들이 결합되면 그 '주제'가 평생 동안 여러 형태로 반복된다. 바로 '**통일 주제**'(unity thema)가 되는 것이다. 사람들은 자신들의 삶이 같은 주제의 다양한 변주라는 것을 통상 의식하지 못하지만, Murray에게는 '통일 주제'가 사람마다 독특한 개성을 이해하는 열쇠가 된다. 이 '열쇠'가 있으면 겉보기에 이해할 수 없는 행동과 표현들이 이해가 된다. "모든 반응이 한 특정한 성격의 한 측면의 객체화이고, 한 성격의 가장 근본적이고 특징적인 결정요인이 그것의 통일 주제라면, 통일 주제에 대한 관계를 말하지 않고 많은 반응들을 완전히 이해할 수는 없는 것이다"(p. 605). 많은 부분들을 관찰하여 전체를 파악하고, 그 다음에는 이 전체에 비추어 부분들을 다시 해석하고 이해할 수 있게 되는 것이다.

'통일 주제'는 한 사람의 성격과 삶에 대한 가설이다. 유아기 경험이 결정적이었다고 가정되지만, 성인이 된 피험자들이 3세 이전의 사건들을 회상하는 일은 거의 없다. 따라서 유아기의 드라마는 추정되는 수밖에 없었다. 글상자 5-4에 그러한 추정 과정―'임상적 추리'라 할 수 있다―을 보여주는 예를 실었다 (Murray, 1938, pp. 612-613). ['요도성애'라는 말은 뒤에 가서 설명된다.]

글상자 5-5에 언스트에게서 추정된 주제들을, 표 5-3에 그의 통일주제를 소개하였다. 그의 어린 시절에서 중요했던 '*압력*'은 잦은 병, 가난한 가정, 가정 불화였다. *외현적 욕구* 중 극히 약한 것은 사람과의 어울림을 나타내는 욕구들(유친, 보살핌, 존경, 성)과 사회적 욕구들(지배와 노출)이었다. 반면 불안과 관계 있는 욕구들(피해회피), 자부심과 관계된 욕구들(자유, 반항)은 높았다. [욕구 이외의 변인들로서 정서성, 자기도취(나르시시즘), 자아이상, 급진성, 투사경향이 높았다.] 자부심과 관계된 외현적 욕구들은 높았지만, *잠재적 욕구* 중 노출욕구는 극히 낮고 의존욕구가 극히 강하며 공격욕구도 매우 강했다. 표 5-3에 언스트의 다섯 가지 주제와 통일 주제를 소개하였다.

내적 상태와 일반적 특질들   성격의 역동적, 동기적 측면들을 선호하는 쪽으로 치우친 나머지 '성격 탐색' 연구에서 채용된 44개 변인 중 28개가 욕구들이었다. '내적 상태'(inner states)와 '일반 특질'(general traits)은 각각 4개와

글 상 자 5-5

언스트의 주제들

언스트의 어린시절로 거슬러 올라가면 다음 네 가지의 무의식적 '주제'가 나온다(Murray, 1938, pp. 618-620). 추리의 토대가 된 자료는 피험자 자신이 이야기한 사실들, 투사검사들에서 나온 공상들, 현재의 피험자 태도, 감정, 단어 및 비유 선택 등에 나타나는 독특한 특징들이었다.

- **구강적 의존**(Oral Succorance) 자신의 그리고 어머니의 병으로 인해 상당 기간 충분한 영양(구강적 즐거움, 모성애)을 확보하지 못했을 것이라 가정된다. 이런 여건에서 생겨난 구강적 의존 주제의 징표들은 갈증과 아사에 집착, 현재의 박탈 수준에 전혀 걸맞지 않는 정도로 음식에 흥미, 밑에 깔려 있는 동정받고 싶은 갈망이다.
- **먹을 것 추구**(Provision Quest) 구강적 좌절의 결과 어머니의 몸에서 더 많은 영양(사랑)을 끄집어내려는 욕망이 강하다. 이 공격욕구는 정서적 갈등을—그가 받는 모든 보살핌은 주로 어머니에게서 나왔으므로—만들어냈고, 빼앗긴 영양분을 어머니에게서 갈취하려는 무의식적 공상으로 나타났다.
- **약탈자**(Predator) 아버지가 어머니에게서 영양을 강탈함으로써 간접적으로 자기 것을 강탈했다는 생각이 있다. 결과적으로, 그 자신 피해자인 어머니가 다시 애정의 대상이 되고, 아버지는 공상적 공격의 대상이 되었다.
- **강탈 강요**(Forced-Robbery) 약탈자 주제의 직접적 결과로, 어머니를 향했던 공격적 공상을 아버지에게 투사하고 자신이 공상한 강탈들을 아버지가 자기에게 권력을 행사하기 때문이라고 설명해 버렸다. 이렇게 해서 그는 죄책감을 벗어났다.

언스트의 전기작성자 White는 네 개의 무의식적 주제가 하나의 **통일 주제**(박탈→불안→먹을 것의 공격적 추구) 아래 들어간다고 보았다(표 5-3을 보라).

[표 5-3] 언스트의 통일 주제(Murray, 1938, p. 620)

통일 주제		
박탈 ——————→	불안 ——————→	먹을 것의 공격적 추구
1. 어머니가 구강적 박탈	갈증, 아사	어머니를 강탈하는 공상
2. 아버지가 구강적 박탈	갈증, 아사	아버지를 죽이는 공상
3. 사회적 박탈	무시, 병신 만들기	먹을 것 공상, 대리성취(학교공부)
4. 아버지가 경제적 박탈	보람 없는 삶	대학 공부
5. 세상이 경제적 박탈	보람 없는 삶	전문직 취업

12개가 들어갔다.

내적 상태로는 자아이상(Ego Ideal)과 나르시시즘, 초자아 통합과 초자아 갈등이 측정되었다. 이들은 모두 Freud의 이론에서 끌어낸 개념들이지만 행동 관찰을 통해 측정할 수 있도록 구체적으로 정의되었고, 그런 과정에서 개념이 분화되기도 하였다. 개념분화의 예로, *초자아 통합*이란 자아가 '양심'의 명령을 받아들여, 의무로 요구되는 것을 개체가 스스로 원하는 상태이며, *초자아 갈등*이란 사회적이지 않은 충동들이 '양심과 전쟁'하는 상태이다. '신세대'의 특성으로서 자기중심성, '나'세대('me'-generation) 등의 이야기를 많이 하므로, 글상자 5-6에 Murray가 나르시시즘을 특징지은(pp. 180-181) 내용을 실었다.

일반 특질들로는 불안, 창의성, 정서성, 충동성, 외부지향-내부지향(exoca-thection-endocathetion), 급진-보수성 등이 측정평가되었다.

지배: 행동의 생리적 토대　　　Murray는 성격과 모든 심리 현상들의 밑에는 뇌 속의 생리적 과정들이 깔려 있다는 것을 잊어버리면 안 된다고 강조하였다. "뇌 없이 성격 없다"(No brain, no personality). 이 (가설적) 과정들을 '지배'(regnancy) 과정이라 하며, 뇌의 생리-화학적 과정들을 아직 제대로 파악하지 못하므로 주관적 경험(기대, 의도, 창조적 사고 등)으로부터 추리할 수밖에 없다. '지배'에 포함되는 (부분)과정들은 많을 수도 적을 수도 있는데, 상이한 부분들을 통일·통합하는 데는 에너지가 든다. 피로할 때, 공상하거나 잠잘 때, 갈등을 겪을

글 상 자 5-6

나르시시즘의 특성

나르시시즘(N)은 자기애(self-love)를 말하며, 남들을 의식하지 않거나 무시하는 경향이 같이 오는 일이 많다(Murray, 1938, p. 180).

직접표현　(1) 자기몰두, 자기연민, 자기성애 (2) 우월감과 과대망상 (3) 자기과시, 터무니없을 정도로 칭찬, 도움, 자비나 감사 등을 요구 (4) 무시나 모욕에 예민함, 지나친 수줍음과 피해망상

간접표현　(1) 무자비한 이기주의, 이득 요구, 지배하고 권력을 내세우려는 시도들, 전능 망상 (2) 객체 경시(무관심, 모욕, 착취, 의심이나 증오) (3) 자아중심성과 투사 성향(세상을 전적으로 개인적·주관적 관점에서 봄)

질문지 문항 예:
1. 나는 내 외모에 대해, 내가 어떤 인상을 주는지에 대해 자주 생각한다.
2. 남들이 조소하거나 경멸하면 감정이 쉽게 상처받는다.
3. 나는 내 자신, 내 경험, 생각들에 대해 매우 말을 많이 한다.
4. 나는 남들의 말을 개인적으로 받아들이는 일이 많다.

때, 감정이 격할 때는 부분 과정들이 통합되지 못한다('분리', disjunctive).

"모든 의식 과정들은 어떤 '지배적' 뇌 과정의 주관적 측면이지만, 모든 지배과정이 의식되지는 않는다"('이중 측면 가설', Murray, 1938, p. 49). 우리가 의식하는 모든 심리적 사건이나 과정에 생리적 과정이 따르지만, 모든 생리적 과정들이 의식에 나타나지는 않는다는 것이다. 타인의 감정상태 지각, 자동차 운전 등은 우리가 의식하지 못하는 가운데 행해지는 수가 많다.

성격의 발달

Murray에게는 "성격의 역사가 곧 성격이다." 이러한 관점은 '성격 탐색'

연구의 최종 결과가 추상적 전기인 '심리지'라는 사실에서 이미 알 수 있었다. 심리지의 중요한 부분은 앞 절에서 본 것처럼 무의식적 주제들과 통일 주제의 재구성이었다. Murray는 유아기 경험이 성격 형성에 결정적 영향을 미친다는 가정을 고수하였다. 언스트의 사례에서 본 것처럼 그는 각 피험자의 사례에서 아동기에 노출된 '압력'들에 어떤 욕구들이 결합되느냐를 면밀하게 분석하였으나, Freud와 Jung에게서 콤플렉스 개념을 빌어 와 아동기 경험이 성격에 미치는 영향을 설명하기도 하였다.

욕구의 억제와 억압   정신분석학자들의 문헌에서 그는 다섯 가지의 매우 즐거운 활동이 외부 세력에 의해 종료, 좌절, 또는 제약되어 성격 형성에 큰 영향을 미친다고 강조된 것을 보았다.

1. 자궁 속에서의 안전하고 수동적·의존적인 상태 (고통스러운 출생 경험으로 끝난다)
2. 엄마 품에 안겨 젖을 빠는 즐거움 (젖떼기로 끝난다)
3. 배설에 따르는 기분 좋은 감각의 자유로운 즐김 (변 가리기 훈련에 의해 제약 당한다)
4. 배뇨에 따르는 즐거운 감각들 (다른 즐거움들만큼 제약을 안 받고 덜 중요하다)
5. 성기를 자극할 때 오는 즐거움 (처벌 위협에 의해 금지된다)

Freud의 심리성욕 발달, 성감대 이론을 받아들이지는 않았으나, Murray는 아이들이 특정한 신체 기능과 활동들에서 분명한 즐거움을 느끼며, 어떤 아이들은 이 즐거움들을 포기해야 할 때 매우 고통받는다는 것을 발견하였다. 아이들이 특정한 활동들에 고착되고 이 고착들이 성 추동의 발달에 영향을 미치지만, 이 단계들이 Freud의 주장처럼 생물학적이라고, 즉 누구에게나 나타나는 것이라고 믿지는 않았다. *좌절* 여부가 결정적이며, 좌절, 억제, 억압이 되면 어떤 추동이든 '성애화'(性愛化, erotization)될 수 있다는 것이다. 가학증(새디즘), 과대망상증, 노출증은 각각 공격, 지배, 노출 욕구가 좌절·억압당한 나머지 성애적 집착으로 변한 결과이다.

후기 발달의 진로를 (무의식적으로) 결정하는 지속적 (욕구-대상) 통합체 (integrate)를 그는 콤플렉스라고 부르고, 막힌 공간, 입, 항문, 요도, 성기를 중심으로 생겨나는 콤플렉스들을 서술하였다.

콤플렉스의 유형　　표 5-4에 Murray가 서술한 다섯 가지 콤플렉스 중세 가지를 소개하였다. 그는 Freud의 유형론에 안 나오는 폐소 및 요도 콤플렉스를 집어넣었다.

1. **폐소 콤플렉스**(claustral complex)　　자궁이 따뜻하고 안전했던 만큼이나 세상에 나오는 과정과 순간은 고통이다. *단순 폐소* 콤플렉스에서는 태내의 안전하고 편안한 상태를 다시 체험하고 싶은 무의식적 욕망이 중심이 된다. *지지결핍* 콤플렉스는 심한 난산같이 출산과정이 특히 외상적(外傷的, traumatic)이었던 사람에게서 추측된다. 이 유형의 특징은 공포로서, 열린 공간과 높은 곳뿐 아니라 물, 지진, 불, 낯선 사람이나 상황 등이 모두 공포의 대상이 될 수 있다. 반면, 태내에서(특히 후반기에) 편안함보다는 질식할 정도의 구속을 체험했던 사람은 좁은 공간과 구속이 숨막혀 벗어나려고 하는 *탈출* 콤플렉스가 있을 가능성이 크다(심하면 폐소공포증).

2. **구강 콤플렉스**(oral complex)

3. **항문 콤플렉스**(anal complex)　　표에서 보는 구강·항문 콤플렉스의 하위 유형들은 3장에서 본 Freud의 구강·항문 성격유형들과 비슷하다.

4. **요도 콤플렉스**(urethral complex)　　커서까지 야뇨증이 있었다거나 오줌발로 구멍 뚫기를 하는 등의 놀이를 좋아한 사람들에게서 이 콤플렉스가 추측된다. 정신분석학자들 중에는 요도 성애를 야심, 불 애착과 연결시키는 사람이 있다(태양에 너무 가까이 날아 올라간 나머지 양초 날개가 녹아 땅에 떨어져 죽은 그리스 신화 인물 이름을 따서 '이카루스 콤플렉스'라고도 부른다). Murray는 두 명의 피험자에게서만 오줌과 불의 관계를 관찰하였다. [우리나라에도 "불장난하면 오줌 싼다"는 말이 있다.]

5. **성기(거세) 콤플렉스**(genital (castration) complex)　　Murray는 거세 콤플렉스가 모든 병리적 불안의 밑에 깔려 있다는 Freud 가정이 맞지 않는다고 느끼고, 그것을 문자 그대로 이해하자고 제안하였다. 즉 누가 음경을 잘라버릴지 모른다는 공상으로 생겨나는 불안만 그렇게 부르자는 것이다. 그는 이 콤플렉스를 자주 관찰했지만, 이것이 모든 신경증적 불안의 뿌리라고 생각하지는 않고, 유아기 때 자위(masturbation)와 연관된 공상들의 결과라고 보았다.

[표 5-4]　세 가지 콤플렉스와 하위유형(Murray, 1938, pp. 363-384)

콤플렉스 유형	애착 또는 공포	강한 욕구(병리)
폐소 1. 단순 폐소 (Simple-Claustral)	막힌 공간, 돌보는 이(엄마), 과거에 집착	수동성, 피해회피, 은둔, 의존
2. 지지결핍 (Insupport)	열린 공간, 높은 곳 등을 무서워함	(광장공포증)
3. 탈출(폐소 기피) (Egression; Anti-claustral)	열린 공간, 변화를 좋아하고 좁은 공간을 싫어함	자율 (폐소공포증)
구강 1. 구강적 의존 (Oral Succorance)	먹고 마심, 돌보아주는 대상, 말(語)을 좋아함	수동성, 의존, 억제된 공격
2. 구강적 공격 (Oral Agression)	딱딱한 음식이나 물건(연필 등)(을 씹기)을 좋아함 우월한 대상들을 싫어함	공격, 피해회피(말 더듬)
3. 구강적 거부 (Oral Rejection)	편식 돌보아주는 대상을 싫어함	피해회피(입을 통한 감염 공포), 거부, 은둔(말없음), 자율(저항)
항문 1. 항문적 배출 (Anal Ejection)	배설과 배설물, 외설(이야기)을 좋아함	공격(무질서, 더럽히기)
2. 항문적 지니기 (Anal Retention)		지니고 있기, 자율(저항), 질서(청결과 정확성), 피해회피(병균, 벌레 공포)

이론의 평가

Murray는 Freud, Adler, Jung의 임상적 전통의 이론들을 비롯하여 당시 영향력 있던 Kurt Lewin, William McDougall 등의 개념들을 토대로 개인 성격과 삶을 경험적으로 연구하기 위한 포괄적인 개념틀을 만들어내었다. 절충주의적이었고 자연과학과 학문적 심리학의 방법론을 받아들였지만, 그의 성격학 이론은 Freud의 정신분석학을 떠났다가 '탐색' 후 다시 돌아온 정신역동적 이론이었다. 그러나(또는 그러므로) 성격심리학에 대한 그의 공헌과 영향도 ─아마도 욕구 개념체계를 제외한다면─ 이론보다는 '탐색'의 접근과 방법론에 있다. White(1980)가 쓴 것처럼, "'성격의 탐색'은 성격을 이해하려고 한 모든 이에게 40년간 중요한 스승이었다"(p. 17). 그 책이 가르쳐준 바 성격 연구란 "자유롭고 넓은 정신으로 접근해야 하는 큰 사업"(p. 17)이며, "성격을 보는 것, 새로운 지식에 도달했다고 단정하기 전에 주의깊게 오래 보는 것"(p. 18)이다.

성격 탐색의 모범

Murray는 심층심리학에 매혹되어 자연과학에서 심리학으로 직업을 바꾸었지만, 과학적 연구에 대한 확신은 버리지 않았다. 그러나 "사람에 관심 없는" 학문적 심리학의 과학주의를 따르지 않고, 20여명의 다양한 전공분야 학자들과 함께 "인간 피험자들과 실험하는 이상적인 방법"을 고안하여 실행하였다. 그 방법의 특징은 자료 및 방법 다양성, 진단의회의 사용, 임상가-인문학자-과학자의 혼합이라 할 수 있다.

방법 다양성　　Murray의 팀은 1930년대에 이미 이 책의 2장에서 나온 세 가지 접근(사례, 상관, 실험)을 모두 사용하여 개인(전인)들을 관찰하면서 많은 다양한 자료(L, O, T, S 자료)를 수집하였다. "성격 연구를 실험실, 심리측정

연구실, 임상 사무실 사이의 경계선에 올려놓은 것이다"(Levinson, 1980, p. 48).

세월이 가면서 학자들은 Murray의 예를 경탄하였으나 거의 따라가지는 않았다. 그가 정의한 경계선에 대해 연구하거나 이에 필요한 지적, 사회적 구조들을 만들어낼 수 있는 사람은 거의 없었다. 성격 연구는 실험, 심리측정, 임상 분파로 갈라졌다. 학문적 심리학의 과학적 정신(에토스)은 엄밀하게 통제된 연구설계 안에서 소수의 변인들을 정밀하게 측정하는 것을 계속 강조하였으며, 상상력의 발휘, 해석 기술의 훈련된 사용, 새로운 개념화 양식들의 탐색을 제한해 왔다. 우리에게 가장 필요한 것은 그때나 지금이나 그의 생동성, 그의 넓은 시야, 그의 지적 모험과 용기이다(같은 곳, p. 49).

물론 연구란 언제나 제약된 시간과 공간에서 제한된 숫자의 전문인력을 가지고 수행된다. Murray는 "병원이나 생리연구실을 접할 수 있었더라면, 피험자들의 출신가정과 사회를 연구할 사회학자가 있었더라면"(p. 34) 하고 아쉬워하였다. 연구와 이론에서 생리학적 관점과 사회학적 관점을 충분히 고려하지 못했음을 아쉬워한 것이다.

Murray에게 자신들의 연구는 단순한 출발점이며, 클리닉은 보다 철저한 연구를 할 수 있는 미래 연구소의 세포단계였다. 자신들의 연구를 토대로 인간 본성(human nature)에 대한 더욱 포괄적이고 철저한 과학적 연구가 이루어질 것이라는 그의 기대는 유감스럽게도 실현되지 않았다. 현재 성격심리학 문헌에서 발표되는 연구들은 소수 변인들의 일회적 실험 또는 질문지 연구가 대부분이며, '방법 다양성'은 현실보다는 이상에 머물고 있다. 오늘날의 학자들이 이상을 추구하지 못하는 일차적 이유는 현실, 즉 연구환경이 그 당시와 매우 다르기 때문이다.

'성격 탐색'의 독보적 성격은 Murray의 뛰어난 능력과 개성(독창성과 카리스마)에 기인하기도 하지만 당시 하버드 심리클리닉에서 가능했던 독특한 연구환경 덕이기도 하다. 한국에서나 미국에서나 오늘날 심리학적 연구들은 주로 대학에서 (심리학과)교수와 (특히 박사과정)대학원생들에 의해 수행된다. 학위를 취득해야 하는 대학원생들도, 많은 연구업적을 올려야 하는 교수들도 시간에 쫓기므로 빨리 되는 연구를 선호한다. 또, 대학원생들 말고도 27명의 다양한 분야의 공동 연구자가 3년씩 한 프로젝트에 전념하는 일은 현대의 대학에서는 가능하지가 않다. 이러한 '연구의 사회학'(sociology of research)이 "성격을 보지 않고 연구하는" 현실을 만들어낸다(White, 1980, p. 15). [의사들도 환자를 보지 않고 진단·치료한다.]

진단의회   혼자 '성격을 주의깊게 오래 보기'보다는 동일 개인들을 여러 학자가 함께 상당 기간 연구하면서 Murray는 토론을 통해 각 개인의 성격과 삶을 이해해가는 길을 택했다. 검사결과(수치)들, 의사 및 간호사들이 관찰한 행동들, 환자 자신의 증상호소 등을 참고하여 의료팀이 토론을 거쳐 환자의 병을 진단하는 일은 의학에서는 널리 사용되는 관행이지만, 심리학에서는 연구에 거의 사용하지 않는다. 상담심리학자들의 사례회의(case conference)도 특정 내담자를 맡은 사람이 발표를 하고 다른 전문가들의 의견을 듣는 정도에 그친다. Murray는 매 회기 약 13명의 피험자들을 20여명의 연구자가 약 36시간에 걸쳐 연구하는 접근을 선택하였다.

연구자들은 5명(주로 정신분석학자)으로 구성된 '진단의회'에서 각자의 결과를 발표하였고 '의원'들은 각 사례를 놓고 열띤 토론을 벌였다. 의원들은 '회의'라고 이름 붙인 첫 절차에서 피험자를 같이 만나 질문하고 관찰하면서 피험자에 대한 인상을 제일 먼저 형성해 놓은 터였다. 토론을 주도한 사람은 그 사례의 전기작성자로 뽑힌 의원으로서, 이 사람은 자신의 피험자를 40여 개 변인상에서 평정하고 '심리지'를 작성하는 과제를 수행하였다.

동기들을 판단하는 어려움들에 대해서는 책 한 권을 쓸 수도 있을 것이다. 이 난점들은 충분히 정신을 빼기 때문에 이성적인 사람이라면 성격학을 포기하거나, 가장 단순한 반사들만 과학의 영역 속에 들어올 수 있다고 믿어버리게 될 것이다. 그러나 내 생각에는 일이 겉보기만큼 절망적이지는 않다. 인간은 단순한 지각과 합리적 추론을 넘어서는 능력들을 가지고 있다. 남들을 이해할 때 느낌과 감정에 의지하여 도움을 받을 수 있다. 포함된 과정들은 거의 알려져 있지 않지만, 일상생활에서 오해보다는 이해가 많다는 것은 분명하다. 만일 그렇지 않다면 인간관계란 혼란스럽고 믿을 수 없을 것이다(Murray, 1938, pp. 245-246).

심리학과에서 강조하는 과학적 방법론은 분석과 귀납추리에 의지하고 느낌과 감정 —임상적 직관— 은 불신하도록 가르친다. 무의식적 욕구와 주제들의 탐색에 점점 더 몰두하면서 Murray팀은 글상자들에 나온 사례들에서 본 것처럼 자서전 재료, 여러 검사에 대한 반응들을 토대로 추리와 재구성을 하였다. Murray는 "비판적 정서적 참여"를 개발할 수 있다고 믿기도 했거니와, 변인들을 구체적으로 정의하고 여러 사람이 모여 토론을 한다는 것이 투사나 기타 주관적 편파가 발생할 위험을 막아준다고 보았다.

다수의 연구자가 동일 피험자들을 평정하는 연구에서는 자료의 신뢰도 계수로서 *평정자 일치도*를 보고하는 것이 상례이지만, 이 절차는 평정자들이 서로 독립적으로 평정했을 것을 전제한다. 평정자들이 토론을 거쳐 (불일치가 있을 경우) 표결을 한다는 것은 심리학 연구에서 극히 이례적인 절차이다. '목소리 큰' 사람이 영향력을 행사할 수 있는 등의 문제가 없는 것은 아니지만, 다른 연구자들이 놓친 중요한 사실을 어느 한 연구자가 파악하여 보고했을 때 그 새로운 사실을 토대로 판단을 바꾸는 것이 피험자 성격 판단의 정확성을 높여주기도 한다.

임상가-인문학자-과학자   '성격 탐색' 프로젝트의 목표이자 결과는 '심리지', 즉 사례사의 작성이었다. 그렇게 많은 절차를 사용하였고 심리학에서 당시 사용되던 표준 검사들과 실험들도 채용했지만, Murray가 피험자의 성격과 삶의 역사 이해에 도움이 되었다고 본 절차들은 '*회의*'와 *자서전*, 그리고 *투사검사*들이었다. '과학적'이라는 말이 "체계적 관찰, 정의된 범주들의 틀을 가지고 관찰된 사실들을 조직화하기, 변인들을 측정하고 원인 요인들을 알아내기"(1938, p. 608)를 의미한다면 "우리의 사례사들보다 더 과학적인 사례사를 읽은 기억이 나지 않는다"고 Murray는 썼다. 앞에서 서술한 연구 절차 —방법 및 자료 다양성, 진단의회— 가 충분히 과학적이라고 확신한 것이다.

Murray가 '단지 과학자' 또는 과학주의자였고 동시에 임상가이며 인문학자가 아니었다면, 목표가 인간의 이해, 삶의 이해가 아니었을 것이다. '과학적' 이라는 말을 위와 같이 이해하지도 않았을 것이다. 학문적 심리학의 관행인 "정밀하고, 체계적이고, 통계적이고, 사소하고, 인위적인 방법들"을 강조하는 과학주의에서 볼 때는, 연구팀의 사례사들이 "극히 무비판적인 것으로 보인다"는 것을 그는 잘 알고 있었다. 동시에 그는 "그 사례사들이 좋은 문학에 나오는 성격 묘사를 따라가지 못한다"는 것을 인정하면서 "다만 어떤 경우들에서는 소설가들이 단지 암시적으로 건드리기만 하는 일들을 개념들이 분명하게 이해할 수 있도록 해주었다"고 자신들의 방법의 장점을 겸손하게 언급하였다(같은 곳).

Levinson(1980)은 전기 면접자의 역할에 "임상가, 조사연구자, 현장(field-work) 사회학자" 외에 "바텐더와 친구"(p. 63)를 집어넣은 바 있다. '성격 탐색'에서 진단의회 의원이었고 Murray의 뒤를 이어 클리닉의 소장이 된 White(1980)도 "피험자들이 우리 앞에서 꽃 피도록 유도할 수 없다면 성격을 성공적으로 연구할 수 없다는 것을 배웠다"(p. 12). 중립적인 실험자가 아니라 "의미 있는 개인적 상호작용"을 하며 피험자들을 존중해야 그들이 신뢰하는 가운데 자신을 드러낸다는 것이다. 연구자와 피험자의 인간적 만남이 가능하려면 존중하는 자세를 가져야 하지만, 신뢰가 생겨날 수 있는 여건(특히 시간)도 필요하다. 실험실에서 30분 내지 1시간 동안 정해진 절차를 실시하고 피험자들을 돌려보내거나, 대형강의실에서 집단으로 질문지를 돌리는 통상적 연구들에서는 이러한 만남이 이루어질 수가 없다. 대학의 연구환경이 성격심리학 연구에서도 '임상가-인문학자-과학자'의 공들인 작품 창조를 장려하기보다는 '과학적' 공정(工程)을 거친 규격품이 쏟아져 나오게 만드는 것이다.

이론의 특성

Murray의 이론을 이 책에서는 역동 이론 접근에 넣어서 제시했지만, Hall 등은 성향 이론들에 집어넣었다. 현상학, 인지 이론에 집어넣어도 될 만큼 Murray는 현실의 주관적 이해, 자기실현, 목표지향성 등의 중요성도 강조한다. 그가 개념화하고 측정한 욕구들은 겉보기에는 성향 이론 접근에서 나오는 성격 *특질*들과 비슷하지만, 욕구와 특질은 유사성보다 차이가 더 크다. "특질들의 일관성과 대조되게, 동기들은 가변적이다"(Winter, 2005, p. 567). 욕구/동기는 특질보다 훨씬 더 역동적이고 복잡하다. 성향 내지 특질 이론과 연구가 *심리측정*

분파에 속한다면, Murray의 이론과 연구는 *임상* 분파에 속하며 무의식 욕구와
'주제'들을, 유아기 경험의 영향을 매우 중시하였다. 그가 특질심리학을 비판한
내용을 보자.

> 내 편견에 따르면 특질심리학은 반복되는 것들에, 분명히 나타나는 것(성격의
> 표면)에, 의식되고 질서 있고 합리적인 것에 지나치게 집중한다. 그것은 생리적 발
> 생들, 비합리적 충동과 신념들, 유아 경험들, 환경적(사회학적) 요인들과 더불어
> 무의식 및 억제된 추동들 등의 중요성을 무시한다. 그러므로, 꿈과 환상, 아동이나
> 야만인들의 행동과 사고, 신경증적 증상들, 광증과 창조 활동 등의 현상들을 다루
> 는 것이 적합하지 않게 여겨진다. 그것은 심리학이 필요한 바로 그 지점에서, 무슨
> 일인지 이해하기가 어려워지는 그 지점에서 중단한다(Murray, 1938, p. 715).

심층심리학에서 출발하여 이론틀을 만들고, 학문적 심리학에서 온 개념과
방법들을 충분히 채용하였으나 Murray는 "시간이 갈수록 의식적 외현적 행동
에 대한 관심이 적어지고 무의식적 콤플렉스들의 탐색에 점점 더 빠지게 되었
다"(p. 114). 과학적 체계적 방법론을 사용하였기 때문에 정신분석 이론이 받는
비판의 상당 부분은 성격학 이론에는 통하지 않지만, 성격학 역시 시선이 근본
적으로 '안'을, '심층'을 향했으며 '밖'을 보는 데는 한계가 있었다. Murray가
'성격의 탐색'의 마지막 장 '결론'에서 정신분석 이론에 대해 내린 결론을 보도
록 하자.

정신분석 이론에 대한 평가　　언스트의 사례에서 본 것처럼(글상자 5-2,
5-3, 5-5 참조) 성격 탐색의 최종 단계(심리지)에서 유아기의 가설적 재구성은
큰 역할을 하였다. 이 작업은 Freud 이론에 크게 의지하였다. 그 이론만이 유
아기의 사건들과 공상들을 다루기 위한 포괄적이고 일관된 틀을 제공해주었기
때문이다. '성격 탐색'을 마치고 정신역동 이론, 특히 Freud 이론에 대해 내린
결산을 읽어보면, 이 책에서 이론들을 논의하는 장들에 이어 측정평가와 경험
적 연구를 다루는 장(章)(제6장)으로 넘어가는 데 도움이 될 것이다. Murray는
다음 몇 가지를 Freud의 공헌으로 인정하였다(pp. 723-724).

1. 무의식 과정들이 의식과 행동에 미치는 영향.
2. 유아기 주제들의 흔적이 무의식 과정들에서 발견됨.
3. 출생, 빨기, 젖 떼기, 변 가리기 훈련, 형제의 출생, 성(性)에 관한 무지, 부모로 부터의 분리 등 고전적 유아기 주제들이 발달을 결정하는 데 미치는 큰 영향.
4. 성 충동과 관계된 사실들(승화, 방어 등). 모든 명백한 신경증 증상의 뿌리에서 성적 요인이 발견되었다. "Freud 이론 —과 용어!— 이 세상의 관심을 쇼킹하게 사로잡지 않았다면, 몇 세대가 지나서야 학문적 심리학자가 성을 초연하고 겉 치레가 아닌 식으로 고려할 만큼 진실하고 대담했을 것이다"(p. 723).
5. 개인과 문화간의 영원한 갈등. 문화가 어떻게 내면화되어(초자아) 사람을 분열 시키고 내면의 전쟁을 일으키는지를 보여준다.
6. 억압, 투사, 합리화의 개념들.

반면 다음과 같은 점들에서 Freud를 비판하였다(pp. 724-725).

1. 사실과 이론의 혼동(예컨대, "리비도의 양은 언제나 일정하다"같은 진술은 무 의미하다.)
2. 性 추동의 지나친 강조(예, 모든 불안을 거세 불안과 관련짓는다.)
3. 팔다리를 움직이고 대상들을 다스려야 하는 필요성을, 그러한 즐거움을 무시하 고 '몸통'(torso)에만 집중.
4. 성취, 지배, 인정 욕구들을 무시하고, 자아이상(성공의 표준)과 초자아(도덕의 표준)를 혼동하는 등 자아 구조화를, 의지 및 극기의 기쁨들을 설명하는 개념들 이 없다. 성욕이나 공격성보다 공포(비겁함, '계집애 같음')가 더 수치스러우며 제일 절박하게 억제되어야 한다는 사실을 인정하지 않는다.
5. 공포와 그 행동 양식들을 성 및 공격성과 대등한 추동으로서가 아니라 단지 감 정으로 개념화.
6. 자부심, 자기존중, 과묵함(딱딱한 '껍질'), 독립, 개성화, 명예를 위한 투쟁, 약 함의 경멸 등, 불가침 욕구(n Inviolacy)에 포괄되는 감정과 반응들을 잘못 해 석하거나 무시. 나르시시즘과 자아방어 개념들이 이 반응들을 전부 설명하지는 못한다.
7. 좌절을 겪을 수밖에 없고 '보다 높은' 대용물을 선택하는('승화') 가운데 정상 발달이 이루어진다는 생각. 누구나 '엄마 치마끈에 매달려' 인생을 사는 것도, 거절당했던 즐거움들을 돌아보는 것도 아니다. 아이들은 분명히 변화를 찾으 며, 돌아다니고 탐색하고, 자기 능력을 시험하고, '어른'처럼 행동하고, 독립하

고, 부모가 가르쳐준 어떤 것보다도 '더 높은' 것들을 창조적으로 생각해내는 경향을 보인다.

8. 특별한 것(the particular)으로부터 일반적인 것(the general)을 이끌어낸다. 모든 이끌림은 성적 이끌림에서, 사랑의 감정은 성감대 자극에서, 성격 특성들은 성감대가 지나치게 예민해진 데서, 권위의 증오는 외디푸스 콤플렉스에서 나온다는 것이다.

9. 과잉 단순화하려는 성향이 있어서 분석가들이 주의를 기울여야 하는 많은 반응 체계들(획득, 거부, 존경, 보살핌, 의존 등)을 간과한다.

10. 능력과 무능, 취미들, 감정과 사회적 태도, 우정과 군집, 흥미와 종교적 목표들 등 보통사람이 자신의 심리학의 주 요인들이라 생각하는 것을 무시한다.

11. 시대와 지역의 규범들, 문화 패턴들, 집단 관심사, 용인된 사회적 지위 등 사회학적 요인들의 무시.

Murray가 Freud 이론에서 비판한 사항들은 자신의 성격학 체계와 경험적 연구에서 강조를 둔 사항들이기도 하였다. 가령 성과 공격 추동에 집중하여 정상 발달과 병리, 낮은 것과 높은 것을 모두 그 기본 추동들로 귀속시키는 과잉 단순화 경향을 피하고 28개나 되는 욕구들을 개념화하고 측정하였다. 신경증 환자가 아니라 정상적인 (남자)대학생들을 연구했으므로 정상 발달과 건강에 주의를 기울이게 되기도 하였다. Freud가 사회적 요인들을 무시했다는 비판은 '압력' 개념의 도입으로 이어졌고, 연구와 이론이 진행, 발전하면서 욕구와 압력의 결합 또는 상호작용인 '주제'가 점점 비중이 커졌다.

Murray는 Freud의 결정론과 비관론에도 거리를 두었다. 위에서 성취, 지배, 인정 욕구들, 공포(비겁함), 불가침 욕구 등에 관계된 비판들(넷째부터 여섯째 사항)은 Adler의 주장들과 조화가 되는 주장들이다. [그는 피험자들의 약 68%가 과거나 현재에 열등감으로 고통받았다고 보고하였다(p. 733).] Jung의 영향력은 욕구들의 목록에서 반영되지는 않는다. 피험자들이 대학생 연령이었기 때문에 자기실현과 관계된 욕구들은 관찰되지 않은 것 같다. 유형론의 과학적 탐구에는 깊은 관심을 가지고, 대안적 유형 분류를 제안하기도 하였다. [독자들은 그가 심리학에 관심을 갖게 된 계기가 Jung의 "심리학적 유형론"을 발견하고 읽은 사건이라는 사실을 기억할 것이다.]

Murray는 자료에서 나타나는 변인들 상관을 고려하여 *내향성*을 수동적 내향성, 예민하고 회피적인 내향성, 말없고 침해받지 않으려는 내향성, 상상력이 풍부한 내향성, 수축된 반복적 내향성(질서, 세부에 주의하고 변화나 간섭에 저항)의 다섯 가지 유형으로 세분하였다. 나아가 외향성과 내향성이 하나의 변인의 양극이 아니라 독립적 변인들이라고 생각했다(즉, 외향성 *아니면* 내향성이 아니라, 외향성이면서 *동시에* 내향성일 수도 있다는 것이다). 그는 Jung의 네 *기능*도 측정 가능한 방식으로 재정의해서 이론가(과학자, 합리주의자), 인본주의자(친절한 부모, 자상한 친구, 성직자), 감각주의자(쾌락추구자, 배우, 예술가), 실제적 행동가(기술자, 군인, 사업가)의 네 유형을 가려내기도 하였다(cf. Myers, 1995/2008).

신경증 환자들을 이해·치료하려고 노력하는 과정에서 유기적으로 자라나온 심층심리학 이론들과 달리 Murray의 방대한 개념체계는 복잡한 인간 행동을 과학적으로 연구한다는 프로그램에서 나왔다. 이 개념체계는 절충주의적 모자이크였으므로 어느 이론 분파에나 속할 수 있지만, 이 장에서는 그의 이론의 두 기둥인 욕구와 '압력'에 주로 초점을 맞추었다.

욕구와 '압력'　　정신역동 이론들이 무시한 '정상 심리학', 즉 능력과 성취, 흥미, 태도, 인생목표 등도 측정했지만, '성격 탐색'에서 일차적 관심은 욕구에 있었다. 28개의 욕구들을 다양한 전공 배경의 상이한 연구자들—특히 진단의회 의원들— 이 측정평가할 수 있도록 구체적으로 정의하였고, 다양한 장면에서 다양한 도구와 방식들로 측정하는 모범을 보였다. 그러나 Murray가 성격심리학에 *실제로* 미친 영향은 —유감스럽게도— 그러한 자료 및 방법 다양성, 임상가-인문학자-과학자의 혼합, 넓은 시야, 지적 모험과 용기가 아니었다. Murray는 자신들의 프로그램이 "실험주의자에게, 그것을 처음 보면 가장 안 좋아할 바로 그 사람에게 매우 유용할 것"이라고 말한 바 있다(p. 705). 실제로 후배 심리학자들은 그의 방대한 욕구개념 목록에서 한두 개를 집어내어 그가 개발한 방법들(특히 질문지)을 사용해 자료를 얻고 논문을 쓰는 일로 만족하였다.

행동과 성격의 '왜'를 파고 들어간다는 것은 정말 정신 빠지게 복잡하고 힘든 일이다. 그러나 동기·욕구는 분명 성격의 이해에서 핵심적인 물음("왜?")

에 속한다. Murray는 무의식적 콤플렉스들의 미궁에서 질서를 발견하려고 애썼고, 그를 위해 많은 변인들에 대해 많은 자료를 얻고 많은 토론을 거쳤다. "심리학이 필요한 바로 그 지점에서, 무슨 일인지 이해하기가 어려워지는 그 지점에서" 중단하지 않은 것이다. 40여 개 변인들에서 각 피험자를 평정하는 일은 충분히 어려웠지만, 그는 그것으로 그치지 않고 '압력'(주로 아동기 경험들)과 욕구의 결합인 '주제'들, 그리고 그 주제들을 관통하는 대 주제('통일 주제')를 파악하여 삶의 역사를 '심리지'로 작성하는 단계까지 나아갔다. 전체를 파악하지 않고는 부분들도 이해가 되지 않는다는 신념 때문이었다.

Murray 자신은 욕구 개념이 추상적인데도 불구하고 맨 먼저 이론에 들어왔기 때문에 연구에서 너무 강조되었으며, 압력 개념은 비교적 늦게 나타난 탓으로 다른 개념들과 잘 섞이지 못했다고 인정한 바 있다. 역시 전기 연구를 한 Levinson(1980)은 Murray가 환경의 개념화에 느렸던 이유가 *남자 대학생 표본*만 사용했기 때문이기도 하다고 본다. 대학생들은 아직 복잡한 사회문화적 환경과 씨름하지 않는다는 것이다. 그러나 Levinson은 Murray가 환경을 잘 개념화하지 못한 더 근본적인 이유를 지적한다. 학문적 심리학과 심층심리학을 합치고 변형시킴으로써 새로운 분야인 성격학을 창조하고자 하였는데, 당시에도 현재에도 두 분야 모두 사회와 집단 생활의 본질에 진지한 이론적 관심이 없(었)다는 것이다.

Murray의 목표는 삶의 역사의 서술과 설명이었고, 설명과 해석은 유아기 경험의 재구성에 토대를 두는 '추상적 전기'('심리지')의 형태가 되었다. 그는 전기가 "심리학과 사회학의 논리적 만남터"(p. 609)임을 알고 있었다.

개인은 언제나 그의 문화 속에 파묻혀 있기 때문이다. 그는 그 문화를 흡수하고, 그것에 의해 변화되며, 그것을 보존하고, 표상하고, 전달하고, 변화시키며, 창조한다. 문화는 성격들을 통해 표현되며, 성격들은 문화 속에 표현된다(같은 곳).

성격은 전기의 단지 한 요소일 뿐이다. 문화와 사회적 제도라는 다른 요소들도 삶과 전기의 이해에 필요하다. 성격학은 *삶*의 이해를 목표했으나 *성격*의 이론으로 머물렀다. Murray같이 시야가 넓고 지적 모험심과 용기가 대단했던 학자가 삶과 성격의 이해에 문화와 사회를 제대로 고려하지 못한 것이 아쉬울 수는 있지만, 임상가-인문학자-과학자이었을 뿐이고 동시에 사회학자는 아니었다고 그를 비판할 수는 없는 일이다.

일반적 행동관   Hall 등(1985)은 Murray의 가정과 개념들이 검증 가능한 가설들을 생성해내는 명제들의 집합이라기보다는 "특정한 연구문제들에 접근하는 특수한 방식을 정하는 일반적 행동관(general view of behavior)"(p. 336)을 제공하는 것으로 보아야 할 것이라고 시사한다. 이 일반적 행동관에 따르면 인간 행동의 복잡성에 충실하기 위해서는 많은 수의 변인들이 필요하며 이들을 과학적 연구가 가능하도록 분명하게 정의·측정해야 한다. 결과적으로 연구자는 개인들에 대해 엄청나게 많은 자료를 수집하게 된다.

Murray는 인간이란 복잡한 존재이기 때문에 아주 많은 것을 알아야 조금이라도 파악할 수 있다고 믿었다. 많은 것을 알아낸다는 것은 곧 자료가 많다는 것이다. 그러나 자료는 '너무' 많을 수 있다. 즉 복잡함 속에서 질서를 찾는 데 도움이 되기보다는 뭐가 뭔지 모르는 혼동을 가져올 수도 있다. 느낌과 감정, 즉 임상적 직관과 인문학적 상상력에 의지하지 못하면 특히 그렇다. Murray의 이론은 욕구, 의식과 무의식, 자기실현, 뇌 과정과 유전 등 빼놓는 것이 없는 일종의 백과사전, 백화점이다. '일반적 행동관'이 그의 연구 접근뿐만 아니라 성격이론에도 반영된 것이다.

그는 '과학적' 접근이 어렵다고 해서 '중요한' 문제들을 탐색의 대상에서 빼지 않았다. 분명하게 나타나는 것, 의식되고 질서 있고 합리적인 것은 실험이나 질문지로 쉽게 연구되지만, 의식되지 않는, 유아기 경험들에서 비롯되는 비합리적 충동과 믿음들은 그렇지 않다. 방법을 정해 놓고 연구문제를 찾기보다 그는 중요하게 여겨지는 연구문제들에 다가가는 길을 찾아보았다. 동기들을 판단하는 어려움들이 정신을 충분히 빼지만 성격학을 포기하지 않은 것이다. 그가 이 어려움들을 극복한 길은, 동기(욕구)들을 가능한 한 분명하게 정의하고, 여러 사람이 여러 장면에서 관찰하고, 진단의회에서 토론하는 것이었다.

인간은 복잡한 존재이며, 따라서 욕구, 목표, 가치 등의 여러 측면들에 대한 과학적 연구가 필요하다는 '일반적 행동관'이 잘못된 것은 없다. 성격의 大

이론(grand theory)이 아직 불가능하다는 것을 보여준 것이 —의도는 아니었지만— 그의 큰 공헌인지도 모른다. '성격의 탐색'이 나온 지 반세기 이상이 지난 현재까지도 성격심리학은 '탐색'을 계속해야 하는 '개념적 진화단계'에 있다.

> 나는 우리 심리학자들이 어떤 지도자가 그만큼 [포괄적 이론을] 이룰 날에 가까이 와 있다고 생각할 만큼 낙천적이었던 적이 없다. 대신 나는 사실 및 숫자들의 영원한 포수이자 수집가, 개념들의 영원한 분류자, 개념들의 결혼중매자였다— 이 평범한 업무들이 심리학이 도달한 개념적 진화단계에 적합한 것이라고 믿기 때문에(Murray, 1959, p. 48).

그는 현 단계에서 필요한 것은 비판정신, 완벽주의보다는 즉흥성(spontaneity), 탐구, 발명이라 보았다. 수십 년이 지나면서 성격심리학이 약간 더 진화했다 해도, 초창기에 Murray가 들고 나온 프로그램은 현재 단계에도 유효할지 모른다. 이 프로그램을 한 마디로 압축하면 '임상가-인문학자-과학자의 혼합' —Freud, Adler, Jung 세 사람 중에서는 Freud가 가장 탁월한 전형이었다— 이 될 것이다. '과학적'이라는 말을 특정한 방법이나 자료를 의미하는 것으로 좁게 이해할 것이 아니라, "체계적 관찰, 정의된 범주들의 틀에 의한 관찰된 사실들의 조직화, 변인들의 측정과 원인 요인들의 결정"(Murray, 1938, p. 608)으로 이해해야 하는 것이다. 이러한 정체와 방법론의 확대를 위해서도 "우리에게 가장 필요한 것은 그때나 지금이나 그의 생동성, 그의 넓은 시야, 그의 지적 모험과 용기이다"(Levinson, 1980, p. 48).

▮요   약▮

01 Murray는 27명의 공동연구자들과 함께 약 3년에 걸쳐 남자 대학생의 성격
과 삶을 연구하여 1938년 '**성격의 탐색**'이라는 제목의 기념비적 저서를 출
판하였다. 연구팀은 삶의 역사를 이해한다는 목표를 가지고 정신분석학의
임상적·직관적 통찰들을 학문적 심리학의 과학적·통계적 방법들을 써서
연구하고자 하였다.

02 Murray의 '일반적 행동계획'은 성별, 나이, 전공, 성격 등이 다양한 많은 연
구자들이 매 회기 십여 명의 피험자들에게 **회의**와 **자서전**을 비롯하여 많은
다양한 절차(면접, 검사, 대화, 자유연상, 실험 등)를 실시한다는 것이었다.
많은 자료를 통합하여 성격을 판단하는 과제는 '**진단의회**'에 맡겨졌다. 약 3-4
개월의 연구 과정이 끝나면 진단의회에서 각 피험자를 연구 변인들(마지막
두 회기에서 모두 44개) 위에서 평정하고 '추상적 전기'인 '**심리지**'(心理誌)가
나왔다.

03 성격학 이론체계의 44개 변인 중 28개가 욕구 변인이었다. **욕구**는 지각, 사
고, 행동을 조직화하는 뇌 영역 속의 힘에서 나온다. 모두 20가지의 '외현
적 욕구'와 8가지의 '잠재적 욕구'가 측정 평가되었다. 특정한 대상들과 결
합된 욕구들을 '욕구 통합체' 또는 **콤플렉스**라고 한다. 연구가 진행되면서 그
는 잠재적, 무의식적 욕구들과 무의식적 콤플렉스들에 점점 더 집중하였다.

04 욕구가 행동을 결정하는 내적 힘이라면 '**압력**'은 환경적 힘이다. 성격 특성
으로서 욕구들에 결정적 영향을 미치는 것은 어릴 때 노출된 압력들이다.
훈련된 제 삼자가 판단할 수 있는 환경의 객관적 특성을 '알파 압력'이라
부르고, 개체가 주관적으로 지각('통각'이라 부른다)하는 환경 특성을 '베타
압력'이라 부른다.

05 '압력'이나 선행 사건들과 욕구의 결합을 '**주제**'라 한다. Murray는 주제통각
검사(TAT)를 개발하여 이를 측정하였다. 어릴 때 노출된 압력에 강한 욕구
가 결합되면 그 '주제'가 평생 동안 삶을 지배하게 된다. 이를 '**통일 주제**'라

한다. '박탈→불안→공격적 먹을 것 추구'라는 통일 주제가 가정되는 언스트의 사례가 소개되었다.

06 욕구 외에도 '성격 탐색'에서는 4개의 **내면상태**(자아 이상과 나르시시즘, 초자아 통합과 초자아 갈등)와 12개의 **일반특질**(불안, 창의성, 정서성 등)이 측정되었다.

07 Murray는 성격과 모든 심리 현상들의 밑에는 뇌 생리적 과정들이 깔려 있다는 것을 잊어버리면 안 된다고 강조하였다("뇌 없이 성격 없다"). 이 뇌 과정들을 '**지배**' 과정이라 한다.

08 Murray는 Freud의 심리성욕 발달 이론을 받아들이지는 않았으나, 아이들이 특정한 신체 기능과 활동들에서 즐거움을 느끼며 이 즐거움들을 포기해야 할 때 매우 고통받기도 한다는 것을 발견하였다. 그는 자궁(막힌 공간), 입, 항문, 요도, 성기를 중심으로 생겨나는 **콤플렉스**들(폐소, 구강, 항문, 요도, 성기)을 서술하였다.

09 성격학 이론체계는 '인간 피험자들과 실험하는 이상적인 방법'을 실행하여 성격 연구를 실험실, 심리측정 연구실, 임상 사무실 사이의 경계선에 올려놓았다. '성격 탐색'은 자료 및 방법 다양성을 실천했다는 점에서 성격 연구의 모범이 된다.

10 연구의 결론을 내리면서 Murray는 Freud 이론에서 무의식 과정들의 중요성, 유아기 경험, 성 추동의 중요성, 개인과 사회의 갈등 등에 대한 주장들을 지지하였다. 반면 그는 Freud가 성과 공격 추동을 지나치게 강조하면서 정상 발달과 병리를 모두 그 기본 추동들로 귀속시키는 과잉단순화를 했다고 비판하였다.

11 Murray의 이론은 빼놓은 것이 없는 백과사전, 절충주의적 모자이크였으나, 욕구와 '압력'이 두 기둥을 이루었다. 이론과 연구에서 욕구 개념이 너무 강조된 반면, 압력 개념은 비교적 늦게 이론에 들어온 탓으로 다른 개념들과 잘 섞이지 못했다.

y

12 '성격의 탐색'의 '일반적 행동계획'인즉, 공인된 과학적 방법론을 따라가기 보다는 인간 이해에 중요한 문제들을 연구할 수 있는 방법들을 만들어내는 것이었다. 바로 이러한 지적 모험과 용기, **임상가-인문학자-과학자**의 혼합 정체가 우리가 그에게서 배워야 할 자세이다.

제 6 장

정신역동 이론: 경험적 연구

2부에서 지금까지 우리는 Freud의 정신분석 이론(3장)에 이어 그의 진영에서 이탈한 Adler와 Jung의 이론(4장)을 공부하였다. 3장의 이론 평가에서 지적한 정신분석 이론의 강점과 약점들은 상당 부분 Adler와 Jung의 이론에도 해당된다. 심층심리학은 무의식과 갈등, 아동기 경험의 영향 등을 발견하고 인간 행동의 복잡성을 설명해준 반면, 과학적 가설검증 연구가 어렵고 임상적 자료의 신뢰도가 검증되지 않는다는 문제점이 있다. Murray의 성격학(5장)은 정신분석학의 사색들과 학문적 심리학의 방법들을 결합시키려 한 시도였다.

기억, 지각, 학습 등 부분 기능들을 (주로 실험실에서) 연구하지 않고 전인(whole person)을 (많은 경우 실험실 밖 현실 또는 치료실에서) 상대하는 심리학자들 중에는 무의식과 갈등, 아동기 경험의 중요성을 인정하고 경험적으로 연구한 학자들이 많다. 그 결과 3장 말미에서 언급한 것처럼, 학문적 심리학에서 정신역동적 가정들은 성격, 사회, 발달심리학 등 소위 '부드러운'(soft) 분야들의 관심사들과 점점 일치해 왔다(Westen, 1998). 학문적 심리학은 정신분석학 내지 심층심리학을 거부하고 후자는 전자에게 인정·수용받기를 저자세로 요청해 온 것은 물론 아니다. 인간 성격을 연구한다면서 "사소하고 인위적"인 방법론에 매달려 시시한 주변적 현상을 정밀하고 체계적으로 연구해서 얻는 것이 무엇인가? 물론 현실은 '흑 아니면 백'이 아니므로, 정밀하고 체계적이면서도 사소하지 않고 의미 깊은 성격심리학 연구들이 많이 있다.

정신역동적 가정들에 대한 학문적 심리학의 경험적 연구들을 소개하는 이 장에서는 Freud의 정신분석 이론에 초점을 맞추되, 심리성욕 발달이론, 자아방어기제 등 구체적 가정들보다는 무의식과 아동기 경험의 역할이라는 두 가지 핵심 가정에 대한 연구들을 주로 다루기로 한다. 독자들은 억압과 무의식에 대한 흥미 있는 실험과 상관 연구들, 유아기 경험의 영향에 대한 현장관찰, 상관 연구, 종단 연구들을 보게 될 것이다. 그중 많은 것들은 정신분석학과 아무 상관이 없거나 그것을 아예 거부하는 심리학자들에 의해 수행되었다. 이런 연구들을 제시하기 전에 정신분석적 성격측정도구라 할 수 있는 투사법을 먼저 논의하기로 한다.

정신분석적 측정평가: 투사법

자아방어 기제로서 투사(projection)는 자기 속에 있는지도 모르는 생각, 감정, 동기 등을 다른 사람에게 '뒤집어 씌우'는 기제이다. 밖에 보이는 것이 사실은 안에 있는 것이지만, 투사하는 본인은 그것을 모른다. 투사는 매우 일상적인 현상이다. 비둘기에게 모이를 주는 것이 법으로 금지되어 있는 독일의 한 도시에서 어떤 할머니가 공공장소에서 비둘기에게 모이를 주다가 경찰에게 잡혔다. 이 할머니는 이전에도 같은 일로 경찰에게 몇 번 경고를 받은 일이 있다. 할머니 말은 비둘기들이 너무 불쌍한(배고픈?) 눈으로 자기를 바라보기 때문에 먹을 것을 안 줄 수가 없다는 것이다. 비둘기들이 수많은 사람들 중에 왜 이 할머니만 불쌍한 눈으로 바라볼까?

자극이나 대상이 분명하면 투사가 일어나지 않는다. 개를 보고 '개'라고 하는 것은 뭉게구름 덩어리를 '개'로 보는 것과 다르다. 또, 단지 '개'라고 이름을 대는 것과 '배고픈 개', '미친 개'라고 하는 것은 다르다. 따라서 투사기제를 작동시키려면 이렇게도 저렇게도 볼 수 있는 자극들을 제시하여, 주관적 해석과 자유로운 반응을 허용 또는 요구해야 한다. 비교적 모호한 자극을 제시하여 자유롭게 반응하도록 해서 피험자들의 (무의식적) 생각, 감정, 동기들을 추리하는 심리검사를 투사적 검사라고 한다.[1] 로샤하와 주제통각검사가 가장 많이 사용되는 투사검사인데, TAT는 5장에서 이미 소개한 바 있다.

로샤하와 TAT

독자들이 아는 성격검사란 "나는 사람들과 어울리는 일을 좋아한다" 같은 문항들에 '예', '아니오'로 또는 (예컨대 1-4의) 척도상에서 응답하는 **자기보고 질문지**이다. 많은 경우에 문항들은 무엇을 측정하는지가 분명하다. 예컨대, 위의 문항을 읽으면 거의 누구나 "내가 사교적(또는 외향적)인지를 알아보는 것이구나"라는 생각이 들 것이다. **투사검사**들은 피험자들이 각자 독특한 방식으로 자극들을 해석·반응하게 허용한다는 점에서 정해진 구조가 없으며(unstructured), 피험자들이 검사의 목적을, 즉 자신들의 반응이 어떻게 해석될지를 알기 힘들다는 점에서 위장되어(disguised) 있다. 피험자들이 내용과 구조 양면에서 완전히 자유롭게 반응하기 때문에 그들의 무의식 과정들과 동기, 심층적 성격구조가 방어 없이 표현된다는 가정이 '**투사가설**'(projective hypothesis)의 일부이다(앞 장 글상자 5-3 참조).

정신분석 이론이 행동과 성격의 총체적(holistic) 이해를 강조하는 것처럼, 투사검사들도 검사반응들의 패턴과 조직화를 총체적으로 해석한다. 5장의 글상자 5-4("물에 빠지는 기차")에서 이러한 해석의 예를 본 바 있다. 투사검사들의 이러한 특징들 때문에 신뢰도와 타당도를 확립하기 힘들고, 그래서 투사'검사'(test)가 아니라 투사'기법'(technique)이라 부른다. 임상가들에게는 투사법이 검사보다는 면접기법으로 주로 사용되지만, 투사법을 연구에 사용할 때는 물론 신뢰도와 타당도가 필요하다.

---

1) 사람그리기(Draw-A-Person) 검사같이 자유로운 **표현**을 요구하는 투사법도 있다. Murray의 팀에서 Erikson은 사람과 동물 인형들, 가구, 자동차, 나무토막들을 써서 연극장면을 만들게 한 극연출(Dramatic Productions) 검사를 실시하였다.

[그림 6-1] 로샤하 잉크반점 검사 카드 예

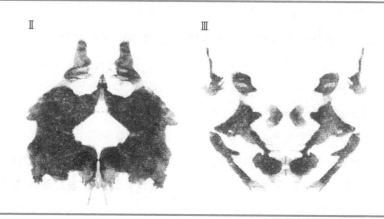

로샤하 잉크반점 검사   이 검사는 스위스 정신의학자 Hermann Rorschach(1884-1922)가 1921년 출판한 '심리진단'(부제: '지각에 기초한 진단검사')에서 소개되었다. 그는 잉크를 종이에 몇 방울 떨어뜨리고 접었다 폈을 때 나타나는 좌우대칭 형태들을 수천 장 제작하여 정신과에 입원한 환자들에게 보여주었다. 증상 내지 진단범주에 따라 반응들이 달라지는 카드들은 채택하고 그러한 판별을 해주지 못하는 카드들은 버리는 과정을 통하여 마지막으로 10장을 선정하였다(그림 6-1). 카드들에는 흑백도 있고 여러 색이 들어간 것도 있다. Freud의 이론을 잘 알고 있었던 Rorschach는 잉크반점 검사에서 나온 자료가 무의식을 이해하는 데 도움을 준다고 보았다.

검사자는 피험자(환자, 내담자)에게 카드를 한 장씩 제시하며 편안한 마음으로 카드를 보고 무엇이 보이는지를 이야기하게 한다. 피험자가 하는 말을 모두 적고, 검사에 임하는 태도, 특정한 카드에 대해 보이는 행동이나 반응(침묵, 화냄, 얼굴 붉힘, 웃음 등)도 기록한다. 그림에서 전체를 보느냐 어느 한 부분을 보느냐, 비어 있는 곳을 보느냐 잉크가 묻은 곳을 보느냐 하는 등에 따라 카드마다 무궁무진한 반응들이 나올 수 있다. 그러나 카드마다 흔하게 나오는, 즉 일반적 반응들이 있다. 결과를 해석할 때 검사자는 형태, 반응 이유, 내용에 주목한다. Rorschach가 매우 흥미 있게 여긴 것은 주로 운동을 지각하는 사람과 색채 특징들에 주의를 기울이는 사람들의 차이였다(내향(introversive) 대 외향

(extraversive) 유형).

  피험자가 어느 부분을 가리키면서 그 부분이 가령 나비같이 보인다고 할
때 그것이 제삼자에게 납득이 갈 때도 있고 전혀 납득이 안 될 때도 있다. 전
자의 경우는 현실에 잘 적응하는 좋은 심리기능이, 후자에서는 비현실적 공상
이나 기이한 행동이 추측된다. 무생물이냐 생물이냐, 인간이냐 동물이냐, 호감
을 표현하느냐 적개심을 표현하느냐 하는 반응 내용은 성격의 해석에서 큰 역
할을 한다. 예를 들면, 동물이 싸운다는 반응을 거듭거듭(즉, 여러 다른 카드에
서) 하는 피험자는 사람이 서로 나누고 협동하는 모습을 거듭 보는 피험자와
성격이 아주 다른 것으로 해석된다. 반응 내용은 상징적으로도 해석된다. 폭발
은 강한 적대감을, 돼지는 탐욕스러운 경향을, 여우는 교활하고 공격적인 경향
을, 거미, 마귀할멈, 문어 등은 지배하는 어머니의 부정적 이미지를, 고릴라와
거인은 지배하는 아버지의 부정적 이미지들을 상징할 수 있다.

  각각의 반응은 전체 반응들과의 관계 속에서 해석된다. 하나의 반응은 그
개인의 성격기능에 관한 가설이나 가능한 해석들을 시사해주며, 다른 반응들에
서, 전체 반응패턴에서, 검사에 임하는 행동에서 나오는 해석들에 비추어 그러
한 가설들이 검증된다. 예컨대, 검사중에 어떻게 해야 하는 것이냐고 계속 묻
는 피험자는 의존적인 사람이라고 볼 수 있으며, 긴장해서 의심하는 질문들을
던지고 카드를 뒤집어서 뒷면을 살펴보는 사람은 의심 많고, 심지어 망상증을
보인다고 추리되기도 한다.

  1960년대에 임상심리학자들 사이에도 급진적 행동주의가 퍼지면서 성격이
란 것은 없고, 있다 해도 심리검사로 측정될 수 없다는 신념이 널리 퍼진 가운
데, 특히 총체적 해석을 강조하는 투사검사들이 배척되었다. 자기보고 검사들
과 달리 하나의 점수가 하나의 특성이나 성격의 병리 수준을 말해주지 않는다
는 것도 문제이지만, 검사를 실시·채점하고 결과들을 해석하는 방식들에 너무
많은 접근들이 있다는 것이 비판의 화살을 받았다. 이에 Exner는 로샤하의 사
용과 적용을 위한 표준 방법론을 만들어냈다(Comprehensive System). 이 체계
는 20개가 넘는 점수들을 산출하며, 이 점수들은 서로 연관시켜 해석해야 하지
만, 채점과 해석의 신뢰도, 타당도가 모두 만족스럽다고 알려져 있다(Exner,
1997; Weiner, 1997).

주제통각검사(TAT)   TAT는 5장에서 보았듯이 욕구와 '압력'의 결합
인 '주제'를 측정하기 위하여 Murray가 개발한 투사검사이다(글상자 5-3 참조).
TAT의 재료는 주로 사람이 나오는 장면들의 그림들이다. 인물들은 성별, 나이
가 분명치 않으며, 표정도 보는 사람에 따라 다르고, 배경도 충분히 모호하여
매우 다양하게 지각·해석된다. 피험자는 각 카드에 그려진 장면에 대해 이야기
를 만든다. 그림에서 무슨 일이 일어나고 있으며, 인물들은 무슨 생각을 하며,
어떻게 해서 이 장면에 오게 되었고, 앞으로 어떻게 될지를 이야기하는 것이다.
여자 또는 남자에게만 제시되는 카드들이 있는가 하면 남녀 공용 카드들도 있
다. Murray(1938)는 TAT 반응들을 해석하는 틀을 만들었지만, 실제에서는 이
틀을 사용하기보다는 직관적 해석을 하는 일이 더 많다.

검사에서 표현된 공상은 피험자들의 무의식적 동기를 드러내주며 나아가
피험자들의 행동과도 관계된다고 가정된다. 그러나, 공상은 동기들을 표현해줄
수 있지만, 동기가 행동으로 표현되는 것을 대리해줄 수도 있다. 예컨대, 공격
성이 강한 사람은 공상(TAT)에서도 행동에서도 이를 표현할 수가 있지만, 공상
에서만 표현하고 외적 행동으로는 표현을 억제할 수도 있다. 투사법의 타당도
를 확인하기가 왜 어려운지를 짐작할 수 있다.

사례연구: '지미'의 사례

투사검사들은 주로 임상 장면에서 사용된다. 그 예를 들기 위해 아래에
Pervin과 John(1997)이 사용한 "Jim"('지미')의 사례를 소개한다. 지미는 1960년
대 말에 대학생들의 집중연구 프로젝트에 피험자로 자원한 대학생이었다. 연구
에 참여한 이유는 심리학에 대한 관심도 있었지만 자기 자신을 더 잘 이해하고
싶었기 때문이었다(p. 59).

자서전(autobiography)에서 지미는 자신이 뉴욕시에서 태어나 많은 사랑을
받고 컸다고 썼다. 아버지는 대학을 졸업하고 자동차판매소를 경영하며 어머니
는 주부이다. 아버지와 관계는 좋고, 어머니는 "다른 사람들을 따뜻하게 배려
하는, 사랑이 넘치는 여자"이다. 그는 장남이고 동생이 세 명 있다. 자서전에서

나온 주제들은 여자들과 잘 사귈 수 없다는 것, 성공의 욕구, 고등학교 졸업 후의 부진함, 대학원을 경영학과로 가야 할지 임상심리학으로 가야 할지 모르는 것 등이었다. 전체적으로 그는 사람들이 피상적 기준들을 사용하기 때문에 자기를 높게 평가하지만 자기는 내면적으로 문제가 많다고 느낀다.

지미가 받은 다양한 검사들 중에는 전문 임상심리학자가 실시한 로샤하와 TAT도 있었다. 지미의 검사반응들과 해석을 보자(pp. 135-139).

로 샤 하　　　지미의 반응수(모두 22개)는 많지 않았다. 지능과 창의성이 높다는 다른 증거를 생각하면 너무 빈약한 반응이었다. 처음 두 카드에 대한 반응들과 검사자(정신분석가)의 해석을 보자.

카드 1

지미: 나비가 제일 먼저 생각난다.

(해석: 조심스럽고, 새로운 상황에서 인습적으로 행동.)

지미: 이 부분이 개구리 같다. 개구리 전체가 아니라 개구리 눈 같다. 정말 개구리 생각만 날 뿐이다.

(해석: 더 신중해지고, 그러면서도 과잉일반화를 하고 동시에 그게 적절치 않다고 느낀다.)

지미: 박쥐 같다. 색깔이 없으니까 나비보다는 유령 같다. 어둡고 불길하다.

(해석: 공포, 근심, 우울, 비관.)

카드 2 (그림 6-1의 왼쪽 카드)

지미: 머리가 없는 두 사람이 팔을 서로 대고 있다. 무거운 옷을 입고 있는 것 같다. 거울에 비친 자기 손을 만지는 것인지도 모르겠다. 여자들이라면, 체격이 좋지 않다. 뚱뚱해 보인다.

(해석: 사람들에 예민. 성 역할에 대한 염려나 혼동. 항문-강박적 특징들. 여자를 얕보고 적대—머리가 없고 체격이 좋지 않다. 거울 이미지에서 자기도취 표현.)

지미: 두 얼굴이 서로 마주 보고 있다. 가면 —얼굴이라기보다 가면 같다— 속은 비었고, 껍데기만 있다. 하나는 웃고 하나는 찡그리는 것 같다.

(해석: 껍데기— 웃거나 찡그릴 수 있지만 진짜로 느껴지지는 않는다. 침착함의 겉
모습에도 불구하고 사람들과 같이 있으면 긴장을 느낀다. 상상력이 없다고 여러
번 언급. 자신의 생산성과 중요성에 대해 걱정하나?)

다른 카드들에서도 많은 흥미 있는 반응들이 나왔다. 셋째 카드(그림 6-1의
오른쪽 카드)에서 그는 역기를 들려고 하는 여자들을 지각하였다. 여기도 성 역
할에 대한, 수동성에 대한 갈등이 시사된다. 다음 카드에서 그는 "히치콕 영화
에 나오는 유령 같은 동물들"을 언급하여 그의 행동에 공포증적 색채가 있을
수 있고 환경에 위험을 투사하는 경향이 있음을 암시한다. 때로 잉크반점의 균
형과 세부를 언급하는 것이 위협을 체험할 때 강박적 방어와 이지화를 씀을 시
사한다.

여자들에 대한 문제 있는 언급들이 여러 곳에서 나온다. 카드 7에서 그는
신화에서 나오는 두 여자를 지각했는데, 그들은 신화의 인물이라면 선하지만
뚱뚱하다면 악하다. 다음 카드에서는 "일종의 드라큘라. 눈, 귀, 망토, 움켜잡
고 피를 빨려고 한다. 밖으로 나가서 어떤 여자 목을 조를 것이다." 흡혈에 대
한 언급은 구강적 가학증 경향을 시사해주는데, 흡혈귀는 다른 데서도 지각되
었다. 드라큘라가 나온 다음에는 분홍색 솜사탕이 나왔다. 검사자는 구강적 가
학증 뒤에 보살핌과 접촉에 대한 갈망이 나오는 것이라고 해석하였다. 즉, 수
동적인 구강적 소망들(예, 젖 먹고, 보살핌 받고, 의존하려는)에 방어하기 위해 구
강적 공격 경향들(예, 빈정댐, 욕설)을 사용한다는 것이다.

검사자는 로샤하 결과가 이지화, 강박성, 히스테리적 반응(비합리적 공포,
몸에 집착) 등을 사용해 불안에 방어하는 신경증적 구조를 시사한다고 결론내렸
다. 그러나 방어에도 불구하고 지미가 남들과 같이 있을 때, 특히 권위인물과
같이 있을 때 계속 불안하고 불편하다는 것을 암시했다. 로샤하 검사보고서의
결론은 다음과 같다: "성 역할에 대해 갈등이 있다. 모성적 여성에게 보살핌 받
고 싶으면서도, 그 열망들에 대해, 여자에 대한 강한 적대감에 대해 매우 죄책
감을 느낀다. 수동적 태도를 취하고 끊임없이 역할 연기를 하며, 재치의 겉모
습 뒤에 분노, 슬픔, 야심이 계속된다."

TAT　　지미가 TAT에서 한 이야기들에서 가장 놀라운 것은 모든 인간 관계들에 포함된 슬픔과 적대감이었다. 소년이 어머니에게 휘둘리는가 하면, 냉혈한 깡패가 매우 무자비하게 나오며, 남편이 아내가 처녀가 아니라는 것을 알고 분노하기도 한다. 특히 남녀관계에서는 언제나 한 편이 다른 한 편을 깔아뭉갠다. 다음 이야기를 보라.

　　나이든 사람들 같다. 여자는 성실하고 민감하며 남자에게 의지한다. 남자의 표정에는 무감각함을 말해주는 그 무엇이 있다— 여자를 보는 눈이 마치 여자를 정복했다는 듯하다. 여자에게 있는 똑같은 자애와 안전이 그에게는 느껴지지 않는다. 결국 여자는 매우 상처받고 혼자 힘으로 살아가게 된다. 보통 때 같으면 그들이 부부라고 생각하겠는데, 이 경우는 아니다. 그 나이 부부라면 행복하게 살 것이기 때문이다.

이 이야기에서 남자는 여자에게 가학적이다. 또 나이든 부부들은 언제나 행복하게 살므로 이들은 부부일 리가 없다는 지미의 말에서 *부정*의 방어기제가 사용된 것을 본다. 이 이야기 뒤에도 여자를 적대적으로 취급한다는 이야기가 나온다. 여기에는 성의 주제가 더 개방적으로 표현되고 성 역할 혼동의 증거도 나온다.

　　'캔디'가 생각난다. 똑같은 녀석이 캔디를 이용해 먹었다. 그는 그녀를 놓고 기도하고 있다. 임종 의례가 아니라, 자기가 막강한 인물이라고 믿게 만들었고, 그녀는 은총을 내려달라고 그를 보고 있다. 그는 침대 위에 무릎을 꿇고 있는데, 성공하지 못하고, 그녀는 순진하다. 그는 그녀와 신비적인 목적으로 같이 잘 것이다. [얼굴 붉힘] 그녀는 계속 순진하고 계속 그런 일에 넘어간다. 그녀는 매우 다정하고 착한 얼굴을 하고 있다.

심리학자가 이 이야기들을 해석한 바에 의하면, 지미는 미성숙하고 순진하며, 불쾌하거나 더러운 것은 모두 부정해 버리는데, 성과 부부싸움은 더러운 것에 속한다. 검사결과 보고서의 내용을 보자.

　　그는 가학증적 충동들을 표현하는가 하면 희생자라는 느낌도 경험한다. 아마도 그는 두 가지를 결합하여, 적대감을 간접적으로 표현하면서 부당한 대접이나 비난을 받는다고 느낄 것이다. 그는 두 사람 사이의 의미 깊은 관계라는 것이 무엇인지 모른다. 자신이 안정된 관계를 맺게 될까에 대해 이상주의적이면서 비관적이기도 하다. 성을 더러운 것, 이용하거나 이용당하는 것으로 보기 때문에, 여자 사귀기를 겁낸다. 동시에 그는 주목과 인정을 받고 싶어하고, 가끔 성 충동에 사로잡힌다(Pervin & John, 1997, p. 137).

종합평가　　두 검사에서 여러 중요한 주제들이 나타난다. 하나는 인간 관계들에서 따뜻함(정)의 결핍, 특히 여자를 얕보는—때로 가학적인— 태도이다. 여자에게 성적으로 집착하는가 하면 성이 더럽고 적대적인 것이라고 느끼면서 갈등한다. 침착한 겉모습 뒤에 긴장과 불안의 느낌, 성별 정체에 대한 갈등과 혼란의 주제들도 중요하다. 지능과 창의력이 높다는 증거도 있는가 하면, 투사검사들의 구조화되지 않은 면에 대한 경직성과 억제가 있다는 증거도 있다. 강박적 방어들, 이지화, 부정은 불안들을 다루는 데 큰 도움이 안 된다.

로샤하와 TAT에서 보여주는 지미의 모습은 자서전에 제시된 모습과 아주 다르다. 자서전에서 지미는 부모에게 무제한 사랑을 받았으며 고등학교 내내 매우 인기 있고 성공적이었다고 썼다. 그러나 동시에 그는 사람들이 피상적인 기준들만 사용하기 때문에 자기를 좋게 보며, 내면적으로 자기는 문제가 많다고 썼다. 따라서 그가 긴장과 불안을 침착함의 겉모습 뒤에 숨긴다는 로샤하 해석이 옳다는 게 된다. 사실 그는 자서전에서 여자들과의 관계에 문제가 있다는 것을 인정하였다.

　　여자들과의 관계는 지금보다 고등학교 때 약간 더 나았지만, 그때도 정말 만족스럽지는 않았다. 나는 당시 작은 하위문화에서 살았고 누구에게나 매우 존중받았기 때문에 더 인기가 있었을 것이다. 나는 여자애와 오래 가는 친밀한 관계를 가진 적이 없는데, 그런 관계만이 의미 깊은 것이라고 생각한다. 피상적인 관계들은 많았지만, 언제나 장애물이 있어서 정말 빠져들지는 않았는데, 그 장애물은 지난 4년 동안에 더 강해졌다. 여자가 나를 많이 좋아하기 시작하면 나는 그녀가 싫어지기 시작한다—분명히 내가 스스로 가치 있다고 느끼지 못하기 때문일 것이다. 그래서 악순환이 생긴다: 나는 여자가 나를 좋아하기 시작할 때까지만 좋아하고 그녀가 나를 좋아하기 시작하면 싫어진다. 그래서 고등학교 때 나는 인기가 많았지만 친밀한 관계는 맺지 않은 채 넘겼다(Pervin & John, 1997, pp. 138-139).

지미는 로샤하를 좋아하지 않았다. 무엇을 보아야 한다는 압력을 느꼈고, 무엇을 지각하든 자기가 신경증이라는 증거로 해석될 것이라고 느꼈다. 문제가 있다는 것을 기꺼이 인정하므로 방어적인 것은 아니지만, 문제들이 과장되는 것은 싫다는 것이다. 심리학자가 쓴 보고서들의 몇 부분을 읽었을 때, 그는 자신도 성 문제가 있다고 믿으며, 만일 치료를 받으러 간다면 이 문제 때문일 것이라고 말하였다. 그는 성행위에서 너무 빨리 사정할까봐(조루) 겁이 나고 여자를 만족시킬 수 있을 만큼 정력이 될지에 관해 두려움이 있다고 말했다. 통제 상실에 대한, 즉 너무 이른 사정에 대한 두려움이 큰 그가 강박적 방어들을 사용하고 대부분의 상황들을 완전히 통제하려고 애쓰는 사람이라는 것이 흥미있다. '지미의 사례'는 이 책 전체에서 여러 이론의 맥락에서 계속 제시되게 된다.

투사법과 정신분석 이론　　　로샤하와 TAT의 카드들은 피험자를 그림 속으로 끌어들이는 힘을 가지고 있다. 피험자들은 자기가 어떻게 반응하면 어떻게 해석될지를 대부분 모를뿐더러 또 그러한 자의식이 생기지 않을 만큼 그림에 빠져들기 때문에, 자기보고형 성격검사에서 문제되는 '속임'(faking)이 투사법에서는 훨씬 덜 문제가 된다. 다른 장들에서 보게 되듯이, 투사법에서 나오는 자료는 다른 검사들에서 발견된 자료와 질적으로 다르다. 로샤하에서만 우리는 "역기를 들려고 하는 여자들,""드라큘라… 움켜잡고 피를 빨려고 한다. 밖에 나가서 어떤 여자 목을 조를 것이다,""분홍빛 솜사탕" 같은 내용을 얻는다. 그리고 TAT에서만 인간관계들의 슬픔과 적대감의 주제들이 거듭 언급된다. 반응들의 내용, 검사들을 다루는 방식이 정신역동적 해석들을 허용해주는 것이다.

물론 지미는 드라큘라가 아니고, 그가 가학증이라고 시사해주는 외적 단서도 거의 없다. 그러나 투사검사들의 내용은 그의 성격기능의 중요한 일부가 가학증적 충동들에 대한 방어를 포함한다고 해석할 수 있게 해준다. 또, 지미는 물론 젖병을 졸업했지만, 피 빨기와 솜사탕에 대한 언급들은 나머지 반응들과 더불어 그가 구강기에 어느 정도 고착되어 있다고 해석할 수 있게 해준다. 이와 관계하여 흥미 있는 사실은 지미가 위궤양 때문에 우유를 마셔야 한다는 것이다.

투사검사들과 상상력 검사를 '성격 탐색'에 많이 사용한 Murray(1938)는 "시간이 갈수록 의식적·외현적 행동에 대한 관심이 적어지고 무의식적 콤플렉스들의 탐색에 점점 빠지게 되었다"(p. 114). 사람들의 상상이 자유롭게 나오게 하면 비합리 세계로 이끌려가게 되는 것 같다. Freud는 이를 허용하였을 뿐만 아니라 실제로 격려하였고 그에 따라 환자들은 이전에 의식하지 못했던 감정과 기억들을 보고하였다. 이러한 자료를 토대로 그는 환자들을 괴롭히는 문제들이 그 감정, 기억들과 관계가 있음을 추리할 수 있었다. 비합리 세계에서 발견들을 하면서 그리고 환자들에게서 관찰한 것을 토대로 하여 이론을 세우면서 Freud는 무의식의 중요성을 지나치게 강조하고 인간의 병적인 면을 지나치게 강조하게 되었다.

투사검사들, 특히 로샤하에 대한 지미의 불편함도 그런 이유 때문일 수 있다. 로샤하와 TAT에서는 다른 성격검사들에서 안 나오는 내용과 주제들이 나오고, 그에 따라 연구자는 그가 성적 갈등과 잠재적(무의식적) 적대감 때문에 불안해지고 여자들과 친밀관계에 들어가지 못한다고 추측한다. 그러나 투사검사들에서 지미의 수행은 그가 중요한 성취들을 하는 데 사용한 기술, 재능, 자원들은 거의 나타내주지 않는다. 즉, 초점이 건강한 측면들보다 병적 측면들에 있는 것이다.

로샤하를 좋아하는 심리학자들은 그것이 개인 성격의 심층으로 뚫고 들어갈 수 있는 현미경 또는 엑스레이라고까지 말하기도 한다. 투사법을 사용하는 사람들은 그 검사들만이 성격의 풍부함을 포착할 수 있다고 믿고, 다른 검사들에서 나온 자료는 상대적으로 시시하거나 단편적이라고 본다. 그러나, 검사들의 신뢰도와 타당도를 확립하기가 어렵기 때문에 전체 성격을 다차원적으로 그려내려는 노력은 경험적 연구에서 문제들을 만들어낸다. 정신역동적, 임상적 자료는 풍부한 대신 체계적 연구의 과학적 요건들은 충족시키지 못하는 것이다. 하지만 전체 성격이 아니라 성격의 변인들, 즉 부분 측면들을 연구할 때는 연구 목적에 맞는 그림 재료와 신뢰롭고 타당한 채점체계를 개발하여 사용할 수 있다.

동기들의 연구

투사법은 임상적 사례연구뿐 아니라 더 전형적인 과학적·경험적 연구에도 사용되어 왔다. 임상가들은 개인 내에서 여러 욕구들이 어떻게 조직화되어 있는가를 알아보려고 하지만, 연구자들은 통상 한두 가지의 특수한 욕구들에 초점을 맞춘다. 몇 가지 연구들을 보자.

코미디언이 되는 동기   Fisher와 Fisher(1981)는 면접과 투사법을 사용하여 코미디언(요즘 말로 '개그맨')과 배우들을 비교하는 연구를 하였다.[2] 배우들과 비교할 때 코미디언들은 어릴 때부터, 특히 학교에서 남을 잘 웃겼지만, 부모들은 그들의 광대짓을 별로 좋아하지 않았다. 코미디언이 되기로 결정한 데는 다수의 동기들이 작용한 것으로 보이는데, 자료는 다음과 같은 것들을 시사한다.

- **권력**   청중을 요리하고 사람들을 웃기는 능력.
- **선악 강조와 긍정적 자기제시**   자신들이 악하지 않음을 증명하고 자신의 기본적 선함을 방어한다.
- **은폐와 부정**   유머를 사용하여 곤란함으로부터 도망치고 열등감을 느낄 때 그 뒤로 가서 숨는다.
- **무정부**(anarchy)   널리 용인되는 규범들을 조소하고, 아무것도 신성한 것으로 남겨 두지 않으며, 모든 것을 웃기는 것으로 만든다.

이들 중 두 가지에 대한 로샤하 반응들을 보자. 우선 *선악*에 대한 관심을 나타내주는 반응들은 선악의 직접적 언급(예, 악한 사람, 선한 표정), 종교적 언급(예, 교회, 천사, 악마), 선악과 자주 연결되는 사람들의 언급(예, 경찰관, 범죄자, 판사, 죄인) 등이다. 35명의 코미디언들의 검사기록에는 35명의 (코미디언이 아닌) 배우들의 기록과 비교할 때 그러한 선악 언급이 유의하게 더 많이 나왔다.

---

2) 이 예는 Pervin과 John(1997, pp. 119-121)의 책에서 따온 것이다.

[표 6-1] 성취, 유친, 권력 동기들의 특징들(Winter, 1996, p. 139)

특징	성취 (achievement)	유친 (affiliation)	권력 (power)
전형적 언어적 이미지들	탁월, 수행의 질, 혁신	따뜻함, 우정, 합일	남들의 행동이나 정서들에 영향, 위신/특권
연관된 행동들	중간 정도의 모험, 수행을 수정할 정보를 찾고 이용, 사업 성공, 목표 도달에 필요할 때는 거짓말	'안전'한 조건들에서 협동적이고 친절, 위협 받을 때는 방어적이고 심지어 적대적	책임감이 강하면 리더십과 높은 사기 책임감이 약하면 부정적으로 충동적
협상 스타일	협동적이고 '합리적'	'안전'한 조건들에서는 협동적, 위협 받을 때는 방어·적대적	착취, 공격
협상 파트너를 보는 눈	협동적	'친한 동료' 아니면 '기회주의자'	굴복자, 도박자, 경쟁자, 저항자
도움을 구하는 대상	전문기술자들	친구, 비슷한 타인들	정치'전문가'들
정치심리학적 표현들	좌절	평화구축과 군비제한, 그러나 추문에 취약함	카리스마, 전쟁과 공격, 독립적 외교정책, 평정된 위대함

*은폐와 부정*에 대한 관심을 보면, 일이 겉보기처럼 나쁘거나 위협적이지 않다는 부정을 표현하는 반응들은 다음과 같은 것이다: "얼굴들. 사악하게 보인다… 매우 악한 것은 아니고, 그런 척하는 것이다," "호랑이. 사랑스러운 호랑이," "귀신… 착하다," "두 악마. 재미난 악마." 코미디언들의 기록들은 배우들의 기록보다 "나쁘지 않다" 이미지를 유의미하게 더 많이 포함하였다. 또 코미디언들의 기록은 은폐 주제(예, 숨기기, 가면, 위장, 마술)들을 더 많이 포함하였다.

이 연구는 또 코미디언들이 몸의 일부에 관해 또는 자기 자신에 관해 예민하다는 것을 지적한다. 우리나라에서도 코미디언들이 자신이 가진 별로 자랑스럽지 않은 신체적 특징들을 가지고 우스개를 하는 것을 많이 볼 수 있다. 코미디는 코미디언들에게 자신이 가진 열등감을 다루는 하나의 방식인 것이다.

성취동기와 유친동기　　　TAT는 원래 개인검사에 사용되었지만, McClelland 등이 객관성을 높이고 집단검사 상황들에 맞추기 위한 수정들을 도입하였다(이 하 Winter, 1996). 가령 그림들을 슬라이드 프로젝터를 써서 또는 컴퓨터 화면에 제시하고 이야기들을 쓰게 하면 집단 실시가 가능하다. 그림들 대신 문장을 사 용할 수도 있다. 그림 6-2의 카드 대신 "한 여자와 한 남자가 추운 날 강가 벤 치에 앉아 있다"라는 문장을 제시하는 식이다. TAT 채점체계들은 여러 가지가 있지만 McClelland 등이 개발한 접근은 실험적으로 어떤 동기를 유발한 다음 이야기 내용에 미치는 효과들을 관찰하는 것이었다. 가령 배고픔, 성취 또는 권력 동기를 유발하는 경험 또는 중립적 경험에 노출시키고 나서 두 집단의 TAT 이야기들을 비교하고, 동기 개념들을 단순한 기본적 요소들로 쪼개어 이 야기에서 그 요소들이 있거나 없다고 결정하는 '단순채점 원칙'(principle of simplified scoring)을 사용한다. 이야기들 전체에 평정척도를 쓰지 않음으로써 채점자간 신뢰도를 높이는 것이다. 채점체계들은 TAT 이야기들뿐 아니라 문 학, 노래가사, 연설, 면접 등 어떤 종류의 언어자료에나 사용될 수 있다.

　　　Winter는 이 방법들을 써서 "정치지도자들을 멀리서(at a distance) 연구"한

[그림 6-2]　수정된 TAT에서 나온 그림 예(Winter, 1996, p. 134)

바 있다(2005). 그는 성취, 유친, 권력 동기들에 초점을 맞추었다(표 6-1 참조). 그림 6-2에 대한 이야기 하나를 보자(p. 140).

여자는 유명한 대학에 있는 *뛰어난* 과학자이다. 옆에 앉은 남자는 동료이다. 그들은 *탁월한 작업을 해내어* 암 치유라는 목표를 향해 나아가고 있다. 오늘 그들은 중대한 실험을 하는 중이다. 며칠 있으면 결과가 나온다. 예기치 않게 *장비가 고장이 나서 초조해*한다. 강가에서 점심을 먹고 *고칠 방법을 강구*하고 있다. 사실상 둘 다 흥분해서 *큰 발견을 예상*하지만 침착한 척하는 것이다. 둘 다 이 시점에서 *실수를 할까봐 걱정*한다.

기울여 쓴 부분들 같은 이미지들이 많으면 **성취동기**가 높은 것이다. 위의 이야기에서는 장애물이 있을 때 탁월함 또는 높은 목표, 장애물을 극복하려는 행동, 긍정적 및 부정적 예상들이 거듭 언급된다. 성취동기가 높으면 사업에 성공할 가능성이 크지만, 농사든 작은 사업이든 성취목표들을 스스로 정의하고 나서 도달 방법들을 스스로 결정하는 상황들에서 그렇다. 즉 성취동기는 보편적 성공동기가 아니고, 특정한 상황들에서만 유발된다. 성취동기가 높은 고등학생과 대학생들이 꼭 성적이 좋지는 않은데, 목표와 방법절차들을 교사가 정하기 때문에 학생들의 개인 책임의 여지가 없어지기 때문이다. 더욱이 좋은 성적을 따려고 하는 노력에는 다른 많은 동기들(가족을 기쁘게 하기, 남들에게 좋은 인상 주기, 교사의 따뜻함에 보답 등)이 작용할 수 있다.

성취동기가 높으면 일들을 자신의 방식으로 할 자유가 있는 상황들에서 품는 포부(aspirations)가 높지만 현실적이며, 너무 어렵거나 너무 쉽지 않은, 중간 수준으로 어려운 과제를 선택한다. 더구나 정력적으로 일에 매달리는 경향이 있으므로 당연히 성공할 확률이 높다. 또 이들은 많이 찾아보고 돌아다녀서 수행을 향상시킬 새 정보를 얻고 효과적으로 사용한다. 가령 농부가 TV에서 새 영농법 이야기를 듣고 다른 농부들과 토론하고 더 알아보는 식이다.

그림 6-2에 대한 다른 이야기에서 두 사람은 과학자 동료가 아니라 연인이다(p. 144).

그들은 젊고 서로 *사랑*했다. 시간이 멎은 것 같았다. 몇 시간 동안 *같이 앉아*

서 눈과 얼음의 *빛나는 아름다움을 감상*하며 소곤소곤 이야기했다. 그들의 얼굴
들에서 나오는 *만족*의 빛을 보면 누구나 그들이 완전히 사랑에 빠졌음을 알 수 있
을 것이다. 그들은 혼자 미소짓고, 이해하는 눈빛을 교환하고, *같이 보낼 앞날*을
계획했다. 그러나 그들의 미래는 그들이 바랐을 안전이 아니었다. 전쟁의 기운이
감돌고 있었다. 내년 겨울의 시작을 볼 수 있을지조차 몰랐다. 그래서 그들은 아
무도 올 수 없고, 그들이 꿈꾸고 계획할 수 있고, *안전하고 보호받는다*고 느끼고,
희망이 있는 *자기들 세계 안으로 들어갔다.*

유친-친밀 동기가 강하면 '사랑'이 강조된다. 관계 때문에 행복하고("만족"),
자연에 연결되고, 외부 위협들로부터 도피하며, 관계를 지속하려고 한다. 유
친·친밀 동기가 강하면 다른 사람들에게 관심이 간다.

유친동기가 높은 사람들이 낮은 사람들보다 때로 덜 사교적이고, 다른 사
람들과 같이 있기 싫어하고, 덜 인기 있다는 결과가 나오기도 한다. 이 역설은
좋아함, 상호작용, 유사성의 *유친 순환*(affiliation cycle)으로 설명되기도 한다
(Winter, 1996, p. 145f.). 우리 대부분은 좋아하는 사람들과 상호작용하려고 하
고, 같이 많은 시간을 보내는 사람을 좋아한다. 또 우리와 신념, 태도, 생활양
식이 비슷한 사람들을 좋아하고 만나려 한다. 유친동기가 높을수록 이 세 고리
간의 관계가 더 강해진다. 가령 좋아하는 사람과 상호작용하려는 경향이 보통
사람들보다 더 강한 것이다. 유친 순환이 *부정적*으로 돌아갈 수도 있다(악순환).
그러면 (호감, 상호작용, 유사성 대신) 거리, 싫어함, 다름의 상호관계가 나온다.
이 순환도 유친동기가 높을수록 더 강해진다. 가령 태도와 견해가 다른 사람들
을 싫어하는 경향이 보통사람들보다 강한 것이다. 결론적으로 유친동기가 높으
면 관계환경에 아주 예민해진다. 친구는 더 친하고, '적'은 더 적이 되며, 친한
사람들에게는 따뜻하고 다정하지만, 모르는 사람들에게는 '예민하고 방어적'이
되는 것이다.

Winter는 유친-친밀을 붙여서 말하지만 둘이 구별되기도 한다. *유친*이 한
사람의 관점에서 관심과 욕망, 걱정과 행동이 관계들을 향하는가를 말해주는
반면, *친밀*은 상호작용하는 사람들의 공동 관점에서 따뜻하고 가깝고 소통하
는 상호작용의 주제들을 표현한다. McAdams(1982; Winter, 1996, p. 150 재인용)
는 친밀은 '존재'(being), 관계들의 상호적 즐거움에 초점을 두고, 유친은 '행동'

(doing)에 초점이 있다고 하였다. 유친동기에서 근본 관심은 "친구들을 사귀고 거절을 피하려면 무엇을 할 수 있나?"인 반면, 친밀동기에는 무엇을 얻기나 피하기보다는 즐기기 —지금 여기서, 무엇보다 *같이*— 가 관심이다. McAdams는 연구자조명 글상자에서 TAT 그림을 사용하는 동기연구에서 출발하여 삶 이야기(life story)에서 나오는 정체(identity) 연구로 옮겨가게 된 과정을 서술한다 (Pervin, 1996, pp. 106-107; 이 책 하권의 16장 참조).

연구자조명 글상자

Dan P. McAdams: 이야기 연구

내가 좋은 이야기(good story)에 언제나 매료당하기 때문일지 모르는데, 성격심리학에서 내 작업의 중심 초점은 *이야기*(narrative)이다. 1970년대 말 대학원생으로서 David McClelland와 같이 일하면서 나는 타인과 따뜻하고 가깝고 의견을 나누는 상호작용을 바라는 욕구, 즉 '친밀동기' 개인차의 이야기 측정치를 개발하였다. 그림들(주제통각검사)을 보고 이야기한 공상에서 특정한 주제들이 얼마나 많이 나오는지를 보면(코딩), 한 주어진 개인 삶에서 친밀동기 강도의 측정치를 얻을 수 있다. 1980년대에 학생들과 나는 많은 연구를 수행하여 친밀동기 점수가 높은 사람들은 그 점수가 낮은 사람들과 이론적으로 예측 가능하고 중요한 방식들로 실제 다르다는 것을 입증하였다. 예컨대, 높은 친밀자들은 다른 사람들에게 특히 정이 많고 자연스러운 사람으로 보이고, 통상 남들과의 관계에 대해 생각하는 데 많은 시간을 보내며, 남이 있을 때 더 많이 미소짓고 시선접촉을 하고, 남들과 따뜻하고 가까우며 의견을 나누는 상호작용들의 가치를 예시해주는 이야기로 자기 자신의 삶을 재구성하는 경향이 있었다. 여자가 남자보다 친밀동기가 높은데, 초등학교 4학년 남녀 아동들에서 이미 그러했다.

따라서 친밀동기에 대한 나의 초기 연구는 성격 개인차를 연구하는 데 이야기 방법론(TAT이야기들의 내용분석)을 쓰는 것이 유용함을 보여주었다. 나아가 이야기 방법론은 Henry A. Murray와 Robert White의 저술들에서 제시된

'성격학'과 '삶의 연구'의 전통에 나를 연결시켜주었다. Murray는 성격학자들이 전기(biography) 연구에 착수할 것을 강력히 촉구하면서 "유기체 역사가 곧 그 유기체이다"라고 쓴 바 있다. Murray의 자극을 받아 나는 어릴 때 기억들, 행복 체험, 삶의 전환점들의 자전적 이야기들을 분석하기 위한 코딩 체계를 만들어내고 그 타당도를 검증하는 일에 들어갔다. 이 연구들에서 나온 자료가 시사하는 바, Murray와 White가 주장한 것처럼 인간 삶의 이야기 재구성들은 완벽하지는 않지만 상당한 주제 일관성을 보여준다. 자기 삶에 대해 이야기를 할 때 사람들은 "행위주체성"(agency)(권력/성취/자율)과 "친교성"(communion)(사랑/친밀/결합)이라는 큰 테마 노선을 따라 조직화하는 경향이 있다.

따라서 이야기들은 동기 같은 성격성향들에 대한 단서를 제공할 수 있다. 그러나 이야기들을 성격단위로, 그 자체를 주의 깊게 고찰할 가치가 있는 심리학적 현상들로 볼 수도 있다. 지난 10년 동안 나는 사람들이 삶의 이야기들, 즉 개인적 신화들을 자연스럽게 구성하여 자신들 삶에 Erik Erikson이 *정체*라 부른 것을 부여하는 방식들에 점점 더 빠져들었다. 현재 내가 일차적으로 연구하는 것은 사람들의 내면화된 그리고 진전하는 삶의 이야기들, 즉 과거를 선택적으로 재구성하고 현재를 이해하며 미래를 예상함으로써 삶에 통일성과 목적성을 주기 위해 창조하는 내면의 自己 이야기들(inner narratives of self)이다. 내가 삶의 이야기들을 연구하는 이유는 그들이 동기와 특성들에 대해 말해주기 때문이 *아니라*, 이 이야기들이 곧 우리의 정체들(identities)이기 때문이다. 청년기와 성인 초기에 시작하여 우리는 이야기 안에서 살고 그에 관해 (자신과 남들에게) 말하며, 우리가 하는 이야기들을 따라 산다. 삶과 이야기는 같이, 변증법적으로, 서로에 관해 정보를 주면서 나아간다. 나 자신의 *삶 이야기 정체 이론*(life-story theory of identity)은 오늘날 인간 삶의 이야기 패턴에 초점을 맞추는 인문과학들에서 성장하고 있는 지적 운동의 일부로서, Jerome Bruner, Silvan Tomkins, Hubert Hermans같은 학자들의 저술들에서 제시된다.

사람들은 자신의 삶을 이해하기 위해 서로 다른 종류의 이야기들을 창조한다. 똑같은 이야기는 없다. 사람들은 특정한 표준 인물, 주제, 세팅, 플롯을 이야기에 갖다 써서 자신의 삶을 이해할 수 있는 것으로 만든다. 나는 지난 몇 년 동안 이야기 형태의 분류학, 즉 사람들이 자신의 정체로서 창조하는 이야기의 상이한 종류들을 분류하는 체계를 개발하는 작업을 해왔다. 또한 어떤 이야기들이 어느 만큼 심리학적, 사회적, 심지어 도덕적으로 다른 이야기들보다

"더 좋다"고 생각되는가 하는 것을 이해하려고 씨름해왔다. 이 점에서 아주 최근에는 타인들을, 특히 젊은이들을 돕는 일에 가치 있는 공헌을 많이 해온 성숙한 남녀가 만들어낸 삶 이야기들에 주의를 집중했다. 특히 *생성적*(generative)(Erikson의 심리사회 발달단계 중 제 7단계의 긍정적 결과─역주)인 성인들이 만들어내는 이야기들을 보면, 그들은 젊은 나이에 남들을 돕도록 '선택' 또는 '부름'받았고 그 때문에 삶에서 마주치는 많은 나쁜 경험을 '만회'하거나 개선할 수 있게 해주는 분명한 이념 또는 신념체계를 신봉하기에 이르렀다. 젊은 나이에 축복받았고 특별한 일을 하도록 뽑혔으므로 분명한 소명감을 가지고 삶의 목표들을 추구하고 삶의 도전들에 맞설 수 있다고 믿는다는 이야기이다. 생성적 성인들은 자신의 삶을 이런 식으로 이야기하는 편을 선택하였다. 그들의 이야기들은 꼭 과거에 "실제 일어난" 일을 전해주는 것이 아니라 그들이 무엇을 오늘의 정체로 만들기로 *선택*했는지를 전해준다.

특질, 동기, 도식(schema), 또는 성격심리학에서 나오는 어느 다른 성향 개념보다도, 사람들이 자신의 삶에 대해 창조하는 *이야기*가 성격 일관성을 이해하는 열쇠이다. 앞으로 내 연구에서 주요 도전은 사람들이 자신의 삶에 통일성과 목적성을 부여하기 위해 구성하는 이야기들의 많은 종류들에서 유사점과 차이들을 과학적으로 합법적인 방식을 사용하여 입증하는 것이다. 일상적 남녀의 전기를 쓰는 사람으로서 나는 내 자신의 연구가─내가 사람들이 어떻게 가장 고상하고, 가장 영웅적이며, 가장 본보기가 되는 삶의 이야기들을 창조하는지를 이해할 수 있다면─ 사람들의 삶을 잠재적으로 높여줄 수 있고 사회의 안녕에 공헌할 수 있다고 본다.

동기의 공상 측정치와 자기보고 측정치　　　지금까지 우리는 피험자들이 그림을 보고 글로 쓴 이야기들을 '내용분석'하여 동기를 추정한 연구 예들을 보았다. 이러한 절차는 자기보고 질문지를 사용하는 절차보다 더 성가실 뿐 아니라 신뢰도 문제도 있다. 같은 이야기를 읽고 한 사람은 높은 성취동기 점수를 주는데 다른 사람은 낮은 점수를 줄 수 있는 것이다. 이야기 전체를 놓고 채점을 할 때 이런 문제가 생기기 때문에, 바로 위에서 본 것처럼 채점을 단순화하면(Winter, 1996) 신뢰도를 높일 수 있다. 이야기를 내용분석하는 대신 자기보고 질문지를 쓰면 일이 훨씬 간편해진다. 가령 "당신은 타인들과 따뜻하고 가까운 관계를 바랍니까?" "하루중 많은 시간을 다른 사람들을 생각하는 데 보냅니까?" 같은 문항들에 대해 '예'(2점), '아니오'(0점), '?'(1점) 중 하나로 대답하게 하고 점수를 낸다면 신뢰도 문제가 없다. [타당도는 다른 문제이다.]

　　문제는 두 종류의 측정치가 일치하는 일이 드물다는 것이다. 예컨대, 그림 6-2의 카드를 보고 두 사람이 서로 이기적이라고 비난하고 헤어져서 각자의 길을 갈 것이라는 이야기를 지어내는 사람이 위의 두 문항에는 '예'라고 대답하는 것이다. 친밀과 관계된 실제 행동들과도 두 종류의 측정치가 서로 다른 관계를 보인다. 위 피험자의 가족과 친구들에게 그 사람이 그들과 관계에서 얼마나 정이 많고 자연스러운지 물어본다면, 그 대답이 위의 두 측정치 중 어느 것과 더 일치하리라고 보는가?

　　똑같은 것을 측정하는데 서로 다른 결과가 나온다면, 두 측정치 중 하나는 믿을 수 없는 것이 된다. 실제로 (정확한, 객관적인) 자기보고 측정치는 맞고 (덜 정확한, 주관적인) 공상 측정치는 믿을 수 없다는 결론이 자주 내려졌다. 그러나, 둘이 서로 *다른* 것을 측정할 수도 있다. 투사법은 동기의 측면들을, 자기보고는 가치와 사회규범들을 더 반영해줄지 모른다. 그렇기 때문에 공상 측정치들은 제약이 없는(남을 의식하지 않는) 상황들에서 나오는 행동을, 자기보고 측정치들은 사람들이 표명하는 태도를 더 잘 예측해준다. 공상 측정치들은 긴 시기에 걸친 행동을 더 정확하게 예언해주는데, 동기 기능의 보다 기본적인 수준을 반영해주기 때문인 것 같다.

　　정신분석적 용어를 쓰자면 공상 측정치들은 개인들이 스스로 의식하지 못하는 충동, 동기, 갈등 등을 드러내주는 데 비해, 자기보고 측정치들은 개인들이 스스로 의식하는 그리고 남에게(심리학자에게) 인정 또는 제시하는 성격측면들을 반영해준다고 할 수 있다. '지미'는 여자들과 관계에 문제가 있음을 인정했지만 여자에 대한 가학적일 정도의 적대감을 의식(또는 인정)하지는 못했고, 정력에 대한 걱정은 했지만 한편으로 성에 집착하면서 다른 한편 성을 더러운 것으로 보는 내적 갈등도 아마 의식하지 못했을 것이다. 그는 이런 (무의식적) 적대감이나 갈등을 몰랐을 수도 있고, 불분명하게라도 알지만 솔직히 인정하지 못했을 수도 있다. 무의식의 존재와 중요성을 인정하면 성격과 동기의 자기보고 측정치들을 믿지 못하게 된다.

학문적 심리학에서도 자기보고에 대한 불신은 새로운 것이 아니다. 심리학사를 배운 독자들은 독립 학문으로서 심리학이 지각과 감각에 대한 실험 연구로 시작된 것을 알 것이다. 그때 사용된 연구방법은 *내성*(introspection)으로서, 피험자는 제시된 자극을 보거나 듣고 얼마나 밝은지(또는 큰 소리인지), 무슨 색인지 등을 말하였다. 훈련시킨 피험자들을 썼음에도 불구하고 내성 절차의 신뢰도는 의심스러운 것으로 남았다. 의식 연구 자체를 심리학 주제로서 거부하는 행동주의가 득세하게 된 데는 내성법에 대한 실망도 작용하였다. 무의식 연구에서도 믿을 수 있는 것은 내성, 즉 자기보고(S자료)라기보다는 *행동*(의 직접 관찰)(T자료)이다. 자신의 감정과 동기들을 다 모르기도 하고 또 안다 해도 속일 수 있는 반면, 행동은 우리의 감정과 동기들을 드러내준다는 것이다.

2장에서 성격의 자료(L, O, S, T)를 소개하면서 우리는 성격심리학 연구가 S(자기보고) 자료에 주로 의지한다고 말한 바 있다. 투사검사 수행은 객관적 행동(실험실에서 관찰·측정되는 행동도 이에 포함)과 더불어 T(객관적 검사)자료, 즉 수행자료에 속한다. Murray가 '성격 탐색'에 사용한 절차들은 L, O, S, T 자료를 망라했지만, 전쟁 스파이로 내보낼 남자들을 선발하는 과제를 맡아 수행하면서 그는 실생활과 유사한 장면을 연출하고 행동을 관찰하여 피험자들의 성향을 측정평가한 바 있다.

객관적 검사: 전쟁 스파이 고르기

2차대전중에 Murray는 육군 의료부대 중령으로 3년간 근무하면서 미국 중앙정보부(CIA) 전신인 전략사무국(Office of Strategic Services, OSS)에서 일하였다. 그가 맡은 임무는 적지에 나가 정보수집과 파괴공작을 수행할 첩보원들을 선발하고 각자에게 어떤 과제가 적합할지(예, 첩보, 파괴공작, 저항운동 지도)를 추천하는 일이었다. 부적격자를 '합격'시켜 내보내면 본인뿐 아니라 군(軍)도 피해를 입는 문제라서 책임이 막중한 데 더하여, 평가팀은 엄청난 시간 제약 아래에서 그리고 많은 것이 불확실한 상태에서 ―이를테면 각 개인에게 구체적으로 어떤 과제가 맡겨질지 모른다― 자료를 수집하고 결정을 내려야 했다. 심리학자와 정신의학자들의 팀이 후보자들의 정서적 안정, 스트레스 인내력, 사회적 기술 등을 평가하는 프로그램을 고안하여 수행한 결과가 "남자들의 측정평가"(Assessment of men) (OSS Assessment Staff, 1948)라는 책에 나와 있다. Hall 등(1985, pp. 333-334)과 Pervin(1996, pp. 381-384)에서 그 내용을 소개한다.

   '**상황검사**'   OSS 프로그램의 목적은 한 사람을 사흘 동안 관찰하면서 가능한 한 많은 것을 알아내 그가 현장에서 부딪칠 다양한 상황들에서 어떻게 반응할지를 평가하는 것이었다. 평가팀은 후보자들을 한 장소에 머물게 하면서 능력, 성격, 흥미, 생활사 등을 파악하기 위해 하버드 심리클리닉에서 쓴 것 같은 다양한 전통적 검사와 면접들을 실시하였다. 이에 더해, 후보자들을 다양한 상황들에 집어넣고 개별적으로 그리고 집단 속에서 관찰하고, 식사·휴식시간 중의 행동, 평가팀이나 다른 후보자들과 비공식적인 상호작용들도 관찰하였다. 글상자 6-1에 연구팀이 '상황적 검사'(situational test)라 부른 일종의 현장실험을 서술하였다. 통상적인 심리학 교재나 문헌에서는 이렇게 '리얼'한 현장실험을 접할 기회가 없다.

   사흘이 지난 후 평가팀(일종의 '진단의회')은 만나서 각 후보자의 결과들을 전부 개관·토론한 후 그의 적합성에 관한 추천을 하였다. 연구팀이 정한 자격조건에는 동기(사기, 흥미 등), 정력과 주도성(이니셔티브), 실제적 지능, 정서적 안정, 인간관계, 리더십, 안전(비밀을 지키고 조심·허세로 상대를 오도) 등 일반적 조건들과 체력, 관찰력과 보고능력(관찰, 중요한 사실들을 기억, 관계 파악, 정보 평가, 간결한 보고 등)의 특수한 조건들이 있었다. 연구팀의 평정 결과들을 토대로 후보자들을 첩보원으로 파견하거나 집으로 또는 이전 부대로 돌려보내는 결정이 내려졌다.

글 상 자 6-1

전쟁 스파이 선발하기

　예비선발을 통과한 후보자─장교, 징병된 군인, 또는 민간인─ 는 정해진 날짜와 시간에 워싱턴 OSS본부로 온다. 거기서 그는 가짜 이름을 생각해내고 신분을 드러내는 단서가 될 만한 것들을 모두 꺼내 놓는다. 그는 겉옷을 전부 벗고 제공된 군 작업복으로 갈아입는다. 이렇게 계급, 지위, 신분 등의 징표를 모두 없앤 채 15-20명의 다른 후보자들과 함께 차를 타고 "Station S"라는 교외의 시설로 간다. 그곳에서 평가팀과 인사를 나눈 후 숙소를 지정받고 일반적 스케줄과 절차들을 통보받는다. 거기 머무르는 내내 그는 특정한 면접과 질문지에서 요구할 때를 제외하고는 가상의 정체를 유지해야 한다. 평가팀은 자신들이 계략을 써서 후보자가 정체를 드러내도록 유도할지도 모른다는 경고를 준다.

　후보자가 첫날 받은 '상황검사'의 하나인 '짓기'(Construction)를 보자. 각 후보자는 혼자 나가 평가팀의 한 사람을 만난다. 1.5미터와 2.1미터의 막대기, 그것들이 들어갈 수 있는 구멍이 뚫린 나무 블록들, 막대기들을 고정시키는 나무못 등 여러 가지 재료가 땅에 놓여 있다. 그는 작은 모형을 보고 그 재료들을 맞추어 단순한 구조물을 지어내야 한다. 설명이 끝난 후 평가자는 이 '짓기' 문제는 사실 리더십 검사이며, 주어진 10분 안에 혼자 완성하기는 불가능하므로 직원 두 명을 조수로 붙여줄 테니까 일을 시키라고 말한다. 평가자는 두 명을 불러 놓고 가 버린다.

　멍청한 촌사람으로 보이는 두 명의 조수는 사실 평가팀의 젊은 구성원들로서, 그들이 맡은 일은 후보자를 될 수 있는 대로 좌절시키는 것이었다. 그들의 이름은 통상 키피와 버스터였는데, 키피는 수동적이고 느려터지고 빈둥거리며, 버스터는 능동적·공격적이고 이래라 저래라 하면서 말도 안 되는 의견들을 내놓았다. 그들은 후보자가 명령하면 따르지만, 얼마든지 의도를 잘못 알아듣고 부주의하거나 비판하거나 바보같이 굴어도 된다는 허락을 (평가팀에서) 받은 사람들이었다.

　키피와 버스터가 너무 잘해서 어느 후보자도 정해진 시간에 과제를 마치지 못하였다. 그 좌절 상황에 대한 반응들은 평가팀 관찰자들에게 풍부한 평정자료를 제공하였다. 나머지 이틀 동안에는 후보자의 신체적·지적·정서적 역량들을 요구하는 상황들이 제시되었다. 예컨대 '스트레스 면접'에서는 집중적 질문들을 던지며 그의 위장된 정체를 폭로하려고 시도하였다.

결과 평가   OSS팀은 위에 나열한 자격조건들을 정한 후 각각의 특성 또는 능력을 측정평가하였다. '일반적 행동계획'은 '성격의 탐색'(1938)에서와 같이 여러 학자들이 여러 다양한 방법과 기법들을 사용하여 각 피험자에 대해 매우 많은 자료를 수집하고, 토론을 거쳐 결정에 도달한다는 것이었다. 물론 연구하는 여건은 극적으로 달랐다. '성격 탐색'은 순수 학문적 연구였으므로 혹시 몇몇 피험자 성격이 잘못 판단된다 하더라도 실제적 피해가 없었지만, '남자들의 측정평가'는 사람의 생명이 달려 있는 실제적 연구였다.

평가팀이 수행한 업무는 후보자들 적성의 예언이었으며, '적격자'로 판정한 많은 사람이 실제로 일을 잘 해냈을 때 예언이 성공했다고 할 수 있을 것이다. [전문용어로 이를 '예언 타당도'(predictive validity)라 부른다.] 문제는 무엇을 성공 기준 —준거(criterion)— 으로 쓸 것이냐 하는 것이다. 첩보원이 살아 돌아왔느냐 죽었느냐 하는 사실은 '객관적'(L-)자료이지만, 성공 기준이 될 수는 없다. 많은 유능한 첩보원이 전쟁에 큰 공을 세우다 죽었기 때문이다. 연구팀은 수행의 주관적 평정(주로 관찰자평정, 즉 O자료)을 기준으로 사용했다. 해외 주둔 평가팀, 첩보원의 직속상사, 그가 일차 업무를 마치고 돌아왔을 때 OSS팀의 재평가, 임기를 마치고 돌아왔을 때 재평가 등의 일치도는 그리 높지 않았다(평균 상관 .52). 더욱 실망스러운 것은, 평가팀의 원래 평정과 네 가지 최종 평정 사이의 상관도 높지 않았다는 것이다(.08~.53, 평균 .30 미만).

평가팀은 자신들의 연구성과에 비판적이었으나 저명한 성격심리학자 Wiggins는 연구팀의 자기비판이 너무 심했다고 평가하였다. 자료를 더 분석해 보았을 때 이 낮은 상관들도 예언력의 향상을 의미했으며, 부적격자가 해외에 파견되었을 가능성을 줄인 공헌이 있다는 것이다. Wiggins(1973)는 '남자들의 측정평가'가 "성격 측정평가에서 지금까지 쓰여진 가장 중요한 보고서에 속한다"(Pervin, 1996, p. 383에서 재인용)고 평가하였다.

무의식의 존재와 중요성

　의식되지 않는 생각이나 감정들은 직접 관찰할 수 없고, 본인에게 물어보아(자기보고 자료) 알 수도 없고, 행동으로부터 추리할 수 있을 뿐이다. 무의식 개념을 지지하는 증거는 무엇보다도 임상적 관찰이다. Freud는 치료과정에서 환자들이 과거에 묻어 둔 기억과 소망들을 의식하게 되는 것을 누차 경험하였다. 그러한 '의식화'에는 흔히 고통스러운 정서가 따른다. 잊었던(억압했던) 일을 회상하거나 금지되었던 감정을 다시 체험하면서 갑자기 엄청난 불안에 압도당하거나 흐느끼거나 분노를 터뜨리는 것이다. 이러한 경험들은 Freud에게 무의식이란 현재 의식되지 않을 뿐 아니라 "고의로 파묻은"('동기화된 무의식') 기억과 소망들을 포함한다는 것을 암시해주었다. 임상적 관찰들에 깊은 인상을 받은 Freud는 실험적 증거의 필요성을 보지 못했다.

　5장에서 본 것처럼 Murray가 1930년대에 무의식 과정들을 경험적으로 연구했지만, 주로 투사법과 상상력 검사에 의지하였다. 무의식 과정들에 대한 실험적 연구는 1950년대에 와서야 수행되기 시작하였다. 오늘날 정신역동 지향 학자들과 (정신분석을 거부하는) 실험 지향 심리학자들이 의미하는 '무의식'은 상당한 차이가 있다('역동적' 대 '인지적 무의식').[3]

무의식적 지각

　무의식 과정을 실험적으로 연구하기 시작한 학자들의 초점은 우선 무의식적 지각, 즉 의식 못하는 지각(perception without awareness) 현상을 입증하는 데 있었다. 다른 한편 비슷한 시기에 실험심리학에서도 욕구나 동기가 지각에 영향을 미친다는 것을 보여주는 연구들이 나왔다. 1940년대 말 50년대 초에

---

　3) 역동적 무의식과 인지적 무의식에 관한 연구들과 논의는 Pervin(1996, pp. 207-227)을 많이 참고하였다.

시작된 "New Look" 운동은 지각이 외적 자극을 수동적으로 기록하는 과정이 아니라 지각자가 능동적으로 참여하는 과정이라는 것을 강조하였다. Bruner와 Goodman(1947)은 유명한 실험에서 고액 동전(예, 500원짜리)의 크기는 실제보다 크게 추정되는 데 비해 소액 동전(예, 10원짜리)은 실제보다 작다고 추정되며, 특히 가난한 아동들에서 이런 경향이 강하다는 것을 보여주었다.

전통적 심리학자들은 성격과정이나 동기가 지각과정에 영향을 미친다는 실험결과들을 방법론적 이유를 들어 받아들이려고 하지 않았다. 그런 가운데 '인지혁명'이 일어나 사고와 의식에 대한 관심이 돌아왔으나, 컴퓨터 과정이 모델이 되었기 때문에 무의식과 연관되는 비합리적 사고보다는 의식하는 합리적 사고가 중심이었다. 오늘날에는 성격 및 사회심리학자들뿐 아니라 인지심리학자들도 무의식 과정들에 관심을 가지기 시작하였으나, 합리적 사고를 강조하면서 (무의식적) 감정이나 동기의 영향은 부정하는 경향이 여전하다.

정신역동적 관점에서 무의식적 지각을 입증하려고 한 초기 실험들을 소개하고, 무의식적 지각을 통해 정신역동적 갈등을 활성화하는 보다 최근의 실험 연구들을 몇 가지 보기로 하자.

역하 지각　　외부 환경에 있는 자극(모양, 소리, 냄새 등)을 알아보려면 물론 그것에 주의(attention)를 해야 한다. 그러나 그 자극이 너무 약하거나 너무 짧은 순간만 지속되고 사라지면, 아무리 주의를 집중해도 그것이 보이거나 들리지 않는다. 어떤 자극을 감지하는 데 요구되는 최소한의 강도, 제시시간 등을 '역'(閾, threshold, '문턱')이라고 한다. 과거에는 순간노출기라는 장치를 사용했지만 요즘은 컴퓨터로 자극들을 '문턱 아래'로 제시하여 '역하 지각'(sub-threshold 또는 subliminal perception)이 일어나는가를 관찰할 수 있다. 역하 지각에서 피험자들은 아무것도 안 보인다고 말하지만, 행동상으로는 자극을 지각했다는 징표들을 보인다. 즉 **무의식적 지각**이 일어나는 것이다.

오래된 한 연구에서, 연구자들은 순간노출기를 써서 피험자들에게 나뭇가지들이 만들어낸 오리 이미지를 보여주었다. 다른 피험자들에게는 오리 이미지 없는 비슷한 그림을 보여주었다. 제시된 시간이 너무 짧았기 때문에 그림이 '보이지'는 않았다. 그 다음 절차에서 피험자들은 눈을 감고 자연의 한 장면을 상상하고 그림으로 그려 거기 나오는 부분들의 이름을 대 보라고 요청받았다. 오리 이미지가 들어간 그림을 '본' 피험자들은 다른 집단보다 '오리', '물', '새', '깃털' 등 오리와 관련된 이미지들을 유의미하게 더 많이 보고하였다(Eagle, Wolitzky, & Klein, 1966).

의식하지는 못하지만 자극들을 지각하고 그 영향을 받는다는 사실 자체는 정신역동적 동기들이 작용한다는 것을 시사하지 않는다. 한편, 지각 방어(perceptual defense)와 역하 정신역동 활성화(subliminal psychodynamic activation)의 두 연구노선에서는 동기가 들어간 무의식 과정을 연구한다.

지각 방어　　지각 방어는 위협적 자극을 (의식 못하는 채) 지각할 때 경험하는 불안에 대해 (역시 의식하지 못하는 채) 방어하는 것을 말한다. 순간노출기를 써서 '사과', '춤', '아이' 같은 중립적 단어들, 또는 '강간', '창녀', '성기' 같은 자극적(금지된, 위협적) 단어들을 보여준다 하자. 제시시간을 아주 짧게(역하) 했다가 점점 늘여가면서 어느 시점에서 피험자들이 단어들을 알아보는가와 각 단어에 대한 땀샘 활동(긴장의 측정치)을 측정한다. 결과를 보면, 피험자들은 자극적 단어들을 알아보는 데 더 오래 걸렸고 또 그 단어들을 알아보기 전에 정서적 반응을 보였다(McGinnies, 1949).

지각 방어에 대한 연구는 방법론적 이유로 비판을 많이 받았다. 예컨대, 피험자들이 자극적 단어들을 금방 알아보았지만 실험자에게 말하기를 꺼렸을 수 있다. '강간'이라는 단어를 본 것 같지만 혹시 틀리게 말한다면 '사과'라는 단어를 틀리게 말했을 경우보다 민망할 것이므로, 100% 확신이 들지 않는다면 앞 단어를 입에 올리지 않을 가능성이 크다. 이 비판은 다시 자기보고의 신뢰성 문제를 제기한다. '금기' 단어들을 지각하는 데 더 시간이 걸린다 해도, 지각 방어 때문이라기보다는 그 단어들이 일상에서 드물게 사용되기 때문일 수 있다. 잘 안 쓰이는 단어들은 잘 못 알아보거나 듣는 것이다. 많은 연구를 개관하여, 사람들이 의식하지 못한 채 특수한 정서적 자극들에 선택적·거부적으로 반응할 수 있다는 것을 보여주는 상당한 증거가 있는 것 같다는 결론에 도달하는 학자도 있지만(Erdelyi, 1984), 방법론적 문제들 때문에 지각 방어 연구는 점차 쇠퇴하였다.

역하 정신역동 활성화: 남근기 갈등　　　보다 최근에는 위협적이거나 아니면 불안을 완화시키리라 예상되는 (무의식적) 소망들과 관계된 재료를 극히 짧은 시간 보여주고 효과를 관찰한다. 위협적 소망들의 경우에는 역하 제시되는 재료가 무의식적 갈등을 불러일으키고, 불안 완화 소망의 경우에는 그 재료가 갈등을 줄이는 효과를 보이리라 예상된다. 어떤 경우에든지 여러 피험자 집단들에게 어떤 재료가 불안을 일으키거나 완화시키는지 하는 것이 정신분석적 이론에 근거하여 미리 예언되어야 하고, 자극들이 역 아래로 제시될 때에만 효과들이 나타나야 한다. 충분히 오래, 즉 역 위로 제시되면 의식적 사고와 판단이 우세해져서 '무의식적' 소망이나 갈등들의 효과가 나타나지 않는다.

　　외디푸스 갈등 개념을 검증한 연구를 보자. 3장에서 본 것처럼 외디푸스 콤플렉스란 어린 남자아이가 엄마를 사랑하고 그 때문에 경쟁자인 아버지의 보복을 겁내는(거세 불안) 갈등이다. Silverman 등은 이 무의식적 갈등을 활성화하되 그것을 강화 또는 완화시키는 자극들을 만들었다(Silverman, Ross, Adler, & Lustig, 1978). 외디푸스 갈등을 강화시키기 위해 선택한 자극은 '아빠를 때리면 나빠'(Beating Daddy Is Wrong)였고, 반면 그것을 완화시키는 자극은 '아빠를 때려도 괜찮아'(Beating Daddy Is OK)였다. 다수의 다른 자극들도 제시되었는데, 이를테면 '사람들이 걸어다닌다'(People Are Walking) 같은 중립적 자극이었다.

　　자극 제시 전과 후에 피험자(정상적 남자대학생)들은 다트(dart) 던지기 시합에서 수행을 측정받았다. 화살을 던져 표적을 맞추는 다트는 '남근기적' 공격 및 경쟁이라 할 수 있다. 연구자들이 정신분석적 이론을 토대로 예측한 것은, '아빠를 때리면 나빠' 메시지가 외디푸스 갈등을 심화하여 수행이 나빠지게 만드는 데 비해, '아빠를 때려도 괜찮아'는 그러한 갈등을 완화시켜 수행을 향상시킬 것이라는 것이었다. 중립적 메시지는 수행에 별 차이를 가져오지 않을 것이라고 예상되었다. 표 6-2에 제시된 결과가 연구자들의 예언이 들어맞았음을 보여준다. 자극 제시 전에는 다트 던지기 수행이 비슷했는데, 자극 제시 뒤에는 수행이 크게 나빠지거나 좋아졌고, 중립조건에서는 변화가 거의 없었다. 자극들이 충분히 오래(즉 역 위로) 제시되어 피험자들이 메시지를 읽을 수 있었을 때는 이 결과들이 얻어지지 않았다. 정신역동 활성화 효과는 의식 아래에서 작용하는 것으로 보인다. 외디푸스적 내용을 포함하는 그림과 이야기로 아버지에

[표 6-2] 외디푸스 갈등과 경쟁 수행(Silverman 등, 1978; Pervin, 1996, p. 211에서 재인용)

다트점수	'아빠를 때리면 나빠'	'아빠를 때려도 괜찮아'	'사람들이 걸어다닌다'
세 자극의 순간노출기 제시			
자극 제시 전 평균	443.7	443.3	439.0
자극 제시 후 평균	349.0	533.3	442.3
차 이	−94.7	+90.0	+3.3

대한 (무의식적) 공격·경쟁이 '점화'(prime), 즉 활성화되어 피험자들의 경쟁동
기 수준을 높였다.

여자대학생들을 대상으로 한 비슷한 연구에서도 같은 결과가 나타났다.
갈등심화 재료("Loving Daddy Is Wrong")나 갈등감소 재료("Loving Daddy Is
OK")를 역하 제시하였을 때, 성 충동들에 대한 갈등이 심한 피험자들에게 갈등
심화 재료가 그 뒤에 제시된 내용의 기억을 방해했으나, 갈등감소 재료는 기억
방해를 일으키지 않았다. 반면 성 충동에 대한 갈등이 별로 없는 피험자들은
두 재료 모두에서 기억방해를 보이지 않았다(Geisler, 1986). 이 효과들은 자극
들이 역하 제시될 때만 일어났다.

역하 정신역동 활성화: 구강기 갈등   남근기 문제에 이어 구강기 문제
를 보자. 먹기를 거부하거나 반대로 그치지 못하는 섭식장애(eating disorders)는
정신분석적으로 보면 구강기 고착을 추측하게 한다. Patton(1992)은 섭식장애
를 가진 사람들이 보살핌에 관계된 상실감과 싸우기 때문에 그 갈등이 역하 활
성화되면 크래커 먹기 형태로 대리충족을 찾는다는 가설을 검증하였다. 정상적
여대생들과 섭식장애가 있는 여대생들에게 다음 세 메시지를 역하 제시하였다
(4ms, 1000분의 4초): "엄마가 나를 떠난다"(Mama Is Leaving Me), "엄마가 그것
을 빌린다"(Mama Is Loaning It), "모나가 그것을 빌린다"(Mona Is Loaning It). 원
어를 보면, 메시지들이 시각적으로 매우 유사하다('Mama'와 'Mona', 'Leaving'과
'Loaning').

결과가 표 6-3에 제시되어 있다. 섭식장애 피험자들은 '엄마가 떠난다'는

[표 6-3] 메시지에 노출된 후 먹은 크래커 수의 평균(표준편차)
(Patton, 1992; Pervin, 1996, p. 212에서 재인용)

	'엄마가 나를 떠난다'	'엄마가 그것을 빌린다'	'모나가 그것을 빌린다'
섭식장애			
4ms	19.40(5.48)	8.20(2.56)	7.80(3.34)
200ms	9.60(3.47)	9.56(3.30)	9.00(3.41)
섭식장애 없음			
4ms	8.50(1.57)	8.20(2.91)	
200ms	8.60(3.10)	8.60(2.84)	

메시지를 무의식적으로 지각한 후 많은 양의 크래커를 먹었으나(평균 19.40개), 메시지가 충분히 긴 시간(200ms) 제시되었을 때에는 크래커 양(9.60)이 정상적 피험자들(8.60)과 별로 다르지 않았다. 다른 두 메시지에 대해서도 두 집단 간에 차이가 없었다. 그림 재료를 추가로 사용한 반복연구(replication)에서도 이 가설이 지지되었다. '엄마가 나를 떠난다'는 메시지와 더불어 우는 아기와 걸어가는 여자의 그림을 제시하고, '엄마가 걸어간다'는 중립적 메시지를 여자가 걸어가는 그림과 같이 제시했을 때, 섭식장애 여성들은 떠남의 말과 그림에 역하 노출되었을 때 더 많이 먹었다(Gerard, Kupper, & Nguyen, 1993). 이 실험에서도 자극들이 역하 제시되었을 때만 무의식적 소망과 갈등들이 활성화되었다.

역동적 무의식과 인지적 무의식

위에 소개한 연구들에서 다룬 외디푸스 갈등, 버림받는다는 공포 등은 위험하고 고통스럽기 때문에 억압된 '동기화된 무의식'이다. 심리학에서 연구하는 무의식적 정신과정들은 이렇게 "뜨겁고 축축"하지 않고 상대적으로 "차갑고 건조"하다. 정신분석과 차별화하기 위해 학문적 심리학은 억압, 무의식 같은 말보다는 *역하*(subliminal), *내현적*(implicit), *자동적*(automatic) 같은 중립적, 기술적(descriptive) 개념들을 선호한다. 두 연구노선을 비교하기 전에 먼저 정신분석적 무의식의 특성을 다시 정리해보자.

무의식의 역동성　　　Freud 이론에서 무의식은 억압의 산물이다. 원래의 충동 또는 생각이 위험하거나 고통스럽기 때문에 의식에서 추방되었고, 그것들을 무의식에 가두어 두려면 계속 방어적 노력이 필요하다. Pervin(1996)이 치료실에서 만난 남자의 사례를 보자(p. 213).

　　남자는 감정 체험을 충분히 못한다고 느껴서 치료받으러 왔다. 치료가 진행되면서 그는 분노 같은 특정한 감정들을 체험하기 시작할 때는 자신이 즉시 긴장한다는 것을 알게 되었다. 화를 내면 즉시 부모에게서 버린다는 위협을 받은 어릴 때 일이 생각났다. 그래서 분노를 느끼지 않는 것이 좋다고 '결정'하고, 화날 때마다 "그런 걸 느끼지도 말고 인정하지도 말아"라고 스스로 말하는 셈이었다. 그것을 너무 빨리 그리고 자동적으로 하게 된 나머지 시간이 가면서 그는 자기가 그렇게 하고 있다는 것조차 의식하지 못했다. 자신이 알지 못하는 것에 대해 무의식적으로 방어하는 것이었다. 치료시간중에 그가 언뜻 어떤 감정을 가졌으나 의식하지는 못하는, 그러나 얼굴과 몸으로 그 감정을 표현하는 일이 몇 번 있었다. 무슨 일이 일어나고 있는지 주의를 기울여 보라고 치료자가 요청하면 그는 그 스쳐 가는 감정을 의식하였다. 이 모든 일은 너무 빠르게 발생하기 때문에 그는 자기가 뭘 하고 있는지 또는 무엇을 막아내고 있는지 알지 못했다.

　　이 사례는 역동적 무의식의 본질을 잘 보여준다. 감정(예, 분노)이 있고 처벌 위협 때문에 그 감정을 의식·체험하지 않으려는 노력(억압과 방어)이 있다. 감정 자체도 방어 노력도 본인은 의식하지 못한다. 치료자가 지지·격려하면 알게 될 수도 있지만, 내담자는 의식화에 저항하며 자기가 저항한다는 것을 모른다. 이러한 현상을 실험실에서 재연하기는 극히 힘들다.

연구자조명 글상자

John F. Kihlstrom: 심리적 무의식

무의식적 정신과정들에 대한 나의 관심은 점차적으로 그리고 어떤 면에서는 우연하게—우리 존재를 형성하는 데 그리 중요한 '우연한 만남들'의 하나를 통해— 생겨났다. 고등학교 시절에 Freud 작품 몇 개를 읽었지만 그의 생각들에 끌린 적은 없다. 콜게이트 대학에 다닐 때 성격에 대한 실존주의적 접근들에 매우 흥미가 있었고 원래는 그 접근들을 수량적으로 연구하고 싶었다. 그러나 심리학 전공자로서 그 아래 들어가게 된 지도교수가 최면 실험실을 운영하는 William E. Edmonton 교수였고 나는 거기에 빠지게 되었다. 대학원에 가서 Martin Orne, Fred Evans와 더불어 최면 연구를 하면서 비로소 나는 최면과 히스테리(이제는 해리 및 전환 장애라 부르는) 사이의 역사적 관계를 알게 되었고 최면을 무의식적 정신생활을 연구하는 실험실 기법으로 보기 시작했다.

처음 몇 년 동안 내 관심의 초점은 최면, 특히 최면 후 망각(아직도 내 주요 관심사로 남아 있다)에 집중되었다. Jack Hilgard의 *의식 분리의 신 해리 이론*(neodissociation theory of divided consciousness)에 큰 영향을 받았는데, 그 이론은 인지적 구조 또는 관념들이 서로 "떨어져 나가"거나 해리(解離, dissociate)되어 의식에 접근되지 못할 수가 있다고 시사하였다. 그러나 다른 새로운 경험적 연구 및 이론들도 내 관심을 끌었다. 우선, Schneider와 Shiffrin은 자동적('통제된'의 반대) 처리의 생각을 발표하였다. 그리고 Anthony Marcel이 의식에서 알지 못하는 복잡한 정보처리를 처음으로 설득력 있게 보여주었다. 후에 Dan Schachter는 (이제는 고전이 된) 외현-내현 기억 개관에서 과거 수행의 기억들이 *의식적 회상 없이*(즉, 외현적 기억의 반대인 내현적 기억) 수행에 영향을 미칠 수 있다고 시사하였다. 1980년대 후반에, 심리학 분야는 심리적 무의식에 대한 관심의 왕성한 부활을 경험하기 시작하고 있었다. 바로 정신적 표상과 과정들이 의식 밖에서 그리고 의식적 통제와 독립적으로 경험, 사고, 행동에 영향을 미칠 수 있다는 생각이었다. 최면 연구를 하는 사람들은 동료들의 더 넓은 집단과 연결하기 시작했고, 이 동료들은 최면 연구를 진지하게 받아들일 근거가 더 많아졌다.

　　1990년대 중반 이 시점에서 나는 우리가 지각, 학습, 기억, 사고 영역들에서 해리가 있다는 증거를 가지고 있다고 생각한다. 이를 인지적 무의식이라고 부를 수 있을 것이다. 이 증거의 일부는 최면 연구에서 나오지만, 많은 부분은 뇌 손상 환자와 정상 피험자들을 모두 포함하는 다른 패러다임들에서 나온다. 이제 우리는 인지적 무의식이 단지 존재한다는 증명들을 넘어서서 의식과 무의식 정신생활간 차이들을 고찰할 수 있다. 의식되는 지각·기억·사고와 의식되지 않는 지각·기억·사고 간의 차이는 무엇인가? 무의식적 처리에 어떤 제약들이 있는가? 한때 의식하던 것을 어떻게 무의식으로 만들 수 있는가? 의식되지 않는 것을 어떻게 의식 속으로 가져올 수 있는가? 이제 무의식적 인지과정들이 있다는 상당한 증거가 있으므로, 무의식적 정서 및 동기과정들도 생각해 보는 것이 좋을까?

　　이들은 Freud가 제기한 물음들과 같은 종류들이지만 무의식적 정신생활에 대한 우리의 현대적 견해는 Freud의 견해와 아주 다르다. Freud 무의식은 비합리적, 환각적이고 원시적 감정과 충동들로 가득 차 있다. 반대로 현대심리학의 심리적 무의식은 인지적, 합리적, 명제적이다. 가장 중요한 것은, 우리는 공식적 실험들의 결과들로부터 무의식적 지각과 기억들의 존재를 추리하는 합의된 규칙들을 가지고 있지만, Freud는 그가 연구한 사례들에 관한 검증 안 되는 추측들에 제한하였다. 그러나 내 연구는 Freud 이론을 검증하려는 게 아니다. 나는 그런 관심을 가진 적이 없다. 내 연구 목표는 무의식적 정신생활이라는 관념—실험심리학자와 임상심리학자 모두의 관심을 끄는—을 일반심리학 이론과 통합시키는 것이다.

역동적 대 인지적 무의식　　1980년대까지는 심리학적 이론 가운데 정신분석학만이 무의식적 정신과정들을 가정했지만, 오늘날에는 많은 인지과정들이 무의식적으로 수행된다는 명제가 실험심리학자들에게도 널리 인용된다. ‘연구자조명 글상자’에서 인지적 무의식의 대표적 연구자 중 한 사람인 Kihlstrom은 자신은 Freud 이론에 끌린 적도 없고 그것을 검증할 생각도 없다는 것을 강조하고 있다(Pervin, 1996, pp. 222-223). Freud 무의식은 “비합리적, 환각적이고 원시적 감정과 충동들로 가득 차” 있고, 반대로 현대심리학의 심리적 무의식은 "인지적, 합리적, 명제적"이라는 것이다. 그만큼 두 개념은 무의식의 내용, 기능 등에 대한 견해가 크게 다르다.

역동적 무의식은 억압될 동기가 있었으며 비합리적, 비논리적('일차 과정')이고 주로 성과 공격 충동을 포함한다. 이에 반해, 인지적 견해에서는 무의식과 의식 과정들 사이에 근본적 차이가 없다. 무의식 과정들도 논리적·합리적일 수 있으며, 성과 공격 내용이 특별히 중요하지도 않다. 인지 내용들이 의식되지 않는 이유도 의식 수준에서 처리될 수 없다거나 자동화되었기 때문이다. 예컨대 우리는 구두끈 매기를 자동적으로 하기 때문에 어떻게 하는지를 의식하거나 설명하지 못한다('절차 기억'). 많은 문화적 신념들도 부지중에 우리에게 영향을 미친다. 표 6-4에 두 견해의 차이를 정리하였다.

표 6-4를 보면, 두 범주에 포함되는 현상들은 매우 다르다. 정신분석학자들이 역동적 무의식 존재를 입증한다고 보는 현상들(예, 꿈, 말 실수 등의 무의식적 의미들의 해석)은 인지심리학자들에게는 거부된다. 다른 한편 인지심리학자들이 강조하는 현상들은 상당 부분이 정신분석에서 '전의식'(당장은 의식되지 않지만 주의를 기울이면 의식되는 층)이라고 보는 것에 속한다. "100년 동안의 무시, 의심, 좌절 뒤에 무의식 과정들은 이제 심리학자들의 집단 정신에 확고한 자리를 잡았다"는 Kihlstrom의 말처럼 학문적 (실험)심리학자들이 무의식 과정을 받아들인다는 것이 큰 발전인지 모른다. Kihlstrom 같은 인지심리학자들에게 "욕망과 분노로 끓"는 정신분석적 무의식은 "뜨겁고 축축"(hot and wet)한 데 비해, 현대심리학의 무의식은 "아주 차갑고 건조하지는 않다 해도," "더 친절하고 온

[표 6-4] 무의식의 두 가지 견해: 역동적 대 인지적 무의식
(Pervin, 1996, p. 223에서 인용함)

역동적(정신분석적) 견해	인지적(정보처리) 견해
1. 동기와 소망의 내용 강조	1. 생각들의 내용 강조
2. 방어적 기능의 강조	2. 비방어적 기능들에 초점
3. 비논리적, 비합리적 무의식 과정들의 강조	3. 의식 과정과 무의식 과정들 사이에 근본적 차이가 없음
4. 무의식 내용이 의식되려면 특별한 조건들이 필요함	4. 정상적인 지각 및 기억 법칙들이 적용됨

화"(kinder and gentler)하다.[4]

억압과 사고억제　　우리는—누가 묻는다면— 왜 특정 상표의 치약을 사는지, 왜 친구 A는 좋고 B는 싫은지 설명하지만, 우리가 아는 이유가 꼭 '진짜 이유'는 아니다. 예컨대 광고의 영향을 받았거나 그 상품이 진열된 위치에 반응하지만 그것을 의식하지 못하고, 친구가 과거 어떤 인물과 유사하다는 것이 (무의식적으로) 호감에 결정적 영향을 미칠 수 있다('전이'). 현대적 심리학자들은 이러한 현상들을 "인지적, 합리적, 명제적"으로 설명한다. 인간이라는 정보처리체계(컴퓨터)는 용량이 제한되어 있다든지, 내현적 성격이론(1장 참조)이 있는 것처럼 내현적 인과이론이 있기 때문에 불충분한 관찰들을 가지고도 척척 '왜'를 설명해낸다는 것이다.

　　역동적 무의식은 '억압'개념과 떼어서 생각할 수 없다. 위의 사례에서 본 것처럼, 어떤 감정이나 생각이 불안을 일으키기 때문에 의식에서 추방되고 계속 무의식으로 남는다. (고통스럽기 때문에) 기억하지 않으려 하는 (무의식적) 능동적 노력을 인지적 이론가들은 인정하지 않는다. 임상 장면에서 관찰되는 억압과 억압 해제(즉, 회상) 증거를 실험실에서 재연하기는 어렵지만 몇 가지 시도는 있었다. 예컨대, 한 연구자는 성에 대한 죄책감(자기보고)이 크거나 작은 여자들에게 에로틱한 비디오 테이프를 보여주고 성적으로 흥분되는 정도를 질문하였다. 동시에 생리적 반응수준도 기록하였다. 성에 대한 죄책감이 큰 여자들은 그러한 죄책감이 작은 여자들보다 더 적은 흥분을 보고했지만(S 자료) 생리적 흥분(T 자료)은 더 강하게 나타냈다. 성적 흥분과 연관된 죄책감 때문에 생리적 흥분을 의식(그리고/또는 인정)하지 못한 것이다(Morokoff, 1985).

　　이 연구는 억압을 실험적으로 조작하지 않고 성적 욕망을 많이 또는 적게 억압한다고 가정되는 피험자들의 반응 차이를 보았으므로 실험연구가 아니라 상관연구이다. *억압*은 무의식적 생각이나 감정에 무의식적으로 방어하는 기제이기 때문에 실험적으로 조작하기가 불가능하다고 보아야 한다. 반면, 의식적,

---

4) 이런 말을 Freud가 들었으면 어떤 "뜨겁고 축축한" 욕망이 왜 그리도 큰 불안과 방어를 일으키는지 분석하고 싶어했을 것이다— 물론 Kihlstrom은 절대로 Freud의 장의자에 눕지 않았겠지만.

의도적으로 어떤 생각을 안 하려고 애쓰는 *억제*(suppression)는 실험 연구할 수 있다. Daniel Wegner가 사고억제 실험들에서 보여준 결과들은 억압의 효과를 유추할 수 있게 해준다.

사고억제의 역설적 효과　초기 연구에서 Wegner는 피험자들에게 흰 곰에 대해 생각하지 말라고 요청하고, 5분 동안 생각나는 모든 것("의식 흐름")을 녹음기에 대고 말하되, '흰 곰'이라는 말이나 생각을 하면 벨을 울려 달라고 하였다. 이 '억제 단계' 다음에는 '표현 단계'가 있었다. 여기서도 피험자는 녹음기에 의식 흐름을 보고하면서 '흰 곰'을 언급하거나 생각할 때마다 벨을 울렸으나, 앞 단계에서와는 반대로 "흰 곰을 생각하려고 노력"해야 했다('억제 후 표현'). 다른 피험자들에게도 똑같은 지시를 주었지만, 그들은 표현 단계를 먼저 거친 후 억제 순서로 넘어갔다('표현 후 억제').

　'흰 곰' 생각과 언급을 한 빈도가 표현 단계와 억제 단계에서 차이가 있을까? 또, 어느 단계를 먼저 경험했는지가 차이를 가져왔을까? 그림 6-3에 1분 간격으로 5분 동안 피험자들이 벨을 누른 횟수('흰 곰' 생각 빈도)가 제시되어 있다(Wegner 등, 1987). 먼저, 피험자들은 억제 단계("생각하지 말라")보다 표현 단계("생각하라")에서 '흰 곰' 생각과 언급을 더 많이 하였다. 이는 놀랄 것이 없는 결과이다. 놀랍다면, '흰 곰' 생각을 억제하는 일이 힘들었다는 것이다. 생각하지 않으려고 애쓰는데 1분에 한 번 이상 생각이 난 것이다. 더욱 놀라운 것은, 사고억제를 먼저 한 경험 효과였다. 억제 뒤에 표현을 한 피험자들은 처음에 표현 단계에 들어간 피험자들보다 '흰 곰' 생각을 훨씬 더 많이 하였다(맨 위의 선).

　'억제 후 표현' 조건의 결과를 '표현 후 억제' 조건의 결과와 비교하면 억제하려는 노력이 가져온 리바운드 효과가 엄청나다는 것을 알 수 있다. 표현을 자유롭게 하고 나면 억제가 잘 되는데(표현 후 억제), 억제를 하고 난 후 표현이 허용되면 금지되었던 생각이 (상대적으로) 쏟아져 나오는 것이다. 다이어트중에 먹을 것을 생각하지 않으려고 노력해본 사람은 사고억제의 이 역설적 효과를 보고 놀라지 않을 것이다.

　'흰 곰'은 동물원에서나 본다. 다른 생각들, 감정을 불러일으키는 생각들은 어떨까? Wegner는 *성*(섹스), *춤*, *엄마*, (대학의) *학장*의 네 주제에 대해 생각을

[그림 6-3] 억제와 표현의 순서에 따른 '흰 곰' 생각의 빈도(Wegner, Schneider, Carter, & White, 1987; Pervin, 1996, p. 333에서 재인용)

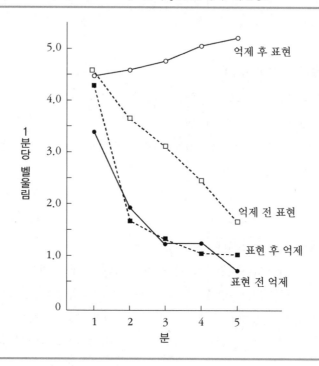

하거나 또는 하지 말라고 지시하고 머릿속에 떠오르는 생각을 녹음기에 대고 모두 말하게 하였다("think aloud" 기법이라고 부른다). 사고억제 단계에서 피험자가 (이를테면 '성'에 대한) 생각이 떠오를 때마다 보고하면 실험자는 이제는 (성에 대해) 생각하지 말라고 하고, 반대로 표현 단계에서는 생각을 하라고 하였다. 흥분 수준을 측정하기 위해 피부전기반응도 측정하였다. 이렇게 해서 연구자들은 흥분시키는 생각(성)을 억제하려는 노력의 효과를 좀더 중립적인 생각들(춤, 엄마, 학장)을 억제하려는 노력의 효과와 비교할 수 있었다(Wegner, Shortt, Blake, & Page, 1990).

주제에 따라 억제 단계중의 사고 빈도가 다를까? 흥분 측정치는 어떨까? 우선, 빈도 측정치를 보면 억제 단계보다 표현 단계에서 생각들이 더 자주 났지만, 억제중에도 생각들이 없어지지는 않았다. 그러나 예상한 바와 다르게, 성에 대한 결과 패턴은 중립적 주제들에 대한 결과 패턴과 다르지 않았다. 즉, 성

[그림 6-4] **네 생각주제의 억제 또는 표현 중의 흥분수준**(피부전기반응의 기저선 이탈
값)(Wegner, Shortt, Blake, & Page, 1990; Pervin, 1996, p. 334에서 재
인용)

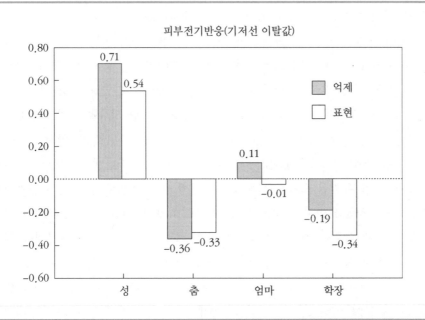

피부전기반응(기저선 이탈값)

에 대한 생각을 억제하기가 더 힘들지 않았던 것이다. 그러나 피부전기반응 측
정치에서는 아주 다른 패턴이 나타났다. 그림 6-4에서 보듯이, 성에 대한 생각
에서는 흥분(피부전기반응이 기저선, 즉 '정상'을 벗어난 정도)이 훨씬 크게 증가하
였다. 표현 단계보다 억제 단계에서, 즉 생각이 허용되었을 때보다 금지되었을
때 흥분이 더 컸지만, 이 차이가 통계적으로 유의미하지 않았다. '엄마' 생각을
억제할 때 적지만 흥분이 커진 것도 흥미 있다. '엄마'는 '춤'이나 '학장'보다 덜
중립적인 주제인 것이다.

성에 대한 생각을 억제해도 ―억제할수록― 흥분은 커진다는 결과는 성에
대한 죄책감이 큰 여자들이 에로틱한 영화를 볼 때 더 적은 흥분을 보고했지만
생리적 흥분은 더 컸다는 앞서 언급한 연구결과(Morokoff, 1985)와 일치한다.
이런 결과를 보면 어떤 생각을 떨쳐 버리지 못해 괴로워하는 사람에게 '잊어버
려'라고 조언하는 것이 역효과를 가져온다는 것을 알 수 있다.

Wegner는 *억제*(의도적, 의식적)와 *억압*(비의도적, 무의식적)의 차이를 강조하고 사고억제 노력 효과를 정상적 인지과정들의 결과라고 시사한다("ironic process theory"). 생각과 행동을 의도적으로 통제하려면 그 원치 않는 상태가 존재하는지를 자동적(무의식적)으로 살펴보게 되지만, 검색과 억제는 충분한 주의용량(attentional capacity)을 요구한다. '아이러니'인즉, 이런 와중에서 통제해야 하는 생각이나 반응이 그런 노력을 안 할 때보다 더 접근 가능해져서 더 쉽게 튀어나온다는 것이다. 억압 효과를 직접 검증하지 않았다 해도 이 연구 결과는 임상 장면에서 관찰된 억압 효과, 즉 감정이 실린 생각들이 의식에서 추방되어도 그 영향력이 없어지기는커녕 오히려 강해진다는 관찰과 일치한다.

이런 역설은 일상생활에서 흔하게 일어난다. 이스라엘에서 연주를 하게 된 독일의 한 유명한 오케스트라 단원이 저녁 때 호텔에서 술을 마시고 계산서에 '아돌프 히틀러'라고 서명하였다. 그는 평소에 '나치'도 아니었고 그 자신도 어떻게 그런 실수를 저지르게 되었는지를 설명하지 못했지만, 사건의 파장이 워낙 컸기 때문에 결국 직장을 잃었다. 그는 이스라엘에 가면서 反유태인 발언을 하면 안 된다고 (아마도 의식하지 못하는 가운데) 다짐했으나, 술에 취해 의식의 통제역량이 약해졌을 때—역설적이게도 바로 그런 다짐 *때문에*— 해서는 안 되는 행동을 하고 말았을 것이다.

억압 성향의 개인차   억압을 실험적으로 조작할 수 없으므로, 몇몇 연구자들은 억압 성향 —일종의 성격특성— 의 개인차를 측정하려고 노력하였다. 불쾌하거나 괴로운 경험들에 억압으로 대처하는 정도에는 개인차가 있다. Weinberger(1990)는 불안과 방어성을 따로 측정하여 '억압자'(repressor)를 방어성은 높고 불안은 낮은 사람들로 정의하고 **억압적 대처양식**(repressive coping style)을 측정하는 질문지를 만들었다. 억압적 대처양식이란 괴로운 상황에서 불안과 고통을 습관적으로 억압하는 경향을 말한다. 억압 결과 (의식하는) 불안과 고통은 줄어들지만 심리적 상태의 여러 측정치들에서 불일치가 나타난다. 예컨대, 어떤 상황에서 거의 또는 전혀 괴롭지 않다고 하는데(자기보고), 생리적 지표들에서는 긴장과 고통의 증거를 보이는 것이다.

Weinberger는 후에 억압자를 고통(distress)은 적으나 자기통제 또는 제약

(restraint)이 강한 사람으로 정의하고, 불안, 우울, 자기존중, 정서적 안녕을 포괄하는 *고통 척도*와 충동통제, 남들의 고려, 공격성 억제, 책임을 포괄하는 *제약 척도*로 구성된 적응질문지(Weinberger Adjustment Inventory)를 만들었다(Weinberger & Schwartz, 1990). 건강한 사람들은 고통이 적으면서 제약은 중간 정도인 사람들이다. 억압자들은 이기적 욕망들을 억제하나 자신의 상태에 대한 괴로움이 없으며, 강박적이고, 전체적으로 합리적이고 감정 없는 삶의 태도를 보인다. 그들은 명랑하고 감정 동요가 별로 없지만, 그러한 평온함은 거저 얻어지는 것이 아니다. 그들은 혈압과 맥박이 더 높고 스트레스에 생리적으로 더 강하게 반응할 뿐 아니라 심장병, 암 등을 비롯하여 다양한 질병들에 더 잘 걸린다고 한다.

억압과 부정적 기억들　　억압이 불안과 공포를 일으키는 생각과 욕구들을 의식에서 추방하는 방어기제라면, 억압자들은 특히 부정적 기억들을 지워버린 사람들이다. Davis와 Schwartz(1987)는 억압자와 비억압자들의 감정 기억을 비교하기 위해 피험자들에게 어린 시절의 어떤 경험, 상황이든 회상하라고 요청하였다. 아울러 행복, 슬픔, 분노, 공포, 경이 다섯 가지 정서 각각과 연관된 아동기 경험들도 회상하고 각 정서범주에서 가장 어릴 때 있었던 일을 표시하게 하였다. 피험자는 우선 억압자(높은 방어, 낮은 불안)와 비억압자(낮은 방어)로 나누고, 후자는 다시 불안이 높거나 낮은 집단으로 나누었다. 결과가 그림 6-5에 제시되어 있다. 왼편 그래프에는 보고된 기억들 수가, 오른편 그래프에는 최초 기억 나이가 세로축에 표시되어 있다.

　그림의 왼편 그래프를 보면, 억압자들의 결과를 나타내는 선이 제일 밑에 있다. 즉, 회상한 과거 기억들의 수가 전체적으로 적은데, 특히 부정적 기억들의 수가 더 적다. 오른편 그래프에서 최초 기억 나이를 보면, '일반적' 기억(4세 전후)에 비해 '정서적' 기억들(5세 이후)은 좀더 늦다. 정서적 기억들 중에서도 행복한 경험과 상황들이 제일 어릴 때부터 기억나고, 부정적 경험들은 좀더 나중 것들이다. 이 경향은 특히 억압자들에게 두드러진다. 즉, 어린 시절이, 특히 부정적 기억들이 더 어둠 속에 파묻혀 있는 것이다. "결과 패턴은 억압이 부정적 정서적 기억들에 접근하지 못하는 것이라는 가설과 일치하고, 나아가 억압이 정서적 경험들 일반의 억제와 연관된다는 것을 보여준다. 부정적 정서적 기

[그림 6-5] 억압과 감정기억들(Davis & Schwartz, 1987, p. 158)— 낮은 불안 피험자,
높은 불안 피험자, 억압자들에서 각 회상 조건별 기억들의 평균 숫자
(왼편)와 최초 기억의 평균 나이(오른편)

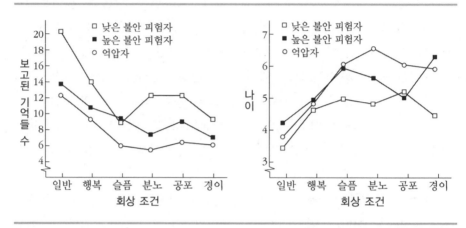

억들의 접근을 제한하는 과정이라는 억압 개념은 타당한 것같이 보인다"(Davis
& Schwartz, 1987, p. 155).

　부정적 기억들의 수가 적고 또 그러한 기억들을 꺼내 오는('인출') 데 시간이
걸린다는 결과는 아동기에 나쁜 경험이 많아서 억압된 결과라고 볼 수도 있지만,
반대로 아동기가 행복했기 때문에 나쁜 경험이 없어서 나오는 현상이라고 해석
할 수도 있다. Myers와 Brewin(1994)은 역시 여대생들을 대상으로 Davis와
Schwartz 결과들을 반복 검증함과 동시에 바로 이 가능성을 검증하였다. 억압
자들은 이 연구에서도 부정적 기억 수가 가장 적고 나이도 가장 늦었다. 어릴
때(14세 전) 가정생활경험을 조사한 결과 억압자들이 특히 아버지와의 관계가
좋지 않았음이 드러났다. 그들은 아버지에 대해 가장 많은 반감이 있었고, 가장
거리가 있었다(어머니와의 관계들에 대해 나온 예는 너무 적어서 연구할 수 없었다).

무의식 과정과 현대심리학

　의식하지 못하는 정신과정들, 환경 단서들이 행동에 지대한 영향을 미친다

는 것은 이제 현대심리학에서 부정할 수 없는 사실이 되었다. 이로써 동기, 자유의지, 행동통제 등의 이해가 근본적 변혁을 맞게 되었으며, 이 쟁점이 순수·응용할 것 없이 모든 심리학자들에게 중요하기 때문에 미국심리학회(APA)의 학회지 *American Psychologist*는 1999년 7월호 거의 전부를 "의지의 행위들?"(Acts of will?)이라는 큰 제목 아래 이 주제를 다루었다. 무의식 과정에 대한 연구를 많이 한 사회심리학자 Bargh는 이 특집에 "참을 수 없는 존재의 자동성"이라는 제목의 논문을 실었다(Bargh & Chartrand, 1999).

자동적 정신과정　'의식적 정신과정'이란 우리가 의식·의도하는, 노력을 들이고 통제할 수 있는 정신적 행위들을 말한다. 우리가 의식하지 못하는 '자동적 정신과정'에는 두 형태가 있다. 하나는 자동차 운전이나 악기 연주처럼 의도적으로 기술을 익히지만 시간이 가면서 점점 자동으로 하게 되는 과정들이다. 다른 하나는 앞에서 논의한 '지각 방어'같이 환경 사건들의 지각에 노력뿐 아니라 의도도 들어가지 않는 것이다. 의식적 정신과정, 즉 의지의 행위들에 집중하던 심리학은 지각, 태도, 동기, 정서 등 다양한 정신과정들의 범위를 인식해 가면서 '의지의 행위들'에 큰 물음표를 달게 되었다.

2장에서 실험사례로 소개한 Baumeister 등(1998)의 '자아고갈' 연구는 의식적 정신과정이 에너지를 요하며, 이 에너지는 매우 제한된 자원이라는 것을 보여주었다. 실제로 Baumeister 등은 행동의 약 95%가 사동석 과정들에 의해 나오며 약 5%만이 능동적, 의식적으로 수행된다고 추정하였다. 그렇다고 심리학이 이 5%를 무시해도 된다는 말은 아니다.

　예로서, 자동차들이 아마도 주행시간의 95%는 직진하겠지만, (이를테면 조종핸들이 없는 차를 만듦으로써) 나머지 5%를 무시한다면 차가 목적지에 도착할 수 있는 능력이 심각하게 손상될 것이다. 마찬가지로, 비교적 소수의 능동적이고 통제하는 선택들이 自己의 목표성취 기회를 크게 증가시킨다(p. 1252).

아마도 무의식 과정에 대한 현대심리학적 견해는 '자동적'이라는 말의 대중적 의미에 기대어 요약할 수 있을 것이다(Bargh & Chartrand, 1999). *자동* 장

글 상 자 6-2

참을 수 없는 존재의 자동성

Bargh, Chen, 및 Burrows(1996)는 세 개의 실험에서 사회적 행동을—사회적 지각과 태도처럼— 자동적으로 활성화할 수 있다는 가설을 검증하였다. 행동 경향과 반응이 본인의 의식적 의도 없이 나타난다는 것이다. 실험 1("성격특성 개념 점화의 행동적 결과들")을 보자.

심리학 개론을 수강하는 34명의 대학생들을 세 가지 '점화' 조건의 하나에 무선 할당하였다. 점화 조건은 문장 만들기 검사를 가지고 조작하였다. 이 검사에서 각 문항은 다섯 개의 단어로 되어 있고(예, he it hides finds instantly), 피험자는 그중 네 단어를 가지고 문법적으로 맞는 문장을 될수록 빨리 만들어내야 한다. 30문항 중 15문항은 공통으로 하고 나머지 15문항을 달리 함으로써 모두 세 가지 검사를 제작하였다. '무례'(rude)를 점화하기 위한 검사는 그 특성과 관계된 형용사나 동사 15개(예, '공격적', '방해' 등)를, '예의'(polite) 조건을 위한 검사는 '존경', '이해', '조심' 같은 단어들을 포함하였다. 어느 특성도 점화하지 않는 중립 조건에서는 '운동', '빨리', '성공', '시계' 같은 단어들이 들어갔다.

피험자가 오면 실험자는 그를 첫번째 실험실로 안내한다. 실험은 언어능력에 관한 두 가지 짧은 연구로 구성되며, 첫번째 연구는 문법에 맞는 영어문장을 구성하는 것이라고 설명되었다. 그는 피험자에게 검사가 든 봉투를 주었는데, 세 형태(무례, 예의, 중립) 중 어느 것이 들었는지는 다른 실험자가 무선적으로 정했기 때문에 실험자도 실험협조자도 모른다. [이를 실험자 '맹목'(blind)이라고 말한다. 피험자도 모르므로 '이중맹목'이라 할 수 있다.] 실험자는 문제풀이 방법을 설명해주고 나서 자기는 나가 있을 테니까 끝나면 복도를 지나 모퉁이를 돌아서 첫째 방으로 오면 거기서 두 번째 과제를 주겠다고 말했다. 대부분 피험자는 5분가량 걸려 과제를 끝냈다.

실험자가 피험자를 기다리는 실험실에는 실험협조자(가짜 피험자)도 앉아 있었다. 실험자는 반쯤 열린 문에 서 있고 실험협조자는 힘들어하면서 문장 만들기 검사를 하며 이런저런 질문을 하였다. 피험자가 모퉁이를 돌아오면 실험자 신호에 협조자가 스톱 워치를 눌렀다. 피험자가 다가와서 기다리는 동안 실험자와 협조자는 계속 이야기를 나누었다. 종속변인 측정치는 피험자가 그 대화를 중단시킬 때까지 기다린 시간이었다. 피험자가 중단시키면, 또는 10분(미리 정한 제한시간)이 지나도록 기다리고 있으면, 실험자는 그를 옆방에 데리고 가서 2분 정도 걸리는 단어 맞추기 과제를 주었다.

실험이 끝나고 피험자가 엘리베이터를 향해 걸어가면 두 번째 실험협조자가 기다리고 있다가 '실험 피험자 조사'에 응해 달라고 하고 6개의 질문을 하였다. 결정적인 문항은 실험자가 친절했느냐는 질문이었다.

가설은 중립 조건 피험자보다 '무례' 피험자들은 더 빨리, '예의' 피험자들은 더 늦게 대화를 중단시키리라는 것이었다. 결과를 보면, 무례 피험자들(평균 326초)은 중립(519초) 또는 예의 조건(558초)보다 유의미하게 더 빨리 중단시켰으나, 중립-예의 차이는 유의하지 않았다. 34명 중 21명이 10분이 지나도록 기다렸기 때문에 시간 변인은 심한 천정(ceiling) 효과가 있었다. [예의 조건과 중립 조건 피험자들이 기다린 시간 평균은 9분(540초)이 넘거나 그에 가깝다.] 이에 연구자들은 10분이 지나는 동안 대화를 중단시킨 사람의 숫자를 조건별로 비교하였다. 이 숫자는 무례 조건에서 제일 많았고 예의 조건에서 제일 적었다. 제한시간 10분이 다 갈 때까지 대화를 중단시키지 않고 참을성 있게 기다린 사람이 예의 조건에서 제일 많았던 것이다.

예의 조건 피험자들이 실험자를 더 친절한 사람으로 보았기 때문에 더 오래 기다린 걸까? '실험 피험자 조사' 결과를 보면 그렇지 않았다. 무례 피험자들이 실험자를 더 무례한 사람으로 지각한 것은 아니었다.

실험 2에서는 노인에 대한 고정관념을 활성화하기 위해 문장 만들기 검사에 '근심', '늙은', '외로운', '현명한' 등의 단어들(노인 점화 조건)이나 중립적 단어들을 포함시켰다. 여기서 종속변인으로 측정한 것은 제 2의 실험실로 걸어오는 속도였다. 노인 점화 조건의 피험자들(평균 8.20초)이 중립적 피험자들(7.23초)보다 더 느리게 걸었다.

치들은 모두 신경 쓸 필요 없는 과제들에서 우리를 해방시켜 정말 신경 써야 하는 것들에 집중할 수 있게 해준다. 또한 이 장치들은 인간처럼 피로, 부주의 등 때문에 실수하지 않고 인간보다 더 믿을 수 있게 맡은 임무를 수행한다.

> 따라서 '존재의 자동성'은 부정적, 부적응적 희화가 아니다. 이 자동 과정들은 우리에게 봉사하며 큰 이익을 준다. 그들은 우리의 경향성과 기호들을 너무 잘 알기 때문에 묻지 않아도 우리를 위해 그것들을 예상하고 보살펴주는 '정신적 시종'(mental butlers)이다(Bargh & Chartrand, 1999, p. 476).

물론 시종(侍從)이 '알아서 기다' 보면 실수도 저지른다. Wegner가 보여준 사고억제의 역설적 효과가 그 예가 된다.

무의식 대 전의식　　현대심리학은 무의식적 정신과정을 인정하지만, 이 무의식은 의식의 제한된 용량 또는 '에너지', '자원'을 중요한 결정과 선택에 쓸 수 있도록 도와주는 '시종'이다. 의식에서 밀려나 호시탐탐 다시 침투하려 하는, 즉 충직한 '시종'이 아니라 두려운 폭군인 '뜨거운' 역동적 무의식은 여전히 무시되고 있다. 이론과 연구가 Freud 이론의 무의식이 아니라 전의식에 집중하는 것이다. 그러나 전의식 아래층의 존재를 부정한다고 해서 그것이 없어지는 것은 아니다.

Wegner는 '흰 곰' 생각을 억제하라는 지시를 주고 피험자 행동을 관찰하여 정신과정을 추리하였다. Bargh 등(1996)은 글상자 6-2에 서술한 실험에서 '무례' 또는 '예의'에 대한 생각을 피험자들 모르게 머릿속에 집어넣고 ―'점화'라고 부른다― 그 '자동적 정신과정'이 행동에 미치는 영향을 관찰하였다. 피험자들은 단지 문장 만들기 검사를 한(했)다고 생각하고, 그 과제를 통해 자신들의 특정한 일면(예의바른 또는 무례한, 노인 같은)에 '불이 켜졌다'는 것은 의식하지 못한다. 따라서 그들은 자신이 왜 무례하거나 예의바르게 행동하는지(실험 1), 왜 천천히 걸어가는지(실험 2) 하는 '진정한' 이유를 의식하지 못한다.

예의바름과 무례함, 노인 같음 등은 누구에게나 잠재하는 특질들이다. 우리 대부분은 예의바르게도 무례하게도 행동할 줄 알지만, 실제 행동은 상황에 따라 다르다. 이런 특질들이 행동으로 나타나지 않는 것은 '억압'되기 때문이

아니라 특별히 '점화' 또는 '활성화'되지 않기 때문이다. 그러나 우리가 정신역
동적으로 억제·억압하는 생각이나 감정, 행동 경향들은 —'흰 곰' 실험에서처럼
밖에서 임의로 주어지는 것이 아니라— 우리가 모르는 내면의 깊은 뿌리에서
나온다. 정신분석 이론은 이 뿌리가 역동적 무의식 안으로, 잊어버린 어린 시
절로 깊게 뻗어 있다고 말한다. 앞에서 여러 번 시사한 것처럼 무의식의 이 역
동적 과정은 전의식의 인지적 과정과 달리 실험실 연구가 어렵다.

유아기 경험의 역할: 애착

정신분석 이론은 아동기 경험이 성격 형성에 결정적 영향을 미친다고 가
정한다. 위에서 본 것처럼(그림 6-5) 대부분의 사람들에게 4세 이전 일들은 기
억이 나지 않고, 특히 중요한 의미를 가진, 즉 긍정적·부정적 감정들과 연결된
경험과 상황들은 기억이 5세경부터나 시작된다. 그런데 바로 4, 5세 이전의 기
억나지 않는 경험과 사건들이 우리의 성격을 형성했다는 것이다. 심리성욕 이
론에서 본 것처럼 Freud 주장은 이보다 훨씬 더 구체적이다. 투사법, 자기보고
질문지, 실험 장면들에서의 행동 관찰 등을 통하여 구강적 성격, 항문적 성격
등에 대한 가정들을 검증하는 시도들이 많이 있었으나, 여기서는 아동기 경험
의 좀더 일반적인 영향에 초점을 맞추기로 한다.

3장 말미에서 서술한 것처럼, 현대인이 씨름하는 문제는 충동 억압이라기
보다는 自己(selfhood, sense of self), 자기존중, 관계(맺기)이고, 죄책감보다는 내
면의 공허함이다. Freud 이론은 당대부터 (특히 성적) 충동들을 지나치게 강조
했다고 비판을 받아왔거니와, Freud 사후 이론적 발전은 자기와 관계의 문제들
을 점점 더 강조해 왔다. 특히 대상관계(object relations) 이론들은 어릴 때 중요
한 사람들과 가진 경험이 自己의 부분이나 측면들로서 새겨져서('내적 작업모델')
어른이 되어 다른 사람들과 가지는 관계 양식에 영향을 미친다고 가정한다
(글상자 3-5 참조).

인간관계 문제는 어차피 모든 상담 치료에서 중심이 되고, Freud가 그 문

제들에 이론적 관심이 없었던 것은 아니다. 그의 **전이** 개념을 보면 된다. 전이란 분석치료에서 내담자가 어릴 때 중요했던 사람에게 가졌던, 지금은 의식하거나 기억하지 못하는 감정들을 치료자에게 옮기는 현상이다. 전이는 인간관계에서 늘 일어나는 현상으로서, 예컨대 지배하려 드는 상사나 배우자에게 느끼는 격한 분노와 불안, 늘 남들 눈치를 보고 비위를 맞추어야 한다는 강박감 등은 어릴 때 관계경험을 반영하는 전이 현상들일 수 있다.

애착(attachment) 이론은 아기가 돌보는 이(물론 대부분의 경우 엄마)와 맺는 관계의 질이 이후에 인간관계를 맺는 태도와 양식에 결정적 영향을 미친다고 주장한다. 애착 이론과 연구는 영국 정신분석학자 John Bowlby(1907-90)의 이론에 토대를 두고 있다.

애착의 이론

Bowlby는 영국 상류층 가문의 아들로 태어나 유모 손에서 크다가 기숙학교에 들어갔다. 어머니가 장남인 형을 편애했기 때문에도 그는 부모사랑을 거의 몰랐다. 유명한 의사였던 아버지의 뜻으로 의과대학에 들어갔다가 중퇴하고, 문제아가 많았던 서머힐 학교 선생으로 2년 일하고 난 뒤 정신과의사의 길에 들어서 정신분석가가 되었다. 2차대전중 영국에서 도시들이 폭격을 당하자 부모들이 아이들을 안전한 시골로 보내는 일이 많았기 때문에 Bowlby는 어릴 때 부모와 떨어져 지내는 것이 어떤 결과를 가져오는가에 관심을 가지게 되었다. 1-4세에 부모와 떨어졌던 사람들의 회상들을 수집하는가 하면, 건강상 이유로 시설에 들어간 부모들에게서 떨어져 지낸 아이들을 오랜 기간 연구하기도 하였다. 1950년 집 없는 아동들의 정신건강에 대해 조언해달라는 세계보건기구(WHO) 요청으로 그 다음해 제출한 보고서에서 애착 이론이 처음 공식화되었다. 바로 "유아와 어린 아동이, 엄마(혹은 일정한 대리모)와, 양자가 만족스럽고 즐거움을 경험하는 따뜻하고 친밀하며 지속적인 관계"(Bowlby, 1982/ 2006,[5] p. 10에서 재인용)를 경험하는 것이 정신건강의 핵심이라

---

5) 원서와 역서 출판연도를, 또는 원서의 첫 출판과 후기(가령 전집이나 총서에) 출판연도를

는 것이다.

지금은 이 결론이 당연하게 들리기 때문에 당시 Bowlby가 주류 정신분석학에서 얼마나 물의를 일으켰나 하는 것을 상상하기가 힘들다. 무의식적 충동이나 공상(fantasy), '내면세계'(inner world)가 아니라 *현실*세계에서의 *관계*경험이 성격형성과 정신병리 발달에 중요하다는 주장이 결정적이었다. 그는 방법과 자료부터 정신분석 관행을 이탈하여 정신분석 회기중에 얻은 자료에 의지하기보다는 심리과정에 직접 접근하는 길을 택하였다. 임상적 자료는 자유연상, 과거사건 진술, 현재상황 기술, 환자의 행동 등이 복잡하게 얽혀있으므로 분석가가 선호하는 도식에 따라 자료를 선택·배열한다는 것이다(p. 30). 불안이나 고통을 주는 상황에서 어린아이들을 직접 관찰할 때 "정신분석의 중심 원리가 되는 많은 개념들 —사랑, 미움, 양가감정; 안정감, 불안, 애도; 전위, 분열, 억압 등— 을 기술하는 데 타당한 관찰자료를 수집할 수 있다"(p. 31).

Freud가 성인들을 관찰·분석하여 아동기 경험과 발달단계들을 재구성하는 '*회고적*'(retrospective) 방법을 주로 쓴 것과 달리, Bowlby는 어릴 때 행동관찰을 토대로 성격기능을 서술하고 그 이후의 시기를 추정·추적하는 '*전망적*'(prospective) 방법을 사용하였다. 정신분석학이 이론 작업을 이끌었지만 그는 동물행동학자 Konrad Lorenz, 발달심리학자 Jean Piaget와 학문적 교류를 가졌다. 추동에너지 역동을 부정하고 Freud의 모델을 확대 또는 대체하려는 대상관계 학파에 들어갔다고 할 수 있지만, 그가 시도한 것은 "통제 이론과 진화이론의 관점에서 조망함으로써 정신분석을 현대생물학의 주요 핵심에 연결"(p. 51)하는 작업이었다.

나란히 쓰는 이 책의 참고문헌 인용 관행을 따르자면 Bowlby의 이 저서에는 네 개의 연도가 붙어야 한다(1969/82/99/2006). 초판을 1969년에 낸 Bowlby는 1982년 "지난 15년간 인간 이외의 종의 사회적 행동을 연구하는 생물학자들의 사상에 중요한 발전"(p. 17)이 있었기 때문에 개정판을 냈다. 한글번역판(2006년)에 사용된 판본은 A. Schore의 해제를 붙인 1999년도 판이다.

글 상 자 6-3

새끼는 왜 어미를 사랑하는가?

아기가 엄마를 사랑하고 엄마와 떨어지지 않으려 하는 이유는 고전적 학습 심리학의 견해에서 보면 엄마가 아기의 생리적 욕구들을 충족시켜주기 때문이다. 생리적 욕구 중에 가장 중요한 것은 물론 배고픔이다. Harlow(1959)는 한 고전적인 실험에서 바로 이 가정을 검증하였다. 그들은 갓 태어난 새끼 원숭이들을 어미에게서 떼어 내어 두 '대리모'와 같이 지내게 하였다(그림 6-6). 한 '엄마'는 굵은 철사로 되어 있고, 다른 엄마는 그 철사통을 폭신폭신한 천으로 싸준 것이었다. 젖병은 조건에 따라 '철사 엄마'(wire mother)나 '천 엄마' (cloth mother)에 달려 있다.

연구자들이 측정한 변인의 하나는 원숭이들이 165일의 기간 동안 각 대리모와 보낸 시간이다. 젖병이 어느 '엄마'에게 달려 있든 원숭이는 하루의 대부분을 '천 엄마'에게서 보냈다. 즉, 젖이 나오든 안 나오든 상관없이 부드러운 '천 엄마'가 '엄마'였다. 그림 6-6은 원숭이가 '천 엄마'에게 머물면서 곡예하듯 몸을 뻗쳐 '철사 엄마'에 매달린 젖병을 입에 넣는 모습을 보여준다. 애착을 검사하기 위해 불빛을 번쩍거리며 요란하게 걸어가는 기계 거미 같은 무서운 자극을 우리에 집어넣었을 때, 겁에 질린 원숭이는 '천 엄마'에게 가서 매달렸다.

이 실험은 아기가 엄마를 사랑하는 이유가 엄마가 젖을 주기 때문보다는 따뜻하고 부드러운 접촉(젊은이들이 하는 말로 '스킨십') 때문이라고 결론 내리게 해주었다. 다른 말로 하면, 접촉에 대한 욕구는 음식에 대한 욕구만큼이나 일차적인 것이다. 음식 섭취를 못하면 죽는 것처럼 포근한 접촉을 박탈당해도 죽을 수 있다.

애착과 분리　　위의 인용문에서 Bowlby는 아기와 엄마의 애착관계를 "둘 다 즐겁고 만족스러운 따뜻하고 친밀한 관계"라고 정의하였다. 엄마에게 '애착된'(attached) 아이는 엄마에게 다가가고 접촉하려는 성향이 강하며, 놀라거나 피곤하거나 아플 때 엄마와 원하는 만큼 가까워지거나 붙어 있기 위해 다양한 '애착행동'을 한다. 이 아이들은 (병원이나 시설에 들어간) 엄마와 떨어질 때

일정한 순서의 행동을 나타낸다. 엄마
가 사라진 직후에 시작하여 몇 시간부
터 한 주일 이상까지 지속되는 첫 단
계(**저항**)에서 아이는 큰 소리로 울고
몸부림치며, 엄마가 오나 하고 열심히
주위를 돌아본다. **절망** 단계에서 아이
는 점점 무기력해지고 혼자 있으려 하
며 가끔씩만 운다. 아이는 조용해지고
분리의 고통에서 회복했다는 착각을 불
러일으킨다. **초연**(detachment)[6] 단계
에서 아이는 주변 환경에 관심을 나
타내고 때로 웃기도 하며 남들에게도

[그림 6-6] 새끼 원숭이와 두 '대리모'

접근하기 때문에 아주 좋아진 것같이 보인다. 그러나 엄마가 (다시) 찾아와도
반기지 않고 무감각하다.

　　아기가 엄마에게 애착을 형성했다는 징표는 엄마가 없어질 때 나타나는
'저항' 반응과 아울러 '낯가림'(stranger anxiety)이다. 6-12개월쯤 되면 엄마와
타인을 구별하고, 낯선 타인을 무서워하는 것이다. 아기는 자신의 상태를 나타
내는 신호행동—주로 울음과 웃음—에 일관성 있고 적절하게 반응하는 사람
(대부분의 경우에 엄마)에게 애착을 형성한다. (보육원 같은) 시설 아동들이 먹고
입는 등 생리적 욕구들이 제대로 충족되어도 심리·신체적 발육부진을 보인다
면, 그러한 돌봄이 아기의 신호들에 대한 반응이라기보다는 정해진 스케줄을
따르는 일이 많기 때문이다.

　　아기가 엄마에게 애착을 형성하는 것은 정신분석학자에게만 눈에 띄는 현
상이 아니다. 아기가 왜 그토록 엄마를 '밝히는가' 하는 데 대한 설명은 학습심
리학 진영에서도 나왔다. 글상자 6-3에 아기원숭이를 대상으로 한 Harlow의
고전적 애착 실험을 소개하였다. 그는 애착 형성에서 결정적인 것은 생리적 욕
구의 충족이 아니라 '**접촉 편안**'(contact comfort)이라는 것을 인상 깊게 보여주
었다. 아기에게 엄마는 일차적으로 '젖 주는' 사람이라기보다는 포근하고 따뜻

---

6) Bowlby 역자는 애착을 벗어난다는 의미에서 이를 '탈착'이라는 말로 번역한다.

하고 부드러운 존재인 것이다. '접촉 편안'을 관찰할 수 있는 한 예가 아이들이 포대기나 (엄마)옷에 '애착'을 형성하여 잘 때나 혼자 있거나 무서울 때 그것을 찾는 현상이다. 이러한 물건(거의 언제나 포근하고 부드럽다는 특징이 있다)은 아이에게 '안전담요'(security blanket)인 것이다.

동물들에게서도 아기-어미 애착이 관찰된다는 것은 이 현상의 생물학적 뿌리를 추측할 수 있게 해준다. Bowlby는 애착행동의 구조와 기능이 몸 구조와 기능처럼 자연선택의 결과라고 생각하였다. '진화적응환경'(environment of evolutionary adaptedness)에서, 즉 그 종이 진화한 환경에서 적응과 생존에 도움이 되었기 때문에 애착행동이 생겨나고 유지되었다는 것인데, Bowlby는 이 행동체계의 기능이 포식자로부터의 보호였다고 추정하였다(글상자 6-4 참조). [Bowlby는 이 책(하권)의 4부에서 나올 *진화심리학*의 원조라 할 수 있다.]

애착과 탐색　　　Bowlby는 문명이 발전하면서 아기가 엄마에게 의존하는 기간이 길어지기 때문에 생존 기회를 높이기 위한 행동기제들이 진화했다고 주장하였다. 그는 **애착행동체계**(attachment behavior system, ABS)라는 말을 썼다. 엄마가 예뻐하고 곁에 있어줘야 엄마의 보살핌을, 따라서 아기 자신의 생존을 보장할 수 있기 때문에 ABS의 적응적 가치는 명백하다. 이 *행동*통제 체계는 체온, 혈압 등을 일정 수준으로 유지하는 *생리*통제 체계와 비슷하게 애착 관계를 일정 거리의 범위에서 유지하는 방식을 설명한다. 이 개념은 아기가 왜 애착행동을 하는가뿐만 아니라 언제 애착행동을 시작하고 또 끝내는가도 설명한다. 어떤 사람에게 애착되어 있다(attached)고 해서 그에게 언제나 애착행동(attachment behavior)을 하는 것은 아니다. 애착인물에게서 떨어져 있을 때는 물론 놀라거나 피곤하거나 아플 때 이 체계가 활성화되고, 아이는 (탐색을 멈추고) 그 대상을 찾거나 그에게 다가가거나 붙어 있기 위해 다양한 행동을 하게 된다.

아기가 '안전'을 느낄 수 있으려면 돌보는 이가 곁에 있어야 하고 또 아기의 욕구 내지 신호행동에 제대로 반응해주어야 한다. 아기는 울음과 웃음, '사랑스러움', 분리 저항과 '낯가림' 같은 행동들로 엄마를 곁에 붙들어 둔다. 자기가 없으면 울고, 안아주면 그치고, 다른 사람에게 가면 울면서 자기를 보고는 방긋방긋 웃고 옹알대는 아이를 —친자식이 아니라도— 어떻게 사랑하지 않겠는가? Bowlby는 아기와 엄마의 애착관계를 둘 *다* 즐겁고 만족스러운 관계라고 정의하였다. 엄마도 아기에게 애착되는 것이다. 아이가 엄마에게, 또는 엄마가 아이에게 '정상적' 반응을 안 보이면, 둘은 서로에게 애착을 형성하기가 힘들다. 아기와 엄마는 서로에게 반응을 보이기 때문에 사랑이 '싹트'고 '깊어'지는 것이다.

　　Harlow는 천 엄마가 "포근하고 따뜻하고 부드러운 엄마, 아이가 잘못해도 결코 때리거나 매질을 하지 않는 엄마"(Blum, 2002/5, p. 264), 즉 '이상적 엄마'라고 생각했다. 그러나 반응해주지도, 바깥세상으로 나가라고 밀쳐내지도 않는 '천 엄마'에게서 자란 원숭이들은 외계인처럼 다른 원숭이들과 어울리지도 못하고 짝짓기에도 뛰어들지 못했다(Blum, 2002/4). 어미/엄마가 새끼/자식을 놓아주거나 밀쳐내지 않으면 그는 세상으로 나가지 못할 수 있다.

　　생후 1년쯤 되면 아기는 돌아다니며 환경을 탐색하기 시작하고 그때 엄마는 '안전기지'(secure base)가 되어준다. 언제라도 위로가 필요하면 엄마 곁으로 돌아올 수 있다고 또는 엄마가 곁에 와줄 것이라고 믿어야 아이는 안심하고 엄마 곁을 떠나 탐색을 하고 친구들과 놀기 시작한다. 이 믿음이 얼마나 쉽게 그리고 확고하게 생기느냐 하는 것은 물론 아이와 엄마 양편에 달려 있다. 아이에게 문제(예컨대 자폐증)가 있을 수도 있고, 엄마가 그런 믿음을 안 줄 수도 있다. 엄마와 상호작용 경험을 토대로 아이는 자신과 엄마(나아가 타인 일반)에 대한 '내적 작업모델'(internal working model)을 만들어낸다.

내적 작업모델　　애착행동체계(ABS)는 아이 성격의 영속적인 중심특성들로 여겨지는 조직체로서(Bowlby, 1982/2006, p. 558), 애착인물, 환경(타인 포함), 자기 자신에 대한 내적 작업모델이 그 안에 들어가 있다. *작업모델*이란 연구를 설계·실시하는 연구자가 머릿속에서 소규모 실험들을 실시하기 위해 만드는 모델/표상체계를 말한다. 인간관계 '작업'에서도 우리는 자신과 타인에 대한 가정이나 가설을 머릿속에 갖고 있다. 남들과의 상호작용과 대화들을 —경험들을 토대로— 상상하고 실행하고 결과를 해석하는 것이다. 애착인물들이 누구이고, 어디서 찾을 수 있으며, 어떻게 반응할 것 같은가 하는 생각이 *타인*들에 대한 작업모델 내지는 표상이라면, *자기*에 대한 작업모델에서 핵심은 자기 자신이 애착인물들의 눈에 얼마나 괜찮은 사람인가 하는 생각이다.

부/모나 타인이 따뜻하고 보호해준다고 본다면 자기 또한 사랑받고 안전 하다고 표상하는 것이므로 타인모델과 자기모델은 상보적(complementary)일 수 밖에 없다. 자기 욕구와 감정에 예민하게 반응해주는 사람에게서 자란 아이는 자기가 사랑받을 만한 가치가 있는 소중한 사람이라고 믿게 되므로 커서도 자 기와 타인에 대해 긍정적 생각과 기대를 가지고 자기 감정도 있는 그대로 받아 들이게 된다. 반면 자기를 거부하는 환경에서 자란 아이는 자기와 타인에 대해 긍정적으로 생각할 수 없을 뿐만 아니라 부정적 감정들도 억제·억압하기 쉽다. 아래에서 내적 작업 모델을 더 자세히 분류한 연구를 보게 될 것이다.

글 상 자 6-4

애착행동체계의 기능— 무엇 또는 누구로부터 안전한가

Bowlby(1982/2006)는 동물의 왕국에서 널리 관찰되는 애착행동체계(ABS) 의 구조가 생리체계처럼 (다윈이 말하는) *자연선택*의 결과라고 보았다. 즉 개체 들의 생존과 번식에 이득이 되었기 때문에 현재의 구조로 진화했다는 것이다. 따라서 체계의 기능을 확인하려면 먼저 진화적응환경에서 이런 행동을 하는 개체들이 그렇지 않은 개체들에 비해 더 번식에 성공한다는 것을 입증하고 그 이유를 밝혀야 한다(p. 210). 어떤 체계가 달성하도록 설계된 것처럼 보이는 결 과를 생물학에서는 이 체계의 '기능'(function)이라고 부른다. 특정 체계를 활성 화시키는 요인들을 '원인'이라고 부른다면, '기능'은 그 체계의 구조에서 나온 다. 가령 성행동 체계의 기능은 번식이지만, 파트너가 있어야 (그리고 다른 내적, 외적 조건들이 맞아야) 그 체계가 활성화되어 성행동이 나올 것이다.

Bowlby는 애착행동의 기능이 포식동물, 즉 *맹수로부터의 보호*라고 보았 다. 놀랐을 때 그 행동의 강도가 높아지고 또 처벌·학대하는 보호자에게 애착 이 더 강하게 나타난다는 관찰들이 이 가설을 지지해준다. 애착행동이 성인기 에도 지속되며 특히 여성들에게서 그렇다는 사실도 이 가설로 잘 설명된다.

Bowlby는 "여기에 이 문제를 그대로 두어야 한다"(p. 346)고 신중하게 덧붙이는데, 영장류에서 이 가설을 검증하기가 어렵기 때문이다. 대부분의 포식동물은 야행성이며, 원숭이나 유인원의 야간활동 연구가 부족하다는 것이다. 과학적 방법, 즉 경험적 관찰(실험, 현장연구 등)자료를 중시한 Bowlby다운 신중함이라 하겠다.

영장인류학자 Hrdy(1999/2010)는 진화적응환경에서 야생동물이 유일한 위험이었겠느냐고 의문을 제기하면서 아기들의 '낯가림'을 다시 생각해보자고 제안한다(p. 640). 다양한 관찰에 의하면 아이들은 고양이과 동물이나 뱀 같은 위험한 동물을 무서워하지 않고 어른(대부분 엄마)의 반응을 보고나서야 공포를 '학습'한다. 그러나 *낯선 사람*에 대한 공포는 자연발생적이다. Hrdy는 인류 역사에 걸쳐 여성은 혈연관계 없는 남성이 자신의 아이를 해칠 수 있다는 문제에 항상 직면했다고 믿는다(p. 391). 그 증거의 하나가 '수유공격성'이다. 젖생산을 유도하는 호르몬인 프로락틴은 어미가 새끼를 방어할 때 공격적이 되는 것처럼 공격·방어 행동을 할 때 비정상적으로 높아진다(p. 222). 짝 출산 후 영장류 수컷이 어미 근처에 머물러 있는 것도 어미가 자손을 다른 수컷들로부터 보호하기 위한 것이라고 생각된다(p. 349).

Hrdy는 아기가 엄마에게 애착형성을 위해 애쓰는 이유는 엄마의 보살핌의 지속을 위해서라고 믿는다(p. 831). "포식자로부터의 보호는 보너스로 따라왔다"(같은 곳). 아기의 관점에서 양육에 대한 유일한 의문은 "지속될 것인가"이다(p. 801). 이 배경에는 아기에 대한 엄마의 헌신이 무조건적이 아니라 조건부라는, 즉 엄마의 태도가 양면적(ambivalent)이라는 사실에 있다. 영장류 암컷은 아기들에게 거부할 수 없는 매력을 느끼는데, 바로 "신생아다움"광고—"갓난아기 매력"(natal attraction)— 때문이다(p. 259). 포동포동하고 동글동글한 아기가 엄마를 보고 웃을 때 엄마는 녹아버린다. 엄마의 보살핌이 지속되어야 살아남을 수 있기 때문에 아기는 다양한 방식으로 엄마의 마음을 사로잡는 것이다. 그래서 아기들은 밀어내고 학대하는 엄마/어미들에게도 필사적으로 달라붙는다. Harlow의 후기 실험들에서 이를 볼 수 있다(Blum, 2002/5).

애착 유형　　Ainsworth가 **낯선 상황** 절차(Strange Situation procedure)를 개발하면서 애착에 대한 경험적 연구는 큰 전환점을 맞았다. 이 절차를 통해 연구자들은 애착의 유형을 분류할 수 있었다. 돌보는 이(주로 엄마)가 아기 —대체로 만 한 살 무렵— 를 실험실에 데리고 오면 아기는 거기 있는 장난감들을 가지고 놀며, 엄마는 미리 정해진 간격으로 방을 나갔다가 다시 돌아오는 일을 반복한다. 낯선 어른이 방에 들어오기도 하고, 때로 아기는 그 낯선 어른과 둘이만 있게 된다. 이런 다양한 상황에서 엄마와 떨어지고 다시 만날 때 관찰한 행동들을 토대로 아기의 애착 유형을 분류한다. 실험실에서 확인한 유형 차이가 어디서 나오는가를 알아보기 위해 가정방문을 통해 아기-엄마의 상호작용을 관찰하기도 하였다.

안심 애착(securely attached) 아기는 엄마가 있을 때는 쉽게 낯선 환경을 탐색하고 낯선 이를 수용하지만, 엄마가 나갈 때는 울거나 찾는다. 엄마가 돌아오면 기뻐하며 반기고, 쉽게 진정하고 탐색과 놀이로 돌아간다. 그런 아기의 엄마들은 아기 행동에 빨리 그리고 적절하게 반응한다. 아기가 두려워하면 달래주고 긍정적 행동을 하면 같이 즐겁게 놀아주는 상호작용이 나온다. "둘 다 즐겁고 만족스러운" 것이다. 이 아이들은 엄마와 관계 속에서 엄마가 필요할 때 곁에 있으며 믿을 수 있다는 것을 학습했다고 할 수 있다.

같은 상황에서 불안애착 아기들은 아주 다른 식으로 행동한다. 불안애착에는 두 유형이 있다. **회피적**(avoidant) 아기는 낯선 환경에서 쉽게 탐색에 들어가고, 엄마가 나갈 때 별 저항을 보이지 않고, 엄마가 없을 때도 낯선 사람을 비교적 잘 받아들인다. 나갔던 엄마가 돌아오면 이 아기들은 고개를 돌리거나 시선을 돌리는 등 회피 행동을 보인다. 엄마들은 무관심하고 초연하다는 인상을 주고 아기를 거부하거나 무시하기도 한다. 아기들은 돌보는 이가 필요할 때 곁에 없으며 믿을 수 없다는 것을 배운 것 같다.

양면적(ambivalent) 아이들은 엄마가 나가면 울기 시작하여 엄마가 올 때까지 울지만, 엄마가 돌아왔을 때 한편으로는 안아 달라고 하면서 다른 한편으로는 몸부림치며 내려 달라고 고집 피운다. 즉 접근과 회피 사이를 왔다 갔다 하는 것이다. 엄마의 행동에서 눈에 띄는 것은 반응에 일관성이 없다는 것이다. 엄마는 아기의 신호들에 때로는 적절하게 반응하고 때로는 부적절하게 반응하거나 아예 반응하지 않는다. 자기 기분 내키는 대로 야단치거나 예뻐하고, 때로는 불러도 대답도 안 하는 등 아이 존재를 무시하는 것이다.

아기들의 애착패턴이 이렇게 세 유형으로 깨끗하게 분류되는 것은 아니다. 같은 유형 안에서도 차이(예컨대, 안심애착이나 회피의 정도 차이)가 있으며, 세 유형 어디에도 들어가지 않는 아이들도 있다. Main은 '분류할 수 없는'(unclassi-fiable) 불안애착 아기들이 어떤 공통점을 보인다는 것을 발견하고 '**혼란**'(dis-organized 또는 disoriented)이라는 이름을 붙였다(Main & Cassidy, 1988). 이 아이들의 행동은 회피형과 양면형 특성들을 같이 나타낸다고 할 수 있다. 엄마가 돌아오면 아기는 엄마에게 다가가다가 돌아서기도 하고 엄마가 돌아온 것이 이상하다는 듯 어리둥절해 한다. 즉, 엄마가 온 것을 분명히 알아챘는데도 전혀 반응을 보이지 않는 것이다. 이들은 안심이든 불안이든 애착 자체를 형성하지 않은 것으로 보인다(Rutter, 2008 참조).

Bartholomew와 Horowitz(1991)는 대학생들을 대상으로 자기와 타인에 대한 긍정·부정의 표상을 구분하여 성인 애착의 4가지 유형을 나누었다(그림 6-7). *긍정적 자기*(positive self)란 자기가 가치 있고 사랑 받을 만하다고 느끼고 남들의 긍정적 반응을 예상하는 것을 말하며, *긍정적 타인*(positive other)이란 타인들이 지지를 보내고 가까이 있어줄 것이라는 기대를 말한다. 자기상이 부정적일수록 의존성이 높은데, 남들에게 수용 받아야 자기를 수용할 수 있기 때문이다. 타인상이 부정적일수록 남들과 친밀해지는 것을 피하게 된다. 그림 6-7을 보면, 자기와 타인이 모두 긍정적인 경우에 **안심**(secure) 애착이 되고, 자기는 부정적인데 타인은 긍정적이면 **몰두** 또는 집착(preoccupied)이 나오고, 자기와 타인 모두 부정적이면 **공포**(fearful)가 나온다. 이 모델에서는 넷째 유형인 **거부**(dismissing)가 나온다. 가까운 관계를 불편해 하고 남들에 의존하기 싫어하지만, 긍정적 자기상을 유지하는 패턴이다. '몰두'는 여자들에게, '거부'는 남자들에게 많았다.

'몰두'는 전통적 분류의 양면적 애착이라 할 수 있고, 전통적 분류에서 회피형은 거부형(거부-회피)과 공포형(공포-회피)으로 세분되었다고 할 수 있다. 즉, 불안애착이 두 가지가 아니라 세 가지로 나뉜 것이다. 몰두 또는 양면형은 중요한 타인(주로 엄마)과 맺은 관계 경험이 부정적이었음에도 불구하고 타인을

[그림 6-7] 성인 애착 모델(Bartholomew & Horowitz, 1991, p. 227, 그림 1)

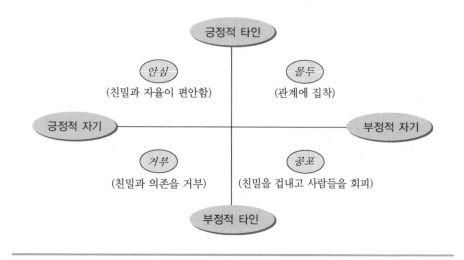

여전히 안전감의 토대로 생각한다. 자기는 무가치하다고 느끼면서 중요한 타인에게 지나치게 의존하는 것이다. 거부-회피형은 아기 때 엄마와 관계가 부정적이었기 때문에 타인 이미지는 부정적이지만, 일종의 자기보호로서 자기에 대해서는 긍정적으로 생각한다. 반면 공포-회피형은—아마도 엄마와의 관계가 거의 외상적(外傷的)이었기 때문에— 자기와 타인 모두를 부정적으로 생각하며 친밀 관계를 회피한다.

정신과의사인 Brisch(1999)는 '정상'이 아닌 임상표본들에서는 이 유형분류로 충분치 않음을 지적하고, 무애착, 무차별애착, 역할 전도 등 다양한 임상적 애착유형들을 구분하였다(cf. Rutter, 2008). 돌보는 이가 아기 욕구에 민감하게 반응해주었느냐 안 그랬느냐에 따라 자기상과 인간관, 인간관계 양식, 감정을 처리하는 양식 등이 정해진다는 가정은 결국 유아기 애착이 성격과 인생을 결정한다는 말이 된다. 아기 때 애착 패턴이 얼마나 연속성이 있으며 성격과 삶에 어떤 영향을 미치는지를 알아본 연구 몇 가지를 보자.

애착유형의 안정성　　Main과 Cassidy(1988)는 만 한 살경에 평가되었던 아이들이 여섯 살이 되어서도 같은 애착행동을 보인다는 것을 발견하였다.

겉으로 나타나는 행동은 달라져도 부모에 대한 반응의 전체적인 방향 —회피, 양면성, 안심, 혼란— 은 변하지 않는 것이다. 한 표본에서 그들은 84%의 아이들이 한 살 때와 여섯 살 때에 같은 애착패턴을 보인다는 것을 발견하였다. [아버지에 대한 애착패턴은 61%에서만 일치를 보였다.] 흥미롭게도, '혼란'으로 분류된 아이들 행동은 6세에 새로운 양상을 띠었다. 이들은 엄마에게 부모같이 보살피는 행동을 하거나("나랑 놀까, 엄마?… 재미있지, 그치?") 아니면 처벌하려는 듯 무안을 주었다("엄만 정말 멍청해," "가만히 있으랬잖아!"). 연구자들은 이런 애착양식을 가진 아이들의 부/모가 어릴 때 상실이나 (신체적 또는 성적) 학대를 경험했다는 것을 시사한다. 그런 외상적 경험 때문에 자녀에게 혼란 또는 공포를 주는 단서들을 보낸다는 것이다.

만 한 살 전후에 형성된 애착유형이 성인기까지 유지되느냐 하는 물음에 답하려면 몇 십 년에 걸친 종단연구가 필요하다. 드물게 수행된 종단연구는 아기 때의 애착유형이 성인기까지 유지된다는 생각을 지지해주지 않는다(김동직·한성열, 1997, 개관 참조). 1년 동안 세 번 반복 측정했을 때 성인 애착유형의 변화율이 상당했다는(22%) 결과도 애착의 안정성을 의문에 붙이게 한다. 관계유형(부모-자식, 친구, 이성 등)에 따라 애착유형이 달라진다는 결과도 있다. 이러한 결과를 종합하면 성인 애착유형은 안정된 성향이라기보다 관계의 목적이나 맥락에 따라 달라지는 관계 변인일지 모른다(위의 논문; Rutter, 2008). 애착 안심·불안의 장기적 (유아→성인) 안정성만 의문에 붙여질 뿐 아니라 어머니 민감성의 역할도 이론에서 가정하는 만큼 결정적이지는 않은 것으로 보인다(Rutter, 2008의 개관 참조).

성인 애착유형의 분포   유아-아동들의 애착유형은 낯선 상황 절차를 써서 (불연속적) 범주화를 하지만, 행동차원들의 (연속적) 측정도 처음부터 시도되어왔다. 애착의 세대간 전이(어머니의 애착유형이 자녀의 그것에 영향)도 초기부터 관심의 대상이었다. 성인 애착유형은 Main 등의 성인애착면접(Adult Attachment Interview, AAI)에 의해 시도되었지만, 청소년과 성인들을 위한 Q분류(이 책 7장 참조)나 질문지 측정도 시도되고 있다. 다양한 애착안전 측정치들간의 상관은 별로 높지 않다(Rutter, 2008, 개관 참조).

김동직과 한성열(1997)은 한국 대학생들에게 Bartholomew와 Horowitz

(1991)의 4유형 성인 애착 질문지를 실시하였다. 피험자들은 아래와 같이 서술된 네 가지 유형이 일반적인 대인관계 상황에서 자신의 행동양식과 얼마나 유사하다고 생각하는지를 5점 척도상에서 평정하였다. [가장 높은 점수를 부여한 유형이 피험자의 유형으로 결정되었다.]

- **안심형**(자기 긍정, 타인 긍정)   나는 비교적 쉽게 다른 사람들과 정서적으로 가까워지는 편이다. 내가 남들에게 의지하든 남들이 나에게 의지하든 간에 나는 편안하게 느낀다. 나는 혼자서 지내거나 남들이 나를 받아들이지 않는다고 해서 걱정하지는 않는다.
- **거부–회피형**(자기 긍정, 타인 부정)   나는 가까운 정서적 관계를 맺지 않고 지내는 게 편안하다. 독립심과 자기 충족감을 느끼는 것이 나에게는 매우 중요하다. 나는 남들에게 의지하거나 남들이 나에게 의지하는 것을 좋아하지 않는다.
- **공포–회피형**(자기 부정, 타인 부정)   나는 남들과 가까워지면 왠지 편안하지가 않다. 나는 정서적으로 가까운 관계를 원하기는 하지만, 남들을 완전히 신뢰하거나 남들에게 전적으로 의지하기가 어렵다. 나는 남들과 가까워지면 내가 상처를 받을까봐 걱정된다.
- **양면형**(자기 부정, 타인 긍정)   나는 남들과 정서적으로 완전히 친밀해지기를 원하지만, 남들은 내가 원하는 만큼 가까워지기를 꺼려하는 것 같다. 나는 누군가와 친밀한 관계를 맺어야 안심이 된다. 나는 때때로 내가 남들을 소중하게 생각하는 만큼 남들이 나를 소중하게 생각하지 않을까 봐 염려스럽다.

이러한 질문지를 서로 다른 대학생 집단에게 두 번 실시했을 때 상당히 유사한 유형별 분포가 얻어졌다(표 6-5). 표 6-5에는 Bartholomew와 Horowitz (1991)가 미국 대학생들에게서 얻은 분포 비율도 같이 나와 있다. 두 나라 모두

[표 6-5] 애착유형의 한미 비교(김동직·한성열, 1997, p. 101의 표 2)

	안심	거부	양면	공포
한국	40.1%	10.8%	34.1%	15.0%
	41.5%	10.0%	37.6%	10.4%
미국	46.7%	18.2%	14.3%	20.8%
	57.4%	17.6%	10.3%	14.7%

에서 두 표본의 결과가 비슷하므로 각각의 경우에서 두 비율을 합해 평균 낸 값을 전집 추정치로 쓸 수 있을 것이다. 한국과 미국 둘 다에서 안심형이 제일 많지만(두 수치들을 평균 냈을 때 40.8%와 52.1%), 미국에서 그 비율이 좀더 크다. 안심형 다음으로 우리나라에서는 양면(몰두·집착)형이 많은 데(35.9%, 미국은 12.3%) 비해, 미국에서는 회피형(거부와 공포)이 더 많다(17.9+17.8=35.7%, 한국 23.1%). 독립·자율을 중시하는 미국 문화와 인정·체면을 중시하는 한국 문화 의 차이를 반영하는 결과일지 모른다. 우리나라에서는 자기주장보다는 타인의 배려가 더 바람직하게 여겨지므로, 독립을 강조하는 회피형보다는 친밀욕구가 높은 양면형이 더 많다는 것이다(김동직·한성열, 1997). 앞서 말한 엄마의 태도 를 되살린다면, 아기가 보내는 신호들에 일관성 없이 기분 내키는 대로 반응하 는 엄마들이 우리나라에 더 많다고 할 수 있다.

　　한국과 미국 문화 차이는 여자와 남자 문화 차이와 유사하다. 여자보다 남 자에게 독립과 자율, 자기주장이 더 강조되기 때문에, 남자는 거부형이, 여자는 양면형이 더 많으리라고 기대할 수 있다. Bartholomew와 Horwowitz(1991)는 남자들에서 거부형이 더 많다는 것을 발견한 바 있고, 김동직·한성열(1997)도 (둘째 피험자 집단에서) 여자가 남자보다 거부형 비율이 낮은 반면 양면형 비율 이 높았다고 보고하였다.

　　애착유형과 사랑 스타일　　　부모는 일생 동안 애착인물로 남지만, 초등 학교 때부터 애착행동과 관심들은 점차 또래에게 쏠리다가 성인기에 들어서면 사랑하는 사람이나 배우자가 주요 애착인물로 바뀐다. Hazan과 Shaver(1987) 는 유아기에 관찰되는 같은 애착 패턴들이 청년기와 성인기의 낭만적 사랑과 부부관계에서도 나타난다는 것을 시사하였다. 그들은 Ainsworth가 서술한 유 형기술을 토대로 성인 애착유형을 평가하는 단순한 방법을 개발하였다. 그림 6-8 의 윗부분에 그들이 사용한 세 가지 유형 기술문이 나와 있다.

　　대학생과 성인들을 대상으로 한 많은 연구에서 나온 결과를 종합해보면, 안심애착자들은 자신감 있고, 사회적 기술이 있으며, 비교적 안정되고 만족스 러운 장기적 관계를 맺을 확률이 높다. 불안애착 성인들은 자신감이 부족하고 거부당할까봐 걱정하며, 사랑에 쉽게 빠지고 잦은 파탄과 재결합을 경험한다.

[그림 6-8] 사랑경험 척도 문항 예와 세 애착유형의 점수 평균

(Hazan & Shaver, 1987; Pervin & John, 1997, p. 155에서 재인용)

〈성인 애착유형〉

다음 어느 내용이 당신의 느낌들을 가장 잘 서술해줍니까?

안심(N=319, 56%):   나는 남들과 쉽게 가까워지고 남들에게 의존해도 남들이 내게 의존해도 불편하지 않다. 버림받을까봐 또는 남이 너무 가까이 올까봐 걱정하지 않는 편이다.

회피(N=145, 25%):   나는 남들과 가까워지는 게 불편하다. 남들을 완전히 믿기가 힘들고 남들에 의존하도록 나 자신을 허용하는 게 힘들다. 누구든 너무 가까워지면 신경이 쓰이고, 내가 편안하게 느끼는 친밀 정도보다 사랑하는 상대가 바라는 친밀 정도가 흔히 더 크다.

양면적(N=110, 19%):   나는 남들이 내가 바라는 만큼 가까워지기를 꺼린다고 느낀다. 나는 나의 파트너가 나를 진정으로 사랑하지 않을까봐 또는 나를 떠날까봐 걱정하는 일이 많다. 나는 다른 사람과 완전히 하나가 되고 싶고, 이 욕망 때문에 때로 사람들이 나를 피해 버린다.

척도명	표본 문항	애착 유형 평균		
		회피	불안-양면	안심
행복	___와의 관계는 나를 매우 행복하게 했다/한다.	3.19	3.31	3.51
우정	나는 ___를 가장 좋은 친구의 하나로 생각했다/한다.	3.18	3.19	3.50
신뢰	나는 ___를 완전히 신뢰했다/한다.	3.11	3.13	3.43
수용	나는 ___가 완전하지 않다는 것을 잘 알고 있(었)지만 그래서 사랑이 식지는 않았다/않는다.	2.86	3.03	3.01
정서적 극단	나는 ___와의 관계에서 기쁨만큼이나 고통도 많이 느꼈다/느낀다.	2.75	3.05	2.36
질투	나는 ___를 너무 사랑해서 때로 질투를 느꼈다/느낀다.	2.57	2.88	2.17
강박적 몰두	때로 내 생각은 어떻게 할 수 없을 정도로 ___에게 가 있(었)다.	3.01	3.29	3.01

12개 척도 중 여기에 나오지 않는 것들은 가까움 공포, 성적 이끌림, 결합 욕구, 상호성 욕구, 첫눈에 반함의 5개이다.

회피적인 사람은 가까운 관계를 불편해하며 장기적 사랑관계에 빠지기를 꺼려하고 사회적 기술이 부족하다.

Hazan과 Shaver(1987)는 일간지에 '사랑 퀴즈'를 내어 응답한 사람들을 연구하였다. 같은 신문기사에서 과거에 가졌던 사랑관계 중 가장 중요했던 관계("당신 인생의 사랑에 대해 말해주십시오")—현재 관계일 수도 있다—에 대한 질문들에 응답한 결과를 가지고 12개 사랑경험 척도 점수를 얻었다(그림 6-8). 낭만적 사랑의 지속성에 대한 견해, 어릴 때 부모와 관계, 부모의 부부관계를 묻는 문항들도 있었다.

사랑 척도들에서 세 집단 평균점수들을 비교한 결과는 예상한 바와 일치하였다. **안심**애착 양식에서는 사랑, 우정, 신뢰 경험이 두드러지고, **회피** 양식에서는 가까움에 대한 공포, 감정적 극단성과 질투가, **양면** 양식에서는 강박적 몰두, 결합의 욕구, 극단적 성적 이끌림, 감정적 극단성, 그리고 질투가 두드러졌다. 나아가, 세 집단은 낭만적 관계에 대한 견해에서도 차이를 보였다. 안심애착자들은 사랑 감정은 안정적이지만 변동이 있다고, 소설과 영화에서 흔히 그려지는 맹목적 사랑은 비현실적이라고 보았다. 회피애착자들은 낭만적 사랑의 지속성을 의심하고 정말 사랑할 수 있는 사람을 만나는 게 드문 일이라고 느꼈다. 양면애착자들은 사랑에 빠지기는 쉽지만 진정한 사랑을 찾기는 힘들다고 느꼈다. 마지막으로, 안심애착자들은 다른 두 집단 피험자들에 비해 부모와의 관계, 그리고 부모의 부부관계가 더 따뜻했다고 보고했다. 대학생들을 대상으로 한 비슷한 연구에서도 유사한 결과가 얻어졌다.

애착스타일은 타인들과 관계에, 그리고 자기존중에 보편적 영향을 미칠 뿐아니라, 일에 대한 태도와도 관계가 있다. 안심애착자들은 자신감을 가지고 일에 접근하며 실패를 덜 겁내고, 일이 개인적 관계들을 방해하지 않게 한다. 양면애착자들은 일터에서 칭찬과 거부에 매우 큰 영향을 받고, 애정문제가 일 수행을 방해하는 때가 있다. 회피애착자는 사회적 상호작용 회피에 일을 이용하며, 돈을 잘 버는데도 직장에 대한 만족이 안심애착자들보다 적었다(Hazan & Shaver, 1990).

독자들은 Freud가 성숙하고 건강한 성격을 일과 사랑의 능력으로 규정한 것을 기억할 것이다. 안심애착은 불안애착보다 더 큰 성숙과 건강, 일과 사랑의 능력을 의미한다. 그러나 애착 이론은 엄마와 아기의 관계의 질이 성인이 되어서까지 인간관계, 사랑, 일의 만족과 행복을 좌우한다고 주장함으로써 어머니의 역할을 지나치게 강조한다는 비판을 받기도 한다(글상자 6-5를 보라). 중요한 것은 돌보는 이가 아기와 같이 보내는 시간의 길이보다는 애착관계의 질, **민감한 반응성**(sensitive responsiveness)이다. 아이 욕구에 반응해주지 않는 엄마와 깨어 있는 시간 대부분을 보내게 되면 아이가 타인과 관계 맺기를 두려워 피하는 사람이 된다.

우리는 이미 Jung의 유형론을 공부할 때 사람들을 한정된 숫자(거기서는 8개)의 '서랍'에 집어넣기가 힘들다는 것을 보았다. 그림 6-8의 세 기술문을 읽고 자기가 어디 속하나 생각해본 독자들은 결정내리기가 쉽지 않았을 것이다. 자기 자신을 잘 모를 수도 있고 또 정확하게 안다 해도 솔직하지 않을 수 있다는 자기보고의 근본적인 문제도 있다. 여기서는 복잡한 인간관계 ─낭만적 사랑에 국한시킨다 해도─ 양태를 세 범주 중의 하나에 집어넣는 난점이 겹쳐진다. 위 연구들은 과거 경험의 회상에 의존하는 '회고적' 연구로서의 문제도 있다. 연구자는 자녀-부모 관계, 또는 부부로서 부모의 관계가 실제로 어떠했는지 알 길이 없다. 회고적 연구보다 더 믿을 수 있는 것은 전망적 종단연구이다. 즉, 아기 때 행동을 관찰하여 유형 판단을 내리고, 애착 유형에 따라 성장 후에 실제로 인간관계에서 차이가 나타나는가를 관찰하는 것이다. 그러한 연구 프로젝트의 결과를 보도록 하자.

미네소타 부모-자녀 프로젝트　　이 종단연구 프로젝트는 Bowlby와 Ainsworth 연구에 기본적 토대를 두고 유아기 애착유형을 성격 형성의 핵심으로 파악한다.[7] 연구는 1974-75년에 임신 후반기에 있는 여성 267명을 모집하는 것으로 시작되었다. 첫해에는 아기와 돌보는 이들을 다양한 맥락들에서 일곱 번 만나고 다음 3년 동안은 매년 두 번씩, 그 다음 13세까지는 매년 한 번씩 만났다. 기질, 지능, 부모-자녀 상호작용, 또래 관계 등에 대한 다양한 정보가 수집되고, 가정, 실험실, 학교 등에서 관찰들이 수행되었다. 오랜 세월을 끄는 종단연구 문제 중 하나는 피험자들이 계속 참여하느냐 하는 것이다. 멀리

---

7) Pervin(1996, pp. 184-187)에서 가져왔다.

글 상 자 6-5

아기를 누가 키우는 것이 가장 좋은가?

애착이론에 따르면, 성격 형성에 가장 중요한 것은 태어나서 1, 2년 간 엄마와 아기 관계이다. 남녀 생물학적 차이를 주장하지 않는 진보적인 사람들도 아이는 엄마가 키우는 것이 자연스럽다고, 즉 자연(생물학) 법칙이라고 믿는다. 부성애는 '본능'이 아니지만 모성애는 '본능'인 것이다. 그러나, 우리 사회가 서구화되면서 서구 산업사회에서처럼 이혼율이 증가하고 여성취업이 증가하며, 아버지만 부재할 뿐 아니라 엄마도 자녀양육에만 전념하지 않는 시대가 되었다. 또, 남녀 동성애자들이 공공연하게 동거할 뿐 아니라 자녀를 입양하여 '가정'을 이루려고 하는 서구의 추세가 우리나라에도 퍼지지 말라는 법이 없다. 친부모에게서 성장하는 아이들의 비율이 점점 줄고 한부모 가정이 늘어나는 현실에서 '신보수주의자'들은 '부-모-자녀'의 전통적 핵가족을 사회정책적으로 지지해야 한다는 주장을 펼치고 있다.

청소년문제(각종 폭력, 미성년 임신 등)가 심각해지면서 미국 사회에서는 자녀 교육에서 아버지 역할을 재인식하게 되고 이에 따라 "지난 20년 동안 아버지에 대한 연구가 폭발"하였다(Silverstein & Auerbach, 1999). Silverstein과 Auerbach(1999)는 아버지가 아동발달, 특히 소년들의 성격발달에서 독특하고도 중요한 역할을 한다는 신보수주의적 주장을 지지하는 경험적 연구 증거가 빈약하다고 본다. '부-모-자녀'의 핵가족 모형에서 이탈하는 가장 흔한 가족형태는 엄마(독신 또는 이혼) 혼자 키우는 가정인데, 그 자녀들이 여러 가지 적응 및 범죄 문제를 일으킨다고 해서 '아버지의 중요한 역할'을 주장하는 것은 과잉단순화라는 것이다. 편모 가정의 가난, 자녀양육의 부담을 혼자 지는 스트레스 등을 고려할 때 결정적인 것은 아버지 부재의 이 '부작용'들이다. [상관관계로부터 인과관계를 추리하는 어려움을 보여주는 예이다.]

Silverstein과 Auerbach(1999)는 6년에 걸쳐 미국 사회에서 10개 하위문화(다양한 인종과 종교, 이혼한 편부, 동성애 커플 등) 출신의 약 200명의 남자/아버지들을 연구한 결과, 아이들에게 필요한 것은 *긍정적이고 일관된 관계를 가지는 최소한 한 명의 책임 있는 돌보는 어른*이라는 결론에 도달하였다. 자녀양육에 정서적·실제적 스트레스가 따르기 때문에 그러한 어른이 하나 이상인

> 가족구조가 더 긍정적이지만, 그 어른들이 부부일 필요도 친부모일 필요도 없
> 다. 즉, 돌보는 이의 성별도, 아이에 대한 생물학적 관계도 긍정적 발달에 중요
> 한 변인이 아니다. 연구자들은 부-모-자녀의 핵가족을 중점적으로 지원하는
> 사회정책을 비판하면서 어린자녀가 있는 모든 가족들이 지원을 받아야 한다고
> 주장한다.

이사를 갈 수도 있고 다른 이유로 연구에서 빠질 수 있기 때문이다. 13년 뒤까
지 이 연구에 남아 있는 사람들은 원래 표본의 약 3분의 2였다.

　'낯선 상황'을 통해 측정한 유아기 때 애착의 개인차가 나중에 사회적 및
정서적 행동에서 나타나는 차이들과 관계가 있는가? 이 프로젝트 결과들은 실
제로 그렇다는 것을 시사한다. 안심애착 아기들은 불안하거나 저항(양면)적인
아기들보다 유치원 교사들과 독립적 관찰자들에게 덜 의존적이라고 평정되고,
더 큰 자아탄력성을 나타냈다. 또래 관계에서도 이들은 다른 두 집단보다 유치
원에서 더 능동적으로 참여하고 긍정적으로 상호작용하였다. 또래 관계의 질을
독립적 관찰자들이 평정하든, 교사들이 평정하든, 아이들 스스로 서로를 평정
하든, 같은 결과가 얻어졌다. 안심애착 아이들은 더 큰 감정이입을 보이고 좌
절도 더 쉽게 다루었다.

　교사들이 아이들을 어떻게 대하느냐 하는 데도 세 집단간에 차이가 있었
다. 즉 아이들이 애착패턴에 따라 교사들로부터 서로 다른 종류의 행동을 불러
일으킨 것이다. 교사들은 안심애착 아이들을 따뜻하게 대하는 반면, 양면적 아
이들에게는 지나치게 보호하고 돌보는 행동을 보였다. 아기 때 회피애착을 보
인 아이들에게는 교사들이 통제를 많이 하고 때로 화를 냈다. 붙임성 있고 독
립적이고 다른 애들과 잘 노는 아이들을 교사들이 좋아하고, 의존적이고 사람
을 회피하는 아이들에게는 화가 나며, 낯선 이를 두려워하며 '저항적', '양면적'
인 아이들은 과잉보호를 하는 것이다. 어찌 보면 당연한 이런 현상은 아이들이
스스로 (성장 및 교육) 환경을 창조한다는 이야기가 된다. 물론 교사 행동은 아
이 행동에 그리고 자기와 타인의 '내적 작업모델'에 영향을 미칠 것이다.

　아이들이 자라면서 새로운 생활환경(유치원, 초등학교 등)에서 다양한 사람

들을 만나고 다양한 경험들을 하게 되면서 욕구와 두려움들을 표현하는 방식도 달라진다. 따라서 유아기 애착패턴 영향이 강력하다 해도 발달 후기로 갈수록 변할 여지는 커진다고 할 수 있다. 그러나 아동기 중기(10-11세)에 가서도 안심 애착자들은 다른 두 집단에 비해 자신감과 자기존중이 더 높고, 더 높은 목표를 세우며 더 끈기있게 목표들을 추구하고, 덜 의존적이며, 집단 활동에 더 많은 시간을 보내고, 가까운 친구들을 잘 사귀었다. 이러한 결과패턴은 청소년기(14-15세)에도 유지되었다.

잠정적 결론 2살 때 보인 애착유형이 10여 년이 지난 후까지 이어지는 것은 놀라운 일이지만, 특정 유형에 특정한 성격과 삶이 자동적으로 따라오는 것은 물론 아니다. 어릴 때부터 또래들과 능동적, 긍정적으로 관계 맺을 줄 알고 선생님들에게서 따뜻한 행동을 불러일으킨다면, 자신감과 자기존중을 발달시킬 토대와 환경을 스스로 마련하는 것이다. 반면, 저항(양면)적 아이들이 또래들과 친해지지 못하고 선생님들에게 과잉보호를 받으면 원래 저항과 양면성이 더 강화되기 쉽고, 회피애착 아이들이 선생님들에게 통제와 짜증을 더 많이 불러일으키면 회피가 더 심해지고 자신감과 자기존중은 더 낮아질 것이다. 따라서 우리는 세 유형 차이가 성인기는 물론 그 이후까지 이어질 것이라고 조심스럽게 예상할 수 있지만, 변화의 여지는 언제나 존재한다.

저자는 대학생들에게서 초·중·고등학교 때 어느 한 선생님이 관심과 애정을 보여주었기 때문에 "성격이 바뀌었다"—예컨대 자신 없고 '비뚤어진' 사람이 자신있고 긍정적·적극적인 사람으로— 는 이야기를 가끔 듣는다. 앞에서 낭만적 사랑 유형에 대한 연구결과를 언급했지만, 회피형이 안심형 파트너를 만나 자기와 타인을 긍정적으로 보게 되는 변화도 가끔 관찰된다.

한 살 무렵 애착 패턴이 운명을 결정하지는 않는다는 것과 아울러 어머니 역할을 다시 생각해볼 필요가 있다. 아기 욕구에 민감하게 반응해주느냐 그렇게 하지 못하느냐 하는 데는 돌보는 이의 애착유형은 물론 아기의 기질 및 행동특성이 크게 작용한다. 태어날 때부터 순하고 건강한 아기가 있는가 하면 잘 울고 보채는 아기가 있다(이 책 하권 제10장 참조). 전자보다는 후자가 사랑하고 보살피기가 힘든 아기임은 말할 것도 없다. 엄마가 '가까운 관계'를 불편해 하

는 회피적인 사람이라면 아기도 (감정적으로) 밀어내기 쉽다. 그러나 어떤 엄마
도 아기에게 언제나 따뜻하고 민감하지는 못하며 때때로 아기를 거부한다.

대상관계 이론에서 말하는 **'충분히 좋은 어머니'**(good enough mother)는
'좋은 엄마', '완벽한 엄마'의 이상형을 상대화한다. '좋은 엄마'가 되려고 애쓰
면, 아이의 감정, 욕구를 읽고('민감성') 반응하기보다는 자신이 좋은 엄마인가,
아이가 착하고 예쁘고 똑똑한가 등에 집중하기 쉽다.[8] 완벽한 엄마가 되어 완
벽한 아이를 만들려고 하면 '둘 다 만족스럽고 즐거운 관계'는 힘들어진다. 부
모·자식 양편에게 좌절과 상처는 '독'이 아니라 '약'일 수 있다. 3장에서 보았
듯이 Erikson도 심리사회 발달이론에서 각 단계 위기의 '부정적 결과'도 적응
에 도움이 됨을 강조한 바 있다. 좌절과 상처가 너무 많으면 심리적 건강이 손
상되겠지만, 찬바람이라고는 전혀 모르고 완벽하게 따뜻한 품안에서 큰 사람이
건강한 성인으로 자랄 수도 없다.

아이가 심리적으로 건강한 성인으로 성장하고 자기와 타인의 긍정적 '내적
작업모델'을 발달시키게 되는 데 돌보는 이와 애착관계가 중요한 역할을 하는
것은 분명하다. 그러나, 지금까지 연구결과를 종합할 때, 이 '돌보는 이'는 꼭
친모일 필요도 없고, 돌봄이 좌절과 상처를 주지 않는다는 의미에서 완벽할 필
요도 없으며, 아동기와 청년기를 거치면서 아기 때 애착유형이 변할 여지가 충
분히 있다.

---

8) Bowlby는 아기에 대한 엄마의 양면성(ambivalence), 모성애의 조건성을 충분히 인정하
   지 않았다(Hrdy, 1999/2010; Cyrulnik, 1989/2009). Cyrulnik는 Bowlby가 엄마의 양면성
   뿐만 아니라 아기의 '태내인생', 아버지 존재의 중요성도 인정하지 않았다고 본다.

▮요 약▮

01 정신분석적 측정평가 도구로서 **로샤하 잉크반점 검사**와 **주제통각검사(TAT)**를 소개하고, 이 두 검사를 사용한 사례('지미')를 제시하였다. 투사적 검사들은 전체 성격을 이해하는 데만 아니라 성취, 권력, 친밀 등 개별적 동기들을 연구하는 데도 사용되었다.

02 피험자들의 공상을 얻어내어 욕구와 동기를 측정하는 투사법에서 나온 측정치들은 같은 변인들의 자기보고 측정치들과 불일치하는 일이 많다. 후자는 동기보다는 가치와 사회규범들을 더 반영하는 것 같다.

03 2차대전중에 Murray는 적지에 내보낼 첩보원들을 선발하는 과제를 수행하였다. 사용된 절차는 '성격 탐색'에서와 같았다(여러 연구자, 방법 다양성, 진단의회). 그가 사용한 방법 중 현장실험이라 할 수 있는 **상황 검사**를 소개하였다.

04 무의식의 존재와 중요성에 대한 과학적 연구들은 자극을 의식하는 데 요구되는 최소한의 강도 또는 제시시간 아래로 제시하는 '**역하 지각**' 절차를 주로 사용한다. 위협적 자극을 역하 제시할 때 '지각 방어'가 일어난다는 것을 보여주는 연구들이 있었지만, 방법론적 문제들 때문에 이 주제에 대한 연구는 점차 쇠퇴해왔다.

05 최근에는 갈등을 일으키거나 완화시키는 자극을 제시하는 **역하 정신역동 활성화** 연구가 많이 행해졌다. 연구들은 남근기 갈등과 구강기 갈등을 무의식적으로 자극할 때 경쟁 수행 또는 크래커 먹기 행동이 영향을 받는다는 것을 보여주었다.

06 학문적 심리학에서도 무의식적 정신과정들을 많이 연구하지만, 정신역동적 무의식과 구분하기 위하여 '무의식'보다는 '내현적', '자동적'이라는 말이 더 잘 쓰인다. 학문적 심리학자들은 Freud 무의식이 "비합리적, 원시적"인 데 비해, 자신들은 "인지적, 합리적, 명제적" 무의식을 연구한다고 말한다.

07 Wegner는 '흰 곰' 실험 시리즈를 통해 **사고 억제**의 역설적 효과—억제하려 할수록 더 생각난다— 를 보여주었다. Weinberger는 억압적 대처양식을 측정하는 질문지를 만들었다. 억압자들은 방어를 많이 하며 (그 때문에) 불안이 낮지만, 생리적 지표들에서는 긴장과 고통을 나타낸다.

08 사고 억제, 자동적 정신과정에 대한 연구들은 Freud의 '전의식'의 정신과정들에 집중한다. 그의 무의식은 아직도 실험실에서 연구하기 어려운 영역으로 남아 있다. 그러나 이제 무의식 과정을 인정한다는 점에서 현대심리학은 정신역동 심리학에 가까워졌다.

09 Bowlby의 **애착** 이론은 생후 6-12개월에 엄마(돌보는 이)와 관계 질이 이후에 자기와 타인에 대해 생각하는 방식('내적 작업모델'), 인간관계를 맺는 태도와 양식에 결정적 영향을 미친다고 주장한다.

10 애착 유형을 분류하는 고전적 방법은 Ainsworth가 개발한 '**낯선 상황 절차**'에서 아기와 엄마의 상호작용을 관찰하여 안심, 회피, 저항(양면)으로 분류하는 것이다. 질문지를 사용하여 **성인 애착유형**을 측정하기도 한다. 자기와 타인에 대한 긍정·부정의 표상을 나누어 구분하면, 안심(자기 긍정, 타인 긍정), 몰두 또는 양면(자기 부정, 타인 긍정), 공포(자기 부정, 타인 부정), 거부(자기 긍정, 타인 부정) 유형이 나온다.

11 아기 때 확인된 애착유형이 십여 년이 지나도록 비교적 변하지 않는다는 것을 보여주는 연구결과도 있지만, 성인 애착유형은 그리 안정적인 것 같지 않고 또 관계 유형에 따라 다르다는 것을 연구가 보여주기도 한다. 애착유형과 내적 작업모델이 어릴 때 상당 부분 형성된다 해도 자라면서 여러 중요한 타인들과의 경험을 통해 변할 여지가 충분히 있다.

제**3**부

인본주의-현상학 접근

3부에서는 Abraham Maslow의 인본주의 심리학, Carl Rogers의 사람 중심 이론과 관련 연구를 소개하게 된다. 이론들이 발표된 1940년대와 1950년대는 행동주의가 여전히 학문적 심리학을 지배하고 있었고, 임상·상담 분야에서는 정신분석 이론도 여전히 큰 영향력을 가지고 있었다. Maslow는 두 주류 모두에 반대하는 자신의 견해를 심리학의 '제3세력'이라고 불렀는데, 이는 Rogers 심리학에도 붙일 수 있는 말이다. Maslow 이론의 중심이 되는 것은 결핍욕구와 존재(또는 자기실현)욕구를 구분짓는 욕구서열이다. 상담심리학자였던 Rogers는 성격이론에서도 주관적(현상적) 체험과 실현(성장) 잠재력을 강조하였다. 두 사람은 모두 '좋은 관계'의 치유력을 믿었지만, 그러한 관계의 특성을 구체화한 사람은 Rogers였다.

8장의 경험적 연구에서는 현상학적 측정평가를 다룬 후 긍정적 체험(사랑, 행복)과 자기존중에 대한 연구들을 소개하게 된다.

제 7 장

인본주의와 현상학: Maslow와 Rogers

Abraham Maslow와 Carl Rogers는 현대심리학에서 인본주의 전통을 대표한다고 할 수 있다. **인본주의**(humanism)는 인간의 존엄성과 가치, 자기실현과 성장의 역량을 강조하는 견해를 말한다. Maslow는 인본주의 조망을 (미국)심리학의 '제 3 세력'(third force)이라고 불렀다. 다른 두 세력은 당시 (특히 임상·상담)심리학을 지배하던 정신분석학과 행동주의를 말한다. 정신분석학의 비관론과 행동주의의 기계적(로봇) 인간관 둘 다를 반대하는 조망으로서 인본주의는 두 주류 접근에서 무시되는 성장, 자기실현, 창의성, 사랑 같은 주제들에 관심을 둔다.

인본주의가 Maslow와 더 동일시되는 반면, Rogers 이론에는 통상 **현상학**(phenomenology)이라는 이름이 붙는다. 철학의 한 조류로서 현상학은 '지금 여기'의 주관적 체험, 의식현상(지각, 사고 등)을 강조하는 조망을 말한다. 심리학에서는 무의식, 객관적 환경, 자극-반응의 중요성을 부정하고 개인의 의식적 선택, 경험과 환경의 주관적 해석을 강조하는 견해에 이 이름을 붙인다. 현상학적 견해에서 인간은 과거경험, 무의식적 충동들, 객관적 환경의 노예가 아니다. 중요한 것은 '지금 여기'의 의식적 경험들이며 주관적(지각된) 환경이다.

Rogers는 임상심리학자로서 출발하여 먼저 치료이론을, 그리고 나서 성격이론을 제시하였다. 반면, Maslow는 실험심리학자로서 출발하여 동물들의 행동을 실험 연구하였고 후에 심리적으로 건강한 사람들('자기실현자')을 찾아 사례연구를 하여 인간 동기 이론을 진술하였다. Rogers 이론이 상당히 포괄적, 체계적인 데 비하여, Maslow 이론은 '성격이론'이라는 이름을 붙이기 힘들 정도로 인간 동기에 집중한다. Maslow의 인본주의 심리학을 먼저 소개하기로 한다.

Maslow의 인본주의 심리학

　　Abraham Maslow(1908-70)는 뉴욕 브루클린에서 태어나 성장하였다. 부모는 러시아에서 이주해 온 유태인이었다. 어머니는 정이 없었고, 아버지는 좋은 사람이었지만 아들의 생각을 이해하지는 못했다고 한다. 그는 4년 동안 구애한 끝에 스무살에 사촌누이와 결혼하여 딸 둘을 보았다. J. B. Watson의 행동주의와 멋진 실험에 이끌려 심리학을 하게 되고, 모든 학위를 위스콘신 대학에서 취득하였는데, 거기서 Harry Harlow(앞 장의 글상자 6-3에서 그의 애착 실험을 소개한 바 있다)가 키워낸 첫 박사이기도 하였다. Harlow와 같이 실험을 하면서 한편으로는 원숭이와 인간의 유사성에, 다른 한편으로는 '관계'(애착)라는 현상에 깊은 인상을 받았다(Blum, 2002/5, p. 143f.) '원숭이 인간'(monkey man)으로서 그는 지배성이 사회적 및 성 행동을 결정하는 역할에 대해 실험하고 박사논문을 썼다. 그러나 행동주의 노선을 따라가면서도 Freud 이론과 형태심리학에 관심을 갖기 시작했다.

　　행동주의에 등을 돌리게 된 중요한 계기는 첫딸을 보았을 때였다. 생명과 존재의 신비에 감동한 그는 "아기를 가진 사

Abraham Maslow

람은 누구도 행동주의자가 될 수 없을 것"이라고 말했다 한다. 이렇게 그의 사상을 형성한 경험들은 추상적인 이론적 사고나 과학적 발견이라기보다는 개인적 경험들이었다. 그가 특히 강조한 세 가지 인생경험은 결혼, 아버지가 되었다는 사실, 그리고 훌륭한 스승들에 대한 존경과 사랑이었다. 지도교수 Harlow 외에 E. Fromm, K. Horney, A. Adler, 형태심리학자 M. Wertheimer, 인류학자 R. Benedict 등이 그가 배우고 존경한 스승들이었다. 특히 Wertheimer와 Benedict에 대한 경외심은 자기실현에 대한 연구를 시작한 계기가 되었다.

2차대전 경험은 그의 인생관과 학문관을 다시 한 번 크게 바꾸어놓았다. 그는 인간이 전쟁, 편견, 증오보다 위대한 것을 할 수 있는 역량을 가진 존재라는 것을 입증하고 싶었다. 인류 평화와 생존은 죽을 때까지 심리학자로서 Maslow의 중요 관심사로 남았다. "자기실현을 하(려)는 젊은 심리학자가 이 시대에 할 수 있는 가장 중요한 것이 무엇이냐"는 질문을 죽기 2년 전에 받았을 때 그는 공격과 적대에 대해 연구하라고 말해주겠다고 대답했다 한다. 그는 브루클린 대학에 14년간 재직하다가 1951년에 브랜다이스 대학으로 옮겼고, 거기서 독일 신경정신의학자 Kurt Goldstein(1878-1965)을 알게 되었다. 뇌손상 군인들을 수년간 치료, 연구한 토대 위에서 성격의 **유기체 이론**(organismic theory)을 내놓은 Goldstein은 미국에 건너와 그 대학에 출강하고 있었다. 유기체 이론의 중심 가정은 뇌가 그렇듯 성격도 전체, 하나(unity)로서 기능한다는 것이다. 자기실현이라는 말도 Goldstein이 사용한 용어이다. Maslow는 1968년에 나온 저서 '존재의 심리학'을 그에게 헌정하였다.

그 책의 서문에서 그는 자신의 인본주의 심리학이 "Goldstein(과 형태심리학)과 Freud(와 다양한 역동 심리학), 그리고 위스콘신 대학교에서 나의 스승들로부터 배운 여러 가지 과학적인 정신의 통합"(1968/81, p. 14)이라고 쓴 바 있다. 심리학이 인간의 병적이고 약한 면에 너무 집중한다고 본 그는 고통, 갈등, 적대뿐 아니라 기쁨, 사랑, 행복 등도 고려하는 심리학을 하고자 하였다. 그는 정신분석 이론을 높이 평가하였으나, 그것이 정신병리 분석에는 최상의 방법이지만, 모든 인간의 생각과 행동을 설명하지는 못한다고 보았다.

방법론적으로도 그는 넓은 의미에서 과학적 방법이 진리를 파악하는 유일한 길이기는 하지만, 과학을 꼭 정통파 양식에 국한할 필요는 없다고 확신하였다. 구체적으로 그는 과학적 심리학의 "보편-원자론"(general-atomistic) 관점을 반대하고 "전체-역동"(holistic-dynamic) 관점을 채택하였다. 사람 전체를 예비적으로나마 연구·이해하고 나서 어느 한 부분이 그 사람 전체의 조직과 역학 내에서 하는 역할을 연구해야 한다는 것이다. 예컨대, 자기존중을 연구하기 위해 각 피험자의 하위문화, 그가 중요한 생활문제들에 적응하는 스타일, 미래 희망 등을 알아보아야 한다. 여기서는 먼저 그의 동기 이론을 소개한 다음 자기실현자 특성을 서술하기로 한다.

인간의 동기: 욕구서열

Maslow 동기 이론의 특성은 *서열성*(hierarchy)을 가정한다는 것이다. 욕구에 상하 서열이 있다는 것은 '아래' 또는 '낮은' 욕구가 충족되어야 비로소 '위' 또는 '높은' 욕구가 생겨난다는 것을 뜻한다. Maslow는 더 높은 욕구가 계통발생 또는 진화적으로, 또 개인 발달에서도 더 늦게 나타난다고 보았다. 서열 사다리에서 높은 데 있을수록 그 욕구가 생존 자체에 덜 중요하고, 충족이 오래 지연되어도 참을 수 있으며, 영구히 사라지기도 쉽다. 아래로 갈수록 욕구충족이 생존에 더 중요하기 때문에 충족과 좌절에 더 광적, 필사적이 되기가 쉽다.

그림 7-1에 욕구서열의 사다리가 나와 있다. 사다리의 맨 아래층에는 생리적 욕구들이, 맨 위층에는 자기실현욕구가 있다. 심미적·인지적 욕구는 자기실현욕구에 속한다. 자기실현욕구는 나머지 네 욕구와 *질적*으로 다르다. Maslow는 이를 상위욕구(metaneeds), '높은'(higher) 욕구, 존재 또는 성장욕구라고 불렀다. 그에 비해 나머지 네 욕구는 '낮은'(lower) 욕구, 결핍욕구이다.

결핍(D-)욕구와 존재(B-)욕구 결핍(D-)욕구는 '결핍'(deficiency)에 의해 생겨나며 본인보다는 남에 의해 또는 밖에 있는 것들에 의해 충족되어야 한다. 오래 굶은 사람은 먹고 싶은 욕망밖에는 없으며, 안전을 위협받으면 안전만 필사적으로 추구하게 된다. 사랑과 인정을 못 받는다고 느끼는 사람은 사랑

[그림 7-1] Maslow의 욕구서열

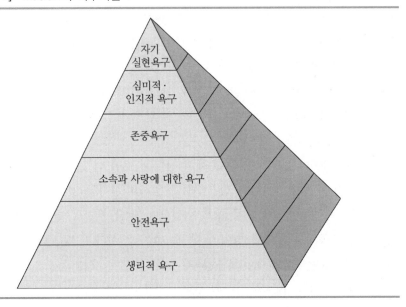

과 인정을 받기 위해서 못할 짓이 없다. 이러한 충족들은 밖으로부터 온다. 이를테면 누군가 또는 '세상'이 나를 인정해주어야 하는 것이다. 결핍욕구의 작용은 '긴장감소' 모델을 따른다고 할 수 있다. 결핍은 (불쾌한) 긴장을 유발하고, 충족은 긴장을 감소시키고 만족을 가져온다. 결핍 상태가 너무 오래 가거나 극단적이면 몸과 마음에 병이 든다. 마음의 병은 신경증이나 성격장애 같은 것이 된다.

　　맨 위 두 층의 욕구들은 그 아래 욕구들이 전부 충족되어야 그 영향력을 발휘한다. 그러나 자기실현욕구 자체는 결핍 상태에서 생겨나기보다는 존재(being) 자체에서 나오며, 긴장감소보다는 긴장*증가*를 추구한다. 이것은 *즐거운 긴장*(pleasure tension)이다. '낮은' 욕구의 충족은 '낮은' 기쁨, 만족과 현상유지, 질병 없는 상태를 가져오지만, '높은' 욕구의 충족은 '높은' 기쁨, 행복과 성장, 긍정적 건강을 가져온다. 안전욕구(D-욕구)와 인지적 욕구(B-욕구)를 비교해보자.

　　안전이 위협받는다고 느끼면 불안해진다. (일시적으로라도) 다시 안전을 느끼면 안도하지만, 그것은 마이너스에서 제로로 돌아온 상태라 할 수 있다. 알고 이해하고 싶은 욕구는 다르다. 사물의 이치를 깨닫지 못한다고 그야말로 '죽는' 것은 아니며 깨닫게 된다고 '밥이 나오는' 것은 아니다. 더욱이 알고 이해하고 싶은 욕구가 생겨나면 긴장은 증가할 뿐이다. 알면 알수록 모르는 것이 많아지기 때문이다 —그래서 공부가 끝이 없다고 하는 것이다. 모르던 것을 깨달을 때 기쁨은 안전욕구가 채워질 때 안도나 만족과 비교할 수 없이 강렬하다. 그것은 이완이 아니라 팽팽한 즐거운 긴장이며, 제로에서 플러스로 간 것 같은, 존재가 자라는 기쁨이다.

　　Maslow는 더 높은 욕구 수준에서 산다는 것이 더 큰 생물학적 효율성, 즉 장수, 더 적은 질병, 더 나은 잠, 식욕 등을 의미한다는 것을 발견하기도 하였다. '낮은' 욕구들이 충족되지 않으면 앞에서 말한 것처럼 병이 생기고, '높은' 욕구들이 충족되지 않으면 병이라 할 수 없지만 '존재의 병', 즉 권태, 허무감, 절망 같은 '상위병리'(metapathology)가 나온다.

　　그림 7-1의 욕구들을 하나씩 살펴보기로 하자.

생리적 욕구들　　생리적 욕구들은 대부분 동질정체적이다. 즉, 양분과 물, 잠 등이 결핍되면 우리는 자동적으로 배고픔, 갈증, 피로를 느끼고 무엇을 먹거나 마시고 잠을 잔다. 욕구의 긴장감소 모델은 바로 생리적 욕구의 발생과 충족에서 나왔다. 그러나 모든 생리적 욕구가 동질정체적이고 긴장감소 모델을 따르는 것은 아니다. 성과 활동성에 대한 욕구는 긴장감소보다는 긴장 증가를 추구한다.

　　생리적 욕구들이 지배할 때 다른 욕구들은 존재하지 않는다. 굶주리는 사람에게는 안전도, 존중도 중요하지 않다. 그러나 대부분의 현대 사회에서는 생리적 욕구들이 더 이상 문제되지 않는다. 우리가 '배고프다' 할 때 사실은 죽고 사는 배고픔이 아니라 식욕에 '시달리는' 것이며, 또한 심리적 욕구가 생리적 욕구로 대리 표현되기도 한다. 예컨대, 사랑의 결핍이 배고픔으로 표현되어 게걸병이 나올 수 있는 것이다.

　　배고파 죽겠을 때는 라면 한 그릇만 먹으면 '소원이 없을' 것 같아서 남의 떡을 빼앗거나 훔칠 수도 있지만, 일단 배를 채우면 다른 소원, 즉 욕구가 생긴다. 욕구서열성은 우리에게 진정한 만족은 없고 일시적 만족만 가능하다는 의미를 함축한다. 하나의 절박한 욕구를 충족시키면 만족이 오지만, 곧 다른 욕구, 그 위 욕구가 긴장 ―주관적으로는 불만·불행― 을 유발하기 때문이다.

안 전   안전욕구는 안전과 안정, 의존과 보호를 바라는 욕구, 구조, 질서, 법, 한계에 대한 욕구이다. 이 욕구를 이해하려면 아기들을 관찰하면 된다. 이들은 스스로 이 욕구를 충족할 능력이 없으므로 주변 환경에, 특히 돌보는 이에 절대적으로 의존하기 때문이다. 앞 장 애착 연구에서 본 것처럼 돌보는 이의 반응이 예측 불가능하면 아기는 큰 불안과 공포를 나타낸다. 부모에게 거부당하는 아이도 사랑을 바라서가 아니라 안전과 보호를 바라서 부모가 밀쳐내도 매달린다. 일반적으로 아이들은 무엇이든 해도 되는('무제한의 허용성') 환경보다는 어디까지는 되지만 그 이상은 안 되는, 한계가 분명한 환경에서 더 안전을 느끼는 것 같다. 가령 아무리 화가 나도 ―소리를 지르거나 울 수는 있지만― 누구를 때리거나 기물을 파손하거나 자해를 하면 안 된다는 것을 부모가 분명히 해야 아이가 안전감을 느끼는 것이다. 정상적인 성인들도 예측 불허의 혼돈은 거의 누구나 싫어한다. 성인들에서 안전욕구는 안정된 직장을 선호하고, 저축하고, 각종 보험에 가입하는 등에서 나타난다.

소속과 사랑   생리적 욕구와 안전욕구가 잘 채워지면 타인들과 관계 맺고 사랑하고 사랑받고 싶은 욕구가 강해진다. 친구나 애인, 배우자, 자녀 등이 필요해지고 이웃, 직장동료 집단에 속하고 싶어지는 것이다. 현대화, 도시화가 급속하게 진행되면서 소속과 사랑의 욕구는 충족되기가 점점 힘들어진다. 대도시에서는 옆집에 누가 사는지 관심조차 없는 일이 많고, 부모가 싸우면 어린 자녀들이 서로 "(엄마 아빠 이혼하면) 너는 누구한테 갈래?"하고 물어보고, 확대가족과의 관계도 점점 희박해져가고 있다(그리 멀지 않은 옛날에는 "팔촌까지 한 마당"이었다). 가족과 친구관계들도 약해지고 있다. 그 결과는 외로움과 소외감이고, 비틀즈 노래 제목처럼 "All you need is love"가 된다. Maslow는 소속과 사랑의 욕구 좌절이 정신병리의 대부분의 형태들에서 핵심이 된다고 보았다.

내가 속하는 공동체, '뿌리'가 있고 내가 사랑하고 또 나를 사랑하는 가족과 친구가 있다면, 나는 이제 더 바랄 것이 없이 행복한가? 유감스럽게도 그렇지 않다. 일단 소속과 사랑을 얻고 나면 더 바라는 것이 생기기 때문이다.

존 중　　　존중욕구는 이중으로 나타난다. 우리는 자기 스스로를 존중하기를 원하며 또 남들에게 존중과 인정을 받고 싶다. 자기존중욕구는 강해지고 유능해지려는 노력, 자유와 독립 추구로 나타나고, 남들에게 존중과 인정을 받고 싶은 욕구는 흔히 명예와 지위 추구로 나타난다. 존중욕구가 충족되면 우리는 자신감이 생기고 자신이 소중하고 세상에 쓸모 있고 필요한 존재라는 느낌을 가진다. 반면 이 욕구가 좌절되면 열등감, 무력감이 생긴다.

　　아무도 나를 알아주지 않을 때 자신감이 생길 수는 없다. 그러나 남들이 알아준다고 해서, 유명하고 인기 있다고 해서 자기존중이 자동적으로 생기는 것은 아니다. Maslow는 가장 안정되고 건강한 자기존중은 자기 스스로의 행동과 성취, 능력과 자질로 인해 남들의 인정과 존경을 받을 때 오는 것이라고 보았다(*deserved* respect). 자기존중이 낮기 때문에 필사적으로 남들의 인정을 받고 남들에게 좋은 인상을 주려고 애쓰며 자신의 부정적이거나 약한 면을 숨기는 사람도 있다. 그런 사람은 노력의 결과로 남들의 인정을 받아도 자기존중이 높아지지 못한다. "그 사람(들)이 나를 *모르니까* 좋아하는 것이지, 내가 정말 어떤 사람인지를 *알게* 되면 싫어할(경멸할) 것"이라고 생각하는 것이다. 명예와 지위를 얻고도 열등감에 시달리며 더 많은 명예, 더 높은 자리를 탐하는 사람의 역설이 여기에 있다.

자기실현　　　생리적 및 안전욕구들은 '기본'이라고 치더라도, 사랑하는 가족과 친구들이 있으며 직업에서도 성공하여 남들에게 인정받고 명예도 누린다면 누가 보아도 성공한 인생, 행복한 사람이라고 할 수 있다. 대부분의 경우 중년이 되어야 그리고 중년 나이에도 소수만이 이러한 성공과 행복을 누린다. 그러나 정작 본인에게는 새로운 불만과 초조감이 나타난다—그가 독특한 재능과 잠재력을 가지고 있는 것을 하지 않는다면. 그 결과는 앞에 말한 권태, 삶의 의욕 상실 같은 '존재의 병', '상위병리'이다. 취미가 저급하고 유치해지고 돈만 밝히는 등 문자 그대로 속물이 되기도 한다.

　　"음악가는 음악을 해야 하고, 화가는 그려야 하고, 시인은 써야 한다"는 말에 이어 Maslow(1954/70, p. 46)는 "What a man *can* be, he *must* be"라고 썼
다. 잠재력을 실현해야 한다, 잘 할 수 있는 것을 하고 살아야 한다는 말이 될
것이다. 음악가, 화가, 시인도 이미 그 길을 가는 이들이 아니라 —그들이 음악
을 하고 그림을 그리고 글을 쓰는 것은 당연하다— 음악, 그림, 문학에 재능이
있는 사람을 뜻할 것이다. 재능이나 잠재력이 꼭 예술적·지성적 재능이나 잠
재력일 필요는 없다. 음식솜씨, 사업수완, 남을 배려하고 돌보기 등도 소중한
재능들이며 얼마든지 창의적일 수 있다.

　　Maslow는 자기실현욕구에 17가지 상위욕구 또는 존재(B-)욕구들을 포함
시켰다. 알고 싶고 이해하고 싶은, 즉 진실, 정의, 의미에 대한 (인지적) 욕구들
도, 아름다움, 질서, 단순함, 완성을 추구하는 심미적 욕구들도 이에 포함된다.
사람에 따라 이 존재욕구들은 기본적 (결핍)욕구들만큼이나 강할 수 있다. 우리
는 가끔 직장과 가족, 생명까지 잃을 위험을 무릅쓰고 진실과 정의를 위해 싸
우는 사람을 본다. 거기까지 가지 않는다 해도, 많은 이들이 자기 돈과 시간을
써가면서 갖가지 (시민)운동과 봉사를 하고 있다. 이들에게는 진실, 정의, 아름
다움 등의 추구가 개인적 부와 성공보다 더 중요한 것이다.

　　자기실현욕구가 강할 수 있는 만큼이나, 그것의 좌절도 결핍욕구 좌절만큼
괴로울 수가 있다. 부와 사랑과 명예 등 모든 것을 가진, 도대체 부족한 것이
없는 사람이 삶에 불만이고 불행해하면, 주위 사람들은 물론 본인도 —'이유'가
없기 때문에— 이해하기 힘들고, 본인은 그만큼 더 괴로울 수 있다. 모든 것을
가질 수 있는 것은 대개 중년에 가서야 가능하므로, 이러한 위기(존재의 병, 실
존의 병)는 중년에 닥치는 경우가 많다.

　　Maslow는 보통사람들의 경우에 자기실현욕구는 10% 정도만 만족된다고
보았다. [이는 1950년대에 미국 이야기이고 현대 우리 사회에서는 이 비율이 어느 정
도나 될지 모르는 일이다.] 그는 그 이유를 무엇보다도 기본적 욕구들의 충족을
어렵게 만드는 *사회조건*들에서 찾았다. 결핍욕구들이 충족될 수 있으려면 표
현의 자유가 있고 집단들 속에 정의, 공정함, 정직, 질서 등이 있어야 하는데,
이러한 이상사회는 존재하지 않는 것이다. 상위욕구를 추구하는 사람이 많을수
록 살기 좋은 세상이 되어가지만, 반대로 사회가 병이 들어 개인들의 기본적
욕구충족을 막으면 자기실현자가 많아질 수가 없다. 따라서 개인들이 사회를

병들게 만들고 사회가 개인들을 병들게 만드는 악순환이 생겨나는 것이다.

Maslow는 **기쁨을 통한 성장**(growth-through-delight)이라는 말을 쓴 적이 있다. 기쁨을 주는 것만 하고 살면 성장과 자기실현이 온다는 것이다. 독특한 잠재력을 타고난 일들을 할 때 우리는 남들보다 잘 하면서도 힘이 안 들며 오히려 기쁨을 느낀다. 그러나 자신의 '기쁨'과 부모의 '기쁨'이 충돌할 때 대부분의 아이들은 안전욕구 충족을 위해 후자를 따른다. 이를테면 기계 만지는 것이 좋은데 대학입시를 위해 책상에만 붙어 있는 것이다. 그러다 보면 대체 자신에게 기쁨을 주는 것이 무엇인지를 모르게 되고, 대학 학과를 선택할 때 적성을 고려하라고 해도 "내가 잘 하고 좋아하는 것이 무엇인지 모르겠다"고 말하게 된다.

어릴 때부터 '기쁨의 준거'를 무시하며 살아온 사람이 후에 가정도 이루고 안정된 직업도 찾았을 때, 즉 인생에서 나름대로 자리를 잡았을 때, 자신의 인생에 불만이 커지고 '살 맛'을 잃는 경우가 꽤 있다. 다른 일, 다른 길이 진정한 기쁨을 줄 것 같은데도, 모든 것을 버리고 '새 출발'하기에는 그 느낌이 충분히 강하지 않을 수 있다. 더 이상 젊지도 않고, 모험을 감행하기가 두렵다. 극소수만이 자기실현의 길을 가는 이유가 거기에 있다.

욕구서열의 실제　　　　Maslow는 그림 7-1의 욕구서열이 통하지 않는 예외를 많이 관찰하였다. 매우 흔한 역전은 자기존중이 사랑보다 중요해지는 것이다. 그가 추측컨대, 사랑받으려면 사람들에게 존경이나 두려움을 불러일으키고 자신감이 있어야 한다는 생각이 퍼져 있기 때문인 것 같다. 욕구서열이 역전되는 다른 경우는 자기실현욕구가 무엇보다 중요해지는 것이다. 선천적으로 창조적인 사람들은 기본적 욕구충족이 부족한데도 창작욕에 불탈 수 있다. Maslow는 발달단계를 가정하지는 않았지만, 기본적 욕구들이 충족되는 데는 '때'(결정적 시기)가 있다고 본 것 같다. 어릴 때 사랑을 못 받으면 그 욕구도, (사랑을 하고 받는) 능력도 없어지고, 반면 기본적 욕구들이 어릴 때 충족되면 건강한 성격구조가 형성되어 높은 이상이나 가치들을 위해 모든 것을 버릴 수가 있다.

욕구서열이 나타나도, 한 욕구가 100% 채워져야 다음 욕구가 나타나는 것은 아니다. 사다리에서 위로 올라갈수록 충족 비율은 감소하여, Maslow는 평균적 (미국)시민은 생리적 욕구는 85%, 안전욕구는 70%, 사랑욕구는 50%, 자기존중은 40% 정도 만족되고, 자기실현욕구는 10% 정도만 만족된다고 추정하였다. 새 욕구의 나타남은 점진적이어서, 욕구 A가 10% 만족이면 욕구 B는 전혀 보이지 않지만, A가 25% 만족이면 B는 5% 가량, A가 75% 만족이면 B가 50% 가량 나타난다. 이 값들은 측정하여 나온 것이 아니라 직관적으로 추정한 값들이다.

자기실현자의 특성

자기실현욕구는 존재의 건강하고 긍정적인 측면들을 강조한 Maslow에게 연구의 중점이 되었다. 그는 정신분석 이론이 신경증 환자들을 연구하여 정상 성격에 대한 이론을 내놓고, 행동주의 심리학자들이 동물(주로 쥐) 행동의 실험실 관찰에서 인간 행동 이론을 내놓기 때문에 비관적이거나 왜곡된 인간상을 제시한다고 보고, 건강한 사람들을 연구하기로 결정하였다.

연구방법과 피험자   앞에서 그의 전기를 서술할 때 언급했지만, 자기실현에 대한 그의 관심과 연구는 훌륭한 스승들을 옆에서 관찰하는 것으로 시작되었다. 그의 연구는 호기심이 동기가 되었고, 남들에게 증명하거나 시위하기보다는 스스로 확신을 얻고 배우려는 것이 목적이었다. 그러나 결과가 예기치 않게 흥미 있었기 때문에 방법론적 결함들에도 불구하고 ―그가 실험심리학 출신으로 과학적 방법론을 모르는 사람이 아니었다는 것을 기억하라― 남들에게 보고하기로 마음먹었다. 이런 결정을 내린 이유는 심리적 건강 문제가 너무 중요하기 때문에 인습적 의미에서 신뢰도 높은 자료를 무한정 ―그의 표현으로 "영원히"― 기다리기보다는 논란의 여지가 있는 자료라도 큰 발견적 가치가 있다고 보았기 때문이다.

피험자는 개인적으로 친분 있는 사람과 친구들, 공적 및 역사적 인물들 중에서 선발하였다. 그 외에 대학생 3,000명을 선별했는데, 단 한 명만 '즉시 사

용 가능'하였고, 10명 내지 20명이 '가능한'("잘 성장 중인") 미래 피험자들이었
다. 이런 결과를 놓고 Maslow는 나이 든 피험자들에게 발견했던 종류의 자기
실현이 미국 사회에서 젊고 성장 중인 이들에게는 가능하지 않다고 결론 내렸
다. 우리나라 사회도 다르지 않을 것이다.

'피험자'들은 우선 심리적 장애가 없어야 하고, 자기실현을 이루었어야 한
다. 자기실현 기준은 위에서 나온 대로 과거나 현재에 기본적 욕구들이 충족되
고 "재능, 능력, 잠재력 등을 남김없이 이용"한다는 것이다. 이 기준에 맞는 사
람들은 "아주 확실한," "아주 가능성이 큰" 동시대인 7명, 2명의 아주 확실한
역사적 인물(말년의 링컨, 토마스 제퍼슨), 7명의 아주 가능성이 큰 공적ㆍ역사적
인물(알버트 아인슈타인, 슈바이처 등)이다. '부분적 사례들'과 '잠재적 또는 가능
한 사례들'을 포함하면 피험자는 모두 60명이었다.

동시대인들에게는 면접과 다양한 검사들에서, 역사적 인물들의 경우 전기
적 기록들에서 자료가 나왔다. 동시대인들 중에서도 연구 목적을 알려주면 "자
의식이 생기거나, 얼어붙거나, 전체를 웃음으로 넘기거나, 관계를 끊어버렸기"
때문에, 젊은 사람들만 직접 연구하였다. 나이 든 피험자는 모두 간접적으로,
거의 몰래 연구하였다. 이들에서 '연구'는 통상적 '자료 수집'이 아니라, 우리가
친구, 아는 이에 대해 형성하는 종류의 총체적 인상들이었다. 가능하면 피험자
친구와 친척들에게도 질문을 하였다. 이러한 이유 때문에 그리고 피험자 수도
적기 때문에 자료는 불완전하고 어떤 수량적 제시도 불가능하다.

자기실현자의 특성　　　이러한 자료를 토대로 Maslow는 자기실현자들의
15가지 중심 특성들을 확인하였다(표 7-1). 표의 항목들은 그가 서술에서 사용
한 제목들이다. 설명을 붙이면 다음과 같다.

자기실현자들은 가짜, 부정직함을 탐지할 수 있고 일반적으로 사람을 옳게
판단하는 능력이 비상할뿐더러, 이 효율성은 다른 영역들로도 확장이 된다. 예
술, 과학, 정치, 시사 등에서 이들은 감추어진 현실들을 남보다 더 빨리, 정확
하게 볼 수 있다. 또, 자기 자신을 불평 없이 있는 그대로 수용하므로 큰 죄책
감, 수치, 불안이 없다. Maslow는 이 '수용'(acceptance)의 가장 분명한 수준은
소위 *동물적* 수준이라고 한다. 이들은 식욕이 좋고 후회나 수치나 변명 없이

[표 7-1] 자기실현자의 특성(Maslow, 1954/70, pp. 153-174)

1. 현실의 효율적 지각, 현실과 편안한 관계
2. 수용(자기, 타인, 자연)
3. 자연스러움, 단순함
4. 문제 중심
5. 초연함, 혼자 있고 싶은 욕구
6. 자율, 문화와 환경에 독립, 의지(意志), 능동적 행위자
7. 감상이 계속 신선함
8. 신비 체험, 절정 체험
9. 공동체감
10. 자기실현적 대인관계
11. 민주적 인격구조
12. 수단과 목적 구별, 선과 악 구별
13. 철학적인, 적대적이 아닌 유머 감각
14. 자기실현적 창의성
15. 문화 동화에 저항, 문화 초월

삶을 즐기는 '좋은 동물'(good animal)이라는 것이다. 이들은 방어성, 보호색, 허세가 없고 남들에게서도 그런 꾸밈들을 싫어한다.

자기실현자들은 행동이 자연스럽고 단순하지만 표면이 아니라 내면에서 인습을 벗어난다. 인습을 무시하는 이유가 멋 부리고 '튀'거나 권위에 반항하기 위해서가 아니므로, 별로 가치를 두지 않는 사소한 일에서는 인습적 예식들을 따라간다. 옷도 남들처럼 입고, 상을 준다면 —부질없다고 생각하면서도— 받으러 가는 것이다. 또, 이들은 자아 중심적이라기보다 문제 중심적이지만, '문제'는 꼭 스스로 좋아하거나 선택하는 과제가 아니라 책임, 의무라고 느끼는 과제일 수도 있다(선생의 경우 가르치는 일, 주부의 경우 살림과 애 기르기 등). '나'(예컨대 '나'의 명예) 중심이 아니므로 평온하고 욕심과 걱정이 없기 때문에, 자신들의 삶이 쉬워질 뿐 아니라 연관된 모든 이들의 삶도 쉬워진다.

이들은 모두 혼자 잘 있을 뿐만 아니라 혼자 있기를 매우 좋아했다. 문제 중심적이므로 일에 대한 집중력이 뛰어나고, 그 결과 다른 일에 신경 못쓰고 바깥 환경들을 잊어버릴 수 있다. 남들과 관계에서 초연함은 '정상인'이 차가움, 심지어 적대감으로 해석하기 쉽다. 정상인들의 우정관계에 있는 집착과 요

구, 의존과 독점욕이 그들에게는 없기 때문이다. 이들은 삶의 기본적인 것들을 거듭거듭, 신선하고 순진하게, 어린애처럼 경외심과 기쁨을 가지고 감상할 수 있는 놀라운 능력이 있다. 이를테면, 노을이 언제나 감동적으로 아름다운 것이다. 감상의 대상은 자연일 수도, 아이들일 수도, 음악일 수도 있다. Maslow는 우리가 받은 복(福)들에 익숙해지는 것이 인간의 악과 비극과 고통의 가장 중요한 원인 중의 하나라고 믿게 되었다. 가정의 행복, 친구, 건강 등 '거저 누리는 복'들을 우리는 당연히 여기다가, 잃고 난 후에야 그 가치를 안다.

'공동체감'은 4장에서 나온 Adler의 개념으로서 '나' 대신 '우리'로 생각하는 능력을 말한다. 자기실현자들의 '우리'는 인류로 확대된다. 인간 일반에게 —때로 분노하고 참을성을 잃을지라도— 동정과 애정을 느끼는 것이다. 이는 형이 아우에게 느끼는 것 같은 애정이라고 할 수 있다. "자기실현적 대인관계"는 비교적 소수와 깊은 우정과 애정을 나누는 것이 특징이다. 혼자 있는 것이 좋을 뿐 아니라 필요하고 (안전, 사랑, 존중의) 결핍이 없으므로 타인들이 필요하지 않기 때문이다.

자기실현자들은 수단과 목적, 선과 악을 분명히 구별하지만, 평균인에게 그리 흔한, 옳고 그름에 대한 혼란과 갈등은 거의 겪지 않는다. 일반적으로 수단보다 목적에 집중하지만, 이들은 목적지에 도달하는 것만큼이나 가는 길 자체를 즐기기 때문에 남들에게 단지 수단인 경험과 활동들을 그 자체 목적으로 보기도 한다. 철학적 유머 감각이란 누구를 상처 줌으로써 남을 웃기거나 다른 이의 열등함을 비웃는 유머가 아니라, 인간 일반의 어리석음을 재미있어 하는 태도를 말한다. 자기실현적 창의성은 망쳐지지 않은 어린아이들의 순진한 창의성에 가깝다.

표 7-1에 언급된 항목들을 거의 전부 논의했으니 —여덟째 항목 '신비체험, 절정체험'은 아래에서 따로 다룬다— 몇 가지 사항을 분명히 할 필요가 있을 것 같다. 특성들에는 중복이 있고, 어느 피험자도 이 특성들을 전부 나타내지는 않았다. 가장 중요한 것은 피험자들이 완벽한 인간 또는 인격자, 이른바 성인(聖人)은 아니라는 것이다. 그들은 인간의 약점들을 많이 보이며, 허영, 자만심도 있고, 분노 발작도 드물지 않다. 이들은 매우 강한 사람들이기 때문에 필요하면 소름끼치게 냉혹할 수도 있다. 어떤 사람은 오래 믿던 친구가 부정직

하다는 것을 발견하자 관계를 갑작스럽게 잘라 버리고 아무런 고통도 느끼지 않았다. 이들은 강할 뿐 아니라 남의 눈치를 보지 않기 때문에, 인습을 무시하는 언동을 서슴없이 하기도 하며, 일의 세계에 몰두할 때는 유머 감각도 없고 통상적 사회적 예의를 망각하기도 한다.

자기실현은 과정이며 최종 결과가 아니다. 이 과정의 본질적 특성은 욕구, 인지, 사랑 등이 더 '높은' 영역에서 나타난다는 것이다. 이 높은 영역을 설명하기 전에 표 7-1의 내용과 위 설명이 너무 추상적으로 들릴지 모르므로 두 명의 자기실현자를 가깝게 접하는 행운을 가진 사람이 쓴 글을 실었다(글상자 7-1). 표 7-1에 나온 많은 특성들, 특히 타인을 수용하고 자연스럽고 문제 중심적이며 '우리'를 생각하고(공동체감) 민주적이라는 등의 특성들이 한 사람에게서 나타난다는 것을 알 수 있다. 자기실현자 한 명이 얼마나 많은 이들의 삶을 편안하고 풍요로워지게 만드는가? 불행하게도 우리는 (결핍욕구들에 지배되기 때문에) 자녀나 학생들에게 요구 많고 억압적인 부모, 교사를 훨씬 많이 알고 있다.

글 상 자 7-1

자기실현자의 초상

아래의 글은 미국 유학중인 여성학자 권인숙이 "어느 교수의 인간미"라는 제목으로 한 일간지에 발표한 수필이다(한겨레, 2000. 2. 15).

이제까지 지내면서 가족들 외에 가장 나에게 뚜렷한 영향을 끼친 두 분이 있다. 한 분은 돌아가신 조영래 변호사다. 3년 정도 가까이서 많은 이야기를 나누며 지냈다. 그분의 통념에 얽매이지 않는 가치관과 편견에서 자유로운 사고에는 많은 감화를 받았다. 자기를 옭아매는 욕심이나 자잘한 경쟁심과 집착에서 자유로우라는 이야기들이 깊게 남아 있다. 또 다른 사람은 현재 지도교수인 신디아 인로다. 솔직히 이렇게 헌신적이고 현명하면서 항상 밝음과 힘이 넘치는 사람을 본 적이 없다. 국제 관계에서는 어떤 교수의 표현대로 하자면 여왕이라고 할 만큼, 이 교수의 이름을 거론하지 않은 책을 보기가 힘들 정도로 성공한 학자다. 하지만 성공한 이들이 흔히 갖는 오만함이나 자기 연구에만 몰두하는 이기적 분주함을 보지 못했다.

미국에 오기 전 이래저래 사람들에게 많이 지쳐 있고, 불신도 적잖이 쌓여 있던 나에게 신디아(일상적으로 교수의 이름을 부른다)의 모습은 충격이었다. 열아홉 살짜리 학생이 와서 조언을 구할 때도 동료교수와 이야기할 때와 같은 진지함으로 대한다. 그 사람의 말 속에서 출발하고 같이 무언가를 찾아보려고 한다. 나같이 세상을 뒤흔드는 실천만을 주로 생각했었고, 작은 것을 찾는 사람들에게 개인적이고 자기 만족적이라고 냉소했던 사람에게는 이질적이면서도 감동스런 모습이었다. 아마도 신디아에게서 한 사람 한 사람의 고유한 가치를 살려나가고 존중하려는 자세를 본 것 같다.

특유의 교수로서의 열정도 놀라운 것이었다. 30년 이상 강단에 서 있으면서 한 해도 같은 교재로 수업을 하지 않는다. 매년 한 과목당 7-8권의 완전히 새로운 책들과 자료를 찾아서 가르친다. 어려움 없이 자란 미국 학생들이 세상에 관심을 가져 나가는 모습을 보는 것이 아직도 즐겁다니, 그 순수함이 어디에서 나왔을까 궁금하곤 했다. 한편으론 저 순수함이 다치지 않고 유지될 수 있었던 환경이 부럽기도 했다. 겸손함도 놀랍다. 지역활동이나 노동관계 모임에도 열심인데, 신디아와 6년 정도 같이 활동했던 한 사람은 신디아가 교수인지도 몰랐고 그토록 성공한 학자인지는 더욱 몰랐다고 한다.

같은 과 친구들과 늘 신디아는 사람이 아니니까 흉내낼 생각을 하지 말자고 서로를 격려한다. 그러면서도 항상 신디아 모습에 자신을 비춰보는 것을 보면, 이렇게 간직하고 살 만한 경이로운 삶의 모델이 있다는 것은 큰 행운인 것 같다.

"사람이 아니니까 흉내낼 생각을 하지 말자"면서도 "경이로운 삶의 모델이 있다는 것은 큰 행운"이라는 말은 자기실현자의 두 가지 본질적 특성을 시사해 준다. 바로, Maslow가 주장하는 것처럼 자기실현자의 심리학은 정상인의 심리학과 다르며, 자기실현자가 제 멋에 사는 이기주의자가 아니라 겸손하고 민주적인 사람으로서 열심히 일하면서 공동체와 사회에 큰 공헌을 하며 정상인들에게 '본'이 된다는 것이다.

존재와 성숙　　　　Maslow는 '존재의 심리학'(1968/81) 서문에서 '자기실현'이라는 용어가 예상하지 못했던 결점들을 가지고 있다는 사실을 인정하였다. 우리말에서도 책임을 내팽개치고 남 생각 안 하고 자기 좋은 대로만 사는 사람을 보고 "자아실현한대"라고 비웃는다. 미국에서도 '자기실현'은 흔히 남을 생각하기보다 자기의 만족과 즐거움을 앞세우고, 삶의 과제들에 대한 의무와 헌신, 타인 및 사회와의 결속을 우습게 아는 것으로 이해된다. 나아가 '자기실현'이라고 할 때 자기애(자기도취)만 강조되고 자기를 벗어남(자기초월, self-transcendence)은 무시되며, 수동성(가령 '무위', 無爲)과 수용보다는 능동성이 강조된다.

위에서 본 바, 자기실현자들은 이타적, 사회적이고 일에 헌신하며 자기에 집착하기보다 자기를 초월하는 사람들이지만, 자기실현에 대한 이런 일반적 부정적 고정관념들은 쉽게 없어지지 않는다. 더 나은 대안을 찾던 Maslow는 존재(being)와 성숙(becoming)이 더 적당한 용어라고 생각하게 되었다. 자기실현자들은 그냥 자기 자신으로 *존재*하고(be) 무엇이 ―자기 자신이― *된다*(become). 반면 '정상인'들은 타인으로부터, 바깥 환경으로부터 무엇을 원하고 요구한다. Maslow는 존재와 성숙이라는 용어들이 널리 사용되지 않는 것을 매우 유감스러워 하였다.

앞에서 결핍(D-)욕구와 성장 또는 존재(B-)욕구를 구별한 바, 결핍과 존재 구별은 존재의 두 영역 또는 양식을 나타낸다. Maslow는 D-인지와 B-인지, D-사랑과 B-사랑도 구별하였다. 자기실현사들이 더 높은 영역에서 주로 ―'전적으로' 또는 '언제나'가 아니다― 기능한다는 것은 B-욕구, B-인지, B-사랑이 그들의 삶을 더 많이 지배한다는 것을 뜻한다. 인지의 두 수준을 비교해보자.

D-인지는 결핍에 좌우된다. 빵을 먹으며 지나가는 아이를 배고픈 사람이 본다 하자. 그의 눈에는 빵만 보이고("맛있겠다!") 아이가 예쁜지 미운지, 우는지 웃는지 등은 보이지 않을 것이다. 소속과 사랑이 결핍되어 있으면 배우자나 친구가 나를 사랑하는가, 얼마나 사랑하는가, 혹시 다른 사람을 더 사랑하는 것은 아닌가 하는 등에 온통 신경을 쓰느라고 상대방이 행복한가 슬픈가, 걱정이 있는가 등은 보지 못한다. 대상들의 일부 측면들에만 주의를 집중하며, 개인적 관심사와 관련지어서만 보고, 다른 어떤 것들을 위한 수단으로 보는 등 D-인지 특성들은 여기서 나온다.

B-인지는 결핍이 동기가 아니기 때문에 *전체*를 보는 것이 특징이다. 내가 배고프지 않다면 아이 전체를 볼 것이고, 사랑에 굶주리지 않았다면 배우자나 친구의 존재 전체를 지각할 것이다. B-인지의 특성은 대상들을 전체로, (개인적 관심사와 관계없이) 그 자체로서 보고, 또 볼수록 새롭고 풍요로워진다는 것이다. 이를테면 아이가 볼 때마다, 볼수록 사랑스럽고, 친구가 한결같이 정겨운 것이다. 낮고 높은 인지의 서술에서 독자들은 이미 낮고 높은 사랑의 차이를 짐작할 수 있을 것이다. 자기실현자의 사랑(B-사랑)에 대한 연구 결과는 다음 장("경험적 연구")에서 다루기로 한다.

Maslow가 거듭거듭 강조한 것은 자기실현자가 '평균인'과 질적으로 다른 동기/욕구에 의해 움직이며, 질적으로 다른 방식으로 자신과 인간과 세상을 본다는 것이다. 욕구와 인지의 D와 B 영역은 '차원'이 다르다. 이를테면 심장과 머리가, 이성과 본능이 서로 다른 것을 원한다는 갈등은 평균인들이 너무 잘 아는 갈등이지만, 자기실현자들에서는 이 대극이 없어진다. 나아가 의무와 즐거움도, 일과 놀이도 이것이냐 저것이냐의 이분법이 아니다. 의무가 즐거움이고, 일이 놀이이기 때문이다. Maslow는 이들에게서는 원초아, 자아, 초자아도 서로 갈등·대극하지 않고 협동한다고까지 말한다. 즉, 평균인 심리학은 자아실현자 심리학과 다르다는 것이다. 그는 성 오거스틴의 말 "Love God and do as you will"을 "건강해져라. 그러면 너 자신의 충동들을 믿을 수 있다"로 '번역'하여 자기실현자의 본질적 특성을 표현하였다. 긴장하고 애쓸 필요 없이 내키는 대로 살면 그게 '올바른 삶'인 것이다— 건강 또는 성숙한 사람에게는.

자기실현자와 평균인(정상인)을 움직이는 동기들이 질적으로 다르다는 견해는 중생과 부처, 어리석은 사람과 깨달은 사람을 보는 불교 견해와 매우 비슷하다(글상자 7-2).

절정체험　　Maslow는 표 7-1에 여덟째 항목으로 언급한 절정체험(peak experience)을 특히 강조한 나머지 대학생, 성인 등 일반 피험자들을 대상으로 이 체험 특성을 조사하기도 하였다. 그가 피험자들에게 질문한 내용이 이 체험 특성을 잘 기술해준다.

글 상 자 7-2

부처와 중생― 진심(眞心)과 망심(妄心)

대승기신론(大乘起信論)에서는 마음(衆生心, 一心)에 부처에 이르는 진심과 중생이 되게 하는 망심의 두 측면이 있다고 본다. 불교의 입장에서 본다면, 심리적 문제 또는 장애란 망심 때문에 진정한 自己, 즉 대아(大我)를 깨닫지 못하고 허구적인 소아(小我)에 집착하여 자기 바깥의 것, 즉 돈, 권력, 명예, 남의 인정과 칭찬 등에 의존하고 그것들을 얻기 위해 살아가는 것이다. 아래 글에서 부처, 즉 깨달은 사람의 특성을 Maslow가 말하는 자기실현자 특성과 비교해보라(윤호균, 1995, pp. 476-477).

부처 혹은 깨달은 사람은 자기의 진정한 성품, 즉 진심 혹은 佛性을 깨달아 그에 따라 사는 사람이요, 중생은 자기 본성을 깨닫지 못한 사람이다. 자기의 본성을 깨달은 사람이란 다른 말로 하면 자신의 내재적인 가능성과 잠재력, 가치 등을 이해하고 믿으며, 그것을 구현하는 사람이라고 할 수 있을 것이다. 이런 사람은 자신의 가치와 가능성을 이해하고 믿기 때문에 남들의 가능성과 가치를 이해하고 믿을 수 있다. 또한 그는 자신이 이미 풍족하기 때문에 구태여 남에게 의존하고 남에게 사랑을 구하거나 욕심을 내지도 않으며, 남을 비하하거나 자책하지도 않으며, 남을 미워하거나 공격하지도 않으며, 남과 자신을 구별하지도 않으며 시비나 선악 등에 고집스런 분별을 하지도 않는다. 또한 그는 고정된 자기란 존재하지 않으며 무상한 존재임을 깨달아 알기 때문에, 小我에 국집하지도 않으며, 따라서 불안이나 공포에 떨지도 않는다. 적극적으로 표현한다면 그는 자기 자신과 남을 지혜와 사랑으로 대한다.

당신 인생에서 가장 경이로웠던 체험을 생각해보십시오. 가장 행복했던 순간, 무아지경의 순간, 환희의 순간― 사랑에 빠졌을 때, 음악을 들을 때, 책이나 그림 등이 갑자기 '가슴을 칠'때, 또는 창조적인 영감의 순간 등에서 나오는 것 같은 체험을 말입니다.

피험자들이 서술한 바 절정체험은 끝없는 지평선이 눈앞에 펼쳐지는, 과거 어느 때보다도 강해지면서 동시에 한없이 약하고 작아지는 느낌, 존재를 절대적으로 긍정하는, 자기를 잊거나 초월하고 (자연, 사랑하는 사람, 우주와) 하나라고 느끼는 매우 강렬한 행복 체험이다. 그러나 이러한 행복감, 신비체험은 의지로 만들어낼 수 없고 그냥 마주치는 선물이다. 예컨대, 어떤 음악을 들을 때 한 번 이러한 강렬한 체험을 하면 이제 그 음악은 내게 특별한 음악이 되지만, 내가 다음번에 기대를 가지고 그 음악을 듣는다고 해서 그 체험이 똑같이 반복되지는 않는다.

자기실현자 중에도 절정체험을 별로 안 하는 사람("non-peakers")이 있다고 한다. 이들은 정치인, 사회개혁자 같이 사회세계 향상에 헌신하는 실제적인 사람들로서 예술, 철학, 종교 지향적인 부류("peakers")와 구별이 된다. Maslow (1968/81)는 절정체험을 연구하고 나서 자기실현은 극소수만이 나이 60이 되어서야 들어갈 수 있는 성전(聖殿)이 아니라 "에피소드 또는 분출"(p. 155)이라고 정의하기도 하였다. 그러한 상태나 에피소드는 누구에게나 또 어느 때에나 다가올 수 있으며, 자기실현자들은 보통사람들보다 이러한 에피소드를 더 자주 더 강렬하고 완벽하게 겪는다는 것이다.

절정체험은 존재(B-)인지가 되는 순간이라고도 할 수 있다. 대상이나 하는 일에 완전히 집중하기 때문에 세상도 자기도 사라져버리는, 비교·판단하지 않는 인지이다. 몇 초, 잘해야 몇 분밖에 지속되지 않지만, 체험하는 본인에게는 그것이 영원인("시간이 멈춘") 듯 느껴질 때가 많다. 그러나 일종의 성장체험이기 때문에 그 효과가 지속적일 수 있다. Maslow가 강조하는 "잔여효과"는 신경증 증상들이 없어지고, 자신과 남들을 다른 눈으로 보게 되고, 세계관이 변하고, 삶을 일반적으로 더 가치 있다고 보게 되는 등이다.

자기실현자란 자기가 잘 하고 좋아하는 일을 열심히 하는, 행복하고 건강하며 창의적인 사람이라는 것을 생각하면, 누구나 자기실현을 하고 싶다. 이는 낮은 욕구들이 충족되지 않으면 그냥 포기해야 하는 목표인가? 글상자 7-3에서 Maslow가 제안한 방법들을 보라. 삶이 안전과 (성장의) 위험 사이의 끊임없는 선택이라는 것을 알게 된 것부터 도움이 되지 않는가? "외부 단서들을 막아버리고," "너 자신을 들여다보고"라는 말을 읽으면 (TV도 핸드폰도 없이) 혼자 있는 시간이 필요함을 느끼지 않는가?

성숙과 자기실현이란 결국 (긍정적인 쪽으로) 성격변화이다. Maslow는 심

글 상 자 7-3

자기실현을 하는 8가지 길

1. 사물들을 충실히, 생생하게, 자기를 떠나서(selflessly) 체험해라. 무엇을 체험할 때 그 속으로 자신을 던지고, 완전히 집중하고, 완전히 흡수당해라.
2. 삶은 (공포와 방어욕구에서 나오는) 안전과 (발전과 성장의) 위험(risk) 사이에서 선택하는 끊임없는 과정이다. "하루에 열두 번씩" 성장 선택을 해라.
3. 자기가 나타나게 해라. 무엇을 생각하고 느끼고 말해야 할지에 대해 외부 단서들을 막아버리고, 너의 체험에 의지해 네가 진정하게 느끼는 것이 무엇인지를 말할 수 있도록 해라.
4. 의심이 들 때에는 정직해져라. 너 자신을 들여다보고 정직하다면 책임을 질 것이며, 책임지기는 자기실현을 돕는다.
5. 너 자신의 취향들에 귀 기울여라. 인기 없을 각오를 해라.
6. 네 지능을 사용해라. 하고 싶은 일을 잘 하도록 해라― 그것이 피아노 치기 위해 손가락 연습을 하는 일이든, 인체의 각각의 뼈, 근육, 호르몬 등의 이름을 외우는 일이든, 아니면 나무가 비단처럼 보이고 만져지도록 작업하는 법을 배우는 일이든.
7. 절정체험이 일어날 가능성을 높여라. 착각과 잘못된 생각들을 없애고, 무엇을 잘 못하며 무엇이 네 잠재력이 아닌지를 알려고 해라.
8. 네가 누구이고 무엇이며, 무엇을 좋아하고 안 좋아하는지, 무엇이 너에게 좋고 나쁜지, 어디로 가고 있으며 무엇이 해야 할 일인지를 알아내라. 이런 식으로 너를 너 자신에게 연다는 것은 방어들을 찾아내고, 그리고 나서는 그것들을 포기할 용기를 찾는다는 것을 뜻한다(Hall 등, 1985, p. 221에서 재인용).

리치료 결과로 일어나는 변화―생각과 행동, 동기와 정서만 달라질 뿐 아니라 신체건강까지 좋아지는 포괄적 변화― 에 깊은 인상을 받았지만, 그것이 치료자-내담자 관계가 아닌 다른 인간관계들에서도 드물지 않게 일어남을 관찰하였다. 그의 경험은 짧은 심리치료들에 국한되었으나, 그는 자신의 경험과 동기

이론을 토대로 심리치료에 대한 확고한 견해를 가지고 있었다.

심리치료: 욕구충족과 통찰

앞에서 우리는 충족되지 않으면 사람이 병이 든다는 것이 결핍욕구의 특징이라고 말하였다. Maslow 욕구 이론에서 보면 심리적으로 병이 든 사람은 충분한 안전감, 사랑, 존중 등을 받지 못한 사람이다. 결핍욕구들의 충족이 밖에서, 타인에게서 온다는 점을 생각하면 마음의 병을 다르게 정의할 수 있다. 사랑, 존중 등은 타인들에게만, 인간관계 속에서만 얻을 수 있으므로, 마음의 병이 든 사람은 타인들과 좋은 관계를 가진 적이 없는 사람이다(Maslow, 1954/70). 이러한 사람이 지금까지 충족받지 못한 기본적 욕구들을 충족받으면 긍정적인 쪽으로 변하게 된다.

좋은 인간관계로서의 심리치료　　모든 치료의 궁극적 목표는 자기실현이며, 그 길에서 중요한(아마도 가장 중요한) 단계는 기본적 욕구들의 충족이다. 이러한 치료는 치료자-내담자 관계뿐만 아니라 모든 인간관계에서 일어난다. Maslow는 교수와 저술에서 뛰어난 정신분석학자들이 환자 치료에는 자주 실패하는가 하면, 좋은 교수도 학자도 아니지만 치료자로서는 훌륭한 분석가가 있다는 사실을 주목하였다. 더구나 치료자가 아무것도 하지 않아도 치유가 일어난다. 한 여학생이 개인 문제에 대해 상담하고 싶다고 찾아와 한 시간 동안 이야기를 하는 동안 Maslow는 한 마디도 하지 않았는데, 그 학생은 만족스러운 해결을 찾았다면서 그의 '조언'에 깊이 감사한다고 말하고 돌아갔다.

Maslow는 이러한 현상들을 욕구 이론으로 설명하였다. 위 경우들과 유사한 모든 경우에서 치료자는 관심을 보이고 도우려고 노력함으로써 내담자에게 자기가 최소한 한 사람의 눈에는 소중한 존재라는 것을 증명해주었다. 모든 경우에서 치료자가 더 현명하거나 나이가 들었거나 더 강하다고 지각되었으므로, 내담자는 안전하다고 느끼고 덜 불안할 수 있었다. 치료자가 기꺼이 경청하고, 야단치지 않고, 솔직해지도록 격려하고, 나쁜 이야기를 듣고도 수용해주고, 내담자 편이라는 느낌을 주는 것 등이 위 요인들과 합해져서, 내담자는 의식하지 못하는 가운데 상대방이 자기를 좋아하고 보호해주고 존중해준다는 것을 깨달았다.

치유를 가져온 것은 안전, 사랑, 소속감, 가치 있다는 느낌, 자기존중을 준 것이었다. 이러한 기본적 욕구들은 *관계* 속에서만 충족된다. 심리치료에서 일어나는 변화는 모든 좋은 관계에서 일어난다. 하나의 관계는 소속감과 안전, 자기존중을 어느 만큼 지지 또는 향상시키느냐에 따라 좋거나 나쁘다고 할 수 있다. 진실한 우정을 좋은 인간관계의 모범으로 본다면, 치료는 바로 *우정*과 비슷한 건강하고 바람직한 관계가 된다. 부부 사이든, 부모-자녀 사이든, 동성·이성 친구 사이든, 우정이란 서로 믿는 정직한 관계, 편안한 관계이다. 허세를 부리거나 어떤 역할을 하기 때문이 아니라 존재 자체로 사랑과 존중을 받으면, 자기 자신일 수 있고, 약함을 보일 수 있고, 혼란스러울 때 보호받을 수 있고, 어른의 책임을 떨쳐버리고 싶을 때 어린애 같아질 수 있다.

치료의 본질이 관계라면, 전문 심리치료자가 될 사람은 인간관계 훈련을 받고 좋은 관계가 얼마나 즐겁고 생산적인지를 배워야 한다. 치료란 내담자가 스스로 좋은 인간관계를 맺도록 그를 준비시키는 일이다. 치료를 관계로 정의하면 심리치료를 다른 (좋은) 인간관계들과 구별하지 않게 된다. Maslow는 모든 좋은 인간은 잠재적으로 치료자이므로, '공중보건' 견지에서 모든 교사, 모든 부모, 나아가 모든 인간에게 인간관계 교육을 시켜야 한다고 보았다.

> 누구를 위협하거나, 다른 사람을 모욕하거나 불필요하게 상처주거나, 지배하거나 거부할 때마다 정신병리를 창조하는 세력 —작은 세력일지라도— 이 된다는 것을 사람들이 분명히 깨닫게 하라. 또한, 친절하고 도우려 하고 예의를 지키며 심리적으로 민주적이고 애정 있고 따뜻한 사람은 누구나 심리치료적 세력 —작다 해도— 이라는 것을 깨닫게 하라(Maslow, 1954/70, p. 254).

신경증이 심하지 않다면 따뜻하고 우정적·민주적 관계에서 긍정적 변화가 일어나지만, 좀더 심각한 만성적 신경증에서는 이것이 안 통할 수 있다.

통찰 치료　　병이 심해지면, 욕구충족에서 오는 이익이 적어진다. 내담자는 기본적 욕구충족들을 찾거나 원하지 않고 대신에 신경증적 욕구충족을 원

한다. 애정과 존중을 보여도 두려워 불신하고 잘못 해석하며 결국 거절하기 때
문에 소용이 없는 것이다. 깊은 죄책감 때문에 파괴적으로 나가기도 한다(자기
처벌). 이때는 전문적 치료가 필요하게 된다. Maslow는 전문 치료기법 중 가장
중요한 것이 정신역학적 통찰 치료라고 보았다. 즉, 자유연상, 꿈 해석, 저항과
전이 분석 등을 통하여 무의식적 욕망과 추동들을 의식하게 해야 한다는 것
이다.

　　이상에서 본 것처럼 Maslow는 욕구서열 이론에서 출발하여 심리치료의
인간관계 이론을 내놓았고, 관계를 통한 기본적 욕구충족으로 치유가 안 되는
사례들은 정신분석 치료가 도움이 된다고 보았다. Maslow가 전문치료자가 아
니었던 것에 비해 Rogers는 상담가로서 심리학자 경력을 시작하였고, 심리치료
이론을 먼저 내놓은 다음 성격이론을 내놓았다. 둘 다 인간의 잠재력을 깊이
확신한 학자들이었지만, 이론의 색채는 상당히 다르다. 이는 아마도 두 사람의
성장 배경과 성격의 차이를 반영하는 차이일 것이다.

Rogers의 사람 중심 이론

　　Carl Rogers(1902-87)는 종교적이며 엄격하지만 사랑이 있는 미국 일리노
이 주의 가정에서 태어나 성장하였다. 춤, 카드놀이, 영화구경, 술, 담배, 성적
(性的) 관심 등은 부모가 내놓고 금지하지 않아도 그냥 하면 안 되는 일로 자녀
들에게 인식되었다. 도덕과 윤리에 대한 관심은 심리학자로서 Rogers에게 계
속 남아 있었다. 농장을 경영하는 부모는 근면을 강조하면서 과학적 영농도 중
시하였고 Rogers도 과학적 농법에 대한 책들을 읽었다. 과학의 방법들을 존중
하는 태도도 그가 일생 동안 유지한 것이었다.

　　그는 위스콘신 대학 농과대학에 들어갔으나 전공을 몇 번 바꾸었다. 종교
에 대한 관심이 커져서, 1922년 국제 기독학생 연합회 회원으로 6개월간 중국
과 필리핀 여행을 하였다. 다른 문화와 다른 세계에 접하며 부모에게 물려받은
엄격한 근본주의적 신념이 흔들리면서, 자유롭고 독자적인 사고의 중요성을 깨

닫게 되었다. 인간이 궁극적으로 의지할 수
있는 것은 자신의 경험밖에 없다는 신념은
그의 성격이론에서도 가장 중요한 전제가
된다. 동양 여행에서 돌아와 그는 뉴욕시의
진보적인 유니언 신학교에 들어갔다가 컬럼
비아 대학 사범대학으로 옮겨 거기서 임상
및 교육심리학으로 1931년에 박사학위를
받았다. 거기서 그는 Freud의 역동적 견해
들과 과학적이고 객관적인 견해들을 둘 다
받아들였다. Rogers는 상담 (녹음 또는 녹화)
테이프를 (물론 내담자의 허락을 받고) 공개하
여 치료 과정이 과학적·객관적으로 연구될
수 있도록 기여한 최초의 심리치료자였다.

Carl R. Rogers

1928년에 Rogers는 뉴욕 주 로체스터에서 후에 로체스터 상담지도소가 된
곳에 들어가 법정에서 의뢰한 비행 및 불우 청소년을 진단 치료하는 일을 하였
다. 1940년에는 그 동안 맡게 된 소장직을 내놓고 오하이오 주립대학 교수로
갔다. 여기서 상담경험을 토대로 한 이론적 생각들을 정리하기 시작하였고
1942년에 "상담과 심리치료"라는 책을 발표하였다. 이 책에서 그는 당시 유행
하던 심리치료의 두 주류, 즉 정신분석(주로 의사들이 하였다)과 지시적 상담이
아닌 '비지시적 상담' 기법을 제시하였다. 1945년에 그는 시카고 대학교수이자
상담소 소장으로 옮겨가서 자기 자신의 상담법을 발전시키고 치료과정에 대한
연구를 하였다. 이 시기에 미국심리학회 회장도 지냈고(1946-47), "내담자 중심
치료"(1951)라는 책을 내기도 하였다. 1957년에 위스콘신 대학(심리학 및 정신의
학)[1]으로 옮긴 그는 정신분열증 장애 치료에 자신의 이론과 기법들을 적용하

---

1) Harlow, Maslow에 이어 세 번째로 위스콘신 대학교 심리학과가 언급된다. 세 사람은 나
  이차이도 두세 살밖에 나지 않았다. Harlow(1905-81)는 스탠포드를 졸업하고 1930년에
  위스콘신에 와서 첫 대학원생으로 Maslow를 만났고 이곳에서 은퇴했다(1974년). 행동주
  의가 지배하던 1930년대 두 사람은 행동주의를 싫어했다(Blum, 2002/5, p. 143f.). 실험
  설계와 수학에 강박증이 있는 "경험주의의 황무지"(p. 212)에서 Rogers는 7년만 있었지
  만(1957-64) 수십 년이 지난 뒤에도 위스콘신 대학교 심리학과에서 가장 불행했던 구성
  원으로 기억되었다고 한다(p. 211).

였다.

1964년에 그는 캘리포니아 주 라호야로 가서 웨스턴 행동과학연구소에 들어갔고 1968년에 인본주의적 지향의 동료들과 더불어 '사람연구소'(Center for Studies of the Person)를 세웠다. 이 연구소에서 그는 장애가 있는 사람들이 아니라 정상인들과, 개인치료 대신에 집중적 집단 워크숍을 열었으며, 인습적인 과학적·경험적 연구 대신에 현상학적 사람 연구도 하게 되었다. 저술에서도 개인 대신에 결혼 및 다른 인간관계들, 집단, 사회 등의 주제들을 다루었다. 후에 정치 영역에 사람 중심 접근을 적용하기 시작한 그는 인종긴장 완화와 세계평화를 위해 큰 노력을 기울였다. 1987년에 넘어져서 허리에 골절상을 입고 수술 뒤 금방 죽었다.

Rogers는 일차적으로 상담치료자였다. 성격이론도 상담치료 이론에서 자라 나왔다. 그는 자신의 상담이론을 초기에는 비지시적(non-directive) 또는 내담자 중심(client-centered) 이론이라고 부르다가, 후에는 사람 중심(person-centered) 이론이라고 불렀다. *비지시적*이라는 말은 전문가가 조언, 훈계 따위를 통해 상담을 이끌어가지 않는다는 의미이다. *내담자 중심*이라는 말이 이 의미를 더 분명히 해준다. '내담자'가 '*사람*'으로 확대된 배경은 위에서 나온 바 있다. 상담에서처럼 성격이론에서도 Rogers는 사람 자신이 자신의 세계를 제일 잘 알며 스스로의 힘으로 성장과 치유로 향해 간다는 것을 강조하였다.

체험의 세계

Rogers의 성격이론을 *현상학적*이라고 부르는 이유는 성격과 행동을 이해하려면 의식하는 주체에게 '나타나는' 직접적 사실(철학 용어로 '현상'), 즉 체험을 파악, 기술해야 한다고 보기 때문이다. 체험이란 "어느 한 순간에 잠재적으로 인식할 수 있는, 유기체 안에서 진행되는 모든 것"(Rogers, 1959, p. 197)이다. '잠재적'으로 인식할 수 있다는 말은 체험의 일부가 의식되지 않을 수 있다는 뜻이다. 이를테면 일에 팔렸을 때 배고픔을 잊어버릴 수 있지만, 그렇다 해도 배고픔은 체험의 일부이다. 체험의 주체는 유기체(organism)이다. 이 생물학 용어는 생명체 또는 '몸'으로 이해해도 된다. 유기체와 자기(self)는 Rogers의 성격이론에서 근본이 되는 개념들이다.

Jung이 '자아'(ego)와 '자기'(self)를 구별하기는 했지만, 정신역학적 이론들에서는 주로 느끼고 생각하고 판단·행위하는 집행자(executive)로서 '자아'를 이야기한다. 현상학적 이론들에서는 정신역동이론을 비판하는 의미에서도 '자기'를 주로 쓴다.[2]

유 기 체　　유기체는 현상적 장(phenomenal field)과 자기 둘 다를 포함한다. 체험은 몸 안이나 바깥 세계에서 일어나는 일들을 지각한 것들이며, 의식하거나 의식하지 못하는 체험들의 전체가 **현상적 장**을 구성한다.[3] 그때그때 의식에 나타나는 감각과 지각, 생각, 느낌의 총체인 현상적 장이 —'객관적' 현실이 아니라— 그 사람의 행동에 영향을 미친다. 제 삼자가 그 행동을 이해하려면 그 사람의 '지금 여기', 즉 주관적 현실을 이해해야 한다. 타인의 현상적 장을 완전히 알 수는 없다. 다만 그의 입장이 되어 그의 심정을 이해할 뿐이다 (감정이입, empathy; '공감'이라고도 번역한다).

한 귀여운 서너 살짜리 소녀가 엄마만 좋아하고 아빠나 할머니 할아버지는 옆에만 가도 소리지르며 밀쳐냈다. 아빠는 거실에서 자고 딸이 부부침대에서 엄마와 같이 잤다. 엄마는 한 TV 방송사 '달라졌어요' 프로에 '사람을 싫어하는' 딸의 사례를 가지고 나왔다. 전문가가 발견한 사실은, 아이가 아빠도 할머니 할아버지도 좋아하고, '이 집에서 대장'인 엄마를 무서워한다는 것이었다. 엄마(전문가의 말로 "전형적인 controlling mother")는 '바른 아이'로 키우고 싶었을 뿐인데 아이는 '다른 사람과 접촉하면 엄마에게 혼난다'고 믿게 된 것이다. 아이는 이 '주관적 현실'(객관적 사실들이 아니라)에 따라 행동했을 뿐이다. 전문가의 도움으로 엄마 아빠, 할머니 할아버지가 전부 달라져서 결과는 '행복한 가정'

---

2) "주체로서의 '나'"(I)와 "객체로서의 '나'"(Me)를 구별할 때 대체로 전자는 '자아', 후자는 '자기'라 한다. 가령 Block(2002)은 평가객체로서 '나'를 의식하는 경우는 '자기'라고 쓰고, 주체 또는 집행자는 '자아'라고 쓰자고 제안한다. 그렇다면 '자기조절'(self-regulation)이 아니라 '자아조절'(ego regulation)이 더 적절하다.

3) 장(場)이란 원래 물리학 개념으로, 형태심리학자들이 지각현상의 전체성을 설명하기 위해 가져다 썼다. 성격 및 사회심리학에서는 (역시 형태심리학자였던) Kurt Lewin이 객관적 상황에 대비되는 주관적·심리적 상황을 의미하는 개념으로 썼다.

(할아버지 말로 '기적')이 되었지만, 그대로 갔다면 아이와 이 가정은 어떻게 되었을까? 아이는 엄마에 대한 분노와 공포, 아빠에 대한 사랑을 계속 억압하며 불행해졌고, 아빠는 언젠가 딸에게 접근하기를 포기하고 집에 들어오기도 싫어졌지 않았을까.

주관적 현실이 객관적 현실과 너무 동떨어지면 이렇게 적응에 문제가 생기게 된다. 예컨대 나는 사람들이 나를 존경한다고 믿는데 실제는 다를 수 있다. 건강한 사람은 자신의 주관적 해석이 맞는지 여부를 현실 접촉을 통해 확인해 나간다. 이를테면, 한 남학생이 여학생들이 자기를 좋아한다고 무턱대고 믿어버리는 것이 아니라, 그들이 수업시간이나 모임에서 자기 옆에 앉으려고 하는지, 말을 걸었을 때 좋아하는지 등을 보고 판단을 내리는 것이다. 글상자 7-4에 똑같은 사람에 대한 주관적 판단이 달라지는 예(Tavris, 1992/99)를 제시하였다.

Rogers의 이론체계에서 가정되는 유일한 동기는 (유기체) **실현경향**, 즉 "유기체가 자신을 유지 또는 고양시켜주는 방식들로 그것의 모든 역량들을 발달시키려는 선천적 경향"이다. 인간은, 사실상 모든 생명체는 성숙의 잠재력을 타고난다고 Rogers는 확신하였다. 악조건에서, 예컨대 흙먼지가 한 줌도 안 되게 쌓인 기왓장에서 풀이 자라고 꽃을 피우는 것도 유기체(생명체)의 실현경향을 말해준다. Maslow의 '자기실현'이 Rogers의 이론에서는 '유기체 실현'인 것이다. Maslow가 따로 정의할 필요가 없다고 느끼고 그냥 '자기 자신'으로 이해한 '자기'는 Rogers의 '자기'보다는 '유기체'와 더 가까운 개념이다. Jung의 '자기'도 Rogers의 '유기체'와 가깝다.

순간순간의 체험들은 실현경향을 준거로 좋고 나쁨이 평가되는데, 이를 **유기체 평가과정**(organismic valuing process)이라고 한다. "유기체를 유지 또는 고양"시키는 것으로 지각되는 체험들에는 긍정적 가치가 부여되고, 그에 역행하는 것으로 지각되는 체험들은 부정적 가치를 지닌다. 어렵게 들리지만, 생명체 차원에서 우리가 자신의 (몸과 마음의) 건강과 성장에 도움이 되는 것들을 좋아하고, 해치는 것은 싫어한다는 말이다. 예를 들어보자. 흔히 한 가정의 자녀들도 식성이 다르다. 형은 고기를 좋아하는데 동생은 채소만 먹으려 하거나, 형은 닭고기를, 동생은 돼지고기를 좋아하는 식이다. 유기체 평가과정이 제대로

글 상 자 7-4

주관적 해석과 객관적 진실

어느 큰 회사가 앤 홉킨스라는 여자에게 동업자(파트너) 지위를 주지 않았다고 기소당했다. 홉킨스가 유능하다는 데는 모두가 동의했는데도, 그녀보다 실적이 훨씬 못한 47명의 남자가 동업자로 추천되고 그녀는 안 된 것이다. 지지자들은 홉킨스가 솔직하고 독립적이고 자신감이 넘치고 용기 있다고 평가했지만, 반대자들은 같은 행동을 건방지고 거만하다고 해석했다. 어떤 남자는 그녀에게 "여자답게 하고 다니라"고 충고하기도 하였다. Tavris(1992/99)가 말하는 대로, "우리는 앤 홉킨스에 관해 진실—솔직한 건지 건방진 건지 자신감이 있는 건지 거만한 건지— 을 알 수가 없다. 양쪽 모두 보는 사람의 입장에 따라 진실이기 때문이다"(p. 21).

이러한 상황은 바깥에서 보기에는 혼란스럽지만, 본인들은 자신의 생각이 '주관적 해석'이라는 것을 대부분 인식하지 못한다. 또 각 편의 주관적 견해는 행동(이 경우 동업자 지위 부여에 찬성 또는 반대)으로 이어진다. '객관적 진실'로 공인되는 것은 많은 경우 다수 또는 강자의 진실이다. [홉킨스는 재판에서 이겼다고 한다.]

직동힌다면, 이 형제는 긱자에게 좋은 것을 좋아하고 나쁜 것을 싫어한다. 즉, 형에게는 고기, 특히 닭고기가 건강과 성장에 유익하고 동생에게는 고기라면 돼지고기, 아니면 채소가 "몸에 좋은"것이다. 독자들은 Maslow의 이론을 배울 때 나온 '기쁨을 통한 성장'이라는 말이 생각날 것이다.

생명체 차원에서 우리는 (자신의 건강과 성장에 도움이 되기 때문에) 좋아하는, 기쁨을 주는 체험들을 찾고, 건강과 성장에 해로운 체험들은 싫어서 피한다. 건강과 성장에 도움이 되는 것이 입에도 맛있고 자꾸 '땡기'는 것처럼, 기계 만지기가 유기체의 건강과 성장에 도움이 된다면 그것이 재미있고 따라서 하고 싶어질 것이다. 몸에 좋은 것을 좋아하고, 나쁜 것은 싫어서도 안 먹는다면 그 사람은 좋은 건강을 유지할 것이고, 기계가 좋아서 자꾸 배우고 다루다 보면 그 사람은 점점 '도사'가 되어 갈 것이다.

우리 대부분은 기쁨을 주는 것만 하며 살지 못한다. 고기를 좋아하는 사람이 고기가 몸에 나쁘다 하여 채소만 먹거나, 기계를 좋아하지만 입시, 고시 준비한다고 책만 보는 식이다. 유기체 평가과정이 행동조절의 토대가 되어주지 못하면 '악순환'이 일어난다. 내 건강이 상했기 때문에 몸에 좋은 것 대신 몸에 나쁜 것이 좋아지고 그래서 더 건강이 상한다. 기계 다룰 사람이 책만 들여다보며 대학입학이나 판검사 되기를 인생목표로 알면, 공부가 능률이 안 오르기 때문에 계속 자기를 닦달하며 목표에 매달린다. 그는 기계 만지는 직업을 점점 더 경멸하게 되며 전체적으로 점점 불행해진다.

건강과 행복의 선순환으로 들어가느냐 아니면 병과 불행의 악순환으로 들어가느냐 하는 것은 유기체와 자기가 일치하느냐 불일치하느냐에 달려 있다. 생명체에 좋은 것을 '나'도 좋아한다면 일치가 있는 것이고, 그렇지 않으면 일치가 없는 것이다. 自己가 어떻게 발달하는가를 보자.

自 己　　유아기에는 유기체 차원에서 주로 산다고 할 수 있다. 아기들은 배고프면 울고, 배부르면 먹기를 중단 또는 거부한다. 아기에게는 자신의 체험이 곧 현실이지만, 시간이 가면서 엄마와 '나'가 분리되고 체험, 즉 현상적 장의 일부가 '나'와 연결된다. '나는 배가 고프다', '나는 엄마가 좋다' 같은 느낌 또는 생각을 자기체험(self-experience), 즉 '나'체험이라 한다. 이러한 자기체험 내지 지각들이 조직화되어 결국 자기를 구성한다. 그러므로 Rogers의 自己는 각자가 지각하는 '나'(Me), 즉 **자기개념**(self-concept)이다. 아이는 '나는 어떻다'는 (실제) 자기 외에 '나는 어떻게 되고 싶다'는 **이상적 자기**(ideal self)도 발달시킨다.

'자기'나 '자기개념'은 개인의 자기관(自己觀)을 의미하고, 제삼자 입장에서는 **자기구조**(self-structure)라는 말을 쓰기도 한다. 구조라는 말은 自己가 "조직화된, 일관성 있는 개념적 형태(gestalt)"라는 특성을 말한다. 조직, 일관성, 형태(게슈탈트)의 **구조** 특성들은 '나'의 특징들을 스스로 지각한 것(예, 나는 키가 작다), 그리고 이 지각에 부착된 가치들(예, 키가 작기 때문에 창피하다)이 서로 관계를 맺으며 통합된 전체를 이룬다는 의미를 내포한다. 형태심리학의 기본 전제 중 하나는 "전체는 부분의 합 이상"이라는 것이다. 부분들은 같아도 그들이 어떻게 서로 관계·조직되느냐에 따라 전체는 달라질 수 있다. 한 번 형성된 자기개념은 시간과 상황에 따라 쉽게 변하지 않는 성격구조이지만, 어느 한 부분이 변하면 전체가 변하고 또 전체가 변하면 부분이 변하는 것이 형태 또는 구조의 특성이다.

　　Rogers의 自己는 우리 속에 들어앉아 있는 작은 사람, "I"가 아니라 지각된, 의식에 나타나는 '나'(Me), 즉 **현상적 자기**(phenomenal self)이다. 따라서 객관적 특성이 비슷하다고 해서 자기개념이 꼭 비슷한 것은 아니다. 같이 키가 작다 해도, 영수는 그것을 '나'의 중요 특성으로 지각하지만, 철호는 그러지 않을 수 있다. 또 같이 '키 작음'을 '나'의 특성으로 지각한다 해도, 영수는 그 때문에 열등감이 있지만 철수는 그렇지 않을 수 있다. 키처럼 객관화가 가능하지 않은 특성들에서는 자기(개념)의 주관성이 더 뚜렷하다. 남 보기에는 못생겼거나 바보 같은데 자신이 잘생겼거나 똑똑하다고 믿는 경우도, 그 반대의 경우도 심심치 않게 볼 수 있다. 이런 지각과 가치들은 서로 무관하지 않고 조직과 통합의 특성을 나타내므로, 자신이 뚱뚱해서 매력 없다고 느끼는 사람은 다른 면에서도 자신의 부정적 특징들을 많이 지각한다.

　　의식되지 않는 자기체험 또는 지각들도 있지만, 자기개념의 내용과 패턴은 본인에게 대부분 의식된다고 가정된다. 다음 장에서 보게 되듯이 이 가정은 자기개념 측정에 중요한 함의를 가진다.

성격의 발달

　　Rogers의 이론에서 성숙, 적응, 정신건강의 지표는 **자기와 유기체의 일치**(congruence) 정도이다. 유기체 체험상 격한 운동이 좋은데, 즉 격한 운동을 할 때, 하고나서 행복한데, 자기개념상으로는 '나는 운동을 싫어한다'면, 성욕이 강한 사람의 자기개념에 '성은 더럽다'가 들어가 있다면, 自己와 유기체가 불일치하는 것이다. 앞에 나왔던 어린 소녀는 엄마를 무서워하고 아빠, 할머니 할아버지를 좋아하지만 '나는 엄마만 좋다', '나는 아빠가 싫다'가 자기개념 속에 들어가 있었다. Rogers의 주요 관심사는 불일치가 어떻게 해서 생기며 자기와 유기체가 어떻게 더 일치될 수 있는가 하는 것이었다. 이와 관계된 문제들은 주관적 현실(현상적 장)과 객관적·외적 현실 사이의, 있는 그대로의 자기와 이상적 자기 사이의 일치 정도이다. 자기와 유기체가 일치할수록 주관적 현실이 객관적 현실과, 실제자기가 이상자기와 일치하는 것이다.

유기체로부터 분화되어 나온 구조인 自己가 그것과 불일치하게 되는 이유는 '나'를 인식하면서 사랑받고 인정받고 싶다는 욕구가 생기기 때문이다. '유기체의 유지와 고양'에 도움이 되는가 여부가 아니라 타인이 '나'를 사랑하고 인정해주는가 여부가 체험 평가의 기준이 되면 자기-유기체 불일치가 생긴다.

긍정적 존중 욕구　　남들에게 사랑과 인정을 받고 싶은 욕구를 Rogers는 긍정적 존중 욕구(need for positive regard)라 불렀다. 이것은 인간에게 보편적인 욕구이며, 어릴 때는 돌보는 이(주로 엄마)의 사랑이 물론 가장 중요하다. 이 욕구는 매우 강력하기 때문에, 엄마의 사랑·인정 표현이 유기체 평가과정보다 더 중요해질 수 있다. 나는 뛰어 노는 것이 좋은데 엄마는 내가 책상에 앉아 공부할 때만 나를 예뻐한다면, 나는 엄마의 사랑을 잃지 않기 위해서 운동보다는 공부를 하려 한다. 엄마의 '긍정적 존중'에 조건이 붙는(다고 내가 느끼는) 것이다. 가령 내가 아빠와 친하면 엄마는 나를 미워하고 엄마만 좋아해야 나를 예뻐할 것이(라고 느낀)다.

자기체험들이 긍정적 존중 욕구의 충족 또는 좌절과 연결되면서 **자기존중**(self-regard)의 욕구가 발달한다. 위의 아이가 밖에서 뛰어 놀 때 엄마의 비난을 여러 번 받게 되면 뛰어 놀고 싶어질 때마다 자기 자신이 싫어지게 된다. 자기 스스로를 사랑하고 인정하고 싶기 때문에, 그는 뛰어 놀기보다는 억지로라도 책상에 붙어 앉아 있으려고 한다. 이렇게 자기체험이 자기존중 가치가 덜하기 때문에 회피되고, 그 가치가 높아지기 때문에 추구될 때, 그 사람은 **가치 조건**(conditions of worth)을 획득한 것이다. 그는 자기 자신을 마치 남이(엄마가) 보듯이 보며, 자신의 가치를 매기는 데 조건을 붙인다. 돌보는 이의 입장에서 보면 아이는 이제 일일이 간섭하고 잔소리할 필요가 없는 '착한 아이'가 되었다. 그러나 아이는 자기 스스로에게 타인이 되었고(자기소외) 그의 自己는 유기체와 불일치한다.

무조건적 긍정적 존중　　아이가 언제나 사랑과 존중을 받는다고 느끼면, *행동*은 제지를 받아도 *감정*은 언제나 수용된다면, 가치 조건이 나타나지 않는다. 예를 들어보자. 형이 동생을 때리거나 못 살게 구는 것을 좋아하는 엄마는 없다. 그래서 엄마 안 볼 때 때리는데 어느 날 엄마가 그것을 보고 "너는 못된 아이이므로 나는 너를 사랑하지 않는다"는 메시지를 (말로든 표정으로든 때려서든) 전달한다. 반면 동생을 예뻐하거나 잘 데리고 놀면 "너는 착한 아이이므로 너를 사랑한다"는 메시지가 온다. 이렇게 엄마가 아이를 사랑하고 수용하는 데 조건이 붙으면(조건적 긍정적 존중), 아이는 자신을 사랑하고 수용하는 데 조건을 달게 된다(조건적 자기존중, 가치 조건). 즉, 동생을 잘 데리고 놀면 자기를 좋아하지만, 미워하거나 때리면 자기 자신이 싫어진다.

무조건적 긍정적 존중이란 '오냐 오냐'하는 *무조건적 허용성*이 아니다. *행동*을 무조건 수용하지는 않기 때문이다. 위의 예에서 형이 동생을 질투하고 미워하는 감정을 엄마가 수용할 때 엄마와 큰아이 사이 대화는 이런 식으로 진행될 수 있다: "○○가 그렇게 밉니?" "응, 미워." "엄마는 너도 예쁘고 ○○도 예쁘니까, 네가 때려서 ○○가 울면 속상하다." 아이 생각을 읽어보자. "나는 동생이 얄밉고, 동생을 때리면 기분이 좋다. 그러나 내가 동생을 때리면 엄마가 속이 상하고 나는 엄마가 속상한 것은 싫다." 동생 때리는 행동을 엄마가 싫어하기는 하지만 내 *감정*을 이해하고 그 때문에 나를 미워하지 않는다면, 엄마는 나를 조건 없이 사랑하는 것이다.

엄마에게 무조건적 긍정적 존중을 받으면 나도 나를 소중히 알고 사랑하는 데 조건을 달지 않는다('나는 나'). 따라서 동생이 미워지는 마음도, 동생을 예뻐하는 엄마가 미워지는 마음도 부인할 필요가 없다. [이런 경우 사실상 동생을 덜 미워하게 된다.] 나는 때로는 동생을 때리기도 하고 때로는 엄마를 기쁘게도 하지만, 내 감정을 나 자신에게나 엄마에게 부정할 필요가 없고, 동생을 미워하거나 때린다고 해서 나의 자기존중이 흔들리지는 않는다. 동생을 예뻐하는 것이 엄마가 나를 사랑하고 인정해주는 *조건*이라고 느낀다면 나는 동생을 예뻐하려고 노력할 것이다. 그러나 동생이 정말로 죽이고 싶게 얄미워서 한 번 밀치거나 때린다 하자. 엄마에게 들키지 않으면 물론 다행이지만, 그래도 아이는 자기 자신이 싫어진다('나는 나쁜 아이').

아이가 해달라는 대로 해주는 어머니들은 '애 기죽이면 안 된다'고 하지만, 사실상 다른 영역들에서 아이를 자기 마음대로 휘두르며 기를 죽인다. 아이는

가령 싫어도 여러 학원에 다녀야 하며 책상 앞에 붙어 앉아 있어야 한다. 아이
가 '엄마 말을 듣는다'면 그것이 엄마가 사랑해주는 조건이자 아이 스스로 자기
존중을 하는 (가치)조건이기 때문이다. Rogers는 무조건적 긍정적 존중이 현실
에서는 발생하지 않는 것 같다고 말한다. 그러나, "한 개체가 무조건적 존중만
을 체험한다면, 아무런 가치 조건도 발달하지 않고, 자기존중은 무조건적이고,
긍정적 존중과 자기존중에 대한 욕구들이 결코 유기체 평가와 어긋나지 않고,
개체는 심리적으로 계속 적응되고 충분히 기능할 것이다"(1959, p. 224)라는 연
쇄는 이론적으로 중요하다. ['충분한 기능'은 뒤에 가서 설명된다.] 이것은 바로 내
담자 중심 또는 사람 중심 상담의 핵심 원리가 된다. 즉, Rogers식 상담자의
기본적 태도는 무조건적 긍정적 존중인 것이다. 상담치료에 대해서는 뒤에 서
술하기로 한다.

자기-체험 불일치　　무조건적 존중에서 심리적 적응과 충분한 기능으
로 이어지는 연쇄는 自己와 유기체(또는 체험)의 일치를 전제하였다. 그런 경우
아이는 어떤 감정이든 인정할 수 있다. 그러나, 자기와 유기체가 불일치하면
자신의 체험을 *선택적*으로 지각한다. 가치 조건들에 맞는 것만 제대로 인식하
며, 맞지 않는 것들은 부분 또는 전체를 의식하지 못하거나 왜곡하여 지각하는
것이다. "동생을 미워하면 나쁜 아이," "동생을 예뻐해야 착한 아이"라는 가치
조건이 생기면, 자기존중욕구 때문에 "나는 동생이 예쁘다"가 자기개념에 들어
간다. 동생이 미워지면 자기가 싫어지기 때문에 미움이 아예 의식되지 않거나
아니면 왜곡되어 버린다.

　　자기와 체험이 불일치하면 행동에도 불일치가 생겨나 위에서 말한 선택적
지각이 일어난다. 아이가 어쩌다 동생을 때렸다면, 자기개념("나는 동생을 예뻐
한다")과 맞지 않는 행동 때문에 내가 싫어지므로 '내' 행동으로 인정하지 않거
나 自己와 일치하는 식으로 왜곡하게 된다. 이를테면, 나는 가만히 있는데 동
생이 먼저 때렸기 때문에 그러지 말라고 살짝 쳤거나 '정당방위'를 한 것이다.
아니면 좀더 원시적으로, '내'가 때린 것이 아니라 '손'이 때린 것이다. 이러한
불일치가 여러 다른 영역들로 전파되면 그 사람의 자기구조의 한 특성이 되고
그는 전체적으로 방어적이 된다.

불안과 방어　　自己와 불일치하는 체험은 위협적인 것으로 느껴져 불안을 가져온다. 그 체험을 인정한다면 자기개념에 금이 가고 자기를 더 이상 좋아할 수가 없는 것이 위협과 불안의 핵심이다. 이런 일들이 생기지 않도록 예방하는 선택적 지각 또는 왜곡이 바로 방어이다. 정신분석 이론에서와 달리 방어는 무의식적 충동들의 억압이 아니라, 자기구조에 맞지 않는 체험들이 의식되지 않거나 잘못 지각되는 것이다. 위에서 우리는 동생을 때려 놓고는 때리지 않았다고 잡아떼는 *부정*(denial)의 예를 보았다. 이를 '방어'라고 할 수 있으려면 본인이 고의로 잡아떼는 것이 아니라 정말로 그런 일이 없었다고 믿어야 한다. 다른 예로, "내가 정말 그 실수를 한 것이 아니라 사실은…"이라는 *합리화*는 '실수하지 않는 사람'이라는 자기개념과 일치하는 쪽으로 자신의 행동을 왜곡하여 지각하는 것이다.

방어과정으로 자기-체험 일관성은 지켜지지만, 지각을 왜곡해야 하기 때문에 사고에 경직이 오고 현실이 부정확하게 지각된다. Rogers는 "자료의 왜곡 및 생략"이라는 말을 쓴다. 내가 죄 없는 동생을 실제로 때린 사실, 실수 저지른 사실을 자기체험("나는…")에서 틀리게 지각하거나 빼버리는 것이다. 방어적 행동은 자기개념을 지키고 그럼으로써 자기존중욕구를 충족시키기 위한 행동들로서, 통상 '신경증' 범주에 들어간다. 자기와 체험의 불일치가 너무 큰 데다 그 체험이 갑자기 또는 매우 명백하게 발생하면 방어과정이 성공할 수 없다. 결과는 "붕괴와 와해"(breakdown and disorganization)로서 통상 (급성) '정신병' 범주에 들어간다.

自己가 무너지면 지금까지 왜곡되었던 또는 의식하기를 거부되었던 체험들과 일치하는 행동들이 이제 막 나온다. 예컨대, 성 충동을 부정하던 사람이 남들의 방종을 심하게 비난하는 투사를 일삼다가 어느 날부터 이 사람 저 사람에게 성 충동을 표출하는 것이다. 그는 이제 '막 나가'고 '미쳤다.' 일단 정신병적 행동들이 나타나면 다시 방어과정이 시작되어 불일치의 너무 괴로운 인식이 차단되기도 하지만(예, "그때 나는 (술이 취해서 등등) 제 정신이 아니었다"), 自己 자체가 행동과 일치하는 쪽으로 변하기도 한다(예, "나는 미친 사람," "나는 나쁜 놈").

방어와 와해의 Rogers식 심리치료란 자기와 체험이 일치하도록 자기를 변화시키는 과정이 된다. Maslow처럼 Rogers도 치료자와 내담자의 관계가 긍정적 변화를 가져오는 결정적 요인이라고 가정하였다.

사람 중심의 치료

앞에서도 말한 것처럼, Rogers의 성격이론은 치료경험을 토대로 나왔으며, 그의 주된 관심사는 치료과정 자체에 있었다. 그가 상담치료를 시작하던 1930년대에는 내담자가 문제를 가지고 오면 상담자가 "네 근본적 문제는 무엇이니, 어떻게 하라"고 훈계, 조언, 설득하는 식으로 상담이 이루어졌다. 학교 다닐 때 상담실에 가본 독자들은 이런 *지시적*(directive) 상담법에 친숙할 것이다. *비지시적*(non-directive) 접근에서 Rogers는 내담자가 하는 말의 내용이 아니라 그가 느끼는 것으로 보이는 *감정*에 반응해주는("화가 나시는군요" 등) 반사 기법을 강조하였다. 상대가 반사(reflection)를 해주면 거울로 보듯이 내 감정을 보게 된다. 비지시적 치료자가 수동적 역할에 머문다는 비판이 많았기 때문에, 내담자의 체험들을 이해하려고 능동적으로 노력하는 태도를 강조하는 *내담자 중심* 이론이 나오게 되었다.

사람 중심 치료에서는 이론이나 기법보다, 즉 전문성보다 치료자의 태도, 치료자-내담자 관계, '치료적 분위기'를 중시한다. 내담자를 인간 대 인간으로 존중하고 수용하면, 그가 (自己와 불일치하기 때문에) 수용하거나 의식하지 못했던 공포, 분노, 불안 등의 감정들을 느끼고 표현하면서 자기-체험 일치의 방향으로 나아간다는 것이다.

치료자의 태도　　　자기와 체험이 일치하려면 방어과정이 역전되어야 한다. 위협적인 체험이 정확하게 의식되고 자기구조 속에 들어가야 하는 것이다. 그러려면 가치 조건들이 감소하고 무조건적 자기존중이 증가해야 한다. 즉, 나의 가치를 인정하고 나를 좋아하는 데 조건이 붙지 않아야 한다. 동생을 예뻐해야 나를 좋아할 수 있고 동생을 미워하면 '나쁜 아이'인 것이 아니라, 공부 잘해야 자랑스럽고 공부 못하면 내가 형편없는 사람인 것이 아니라, 동생을 예뻐하든 미워하든, 공부를 잘하든 못하든 나를 수용할 수 있게 되는 것이다. 사태가 이렇게 진전되려면, 한 '중요한 타인'이 무조건적 긍정적 존중을 표현 (communicate)해야 한다. 이 '중요한 타인'은 친구나 가족일 수도 있지만—그래서 *내담자 중심*이 아니라 *사람 중심*이다— 치료 장면에서는 물론 치료자 또는 상담자이다. Rogers는 치료자의 태도로서 무조건적 존중 외에 일치 또는 진실함, 감정이입적 이해를 강조한다.

　　일치(congruence) 또는 **진실함**(genuineness)이란 가식 없이 열려 있고 투명하다는 것을 말한다. 치료자 자신에게서 자기와 체험이 일치해야 하는 것이다. 그는 내담자에 대한 자신의 느낌을—부정적인 것이라 해도— 숨기지 않는다. 이를테면, 내담자가 하는 이야기가 지루할 때, 그에게 도무지 호감이 안 갈 때, 관심이나 호감을 가장하지 않고 자신의 느낌을 있는 그대로 표현하는 것이다. 물론 하품을 하기보다는 "집중이 안 되네요"나 "하품이 나오려고 하네요" 같은 반응이 더 적절할 것이다. 내담자에게 관심과 호감이 없으면 나쁜 상담자이며 자기는 좋은 상담자라고 생각한다면 그렇게 할 수가 없다. 일시적으로 상처 받더라도 내담자는 진실한 치료자를 신뢰하며, 진실하지 않은 치료자는 믿지 못하게 된다. 치료의 목적이 내담자의 자기-체험 일치의 증가인데, 치료자 자신이 불일치를 보이면 되겠는가. [상담자가 '부정적 반응'을 할 때 내담자는 뭐가 자신의 문제인지를 깨달을 수 있다. 자신이 어떻게 할 때 사람들이 지루하거나 화나는지를 인식하게 되는 것이다. 이 통찰은 물론 괴로울 것이다.]

　　무조건적 긍정적 존중은 내담자가 어떤 말이나 행동을 하든 그를 사람으로서 수용하고 존중한다는 것을 뜻한다. "죄는 미워해도 사람은 미워하지 말라"는 말이 이런 태도를 반영한다. 자신이 '부도덕'한 감정이나 생각을 표현해도 치료자가 인간으로서 자기를 거부하거나 경멸하지는 않는다는 확신을 가져야 내담자는 스스로도 어떤 체험이든 자기 것으로 받아들일 수 있다. 위에서 동생 때리는 아이의 예를 든 바 있다. 동생을 미워하든 때리든 상관없이 엄마가 나를 사랑한다는 느낌을 받을 때 아이는 자신의 부정적 감정과 체험을 스스로 그리고 남에게도 인정할 수 있다. 마찬가지로, 내가 어떤 끔찍한 얘기를 해도 치료자가 나를 인간으로서 수용하고 존중한다는 느낌을 받아야 나는 자신에게 그리고 치료자에게 솔직하고 진실할 수 있다.

무조건적 존중은 말로든 다른 어떤 방식으로든 표현, 전달되어야 하며 그러려면 **감정이입적**(empathic, '공감적'이라고도 한다) 이해가 필요하다. 상대의 감정에 빠져들지 않으면서도 그의 감정을 자신의 것인 듯 느끼는 것이다. 위의 예에서 엄마가 엄마 입장을 떠나 큰아이의 입장이 되어보면 아기 동생에 대한 그의 감정을 이해할 수 있는 것처럼, 대부분의 상황에서 감정이입은 완전히는 아니라 해도 상당부분 가능하다. 물론 가능하다고 해서 이것이 언제나 일어난다는 말은 아니다. 상황에 따라 사람에 따라 상대방 입장에 서지 못할 수 있기 때문이다. 전문 상담자가 보통 가족이나 친구를 상담하지는 않는데, 배우자, 부모, 친구로서 상담자 자신의 입장을 떠나기가 힘들기 때문이다.

이렇게 진실하고 투명한 치료자가 내담자의 감정을 이해하면서 그를 조건 없이 수용·존중할 때, 내담자는 지금까지 의식하기를 거부하거나 왜곡하여 지각하던 체험들을 자기체험으로 받아들이게 된다. 자기와 체험이 점점 일치하면서 자기존중도, 타인들에 대한 존중도 증가한다. 그 결과 유기체 평가과정이 점점 더 행동을 조절하는 토대가 되며, 개체는 충분히 기능하게 된다.[4] 고민 있을 때 만나서 이야기할 친구가 있는 독자라면 위에 서술한 치료자 태도 특성들이 어떤 (치유)효과를 가져오는지를 경험해보았을 것이다. 예리하게 '문제'를 분석하고 해결 방식을 제시하는 친구가 도움이 될 것 같지만, 사실은 말없이, 마음(감정)을 이해하면서 이야기를 들어주는 친구가 도움이 되지 않던가. 그럴 때 무엇이 문제인지 분명해지고 어떻게 해야 할지 길이 보이지 않던가.

실제로 Rogers는 위의 태도 특성들이 친구, 부부 등 모든 인간관계의 개선에 도움이 된다고 보았을 뿐 아니라, 나아가 기업, 정치, 교육, 집단 갈등, 국제 분쟁 등에도 같은 원리가 적용된다고 보았다. Rogers가 위스콘신 대학교에 있을 때 (아마도 그에게서) 1961년 임상심리학 박사학위를 받았고 Rogers와 대인관계 연구도 같이 한 바 있는 Rosenberg는 **비폭력 대화**(Nonviolent Communication, NVC)라는 이름의 교육 프로그램을 만들어 교육자, 심리치료사, 부모, 기업경영자 등 다양한 집단들에게 워크숍을 열고 있다. 글상자에 이 소통법을 소개하였다.

---

4) Rogers의 제자인 V. M. Axeline이 정신박약아로 오인되던 소년을 치료한 사례연구 '딥스, 자아를 찾은 아이'를 읽어볼 것을 권한다. [이 책의 용법에서는 '자아'(ego)가 아니라 '자기'(self)가 맞다.]

글 상 자 7-5

비폭력 대화

비폭력 대화(Nonviolent Communication, NVC)의 요소는 다음 네 가지이다 (Rosenberg, 2003/4).

1. **관찰** 좋다, 나쁘다는 판단 없이 '있는 그대로' 관찰한다. 가령 아이는 '게 으름뱅이', '산수를 못한다'가 아니라 "아침에 9시에 일어난다," "산수가 4 등급"이다.
2. **느낌** 상대의 말과 행동을 보고 느낀 바를 전달하는데, 느낌과 생각을 구 별한다. "넌 나를 피곤하게 해," "나를 무시해"에는 해석이 들어가지만, "난 피곤해," "겁이 나"는 느낌이다.
3. **욕구** 내가 원하는 바를 분명히 하면서 내 욕구가—상대의 말과 행동이 아니라— 내 감정과 느낌의 원인임을 인정한다. 아이가 방을 어질러서 화나 는 엄마가 정리 정돈을 바라는 자신의 욕구—아이 행동이 아니라— 때문에 화남을 인정한다면 아이 자신에게는 화가 안 날 것이다. [아이에게는 그 자 신의 욕구들이 있다.]
4. **부탁** 상대에게 원하는 행동을 부탁하는 것은 명령·강요와 다르다. 무엇 을 하지 말라("게임하지 마")는 말보다 무엇을 하라는 말이 효과적이지만, "좀 부지런해져라" 같은 막연한 말보다 "8시까지는 일어나면 좋겠다"같이 구체적인 부탁이 낫다. 부모, 선생, 선배는 "내가 언제 강요했냐, 부탁했지" 라는 말을 자주 한다. 가슴에 손 얹고 생각할 때 상대가 거절해도 되면 '부탁' 이었지만, 거절을 용납하지 못하면 '강요'였다.

다른 사람의 말을 들을 때도 이 네 가지에 귀를 기울일 필요가 있다. 누가 고민을 이야기할 때 우리는 조언을 하거나 안심시키고 싶어하는데, 그보다는 상대방의 말을 잘 듣는 게 우선이다. 선입관과 판단을 떨쳐버리고 상대방의 느 낌과 욕구에 귀 기울이는 것이다. 바로 공감(감정이입)이다. NVC 워크숍에 온 부부를 보자(2003/4, pp. 151-152). 아내는 남편이 자기 말을 듣지 않는 것이 불만이었다. 남편이 자기는 아내 말을 듣는다고 주장하자 Rosenberg는 남편역 할을 해보겠다며 아내의 불만에 다음과 같이 반응했다. "우리가 대화할 때 좀

더 가까운 느낌이 들기를 원하기 때문에 불만스러워?" 자신의 느낌과 욕구를 이해받는다고 느끼자 아내는 눈물을 글썽이며 고개를 끄덕였다. 남편의 놀란 반응은 "아내가 원하는 게 그게 전부라고요?"였다.

Rosenberg는 해결방안을 찾거나 행동을 부탁하는 단계로 너무 빨리 넘어가지 말라고 조언한다. 어떤 어머니와의 대화를 생각해보자(pp. 152-153).

어머니: 내 아이는 어떻게 할 수가 없어요. 무슨 말을 해도 듣지 않네요.
전문가: 아이 때문에 정말로 힘드신 것 같네요. 그래서 어떻게 해서라도 아들과 좀 통할 수 있는 방법을 찾으시는군요.
어머니: 어쩌면, 내 잘못인지도 몰라요. 나는 아이에게 항상 소리를 지르거든요.
전문가: 간혹 아이를 꾸중하지 말고 좀더 이해해줄 걸 싶어서 죄책감을 느끼시나요?
어머니: 나는 엄마로서 완전히 실패작이예요.
전문가: 그래서 많이 낙심되고, 좀 다르게 아이를 대하고 싶으신 거죠?

느낌과 욕구를 짚어주면('반사') 어머니는 또 다른, 더 깊은 느낌과 욕구를 스스로 인정하게 된다. 실패한 엄마라는 말에 부정하고("그렇지 않아요!") 위로를 하기가 쉬운데—그러면 아마 이 어머니는 말을 멈출 것이다— 전문가라면 여기서도 상대가 표현하는 느낌과 욕구에 머문다.

충분히 기능하는 사람   심리치료의 궁극적 목적은 '치료', '문제해결'이라기보다는 성숙과 성장, 즉 성격의 긍정적 변화이다. Rogers(1961)는 심리적으로 건강한 사람을 충분히 기능하는 사람(fully functioning person)이라고 불렀다.[5] 그가 제시한 *체험 개방성, 실존적 삶, 유기체 신뢰, 자유의 느낌, 창의성*의 다섯 가지 특징은 모두 자기와 체험의 일치라는 근원에서 나온다. 체험에 열려 있다는 것은 어떤 감정과 태도도 방어 없이 인지·인정함을 말하고, 실존적 삶이란 체험을 기존의 자기구조에 맞도록 변형 또는 왜곡하지 않고 언제나

---

5) '충분'이 'full'(꽉 찬/채운)의 번역어로서 '충분'하지 않지만, '완전'이라는 대안적 번역어도 적절치 않다. 더 좋은 말을 찾지 못했다.

신선하고 새롭게 지각하는 것이다. 이 두 특징을 비롯하여 자유와 창의성은 Maslow의 자기실현자 서술에서 나온 바 있으므로, 여기서는 Rogers의 독특함을 나타내는 **유기체 신뢰**를 설명하기로 한다.

Rogers는 충분히 기능하는 사람을 '거대한 컴퓨터'에 비유하였다. 앞에서 방어를 설명할 때 "자료의 왜곡·생략"이라는 Rogers의 말을 인용했거니와, 컴퓨터 용량이 크면 어느 자료도 왜곡·생략될 필요가 없다. 상황 속의 모든 자료가 '입력'되어 판단과 행동이 즉시 '출력'된다. 사회적 요구들, 자기 자신의 복잡하고 갈등적일 수 있는 욕구들, 유사한 상황의 기억들, 현재 상황의 독특함 등등을 모두 고려하여 그 상황에서 자신의 욕구들을 가장 잘 만족시켜주는 행동을 찾아내는 것이다. 이 상황에 속하지 않는 정보가 들어가지도 않으며, 속하는 정보가 제외되지도 않는다. 많은 자료와 복잡한 계산과정이 의식되지 않으므로 선택이나 결정이 즉시 '튀어나오'는 것처럼 보인다. 결정을 내리는 토대가 분명하지 않아도 이런 사람은 그 결정을 신뢰하며 행동에 옮긴다.

결혼 배우자를 선택하는 상황에서 유기체 신뢰의 예를 들어보자. 한 사람과 일생을 같이 살기로 결정할 때는 매우 많은 '자료'를 참고해야 한다. "행복하게 해주겠다"는 상대의 말만 믿거나, 듬직하거나 착해 보이는 인상만 믿을 것인가. 그가 다른 여러 사람들에게 하는 행동도 관찰하고, 그의 가족과 친구들이 그를 어떻게 대하는지도 눈여겨보아야 한다. 이런 '자료'에서 나오는 결론은 우리가 의식 또는 설명하지 못하는 직감 또는 직관의 형태를 취하는 일이 많다. 글상자 7-6에 우리가 이런 직감("내적 경보체계가 요란하게 울려대는 분명한 경고")을 얼마나 쉽게 무시해 버리는지, 그 결과는 얼마나 무거울 수 있는지 하는 것을 보여주는 이야기를 소개하였다.

글 상 자 7-6

늑대의 가죽을 쓴 늑대: 직관과 배우자 선택

여자가 결혼을 염두에 두고 남자를 사귈 때는 처음부터 다음과 같은 물음들을 던지게 된다. [여기서는 여자의 상황을 다루지만 남자의 상황도 비슷하다.] 이 사람과 같이 행복하게 살 수 있을까? 편안하고 친절하고 공정한 사람인가? 싸움이 생길 때 신사적으로 나올 것이며 어려운 상황에서 내게 힘이 되어 줄까? 정직하고 믿을 수 있나?

여자는 남자보다 감정 표현이 더 자유롭고, 감정 판단도 더 정확하고, 인간관계 문제들에 더 민감하고 유능하다고 알려져 있다. 만일 그렇다면, 위의 물음들에 대해서도 올바른 답을 찾을 수 있어야 한다. 그런데 현실을 보면, 가정폭력이나 이혼까지 가지 않는다 해도 남편에게 불만인 여자가 아주 많다. 사귈 때는 착하고 얌전하던 여자가 결혼하고 나면 여우(또는 호랑이)가 된다고 말하는 남자가 있지만, 대부분의 경우 여우 또는 호랑이 특성은 처음부터 분명했다. 나쁜 남편이 되는 남자들도 사귈 때는 양의 가죽을 썼다가 결혼 후 곰이나 늑대의 본성을 드러내는 것이 아니다.

불행한 관계를 끝낸 여자들을 많이 만나본 페미니즘 학자 Benard와 Schlaffer (1999)는 많은 경우에 남자가 처음부터 양가죽을 쓰지도 않았거니와 여자도 남자의 '늑대'성을 보지 못한 것이 아니라는 사실을 발견하고 놀랐다. 남자가 첫 만남에서 이미 자신의 성격과 가치들, 여자에 대한 의견, 결혼생활에서 바라는 것을 말과 행동으로 분명히 밝힌 일이 많았던 것이다.

끊임없이 잔소리를 해대고 책임감도 없고 변덕이 심했던 독재자 남편과 아이 둘을 낳고 12년을 살다가 헤어진 여자가 있다. 이혼한 남편은 *처음부터* 유머라고는 없었고, *첫* 데이트에서 이미 여자는 어떻게 처신해야 하고 옷은 어떻게 입어야 하고 결혼해서는 어떤 아내/엄마가 되어야 하는지 등 설교를 늘어놓았었다. 그런 행동이 맘에 들지는 않았지만 남자가 듬직하고 믿음직해 보였고, 언젠가는 잔소리도 지쳐서 그만두겠지 하면서 결혼했던 것이다('남자는 여자 하기 나름이다'). 사랑에 빠져 있고 여자에게 좋은 인상을 주고 싶은 단계에서 이미 설교와 잔소리를 해대는 것이 이상하지 않았다니!

Benard와 Schlaffer의 표현을 쓰자면, 이 사람은 내적 경보체계가 요란하게 울려대는 분명한 경고를 제대로 알아들으면서도 자신의 직관을 무시해 버리기로 작정하였다. 같이 살면서 끝없이 싸우게 될, 결국 파탄의 이유가 될 특성들은 처음부터 분명했는데, 어느 한 면—외모, 유머, 아니면 단지 관심의 표현—이 마음에 든 나머지 부정적 특성들을 무시해 버린 것이다. 객관성을 잃는 이유는 특정한 결과(결혼)에 사로잡혀 있기 때문이다. 결혼은 해야 하거나 하고 싶고, 다시는 결혼하자는 사람이 없을 것 같은 것이다. 결혼하면—나를 사랑하니까— 내가 싫어하는 짓은 안 하고 긍정적으로 변할 것이고 그러면 다 괜찮아져야 하는데, 이해할 수 없게도 그는 안 변하는 것이다!

이론들의 평가

정신분석학과 행동주의가 세력을 떨치던 심리학계에서 Maslow와 Rogers는 '제 3 세력'으로 나서서 균형을 잡는 데 공헌하였다. Rogers가 이론을 명제 형태로 체계적으로 제시한 데 비하여, Maslow는 이론의 체계화, 개념들의 정확한 정의와 구별에 별 관심이 없었다. 이러한 차이는 경험적 연구에 대한 태도 차이에서도 나타나며, 두 사람의 성격 내지 기질 차이를 암시해준다. 두 이론을 평가하는 이 마지막 절에서는 인본주의, 현상학, 자기와 관계, 과학적 연구라는 네 가지 큰 주제를 중심으로 논의를 하기로 한다. 이 중 인본주의는 두 이론 모두의 특징이지만, 현상학과 자기는 주로 Rogers 이론과, 과학적 연구 문제는 주로 Maslow 이론과 연관이 있다.

인본주의

인간의 심리적 건강과 성장의 잠재력을 강조한 Maslow와 Rogers의 인본주의적 견해는 정신분석학의 비관론과 행동주의의 '로봇 인간관'에 염증을 느낀 사람들에게 큰 환영과 지지를 받았다. 거의 비공식적(informal) 연구이기는 하지만 자기실현자들에 대한 연구 결과는 인간성의 다른―더 높은―측면들을 우리에게 열어 보여주었다. 그러한 연구가 아니라면, 우리는 여전히 자기실현자는 우리가 도저히 따라갈 수 없는 완벽한 인격자, 거룩한 성인이며 우리를 괴롭히는 인간적 결함들로부터 자유롭다고 생각할 것이다. 자기실현자가 심신이 건강한 '좋은 동물'이라는 사실도 모를 것이다. 내담자 자신의 성장 잠재력('실현경향')을 신뢰하는, 전문성과 기법보다는 태도와 관계를 강조하는 Rogers의 상담치료 방법도 지속적인 영향력을 행사하고 있다.

인본주의적 견해가 환영과 지지만 받은 것은 아니다. 순진한 낙관론, (과학적 심리학이라기보다) 종교 대용물, 이론과 이데올로기의 혼동이라는 비판의 소리도 많았다. 인간이 근본적으로 선한가 하는 것은 결국 믿음의 문제이며 과학적 연구를 통해 검증될 수 없다. 그러나 '분위기'만 마련되면 내담자 스스로 성장과 성숙의 길을 찾아 나서는가 하는 것은 경험적 연구를 통한 확인이 필요한 문제이다. 열심히 듣고 무조건 지지를 해주는 것이 치료적 관계의 전제 조건이기는 하지만 치료 자체는 아닐 수 있다.

Maslow와 Rogers가 인간의 악과 심연을 보지 못하거나 부정한 순진한 낙관론자들은 아니었다. 건강과 성장을 강조하는 제 3 세력은 다른 두 주류 세력의 편향성을 *교정*해주었으나 그 두 주류를 *대치*한 것은 아니다. 과학이라고 해서 다양한 인간관과 세계관이 나란히 존재할 수 없는 것은 아니다. 인본주의적 견해가 결국 과학적으로 검증될 수 없는 세계관, 인간관 차원의 문제인 데 비해, 체험과 감정, '지금 여기', 주관적 현실을 강조하는 현상학적 견해는 성격과 심리학의 *내용*에 대한 더 많은 함의를 가진다.

현 상 학

순수한 현상학적 견해는 '지금 여기'와 의식을 강조하고 과거나 무의식, '객관적', 사회적 환경의 영향은 인정하지 않는다. Maslow나 Rogers가 과거와 무의식의 중요성을 아주 부정한 것은 아니다. Maslow는 어릴 때 욕구충족이 성인이 되었을 때 욕구서열의 어느 단계에서 머물고 마느냐(Freud의 용어로는

'고착') 하는 것을 결정한다고 보았고, Rogers도 어릴 때 돌보는 이의 사랑과 인정 ('긍정적 존중')이 조건적이냐 무조건적이냐 하는 것이 자기개념 형성, 자기-체험 일치 정도에 결정적 영향을 미친다고 보았다. 또, 두 사람 모두 무의식 과정도 부정하지 않는다. Maslow는 어떤 욕구들은 본인에게 의식되지 않는다고 인정하였고, Rogers는 '역하 인지'(subceive, "의식되지 않는 변별")라는 말을 만들어서 썼다. 이를테면 자기구조와 불일치하는 (유기체)체험은 위협적인 것으로 '역하 인지'된다. 방어가 의식의 문턱 아래에서 진행된다.

객관적 환경, 사회 현실에 대한 관심은 현상학적 견해에서 거의 완전히 결여된다고 할 수 있다. Maslow는 기본적 욕구들을 충족시키기 —자기실현의 전제 조건— 위해서는 언론의 자유, 자기를 표현할 자유, 집단들 속의 정의·질서 등이 있어야 하며, 비밀, 검열, 의사소통 차단은 모든 기본적 욕구들을 위협한다고 역설한 바 있다(1954/70). 그러나 '현상학'에 분류되는 Rogers는 사회 현실의 중요성을 적어도 이론에서는 별로 언급하지 않았다. Schultz(1977/82)는 지각된 세계를 유일한 현실로 취급하는 Rogers 견해가 혼란스럽다고 하면서, 우리가 세계를 주관적으로 지각한다는 것은 논란의 여지가 없지만, "왜 자신과 세계를 객관적으로 보려 해서는 안 된다는 말인가?"(p. 63) 하는 의문을 던진다. 이와 연관된 것이 '반(反)지성 편견'이다. "논리적 타당성이나 정확함이 아니라 옳다고 개인이 느끼는 그 느낌에 의해서 결정이 내려진다"(같은 곳)는 것이다. 객관적 신리와 현실, 논리적 추리를 무시하면 앞의 글상자 7-4에서 암시한 대로 다수와 강자에게 유리한 (주관적) 진실이 객관적 진리로 통하는 사태가 생기게 된다.

내담자 중심 또는 사람 중심 상담치료는 기법이나 전문성이 아니라 태도와 관계, '지금 여기'의 체험을 강조하기 때문에 개인 상담과 집단 상담뿐 아니라 다양한 세팅들에서 참만남 집단(encounter group), 인간관계 또는 감수성 훈련 등에서도 널리 사용된다. 미국이나 서유럽 나라들에서 많은 다양한 자조(self-help) 집단 —우리나라에서 가장 잘 알려진 것은 알코올 중독자 모임 (Alcoholics Anonymous)이다— 에서도 비슷한 처지의 사람끼리 서로 느낌과 감정을 공유하는 것이 주요 내용이 된다. 여기에는 두 가지 문제가 있을 수 있다.

우선 기법과 전문성을 힘들게 익히지 않고도 누구나 태도만 갖추면 치료

글 상 자 7-7

낮은 자기존중— 원인이 안에 있는가 밖에 있는가

미리암이라는 흑인 여성이 심리치료를 받으러 왔다(이하 Tavris, 1992/99, pp. 217-218). 빈민촌에서 살 때 그녀의 어머니는 하루 13시간을 일하느라 아이들을 이웃에 맡겼는데, 그 이웃은 아이들이 하루 종일 텔레비전에 붙어 있게 내버려두었다. 미리암은 (흑인들만 다니는) 학교에서 열심히 공부하여 좋은 대학에 들어갔지만, 한 학기를 끝내고 자퇴했다. 그 후 10년 동안 그녀는 여러 직업을 전전하면서 몸무게가 36kg이나 늘었고 점점 더 불행해졌다.

동료의 권유로 과식자 모임(Overeaters Anonymous, OA)에 간 미리암은 자신의 비만이 어머니가 주입한 낮은 자기존중 때문임을 알게 되었다. 그녀는 모든 이에게 화가 났다— 자신을 버린 아버지에게, 자신을 거칠게 대한 어머니에게, 자신에게 무관심했던 형제 자매에게, 자신에게 지나치게 음식을 많이 준 게으른 이웃여자에게. OA는 그 분노를 표현하라고 가르쳤다. 그러나 OA는 잘 사는 백인을 보여주는 TV프로가 그녀에게 미친 영향, 백인 소년의 인종차별적인 말에 느낀 위축감, 흑인 학교에서 우수생이었다는 사실이 백인들과 함께 다니는 대학에서는 아무 의미도 없다는 것을 깨달은 순간 등의 중요성은 지적해 주지 않았다. 감정을 드러내는 것만 중요하였다.

여자의 자기존중에 깊은 영향을 미치는 것은 *아이*와 돈이라는 외부 요인이다. 많은 가정에서 "아이는 '그녀의 것'이지만 돈은 '그의 것'"이다. 우리 사회에서 돈은 하고 싶은 일을 할 수 있는 힘을 주며, 아이는 여자가 하고 싶은 일을 못하게 만든다. 대부분의 경우 아이는 전적으로 여자의 책임이므로 돈과 가정 중에서 선택을 해야 하는 사람은 여자이다. 그러나 (특히, 자기존중이 낮은) 여자들 자신이 "문제가 내 안에 있다"고 말하면서 편안해하고, 문제가 관계 안에, 재정상태에 있다고 말하면 불안해진다. 독자들은 왜 그런지 생각해보라. 상황 변화 없는 문제해결이 가능한가도 생각해보라. 8장 끝부분에서 자기존중과 회피·대처에 대해 공부하면 이 물음들에 답하기가 쉬울 것이다.

자 역할을 할 수 있다는 원칙 때문에 사이비가 날뛸 여지가 있다. 더 중요한 문제로서, 감정과 체험만 중시하고 객관 현실을 무시하면 진정한 문제해결이 안 될 수 있다. 극단적 예로, 폭력을 휘두르는 실직자 남편, 치매 시어머니와 사는 주부의 우울증이 객관적 여건 변화 없이 치유될 수 있을까? 글상자 7-7에 감정과 체험만 중시하고 객관 현실을 무시할 때 진정한 변화가 불가능함을 역설하는 Tavris(1992/99, pp. 217-218)의 견해를 소개하였다. Rogers의 입장에서 보면 객관 현실과 상황변화가 중요하지 않다는 것이 아니라, 내담자가 '지금 여기'서 무조건적 긍정적 존중을 경험하면 스스로 '길을 찾아' 간다는 것이다. 가령 위의 주부는 스스로 이혼과 독립이 살 길이라는 것을 깨달을 수 있다. 글상자의 사례인 미리암도 무조건적 긍정적 존중을 받게 되면 자기를 존중·수용하게 되고, 모든 이에게 화나는 단계를 넘어서서 객관적 현실을 더 잘 깨닫고 적극적 대처를 시작할 수 있다.

自己와 관계

Rogers의 自己는 현상적 자기, 즉 '지각된 나'이고, Jung과 Maslow의 '자기실현'이 그에게는 '유기체실현'이다. '본연의 나', '참 나'를 의미하는 Jung이나 Maslow의 '자기' 개념과 달리 Rogers의 '자기'는 측정이 가능하므로 실제로 많은 경험적 연구를 가져왔다. 自己(자기개념, 자기존중 등)에 대한 연구가 모두 그의 덕은 아니라 해도 그가 연구를 크게 자극한 공헌은 부정할 수 없다.

Rogers는 자기개념, 자기구조가 시간이 가도 또 상황이 달라져도 비교적 변하지 않는 것이라고 가정하였다. 이에 대해 여러 개의 '나'가 있다고 주장하는 사람도 있다. 사회적 역할에 따라, 예컨대 딸로서(가난한 집안 장녀), 직장인으로서(일에 철저하여 동료와 부하들이 존경하는 과장), 엄마로서(아이들에게 늘 미안한 엄마), 며느리로서(부엌데기이자 동네북) '나'는 각각 다를 수 있는 것이다. 한편, 언제 어디서나 '나는 나'인가, 상황이나 사회적 역할에 따라 달라지는 '여러 나'인가 하는 것은 문화에 따라 다른지도 모른다(조긍호, 1999). 우리나라를 포함한 동아시아와 남미의 *집단주의*(collectivism) 문화에서는 사회 구성의 기본

단위를 관계 또는 집단으로 보고, 북미와 북유럽 *개인주의*(individualism) 문화에서는 그 단위를 독립적이고 자율적인 개인으로 본다. 따라서 전자에서는 "상황 의존적이고 관계 중심적 인간관"이, 후자에서는 "상황 유리적이고 개체 중심적인 인간관"(p. 237)이 지배하게 된다는 것이다(이 책 8장 참조). 전자에서는 상황·관계에 따라 여러 '나'가 있고, 후자에서는 '나는 나'가 될 것이다.

자기를 어떻게 정의하게 되느냐 하는 것은 문화의 영향을 받기도 하지만, 근본적으로 관계 맺기 경험들이 결정적 영향을 미친다. 앞 장에서 애착을 공부할 때 배웠듯이 인간은 관계를 추구하는 존재이며, 어릴 때 관계경험들에서 자기와 타인에 대한 내적 작업모델들이 나온다. 심층심리학에서도 대상관계 접근들은 추동생활보다는 관계욕구 및 경험들이 인간 존재의 본질이라고 강조한다. 사회적 동물로서 우리는 어느 동물보다도 긴 유아기·아동기에 일차적 가족과 관계를 맺으며 성장한다. 살아가면서 우리의 행복과 불행은, 나아가 우리의 건강과 병리는 우리가 맺는 인간관계들의 질과 밀접한 관계가 있다. Maslow와 Rogers는 둘 다 관계의 이러한 중요성을 이론에서 강조하였다.

Maslow는 좋은 관계가 얼마나 즐겁고 생산적이며 또한 치유를 가져오는지를 강조하면서 자기실현자의 (사랑)관계체험들도 연구하였다. 치유를 가져오는 좋은 관계의 특징들을 더 상세하게 분석한 사람은 Rogers였다. 그의 이론에서 볼 때 우리 모두에게는 남들에게서 사랑과 인정을 받고 싶은 긍정적 존중의 욕구가 있다. 나아가 우리는 자기 스스로를 수용·존중하고 싶기도 하다. 자기존중에 가치 조건이 붙으면 부정적 감정을 가져오는 자기체험들을 억압하게 되고 자기-체험 불일치가 일어난다. 결국 자기를 조건 없이 수용·존중('나는 나')할 수 있으려면 돌보는 이와의 좋은 관계가 필수적이다. 심리치료에서도 결정적인 것은 치료자-내담자 관계이다.

1990년대 이후 퍼스널 컴퓨터와 인터넷이 보편화되고, 이제 스마트폰이 모든 이의 손에 컴퓨터를 쥐어준 세상에서 관계 맺기 또한 아주 큰 변화를 겪고 있다. 부모-자식, 형제자매, 친구 할 것 없이 모든 유대 내지 관계들이 약해지는 한편 가상세계에서 무수히 많은 타인들과 관계를 맺고 있다. 모르는 사람들이 우리가 남긴 기록들에 공감과 반응을 해주지만, 어느 대학생이 말했듯 "얼굴 표정도 없고 목소리도 들리지 않는 어항 속에서 글자들만 둥둥 떠다닌다."

가족이나 룸메이트와 같은 공간에 있으면서 종일 컴퓨터로 드라마나 영화를 보는 것이 익숙한 그림이 되었다("다함께 홀로," Turkle, 2010/12). 이러한 관계 맺기 양상들이 '스마트폰 중독'을 넘어서서 우리의 자기개념과 행복·불행, 건강·병리에 어떤 영향을 미칠지는 앞으로 많은 연구가 필요하다. Rogers의 관점에서 기계(스마트폰과 로봇)가 우리에게 진실하고, 무조건적 존중과 감정이입을 할 수 있을까(cf. '엘리자 효과', 위의 책, p. 260f.).

과학적 연구

과학적·경험적 연구를 강조한 Rogers는 상담치료 기록을 공개하여 상담 과정에 대한 연구를 수행할 수 있게 하였을 뿐 아니라 자기에 대한 연구도 많이 자극하였다. 과학적 연구는 일반적으로 측정과 수량화를 전제한다. Rogers의 自己는 곧 '현상적 자기'이므로 그것을 측정할 때 피험자들이 하는 말(연구에서는 자기보고)에 의지하게 된다. 따라서 앞 장들에서 여러 번 논의한 "자기보고를 얼마나 믿을 수 있는가" 하는 의문은 여기서도 피할 수 없는 문제이다. 피험자들은 자기 자신을 어떻게 지각하는지를 모를 수도 있고 또 알지만 솔직하지 않을 수도 있다. 더 좁혀서 **자기존중**을 보면, 질문지에서는 자기를 사랑하고 존중하는 것으로 응답하지만 (인간관계 속에서) 행동으로는 자기를 비하하는 일이 많이 있다. 자기개념 측정과 자기존중 역설은 다음 장에서 경험적 연구를 다룰 때 더 구체적으로 논의될 것이다.

自己 측정과 연관된 문제가 적응 정도를 측정하는 문제이다. Rogers 이론에서 건강과 적응의 지표는 자기-체험 일치 정도이다. 그러나 체험을 측정할 수가 없기 때문에 연구에서는 자기와 이상적 자기의, 즉 현실/실제와 이상의 일치가 적응의 지표로 많이 사용된다. 건강한 사람은 '현실'과 '이상'이 근접하고, 적응을 잘 못하는 사람은 '이상'이 비현실적으로 높거나 '현실'을 극히 부정적으로 평가하여 둘 사이의 격차가 벌어진다는 것은 직관적으로 타당한 추론이다. 그러나 여기서도 측정의 타당도 문제는 피할 수 없다. 건강하고 적응을 잘하기 때문이 아니라 방어적이기 때문에 자기와 이상적 자기의 일치가 높을 수

도 있기 때문이다.

앞에서 각주 1(p. 361)에 두 학자가 실험과 통계·수학을 절대적으로 강조하던 행동주의 시대 위스콘신 심리학과에서 겪은 어려움을 서술한 바 있다. Rogers 자신도 말년으로 가면서 과학적 방법론에 대한 회의가 점점 강해졌거니와, Maslow는 실험심리학자로서 출발했으면서도 실험과 통상적 과학적 방법론을 거부하였다. 우리는 자기실현자 연구에서 그가 심리학의 공식적 방법론을 많이 이탈한 것을 보았다. Maslow 자신은 "넓은 의미의 과학적 방법"이 결국 진리를 파악하는 유일한 방법이라는 것을 확신했지만, 19세기 과학주의를 극복하고 과학의 방법과 영역을 넓혀야 한다고 보았다.

Maslow가 말하듯이 사랑, 창의성, 성숙과 건강 같은 문제들을 문학과 예술, 종교 등에 맡길 수는 없다. "단지 과학만이 보고 믿는 일의 개인차를 극복할 수 있고 또 과학에서만 비로소 진전이 가능"(1968/81, p. 19)하지만, 과학의 본질, 목표, 방법 등을 확대해야 한다. 그 자신이 말한 것처럼, 좁은 의미의 과학관을 고집한다면 자기실현자 특성에 대한 연구는 영원히 기다려도 안 나올 것이다. 그는 자신이 도달한 결론들이 시험 연구, 단편적 증거, 개인 관찰 등에 토대를 두었으며 따라서 최종적 신념이라기보다는 더 검토되어야 할 가설이라는 것을 의식하고 있었다. 실제로 그의 비공식적, 임상적-서술적 연구는 후배 학자들에게 풍요한 아이디어의 산실이 되었다.

학문에, 성격심리학에 기여하는 길이 단 한 가지는 아니다. 우리는 앞에서 자기개념, 자기존중, 적응 등에 대한 과학적 연구들이 측정상 문제들 때문에 최종적 답을 주지는 않는다는 것을 본 바 있다. Maslow는 '비과학적'이라고 비판받기도 하지만, 우리에게 정통을 이탈하는 용기를 보여준 모범이기도 하다.

｜요 약｜

01 Maslow와 Rogers는 당시 큰 영향력을 행사하던 정신분석학과 행동주의에 대한 대안('제 3 세력')을 제시하였다. 그들은 성장, 자기실현, 창의성, 사랑 같은 인간성의 건강한 측면들을 강조하였고, 무의식과 과거 경험, 객관적 환경보다는 의식과 '지금 여기'의 주관적 현실이 행동에 영향을 미친다고 보았다.

02 Maslow 동기 이론은 생리적 욕구, 안전욕구, 소속과 사랑에 대한 욕구, 존중 욕구, 자기실현욕구가 **서열**을 이룬다고 가정한다. 맨 위의 자기실현욕구는 성장 또는 **존재(B-)욕구**라고 부르고, 그 아래의 네 욕구는 **결핍(D-)욕구**라고 부른다. *아래* 있는 욕구들은 결핍에 의해 생겨나며, 밖(외부환경, 타인)으로부터 충족되어야 하고, 그 욕구들이 충족되지 않으면 몸과 마음에 병이 든다. 반면 *위*에 있는 존재욕구는 존재 자체에서 나오며, 질병 없는 상태를 넘어서 긍정적 건강을 가져온다.

03 '정상인'들과 비교할 때 **자기실현자**들은 현실과 타인들을 정확하게 지각하며, 자신을 있는 그대로 수용하며 방어나 꾸밈이 없고, 인습에 얽매이지 않고, 자아 중심적이 아니라 문제 중심적이고 일에 대한 집중력이 뛰어나는 등 여러 가지 면에서 다르다. 자기실현자와 정상인의 차이는 동기뿐만 아니라 인지, 사랑 등 모든 영역에서 나타난다. 예컨대, 존재(B-)인지는 결핍이 동기가 아니기 때문에 대상 전체를 보는 것이 특징이다.

04 Maslow는 자기실현자가 **절정체험**이라는 특별한 체험을 자주 그리고 강렬하게 한다는 것을 발견하고, 자기실현은 "에피소드 또는 분출"이라고 이해하게 되었다. 절정체험은 자기실현자가 아니라도 누구에게나 또 어느 때에나 선물처럼 다가올 수 있다.

05 Rogers의 사람 중심 이론을 현상학적이라고 부르는 이유는 그가 의식현상, 즉 '지금 여기'의 체험을 강조했기 때문이다. 체험의 주체는 **유기체**이다. 의식하거나 의식하지 못하는 체험들의 전체는 **현상적 장**(場)을 형성하며, 그

개인에게는 '객관적' 현실이 아니라 이 현상적 장이 '현실'이 되어 생각과 행동에 영향을 미친다.

06 Rogers가 가정하는 유일한 동기는 **실현경향**이다. 순간순간의 체험들은 실현경향을 준거로 좋고 나쁨이 평가되는데 이를 **유기체 평가과정**이라고 한다. 즉 우리는 유기체(생명체) 차원에서 건강과 성장에 도움이 되는 것은 좋아하여 찾고, 해로운 것은 싫어하며 피한다. 그러나 유기체 평가과정은 유기체와 自己가 일치할 때에만 행동조절의 토대 구실을 한다.

07 체험, 즉 현상적 장의 일부가 '나'와 연결되는 **자기체험**들이 조직화되어 결국 自己(자기개념, 자기구조)를 구성한다. Rogers 이론에서 성숙과 적응의 지표는 自己와 유기체가 일치하는 정도이다. '나'를 인식하면서 중요한 타인들(일차적으로 엄마)에게 사랑받고 인정받고 싶다는 욕구가 생기면, 이 **긍정적 존중 욕구**가 유기체 평가과정보다 더 중요해질 수 있다.

08 自己가 발달하면서 자기 스스로를 사랑·인정하고 싶다는 **자기존중욕구**가 생긴다. (중요한 타인이 주는 사랑과 인정에 조건이 붙기 때문에) 자신을 인정하는 데 조건을 붙이게 되면 **가치 조건**이 생겨난다. 반면, 무조건적 긍정적 존중만 받는다면 조건 없이 자기를 수용하게 된다.

09 자기와 불일치하는 체험은 위협으로 받아들여져서 **불안**을 가져온다. 자기개념에 맞지 않는 체험들은 의식되지 않거나 왜곡되게 지각되고, 자기-체험 일관성을 유지하기 위해 **방어**를 하게 된다. 너무 경직된 방어를 쓰며 현실을 왜곡하면 적응에 어려움을 겪는다. 자기-체험 불일치가 너무 커진 나머지 방어가 실패하고 自己의 붕괴와 와해가 오기도 한다.

10 Rogers식 심리치료는 이론이나 기법보다 치료자의 태도, 치료자-내담자 관계를 중시한다. 치료자가 자기-체험이 일치하여 진실하고, 내담자를 무조건적으로 수용·존중하며 감정이입적으로 이해하면, 그런 관계 또는 분위기 속에서 내담자는 스스로 문제해결의 길을 찾고 충분히 기능하게 된다.

11 Rogers는 심리적으로 건강한 사람을 **충분히 기능하는 사람**이라고 부르고 체험 개방성, 실존적 삶, 유기체 신뢰, 자유롭다는 느낌, 창의성의 다섯 가지 특징을 서술하였다. 유기체 신뢰란 (의식하는 '나'가 아닌) 유기체가 지각, 기억하는 모든 느낌과 생각들을 신뢰하는 토대 위에서 결정을 내리고 행동하는 태도를 말한다.

12 Maslow와 Rogers의 이론이 인본주의, 현상학, 自己와 관계, 과학적 연구라는 네 주제를 중심으로 평가·비판되었다.

제 8 장

인본주의와 현상학: 경험적 연구

인본주의와 현상학에 대한 경험적 연구에서 핵심이 되는 것은 인간성의 건강하고 긍정적인 측면, (현상적) 자기에 대한 연구일 것이다. 심리학이 인간성의 부정적인 측면들에 초점을 맞추는 (Maslow가 비판한) 경향은 여전하지만 사랑, 행복, 강함 등에 대한 관심이 당시보다 높아진 것은 사실이다('긍정적 심리학', positive psychology). 이 장에서는 Maslow가 주로 사례연구법에 의지하여 자기실현자의 사랑을 연구한 내용을 소개한 후, 보다 최근에 인습적인 과학적 방법을 써서 수행된 행복체험의 연구를 제시하기로 한다.

自己에 대한 연구가 Rogers로부터 비롯되는 것은 아니지만, 그는 自己에 대한 연구에 많은 공헌을 하였다. 여기서는 자기존중 연구들에 초점을 맞추기로 한다. 구체적 연구들을 소개하기에 앞서 현상학적 견해에서 自己를 연구할 때 많이 사용하는 측정평가 방법을 먼저 알아보기로 하자.

현상학적 측정평가

현상학적 접근의 연구들에서 중요한 것은 사람이 자기를 어떻게 지각하고 정의하느냐 하는 **자기개념**이다. 자기개념 측정은 피험자의 자기보고에 의지한다. 연구를 위해 적응과 건강의 지표도 필요한데, 이론적으로는 자기-체험 일치 정도가 중요하지만 *체험*, 즉 현상적 장은 늘 변화하는 흐름 속에 있기 때문에 측정하기가 어렵다. 따라서 경험적 연구에서는 자기와 이상적 자기의, 스스로 보는 '나'와 가까운 사람들이 보는 '나'의 일치가 중시된다.

현상학적 견해에서는 사람이 자신의 생각과 느낌들을, 따라서 자기개념과 이상적 자기도 상당부분 의식한다고 가정하기 때문에 측정에서도 자기보고, 자기평정에 크게 의지한다. 여기서는 가장 많이 사용되는 Q분류(Q-sort) 기법과 의미 미분척도를 소개하기로 한다.

Q분류 기법

이 기법에서 피험자는 카드들(대부분 100장 이내이며 크기는 독서카드만하다)을 여러 무더기로 분류하게 된다. 카드에는 "친구를 쉽게 사귄다," "분노 표현에 문제가 있다" 같은 자기진술 내지 성격특징이 적혀 있다. 연구 목적에 따라 피험자는 이 카드들을 가지고 '나'(자기개념)의 특징들을 서술하기도 하고, '되고 싶은 나'(이상적 자기)를 서술하기도 한다. 피험자를 아는 사람(예, 친구나 배우자)이 피험자의 성격을 서술하기도 한다.

Q분류는 매우 신축성 있는 방법으로서, 진술들은 연구 목적에 따라 얼마든지 달라질 수 있다. 예컨대, 교사들이 생각하는 훌륭한 교수법이 무엇인지를 연구한다면, "남을 배려하도록 가르친다," "교사가 세운 규칙들을 지킨다" 같은 진술들을 교사 행동으로서 바람직한 정도에 따라 분류하게 할 수 있다. "이상적 직장동료," "이상적 직장상사"를 평가하게 할 수도 있다. 우선 분류 절차를 알아본 다음에 이 기법을 사용한 연구 예를 제시하기로 한다.

분류절차   피험자는 카드에 적힌 문구를 읽고 그 말이 자기 자신을 얼마나 잘 기술해준다고 보이느냐에 따라 카드들을 분류한다. 통상 연구자는 카드들이 몇 개의 더미(pile)에 몇 장씩 들어가는지를 정해준다. 예컨대 카드가

100장인 경우에 각 카드에 적힌 말이 "자신을 매우 잘 기술해준다"(1)부터 "자신을 전혀 기술해주지 않는다"(11)에 이르기까지 어디 속하느냐에 따라 11개 더미로 나누게 하되, 각 더미에 들어가는 카드의 숫자를 정해준다(예컨대 2, 4, 8, 11, 16, 18, 16, 11, 8, 4, 2). 괄호 안의 숫자들을 보면 제일 가운데 들어가는 수가 제일 많고(18), 양끝으로 갈수록 수가 적어지며, 그 숫자들이 맨 가운데 범주를 중심으로 대칭을 이룬다는 것을 알 수 있다. 이러한 분포를 그림으로 그려보면 종을 엎어놓은 모양의 *정상분포*가 된다. 연구 목적에 따라 각 더미에 같은 숫자의 카드들을(가령 1-10까지에 10장씩) 넣으라고 지시하기도 하며, 그럴 때는 분포가 종 모양이 아니라 직사각형이 된다.

　　자기와 이상적 자기의 일치도를 연구할 때 피험자는 같은 카드들을 가지고 일단 자신을 어느 정도 잘 기술해주느냐에 따라 분류하고, 다음에 이상적 '나'와 비슷한 정도에 따라 분류한다. 상담치료에 대한 연구에서는 이러한 분류가 치료를 시작하기 전, 치료에 들어가서 한 달 뒤, 두 달 뒤 등으로 여러 차례 반복된다. 독자들이 생각할 수 있듯이, 치료가 성공적이라면 자기개념이 점점 긍정적인 방향으로 바뀌면서 이상적 자기에 점점 근접해 갈 것이다. 종단연구에서도 Q분류 절차가 많이 사용된다. 이를테면 10세, 15세, 20세 때의 자기 서술과 이상적 자기 서술이 어떻게 달라지는가를 추적하는 것이다. 피험자들이 어린아이 때부터 종단연구에 참가하는 경우에는 (피험자들을 본 적이 없는) 연구자들이 관찰, 면담, 심리검사 등을 토대로 피험자들을 평가하기도 한다.

　　원래 Q분류는 전문 학자나 임상가들이 피험자나 내담자들의 성격을 평가하기 위한 도구로 만들어졌다. 즉 자기보고(S자료)가 아니라 타인평정(O자료)을 위해 만들어진 것이다. Block(1961/78)의 **캘리포니아 Q 세트**(California Q-set, **CQ 세트**, 아동용은 따로 있다)가 그러한 도구이다. 이 도구는 형용사형으로도 나와 있다. CQ 세트는 개별 피험자나 내담자 성격기술에만 쓰이지 않고 심리장애 유형의 특징을 기술하는 데도 쓰인다. 가령 이 세트를 가지고 남성 망상증 환자(paranoid), 여성 히스테리 환자와 더불어 최상 적응 성격이 기술되기도 하였다.

　　최상 적응 성격의 Q분류 정의　　이론방향도, 일하는 세팅도 다양하며 상당한 임상경험을 가진 9명의 임상심리학자들이 CQ 세트를 가지고 '최상적응 성격'(optimally adjusted personality)을 기술하였다(Block, 1961/78, 부록 D, pp. 144-145). 100장의 카드는 9개 더미로 분류되는데, "극히 특징적이거나 두드러진"(척도치 9)과 정반대(1) 범주들에 5장씩, "비교적 중립적이거나 안 중요한"(5) 중앙 범주에 18장이 들어간다. 평정자간 일치도는 .78로서, 같은 전문가들이 남성 망상증 환자와 여성 히스테리 환자를 기술할 때 일치도(각각 .55와 .51)보다 높았다.

최상적응 성격의 "극히 특징적이거나 두드러진"(척도치 9) 5개 측면은 다음과 같다(괄호 안의 값들은 9명의 평정치 평균이다).

35. 따뜻하다. 가까운 관계를 맺을 수 있는 역량이 있다. (8.9)
2. 진정으로 믿을 수 있고 책임감 있는 사람이다. (8.8)
60. 자신의 동기와 행동을 잘 이해한다. (8.4)
26. 생산적이다. 맡은 일들을 잘 해낸다. (8.3)
64. 아주 다양한 인간관계 단서들을 잘 감지한다. (7.9)

최상적응자들이 가장 '아닌'(척도치 1) 면들은 다음과 같다. 즉, 아래와 같을수록 *부적응자*이다.

45. 자아방어체계가 깨지기 쉽다. 통합을 잘 못해낸다. 스트레스나 외상을 당하면 무너지고 적응 못할 것이다. (1.0)
78. 삶이 자기를 속이고 피해 입힌다고 느낀다. 자기연민이 있다. (1.4)
86. 불안·갈등들이 존재함을 인정하지 않으려 드는 식으로 불안·갈등들을 다룬다. 억압이나 해리경향들이 있다. (1.9)
22. 삶에서 개인적 의미를 찾지 못한다. (1.9)
55. 패배를 자초한다(self-defeating). (2.0)

임상심리학자들이 보기에 적응 잘하고 건강한 사람은 따뜻하고 관계 역량이 있으며 책임질 줄 아는, 일과 인간관계를 즐길 줄 아는 사람이다. 그 반대편에는 자아방어체계가 약하여 스트레스에 쉽게 무너지고 '피해의식'과 자기연민이 많은 사람이 있다. 100개 문항 각각에 대해 9명의 평정을 합친 평균값인,

문항 끝 괄호 안에 있는 점수(composite score라고 부른다)를 최상적응 성격의 정의로 인정한다면, 이 전문가 정의와 일치하는 정도(상관)를 적응성격의 지표로 사용할 수 있다. 독자를 잘 아는 전문가가 독자의 성격을 'Q분류'한 결과가 이 전문가패널 판정과 일치할수록(높은 상관) 독자는 적응을 잘하는 성격인 것이다.

연구 예: 자기평가와 타인평가　'나'와 '이상적 나'의 일치도 중요하지만, '내가 보는 나'와 '남이 보는 나'의 일치도 중요하다. 우선 남이 나를 어떻게 보느냐에 따라 나에 대한 행동이 달라진다. 예컨대, 사장이 나를 무능하다고 보면 나를 채용하지 않을 것이며, 친구가 나를 부정직하다고 본다면 내게 돈을 꾸어주지 않을 것이다. 심리학적으로 더욱 중요한 것은 남이 나를 어떻게 보느냐 하는 것이 나의 자기개념에 영향을 미친다는 것이다. 예컨대 부모도, 학교 선생님들도 나를 무능하다고 본다면 나도 자신이 무능하다고 생각하게 되기가 쉽다.

Q분류는 자기평가와 타인평가의 일치도를 연구하는 유용한 도구가 된다. Funder와 Colvin(1997)은 157명의 학부생들로 하여금 Q분류로 자기 자신을 서술하도록 시키고, 아울러 각자 두 명의 친구가 피험자들을 서술하도록 하였다. 결과를 보면, "관심범위가 넓다," "철학적 문제들에 관심이 있다," "남이 와서 조언을 구한다" 같은 긍정적 문항들에서는 자기평가가 타인평가보다 높고, "적대감을 표현한다," "자기주장이 강하다" 같은 문항들에서는 자기평가가 더 낮았다. 이를 **자기고양**(self-enhancement)의 경향, 즉 자기를 긍정적으로 보려는 경향이라 할 수 있을 것이다.

연구자들은 결과의 다른 측면에도 주목하였다. 성격특성들의 *관찰 가능성*에는 차이가 있다. 이를테면, 관심범위가 넓은지 철학적 문제들에 관심이 많은지 하는 것은 내면적이고 사적인 체험들인 데 비해, 적대감 표현, 자기주장 등은 밖에서 더 잘 보이는 행동특성들이다. 우리 자신이 보기에는 내적이고 정신적인 활동들이 우리 존재의 더 중요하며 눈에 띄는 부분일 수 있고, 남들과의 관계에서 내보이는 성격특성들은 우리 자신보다는 남들에게 더 중요할 수 있다. 관심범위가 넓은지, 철학적 문제들에 관심이 있는지는 본인이 가장 잘 아는 사항들이고, 적대감을 표현하는지, 자기주장이 강한지는 남이 더 잘 관찰하는 사항들이다. 같은 연구에서 "자기를 남들과 비교한다," "죄책감을 잘 느낀다"는 본인이 더 인정하고, "개인적 매력," "재미있는 사람"은 타인이 더 인정해 주는 문항들이었다. 전자는 별로 긍정적이지 않지만 남이 알기 힘든 특성들이고, 후자는 긍정적 특성들이지만 남이 더 잘 아는 측면들이다.

자기고양 때문이든, 관찰가능성 때문이든 자기 자신을 잘 모를 수 있다는 것은 자기보고를 신뢰하는 현상학적 연구 전통의 측정에 문제를 제기한다. 자기보고의 신뢰성 문제는 다음에서 다루기로 한다.

의미 미분척도

自己에 대한 주관적 평가를 얻는 데 많이 사용되는 다른 방법은 **형용사 체크리스트**(Adjective Check List, ACL)와 **의미 미분척도**(semantic differential)이다 (Osgood, Suci, & Tannenbaum, 1957). 전자는 "착하다," "공격적이다" 같은 300 개의 형용사 리스트를 주고 자신에게 적용된다고 느끼는 단어들을 체크하게 하는 도구이다. ACL은 네 개의 반응경향 척도(표시한 형용사들의 총수, 긍정적 형용사들의 수, 부정적 형용사들의 수, '흔한 반응' 점수 등)를 비롯해서 37개의 척도에 대해 채점한다. 척도들 다수는 5장에 나온 Murray의 욕구들(성취, 지배, 자율 등)을 측정하기 위해 만들어졌다.

자기개념 연구에 더 많이 사용되는 도구는 **의미 미분척도**이다. Osgood 등은 이 도구를 원래 의미연구를 위해 개발했지만, 얼마 지나지 않아 성격 측정을 위한 도구로서의 잠재력이 인정되었다. 그림 8-1에 나온 것처럼 피험자들은 일련의 양극적 형용사 척도(1~7 또는 −3~+3의 7점) 상에 표시를 한다. 이를 '평정한다'(rate)고 하고 이런 척도를 평정척도(rating scales)라 한다. Q분류처럼 이 도구도 고정된 문항들을 가진 '검사'라기보다는 연구자가 연구 목적에 따라 문항들을 만들어서 사용하는 신축성 있는 도구이다. 자기 연구에서는 '나', 또는 '이상적 나' 같은 대상들을 놓고 형용사를 고르거나 7점 척도들에서 체크를 하게 된다.

[그림 8-1] 의미 미분척도의 예

아버지

좋다	___	:	:	:	:	:	나쁘다
깨끗하다	___	:	:	:	:	:	더럽다
잔인하다	___	:	:	:	:	:	친절하다
느리다	___	:	:	:	:	:	빠르다
가치있다	___	:	:	:	:	:	가치없다
긴장	___	:	:	:	:	:	이완
강하다	___	:	:	:	:	:	약하다
크다	___	:	:	:	:	:	작다

의미의 세 차원　　독자들이 생각할 수 있듯이, 여러 형용사 쌍들 위에서 대상들을 평가하게 되면 평정들이 서로 상관될 수 있다. 예컨대, '좋다'는 쪽으로 평정된 대상은 '따뜻하다' 쪽에 평정되기가 쉽고, '약하다'에 놓인 대상은 '적극적'보다는 '수동적'에 놓일 확률이 높을 것이다(높은 상관). 반면 '좋다'고 평가된 대상은 '약하다'에 들어가기도 하고 '강하다'에 들어가기도 할 것이다(낮거나 약한 상관). 수십 개 형용사 쌍들의 평정치들 간의 상관을 계산해서(20개 문항의 경우에 모두 190개) 상관이 높은 것들의 무리—전문용어로 집락(cluster)이라 한다—를 찾아낼 수 있다. 이것을 하는 통계적 기법을 **요인분석**(factor analysis)이라 부른다(이 책 하권의 9장 참조).

Osgood 등은 무수한 대상들을 평정시켜 결과를 요인분석하고 대부분의 평정들에서 세 개의 기본적 집락 또는 요인을 발견하였다. 이를 의미의 **평가**(evaluation, 좋다-나쁘다, 깨끗하다-더럽다), **강함**(potency, 강하다-약하다, 무겁다-가볍다), **활동**(activity, 적극적-수동적, 빠르다-느리다) 차원이라 한다. '의미'를 '미분'한다고 치면 이 세 차원으로 귀착되는 것이다. 이 중 가장 큰 요인은 평가요인이다.

의미 미분척도 반응들은 여러 가지 방식으로 분석된다. 우선 척도치들을 비교함으로써 한 개인이나 집단에 대해 두 개념(예, 자기와 이상적 자기, 자기와 아버지, 아버지와 어머니 등) 간의 전체적 유사성(상관계수)을 계산할 수 있다. 한 개인이 평정한 모든 개념들에 대해 위에 기술한 세 요인별 점수를 계산하기도 한다. 이를테면, 이 점수들을 −3∼+3의 척도에 표시할 때, 어떤 피험자에게 '아버지'는 '평가'요인에서 −2, '강함'에서 0.1, '활동'에서 2.7의 '의미'를 가질 수 있다.

5장에서 '사례연구'로 제시한 바 있는 '지미'는 의미 미분척도도 수행하였다. 이 결과를 5장에 나와 있는 그의 자기서술과 투사검사 결과 및 해석과 비교해 보면 흥미로울 것이다.

지미의 사례　　　지미는 의미 미분척도(모두 104개 척도 내지 문항)로 자기, 이상적 자기, 아버지, 어머니를 평정하였다. 전형적 척도들로는 "권위적-민주적," "보수적-진보적," "다정하다-무뚝뚝하다," "따뜻하다-차갑다," "강하다-약하다"가 있었다.

먼저, 지미가 자기 자신을 어떤 식으로 지각하는지를 보자. 그는 자신이 머리 좋고, 친절하고, 성실하고, 기본적으로 착하다고 지각한다. 즉, 자기 자신을 인간적이고 사람들에게 관심 있는 현명한 사람으로 보는 것이다. 다른 평정들에서는 그가 감정 표현을 잘 할 만큼 자유롭게 느끼지 않는다는 것이 시사된다. 자신을 무뚝뚝하고, 내향적이며, 감정 표현을 억제하고, 긴장되고, 도덕적·동조적이라고 평정하기 때문이다.

이 밖에도 그의 자기개념에는 흥미 있는 모순들이 있다. 그는 자신을 진지하고 민감하며 친절하다고 보는가 하면 동시에 경쟁심 많고 이기주의적이고 남의 기분을 잘 거스른다고도 지각한다. 또 착하고 남성적이라고 지각하면서도 동시에 약하고 불안하다고도 지각한다. 여기서 나오는 그의 인상은 자신이 기본적으로 착하고, 진실한 인간관계를 맺을 수 있다고 믿고 싶어하지만 동시에 억제가 많고 자신 및 타인들에 대한 기준이 높기 때문에 괴로워하는 사람이라는 것이다.

실제의 자기 평정을 이상적 자기 평정과 비교해보면 이런 인상이 더 분명해진다. '나'와 '이상적 나' 사이의 간격은 그리 큰 편이 아니지만, 다수의 중요한 척도들에서 큰 간격이 나타났다. 임의적으로, 7점 척도 상에서 3점 이상의 간격을 크고 중요하다고 해보자. 이렇게 볼 때 "약하다-강하다"에서 '나'(2점)와

'이상적 나'(7점)의 차이가 매우 컸다. 스스로 보기에 '나'는 비교적 약하지만, 아주 강해지고 싶은 것이다.

다른 척도들에서 평정을 보면 그는 현재 자신의 모습보다 더 따뜻하고, 적극적이고, 평등주의적이고, 융통성 있고, 욕망을 많이 느끼고, 남의 기분을 잘 맞추고, 근면하며, 이완되고, 친절하고, 용감했으면 한다. 나타나는 주제는 기본적으로 두 가지이다. 하나는 *따뜻함*과 관계가 있다. 지미는 바라는 만큼 따뜻하고 이완되고 친절하지 않다. 다른 주제는 *강함*과 관계가 있다. 그는 바라는 만큼 강하고 적극적이고 근면하지 않다.

부모를 평정한 것을 보면 지미가 자신과 비교하여 그리고 특히 위의 특질들과 관련하여 부모를 어떻게 보는가를 짐작할 수 있다. 먼저, 자기를 지각하는 방식과 부·모를 지각하는 방식을 비교하면, 그는 자신이 어머니보다 아버지와 훨씬 더 비슷하다고 지각한다. 또한 어머니보다 아버지가 자신의 이상적 자기와 더 가깝다고 본다. 특히 따뜻함과 강함이라는 결정적 영역들에서는 부모가 지미 자신보다 이상적 자기에 더 가깝다. 어머니는 지미 자신보다 더 따뜻하고, 남의 기분을 잘 맞추고, 이완되고, 친절하다고 지각되며, 아버지는 지미보다 더 강하고, 근면하고, 적극적이라고 지각되는 것이다.

지미가 지각하는 어머니 ─지미의 자서전에서는 "다른 사람들을 따뜻하게 배려하는, 사랑이 넘치는 여자"─ 는 모순되는 성격특징들이 흥미롭게 결합되어 있다. 한편으로 어머니는 다정하고, 친절하고, 사교스럽고, 민감하고, 착하지만, 다른 한편으로는 권위적, 피상적, 이기적이고 머리가 좋지 않으며, 속이 좁고, 창의적이 아니다.

5장에서 본 바 지미는 아버지와의 관계가 좋고 고등학교 때 인기 있고 학교생활을 잘했다고 스스로 서술했으며, 투사검사들에서는 여자에 대한 불안과 성적(性的) 어려움이 추측되었다. 그는 너무 일찍 사정하여(조루) 여자를 만족시켜주지 못한다는 공포가 있다고 말했었다. 의미 미분척도 평정결과에서 우리는 지미가 자신이 기본적으로 착하며 인간적이라고 믿는다는 것을 본다. 우리는 그의 자기관(自己觀), 이상적 자기관을 알게 되며, 둘 사이의 간격 때문에 좌절하는 모습을 본다.

투사법을 가지고 정신역동적 성격평가를 할 때와는 달리 현상학적 성격평가를 할 때 연구자 또는 검사자는 측정의 의도를 위장하지 않는다. 연구에서 관심 있는 것은 지미의 지각과 견해이며 그에게 현실인 것, 그가 자기 자신과 주변 세계를 어떻게 지각하는가 하는 것이기 때문이다. 검사 결과 지미는 Rogers 식으로 볼 때 자기 일관성이 없는, 자기와 체험이 일치하지 않는 사람이다.

긍정적 체험의 연구

Maslow가 강조한 것처럼 심리학(성격, 임상, 상담 등)은 이론과 연구 둘 다 인간의 건강한 측면보다는 병적인 측면에 더 집중해 왔고, 인본주의 심리학의 공헌은 바로 성장과 건강의 잠재력을 조명해준 데 있다. 심리학 연구와 이론이 부적응과 장애, 병리에 치우쳤다는 반성에서 최근 **긍정적 심리학**(positive psychology)이 등장하였다(Seligman, 2002; 권석만, 2008). 그 창시자라 할 수 있는 Seligman은 자신감, 희망, 신뢰 등 *긍정적 정서*, 강점(strength), 덕성 등 *긍정적 특질*, 덕성들을 지지하는 민주주의, 강한 가정, 사상의 자유 등 *긍정적 제도*가 "긍정적 심리학의 세 기둥"이라 말한다(2002, p. xi). 이 절에서는 긍정적 체험을 대표한다고 할 수 있는 사랑과 행복체험에 대한 연구들을 소개하기로 한다.

자기실현자들의 사랑

Maslow는 사랑을 이해하는 것이 심리학자의 특별한 의무라고 믿었다. "우리는 사랑을 가르치고 창조하고 예측할 수 있어야 하며, 그렇지 않으면 세상이 적대감과 의심에 휩쓸려 버린다"(Maslow, 1954/70, p. 181). 그가 활동하던 행동주의 시대에는 사랑을 인습적 과학적 방법을 써서 경험적으로 연구하려는 시도가 없었으므로, 그는 앞 장에서 소개한 자기실현자들의 성격특성 연구처럼 사랑에 대해서도 신뢰도가 낮은 자료일지라도 보고할 "가치와 존엄"이 있다고 보았다. 사랑에 대한 심리학적 개념화와 연구는 많이 있다(홍대식, 1996 참조). 연구 방법으로 자기보고 질문지가 주로 사용되고, 개념화 방향은 사랑의 유형분류 (예, 열정애와 동반자애)와 '성분분석'(예, 필요, 관심, 신뢰, 관용의 네 요소; 친밀성, 열정, 개입의 세 요소)이 대부분이다. Maslow의 관심은 그가 "보편-원자론"이라 부른 이러한 분석적 연구가 아니라 "전체-역동" 연구에 있었다.

　　정상인의 심리학과 자기실현자의 심리학이 다르다고 본 Maslow는 사랑에서도 정상인과 자기실현자가 아주 다름을 발견하였다. 인류의 평화와 생존을 염려한 그가 가르치고 창조하고 싶었던 사랑은 물론 성숙한 사랑이었다. 우선 그가 서술한 남녀간 사랑의 "더 잘 알려진 특징들" 몇 가지를 보자. 이야기의 초점은 남녀간의 낭만적 사랑에 있지만 여기 나오는 '사랑 이야기'는 동성애, 우정, 가족애 등에도 똑같이 잘 적용할 수 있다.

결핍(D-)사랑의 특징들　　　앞 장에서 본 대로, '정상인'과 자기실현자의 차이는 전자는 욕구서열의 기본적 욕구들―특히 사랑과 소속 그리고 존중― 이 충분히 만족되지 못하여 '결핍'의 특징들을 보인다는 것이다. 기본적 욕구들 이 충족된 자기실현자들에게는 '존재와 성숙'이 중요해진다. 우리는 앞 장에서 결핍(D-)인지와 존재(B-)인지의 차이를 공부한 바 있다. Maslow가 서술한 사랑의 "더 잘 알려진 특징들"은 우리가, 즉 대중이 알고 있는 사랑으로서, 정상 인들의 사랑, 즉 D-사랑의 특징들이나. 가령 다음과 같은 것들이다.

　　사랑을 해본 사람은, 사랑을 해본 사람만이 사랑이 무엇인지 안다. 사랑의 감정에는 큰 기쁨, 행복, 만족, 흥분 심지어 황홀감이 있다―모든 것이 잘 된 다면. 사랑하는 이와 같이 있고 싶고, 만지고 안고 싶고, 안 보면 괴로우며 보고 싶다. 사랑하는 이는 아름답거나 선한, 아무튼 잘난 사람으로 이상화된다. 그 사람 생각만 나며 그 사람이 삶의 중심이 되고, 언제나 같이 있고 싶다. 그 사람에게는 무엇이든 주고 싶고 기쁘게 해주고 싶다. 물론 사랑에는 특별한 성적(性的) 흥분도 있어서 상대방을 성적으로 갈망하게 한다.

　　Maslow는 주로 긍정적 특징들을 서술했지만 소유 내지 독점욕, 질투("질투는 사랑한다는 표시"), "진정한 사랑은 고통과 슬픔을 수반한다"는 등 대중가요나 대중문학에서 지겹도록 나오는 이야기들도 D-사랑의 (부정적) 특징들이다. D-

욕구, D-인지의 특성들을 잘 알므로 우리는 사랑의 이러한 절박한 '뜨거움'이 어디서 나오는지를 이해할 수 있다. 바로 결핍된 그 무엇(안전, 사랑과 소속, 존중)을 충족받으려고 하기 때문에 "네가 필요해"(I need you), "너 없이는 못 살아"가 되는 것이다. [이 불타는 사랑이 "너 때문에 못 살아"로 변하는 것은 시간문제이다.] 이러한 결핍사랑에 비해 존재(B-)사랑은 상대방의 *존재*를—그가 내게 필요한 무엇을 주기 때문이 아니라— 사랑하는 것이다.

존재(B-)사랑의 특징들　　　Maslow는 앞 장에서 서술된 자기실현자 피험자들을 대상으로 실시한 면접, 대화, 관찰 등에서 그들의 사랑과 성의 특징들도 알아보았다. 욕구와 인지처럼 사랑도 물론 존재의 표현이므로 앞 장에서 서술한 자기실현자 특성들은 사랑에서도 관찰된다. 또 여기서 논의되는 내용이 이성애에 국한되지 않는다고 앞에서 언급했거니와, Maslow는 연구를 하면서 순수한 B-사랑이 조부모들에서 발견된다는 '의혹'을 언급하였다. 그가 서술한 내용을 보자.

1. **방어가 없어짐**　　　점점 더 완전하게 자연스러워지고, 방어와 역할을 떨쳐버리고, 노력과 추구가 없어진다. 사귈수록 점점 친밀해지고 정직해진다. 이 정직성은 자신의 약점, 신체적·심리적 결함들을 스스럼없이 내보이는 것을 포함한다.

2. **사랑하고 사랑받는 능력**　　　과거에 사랑했고 또 사랑받았으며, 현재에도 그렇다. 이들은 사랑이라는 단어를 잘 안 썼다. 그 말을 소수에게만 적용시키고, 사랑함과 좋아함을 분명히 구분하는 경향이 있었다.

3. **성 생활**　　　사랑과 성이 보다 완전한 하나이고, 성의 즐거움이 매우 강렬하다("좋은 동물"). 성은 평균인에게보다 더 중요하기도 하고 덜 중요하기도 하다. 성은 깊은, 거의 신비적인 하나 됨의 체험이지만, 다른 한편 그들은 집착이 없고 오랜 금욕을 더 잘 참는다. 이는 음식에 대한 태도와 비슷해서, 매우 즐기지만 전체 삶의 틀과 인생철학에서 그 즐김이 아무런 중심 역할을 하지 않는다. 이들은 평균인보다 외도는 덜 하지만, 다른 이성에게 끌린다면 그것을 훨씬 잘 인정한다. 또 성과 사랑

에서든, 다른 어디서든 남녀를 별로 구분하지(예, 여자는 수동적, 남자는 능동적) 않는다.

4. **배려, 책임, 욕구 융화**   두 사람이 하나의 자아인 듯 상대방의 욕구를 자기 자신의 욕구로 느끼고 상대방의 기쁨을 똑같이 느낀다. 욕구 융화 또는 동일시는 책임과 배려의 형태로 나타난다. 좋은 예가 병(病)과 간호에 대한 반응이다. 한 사람이 병이 나면 그 사람만 운이 나쁘거나 고생하는 것이 아니라 그 커플이 같이 아픈 것이다. [배우자가 아프(다고 하)면 신경질부터 내는 사람을 보았는가?] 관계가 아주 좋다면, 아픈 사람은 부모 품 안에서 잠드는 아이처럼 배우자의 보살핌과 보호에 자신을 맡길 수 있다.

5. **재미와 즐거움**   성숙한 사랑에는 책임, 배려, 존중 등 '엄숙한' 특징들만 있는 것이 아니다. 자기실현자들의 성 생활은 "헐떡거림만큼이나 웃음이 많은 일종의 놀이"이다. 이들의 사랑은 노력과 추구라기보다는 기본적으로 즐김과 기쁨이다.

6. **상대방의 개성 용인, 상대방의 존중**   배우자의 성공에 위협을 느끼기보다는 기뻐한다. 사랑과 존경이 같이 가므로, 이용하거나 통제하려고 하지 않고 상대방을 독립된 개체로서 인정한다.

7. **사랑, 존경, 경이**   좋은 그림을 볼 때 체험하는 것 같은 그냥 수용하고 요구가 없는 자연스러운 존경과 경이, 아무것도 요구하지도 얻지도 않는 존경이 있다. 이 존경에는 목적이 없다. 기본적인 욕구들이 이미 충족되었으므로 상대방에게 바라는 것이 없고 그저 "사랑하기 때문에 사랑하는" 것이다. 따라서 자기실현자의 사랑에는 평균인 쌍들이 하는 것 같은 노력이나 추구, 구속이 거의 없다. [생일이나 결혼기념일 따위에 선물과 분위기 연출("예쁜 사랑")에 엄청난 돈과 신경을 쓰는 세태를 생각해 보라.]

8. **초연함과 개성**   이들은 가장 개인주의적이면서 동시에 가장 이타적이다. 건강한 이기심이 있고 자기 자신을 존중하며 이유 없이 희생하기 싫어한다. 그래서 이들은 통상적 의미에서 서로 필요로 한다고 말할 수 없다. 이들은 아주 가까울 수 있지만 필요하면 떨어지면서도(오랜 분리

나 별거) 관계가 무너지지 않는다.

9. **높은 눈과 민감성**   자기실현자 피험자의 가까운 친구, 배우자들은 평균보다 훨씬 더 훌륭한 사람들이다. 사랑이 눈멀게 한다는 보편적 신념은 결핍사랑에서는 맞는지 모르지만 존재사랑에서는 아니다. Maslow 는 이 '높은 눈'(good taste)의 발달을 비교적 건강한 대학생 남녀에서 관찰할 기회가 있었다. 성숙해질수록 이 젊은이들은 겉모습, 체격, 춤, 농담실력 등에 덜 끌리고, 서로 맞는지 여부, 선함, 따뜻함 등에 대해 이야기했다.

앞 장의 표 7-1로 돌아가서 자기실현자의 특성들을 다시 보면, 그들이 맺는 친밀관계, 사랑하는 방식이 그들의 존재만큼이나 특별할 수밖에 없다는 생각이 든다. 가령 그들은 혼자 잘 지내며 '필요'에 따라 사람을 사귀지 않기 때문에 소수의 타인들과 깊은(관계 자체가 목적인) 우정과 애정을 나눌 수 있다. 방어와 허세가 없을뿐더러 남들의 거짓됨도 금방 알아차리기 때문에, 또 인습과 문화 환경에 초연·저항하기 때문에 '눈이 높다'.

누구나 "완전한 즐거움," "끝없는 즐거움"(Maslow, 1968/81, p. 83)을 주는 성숙한 사랑을 하고 싶을 것이다. 유감스럽게도 이런 행복은 노력과 추구로 되지 않는다. 존재와 성숙의 표현이기 때문이다. 슬프지만 희망은 있다는 말은 자기실현자 연구 전체의 결론이기도 하다(Maslow, 1968/81, p. 237).

우리는 인간에 대해 희망적인데, 왜냐하면 근본적으로 어떤 사람이라도 훌륭하고 건강한 사람이 *될 수 있기* 때문이다. 그러나 우리는 또한 슬픈 감정을 느껴야 하는데, 왜냐하면 실제로 훌륭한 사람이 *되는* 사람은 거의 없기 때문이다.

일과 여가에서의 흐름체험

앞 장에서 본 것처럼 Maslow는 **절정체험**의 강도와 빈도를 자기실현 정도의 지표로 볼 정도로 그것을 중시했다. 절정체험은 보통사람들에게도 오기는 하지만 Maslow의 이론에서는 자기실현의 맥락에서 다루어졌고, 사례연구를 통해 기술되었다. Csikszentmihalyi('칙센트미하일리'라고 읽는다)는 Maslow의 절정체험을 **흐름**(flow) 또는 **최상체험**(optimal experience)이라 불렀다. '최상'인즉, "한 활동에 너무 몰두해서 다른 아무것도 상관이 없는 상태"(1990, p. 4), "이름모를 세력들에 휘둘리지 않고 자신의 행위를 통제한다는, 자신이 운명의 주인이라는 느낌"(p. 3)이다. 일상어로는 그냥 행복감 또는 행복체험이라고 부르면 될 것이다.

　　Csikszentmihalyi는 흐름체험을 자기실현 또는 성숙과 연결짓기보다는 그것이 어떤 사람, 어떤 상황들에서 발생하는가를 탐구하는 데 집중하였다. 방법론적으로도 그는 사례연구뿐만 아니라 질문지 같은 인습적 방법들과 체험표집법이라는 독특한 방법을 사용하여 체계적·과학적 연구를 수행하였다.

　　흐름의 특성　　Csikszentmihalyi는 최상체험보다 흐름이라는 말을 더 즐겨 쓴다. 많은 이들이 이런 체험 후에 "공중에 떠다니는 것 같았다," "물결에 실려 떠가는 것 같았다"고 말하기 때문이다. [우리나라 사람들은 "구름 위에 탄 것 같다," "산 정상에서 온 시내를 내려다보는데 다 내 것 같은 느낌" 같은 표현들을 쓰기도 한다.] Csikszentmihalyi에 따르면, 흐름체험에는 새로움(novelty), 발견·성취한다는 느낌이 있고, 이것이 가능하려면 한편으로는 집중력, 몰두, 몰아능력이, 다른 한편으로는 기술 발휘를 요구하는 도전적 과제 또는 활동이 있어야 한다.

　　대부분의 최상체험은 목표나 규칙들이 확실한 활동들(예, 암벽등반, 외과수술)에 몰두할 때 일어난다. 과제의 성격뿐 아니라 과제에 임하는 태도도 중요하다. 어떤 일 또는 활동이든—돈을 벌거나 사회적으로 인정받기 위한 *수단*이 아니라—그 자체가 *목적*이어야 완전한 집중과 몰두, 몰아(자기초월)가 가능한 것이다. 따라서 흐름체험은 편안한 이완상태보다는 도전적 과제, 능동적 활동, 높은 긴장—Maslow의 '즐거운 긴장'과 비슷한—을 요구한다. '활동'은 신체적 운동일 수도 있지만 독서 같은 정신적 활동일 수도 있다.

　　흐름을 위와 같이 정의할 때 그것은 권태, 불안처럼 체험의 한 특질이다. Csikszentmihalyi는 어떤 사람들이 어떤 과제 또는 상황에서 흐름체험을 하는가를 탐색하였다. 그가 체험의 질을 연구하는 데 쓴 방법은 질문지와 일기(일지)같이 회상에 의지하는 전통적 방법들이 아니라 체험표집법(experience sampling method, ESM)이었다. 그의 연구와 결과를 소개하기 전에 이 방법에 대해 알아보자.

체험표집법 2장에서 나왔듯이 심리학 연구에서 표집(sampling)이라는 말은 일차적으로 전집(population)으로부터 *피험자* 표본(sample)들을 뽑는 절차에 사용된다. 그러나 연구를 할 때 우리는 피험자들만 뽑지 않는다. *장소*(예컨 대, 잠재적으로 가능한 수많은 장소 중에서 유독 어느 한 특정한 대학의 실험실)와 *시간* (어느 한 특정한 시점)도 선택한다. 사람이든 장소든 시간이든 연구를 위해 표집 을 할 때는 언제나 일반화 가능성을 생각해야 한다. 어느 한 피험자 표본을 대 상으로 어느 한 장소 및 시간 표본에서 관찰한 행동 결과를 어느 만큼이나 사람 과 시간과 장소의 전집들에 일반화할 수 있느냐 하는 '외적 타당도'의 문제는 2 장에서 다룬 바 있다.

체험표집법은 일상생활 *체험*들의 무선표본(random sample)을 얻는 방법 이다. 연구자는 피험자들에게 자동호출기와 응답지 노트(묶음) (체험표집지, experience sampling form, ESF)를 주고, 통상 1주일의 기간 동안 하루에 평균 2 시간 간격으로 호출신호를 보낸다(하루 평균 8회). [요즘이라면 자동호출기('삐삐') 대신 이동전화(핸드폰)문자를 쓰게 될 것이다.] 신호음이 들리면 피험자는 어디 있 건 무엇을 하는 중이건 1-2분 시간을 내어 ESF에 응답을 한다. ESF에는 자유 반응을 하는 문항도 있고 평정 척도들도 있다. 흐름은 정의상 *도전과 기술* 수 준 둘 다 높을 때 그 순간을 즐길 뿐 아니라 자신의 역량들을 펼쳐서 새로운 기술들을 배우고 자기존중과 개인복합도(personal complexity)가 커지는 체험이 다(Csikszentmihalyi & LeFevre, 1989). 따라서 흐름을 연구하려면 사람들이 하고 있는 일의 종류, 그 일의 도전과 기술 수준, 체험의 질을 측정해야 한다.

문항들은 크게 세 가지 범주로 나뉜다. '도전과 기술'에서 피험자는 호출음 이 울리는 순간에 하고 있던 일이 얼마나 도전적이며 또 기술을 요구하느냐 하 는 것을 평정한다. 아래에서 보게 되듯이 도전과 기술 평정 결과를 토대로 그때 체험이 흐름이냐 아니냐를 결정하게 된다. 이 밖에 체험의 질도 12개 문항들로 평정하고, 현재 활동("무엇을 하고 계셨습니까?")은 자유 반응하게 되어 있다.

연구 피험자와 방법　　'여가'(leisure)는 문자 그대로 (의무 이행을 하고) "남은 시간," "자유시간"을 의미하기도 하지만, "즐거운 시간"을 의미하기도 한다. 그런데 '남는 시간'은 정말 '즐거운 시간'인가? Csikszentmihalyi와 LeFevre (1989)는 체험표집법을 써서 일할 때와 여가 때의 체험 특질을 비교하였다.

　피험자들은 시카고 지역의 5개 큰 회사에서 뽑은 139명의 (자원한) 근로자들이었다(연구를 끝낸 사람은 그중 107명). 직업분포는 관리직(27%), 사무직(29%), 노동직(44%)으로 다양했고(남자 37%, 여자 63%), 나이도 19–63세로서 다양했다. 연구자들은 1주일 동안 자동호출기를 통해 피험자들에게 오전 7시 반부터 오후 10시 반 사이에 평균 2시간 간격으로 무선적으로(randomly) 호출음을 보냈다(한 주에 약 56회). 방해받기를 원하지 않는 상황에서는 호출기를 꺼놓았기 때문에, 얻어진 반응은 피험자당 평균 44개였다. 반응들의 99%는 신호가 간 지 20분 만에 나왔다. 연구가 끝나고 한 사후면접에서 피험자의 2/3는 연구 참여가 생활에 방해가 되거나 성가시지 않았다고 말한다.

　측정치들　　호출음이 울릴 때마다 피험자들은 체험표집지(ESF)의 한 장에 응답을 하였다. ESF에 포함된 문항들은 아래와 같다.

1. **도전과 기술**　　일 또는 활동의 도전과 자신들의 기술을 10점 척도('없다'부터 '매우 높다'까지) 상에서 평정하였다. *반응편파*(response bias)를 극소화하기 위하여 각 피험자의 점수들을 z점수로 바꾸었다. 질문지 척도들에 반응하는 데는 개인들의 독특한 스타일이 있다. 어떤 이들은 중간점(예, '보통이다')을 중심으로 위 아래로 조금씩밖에 안 움직이는 반면(1–10의 10점 척도라면 5–6), 어떤 이들은 극단을 좋아한다(1–2와 9–10). 이를 반응 스타일 또는 반응편파라 부른다. 말할 때 거의 모든 문장에 '너무너무', '무지무지' 등의 과장이 들어가거나 아니면 수식이 '좀', '약간'에 그치는 스타일 차이를 생각하면 이해가 될 것이다.

　　z점수란 (해당 문항에서 전 회기에 걸친, 예컨대 56회에 걸친 각 피험자의) 평균을 0으로 놓고 평균에서 이탈하는 정도를 수량화해주는 표준점수이다. 평균 위의 점수들은 +, 평균 아래의 점수들은 −의 부호를 가

지며, 절대값이 클수록 이탈 정도가 큰 것이다(더 자세한 내용은 기초 통계학 책을 참고하시오).[1] 연구자들은 도전과 기술에 대한 z점수들을 가지고 *흐름*(도전과 기술이 둘 다 피험자 자신의 평균값보다 크다), *불안*(도전은 평균보다 크고, 기술은 평균보다 작다), *권태*(도전은 평균보다 작고, 기술은 평균보다 크다), *무감각*(도전과 기술이 둘 다 평균 아래이다)의 네 가지 맥락으로 분류하였다. 결과분석에서는 주로 흐름 맥락이 非흐름 맥락(나머지 세 개)과 비교되었다. 연구자들의 주된 관심은 일과 여가의 어느 편에서 흐름 맥락이 더 많았는가 하는 데 있었다.

2. **체험의 질**　더 전통적인 변인들을 통하여 체험의 질을 평가하기 위해, Osgood 등(1957)의 세 요인 중 평가 또는 감정(쾌-불쾌)요인과 강함(또는 각성)요인이 측정되었다. *감정*요인은 "행복하다-슬프다," "유쾌하다-짜증난다," "우호적-적대적," "사교적-외롭다"의 네 문항으로, *강함*요인은 "깨어있다-졸리다," "강하다-약하다," "능동적-수동적," "흥분-지루"의 네 문항으로 측정되었다.

　　동기, 집중, 창의성, 만족, 이완도 측정되었다. 그중 *동기*는 "호출음이 울렸을 때 다른 어떤 것을 하고 있었더라면 하고 바랬습니까?"라는 문항으로 측정되었다. 10점 척도("전혀 아니다"부터 "매우 그렇다"까지)에서 점수가 낮을수록 하고 있는 일에 동기가 높은(즉, 좋아서 하는) 것이었다.

3. **현재 활동**　"무엇을 하고 계셨습니까?"라는 물음에 대한 자유 반응을 몇 단계로 범주화하여 마지막 단계에서 일과 여가 범주를 나누었다. *일*은 업무를 하고 있다고 보고한 모든 사례들을 포함하였다(예, 보고서 작성, 회의 등). 업무 시간이지만 일하고 있지 않다고(예, 동료들과 잡담) 한 경우의 반응들은 포함되지 않았다. *여가*는 TV시청, 독서, 게임과 스포츠 등 업무 중이 아닐 때 활동들을 포함하였다. 전체 반응의 약 절반이 일과 여가의 두 범주에 들어갔고, 나머지 절반은 운전, 먹기, 기타 다양한 잡일이었다.

---

1) 평정치들이 평균을 중심으로 작은 폭으로만 움직인다면(예, 5-7), 표준편차가 작으므로(예, 0.5) 척도에서 '1'의 차이도 z점수상으로는 큰 차이가 된다(1/0.5=2.00). 반면 평정치들이 큰 폭으로 움직이면(예, 1-10) 평균이 같아도 표준편차가 크므로(예, 2.5) 같은 '1'의 차이가 비중이 작다(z=1/2.5=0.40).

결 과　　　관리직과 노동직 근로자들은 하루의 약 30%를, 사무직은 약 23%를 '일'에 보냈고, 여가 활동들에 보낸 시간은 세 집단이 거의 같았다(20%). 여가에 가장 많이 하는 것은 TV시청이었고 그 다음으로는 사람들과 어울림(사교)과 독서였다. 이 세 활동이 모든 여가 활동의 2/3 이상을 차지하였다.

연구자들이 제기한 물음들은 다음과 같았다. 흐름을 가져오는 조건들(도전과 기술 둘 다 높음)이 발생할 확률이 여가에서 더 큰가 아니면 일할 때 더 큰가? 행복, 유쾌 등등으로 측정되는 체험의 질이 흐름 맥락에서 더 높은가 아니면 非흐름 맥락에서 더 높은? 전체적인 체험의 질이 일과 여가에서 다른가? 직업 종류가 체험의 질에 영향을 미치는가 하는 마지막 물음은 연구결과를 보고 나서 제기되었다. 피험자들의 약 절반은 흐름 때에 동기가 평균 이상이었고, 다른 절반은 그렇지가 않았다. 이 차이가 흐름 상황들(고 도전, 고 기술)을 선호하는 성격 차이를 반영한다고 보고, 연구자들은 흐름에서 동기가 높은 사람이 일을 다르게 체험하는가를 물었다. 연구결과가 이 물음들에 어떤 답을 주는지를 보자.

기대와는 달리, 흐름체험은 여가보다 일에서 세 배 이상이나 더 많았고, 관리직 종사자들(64%)이 일할 때 더 자주 흐름 상태에 있었다(사무직 51%, 노동직 47%). 흥미 있게도, 세 직업 집단 모두 업무중이 아닐 때 흐름의 가장 큰 출처는 '운전'(여가 활동에 포함되지 않음)이었다. 체험의 질은 일하는 시간이었느냐 여가 시간이었느냐에 상관없이 흐름이냐 아니냐에 큰 영향을 받았다. 감정, 힘, 집중, 창의성, 만족, 동기가 모두 非흐름보다 흐름에 있을 때 더 높았다.

예외적으로 *동기*와 *이완*의 두 변인은 흐름/非흐름보다는 일/여가에 따라 달랐다. 이완 수준이 일보다 여가에서 더 높다는 것은 어찌 보면 당연하지만, 흐름/非흐름 차이가 더 크리라고 예상되었었다. 흐름은 도전적이고 기술을 요구하는, 즉 힘들고 어려운 과제에 몰두할 때의 상태이기 때문이다. 그러나 동기 변인의 결과는 더욱 예상 밖이었다. 非흐름보다는 흐름 때 동기 수준이 더 높기는 했지만, 일/여가 차이가 훨씬 더 컸다. 여가 때 동기가 언제나 일할 때보다 더 높았다. 즉 "다른 어떤 것을 하고 있었더라면" 하는 생각이 여가 활동 때보다 일할 때 더 강한 것이다.

흐름 상황들에서 동기가 더 높았던 사람들은 무감각 상황들에서 동기가

더 높았던 사람들과 비교하면 일할 때 체험의 질이 아주 달랐다. 일하는 데 보
낸 시간은 비슷하지만, 전자는 일할 때 더 행복하고 더 강하다고 느끼고 더 큰
만족과 이완을 느낀 데 비해, 후자는 일할 때 감정, 만족, 이완이 평균 아래로
떨어졌다. 인구학적 변인들에서는 두 집단 간에 차이가 없었다. 노동자나 고령
이라고 해서 무감각 상황에서 "다른 어떤 것을 하고 있기"를 바라지 않은 것이
다. 따라서 이들의 차이는 성격 성향의, Csikszentmihalyi가 말하는 '자목적 성
격'의 차이라고 할 수 있을 것이다.

논 의　　　연구결과는 여가는 즐겁고 일은 괴롭다는 일반인들의 고정관념
을 뒤집는다. 긍정적인 체험들은 여가보다는 일에서 더 많이 나온다. 가장 긍정적
인 자유시간 체험인 *차 운전*은 엄밀히 말해서 여가 활동은 아니다. 다만 도전적
상황에서 자신의 기술을 발휘한다는 느낌을 자유시간에는 운전할 때 말고는 가지
기 힘든 것이다. 이러한 결과는 일반적 통념과는 모순되지만 Csikszentmihalyi의
이론과는 일치한다. 직무들에는 목표, 피드백, 규칙, 도전들이 있어서 집중과 몰
두를 돕는 반면, 자유시간은 "구조화되지 않아서, 즐길 수 있는 것으로 만들기에
훨씬 더 많은 노력을 요구"(1990, p. 162)하는 것이다.

일과 여가를 어떻게 체험하느냐 하는 것은 흐름 조건들 속에 있느냐 여부
에 따라 극적으로 달라진다. 중요한 예외는 *동기*로서, 여기서는 흐름 조건들보
다 일이냐 여가냐 하는 구분이 훨씬 더 중요하다. 여가 때 더 동기가 높은 것이
다. 사람들이 여가보다 일에서 훨씬 더 많은 긍정적 느낌들을 가지면서도, 여가
가 아니라 일할 때 "다른 어떤 것을 하고 있었더라면" 하고 바란다는 것은 역설
이다. 일(직무)의 강제성이 그것이 주는 긍정적 느낌들을 가려 버리는 것이다.[2]

연구자들은 그러한 맹목성이 개인 안녕은 물론 사회 건강에도 불행한 결
과를 가져온다고 논의한다. 사람들은 긍정적이지 않은 체험들을 제공하는 활동

---

2) 높은 기쁨(힘들고 어려운 일에 몰두)을 마다하고 낮은 기쁨(예, TV시청)을 추구하는, 편
안함을 얻는 대신 즐거움을 잃는 역설은 다르게도 설명할 수 있다(홍숙기, 1994). 우리가
살고 일하는 환경이 스트레스가 많기 때문에 대부분의 사람들이 지쳐 있고, 그래서 자극
보다는 편안함을 찾는다는 것이다. 그렇다면, 생활환경과 일환경을 좀더 편안하고 공정
하고 인간적인 쪽으로 바꾸어나가는 사회운동이 바로 뒤에 나오는 Csikszentmihalyi의
제안보다 더 현실적이고 근본적인 개선책이 될 것이다.

(예, TV시청)을 더 많이 하려고 노력하고 가장 긍정적이고 강렬한 느낌들을 주는 활동들은 피한다. 공부나 독서보다는 TV시청을 하게 되고, 수준 높은 작품 (책, 영화 등)을 읽거나 볼 때 더 집중하고 즐겁지만 쓰레기들을 더 많이 찾게 된다. 그 결과는 권태(지루함, 지겨움)이다. 사회의 수준에서는 이러한 추세가 여가를 늘이기 위해 생산적 활동들을 계속 기피하는 결과로 나타나며, 사회 전체의 생산성 악화와 퇴폐·향락산업 번창 등으로 사회는 불건강해질 수밖에 없다.

　　연구자들은 이러한 사태를 개선시키기 위한 두 가지 방안을 제시한다. 하나는 여가를 더 의식적으로, 더 능동적으로 사용함으로써 삶의 전체적 질을 높이는 것이고, 다른 하나는 일은 싫은데 억지로 하는 것이라는 생각을 버리고 일이 매우 즐거울 수 있음을 스스로 인정하는 것이다. 그러면 더 효과적으로 일하고, 더 큰 물질적 성공을 이루면서도 삶의 질을 높여갈 수 있다는 것이다. 학생들에게는 공부가 일이다. 어려운 과제를 노력해서 잘 해낼 때, 어려운 책이나 논문을 붙들고 씨름하여 드디어 이해할 때 '높은 기쁨'을 모르는 학생은 거의 없을 것이다. 이런 학생은 결과적으로 성적도 우수할 확률이 높지만, 공부하는 순간에는 점수나 성적 생각이 머릿속에 없다. 점수나 성적을 따기 위한 수단으로 (억지로) 공부한다면 재미도 없고 성과도 나기 힘들 것이다.

　　흐름체험을 증가시킬 수 있는 또 하나의 방법은 기술 발휘를 요구하는 도전적 상황들을 좋아하기를 배우는 것이다. Csikszentmihalyi는 흐름을 그 자체 (auto)가 목적(telos)인 **자목적**(自目的, autotelic) 체험이라고 부르고, 흐름체험을 자주 하는 사람을 자목적 성격이라고 불렀다. 이는 Maslow의 '자기실현자'의 다른 이름이라 할 수 있다. Maslow의 이론에서 자기실현자는 소속과 사랑이든 존경이든 더 이상 "바라는" 게 없으므로 무엇을 하든 그것이 존재의 표현이며 "그 자체가 목적"이다. Csikszentmihalyi는 버트런드 러셀의 다음과 같은 말을 인용하여 그런 성격을 만들어 가는 방법을 시사한다(1990, p. 93).

　　나는 나 자신과 나의 결함들에 무심해지기를 배웠다. 나는 내 주의(注意)의 중심을 외적 대상들에, 즉 세계의 상태, 지식의 여러 분파들, 내가 좋아하는 사람들에 두게 되었다.

　　무엇을 하든 다른 어떤 것을 얻기 위해 또는 잘 보이기 위해 하지 않고 그 자체를 목적으로 여기는 성향은 아마도 Maslow가 시사하는 것처럼 성숙의 (방법이라기보다는) 결과라고 할 수 있을 것이다. 또 성숙과 성격형성에는 Maslow도 인정한 것처럼 사회적 조건들도 중요하다. 학교라는 곳에 발 들여놓자마자, 심지어는 그 전부터 점수와 등급/석차가 모든 공부의 목표가 되는 사회에서는 '재미있는', '행복한' 공부가 쉽지 않다. 마찬가지로 돈이 절대적 가치를 지니게 될 때 일은 돈벌고 인정과 존중을 얻는 수단이 될 수밖에 없다.

　　자기 자신과 타인들, '세상'에 대하여 경험을 쌓으며 성숙해가는 길에는 고통과 좌절만큼이나 기쁨과 행복이 따르지만, 성숙 또는 자기실현을 이루려면 어린시절 기본적 욕구충족이나 무조건적 긍정적 존중 등 긍정적 경험을 했어야 하는 것 같다. 의지(意志), 방법, 훈련과 기술로 이룰 수 있는 발전에는 한계가 있는 것이다. 바로 위에 썼듯이 사회조건들도 큰 영향력을 가진다. 그렇다 해도 위의 인용문은 자기 자신과 자신의 결함들에 무심해지는 방법을 일러준다. 바로 "외적 대상들에, 즉 세계의 상태, 지식의 여러 분파들, 좋아하는 사람들에" 관심 기울이는 것이다. 성장과 자기실현은 '나'에 집중하기보다는 '나' 밖의 것들에 '참여적 관심'을 가지고 살아갈 때 따라오는 부산물인 것이다.

자기존중

　　존중욕구는 Maslow의 욕구서열에서 소속과 사랑에 대한 욕구들을 충족시킨 다음에 나온다. 우리는 타인에게 인정과 존경을 받고 싶은가 하면 자기 스스로를 인정, 존경하고 싶기도 하다. Rogers도 '나'가 발달하면서 먼저 (중요한 타인들, 특히 돌보는 이로부터) '긍정적 존중 욕구'가, 그리고 자기존중욕구가 생긴다고 가정하였다. 즉, Maslow와 Rogers 둘 다 누구나 자기존중욕구가 있으며, 또 (중요한) 타인들에게 받는 존중과 인정이 자기 스스로를 존중하는 마음의 토대가 된다고 가정한다. 쉽게 말한다면, 우리는 남들의 긍정적 평가를 받고 싶으며, 남들이 우리를 좋게 볼 때 우리 자신도 스스로를 인정하고 존중할 수 있다는 것이다. 타인들에게 사랑받고 인정받고 싶은 욕구는 건강과 성숙을 향해 나아가려는 실현경향보다도 중요해질 수가 있다.

다른 한편 Rogers는 자기와 체험(또는 유기체)의 일치를 심리적 적용과 건강의 지표로 본다. 자기와 체험이 일치한다는 것은 그때그때의 생각과 느낌들을 여과 없이 '나'의 생각과 느낌들로 받아들일 수 있다는 것을 뜻한다. 반면 자기와 체험이 불일치하면, 즉 '나'의 것으로 받아들일 수 없는 생각이나 감정이 생기면, 불안해지고 방어를 하게 된다. *자기개념*이 부정적이고(예, 나는 못났다, 무능하다) *체험*이 긍정적인 경우(예, 남에게 칭찬받음)에도, 이 불일치가 불안과 방어를 가져온다고 가정한다(예, 무슨 저의가 있어서 나를 띄우는 것이다). 자기개념의 *구조*성격을 생각할 때도 일치와 일관성이 중요하다. '나'를 구성하는 지각과 가치들이 서로 관계를 맺으며 통합된 구조를 이루려면 일관성이 필요하기 때문이다. 앞 절에서 우리는 자기와 이상적 자기의 일치가 연구들에서 적용의 지표로 사용된다는 것을 보았거니와, 일치 또는 일관성은 Rogers의 이론에서 가정하는 중요한 동기이다.

자기를 긍정적으로 보고 싶은 존중욕구는 **자기고양**(self-enhancement)으로, 즉 자기존중을 유지하거나 높이는 정보를 찾는 시도로 나타난다. 나의 가치를 인정하는, 내가 잘났다는 느낌을 가지고 싶은 것이다. 일관성 동기는 **자기확인**(self-verification)으로, 즉 자기지각들 간의 그리고 자기지각과 (들어오는) 정보 간의 일치를 찾는 시도로 나타난다. 여기서는 '나'의 *가치* 인정보다는 '나'를 *옳게* 보고 있다는 확인이 더 중요해진다. 경험적 연구는 두 동기가 모두 존재함을 보여주지만, 때로 두 동기는 서로 충돌할 수가 있다.

자기확인 대 자기고양

우리는 진실을 원하는가 아니면 '기분 좋음'을 원하는가? 자기확인의 정직함을 원하는가 아니면 자기고양의 흐뭇함을 원하는가? 두 동기가 서로 충돌하면 어떤 일이 일어나는가? 괴롭지만 진실을 받아들일까 아니면 자신의 긍정적 이미지를 지키기 위해 진실을 부정할까? 이런 갈등을 아래에 연구를 소개할 심리학자 Swann은 '인지-감정 충돌'(cognitive-affective crossfire)이라 불렀다. 즉, '머리'는 진실을 알거나 원하는데, '가슴'은 진실을 부정하고 싶은 것이다. 두 가지 상반된 동기와 그 결과들을 서술한 다음에 Swann의 연구를 보도록 하자.

상반된 동기와 그 결과   일관성이 질서와 통합의 느낌을 주는 데 비해, 일관성 부족은 갈등과 스트레스를 준다. '나'(나는 착한 딸이다)와 어긋나는 생각, 감정(예, 부모에 대한 원망)이 들거나 행동을 하게 되면, 불안해지고 스스로가 싫어지는 것이다. 또 일관성은 예측 가능성을 의미하므로, 일관성이 없으면 나 자신의 생각과 행동을 예측할 수가 없다. 내적 일관성 욕구는 남들이 나의 생각(자기개념)이 맞음을 확인해주기를 바라는 **자기확인** 욕구로 이어진다. 내적·사적인 '나'가 외적·공적인 '나'와 일치하기를 바라기 때문에, 우리는 자기개념을 확인시켜주는 상황들을 고른다. 만일 자기개념이 부정적이라면, 예컨대, '나는 무능하다'면, 내 무능함을 확인시켜주는 상황들(예, 성공할 가능성이 극히 희박한 과제)을 찾아 나서는 것이다. 반면, 나의 유능함을 시사해주는 결과들에는 눈을 감아 버리거나 아니면 왜곡시켜서 지각한다. 이를테면, 나의 능력이 뛰어나서가 아니라 운이 좋아서 아니면 남들이 못해서 내게 좋은 결과가 나온 것으로 해석하는 것이다.

긍정적 존중과 **자기고양**을 추구한다면, 우리는 자신을 괜찮은 사람, 잘난 사람으로 볼 수 있게 해주는 상황들을 선호한다. 실패는 잊어버리고 성공을 주로 기억하며, '잘되면 내 탓, 못되면 조상 탓'이다. 우리에게 일어나는 일들을 자신을 높여주는 식으로 해석하는 것은 당연하다고 여겨질 정도로 직관적으로 타당해 보인다. 칭찬이나 성공은 불편하기보다는 행복하지 않은가. 그러나, 자기존중욕구 때문에 성공이나 칭찬을 추구하기도 하지만, 아예 노력을 포기하기도 한다. 예컨대, 스스로에게 장애물을 만듦으로써—"self-handicapping"이라고 한다— 실패하면 그 장애물에 핑계를 대는 것이다. 중요한 면접에 늦게 가서, 그 자리를 못 얻으면 (인상이 나쁘거나 실력이 없어서가 아니라) 지각했기 때문이라고 믿어버린다. 자기존중이 타격받는 것이 고통스럽기 때문에 자신의 모습을 직시하기보다는 술, 약물, 심지어 자살로 도피하기도 한다.

같은 행동이 완전히 다른 동기들에서 나오는 일도 많다. 예컨대, 자신에 대한 부정적 정보('나는 무능하다')를 선호하는 행동이 위에서 예를 든 것같이 자기확인 동기에서 나올 수도 있지만, 자기존중욕구에서 나올 수도 있는 것이다. 비현실적으로 긍정적인 평가를 내리면 실망이 오고 결국 자기존중이 더 큰 타격을 받기 때문에 아예 기대를 낮추어 버리는 것이다. 성공할 줄 알았다가 실패했을 때는 아주 비참하지만, 실패할 줄 알았는데 정말로 실패했을 때는 "안 될 줄 알았다니까"라고 위안할 수 있지 않은가("그래도 나는 나 자신을 모르는 바보는 아니야").

부정적 자기개념의 결과   매력 있고 지성적인 여자가 자기를 좋아하는 괜찮은 남자들을 마다하고 못났거나 '나쁜 남자'를 선택해서 불행을 자초하는 일들을 우리는 TV드라마에서만 보는 것이 아니다. 부정적 자기개념 때문에 불행을 선택하는 것이다. 이러한 자기확인 동기에 깊은 인상을 받은 Swann은 일련의 실험연구들을 수행하였다. 그중 한 연구에서 그는 자기평가가 긍정적이거나 부정적인 피험자들에게 두 명의 '평가자'(실제로는 가상인물) 중 하나를 선택할 기회를 주었다(Swann, Stein-Seroussi, & Giesler, 1992). 평가자 서술은 피험자들에 대해 쓴 좋거나 나쁜 평가들을 담고 있었다. 자기고양 동기가 작용한다면, 피험자들은 모두 좋은 평가를 해주는 사람을 만나기를 원해야 하고, 자기확인 동기가 작용한다면 자기평가가 긍정적인 사람과 부정적인 사람이 하는 선택이 다를 것이다.

자기개념이 긍정적일 때는 자기확인 동기와 자기고양 동기가 일치하지만(긍정적 평가 선호), 자기개념이 부정적일 때는 그렇지 않다. 자기확인이 중요해진다면 나쁜 평가를, 자기고양이 중요해진다면 좋은 평가를 선호할 것이기 때문이다. 결과는 자기확인 가설을 분명하게 지지해주었다. 자기개념이 긍정적인 사람들은 좋은 평가를 해주는 사람을 만나기를 더 원한 반면, 부정적 자기개념을 가진 사람들은 나쁜 평가를 해주는 사람을 만나기를 더 원한 것이다. 실험은 평가자 선택으로 끝났지만, 만일 부정적 평가자를 실제로 만나서 좋지 않은 이야기를 들었다면, 부정적 자기개념이 맞음을 확인받았을 것이다. 부정적 자기개념을 바꾸기가 왜 그렇게 어려운가를 이해할 수 있다.

부정적 자기개념을 가진 사람들이 그것을 확인받고 싶어한다고 해서 피학증(매저키즘)적인 것은 아니다. 완전히 부정적인 정보(예, 나는 살 가치가 없는 바보천치다)를 선호하기보다는 스스로 낮게 평가하는 특수한 영역에서만 부정적 정보를 원하기 때문이다. 전체적 자기평가는 긍정적이지만 어느 특수한 영역, 예컨대 외모에서는 자신을 낮게 평가할 수 있는데, 그럴 때 외모에 대해서 좋은 얘기를 듣고 싶어하지 않는 것이다. 같은 원리로, 전체적인 자기평가가 부정적인 사람도 힘(체력)과 관련해서는 긍정적 피드백을 원할 수 있으며 실제로 그러했다.

Swann은 부정적 자기개념을 가진 사람들이 '인지-감정 충돌' 속에서 자기개념과 일치하는 부정적 피드백을 원하면서도 동시에 자기존중을 높여줄 긍정적 피드백을 원한다고 본다. 처음엔 긍정적 피드백을 원하지만, 결국 자기확인을 바라는 마음에 나쁜 평가를 바라게 되어 버리는 것이다. 위의 실험은 둘 중 하나를 선택하는 상황이었지만, 다른 조건들에서는 긍정적 피드백과 연결된 흐뭇함으로 끝나고 자기개념 확인까지 가지 않을 수도 있다.

자기고양욕구에 개인차와 상황차이가 있다는 연구도 있다. 개인차로 말하자면, 자기도취(나르시시즘)가 심한 사람들은 자기수행을 남들의 수행보다 더 긍정적으로 평가하는 경향이 강하다. 상황에 따라 자기고양욕구가 달라질 가능성을 시사해주는 연구도 있다. 한 연구에 따르면 사람들이 데이트할 때는 상대방에게 좋게 평가받고 싶어하지만(자기고양), 결혼하고 나면 자기확인을 더 바란다는, 즉 내가 나를 보는 대로 배우자도 나를 봐주기를 바란다고 한다. 한편, 문화심리학자들은 일관성(즉, 자기확인) 동기와 자기고양 동기에 문화에 따른 차이가 있다는 주장을 펼치고 있다.

자기개념의 동서양 차이 앞 장의 말미에서 "상황 의존적이고 관계 중심적 인간관"이 지배하는 동양의 **집단주의**(collectivism) 문화에서는 "상황 유리적이고 개체 중심적인 인간관"이 지배하는 서구 **개인주의**(individualism) 문화에서보다 사람들이 自己의 구조적 일관성을 덜 추구한다고 말한 바 있다. 내집단(內集團, in-group) 목표를 위에 놓는 집단주의에서는 내집단의 조화와 상호의존성을 중시하고 공개적 갈등을 피하며, 개인의 목표를 위에 놓는 개인주의에서는 개인의 목표, 내집단으로부터의 독립과 분리가 중요하다(이훈구, 2003). '우리가 남이가'와 '나는 나'인 것이다.

표 8-1에 조긍호(1999)가 요약해 놓은 두 문화 비교를 보자. '사회행위의 원동력·목표'를 볼 때 집단주의 문화의 사람들은 타인들('남의 눈')을 더 의식한다('남만큼', '남같이', '남보다' 등). '사회비교'(social comparison)라는 사회심리학 용어는 사회를 비교한다는 말이 아니라 자기를 타인(들)과 비교한다는 말이다. 집단주의가 강할수록 *내가* 무엇을 원하거나 잘하느냐, 풍족 또는 부족하냐보다 *남들에 비해* 어떠한가가 중요하다. 집단에 속하려면 '자기표현'에서 자기주장이 강하거나 '튀면' 안 된다(결과는 소외, '집단 따돌림'이다). 마지막으로 행위의 (상황적) 가변성을 강조하는 집단주의 문화에서는 일관성 동기가 약하다. 반면 상황이 달라져도 ('나는 나'이기 때문에) 행위가 변하지 않을 것을 강조하는 개인주의 문화에서는 일관성 동기가 강하다. 따라서 자기고양과 자기확인의 동기들이 충돌할 때에도, 북미와 북유럽 피험자들은 일관성을 추구하므로 위의 실험에서 본 것처럼 자기확인 동기가 이기지만, 우리나라 피험자들은 다를 수 있다.

개인주의 문화에서는 일관성 동기가 강할 뿐만 아니라 자기고양 동기도 강하다. 미국 성인의 자기개념을 구성하는 긍정적 특성은 부정적 특성의 4-5배나 되지만 일본인, 중국인, 한국인에게서는 그렇지 않거나, 부정적 특성으로 자

[표 8-1] 문화 유형에 따른 특징적 동기(1)와 목표·대상·강도 차이의 동기(2)
　　　　(조긍호, 1999, p. 254의 표 2)

차 원	집단주의 (관계중심적 인간관)	개인주의 (개체중심적 인간관)
사회 행위의 원동력·목표	의존성 강조 (1) 타인지향동기 (2) 사회지향 성취동기 　　집단중심 사회비교	자율성 강조 (1) 개인지향동기 (2) 개인지향 성취동기 　　개인중심 사회비교
자기표현의 양식	자기억제 강조 (1) 욕구억제동기 (2) 강한 동조동기	자기주장 강조 (1) 환경통제동기 (2) 약한 동조동기
행위의 변이가능성	가변성 강조 (1) 자기개선동기 (2) 약한 일관성 동기	안정성 강조 (1) 자기고양동기 (2) 강한 일관성 동기

기를 기술하는 경향이 그 반대 경향보다 높다고 한다(조긍호, 1999, p. 250의 개관).
긍정적 피드백도 원하고 자기확인도 바라는 '인지-감정 충돌'이 동서양을 막론
하고 일어난다면, 우리는 긍정적 피드백과 자기고양을 원하는 욕구도 약하고
또 자기확인과 일관성을 추구하는 동기도 약하므로 충돌 자체가 심하지 않을지
모른다.

   '남의 눈'을 많이 의식하지만 남을 배려하지는 않는 경향은 어떻게 이해해
야 할까? Triandis(1990)는 **공동체감**이라는 차원을 집어넣어서 개인주의와 집단
주의를 더 구분한 바 있다. 공동체적(communitarian) 개인주의에서는 개인의 목
표들이 공동체 목표들과 통합되며, 공동체적 집단주의에서는 더 넓게 정의된
공동체 목표들에 관심이 있다. 공동체감이 없을 때, 개인주의는 개인의 목표만
중시하는 *자기애적(나르시시즘) 개인주의*가 되며, 집단주의는 가족의 목표들만
중요한 *가족주의*(familism)가 된다(강신표, 1988; 최재석, 1994; 조혜정, 1994).
Triandis가 말하듯 서구의, 특히 미국의 개인주의가 자기애적이라면, 한국의 집
단주의는 가족주의라 할 수 있다. 우리에게는 학교도, 회사도, 국가도 '가족'이
고, 가족관계에만 쓰던 호칭들(심지어 '아버님' '어머님'까지도)이 일반적 호칭들이
되어버렸다. 가족주의는 내집단('가족') 이기주의로서 타인들이 내집단이냐 외
집단(外集團, out-group)이냐가 결정적이고, 집단 일원이 되려면 자기주장이 강
하거나 개성이 두드러지면 안 된다.

   한국의 집단주의, 가족주의에는 상하, 중심-주변 차원이 더 들어간다. 조
혜정(1994)은 한국의 가족주의를 '**중심지향적 가족주의**'라 칭한 바 있다(홍숙기,
1995 참조). 중심지향성이란 자기를 어떤 중심에 비추어 주변적 존재로 파악하
고, 옆사람들과 동일시하기보다는 항상 *위*로 올라가 중심에 속하려고 노력하는
삶의 자세를 말한다. 자율성보다 (상호)의존성을 강조하는 관계 중심적 문화 풍
토에서 우리는 자기를 주장하기보다는 억제하며, 환경을 고치려 들기보다는 남
들에게 동조하고 자신의 욕구를 다스리려 든다. 자신을 낮추면서 더 높이 올라
가 '중심'에 들어가려고 하기 때문에, 자기비판과 자기개선, 즉 반성과 노력이
중요한 동기가 된다. 집단의 기대에 비추어보아 자기에게 부족한 것이 무엇인가
를 찾아내어 이를 수정하려고 노력하는 것이다("열심히 하겠습니다," "시정하겠습
니다"). 누구나 일등, 일류를 추구하는 사회 분위기가 여기서 나오는지 모른다.

일등은 단 한 사람만 할 수 있으므로 우리 문화에서 대다수는 자기존중이 낮을 수밖에 없다. 자기존중의 문제를 더 고찰해보기로 하자.

자기존중

앞에서도 말한 것처럼 자신을 긍정적으로 보고 싶은 욕구는 거의 자명한 것처럼 보인다. 이것은 자기에 대한 연구에서 가장 일반적이고 논란의 여지가 없는 가정이다. 자기존중은 정신건강에 필수적인 요소로 여겨진다. Bednar, Wells, 및 Peterson(1989)은 대학원생 특별 세미나에서 "대부분의 정서 및 행동 문제들에 공통된 심리적 요소들이 있는가?"라는 물음을 놓고 토론하다가 결국 자기존중의 주제에 봉착하였다. 일단 그 주제가 나오자 낮은 자기존중이 정서 및 행동 문제들의 모든 유형과 연관이 있는 것으로 거의 언제나 생각되었다. 분명치 않은 것은 그것이 심리적 문제들의 원인이냐 결과냐 하는 것이었다. 즉, 자기존중이 낮으면 심리적 문제들이 생기는가 아니면 문제들이 생기면 그 결과로 자기존중이 낮아지는가?

자기존중의 정의는 다양하지만, 대체로 자기의 전체적 평가(global evaluation)의 긍정성, 자기를 좋아함을 말한다(Heine, Lehman, Markus, & Kitayama, 1999). Bednar 등(1989)은 자기존중을 "주관적이고 지속적인 현실적 자기수용감," "정확한 자기지각들에 토대를 둔 지속적이고 감정적인 개인 가치감"(p. 4)이라고 정의했다. "현실적(realistic)" 자기수용, "정확한 자기지각"이라는 말이 들어간 것이 특이하다. 그냥 긍정적으로 평가·수용하는 것이 아니라, 자기를 정확하게 보면서 수용하고 존중하는 것이 '자기존중'이라는 것이다. 그러나 이 정의는 '소수의견'이고, 대부분의 심리학자들은 자기를 소중하게 여기며 좋아하면 자기존중이 높다고 말한다. 자기존중의 측정치로서 가장 많이 쓰이는 Rosenberg 척도의 10문항 중 몇 개를 보라.

- 나는 내가 많은 좋은 자질을 가졌다고 느낀다.
- 전반적으로, 나는 실패자라고 느끼는 경향이 있다. (부정할수록 높은 점수)

- 나는 내가 자랑할 만한 것이 별로 없다고 느낀다. (부정할수록 높은 점수)
- 대체로 나는 나 자신에 대해 만족한다.

자기존중을 기본적인 인간욕구이자 정신건강의 필수적 요소로 생각하기 때문에, 낮은 자기존중은 '수수께끼'이며 ─도대체 왜 가장 소중한 존재인 자기를 싫어한단 말인가?─ 비합리적이고 부적응적이라고 생각된다(Baumeister, 1997). Heine 등(1999)은 이러한 견해가 주로 북미 문화권 심리학자들에게서 나왔음을 상기시키면서 "긍정적 자기존중에 대한 욕구가 보편적인가(universal)?"라는 물음을 제기하였다.

자기존중의 동서양 차이　　북미(미국과 캐나다) 문화권에서 자기존중은 심리학에서 가장 많이 연구되는 개념의 하나이다. 앞에서 본 Bednar 등(1989)도 같은 결론에 도달했지만, "서구(특히 북미) 문화에서 하나의 중요한 맥은 자기존중을 충분히 투여해서 고칠 수 없을 만큼 깊은 심리적 상처는 없다는 믿음인 것으로 보인다"(Heine 등, 1999, p. 778). 대중들 관심도 대단하다. "캘리포니아 자기존중 대책위원회"가 나온 후 캘리포니아주에서 매년 2월이 "자기존중 달(Self-Esteem Month)"이고, '자기존중'이라는 키워드로 인터넷 검색을 해보면 다양한 자기존중 세우기 서비스(예, 십대를 위한 캠프, 스키 요양지, 워크숍 등)와 상품(예, 카세트, 카드 등)을 광고하는 13만개의 문서가 나온다(같은 곳). 보다 최근에, 구글에 들어가 "자신을 사랑하는 법"(How to love yourself)을 치면 검색결과가 2,100만개가 나온다 한다(Twenge & Campbell, 2009/10, p. 143). 자기존중의 병적인 형태는 *나르시시즘*이라고 할 수 있는바, Twenge와 Campbell은 전세계에 퍼진 '나르시시즘 전염병'의 '숙주'가 미국(특히 1970년대)이라고 본다. 미국에서 자기존중과 나르시시즘 연구는 1970년대부터 계속 증가하고 있다(같은 책, p. 208ff.).

북미와는 대조적으로 일본에서는 자기존중에 해당하는 '자신(감)', '자존심' 같은 말이 '거만하다', '잘난 척하다' 같은 부정적 함축을 띤다(Heine 등, 1999). 심리학적 연구도 북미에 비해 적을 뿐 아니라, 용어 자체를 영어 음독(音讀)을 쓴다('세루푸 에수티무'). 우리말에도 '자신만만하다', '자존심이 강하다', (최근에 쓰는 속어로) '자뻑' 같은 표현에 비슷한 부정적 함축이 들어가 있고, 우리 사회에서도 자기를 낮춤이 미덕으로 통한다.

북미와 일본의 이러한 차이는 같은 도구(Rosenberg의 자기존중 척도)를 사용하여 나온 점수 평균에서도 되풀이된다. 유럽계 캐나다인들의 자기존중 점수들을 메타 분석한 결과를 보면 이론적 중간점이 30점인(범위 10-50) 이 척도에서 1,402명의 평균은 39.6이었다(Heine 등, 1999, p. 776 그림 1). 일본을 떠나 살아본 적이 없는 일본인 1,657명의 평균은 중간점에 가까운 31.1점이었다(같은 곳, p. 777, 그림 2). 문화의 영향을 말해주는 다른 결과는 일본인이라도 캐나다에서 오래 살았을수록 자기존중 점수가 높고, 제 3 세대 동양인들 평균 점수는 유럽계 캐나다 사람들 평균점수와 같았다는 것이다(p. 777, 그림 3). 한편, 일본에 간 캐나다 사람 영어교사들 자기존중 점수는 캐나다를 떠나기 전과 비교하여 일본에 도착한 7개월 후에 유의미하게 떨어졌다.

Heine 등은 앞 장에서 언급한 바 있는 서구 개인주의 문화와 동양 집단주의 문화의 차이로 자기존중과 관련된 북미와 일본의 차이를 설명한다(표 8-1 참조). 북미 문화권에서는 독립, 자유, 선택, 능력, 개인 통제, 개인 책임, 개인적 표현, 성공, 행복 등의 개념들이 일상적 사회생활의 크고 작은 순간들을 물들이는데, 일본에서는 자기비판('반성'), 자기단련, 노력, 지구력, 타인들의 중요성, 수치와 사과, 균형과 정서적 제약이 일상생활을 지배한다는 것이다.

우리나라는 일본보다 더 집단주의적인 나라이다(Hofstede, 1991/95). Hofstede가 계산한 개인수의 지수를 보면(p. 87), 50개국 중 미국이 가상 개인주의적(91점)이고, 일본은 중간이며(46점, 22/23위), 한국은 개인주의가 매우 낮다(18점, 43위). 그렇게 본다면 우리나라 사람들은 일본인들보다 자기존중이 더 낮아야 하지만, 한국과 일본 문화는 Hofstede의 다른 차원들—특히 남성적-여성적—에서도 많이 다르다. 따라서, 경험적 검증이 없이 일본 실태를 우리나라로 일반화하는 데는 문제가 있다. 또한 문화의 영향도 언뜻 생각하는 것처럼 단순하지가 않다.

문화의 영향   문화가 일상적인 사회생활에 영향 미치고, '나'와 '남'에 대해, '나'의 가치에 대해 생각하는 방식에 영향을 미친다는 것은 부정할 수 없는 사실이다. 그러나 문화는 늘 변하고 있으며 또 한 사회 안에도 여러 하위문화가 존재한다. 세계화 시대에 일본도 우리도, 특히 젊은 세대는 급속하게 서구화(미국화)되어 가고 있으며 미국의 생활양식과 나르시시즘이 전세계에 전염병처럼 퍼져 있다(Twenge & Campbell, 2009/10). 개성과 자기표현, '나는 나'를 강조하는 것 같지만 '신세대 개성'은 상당 부분 소비생활의 개성이고, 표 8-1에 나온 '타인 지향성'은 구세대에서만큼이나 여전히 극단적이다. '글로벌' 시대에도 가족주의, '엉겨붙어 사는 가족'에서 자유롭지 못한 채 우리가 속하고 싶은 '집단'이 무섭게 확장되는 것뿐이다.

하위문화들 중 대표적인 것이 *남자의 문화, 여자의 문화*이다. 많은 연구들과 임상적 관찰에서 여자는 남자보다 자기존중이 낮은 것으로 나와 있다. 흥미롭게도 여자의 문화는 조긍호(1999), Heine 등(1999)이 서술한 동양권 문화와 유사한 점이 많다(표 8-2). Hofstede의 국가별 남성-여성성 비교에서 한국은 상당히 '여성적'인 나라이다. Tavris(1992/99)는 여자와 남자가 원래 다른 것이 아니라, 대부분의 여자 특성들이 종속된 지위, 낮은 권력을 가진 사람들의 특성이라고 주장한다. 동양의 문화적 특성들도 서양에 종속된 지위, 낮은 권력의 특성이라고 할 수 있을까?

Hofstede의 국가별 개인주의 지수를 보면, 부유한 나라는 거의 모두 점수

[표 8-2] 여자의 문제, 남자의 문제(Tavris, 1992/99, pp. 25-26에서 인용)

여자의 문제	남자의 문제
자존감이 낮다.	잘난 체한다.
남성과 똑같은 일을 할 때에도 자신의 노력을 중요하게 평가하지 않는다.	자신이 하는 일을 지나치게 중요시한다.
자신감이 없다. 미래에 어떻게 될 것인지 예상해보라고 하면 자기 능력에 대해 낙관적이지 않다.	자신의 능력을 평가할 때 현실적이거나 겸손하지 않다.
분노를 억제하는 경향이 있고 자신이 화났다는 것을 인정하기보다는 '상처받았다'고 말한다.	불행할 때 동정을 유발하는 대신 타인을 비난하고 공격하는 경향이 있다.
분리된 정체성, 자의식을 발달시키기 어렵다.	애착을 형성하고 유지하는 것을 어려워한다.

가 높은 반면, 가난한 나라는 거의 모두 점수가 낮다. 한 국가의 부와 그 문화
의 개인주의 정도 사이에 강한 상관관계가 있는 것인데, 2장에서 강조했다시피
'상관관계는 인과관계가 아니다'. Hofstede는 개인주의가 부를 가져오기보다는
부가 개인주의를 가져온다고 보는 것이 더 타당할 것이라고 본다. [우리나라도
경제성장에 따라 특히 젊은 세대가 개인주의화되어 가는 현상이 나타난다.] 즉, 문화
가 경제활동과 생산성에 영향을 미치는 것이 아니라 그 반대라는 것이다.

Tavris의 주장을 상기한다면, 집단주의와 연관된 심리적 특성들이 (경제적,
정치적) 종속의 특징일 가능성도 배제할 수 없다. 여하튼 문화 변화, 하위문화
별 차이, 그리고 개인차이 등을 고려할 때 동서양 문화에 따른 자기개념, 자기
존중 차이를 절대시할 필요는 없다.

자기존중과 대처양식: 비공식적 실험　　　Bednar 등(1989)은 자기존중 개
발을 위한 전문인 수련 워크숍에서 자주 사용한다는 연습을 소개하였다. 이것
은 동일 집단을 두 개의 서로 다른 처치 조건에서 관찰한 비공식적 실험이라
할 수 있다. 1회 연습에 8-12명이 참여하는데, 먼저 방바닥에 누워서 편안한
눈가리개를 하고 이완 수준을 높이기 위해 최소한 5분 동안 심호흡 연습을 하
게 한다. 그 다음 절차를 보자(pp. 59-61).

단계 1　회피(avoidance)　　　직면하기를 회피하는 경향이 있는 하나의 구
체적인 만성적 문제를 회상하라고 한다. 문제를 일단 분명히 확인하면 그
문제상황을 마음 속에서 가능한 한 분명하고 생생하게 다시 만들어내라고
요청한다. 이에는 관련 인물들, 표현된 감정들, 나오는 주장들, 참여자의
회피행동과 표현되지 않은 모든 생각과 감정들이 포함된다.

한 구체적 문제사건의 전체를 다시 만들어낸 다음에, 마치 영화를 보
고 있는 것처럼 이 사건을 머릿속에서 다시 체험하라고 요청한다. 그 사건
에서 모든 이들의 행동을 주의 깊게 관찰하되, 특히 자기 자신의 행동을
잘 관찰하라고 말한다.

이 예비단계들이 끝난 다음에, 이 구체적 사건에서 자신이 하는 행동
을 놓고 *자기 자신*에 대해 느끼는 감정을 매우 정확하게 서술해주는 세

개의 형용사를 생각해내라고 요청한다. 그 사건에 대해 느끼는 감정이 *아니라* 거기서 하는 행동을 놓고 *자기 자신에 대해* 어떤 생각과 감정이 생기는지를 알아내는 것임을 강조한다. 질문에 대해 2, 3분 생각한 후, 참가자들은 독서 카드에 그 형용사를 적었다.

단계 2 대처(coping)   참가자들은 연습에 대해 토론하지 않고 다시 눈가리개를 쓰고 바닥에 누워서 심호흡 연습을 다시 하였다. 그리고 나서 연구자는 같은 문제상황을 다시 만들어내라고 하지만, 이번에는 이 구체적 상황에서 자기가 되고 싶은 그런 종류의 사람인 것처럼 반응하도록 요청한다. 그리고 나서 아까처럼 그 사건을 다시 만들어내어 문제에 관련된 다른 모든 이들의 행동과 아울러 자기 자신의 행동을 주의 깊게 관찰하라고 말한다. 이것이 끝나면, 이 구체적 문제 상황에서 자신이 한 행동을 놓고 자기 자신에 대해 느끼는 감정을 가장 잘 서술해주는 형용사들을 생각해낸다. 참가자들은 선택한 형용사들을 적고 모두 워크숍 리더들에게 돌아간다.

결과와 논의   참여자들이 '회피' 단계와 '대처' 단계에서 자신에 대한 생각과 감정을 서술하기 위해 고른 단어들은 아주 비슷하였다. 단어들의 개념적 유사성을 고려하면 참여자들의 일치도는 더 높아진다. 회피 단계에서 가장 자주 나오는 단어들은 *무기력*(wimp), *약하다*(weak), *비겁한*(coward)이었다. 이들이 약 70% 나온다. 다양한 다른 형용사들도 나오지만, 의미를 보면 대부분이 약함이라는 일반적 주제의 반복이었다. 대처 단계에서 가장 자주 나온 형용사들은 *강하다*(strong), *용기*(courageous, brave)였다. 여기서도 자주 나온 다른 말들이 강함 또는 적절함의 일반적 주제와 일치한다. 회피 단계에 긍정적 자기 평가를 한다든가 대처 단계에 부정적 자기평가를 하는 일은 매우 드물었다.

이 연습을 20회 이상의 수련 워크숍에서 해본 연구자들은 결과의 일관성에 놀라게 되었다. 물론 이 '연습'이 수련 워크숍이라는 특수한 상황에서 수행되었으므로 요구특성과 기대들이 지각과 행동에 영향을 미쳤을 가능성을 배제하지 않았다. 그들은 이 연습을 과학적 실험자료라기보다는 임상적 관찰로 제시하면서, 자신들이 관찰한 결과가 자기존중의 발달에 중심이 되는 역학을 반영한다고 가정하였다.

　　문제상황을 회피하는 것이 가치 있다고 인정한 참가자는 거의 없었다. 그러나 많은 문제는 실제로 해결 불가능하며 그럴 때는 회피가 매우 적응적이고 적절한 반응이다. 회피하는 자신을 부정적으로 본다는 결과를 볼 때, 어떤 상황에서는 장점이 있다고 해도 회피는 심리적으로 불만스러운 반응이다. 통상 회피하는 문제상황에 한 번 대처해본다면 자신이 강하고 용기 있다고 생각하게 되는 현상도 흥미 있는 역설을 내포한다. 물론, 어려운 문제상황을 피하지 않고 직면하는 데는 용기가 필요하지만, 공포, 불안, 위험, 불확실성도, 때로는 실패도 따라온다. 따라서 '용기 있다'가 다른 많은(긍정적, 부정적) 형용사들을 물리치고 가장 자주 나옴은 놀라운 것이다.

　　부정적 자기평가의 밑에는 회피가 깔려 있으며, 자기수용에는 대처가 기초가 된다는 추측을 Bednar 등(1989)은 평소 임상적 실제에서도 해왔다. 병적으로 의존적인 사람이 독립적이 되면서 자부심과 기쁨을 경험하는 것은 흔히 관찰할 수 있는 현상이다. 새로 얻은 독립이 더 큰 책임의 짐을 가져올 때도 그렇다. 기본적으로 회피는 사고와 지각의 왜곡을 요구하는 부정과 도피의 한 형태이다. 갈등상황에서 '척함'(pretending)으로써 남들의 기분만 맞추어주려고 하면, 인상관리(impression management) 기술이 늘고 자기가 누구인지를 모르게 된다. 그 결과 남들의 (겉치레가 아니라) 진실한 칭찬이나 인정도 믿지를 못하여, "네가 나라는 사람을 정말 알게 되면 내가 그렇게 좋은 친구였다고 생각하지 않을 꺼야"같은 잘 아는 대사가 나오게 되는 것이다.

　　회피, 대처, 자기존중　　우리는 앞에서 Bednar 등이 자기존중을 정의할 때 "현실적 자기수용," "정확한 자기지각"이라는 말을 넣은 것을 보았다. 자기를 정확하게 알면서 자기를 수용하고 소중하게 여기는 것이 자기존중이라는 것이다. 자기를 가장 정확하게 알 수 있으려면 자신을 현실 상황들에서 검증해야 하며, 대처란 갈등상황들을 직면하고 이해하고 해결해 가면서 나오는 성장과 발달 과정이다. 회피-대처와 자기존중 사이의 관계를 생각해보면 회피하지 말고 도전, 정면 대결한다는 상상만 해도, 시도만 해도, 더 이상 자신이 비겁자가 아니라는 생각이 들고, 그래서 더 적극적인 대처를 하게 될 수 있다. 반대로 잔소리 많고 책임감 없고 변덕스러운 남편과 사는 불행한 아내(앞 장 글상자 7-6)

가 참고 살기를 선택한다면, 자신이 비겁자라고 생각되고, 그럴수록 대처가 힘들어진다.

갈등상황에 직면할 때 우리는 피하고 싶지만 그러면 자신이 비겁한 못난이라는 생각이 든다. 불안을 억압하지 않고 스스로 인정하면서 갈등을 (방어 없이) 직면·해결하는 편을 선택한다면 자기에 대한 강력한 학습 체험을 하는 것이다. 이 배움에는 위험 부담이 있다. 불쾌한 충동과 감정들, 남들의 거부 등을 직면·인정하게 되면 자기존중을 잃을 수도 있고, 평판이 나빠질 수도 있으며, 불안과 고통이 커질 수 있다. 자기 자신을 아는 것도, 남들이 자기를 아는 것도 피하고 싶은 위험이 되는 것이다. 그러나 위험이 클수록 더 중요한 배움이 나온다. 자기에 대해 알아간다는 것은 위험 감수뿐 아니라 '책임지기'도 포함한다. 책임지기란 자기에게 일어나는 일의 원인이 자기 자신에게 있음을 받아들이는 것, 자기를 정확하게 지각하는 것이다. 자신의 충동, 감정, 생각들을 방어 없이 인정하게 되면 "내 삶에서 다른 일들이 달라지려면 내가 무엇을 다르게 해야 하는가?"를 묻게 된다. 이러한 책임지기의 예를 들어보자.

가족 모두에게 좋은 친구였고, 출세보다 가정생활 참여를 더 중요시한 아버지를 둔 26세 기혼 남자가 있다(Bednar 등, 1989, pp. 86-87). 그는 연휴 주말에 아내와 같이 여행가고 싶지만, 아버지가 제안한 가족 피크닉에 안 갈 수 없다고 느낀다. 이런 맥락에서 아버지의 지배욕에 대한 숨어 있던 분노가 드러나고, 일단 분노를 인정하자 자기 자신이 어떻게 했기에 아버지에게 해방되기가 힘들었는가를 탐색하기 시작할 수 있었다. 아버지에게 화가 난다는 생각은 아직도 불편하지만, 이제는 이 현실을 스스로에게 부인하려는 시도를 하지 않는 것이다.

대처의 이러한 측면들을 생각해보면 왜 회피가 훨씬 쉬우며 또 실제로 많은 이들이 문제상황에서 대처보다는 회피를 하는지를 이해할 수 있다. 회피한 덕에 아버지와 잘 지내왔던 위의 남자는 분노를 인정하고 아버지와 충돌하는 것이 두렵다. 결과적으로 그의 자기존중은 점점 더 내려간다. 회피하며 산다고 해도, 즉 좋은 것을 못하며 살아도 얼마든지 성공·출세할 수 있다. 화가가 되고 싶었던 사람이 사업가로 성공할 수도 있다. 그러나 문제를 회피할 때 우리는 자신이 약하고 비겁하다고 생각하게 된다. 자기존중의 발달에 중요한 것은 *무엇*을 하는지 하는 내용과 성취들이라기보다는 삶을 *어떻게* 이끌어 가는지

하는 과정과 스타일이다(Bednar 등, 1989). 성취와 성공을 위해서 내적인 원칙을 굽혀야 하는 일이 많으면, 결과적으로 성공은 했지만 그 과정 때문에 자기존중은 낮아지는 일이 생긴다.

'자기존중 개발을 위한 전문인 수련 워크숍'에서 하는 연습이면 몰라도, 자기가 약하고 비겁하다고 느껴질 때 이를 자신과 남들에게 인정하는 것은 일반적으로 쉽지 않은 일이다. 위의 남성은 좋은 아버지에 대해 쌓인 분노를 직면하기 어려운 만큼이나 자기가 비겁한 겁쟁이라는 느낌도 인정하기 힘들 것이다. 자기개념(가령 '독립적인 성숙한 직장인/가장')과 불일치가 클수록 그렇다. 자기존중 질문지에서 그가 '실패자라고 느끼는 경향'에 부정하고 '나 자신에 대해 만족한다'에 긍정하는 식으로 응답할 때 그 결과를 얼마나 믿을 수 있을까.

자기보고 결과의 신뢰성　　　Heine 등(1999)이 제시하는 유럽계 캐나다인의 자기존중 점수 분포를 보면, 대다수가 이론적 척도 중간점(가령 1-7의 척도에서 '4') 위에 있고, 중간점 아래에 있는 사람은 10%도 안 된다. 앞에서 자기존중 척도의 문항들을 몇 개 보았지만, 적어도 북미에서는 대다수가 자신이 많은 좋은 자질을 가졌다고 느끼고, 자기 자신에 만족한다고 말하는 것이다. 한편, 같은 북미에서 Bednar 등(1989)은 성공한 삶을 사는/산 많은 이들이 낮은 자기존중을 가지고 있음을 보고한다.

예컨대, "내 인생은 전체가 실망의 연속이었다. 내가 한 일 어느 것에서든 성공한 예가 단 하나도 생각나지 않는다"고 말한 70세 노인은 뛰어난 업적을 인정받는 미국 6대 대통령 존 퀸시 애덤스였다(Bednar 등, 1989, pp. 4-5). 한 대학생은 음악, 심리학, 영어, 물리에 관심이 있었지만, "친구들에게 좋은 인상을 주기 위해," 그리고 돈 많이 버는 회계사가 되기 위해 회계학과에 갔다(같은 곳, pp. 5-7). 그는 "내가 나 자신을 싫어하는 것처럼 남들도 나를 알고 싫어하기를 바라지 않기" 때문에 좋아하는 여자와 관계에서도 큰 어려움을 겪었다. 5장과 이 장에서 소개한 '지미'도 바깥에서 보면 성공적인 삶을 사는 젊은이였다.

북미 사람들은 부러울 만큼 자기존중이 높은가 아니면 불쌍할 정도로 낮은가? 전자('높다')의 결론은 자기보고 측정결과에 토대를 두는 데 비해, 후자('낮다')는 전기기록이나 면접자료에 토대를 둔다. 이는 다시금 자기보고의 신뢰

성 문제를 제기한다. 5장에서 이 문제를 논의할 때 우리는 사람이 자기를 모를
수 있으며, 알지만 솔직하지 않을 수 있다는 두 가능성을 언급하였다. 사람은
우선 자기 자신을 모를 수 있다. Rogers도 방어현상을 논의하였고 Maslow도
사람이 자신의 진정한 동기를 모를 수 있음을 인정하였다. 앞에서 자기평가와
타인평가의 비교연구에서 우리는 어떤 특성들에서는 자기평가보다 타인평가가
더 정확할 수 있다는 가능성을 시사하였다. 사람들은 물론 솔직하지 않거나 속
일 수도 있다. 방어는 원래 의식하지 못하는 가운데 일어나는 것이지만, 속임
도 꼭 의식적일 필요는 없다. 앞서 논의한 '문화'가 작용할 수 있기 때문이다.

북미 개인주의 문화에서는 '나'의 성취와 성공, 자기존중이 매우 중요하다.
성공하여 훌륭한 사람이 되고 싶지만, 대처는 위험 부담이 크고 불편한 책임지
기를 요구하기 때문에 많은 이들이 그런 위험과 책임을 회피하는 편을 택하는
지 모른다. 자신이 약하고 비겁하다는 느낌이 들어도 자기개념이 긍정적이라면
"내가 많은 좋은 자질을 가졌다고 느낀다," "나 자신에 만족한다" 같은 문항들
에 '동의'할 수 있다. '인지-감정 충돌'이 일어나면 머리로는 자신에 만족하여
질문지에도 그렇게 응답하지만, 감정('유기체' 차원)으로는 불만과 낮은 자기존
중이 없어지지 않는다. 겸손을 강조하는 우리 전통문화에서는 자기를 낮추어야
'튀지' 않듯이, 높은 자기존중을 요구하는 문화에서는 자기를 긍정적으로 제시
하게 되는 것이다.

그 배경이 어떤 것이든 심리학자에게 또는 심리학적 질문지에서 "대체로 나
자신에 만족한다"고 말하는 사람이 진실을 말한다는 보장은 없다. 진실일 수도
있으나, 거짓말('인상관리')일 수도, 정신역학적 방어일 수도, 문화의 영향을 의식
하지 못한 채 하는 '자동적 반응'일 수도 있다(6장에 나온 역동적 무의식과 인지적 무
의식 참조). 질문지 척도에 응답한 결과는 이 중 어떤 추측이 맞는지 알 수 있는
단서를 주지 않는다. 자기보고를 얼마만큼 믿을 수 있느냐 하는 질문이 북미뿐
아니라 우리나라에서도 자기보고 측정치를 사용하는 연구자가 던져야 하는 질문
임은 말할 것도 없다. 어느 한 주제에 대해 자기보고, 실험, 사례연구와 임상적
관찰 등 다양한 방법을 사용하는 것이 얼마나 중요한지를 다시 깨닫게 된다.

┃요 약┃

01 자기와 이상적 자기, 자기가 보는 '나'와 남이 보는 '나'의 현상학적 측정평가에 가장 많이 사용되는 방법은 **Q분류** 기법과 **의미 미분척도**이다.

02 Maslow는 주로 사례연구법에 의지하여 자기실현자들이 보이는 사랑과 성의 특징들을 연구하였다.

03 Csikszentmihalyi는 Maslow의 절정체험과 비슷한 "한 활동에 너무 몰두해서 다른 아무것도 상관이 없는 상태"를 '**흐름**'이라고 부른다. 일할 때와 여가 때의 체험의 질을 비교한 연구에 따르면 여가보다 일에서 흐름체험이 세 배 이상 더 많았다. 이 결과는 여가는 즐겁고 일은 괴롭다는 고정관념을 부정해준다.

04 **자기존중**은 Maslow 이론에서도 Rogers 이론에서도 인간의 기본적인 욕구로 가정된다. 그러나 Rogers는 동시에 (자기와 체험, 자기와 이상적 자기, '내가 보는 나'와 '남이 보는 나') 일치 또는 일관성을 추구하는 욕구도 가정한다. 자기존중(자기고양)욕구와 일관성(자기확인)욕구는 서로 갈등을 일으킬 수 있다.

05 북미 문화에서 자기존중은 기본적인 인간욕구이자 정신건강의 필수적인 요소로 여겨진다. 다른 한편 일본에서는 자기를 높이 평가하기보다는 비하하는 겸손, 반성, 자기개선 등이 더 큰 미덕으로 통한다. 이러한 차이는 자기존중 척도 점수 평균에도 반영되어, 일본인들 평균이 북미인들 평균보다 훨씬 낮다. 문화심리학자들은 이런 차이를 북미 **개인주의** 문화와 동양 **집단주의** 문화의 차이로 설명한다. 우리나라의 집단주의는 **가족주의**에 가깝다.

06 문제들에 직면하기를 **회피**하면 자기존중이 낮아지고, 문제에 직면하여 **대처**하면 자기존중이 높아진다는 (비공식적) 실험 결과가 제시되었다. 회피하면서 남들의 인정을 받기 위해 자신의 진정한 생각과 감정을 억누르게 되면 자기가 누구인지를 모르게 되고, 남의 칭찬과 인정도 믿지 못하며, 자기를

좋아할 수가 없다. 자기를 정확하게 알고 좋아할 수 있으려면 자신을 현실 상황들에서 검증해야 한다.

07 질문지 결과에 토대를 둔 연구들은 (북미)피험자들의 자기존중이 매우 높다 는 것을 보여주는 반면, 전기 기록이나 면접 자료에 토대를 둔 연구들은 성 공적인 삶을 사는 사람도 자기존중이 매우 낮을 수 있음을 보여준다. 자기 보고 결과를 믿을 수 있는가 하는 문제를 논의하였다.

참고문헌*

강신표(1988). 근대화와 전통문화. 강신표 등. 민족과 문화: 한국인류학 30년(pp. 17-40). 정음사.

권석만(2008). 긍정심리학. 학지사.

김동직·한성열(1997). 한국 대학생의 애착 유형 분포와 대인관계 특성. **한국심리학회지: 사회**, 11(2), 91-110.

김상태(1996). SEX라는 기호를 다루는 사람들. 새물결.

윤순임 외(1995). **현대 상담·심리치료의 이론과 실제**. 중앙적성.

윤호균(1995). 정신분석, 인간중심의 상담 및 불교의 비교: 인간 및 심리적 문제와 그 해결. 임능빈(편), **동양사상과 심리학**(pp. 469-516). 성원사.

이부영(1998). **분석심리학**. 개정증보판. 일조각.

이부영(2001). **아니마와 아니무스. 분석심리학의 탐구 2**. 한길사.

이훈구(2003). **연고주의**. 법문사.

조긍호(1999). 문화유형에 따른 동기의 차이. **한국심리학회지: 사회 및 성격**, 13(2), 233-273.

조혜정(1994). **글읽기와 삶읽기[2]**. 또하나의 문화.

최윤 등(1996). **자전소설. 나의 나**. 문학동네.

최재석(1994). **한국인의 사회적 성격**(3판). 현음사.

한국성폭력상담소 부설 열림터(2007). **친족성폭력 피해청소년 지원. 나침반을 찾아라**. 한국성폭력상담소 부설 열림터.

---

* 번역판인 경우 원저와 번역본 출판연도를 같이 넣었고(예, Hofstede, 1992/95) 고전이 새로 출판되었을 경우에도 원저와 최근판 출판연도를 같이 넣었다(예, Adler, 1927/92).

홍대식(1996). 한국 대학생의 사랑 스타일과 이성상대 선택준거. **한국심리학회지: 사회**, 10(2), 81-110.

홍숙기(1991). Life-span 발달과 생활사 연구. 한국심리학회(편), **현장연구방법론** (pp. 183-231).

홍숙기(1994). **일과 사랑의 심리학**. 나남출판.

홍숙기(1995). 현대와 탈현대의 개인주의, 집단주의, 공동체정신. 임능빈(편), **동양사상과 심리학**(pp. 595-641). 성원사.

홍숙기(2011). **성격심리(하)**. 전면개정판. 박영사.

Adler, A.(1927/92). *Menschenkenntnis*. Frankfurt a. M.: Fischer.

Allport, G. W.(1937). *Personality: A psychological interpretation*. New York: Holt, Rinehart & Winston.

Anderson, J. W.(1988). Henry A. Murray's early career: A psychobiographical exploration. *Journal of Personality*, 56(1), 139-171.

Axline, V. M.(1965/89, 주정일·이원영 역). **딥스. 자아를 찾은 아이**. 샘터.

Barenbaum, N. B., & Winter, D. C.(2008). History of modern personality theory and research. In O. P. John, R. W. Robins, & L. A. Pervin (Eds.), *Handbook of personality*(pp. 3-26). 3rd Ed. New York: Guilford.

Bargh, J. A., & Chartrand, T. L.(1999). The unbearable automaticity of being. *American Psychologist*, 54(7), 462-479.

Bargh, J. A., Chen, M., & Burrows, L.(1996). Automaticity of social behavior: Direct effects of trait construct and stereotype activation on action. *Journal of Personality and Social Psychology*, 71(2), 230-244.

Bartholomew, K., & Horowitz, L. K.(1991). Attachment styles among young adults: A test of a four-category model. *Journal of Personality and Social Psychology*, 61, 226-244.

Baumeister, R. F.(1997). Identity, self-concept, and self-esteem. The self lost and found. R. Hogan, J. Johnson, & S. Briggs(Eds.), *Handbook of personality psychology*(pp. 681-710). New York: Academic Press.

Baumeister, R. F., Bratslavsky, E., Muraven, M., & Tice, D. M.(1998). Ego depletion: Is the active self a limited resource? *Journal of Personality and Social Psychology*, 74(5), 1252–1265.

Bednar, R. L., Wells, M. G., & Peterson, S. R.(1989). *Self-esteem. Paradoxes and innovations in clinical theory and practice.* Washington, D.C.: American Psychological Association.

Beit-Hallahmi, B.(1995). Ideological aspects of research on personality and intelligence. In Saklofske, D. H. & Zeidner, M.(Eds.), *International handbook of personality and intelligence*(pp. 45–58). New York: Plenum.

Bernard, C., & Schlaffer, E.(1999). *Die Emotionsfalle.* Frankfurt a. M.: Krüger.

Block, J.(1978). *The Q-sort method in personality assessment and psychiatric research.* Palo Alto, Cal.: Consulting Psychologists Press.

Block, J.(1993). Studying personality the long way. In D. C. Funder, R. D. Parke, C. Tomlinson-Keasey, & K. Widaman(Eds.), *Studying lives through time*(pp. 9–41), Washington, D.C.: American Psychological Association.

Block, J.(2002). *Personality as an affect-processing system.* London: Lawrence Erlbaum.

Blum, D.(2002/5, 임지원 역). **사랑의 발견.** 사이언스 북스.

Boa, F.(1988/2004, 박현순·이창인 공역). **융학파의 꿈해석.** 학지사.

Bolen, J. S.(1992, 조주현·조명덕 공역). **우리 속에 있는 여신들.** 또하나의 문화.

Bowlby, J.(1982/2006, 김창대 역). **애착.** 나남.

Brisch, K. H.(1999). *Bindungsstoerungen.* Stuttgart: Klett-Cotta.

Bruner, J. S., & Goodman, C. C.(1947). Value and need as organizing factors in perception. *Journal of Abnormal and Social Psychology*, 42, 33–44.

Carlson, R.(1971). Where is the person in personality psychology? *Psychological Bulletin*, 75(3), 203–219.

Carlson, R.(1984). What's social about social psychology? Where's the person in personality research? *Journal of Personality and Social Psychology*, 47, 1304–1309.

Csikszentmihalyi, M.(1990). *Flow. The psychology of optimal experience.* New York: Harper Perennial.

Csikszentmihalyi, M., & LeFevre, J.(1989). Optimal experience in work and leisure. *Journal of Personality and Social Psychology*, 56(5), 815–822.

Cyrulnik, B.(1989/2009, 정재곤 역). 관계. 사랑과 애착의 자연사. 궁리.

Davis, P. J., & Schwartz, G. E.(1987). Repression and the inaccessibility of affective memories. *Journal of Personality and Social Psychology*, 52, 155–162.

Eagle, M. N., Wolitzky, D. L., & Klein, G. S.(1966). Imagery: Effect of a concealed figure in a stimulus. *Science*, 18, 837–839.

Endler, N. S., & Speer, R. L.(1998). Personality psychology: Research trends for 1993–1995. *Journal of Personality*, 66(5), 621–669.

Erdelyi, M. H.(1985). *Psychoanalysis: Freud's cognitive psychology*. New York: Freeman.

Erikson, E. H.(1964). *Insight and responsibility*. New York: Norton.

Exner, J. E. Jr.(1997). The future of Rorschach in personality assessment. *Journal of Personality Assessment*, 68(1), 37–46.

Fisher S., & Fisher, R. L.(1981). *Pretend the world is funny and forever: A Psychological analysis of comedians, clowns, and actors*. Hillsdale, N. J.: Erlbaum.

Freud, S.(1895/1997, 한승완 역). 히스테리 연구. 프로이트 전집 4. 열린책들.

Freud, S.(1913/1995, 김종엽 역). 토템과 타부. 문예마당.

Freud, S.(1917/2000). *Vorlesungen zur Einführung in die Psychoanalyse und Neue Folge*. Studienausgabe Bd. 1. Frankfurt a. M.: Fischer Taschenbuch Verlag.

Freud, S.(1925/97, 한승완 역). 나의 이력서. 프로이트 전집 20. 열린책들.

Freud, S.(1929/97, 김석희 역). 문명속의 불만. 프로이트 전집 15. 열린책들.

Freud, S.(1927/2000). *Der Humor*. Studienausgabe Bd. 4. Frankfurt a. M.: Fischer Taschenbuch Verlag.

Freud, S.(1938/53). *Abriβ der Psychoanalyse*. Frankfurt a. M.: Fischer.

Funder, D. C., & Colvin, C. R.(1997). Congruence of others' and self-judgments of personality. Hogan, R., Johnson, J., & Briggs, S.(Eds.), *Handbook of personality psychology*(pp. 617–647). New York: Academic

Press.

Geisler, C.(1986). The use of subliminal psychodynamic activation in the study of repression. *Journal of Personality and Social Psychology*, 51, 844–851.

Gerard, H. B., Kupper, D. A., & Nguyen, L.(1993). The causal link between depression and bulimia. In J. M. Masling & R. F. Bornstein(Eds.), *Psychoanalytic perspectives in psychopathology*(pp. 225–252). Washington, D.C.: American Psychological Association.

Hall, C. S., Lindzey, G., & Loehlin, J. C.(1985). *Introduction to theories of personality*. New York: John Wiley & Sons.

Harlow, H. F.(1959). Love in infant monkey. *Scientific American*, 200, 68–74.

Hazan, C., & Shaver, P.(1987). Romantic love conceptualized as an attachment process. *Journal of Personality and Social Psychology*, 52, 511–524.

Hazan, C., & Shaver, P.(1990). Love and work: An attachment-theoretical perspective. *Journal of Personality and Social Psychology*, 59, 270–280.

Heine, S. J., Lehman, D. R., Markus, H. R., & Kitayama, S.(1999). Is there a universal need for positive self-regard? *Psychological Review*, 106(4), 766–794.

Herman, J. L.(1981/2010, 박은미·김은영 공역). 근친 성폭력. 감춰진 진실. 삼인.

Herman, J. L.(1997/2007, 최현정 역). 트라우마. 가정폭력에서 정치적 테러까지. 플래닛.

Hofstede, G.(1992/95, 차재호·나은영 역). 세계의 문화와 조직. 학지사.

Hrdy, S. B.(1999/2010, 황희선 역). 어머니의 탄생. 모성, 여성, 그리고 가족의 기원과 진화. 사이언스 북스.

Jackson, M.(2008/10, 왕수민 역). 집중력의 탄생. 다산초당.

Johnson, R. A.(1983/2008, 고혜경 역). We. 로맨틱 러브에 대한 융 심리학적 이해. 동연.

Johnson, R. A.(1989/2006a, 고혜경 역). She. 신화로 읽는 여성성. 동연.

Johnson, R. A.(1989/2006b, 고혜경 역). He. 신화로 읽는 남성성. 동연.

Jung, C. G.(1921/88). *Allgemeine Beschreibung der Typen*. Grundwerk C. G. Jung. Bd 1(pp. 199–282). Olten: Walter-Verlag.

Jung, C. G.(1943/1972). *Two essays of analytical psychology*. 2nd Ed. Princeton University Press.

Jung, C. G.(1964/84, 이부영 외 역). 무의식에의 접근. Jung, C. G.(편), **인간과 무의식의 상징**. 집문당.

Leahey, T. H.(2000). *A history of psychology*. Upper Saddle River, New Jersey: Prentice Hall.

Levinson, D. J.(1980). Explorations in biography: Evolution of the individual life structure in adulthood. In A. I. Rabin, J. Aronoff, A. M. Marclay, & R. A. Zucker(Eds.), *Further exploration in personality*(pp. 44–79). New York: John Wiley & Sons.

Liebert, R. M., & Liebert, L. L.(1998). *Personality. Strategies & issues*. Pacific Grove: Brooks/Cole Publishing Company.

Main, M., & Cassidy, J.(1988). Categories of response to reunion with the parent at age 6: Predictable from infant attachment classifications and stable over a 1-month period. *Developmental Psychology*, 24(3), 415–426.

Marcia, J.(1994). Ego identity and object relations. In J. M. Masling & R. F. Bornstein(Eds.), *Empirical perspectives on object relations theory*(pp. 59–104). Washington, D.C.: American Psychological Association.

Maslow, A. H.(1954/70). *Motivation and personality*. 2nd Ed. New York: Harper & Row.

Maslow, A. H.(1968/81, 이혜성 역). **존재의 심리학**. 이화여자대학교 출판부.

McAdams, D. P.(1988). *Intimacy, power, and the life history*. New York: Guilford.

McGinnies, E.(1949). Emotionality and perceptual defense. *Psychological Review*, 56, 244–251.

Morokoff, P. J.(1985). Effects of sex, guilt, repression, sexual "arousability" and sexual experience on female sexual arousal during erotica and fantasy. *Journal of Personality and Social Psychology*, 49, 177–187.

Murray, H. A.(1938). *Explorations in personality*. New York: Oxford University Press.

Murray, H. A.(1959). Preparations for the scaffold of a comprehensive system. In Koch, S.(Ed.), *Psychology: A study of a science*. Vol. 3. Formulations of the person and the social context(pp. 7–54). New York: McGraw Hill.

Myers, I. B.(1995/2008, 정명진 역). 성격의 재발견. 마이어스–브릭스 성격유형 탐구. 부글.

Myers, L. B., & Brewin, C. R.(1994). Recall of early experience and the repressive coping style. *Journal of Abnormal Psychology*, 103(2), 288–292.

Ochberg, R. L.(1998). Life stories and the psychosocial construction of careers. *Journal of Personality*, 56(1), 173–205.

Osgood, G. E., Suci, G. J., & Tannenbaum, P. H.(1957). *The measurement of meaning*. Urbana, Ill.: University of Illinois Press.

OSS Assessment Staff.(1948). *Assessment of men*. New York: Rinehart.

Patton, C. J.(1992). Fear of abandonment and binge eating. *Journal of Nervous and Mental Disease*, 180, 484–490.

Pervin, L. A.(1996). *The science of personality*. New York: John Wiley & Sons.

Pervin, L. A., & John, O. P.(1997). *Personality. Theory and research*. 7th Ed. New York: John Wiley & Sons.

Pongratz, L. J.(1983). *Hauptströmungen der Tiefenpsychologie*. Stuttgart: Kröner.

Rosenberg, M. B.(2003/4, 캐서린 한 역). 비폭력대화. 바오.

Rosenwald, G. C.(1988). A theory of multiple-case research. *Journal of Personality*, 56(1), 239–264.

Rogers, C. R.(1959). A theory of therapy, personality, and interpersonal relationships as developed in the client-centered framework. In S. Koch(Ed.), *Psychology: A study of science*(pp. 184–256). New York: McGraw-Hill.

Rutter, M.(2008). Implications of attachment theory and research for child care policies. In J. Cassidy & P. R. Shaver(Eds.), *Handbook of attachment* (pp. 958–974). 2nd Ed. New York: Guilford Press.

Sampson, E. E.(1989). The challenge of social change for psychology. Globalization and psychology's theory of the person. *American Psychologist*, 44(6), 914–921.

Schultz, D.(1977/82, 이혜성 역). 성장심리학. 이화여자대학교 출판부.

Seligman, M. E. P.(2002). *Authentic happiness*. New York: Free Press.

Silverstein, L. B., & Auerbach, C. F.(1999). Deconstructing the essential father. *American Psychologist*, 54(6), 397-407.

Silverman, L. H., Ross, D. L., Adler, J. M., & Lustig, D. A.(1978). Simple research paradigm for demonstrating subliminal psychodynamic activation: Effects of oedipal stimuli on dart-throwing accuracy in college men. *Journal of Abnormal Psychology*, 87, 341-357.

Stanovich, K. E.(1994, 신현정 역). 심리학의 오해. 혜안.

Swann, W. B., Jr., Stein-Seroussi, A., & Giesler, R. B.(1992). Why people self-verify. *Journal of Personality and Social Psychology*, 62, 392-401.

Tavris, C.(1992/99, 히스테리아 역). 여성과 남성이 다르지도 똑같지도 않은 이유. 또하나의 문화.

Triandis, H. C.(1990). Cross-cultural studies of individualism and collectivism. In J. J. Berman(Ed. pp. 41-133), *Nebraska symposium on motivation 1989. Cross-cultural perspectives*. Lincoln and London: University of Nebraska Press.

Turkle, S.(2010/12, 이은주 역). 외로워지는 사람들. 청림출판.

Twenge, J. M., & Campbell, W. K.(2009/10, 이남석 편역). 나는 왜 나를 사랑하는가. 옥당.

Vaillant, G. E.(1977). *Adaptation to life*. Boston: Little, Brown and Company.

Vaillant, G. E.(2002/10, 이덕남 역). 행복의 조건. 하버드대학교 인생성장보고서. 프런티어.

Von Franz, M.-L.(1964). *Lectures on Jung's typology*. New York: Spring Publications.

Wegner, D. M., Schneider, D. J., Carter, S. R., & White, T. L.(1987). Paradoxical effects of thought suppression. *Journal of Personality and Social Psychology*, 53, 5-13.

Wegner, D. M., Shortt, G. W., Blake, A. W., & Page, M. S.(1990). The suppression of exciting thoughts. *Journal of Personality and Social Psychology*, 58, 409-418.

Weinberger, D. A.(1990). The construction reality of the repressive coping style. In J. L. Singer(Ed.), *Repression and dissociation: Implications for personality, psychopathology, and health*(pp. 337–386). Chicago: University of Chicago Press.

Weiner, I. B.(1997). Current status of the Rorschach Inkblot Method. *Journal of Personality Assessment,* 68(1), 5–19.

Westen, D.(1998). The scientific legacy of Sigmund Freud: Toward a psychodynamically informed psychological science. *Psychological Bulletin,* 124(3), 333–371.

Westen, D., Gabbard, G. O., Ortigo, K. M.(2008). Psychoanalytic approaches to personality. In O. P. John, R. W. Robins, L. A. Pervin(Eds.), *Handbook of personality Theory and Research*(pp. 61–113), 3rd Ed. New York: Guilford.

Wexberg, E.(1931/74). *Individualpsychologie. Eine systematische Darstellung.* Darmstadt: Wissenschaftliche Buchgesellschaft.

White, R. W.(1980). Exploring personality the long way: The study of lives. In A. I. Rabin, J. Aronoff, A. M. Marclay, & R. A. Zucker(Eds.), *Further exploration in personality*(pp. 3–19). New York: John Wiley & Sons.

Wiersma, J.(1988). The press release: Symbolic communication in life history. *Journal of Personality,* 56(1), 205–238.

Winter, D. G.(1988). The power motive in women and men. *Journal of Personality and Social Psychology,* 54, 510–519.

Winter, D. G.(1996). *Personality. Analysis and interpretation of lives.* New York: McGraw-Hill.

Winter, D. G.(2005). Things I've learned about personality from studying political leaders at a distance. *Journal of Personality,* 73(3), 557–584.

내용색인

저자색인

저자약력

서울대학교 문리과대학 심리학과 졸업(학사)
同대학교 대학원 심리학과 졸업(석사)
독일 Göttingen대학교 심리학과 박사학위 취득
현재 강원대학교 심리학과 교수(성격심리학)

저 서
성격심리(하)(박영사, 전면개정판, 2011)
젊은이의 정신건강(박영사, 전면개정판, 2010)
일과 사랑의 심리학(나남, 1994)

역 서
성격심리학(박영사, 1987)

수정 3 판
성격심리(상)

초판발행	2000년 8월 10일
수정판발행	2004년 1월 25일
수정 2판발행	2009년 1월 30일
수정 3판인쇄	2014년 1월 10일
수정 3판발행	2014년 1월 20일

지은이	홍숙기
펴낸이	안종만
편 집	김선민·마찬옥
기획/마케팅	최봉준
제 작	우인도·고철민

펴낸곳   (주) **박영사**
          서울특별시 종로구 평동 13-31번지
          등록 1959. 3. 11. 제300-1959-1호(倫)
전 화   02)733-6771
f a x   02)736-4818
e-mail   pys@pybook.co.kr
homepage www.pybook.co.kr
ISBN   979-11-303-0046-7 94180

정 가   25,000원